2021 DEVELOPMENT REPORT ON WUHAN

2021 武汉发展报告

武汉发展战略研究院 编

HAN BOOK 版 武汉出版社
WUHAN PUBLISHING HOUSE

（鄂）新登字08号
图书在版编目(CIP)数据

2021武汉发展报告 / 武汉发展战略研究院编.
—武汉：武汉出版社，2021.9
ISBN 978-7-5582-4895-5

Ⅰ.①2… Ⅱ.①武… Ⅲ.①区域经济发展—研究报告—武汉—2021
②社会发展—研究报告—武汉—2021Ⅳ.①F127.631

中国版本图书馆CIP数据核字(2021)第187510号

编　　者：武汉发展战略研究院
责任编辑：胡　新
封面设计：李　华
出　　版：武汉出版社
社　　址：武汉市江岸区兴业路136号　　邮　　编：430014
电　　话：(027) 85606403　85600625
http://www.whcbs.com　E-mail:zbs@whcbs.com
印　　刷：武汉市金港彩印有限公司　　经　　销：新华书店
开　　本：889mm×1194mm　1/16
印　　张：44.25　　字　　数：780千字
版　　次：2021年9月第1版　　2021年9月第1次印刷
定　　价：255.00元

《2021 武汉发展报告》编委会

目 录

专家研究篇

疫后重振篇

“十四五”前瞻篇

产业发展篇

改革创新篇

战略思考篇

专家研究篇

近年来我国中间投入率变化轨迹的政策涵义

李善同 何建武 唐泽地 张一兵

中间投入率是指各产业的中间投入与总投入之比①，反映各产业为生产单位产值而需要购进的中间产品所占的比重，也就是各产业部门在生产货物或提供服务的过程中，消耗和使用的原材料、燃料动力等货物和各种服务的价值与该产业部门总产出的比值。从产业活动的技术特性角度来看，中间投入率体现了各产业部门对下游产业的需求拉动作用，在一定程度上反映了对整个国民经济发展的诱导作用。中间投入率作为反映经济效率以及产业结构变化规律的指标之一，其变化受到多重因素的影响，产业结构升级、技术进步、不同贸易方式、行业性质及分工、产品和要素的相对价格变化、管理水平和体制的改进等因素均可以通过改变中间投入结构来影响中间投入率的变化。本报告通过历史、国际和区域的视角，揭示中间投入率变化的典型化事实，为科学制定国家和区域发展政策提供参考依据。

一、从国际经验来看，中间投入率与经济发展水平呈"倒 U"形关系

从世界范围来看，中间投入率与经济发展水平之间呈现先升后降的"倒 U"

①计算公式：$l_i = \frac{\sum_{i=1}^{n} x_{ij}}{x_j} = \sum_{i=1}^{n} a_{ij}$ 其中，x_{ij} 代表第 j 部门生产中直接消耗的第 i 部门产品的价值量；x_j 代表第 j 部门的总投入价值量。

形关系(见图 1)。具体来看,位于“倒 U”形曲线左侧的国家(如印度尼西亚、墨西哥等)多属于低收入、中低收入国家,这些国家对农业、自然资源依赖程度较高且多处于工业化过程中,随着发展水平的提高,其中间投入率不断上升。位于“倒 U”形曲线右侧的国家属于高收入国家,且大多具有较高的工业化水平。在这些国家中随着经济发展水平的提高,中间投入率呈下降态势。由图 1 中可以看出我国的中间投入率与发展水平仍然处于“倒 U”形曲线的左侧,尚需要经历一定的转型阶段方可过渡到右侧。

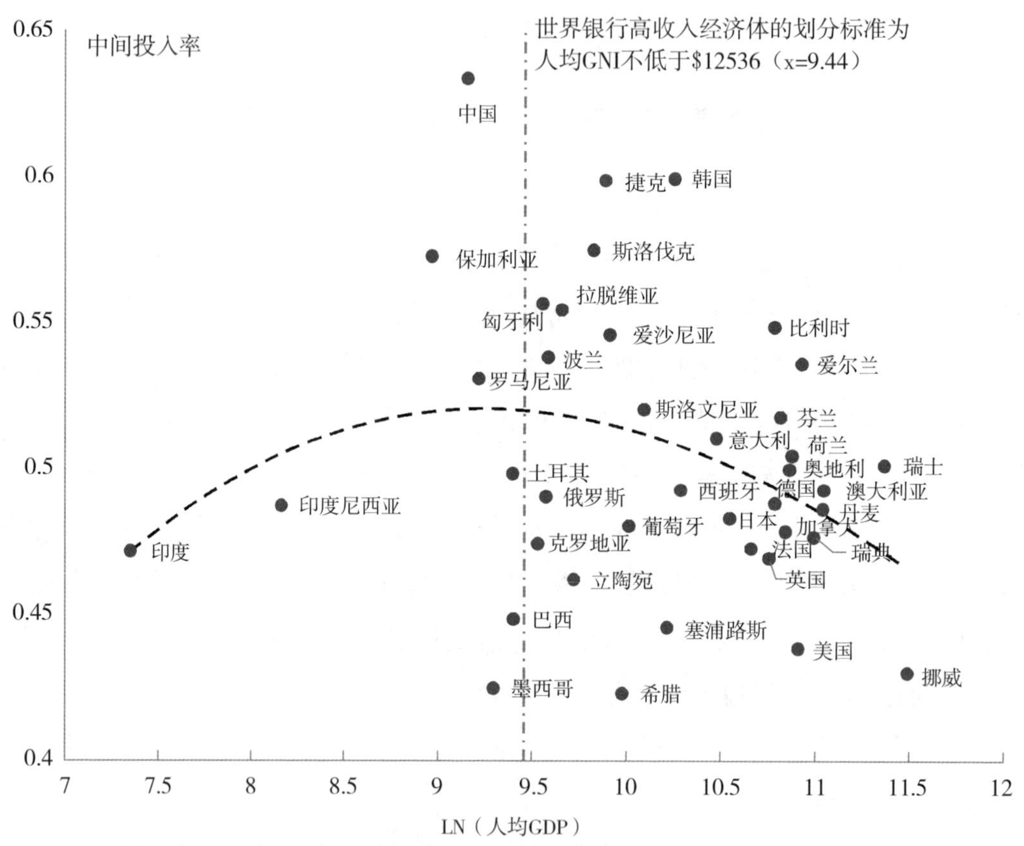

图 1 2014 年世界各国的中间投入率与经济发展水平之间的关系[①]

中间投入率呈现“倒 U”形的变化特征,主要与处于不同发展阶段国家(或地区)的中间投入结构不同有关。当经济发展处于较低水平时,在生产经营活动中,投入的劳动和初级资源相对较多,而资本和技术投入较少,中间投入率相对

①数据来源:WIOD 数据库 2014 年 IO 表、2017 年中国 IO 表,图中为各国 2014 年人均 GDP(现价美元),中国为 2017 年人均 GDP(现价美元),世界银行高收入经济体的划分标准为人均 GNI 不低于 12536 美元。

较低。随着经济的发展、收入水平的提高，产业结构升级、技术水平提高、分工细化的步伐加快，机械化程度、技术装备水平大幅度提高，对于资金和技术的使用大量增加，中间投入会相应增加。因此，中间投入率的上升成为处于工业化过程中的国家和地区的一个普遍的规律。而到了发展水平相对较高的阶段，由于生产率的持续提升（技术进步、管理水平提升等）带来要素相对回报率快速上升，中间投入率会转而下降。

二、从全国范围来看，当前我国中间投入率整体上正处于“倒U”形曲线的下降阶段

（一）我国中间投入率总体呈现出“倒U”形的变化轨迹

1987—2017年，我国的全社会中间投入率总体呈现出先升后降的“倒U”形变化轨迹。从图2可以看出，1987—2010年我国的全社会中间投入率总体呈现上升态势，由55.48%上升至67.78%，共提高12.30个百分点；2012年左右我国的全社会中间投入率发生转折性变化，呈现出下降态势，2017年降至63.54%，较最高点下降4.24个百分点。

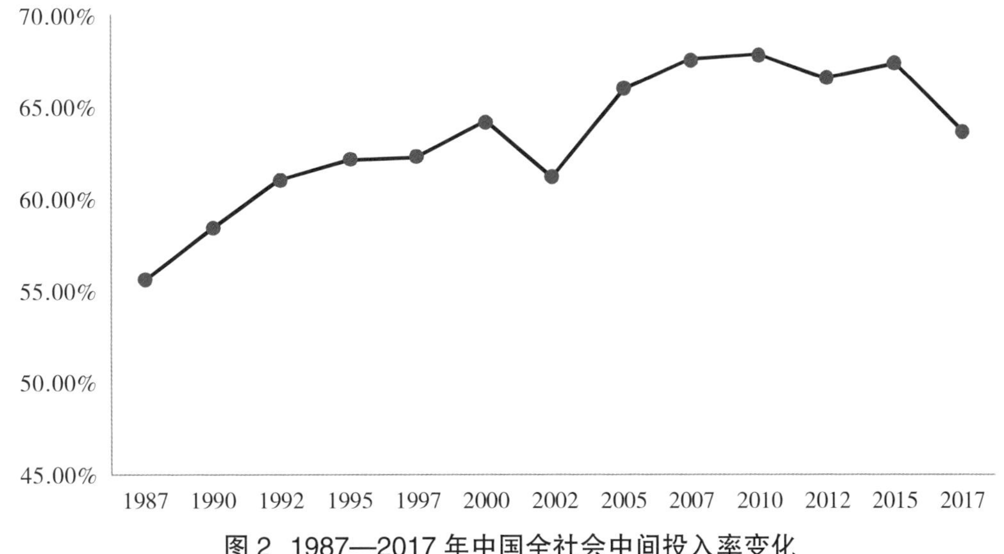

图2 1987—2017年中国全社会中间投入率变化

数据来源：1987—2017年中国投入产出表[①]。

①国家统计局从1987年开始，每5年（逢2、逢7年度）编制投入产出基本表，到目前已经编制1987、1992、1997、2002、2007、2012、2017年投入产出基本表。根据国家统计局公布的2018年投入产出表（延长表）数据，2018年中国全社会中间投入率为63.05%，低于2017年0.49个百分点，进一步表明中间投入率呈现下降态势。

(二)三次产业中间投入率的变化呈现不同的特征

1987—2017 年,三次产业的中间投入率呈现出不同的变化特征。第一产业的中间投入率在 1987—2000 年快速上升,由 31.52%升至 42.17%,此后一直保持在 41%左右。第二产业的中间投入率于 1987—2015 年呈现上升态势,由 66.62%升至 79.25%,2015—2017 年第二产业的中间投入率下降 3.8 个百分点[①],降至 75.45%,但总体上 2017 年的第二产业的中间投入相比于 1987 年上升了 8.83 个百分点。第三产业的中间投入率在 1987—2007 年的二十年间呈现明显波动,2007 年以来则保持在 46%左右的相对平稳状态(见表 1)。

表 1 1987—2017 年全国三次产业中间投入率及其增加值占比

年份	全社会	第一产业		第二产业		第三产业	
	中间投入率	中间投入率	增加值占GDP 比重	中间投入率	增加值占GDP 比重	中间投入率	增加值占GDP 比重
1987	55.48%	31.52%	26.8%	66.62%	43.6%	40.96%	29.6%
1990	58.46%	34.29%	27.1%	69.75%	41.3%	42.76%	31.6%
1992	61.08%	35.58%	21.8%	71.32%	43.5%	49.14%	34.8%
1995	62.02%	40.23%	19.9%	71.28%	47.2%	44.86%	32.9%
1997	62.12%	40.26%	18.3%	70.16%	47.5%	49.69%	34.2%
2000	64.14%	42.17%	15.1%	71.99%	45.9%	50.81%	39.0%
2002	61.12%	41.81%	13.7%	71.08%	44.8%	46.84%	41.5%
2005	65.93%	41.35%	12.1%	74.80%	47.4%	51.02%	40.5%
2007	67.51%	41.38%	10.8%	76.71%	47.3%	46.52%	41.9%
2010	67.78%	41.53%	10.1%	77.83%	46.8%	44.92%	43.1%
2012	66.48%	41.45%	10.1%	77.07%	45.3%	46.35%	44.6%
2015	67.32%	41.24%	8.9%	79.25%	40.9%	46.92%	50.2%
2017	63.54%	40.56%	7.9%	75.45%	40.5%	46.35%	51.6%

数据来源:1987—2017 年中国投入产出表,中国统计年鉴。

相对而言,第二产业中间投入率变化更为明显,而制造业内部结构的变化可以在一定程度上反映出这一特征。从制造业的内部结构来看,制造业经历着由劳动密集型结构向资本密集型与技术密集型结构的转变,在此过程中也会导致中间投入的增加。中间投入率较低的劳动密集型制造业占比下降,中间投入

①石油、矿石等大宗商品价格短期波动是影响 2017 年第二产业中间投入率波动的主要原因,详细分析参见国务院发展研究中心调查研究报告“中国制造业增加值率的变化特点及其启示”(2019 年 11 月 1 日第 195 号,总 5695 号)。

率较高的资本密集型与技术密集型产业在制造业中的比重上升(见图3)。劳动密集型制造业增加值占比从1987年的34.60%下降至2017年的27.95%,而资本密集型和技术密集型制造业的占比自1997年以来持续增加,2017年技术密集型制造业占比(29.10%)首次超过劳动密集型制造业占比(28.31%)。

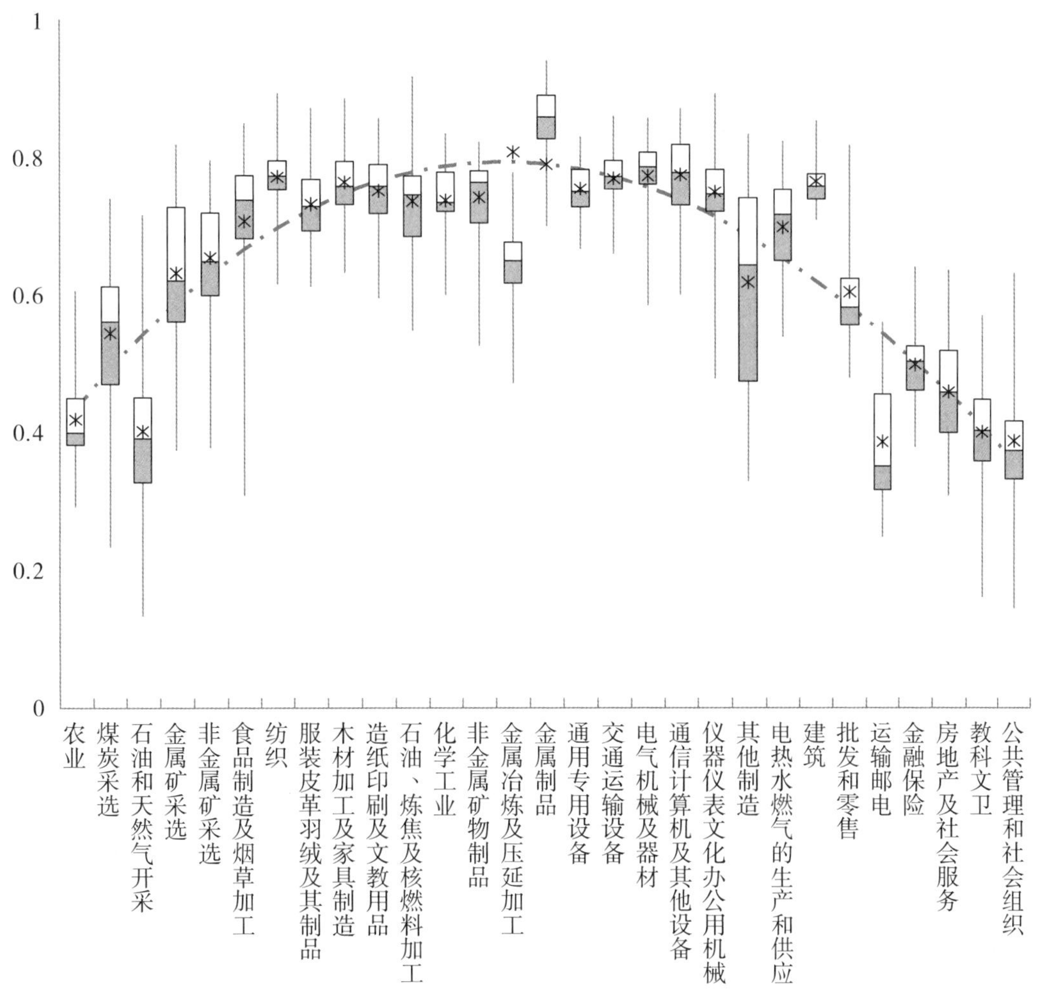

图3 国民经济各类行业的中间投入率比较

注:图3为2017年我国各类行业中间投入率的箱型图,图中给出了各行业中间投入率的地区最高值、最低值和均值等。具体来看,制造业的中间投入率明显高于农业、采掘业、服务业;从制造业内部来看,资本密集型与技术密集型制造业的中间投入率高于劳动密集型制造业。

(三)从全国范围看,中间投入率变化与产业结构的演变密切相关

本研究将全社会中间投入率的变化分解为三次产业中间投入率的变动对

全社会中间投入率的影响和三次产业结构变动对全社会中间投入率的影响[①]。根据中间投入率的变化特点，本研究将其分为两个阶段。

第一阶段为 1987—2010 年，该阶段中间投入率总体呈现出上升的态势，其间上升了 12.30 个百分点，由三次产业中间投入率变化引起的变动是 9.37 个百分点，所占比例是 76.23%；由产业结构引起的变动是 2.92 个百分点，所占比例为 23.77%，其中由第一产业、第二产业、第三产业中间投入率的变化引起的变动分别为 0.55、7.85 和 0.97 个百分点。可见，该阶段的中间投入率上升主要是由各产业中间投入率变动引起的，且第二产业变动对其影响最大。

第二阶段为 2010—2017 年，中间投入率进入转型期且出现下降，共降低了 4.24 个百分点，其中由中间投入率变化引起的变动为 -0.98 个百分点，所占比例为 23.03%；结构变动引起的变化为 -3.26 个百分点，所占比例为 76.97%。其中 2010 年以来第三产业占国民经济的比重上升较快，由 43.10%升至 2017 年的 51.60%，提高 8.5 个百分点。与此同时，第三产业的中间投入率明显低于第二产业，导致全社会的中间投入率快速下降。从以上分解结果来看，1987—2010 年全社会中间投入率的上升主要是由各产业自身中间投入率的提高（尤其是制造业内部结构升级）引起的，2010—2017 年全社会中间投入率的下降主要由于产业结构的变化（第三产业占国民经济的比重快速上升）导致。

三、从区域层面来看，各省中间投入率变化正处在不同的阶段

本报告采用了 1987、1992、1997、2002、2007、2012、2017 年各省的投入产出表，并计算出各省 1987—2017 年的全社会中间投入率（见表 2），根据中间投入率的变化特征，将国内各省份区分为已出现转折性变化的“倒 U”形省份和尚未出现转折性变化的上升型省份两大类，国内各省份的中间投入率演变，在一定程度上反映了 30 多年来各省产业结构升级的特征。

表 2 1987—2017 年各省中间投入率及其变化情况

	1987	1992	1997	2002	2007	2012	2017	平均值	2017—1987
北京	0.583	0.661	0.623	0.623	0.642	0.660	0.667	0.637	0.085
天津	0.628	0.720	0.705	0.678	0.680	0.680	0.685	0.682	0.057
河北	0.576	0.657	0.629	0.622	0.656	0.659	0.657	0.637	0.080
山西	0.573	0.597	0.604	0.590	0.596	0.602	0.588	0.593	0.015

①分解方法参见李善同、刘云中等《2030 年的中国经济》，经济科学出版社 2011 年版，第 230 页。

（续表）

	1987	1992	1997	2002	2007	2012	2017	平均值	2017—1987
内蒙古	0.500	0.530	0.560	0.541	0.540	0.583	0.584	0.548	0.084
辽宁	0.563	0.628	0.687	0.631	0.640	0.686	0.617	0.636	0.054
吉林	0.550	0.624	0.604	0.617	0.589	0.638	0.677	0.614	0.127
黑龙江	0.527	0.554	0.524	0.550	0.553	0.556	0.555	0.546	0.028
上海	0.628	0.685	0.686	0.677	0.718	0.717	0.674	0.684	0.046
江苏	0.627	0.681	0.691	0.681	0.683	0.683	0.669	0.673	0.042
浙江	0.594	0.661	0.711	0.683	0.697	0.691	0.656	0.670	0.062
安徽	0.509	0.596	0.633	0.618	0.612	0.669	0.702	0.620	0.193
福建	0.540	0.591	0.626	0.634	0.617	0.642	0.658	0.615	0.119
江西	0.522	0.572	0.572	0.574	0.624	0.675	0.660	0.600	0.138
山东	0.537	0.632	0.650	0.646	0.684	0.713	0.724	0.655	0.187
河南	0.522	0.580	0.615	0.603	0.638	0.670	0.703	0.619	0.181
湖北	0.546	0.591	0.654	0.603	0.576	0.603	0.624	0.600	0.079
湖南	0.514	0.546	0.610	0.603	0.561	0.591	0.587	0.573	0.073
广东	0.562	0.635	0.672	0.691	0.684	0.679	0.654	0.654	0.092
广西	–	0.543	0.573	0.572	0.558	0.590	0.615	0.575	–
海南	–	0.536	–	0.546	0.608	0.630	0.591	0.582	–
重庆	–	0.592	0.620	0.640	0.622	0.607	0.653	0.622	–
四川	0.491	0.584	0.588	0.723	0.584	0.630	0.626	0.603	0.135
贵州	0.466	0.518	0.547	0.573	0.569	0.570	0.585	0.547	0.118
云南	0.459	0.635	0.531	0.549	0.571	0.577	0.578	0.557	0.118
西藏	–	–	–	–	–	0.535	0.571	0.553	–
陕西	0.524	0.565	0.609	0.590	0.565	0.592	0.603	0.578	0.079
甘肃	0.492	0.585	0.579	0.594	0.575	0.630	0.590	0.578	0.098
青海	0.564	0.523	0.547	0.567	0.574	0.572	0.596	0.563	0.032
宁夏	0.549	0.591	0.578	0.633	0.602	0.633	0.634	0.603	0.085
新疆	0.471	0.546	0.567	0.575	0.559	0.588	0.583	0.556	0.112
全国	0.555	0.611	0.621	0.611	0.675	0.665	0.635	0.625	0.081

注："–"代表数据缺失。

（一）中间投入率变化呈"倒U"形的省份

三十年来，长三角与珠三角各省份的中间投入率呈明显的"倒U"形特征，1987—2012年中间投入率呈上升态势，于2012年左右达到最高值（且高于同期其他省份），而后出现明显的转折性变化，呈现下降态势（见图4），2017年上海、江苏、浙江、广东的中间投入率分别比2012年下降4.23、1.42、3.47、2.47个百分点。中间投入率的变化可以在一定程度上反映出这些省份的产业结构升级的特征。以广东为例，1987—2007 年广东的非农产业的中间投入率快速上升，尤其是技术密集型制造业的中间投入率上升 14.70 个百分点；从制造业内部各行业来看，通信计算机及其他电子设备业占比快速上升是中间投入率变化的主要动力。[①]同时，第三产业的比重上升(2007—2017 年广东的第三产业占国民经济的比重提高 10.30 个百分点)，而服务业的中间投入率低于制造业，在一定程度上导致近年来广东的中间投入率下降，总体呈现“倒 U”形特征。

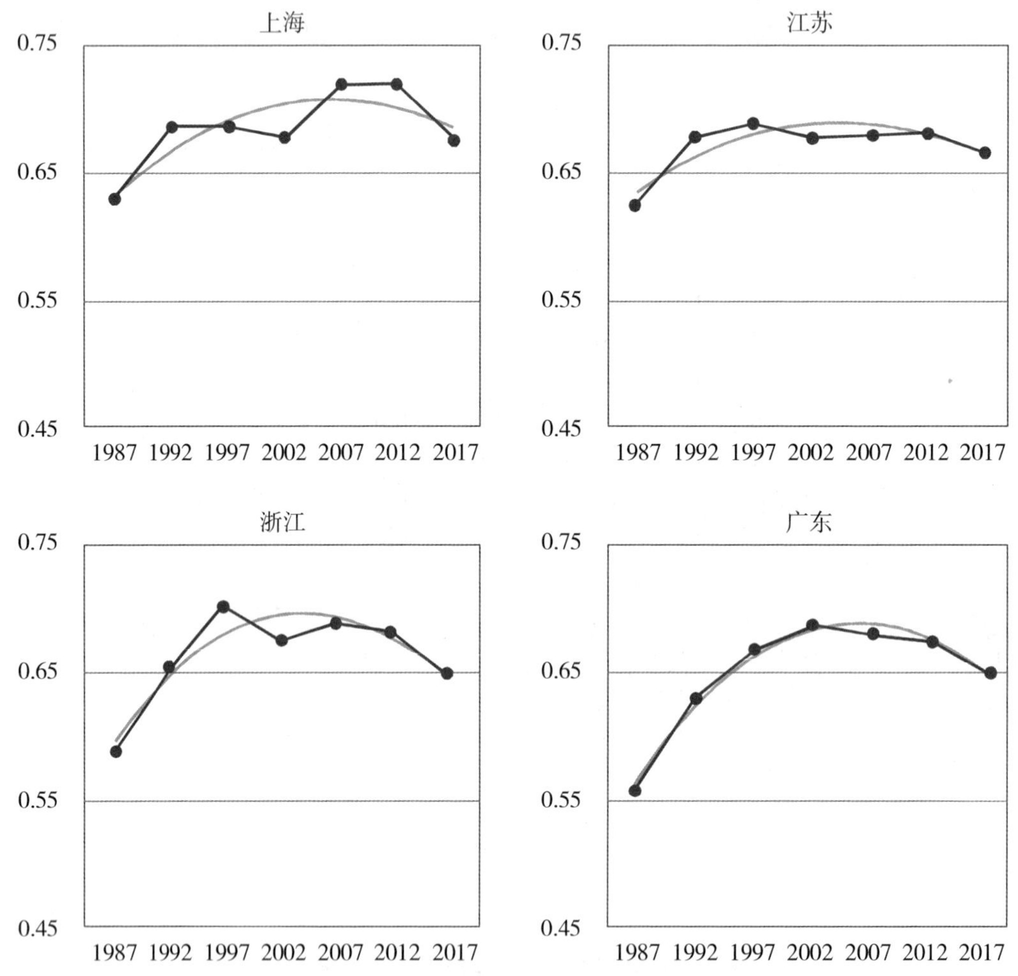

图 4 1987—2017 年中间投入率呈“倒 U”形省份

①1987—2007 年广东通信计算机及其电子设备业的中间投入率上升 6.90 个百分点，2007—2017 年下降 3.70 个百分点，呈现先升后降的特征，并且该行业的重要地位及影响力逐渐凸显。该行业逐渐成为广东的主导产业，其占制造业总产值的比重由 13.16%(1987)上升至 27.24%(2017)，为第一大制造业行业；且该行业影响力系数最高，对其他行业的拉动作用最大。

（二）中间投入率呈上升趋势的省份

1.快速上升的省份

从图5可以看出，1987—2017年，河南、山东、安徽、江西、贵州等省份的中间投入率呈现明显的上升态势（上升幅度大于10个百分点）。一般而言，随着产业结构升级，即由劳动密集型产业向资本密集型、技术密集型产业转型，中间投入率不断上升。例如，2017年河南第二产业在国民经济中的比重为49.34%（按增加值计算），高于第三产业8.36个百分点；从河南省制造业内部来看，1997—2017年劳动密集型制造业的占比下降13.07个百分点，资本密集型和技术密集型制造业分别上升3.52、9.55个百分点。此外，从河南制造业内部各行业的中间投入率变化来看，各行业总体保持上升态势，表明制造业内部各行业本身处于增加资本和技术投入的升级阶段。可见，制造业结构升级与各行业自身升级是河南等省份中间投入率上升的重要动力。

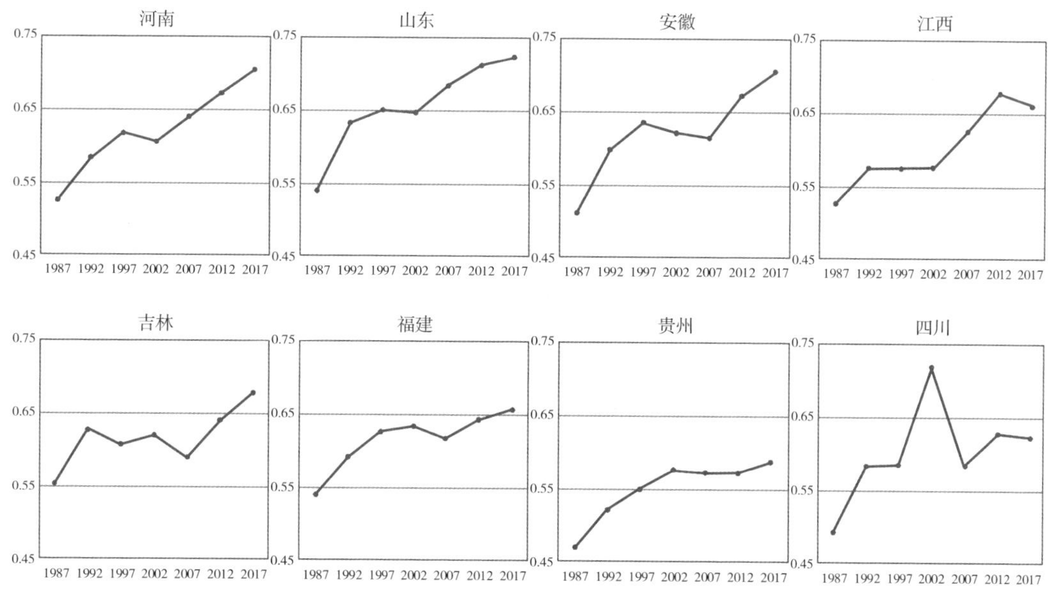

图5 1987—2017年中间投入率呈快速上升型省份

2.较快上升的省份

从图6可以看出，有些省市区的中间投入率保持较快的上升态势（上升幅度介于5%~10%之间），比如北京、天津、河北、内蒙古、辽宁、湖北、湖南、陕西、甘肃、宁夏等。它们之间的资源禀赋、产业结构差异较大，中间投入率的变化轨迹不同，但总体反映出保持较快产业结构升级速度的特征。以辽宁省为例，该省的中间投入率于 1987—2017 年共上升 5.39 个百分点。从辽宁的三次产业结构变化来看，第二产业的比重呈现出先升后降的变化，1997—2017 年第二产业占比由 49.68%（1997）升至 53.35%（2012），再降至 39.74%（2017）。从制造业内部来看，资本密集型产业的比重（占制造业）先降后升（由 1997 年的 54.03%，降至 2012 年的 45.80%，再升至 2017 年的 56.21%），其中，金属冶炼及压延加工业和石油加工、炼焦及核燃料加工业等行业保持较高占比；技术密集型产业的比重由 19.04%（1997）升至 32.99%（2017），其中，交通运输设备制造业等行业占比提高较快。此外，近年来辽宁大多数劳动密集型、资本密集型制造业行业的中间投入率在上升，一定程度上反映出这些行业自身升级的特征。

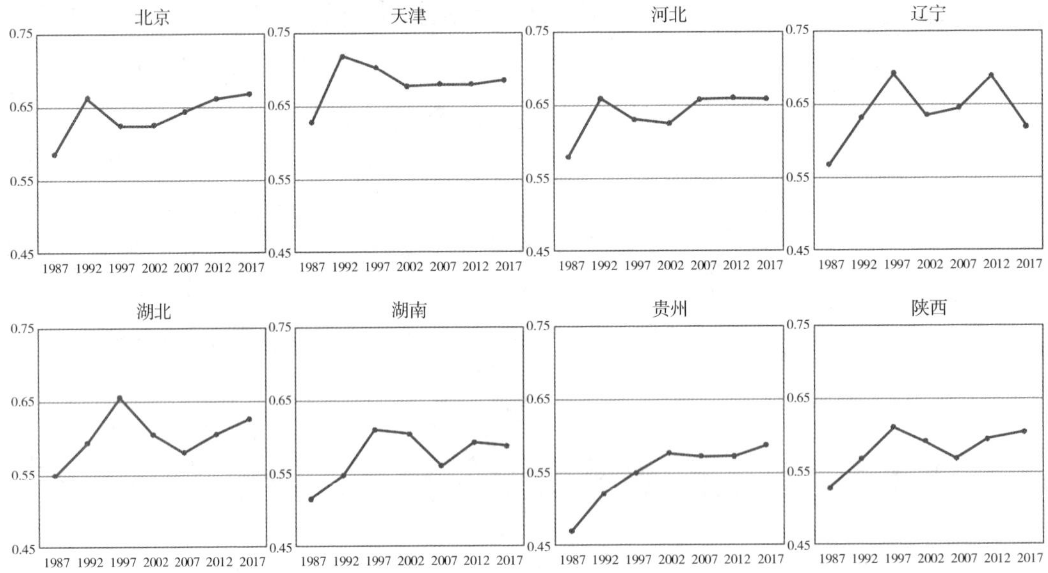

图 6 1987—2017 年中间投入率呈较快上升型省份

3.缓慢上升的省份

从图 7 可以看出，1987—2017 年山西、黑龙江、青海等省份的中间投入率总体保持平缓（上升幅度小于 5%）。从产业结构特征来看，这些省份的产业发展对资源禀赋依赖程度较高，且近年来部门间产业结构升级较为缓慢。以山西为例，本研究测算了各地区不同阶段的产业结构相似度系数，①1987—2017 年

①产业结构相似度系数公式：$SimCoef=\sum X_{in}X_{jn}\Big/\sqrt{\sum X_{in}^{2}\sum X_{jn}^{2}}$。其中，i、j 表示两个不同年份。n 为行业，该系数越高，表明两个年份的产业结构越相似。

山西的产业结构相似度系数为 0.83，高于全国水平(0.74)，远高于“倒 U”形的广东(0.60)和上升型的河南(0.70)。从山西各行业的产值规模来看，煤炭采选业在 29 个部门中长期保持第 1 位，2017 年山西煤炭采选业产值占全省总产值的比重为 15.61%，金属冶炼及压延加工业(该行业为山西的第一大制造业)的产值规模占全省总产值的比重为 7.96%，可见山西对资源性产业依赖程度较高。从山西制造业各行业的中间投入率变化来看，2002 年以来，山西制造业各行业的中间投入率总体有所上升，但上升幅度不高(甚至有的行业出现下降)，表明各行业自身升级不明显。此外，本研究测算了 2017 年各省与全国产业结构的相似度系数，其中山西(0.789)、青海(0.820)、黑龙江(0.845)基本位于相似度系数值最低的省份之列。可见，与其他类型的省份相比，缓慢上升型省份的产业结构与全国整体的产业结构相似程度低；且从时间序列来看，这些省份的产业结构变化小，部门间的产业升级较为缓慢。

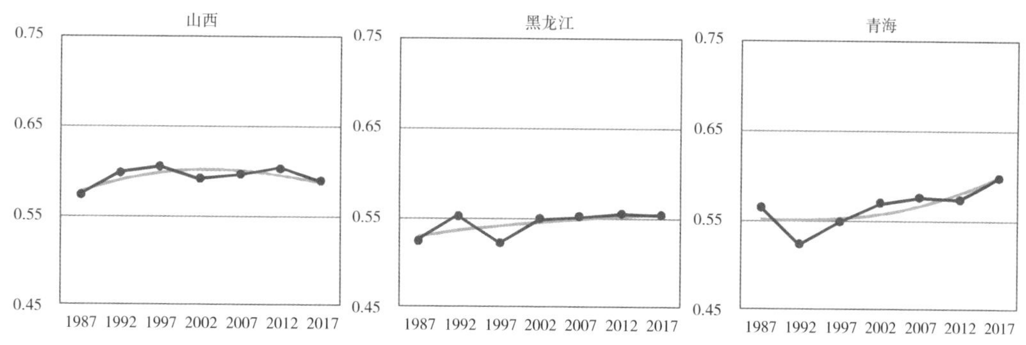

图 7 1987—2017 年中间投入率呈缓慢上升型省份

四、政策启示

本文利用历史、国际和区域的数据揭示了中间投入率变化的一般规律及我国区域产业结构的演化特征。从世界范围来看，中间投入率与经济发展水平之间呈现先升后降的“倒 U”形关系；从全国层面来看，我国全社会中间投入率出现转折性变化趋势。2010 年之前制造业内部结构升级是引起全社会中间投入率上升的主要原因，而 2010 年之后部门间的产业结构升级的加快(尤其是第三产业增加值占国内生产总值比重的快速上升)导致了全社会中间投入率下降。基于对我国近年来中间投入率变化特征的分析，可以得出以下的政策启示。

第一，从整体来看，我国的中间投入率已进入“倒 U”形曲线的下降阶段，国民经济正处于部门间产业结构快速演变的阶段。应因势利导,瞄准结构演变的大方向,增强政策的针对性和有效性,推动经济结构优化升级。

第二,对于中间投入率呈“倒 U”形的省份,其经济发展水平相对较高。对于这些省份,应发挥其产业结构转型升级的示范效应和溢出效应,并着力加强科技创新在经济发展中的引领作用,促进产业向全球价值链中高端迈进,促进提质增效。

第三,对于快速上升的省份,中间投入率还未达到最高值(拐点尚未来临),需要加快技术变迁和部门间的产业结构升级。对于较快上升的省份,中间投入率远未达到最高值,应加快工业化进程,积极承接东部地区产业转移,并加强工艺改进和制造业内部的结构升级。

第四,对于缓慢上升的省份,其自然资源相对丰裕或生态环境较好,但产业结构较为单一。对于这些省份,应着力加强产业链条延伸,构建产业链重构和转型发展的软硬条件,并加强智能技术、绿色技术应用,加快传统产业转型升级。

作者单位:国务院发展研究中心、清华大学、首都经济贸易大学。其中,李善同系国务院发展研究中心研究员、清华大学中国发展规划研究院高级研究员、武汉发展战略研究院特聘专家

从全面小康迈向共同富裕的战略选择①

魏后凯

从居民消费和生活水平看，社会的变迁大体经历了从生存型、温饱型到小康型再到富裕型的转变。改革开放以来，中国的现代化进程经历了从温饱到小康、从总体小康再到全面小康的两次飞跃。全面建成小康社会目标的实现，标志着中国整体进入全面小康社会。全面小康社会是小康社会的高级阶段，也是由小康社会走向富裕社会的转型阶段。从全面小康到相对富裕再到共同富裕，最终建成具有中国特色的共同富裕社会，将是我们追求的长远目标。当前，在实现这种转型过程中，既要继续巩固全面小康的成果，切实提高全面小康的水平和质量；又要以高质量发展为导向、高品质生活为目标、高效能治理为手段、全方位创新为动力，加快从小康社会向富裕社会转型。

一、中国现代化进程中的两次飞跃

随着居民生活水平的提高和消费结构的变化，社会形态也不断发生变化，从一种较低级的社会形态过渡到一种较高级的社会形态。国内外的经验表明，按照居民消费和生活水平的划分标准，社会形态大体经历了从生存型、温饱型到小康型再到富裕型的阶段变化。在新中国成立以后相当长的一段时期内，中国都处于贫困型和温饱型社会，居民消费以满足吃、穿等基本生活消费为主要特征。特别是受城乡分割和传统计划经济体制的束缚，加上重工轻农、重城轻乡的发展导向，中国农村曾经一度整体发展落后，农民收入和生活水平低，农村人口呈现普遍贫困的状况。到 1978 年，按当时农村贫困标准即 1978 年标准

①本文为中国社会科学院创新工程重大科研工程项目之四“全面建成小康社会及‘后小康社会’重大问题研究”的阶段性成果，项目组组长为高培勇副院长。

测算的全国农村贫困人口数量多达 2.5 亿，贫困发生率达 30.7%，农村居民家庭恩格尔系数达到 67.7%，甚至比 1957 年提高了 2.0 个百分点，出现了逆向变化趋势；而按现行农村贫困标准即 2010 年标准测算的全国农村贫困人口高达 7.7 亿，贫困发生率达 97.5%，这些农村贫困人口相当于当年全国总人口的 80.0%。这说明，直到改革开放初期，中国农村人口仍处于普遍贫困状态。

为了改变这种贫困落后的状况，改革开放初期，邓小平在阐述“中国式的现代化”时率先提出了建设小康社会的构想，这一构想后来被逐步纳入国家战略之中（吕书正，2000）。1982 年，中共十二大率先把小康作为主要奋斗目标，明确提出到 20 世纪末，人民的物质文化生活“达到小康水平”（胡耀邦，1982）。1987 年，中共十三大正式把小康提升到国家战略，并将到 20 世纪末“人民生活达到小康水平”作为“三步走”发展战略的第二步目标（赵紫阳，1987）。1997 年，中共十五大又提出了“建设小康社会”的历史新任务（江泽民，1997）。到 2000 年，经过 20 多年的改革开放和持续高速增长，中国已经如期实现了小康目标，按不变价格计算的国内生产总值和国民总收入分别比 1980 年增长 5.55 倍和 5.48 倍，均超过了翻两番的预定目标，人均国内生产总值达到 959 美元；按 1978 年标准农村贫困人口下降到 3209 万人，贫困发生率下降到 3.5%，人民生活总体上达到了小康水平，使占世界五分之一的人口顺利进入总体小康社会，实现了从温饱到小康的飞跃。

然而，当时实现的这种总体小康仍是一种“低水平的、不全面的、发展很不平衡的小康”（江泽民，2002）。针对这种状况，2002 年，中共十六大提出了“全面建设小康社会”的目标任务，明确在 21 世纪头 20 年，全面建设惠及十几亿人口的更高水平的小康社会，力争实现国内生产总值翻两番，使人民过上更加富足的生活（江泽民，2002）。2007 年，中共十七大首次提出了到 2020 年实现全面建成小康社会的奋斗目标，人均国内生产总值比 2000 年翻两番（胡锦涛，2007）。2012 年，中共十八大再次强调要确保到 2020 年实现全面建成小康社会宏伟目标，国内生产总值和城乡居民人均收入比 2010 年翻一番（胡锦涛，2012）。2017 年，中共十九大又将打赢脱贫攻坚战作为决胜全面建成小康社会的三大攻坚战之一，强调要“让贫困人口和贫困地区同全国一道进入全面小康社会”（习近平，2017）。从“建设小康社会”到“全面建设小康社会”再到“全面建成小康社会”，既反映了中央政策继承和创新的有机统一，又反映了人们对小康社会科学内涵理解的不断深化。

特别是，自 2007 年以来，中国政府按照“四个全面”战略部署和“五位一体”总体布局，统筹推进经济建设、政治建设、文化建设、社会建设和生态文明建设，经过 10 多年的艰辛努力，目前全面建成小康社会已经取得决定性进展和历史性成就，目标任务即将如期实现。在全面建成小康社会的目标任务中，打赢脱贫攻坚战是一个底线任务。截至 2019 年底，按照 2010 年标准全国农村贫困人口已经减至 551 万人，贫困发生率下降到 0.6%，贫困县由 832 个减至 52 个。从 2013 年到 2019 年，贫困地区农民人均可支配收入年均实际增长 9.7%，比同期全国农民人均可支配收入增速高 2.2 个百分点。这次新冠肺炎疫情虽然加大了脱贫攻坚的难度，但由于各部门和各地区采取了多方面积极措施，2020 年我国已如期完成了脱贫攻坚目标任务。

随着全面建成小康社会目标任务的实现，中国将整体进入全面小康社会。所谓全面小康社会，是指小康建设所覆盖的领域、人口和区域都是全面的。从小康的覆盖领域看，主要体现为经济、政治、文化、社会和生态文明等领域的全面发展，而不是经济领域的单方面发展（肖贵清，2015）；从小康的覆盖人口看，小康建设需要全部覆盖不同类型的人群，惠及 14 亿的广大民众；从小康的覆盖区域看，不仅沿海发达地区，而且广大中西部和老少边穷地区也要同步迈入全面小康社会。这就是说，在全面小康路上“一个都不能少，一个都不能掉队”，要让全国各族人民、老少边穷地区群众、贫困家庭同全国人民一道共同迈入全面小康社会。总之，改革开放 40 多年来，中国经济社会发展取得了辉煌的成就，在过去已经实现从温饱到小康的飞跃的基础上，目前又将实现从总体小康到全面小康的新的历史性飞跃。全面建成小康社会目标任务的实现，标志着中国将跨越全面小康社会的门槛，真正建成并整体迈入全面小康社会，使千百年来中国人民梦寐以求的社会理想最终成为现实，这是中国对世界人类发展做出的巨大贡献，充分体现了中国的制度优势和中国智慧。

二、构建具有中国特色的富裕社会

在全面建成小康社会目标实现之后，中国将处于什么发展阶段、属于何种社会形态？目前，越来越多的学者开始使用“后小康”这一术语，并从不同视角探讨“后小康”时代的发展问题。早期，曾有学者采用“后小康”概念来描述中国在进入小康社会之后的发展阶段，即从小康的起点标准到富裕阶段的时间段

(张少龙,1998)。中央提出“全面建设小康社会”特别是“全面建成小康社会”目标之后,学术界通常从广义的角度把“后小康”理解为全面建成小康社会之后,而把“后小康”时代泛指为全面建成小康社会之后的发展阶段(魏后凯,2020;丁红军,2020;许宪春、余航,2020)。当然,也有学者在探讨全面建成小康社会之后的发展时,采用“后小康社会”的概念(杨菊华,2020;于安,2020)。如前所述,全面建成小康社会之后,中国刚刚迈入全面小康社会,并将会在全面小康社会持续较长一段时间。无论是总体小康还是全面小康,都是小康社会的重要阶段。从这一点上讲,学界使用的“后小康社会”概念实际上主要是指全面小康社会。一般认为,小康社会之后将是发达、富足、包容的富裕社会。因此,“后小康”时代是指实现全面建成小康社会目标后向富裕社会迈进的过渡阶段,也是由小康社会向富裕社会迈进的必然阶段。在这一过渡阶段,整个社会仍将处于全面小康社会。只有越过这一阶段,社会才能进入富裕时代(魏后凯,2020)。

全面小康社会是相对于总体小康社会而言的,它是小康社会的高级阶段,也是由小康社会走向富裕社会的转型阶段(见表 1)。2020 年实现全面建成小康社会的目标任务,只是中国整体迈入全面小康社会的起点。在进入全面小康社会之后,中国的现代化建设将面临两大核心任务:一方面需要继续巩固全面小康成果,进一步提高全面小康水平和质量,使人民生活更加宽裕;另一方面需要加快实现从全面小康向相对富裕的转变,基本实现社会主义现代化目标。这两大核心任务是一个问题的两个方面,二者紧密相连、相互促进。很明显,从全面小康社会过渡到富裕社会无疑将经历一个较长的过程,仍需要在各个方面进行不懈努力。按照世界银行《世界发展指标 2016》中的划分标准,如果 2014 年人均国民总收入在 12736 美元及之上,就属于高收入国家和地区(World Bank,2016)。2019 年,中国人均国民总收入已经超过 1 万美元,达到 10235 美元。预计在“十四五”中后期,中国将迈入高收入国家行列。如果从“十四五”时期到“十五五”“十六五”时期,中国人均国民总收入分别按照年均增长 5.5%、5.0%和 4.5%的速度递减,那么到 2024 年中国人均国民总收入将超过 1.3 万美元,越过高收入国家的门槛,到 2033 年将超过 2.0 万美元。需要指出的是,高收入国家并不等同于发达国家,进入高收入国家行列也并非就进入了富裕社会。富裕社会除了收入标准和物质富裕外,精神富裕和社会公正等也是重要的衡量标准。

表 1 改革开放以来中国社会发展阶段的变迁与展望

<table>
<tr><th colspan="2">发展阶段</th><th>时间段</th><th>人民生活状况</th><th>发展目标</th></tr>
<tr><td colspan="2">温饱型社会</td><td>2000 年以前</td><td>生活水平低，属温饱型消费</td><td>人民生活达到小康水平，建设小康社会</td></tr>
<tr><td rowspan="2">小康社会</td><td>总体小康社会</td><td>2001—2020 年</td><td>已解决温饱问题，人民生活相对宽裕</td><td>全面建成小康社会，实现领域、人口和区域全覆盖</td></tr>
<tr><td>全面小康社会</td><td>2021—2035 年</td><td>人民生活总体宽裕</td><td>基本实现社会主义现代化，人均国内生产总值达到中等发达国家水平，人民生活更为宽裕</td></tr>
<tr><td rowspan="2">富裕社会</td><td>相对富裕社会</td><td>2036—2050 年</td><td>人民生活较为富足</td><td>建成富强民主文明和谐美丽的社会主义现代化强国，基本实现共同富裕</td></tr>
<tr><td>共同富裕社会</td><td>2050 年之后</td><td>人民生活富足、包容，实现共同富裕</td><td>全面实现普遍繁荣和共同富裕</td></tr>
</table>

“富裕社会”（Affluent Society）是美国制度经济学家加尔布雷思在 20 世纪 50 年代提出的一个概念，最初的含义是指为摆脱普遍贫困的大多数人物质生活丰裕的社会（加尔布雷思，2009）。这种“富裕社会”尽管呈现出历史上从未有过的物质富裕，但仍然存在社会不平等、发展失衡问题，具体表现为私人富裕和公共贫困的反差、私人消费领域符号化消费严重、真实而重要的公共需求得不到满足（毛安然、郑召利，2016）。英国社会学家丹尼·多林（2014）在《不公正的世界》一书中，认为当今“富裕社会”的本质是“不公正”，且具有新五大弊病，即精英主义、排斥、歧视、贪婪、绝望，由此产生了问题少年、受排斥的人、被抛弃的人、负债的人及抑郁症患者等受害群体（胡飞雪，2014）。美国学者马尔库塞（1978）则把这种“富裕社会”称之为“物质丰富、精神痛苦”的“病态社会”，他认为物质积聚带来的并不是人的自由、全面发展，而是极端的精神堕落和不自由（吴太胜，2007）。很明显，这里所讲的欧美“富裕社会”只是一种物质上的、不公正的富裕社会。

共同富裕是社会主义的本质属性。中国作为一个社会主义国家，完全有能力克服欧美“富裕社会”的种种弊端，寻求并努力实现一种全面、公正、共享的富裕社会（Prosperity society）。所谓“全面”，不单纯是物质上的富裕，更包括精神上的富裕，是指经济、政治、文化、社会和生态文明建设的全方位进步；所谓“公正”，就是坚持以人民为中心，让每个人都能够感受到公平正义；所谓“共享”，则是追求普遍性繁荣，走共同富裕之路，能够让最广大民众共享发展成果。这种中国特色的富裕社会，大体可分为相对富裕社会和共同富裕社会两个阶段。其中，共同富裕社会是富裕社会的高级阶段，它是我们追求的最终目标。中共十九大明确提出了“两个阶段”的战略安排，即到 2035 年基本实现社会主义现代化，人民生活更为宽裕；到本世纪中叶建成富强民主文明和谐美丽的社会主义现代化强国，基本实现全体人民共同富裕（习近平，2017）。与此相适应，可以大致界定，到 2035 年基本实现现代化时，中国将总体上迈入相对富裕社会；到本世纪中叶建成社会主义现代化强国时，中国将总体上迈入共同富裕社会的门槛。这样的话，从 2021 年到 2035 年，中国仍将处于全面小康社会。这一时期，将是从全面小康迈向共同富裕的关键时期。

三、提高全面小康质量仍需继续努力

在由小康社会向富裕社会转型的过程中，中国需要始终瞄准现代化目标，进一步巩固、夯实全面小康成果，着力提高全面小康水平和质量，以为最终建成中国特色的共同富裕社会奠定坚实基础。在全面建成小康社会之后，为什么还要进一步提高全面小康的水平和质量？这是因为，小康社会是温饱社会与富裕社会之间的过渡阶段，即使当前中国实现了全面建成小康社会目标，但依旧处于小康社会发展阶段，还属于发展中国家，并没有跨越富裕社会的门槛，其经济社会发展水平仍然较低，发展不充分不平衡的问题依然突出。无论是从发展阶段还是从全面小康短板、薄弱环节以及沿海地区的经验来看，在中国实现全面建成小康社会目标之后，尽管小康社会已经“全面建成”，但仍需要在一段时期内持续提高全面小康水平和质量，并逐步集聚力量，推动全面小康社会向相对富裕社会迈进。

从发展阶段来看，在进入“后小康”时代相当长一段时期内，中国仍将处于小康社会发展阶段。2020 年实现全面建成小康社会目标，将标志着中国整体上告别现行标准下的绝对贫困，在解决温饱和实现总体小康的基础上，真正整体迈入了全面小康社会（魏后凯，2020）。即便如此，在今后较长一段时期内，中国仍将处于社会主义初级阶段，属于发展中国家的性质并没有改变。与一些发达国家相比，目前中国在经济发展、社会进步和民生福祉等方面都具有较大差距（许宪春、余航，2020），远不能适应社会主义现代化建设的需要和人们对美好

生活的期盼。譬如,从经济发展来看,虽然自 2010 年以来中国国内生产总值已经超过日本,位居世界第二,2018 年达到 13.61 万亿美元。但由于人口较多,人均国内生产总值仅有 9771 美元,在 192 个国家和地区中仅位列第 71 位;中国人均国内生产总值比世界平均水平低 13.5%,仅相当于高收入国家平均水平的 21.9%。再从各种发展指数来看,根据《国际统计年鉴 2019》提供的数据,尽管 2019 年中国全球竞争力指数(居第 28 位)和全球创新指数(居第 14 位)排名比较靠前,但 2018 年人类发展指数、2019 年全球化指数、2016—2018 年幸福指数分别仅居第 85 位、80 位和 93 位,均处于中等水平。

从发展的不平衡不充分来看,目前全面小康建设还存在一些短板和薄弱环节。其中,农村地区是最为突出的短板。中国社会科学院农村发展研究所课题组(2020)采用经济发展、人民生活、社会发展、政治民主、农村环境 5 个一级指标 23 个二级指标进行初步评价的结果表明,2017 年农村全面建成小康社会的实现程度为 90.01%,比 2010 年提高 19.25 个百分点,平均每年提高 2.75 个百分点,按照现有推进速度,虽然到 2020 年底可以总体实现农村全面小康目标值,但在人民生活、社会发展、农村环境等领域仍存在一些突出短板和薄弱环节。尤其是在农村贫困地区,即使现有标准下农村贫困人口实现脱贫,贫困县全部摘帽,但由于现行贫困标准不高,贫困家庭内生动力不足,要全面提高脱贫质量、减缓相对贫困,仍需要长期不懈努力。中国现行的农村贫困标准只是一条满足"不愁吃、不愁穿"的稳定温饱标准,按 2011 年购买力平价计算,约相当于每天 2.3 美元(鲜祖德等,2016)。虽然高于世界银行 2015 年发布的每天 1.9 美元极端贫困线,但低于每人每天 3.2 美元的中等偏下收入国家的贫困线,更低于每人每天 5.5 美元的中等偏上收入国家贫困线(见表 2)。事实上,中国人均国民总收入已经越过中等偏上收入国家的门槛,进入中等偏上收入国家行列。2018 年,中国人均国民总收入比中等偏上收入国家平均值大约高 6.9%。

表 2 中国经济发展水平和贫困线国际比较

国家类型	2014 年人均国民总收入及划分标准(美元)	2011 年左右国家贫困线		2012 年人均国民总收入		2018 年人均国民总收入	
		(中位数,美元)	倍数	美元	倍数	美元	倍数
中国	7400	2.3	1.0	5740	1.0	9470	1.0
低收入国家	≦1045	1.9	1.21	584	9.83	790	11.99

(续表)

国家类型	2014 年人均国民总收入及划分标准(美元)	2011 年左右国家贫困线		2012 年人均国民总收入		2018 年人均国民总收入	
		(中位数,美元)	倍数	美元	倍数	美元	倍数
中等偏下收入国家	1046~4125	3.2	0.72	1877	3.06	2245	4.22
中等偏上收入国家	4126~12735	5.5	0.42	6987	0.82	8859	1.07
高收入国家	≧12736	21.7	0.11	37595	0.15	44166	0.21

资料来源:根据 World Bank(2013,2016,2018)和《国际统计年鉴》(2019)计算。

更为重要的是,目前中国的城乡区域发展差距仍然较大,实现城乡区域协调发展任务十分艰巨。与城市相比,目前农村地区实现的全面小康水平仍然较低,城乡收入和消费水平差距仍然较大。自 2007 年以来,尽管中国城乡居民人均可支配收入之比出现了持续下降趋势,2019 年已经下降到 2.64(以农村为 1),但目前还处在高位,仍远高于改革开放以来 1985 年 1.86 的水平(见图 1)。在甘肃、贵州、云南等西部落后地区,2019 年城乡收入比仍在 3.0 以上。城乡居民消费水平之比自 2000 年以来也在持续下降,2019 年已下降至 2.38,但仍高于 20 世纪 80 年代中后期的水平。再从地区差距来看,2019 年人均地区生产总值最高的北京是最低的甘肃的 5.0 倍,居民人均可支配收入最高的上海是最低的甘肃的 3.63 倍,而北京城镇居民人均可支配收入则是甘肃农村居民人均可支配收入的 7.67 倍。

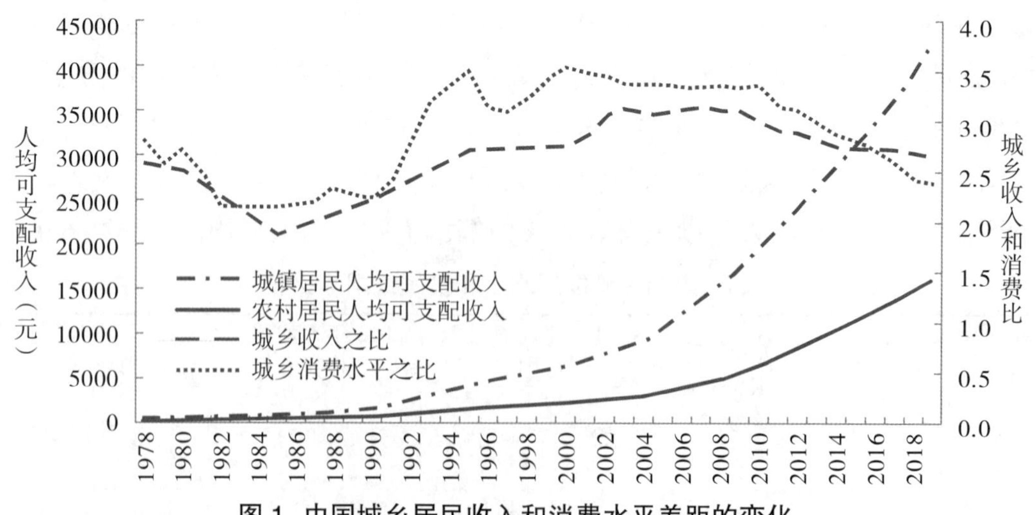

图 1 中国城乡居民收入和消费水平差距的变化

资料来源:根据《中国统计摘要 2020》绘制。

从沿海发达地区的情况来看，浙江、江苏等地的先行探索为全国积累了丰富的经验。早在2015年，浙江省委就提出了“高水平全面建成小康社会”的目标任务，并把“高水平”概括为综合实力更强、城乡区域更协调、生态环境更优美、人民生活更幸福、治理体系更完善（夏宝龙，2015）。继浙江之后，2016年江苏省委也明确提出“高水平全面建成小康社会，努力建设经济强、百姓富、环境美、社会文明程度高的新江苏”，把发展水平更高、群众获得感更强作为高水平全面建成小康社会的核心要义（李强，2016）。中国各地区发展水平差异较大，2019年北京、上海人均地区生产总值已超过2.2万美元，江苏、浙江、福建等也超过1.5万美元，而最低的甘肃还不到5000美元。即使未来按照2016—2019年全国人均国内生产总值的平均增速（6.15%）增长，全国要达到江苏和浙江目前的水平，也分别需要9.3年和7.0年；而甘肃要达到江苏和浙江目前的水平，则分别需要22.1年和19.8年。事实上，随着中国经济发展的转型，近年来各地经济增速已经在逐步放缓。另据采用《江苏高水平全面建成小康社会指标体系》的精简版进行测算，2016年江苏省高水平全面建成小康社会综合实现程度为96.2%，浙江为89.4%，广东为86.0%，而全国平均仅有63.8%，比江苏省低32.4个百分点（黄瑞玲等，2018）。即使按照2015—2016年江苏省年均提高3.15个百分点的速度推进，全国要达到目前江苏省的全面小康水平也需要10年左右的时间。因此，从沿海地区的经验来看，在今后一段时期内，继续巩固全面小康成果，提高全面小康水平和质量依然是十分必要的。

四、加快从小康社会向富裕社会转型

从全面小康到相对富裕再到共同富裕，最终建成具有中国特色的共同富裕社会，将是一项长期的艰巨任务。根据“两个阶段”的战略安排，到本世纪中叶，中国不仅要建成富强民主文明和谐美丽的社会主义现代化强国，而且要基本实现全体人民共同富裕。从这一点上讲，中国建成社会主义现代化强国的过程也就是总体上建成共同富裕社会的过程。而要实现建成共同富裕社会的长远目标，首先必须打牢全面小康社会的基础，重点是补齐短板和薄弱环节，切实提高全面小康水平和质量，并在此基础上，按照基本实现现代化的要求，以高质量发展为导向，以高品质生活为目标，以高效能治理为手段，以全方位创新为动力，加快实现由全面小康社会向相对富裕社会的转变。在实现这种转型的过程中，高质量发展、高品质生活和高效能治理是重要标志，而全方位创新则是根本源动力。

一是以高质量发展为导向。当前,中国经济已经由高速增长阶段转向高质量发展阶段。高质量发展是一种体现新发展理念,能够很好满足人民日益增长的美好生活需要,并实现发展方式转变、经济结构优化、增长动力转换的发展(杨伟民,2018)。在进入全面小康社会之后,随着经济发展阶段的转变和人民生活水平的提高,高质量发展将成为未来较长一段时期内中国经济发展的基本导向和根本要求。为此,必须始终坚持以高质量发展为导向,建立完善高质量现代化经济体系,筑牢推动高质量发展的强大支撑体系,尤其是推动高质量发展的指标体系、政策体系、标准体系、统计体系、绩效考核、人才支撑等,积极探索高质量工业化和城镇化之路,构建城乡区域高质量协调发展的新格局。在新发展理念下,高质量发展的核心要义就是要坚持质量第一、效率优先,依靠创新和开放全面提高发展质量,全面增进人民福祉,实现更高质量、更有效率、更加公平、更可持续、更为安全的发展。高质量发展这一概念尽管是在谈及经济发展转型时提出来的,但它具有更为丰富的科学内涵,体现了以人民为中心和全面发展的思想,而并非仅仅局限于经济高质量发展领域。除了高效率发展之外,强调平等、可持续和安全的协调发展、绿色发展和安全发展也是高质量发展的应有之义。

二是以高品质生活为目标。全面提高城乡居民生活质量和水平,使全体人民能够充分享受高品质的生活,拥有更多更好的获得感、幸福感和安全感,始终是我们追求的核心目标之一。高品质的生活,不单纯体现为整体的生活品质高,而且也包含了公平和共享的含义,能够让更广大民众最大程度地共享改革和发展成果,实现社会公平正义。进入后小康时代,在推进社会主义现代化强国建设过程中,必须围绕全面提升生活质量这一目标,加快推动实现由全面小康向相对富裕进而向共同富裕的转变。首先,要以提升全民健康水平为核心,始终把人民健康放在优先发展战略位置,全面推进健康中国建设。其次,要持续提升城乡居民收入和消费水平,不断改善收入分配,多渠道促进居民消费稳定扩大和加快升级。在改善收入分配中,最重要的是缩小不同群体之间、城乡区域之间的收入差距,提高中等收入阶层的比重。此外,还要全面改善人居环境,尤其是补齐农村人居环境的短板,加快推进农业投入品减量增效、畜禽粪便和秸秆资源化利用、农村垃圾污水处理和村庄生态化整治。

三是以高效能治理为手段。推进国家治理体系和治理能力现代化是中国现代化建设的重要组成部分,也是构建中国特色的共同富裕社会的核心内容。中共十九届四中全会对未来推进国家治理体系和治理能力现代化的总体目标、重点任务和关键举措进行了全面安排部署,开启了新时代“中国之治”的新征程。加快推进国家治理体系和治理能力现代化,必须全面提高国家治理能力和治理水平,增强治理的有效性,实现高效能治理,走中国特色的善治之路。高效能治理或者治理有效,是衡量国家治理体系和治理能力现代化的重要标志。要依靠高效能治理促进高质量发展，加快推动实现由小康社会向富裕社会的转变。在这种转型的过程中,首先必须充分发挥制度优势,全面提高治理效能。同时,要加大力度补齐治理体系中的突出短板,强化各领域的薄弱环节,进一步完善国家治理体系,尽快弥补各短板和薄弱环节的治理能力缺口。特别是,要进一步强化乡村治理体系建设,着力推进乡村治理能力现代化,尽快填补乡村治理能力的缺口。此外,要广泛吸引民众参与,积极探索形式多样的社会治理共同体,加快构建共建共治共享的社会治理新格局。

四是以全方位创新为动力。创新是引领发展的第一动力,也是实现由小康社会向富裕社会转型的根本源动力。为此,必须把创新摆在发展全局的核心位置,要依靠全方位创新推动新旧动能加速转换,促进质量变革和效率变革。首先是更新观念,要超越过于强化物质生活内容的狭隘思维,不仅要实现物质上的富裕,更要实现精神上的富裕,真正把人的全面发展、社会公正以及提高人民的获得感、幸福感、安全感放在更加重要的位置。其次是科技创新,要充分利用新一轮科技革命的机遇,全面提高关键领域的原始创新、集成创新和引进消化吸收再创新能力，逐步形成与社会主义现代化强国和共同富裕社会建设相适应的现代科技创新体系，为加快实现由小康社会向富裕社会转型提供强有力的科技支撑。第三是体制创新,要以市场化改革为导向,全面深化经济、政治、文化、社会和生态文明领域的体制改革,持续激发全社会创造力和市场活力,推动形成内生发展型的共同富裕和普遍繁荣格局。

作者系中国社会科学院农村发展研究所所长、研究员,中国社会科学院大学教授、博士生导师,武汉发展战略研究院特聘专家

推动湖北制造业高质量发展的战略对策研究

胡树华

湖北以制造而立,因制造而兴,也将依制造而强。实现新时代湖北高质量发展,必须牢牢把握制造业高质量发展的主线,着眼于产业趋势、世界格局、全国布局的宏观视野,从战略高度谋划湖北制造业高质量发展的战略方向与战略重点。推动湖北制造业高质量发展,须全面认清湖北制造业的行业结构、区域结构、企业结构等基本省情,提前规避"空心化""单一化""跨越式"三大误区,努力实现"核心化""融合化""联动式"三大转变;须突出机电制造、高端制造、智能融合三层次重点,实施"芯屏端网"①自主创新、制造业中心建设、企业家培育三大工程,廓清方向,凝聚共识,多措并举,把握重点,推动湖北由制造大省向制造强省迈进,为实现湖北高质量发展提供坚实基础。

一、世界制造业的大国特征

制造业的历次重大变革均伴随着世界产业革命。前次产业革命的本质分别是新技术革命、新能源革命、新材料革命,依次推动了制造业的机械化、电动化、信息化发展。前正在兴起的第四次产业革命的本质是新模式革命,它以智能化为核心,通过融合机械化、电气化、信息化实现"四化叠加"。美国、德国、日本充分利用前三次产业革命的制造业变革机遇实现大国崛起,并在国际分工中形成了各具特色的制造优势:美国高端制造全面领先,德国基础制造深耕厚植,日本

①芯,即集成电路;屏,即半导体显示;端,即智能移动终端;网,即新一代信息技术、互联网。

精密制造独树一帜,中国体系化制造构筑我国规模赶超的基础。在“四化叠加”的新一轮产业革命喷涌之际,制造业的体系化特征为我国抢占先机提供了基础支撑与战略空间,有利于我国加速实现国家崛起与民族复兴。

二、中国制造业区域布局特征

新中国成立至今,我国制造业的区域布局经历多次变迁,从“一五”时期的156项重点工程、20世纪六七十年代的“三线建设”、80年代的小商品市场启动、90年代的现代企业制度改革,到本世纪初现代化制造业产业体系建立,逐步形成了当前布局的四大特征。

(一)分布广泛,但贡献集中

制造业的31个细分行业中,除了化学纤维之外的30个行业均至少分布于全国27个省市区,奠定了我国制造业规模赶超的重要基础。但全国70%的制造业总产值分布在全国30%的省市区,且各省域70%的制造业总产值由30%的细分行业贡献,呈现出“行业—区域双三七”的集中化特征。

(二)四大板块梯次布局,东部地区全行业极化

我国制造业发展呈现显著的板块经济特征。2016年东、中、西、东北地区的制造业产值在全国占比依次为59.8%、22.2%、13.4%、4.6%,与其经济格局呈现同步化的梯次分布。同时,四大板块均由重工业主导,且轻、重工业产值比均稳定在1:3。从区域差异来看,东部地区制造业规模遥遥领先,31个细分行业的销售产值在四大板块中均列第一,且其中22个细分行业的销售产值高于其他板块之和,出现全行业极化现象。

(三)东部产业结构高端化,内陆则以中低端制造业为主

产业结构与经济发展水平相辅相成,经济发达地区的产业结构更加高端。东部规模前五大行业依次为计算机、化工、电气、汽车、钢铁,均属于中高端制造业;中部规模前五大行业依次为建材、食品、化工、冶金、汽车,反映出中部的中低端制造业更具优势;西部和东北地区制造业的主导技术特点不明显,但仍以食品、建材、汽车等中低端制造业为主,反映出内陆地区制造业产业结构的低端化。

(四)“三极”鼎立,“四群”争新,“一带两区五高地”,构筑先进制造业新格局

城市群是制造业发展的主要力量,创造了我国八成以上的制造业产值,形成了长三角、环渤海、珠三角三大传统增长极。2016年,三大城市群以5.2%的国

土面积创造了约 40%的制造业产值。近年来,长江中游、山东半岛、成渝、中原四大城市群异军突起,争相打造中国经济新增长极,并对传统增长极构成一定威胁, 如 2016 年长江中游城市群和山东半岛城市群的制造业销售产值占全国比重为 13%和 11%,已远超过京津冀的 8%。在此态势下,长三角、环渤海、珠三角分别依托流域经济、协同经济、湾区经济,实现长江经济带、京津冀协同发展区、粤港澳大湾区的城市群升级,并通过"腾笼换鸟"和错位竞争,形成我国先进制造业发展的"一带两区五高地"新格局。在已批复的 24 个"中国制造 2025"试点示范城市和 10 家国家级制造业创新中心中,"一带两区五高地" 分别占据了 19 个和 7 个席位;京津冀在装备制造、节能设备、电子信息等领域,粤港澳在装备制造、汽车、电子信息等领域,长三角在电子信息、生物医药、装备制造、钢铁等领域,长江中游城市群在光电、汽车、工程机械、冶金等领域,成渝城市群在汽车、重型机械、船舶配套设备等领域,形成了各具特色的产业优势。

三、湖北制造业的结构分析

(一)规模结构同步优化,"846"产业特色形成

从 20 世纪 80 年代至今,湖北坚持以制造立省,实现了制造业规模的大幅跃升与结构的优化升级。工业增加值从 1985 年的 155 亿元增加到 2018 年的 13874 亿元, 增长了近 90 倍;2018 年湖北工业增加值居全国第 7 位, 增长 7.2%,高于全国增速 1.1 个百分点;湖北的经济发展中,制造业发挥了主引擎作用,2017 年湖北工业贡献了全省 36.81%的 GDP, 其中制造业贡献占比达 34.49%。同时,2012—2016 年湖北制造业结构逐渐升级,湖北省高新技术总产值占制造总产值比重由 29%快速提升至 42%,其中规上高新制造业增加值占工业增加值比重从 28.3%提升至 38.9%。

在做大做优的同时,湖北制造业逐渐形成了自己的产业特色。从行业规模来看,湖北制造业形成了食品、汽车、建材、化工、冶金、纺织、电气、计算机等八大主导产业,共同贡献了全省 71.87%的销售产值;从全国贡献来看,形成了汽车、食品、建材、化工等四大优势产业,销售产值占比分别位居全国第 3、4、5、6 名,高于湖北制造业第 7 位的整体排名;从经济效益来看,形成了医药、汽车、建材、橡胶塑料、仪器仪表、化工等六大高效益产业,[①]其利润率均高于全省制造

①剔除了烟草制品业。

业5.67%的平均水平。其中,汽车、建材和化工同时具备规模优势和效益优势,是湖北省实现制造业高质量发展的重要依托。

（二）“两带”布局,单核引领,同质竞争

湖北制造业围绕长江和汉江形成“两带”分布格局,“两带”集中了全省70%的重点成长型产业集群,贡献了全省近90%的工业增加值。武汉地处“两带”交汇处,对推动全省制造业发展发挥了单核引领作用。2017年武汉实现工业总产值14433亿元,占全省比重达31.62%,单位面积产出强度为1.7亿元/平方公里,约为全省平均水平的6.5倍。同时,武汉“一城独大”和襄阳、宜昌“两副偏弱”,导致湖北制造业发展水平出现武汉—襄阳、宜昌—荆门、孝感—其余城市的“4层级2倍差”的断层现象,每一层级城市的平均工业总产值约为下一层级城市的2倍。①断层发展进一步加剧制造业区域协作的难度,导致产业同质化布局。湖北GDP排名前九的城市全都布局了27个以上制造业细分行业,②整体重叠率达87%,且各城市排名前十五的细分行业中有近80%的行业存在重叠。

（三）大型企业主导,中小企业集中,民营企业滞后

企业是制造业发展的主体。2018年湖北规上工业企业数量达15598家,较上年增加501家,企业数量规模逐渐扩大,并形成鲜明的结构特征。一是大型企业主导作用突出,中小企业行业高度集中。2017年湖北规上大型工业企业以2.25%的数量占比贡献了全省36.73%主营业务收入,而14757家中小工业企业中近1/3集中于建材、食品、汽车三大行业。二是国有企业行业层次高,民营企业发展滞后。2017年国有控股工业企业共有768个,其中49%集中于交通、设备、电气、计算机等高技术含量的机电制造行业;8191家私营企业中,近30%集中于建材、食品两大行业,主要从事低技术含量、低附加值的劳动密集型行业,民营经济发展层次较低。

四、制造业发展的误区

改革开放四十年来,我国探索出具有中国特色的制造业发展道路,推动制

①根据2016年各城市工业总产值占全省比重计算,武汉为27.15%、襄阳为13.24%、宜昌为13.08%、荆门为6.81%、孝感为5.88%、剩余12个城市的平均占比为2.82%。由于2017年宜昌工业总产值数据存在异常值,为方便全省比较,故统一采用2016年的数据。

②武汉31个,宜昌、襄阳均为30个,荆州、荆门、黄冈、孝感均布局29个,十堰28个,黄石27个。

造业从小到大、从弱到强。然而,随着国情的变化,部分举措虽在局部阶段取得成功,但不再适应当前制造业高质量发展的需求,因此须及时调整发展方向,规避制造业发展误区。

（一）制造业“空心化”发展误区

制造业“空心化”发展是指制造业发展过度追求规模优势,忽略了核心技术创新、产品质量提升、自主品牌培育,出现有股权无知识产权、有产品无技术、有市场无品牌等情况,导致产业可持续发展能力减弱,甚至丧失对产业发展的自主控制力。

湖北是我国制造大省,培育出以武钢、东风、长飞、信科、人福医药等为代表的一批创新型企业,但湖北制造业的整体创新实力仍然较弱。湖北龙头企业的创新水平与同业世界领先企业差距显著。专利数量上，人福医药仅为拜耳的 2.4%,武钢仅为韩国浦项制铁公司的 31.3%;专利质量上,东风拥有核心专利 318 件,①仅为丰田的 2.01%,长飞的专利最高被引频次为 27 次,远低于康宁的 173 次。核心技术缺失,品牌培育就缺乏根基。2017 世界品质品牌 500 强中,湖北仅入榜东风汽车一家企业;而 2018 年世界品牌 500 强中,湖北企业入榜数量为 0。世界品牌缺失,产品易锁定在全球价值链中低端。湖北产品出口长期以低技术制造产品为主，高技术制造产品出口额仅为低技术产品的一半，且在 2010—2016 年间未出现明显优化趋势。②

（二）高新技术产业“单一化”发展误区

高新技术产业“单一化”发展是指片面推动高新技术产业发展,忽略传统制造业与高新技术的嫁接融合,出现高新技术产业与传统制造业“两业两张皮”、高新区与经开区“两园两天地”,导致高新技术产业做不大,传统制造业做不强。

湖北近二十年来高新技术产业发展迅猛,2012—2017 年高新技术制造业工业总产值年均复合增长 16.68%,占制造业总体的比重达 48.83%。但作为传统制造大省,湖北“两业两园”割裂发展的现象明显。2018 年湖北两化融合指数居全国第 14 位,规上工业劳动生产率排名第十,均远低于其 2017 年工业总产值排名第八和高新技术企业工业总产值排名第六的位次,反映出湖北高新技术产

①被引大于 3 的专利即核心专利。

②《湖北省高新技术产业发展困境及培养路径研究》报告。

业与传统制造业融合效果欠佳。同时，东湖高新区高新技术产业贡献了区91.2%的工业增加值；[①]武汉经开区2018年累计认定高新技术企业204家，数量仅为高新区的十分之一，反映了湖北高新区独立发展高新技术产业、经开区独立发展传统制造业的割裂化现象。

（三）服务业“跨越式”发展误区

服务业“跨越式”发展是指在制造业尚未夯实做牢时就过早追求服务业的规模发展和跨入服务化的经济阶段，出现了以制造业为主体的实体经济和以金融、房地产证券化为代表的虚拟经济发展失衡，导致地区经济呈现“脱实向虚”的趋势。

湖北长期坚持制造立省的战略方针，全省经济一直保持平稳较快增长，但近年来也出现金融和地产过度发展的经济虚化趋势。一是产业结构虚化，虚拟经济比重上升，实体经济地位下降。2012—2017年，工业对湖北地区生产总值的贡献占比由44%下降至36.81%，金融业和房地产业的贡献率分别由3.87%、3.08%上升7.44%、4.63%，并且第三产业比重在2017年首次超过第二产业。[②]二是企业主业虚化，资金流向地产、金融，虚拟经济企业快速壮大。2012—2018年湖北百强企业中，金融业和房地产企业从2家增加至13家，制造业企业由53家最低跌至45家；湖北A股上市公司市值排行榜中，天风证券、长江证券占据榜单前三中的两个席位。[③]

五、湖北制造业高质量发展的战略对策

（一）规避制造业发展三大误区，实现三大转变

1.规避“空心化”误区，实现“核心化”转变

规避“空心化”误区，湖北需转变“不求所有，但求所在”的发展思维，营造创新创业的良好氛围，综合运用行政与市场手段，努力实现制造业核心技术的自主突破。

一是完善政绩考核体系。将研发经费投入强度、专利产出水平、科技企业孵化数量等反映创新水平的指标，纳入湖北省各级政府考核体系。

二是聚焦核心技术突破。根据湖北制造业“846”产业特色，瞄准《中国制造

---

①2016年度全省(国家级)高新区考评数据统计表。

②2017年，第三产业在国民经济中的比重为46.5%，第二产业比重为43.5%。

③2019年3月湖北省A股上市公司市值排行榜。

2025 湖北行动纲要》的十大战略前沿产业，系统制定湖北省制造业关键共性技术的目录与技术路线，主导建立关键技术协同创新平台，积极培育重点行业创新中心。

三是增强企业创新动力。试行首台套产品首购制度，湖北各级政府优先采购本土企业创新成果；完善研发经费加倍计提制度，以研发投入强度为核心标准，动态调整计提倍数，降低本土企业创新的税费成本。

2.规避“单一化”误区，实现“融合化”转变

规避“单一化”误区，湖北应调整经济发展重心，将传统制造业转型升级，作为国民经济发展的主战场，通过传统制造高新化与高新技术产业化的并行融合，推动湖北制造业做大做强。

一是成立湖北省融合发展办公室。在湖北省制造强省建设领导小组下设科技产业与制造业融合发展协调办公室，负责制订融合发展的顶层规划、技术路线和配套政策。

二是开放制造业创新中心的会员通道。对于湖北省已经成立的 2 家国家级制造业创新中心和若干家省级制造业创新中心，依据行业属性和产业链协作关系，开放传统制造企业的会员通道，推动科研机构、高新技术企业与传统制造企业在创新中心内部实现协作与融合。

三是探索湖北省高新区与开发区的统一管理模式。湖北试点改革高新区与开发区的分散管理模式，对两类园区实行统一管理，明确统一管理主体，实行统一管理政策，遵循统一管理标准，建立统一统计体系。

3.规避“跨越式”误区，实现“联动式”转变

规避“跨越式”误区，湖北须认清我省仍处于工业化中后期的省情，转变过度发展虚拟经济的思维，明确制造业为主、服务业为辅的联动发展方式，扭转经济阶段性“脱实向虚”颓势。

一是坚定实施湖北制造强省战略。在全省上下深入宣传贯彻制造强省的战略理念，明确限定湖北省各地区投资总额中的制造业项目占比、新增用地中的制造业用地占比、银行贷款总额中的制造企业贷款占比、产业发展基金中的制造投资基金占比等，全方位优化湖北省制造业营商环境。

二是合理引导湖北虚拟经济发展。明确限定湖北省各地区和各园区的房地产开发用地规模，抑制房地产过度发展对制造企业的挤出效应；限定湖北省

制造型国有企业投资于房地产和金融行业的资金比例，引导其回归制造主业；鼓励商业银行根据制造企业特征合理调整融资门槛，地方政府联合保险公司设置制造企业的融资担保平台，引导金融业回归服务实体的本源。

三是大力发展生产性服务业。分类引导生产性服务业发展，重点补齐湖北在研发服务、创意设计、信息服务、供应链服务等行业的发展短板；分类搭建全省生产性服务业信息服务平台，降低制造业企业特别是中小企业的服务搜索时间和成本。

（二）突出湖北制造业发展的三层次重点

制造业门类众多，产业发展需立足基础、把握趋势、明确重点。机电制造[①]是支撑制造业发展的核心支柱，涵盖了面向中间工业品和终端消费品制造的完整领域，成为融合传统制造与高新技术的重要载体。湖北是全国机电制造大省，汽车制造业长期位列全国第一方阵，武船、长飞、骆驼集团、华工科技、中航精机、长机科技等企业知名全国，长飞预制棒、光纤和光缆产销量全球第一。在制造业高质量发展的背景下，高端制造是机电制造的核心主体，包括交通装备、专用设备、电气机械、计算机设备等行业（简称"交专机计"[②]）；而在以智能化为核心、"四化"叠加的新一轮科技与产业革命趋势下，推进智能融合是发展高端制造的核心抓手，其中尤以"芯屏端网"为核心载体。

在推动湖北向制造强省转型的关键时期，湖北制造业发展需突出机电制造、高端制造、智能融合三层次重点，在机电制造中抓高端制造（"交专机计"），在高端制造中抓智能融合（"芯屏端网"）。然而，从当前发展水平来看，湖北制造业发展的层次、重点不够突出，核心支柱、核心主体、核心抓手都未夯实做牢。2016 年，湖北制造业销售产值排名全国第六，制造业整体规模处于全国第一梯队，而机电制造和高端制造排名全国第 8，典型行业中除汽车制造业领跑全国[③]外，其他行业排名都位居第 10 位至 12 位，均低于湖北制造业的整体位次；在智能融合层面，湖北虽然在"芯屏端网"的部分领域具有领先优势，但整

①机电制造对应到国民经济行业主要包括通用设备制造业，专用设备制造业，汽车制造业，铁路、船舶、航空航天和其他运输设备制造业，电气机械和器材制造业，计算机、通信和其他电子设备制造业，仪器仪表制造业等七个行业。

②对应到国民经济行业，"交"指汽车制造业，铁路、船舶、航空航天和其他运输设备制造业；"专"指专用设备制造业；"机"指电气机械和器材制造业；"计"指计算机、通信和其他电子设备制造业。

③2016 年湖北汽车制造业的工业销售产值位居全国第四。

体发展仍然存在核心技术受制于人、关键零部件缺失、进口依赖度大、本土企业实力不强等短板,亟待实现关键技术的重大突破。

因此，强化湖北制造业发展的三层次重点是当前推动湖北制造业高质量发展的重要思路和战略方向。一是应壮大机电制造的产业规模,夯实湖北制造业的发展基础;二是大力发展高端制造,优化机电产业结构,在巩固汽车制造优势的同时，尽快补齐其他行业的发展短板；三是在高端制造领域重点推进“芯屏端网”的技术突破与应用,以“武汉光谷”等国家级高新区为主体,培育壮大长飞、武汉新芯、信科集团等湖北本土企业,同时吸引国内外龙头企业在湖北设立“第二总部”和研发中心,打造湖北在全国智能制造产业链上的重要节点城市和节点企业。

(三)打造湖北省制造业发展的三大工程

1.湖北“芯屏端网”自主创新工程

“芯屏端网”是智能制造的前沿技术和核心产品。实施芯屏端网”自主创新工程就是要抢抓全球智能制造兴起的契机,围绕“芯屏端网”等新一代信息技术产业的核心技术与关键领域,由湖北发起组织全国范围内的协同创新,本着独立自主、开放创新、合作共赢、面向未来的原则,依托已有的技术研发基础和项目布局优势,整合全国范围内的科技资源和企业力量,通过强有力的资金支持和科学的组织管理,系统规划、重点突破,力图在芯片、新型显示屏、智能终端、互联网等领域取得核心技术的重大突破,冲破关键技术“卡脖子”风险,增强国际竞争自主权。

一是由湖北牵头组建“芯屏端网”国家研究院,积极申请国家相关部委和省市区支持,联合设立国家资金引导(20%),社会资金和国际资金参与(80%)的千亿元“芯屏端网”创新基金。

二是打造湖北“芯屏端网”创新中心。依托长江存储、华星光电、京东方、小米、信科集团等龙头企业,联合两家国家级制造业创新中心,打造“芯屏端网”省级创新中心和国家创新中心。

三是完善湖北“芯屏端网”产业规划。将“芯屏端网”作为全省战略型产业进行全局筹谋,规划建设百平方公里专业园区,引入和培育数千家企业主体,打造万亿级产业集群。

2.湖北制造业中心建设工程

第一，建设湖北制造业区域集群中心。在现有制造业产业集群和产业园区的基础上，围绕冶金、化工、建材、纺织五大传统制造业，电子信息、智能网联汽车、高端装备、生物医药、新材料五大先进制造业，科技服务、信息服务、现代物流、综合服务四类生产性服务业，打造湖北制造业三类型、“554”重点的区域集群中心，努力将湖北建成我国中部制造业中心、长江经济带先进制造业基地和综合性国家产业创新中心。

第二，建设湖北制造业区域科技协同创新中心。以制造业为主、服务业为辅，实施产业结构的“两业并举”；以龙头企业为骨干、中小企业为根基，实施企业群体的“两企齐抓”；以信息技术产业芯片为引擎、装备制造业发动机为重点，实施技术重点的“两心突破”；以国家级制造业创新中心为引领、省级制造业创新中心为支撑，实施创新平台的“两级培育”；以传统制造高新化为主战场、高新技术产业化为新动力，实施培养路径的“双轨并进”。通过“五两”举措，争取在5年时间内，建成湖北高质量发展的三层级创新中心，即以武汉东湖高新区为核心，在基础研究领域建成1家综合性国家科学中心；以省级制造业创新中心为重点，在技术创新领域再升级1~2家国家级制造业创新中心；以武汉、宜昌、襄阳为龙头，在产业创新领域建成3~5家综合性国家产业创新中心。

第三，建设湖北面向制造业的物流中心。以武汉、宜昌、鄂州、十堰、襄阳等国家物流枢纽城市为关键节点，根据湖北制造业的物流需求特征，通过“一个组织，两套体系，一批园区，多元主体”等举措，将湖北建成引领长江经济带、服务全国、对接国际的国家物流中心。一是成立由分管副省长牵头、省直机关参与的湖北省制造业物流中心建设协调小组，负责顶层设计及跨市、跨省、跨部门的协调联动工作；二是加强立体交通网络对接，完善物流信息共享平台，形成省内、省外两套物流交通体系；三是围绕省内重点产业布局嵌入全国物流交通网络，合理布局一批服务特色产业的物流园区；四是对接大型物流企业，鼓励多式联运经营，培育壮大多元经营主体。

3.湖北企业家培育工程

实施湖北企业家培育工程，是在湖北“123”企业家培育计划的基础上，通过“一库一链”建设，培育一批承担实业兴鄂历史使命、代表湖北制造品牌形象、参与国内国际竞争的知名企业家，力争5—10年内，培育10名全球领军型企业家、100 名国内杰出型企业家、1000 名省内精英型企业家，形成规模庞大、结构合理、德才兼备、能力突出的湖北企业家队伍。

一是建立制造业企业家精英人才库。从“123”企业家培训计划选定的制造业企业家中筛选精英型企业家，组建企业家精英人才库；实施精英企业家培训计划，每年从人才库中遴选出 30 名优秀企业家，由省政府组织到哈佛商学院、通用电气等全球知名高校和企业学习战略规划、资本运作、科技创新、国际贸易等专业知识。二是完善“优化服务—提升能力—提供平台”的企业家培育链。制定湖北省企业家保护的地方性法规，营造一种崇尚实业、尊重企业家的社会氛围，及时响应企业家的政策需求；依托武汉大学、华中科技大学、东风、京东方等优秀高校与企业，建设一批企业家培训基地，为企业家提供多层次、系统性的专业知识培训；设立“湖北企业家卓越贡献奖”，每年评选为湖北制造业发展作出突出贡献的 10 名企业家授予最高荣誉，并对获奖企业家在政治平台、项目资助、国际化发展等方面予以重点支持。

作者系民盟武汉市委主委，武汉理工大学教授、博士生导师，武汉发展战略研究院特聘专家

武汉市科技型企业创新生态研究

吴传清 孟晓倩

一、引言

党的十九届四中全会提出要完善科技创新体制机制，建立以企业为主体、产学研深度融合的科技创新体系，提升产业基础能力和产业链现代化水平。在创新驱动成为中国经济增长新动力的背景下，创新生态逐步成为科技型企业提升和保持竞争优势的关键。优化创新生态是全面提升企业创新综合实力和竞争力的有效路径。科技型企业作为知识和技术创新的主要支撑载体，是科学技术转化成现实生产力的重要主体，承载着未来科学技术发展的方向。分析研究武汉市科技型企业创新生态发展水平，对培育武汉发展新动能、优化创新生态发展水平，具有重要的实践意义。

关于科技型企业的内涵界定，学术界众说纷纭。Shearman 和 Burrell(1988)认为，科技型企业是主要经营业务领域为从事高新技术产业的各类生产经营的技术类企业。史竹琴(2017)指出，科技型企业是指依靠某一项科技成果或尖端技术而设立的企业，具有高成长性，未来收入预期较好。李恩平等(2017)认为，科技型企业是指在发展过程中将科技创新作为企业的核心价值源泉，将科技成果转化为现实生产力，提供相关技术服务的企业。国家科技部火炬中心将“科技型中小企业”定义为：依托一定数量的科技人员从事科学技术研究开发活动，取得自主知识产权并将其转化为高新技术产品或服务，从而实现可持续发展的企业。综上所述，科技型企业一般具备以下基本内涵和显著特征：第一，以技术创新为主；第二，以科技型人员的科研创新活动为基础；第三，将科技成果转化为现实生产力，主要生产科技类产品及服务。

关于创新生态的内涵界定，学术界多从创新生态的构成要素视角来阐释。常洁(2018)认为，创新生态是创新机构（企业、大学、研究机构等）、创新服务机构（政府、中介等)与创新环境相互作用而形成的动态整体。段杰(2020)从创新主体、创新资源、创新环境和创新能力等主要构成要素的视角，探讨创新生态的内涵。

不同学者围绕科技型企业创新生态问题进行了深入研究，认为创新生态环境的提升是企业提升竞争优势的核心，尤其是科技型企业，如微软、谷歌、阿里巴巴等公司依赖于创新生态的建立和完善，其产品技术含量比较高，知识密集度高，能通过创新推出满足市场需求的新产品。

科技型企业创新生态即指以科技型企业为主体,大学科研机构、政府、金融机构等各创新组织组合为系统要素载体和创新环境要素（基础设施、政策、文化等）间相互依赖、相互作用和相互适应而形成的复杂网络结构，通过整合人力、技术、土地、资本、数据等创新要素，实现创新要素集聚，获取创新优势，为创新生态的各个主体带来价值创造，最终实现创新资源共享、优势互补、风险共担。

二、武汉市科技型企业创新生态评价指标体系构建

（一）评价指标体系设计原则

1.科学现实原则

科学性指在构建创新生态指标体系的时候要符合管理学等科学辩证方法，尽量使得体系逻辑严谨，满足科技型企业创新生态日常运行的基本规则，并且能够做到以客观数据为基础的分析和以经验能力为基础的主观分析相结合，满足实际发展需要。同时，应尽可能选择针对性强的指标，充分反映科技型企业创新生态发展水平的现实情况。

2.系统性原则

构建科技型企业创新生态评价指标体系时，要充分考虑其作为一个整体，是一个完整的系统工程，不仅要考虑各个创新主体，还要考虑创新活动的运行、环境等因素。

3.动静结合原则

在设计与编制科技型企业创新生态评价要素和评价标准时，将动态性与静态性相结合，既可以摸清其相互差异，也能了解其原有基础和判断未来发展趋势。

（二）评价指标选取与确定

借鉴相关研究成果，研究科技型企业创新生态发展水平一般主要涉及创新主体竞争力、创新资源要求、创新环境适宜度和创新支持能力等方面。在此基础上，本研究报告从创新主体（创新投入和产出）、创新资源（高校资源和科研机构）、创新环境（经济、创业、法制和自然环境）和创新支持（政府支持）等 4 个方面 8 个二级指标共 24 个三级指标，构建武汉市科技型企业创新生态评价指标体系，全面展示武汉市科技型企业创新生态发展现状。相关数据采自武汉统计年鉴和武汉市科技局官网、武汉市国民经济和社会发展统计公报（见表 1）。

表 1 武汉市科技型企业创新生态评价指标体系

一级指标	二级指标	三级指标
创新主体	创新投入	高新技术企业数量（个）
		R&D 经费内部支出（亿元）
		R&D 经费支出占比（%）
		R&D 活动人员折合全时当量（人 / 年）
	创新产出	专利申请量（件）
		规上高新技术产业增加值（亿元）
		万人专利拥有量（件）
创新资源	高校资源	普通高校数量（所）
		在校大学生数（万人）
		国家重点实验室数（个）
		两院院士（名）
	科研机构	科技成果获国家奖励数（个）
		国家大学科技园数（个）
		管理机构从业人员数（人）
创新环境	经济环境	实际利用外资（亿美元）
		GDP 输出（亿元）
		二三产业占比（%）
	创业环境	众创空间数量（个）
		科技企业孵化器数量（个）
		技术合同成交额（亿元）
	自然环境	氮氧化物排放量（万吨）
		二氧化硫排放量（万吨）
创新支持	政府支持	地方财政科技拨款（亿元）
		财政科技拨款占比（%）

1.创新主体

主要从科技型企业主体角度来度量武汉市创新生态发展水平，主要包括创新投入（高新技术企业数量、R&D 经费内部支出、R&D 经费支出占比和 R&D 活动人员折合全时当量）和创新产出（专利申请量、规上高新技术产业增加值和万人专利拥有量）2 个二级指标、7 个三级指标。

2.创新资源

衡量武汉市高校和科研机构创新发展基础水平，主要包括 2 个二级指标、7 个三级指标：高校资源（普通高校数量、在校大学生数、国家重点实验室数、两院院士）和科研机构（科技成果获国家奖励数、国家大学科技园数、管理机构从业人员数）。

3.创新环境

度量企业所处的创新环境水平，主要包括经济环境（实际利用外资、GDP 输出和二三产业占比）、创业环境（众创空间数量、科技企业孵化器数量和技术合同成交额）和自然环境（氮氧化物排放量和二氧化硫排放量）3 个二级指标、8 个三级指标。

4.创新支持

从企业创新资金来源角度来度量武汉市科技型企业创新生态发展水平，主要来源于政府资金支持，包括地方财政科技拨款和财政科技拨款占比 2 个三级指标。

三、武汉市科技型企业创新生态发展水平评价

考虑到指标数据的可得性和严谨性，本报告在实证分析时没有将法制环境指标纳入其中，对武汉市科技型企业创新生态评价指标进行了描述性分析。武汉市正着力推动科技成果转化和高新技术产业发展，科技进步和创新对全市经济社会发展的支撑引领作用不断增强，各项创新指标屡创新高（见表 2）。

（一）创新主体

武汉市高新技术企业发展势头良好。2018 年，全市高新技术企业数量达到 3536 个，规上高新技术产业增加值为 2957 亿元，同比分别增长 25.1%和 13.5%，高新技术企业成为带动全市经济高质量发展、产品和产品结构优化升级的中坚力量。专利申请量从 2013 年的 25680 件增长到 2018 年的 60511 件，增长了 1.36 倍。万人专利拥有量达到 34 件，有力推进了知识产权示范城市的

建设。

产业链向中高端升级趋势明显，初步形成一批具有一定规模优势的战略性新兴产业集群。同时，现代服务业加速发展，信息、物流、电子商务等生产性服务业对经济社会发展的支撑和带动作用逐步增强。不断优化的产业结构和不断提升的产业发展质量正在重塑武汉产业新体系，武汉在迈向经济高质量发展的轨道上已积蓄强劲动能。

（二）创新资源

截止到2018年，武汉市共有高校84所，其中“985”“211”高校共7所，在校大学生数量为110.7万人，人才储备量在全国仅次于广州和西安，两院院士67名，有3个国家大学科技园，科研实力和科教资源居全国前列。

武汉市实现技术合同科技成果供需对接，建立武汉市科技成果转化平台，实现PC端与移动端两大互联网模式的结合，提供线上交易、政策咨询、投资融资和其他增值服务，实现科技成果精准对接。但长期以来，经济发展与科技成果转化“两张皮”现象仍旧存在，创新资源的“富矿”还没有充分转化为发展的财富。人才利用率不高与流失率偏大并存、人才结构性变动与结构性人才缺失并存，一直是武汉劳动力要素方面亟待突破的两大重点问题，在各项人才战略集聚叠加的“人才大战”期间，如何有效吸引和集聚武汉经济高质量发展的急需性人才是武汉提升人力资本供给效率的重要内容。需要进一步完善产学研协同创新机制，发挥武汉市科研院所实力优势，支持企业与科研院所联合建立技术研发平台，完善和落实企业与科研院所风险共担、利益共享的协同创新机制。实施聚商育商工程，进一步降低制度性交易成本，探索企业用工成本、物流成本、涉企收费等领域的政策体系创新。

（三）创新环境

从创业环境来看，2018年武汉市众创空间数量为231个，同比增长46.2%，其中国家级众创空间有56个，在全国15个副省级城市中排名第二。但是科技型企业孵化器数量从2017年的230个降低为163个，孵化器数量出现了大幅度的减少。武汉市仍需要大力推进“众创空间—孵化器—加速器”众创孵化链条建设，支持全市众创孵化链条提档升级，全面提升创业孵化能力，引导其向专业化、链条化、多层次、立体化方向发展，进一步营造有利于创新创业的生态环境。2018年武汉市技术合同成交金额达到722.56亿元，同比增长

15.46%,在全国 15 个副省级城市中排名第三。

从经济环境来看,武汉市经济结构进入深度调整期,产业结构呈现向服务型经济转型趋势。2014 年武汉市第三产业占比首次超过第二产业,2015 年全市第三产业占比超过 50%,2018 年全市服务业对经济增长的贡献率达到了 66.6%,第三产业已然成为武汉市经济发展的主导力量。围绕产业升级需求,武汉在推进产业转型升级、建设国家创新中心、加快新兴产业发展等相关领域陆续出台了若干政策及规划保障措施,为经济高质量发展提供了有力的制度支持。从自然环境来看,氮氧化物和二氧化硫排放量都在逐渐减少,城市环境在逐步改善。

表 2　武汉市科技型企业创新生态评价指标描述性分析

一级指标	二级指标	三级指标	2013 年	2014 年	2015 年	2016 年	2017 年	2018 年
创新主体	创新投人	高新技术企业数量 R&D(个)	1113	1321	1656	2177	2827	3536
		经费内部支出 R&D(亿元)	248.00	293.38	329.26	227.11	313.68	360*
		经费支出占比 R&D(%)	2.74	2.91	3.02	1.91	2.34	2.42*
		活动人员折合全时当量(人年)	49910	50685	42419	45264	46000*	47000*
	创新产出	专利申请量(件)	25680	27802	33620	44826	49726	60511
		规上高新技术产业增加值(亿元)	1700.19	1994.92	2185.1	2348.69	2670.57	2956.81
		万人专利拥有量(件)	12.03	14.50	18.97	23.05	28.80	34
创新资源	高校资源	普通高校数量(所)	80	81	82	82	84	84
		在校大学生(万人)	107.38	107.27	107	106.40	107.50	110.70
		国家重点实验室数(个)	27	28	30	31	32	33
		两院院士(名)	60	60	67	63	68	67
	科研机构	科技成果获国家奖励数(个)	30	25	26	27	27	22

（续表）

一级指标	二级指标	三级指标	2013 年	2014 年	2015 年	2016 年	2017 年	2018 年
创新资源	科研机构	国家大学科技园数（个）	3	3	3	3	3	3
		管理机构从业人员（人）	132	133	100	102	112	109
创新环境	经济环境	实际利用外资（亿美元）	52.50	61.99	73.43	85.23	96.47	109.27
		CDP 输出(亿元)	9051.30	10069.50	10905.60	11912.60	13410.30	14847.30
		二三产占比(%)	96.30	96.50	96.70	96.70	97	97.60
	创业环境	众创空间数量(个)	64*	86*	108	130	158	231
		科技企业孵化器数量(个)	158	191	217	221	230	163
		技术合同成交额（亿元）	273.07	342.89	471.09	566.72	625.81	722.56
	自然环境	氮氧化物排放（万吨）	14.93	13.97	13.29	10.60	10.70	10.65
		二氧化硫排放（万吨）	10.32	9.94	8.70	7.10	6.98	6.96
创新支持	政府支持	地方财政科技拨款（亿元）	31.6	35.89	68.19	86.42	112.99	134.41
		财政科技拨款占比（%）	2.81	3.05	5.09	5.67	6.54	6.97

注：标★数据为预计值或推算值。

资料来源：数据整理自《武汉统计年鉴》、武汉市科技局官网、武汉市国民经济和社会发展统计公报。

（四）创新支持

2018 年，武汉市科技财政支出金额为 134.41 亿元，在 15 个副省级城市中排名第三。政府支出较高，但从企业科研投入来看，经费支出水平较低，说明机构投资水平较低。而作为投资资金的主要来源，金融资本是引导创新、鼓励创新的关键保障。虽然近年来武汉市以科技金融为引领，实现了金融业的快速增长，基本确立了中部地区金融龙头地位，但总体来看辐射力和影响力与建设国家中心城市发展目标仍有差距。特别是资本市场不够发达、上市公司总数和市值偏低等,对武汉市金融的集聚能力和资金与产业的结合效率有一定影响。加快补齐短板,以武汉具有独特优势的科技金融为突破口,进一步发挥要素市场增长较快优势打造金融领域的新增长点和核心竞争力,通过创新科技信贷产品、发行科技创新券等方式落实各项补贴政策,缓解企业融资难题。

武汉市要完善创新生态,为经济高质量发展营造良好氛围。加快构建以科技型企业为核心、以市场为导向、以政府规划为引导、以良好的创新社会环境为依托的创新生态环境,实现“创新—经济—创新”在有效循环下演化为高质量发展的新动力,是实现武汉经济高质量发展的有效保障。实施创新公共环境提升工程,进一步加大创新所需基础设施、设备建设力度外,着力完善为武汉创新活动主体服务的如公共图书馆、公共信息网络等公用设施建设。实施创新社会环境提升工程,加快建立宽容失败的文化氛围和制度保障,倡导和培育企业家精神。实施创新政策环境提升工程,确保各项政策落实力度,大幅度减少政府对资源的直接配置。实施创新生活环境提升工程,加快建设风景优美、设施完备、生活便利的创业园生活区和国际社区,吸引高端人才留汉。

四、优化武汉市科技型企业创新生态的对策建议

建设现代化经济体系,推动武汉市经济高质量发展,从根本上讲要靠创新。“十四五”时期,提升武汉市科技型企业创新生态发展水平,必须进一步深化科技创新体制机制改革,优化区域创新生态,激发创新主体活力。

(一)完善“五链”协调机制

加强创新链、产业链、资金链、人才链、政策链“五链统筹”,围绕武汉市主导产业,统筹先进制造业、协同创新、人才培养引进、政策保障、组织实施五大体系,围绕完善产业链、部署创新链、完善资金链、健全人才链、优化政策链,形成“五链融合贯通”的科技型企业创新生态环境。

一是促进全链式产业链创新。加快武汉市产业链整合创新,稳固全域产业链,提升区域竞争力。完善创新全流程接力机制,形成专业化生产制造与知识链、创新链的整合,以区域知识产权交易平台为抓手,体现科研转化、人才价值体现的要素市场化。通过战略联盟,实现区域产业链资源整合和优势互补的开放效应。通过合资、合作、合并等方式,加速武汉市科技型企业链跨区域整合,形成产业链配套体系的集聚化和价值高端化。

二是围绕产业链整合创新资源。重点要对武汉市产业上下游的核心、关键

以及共性技术进行识别，梳理出一批产业发展急需的关键技术和共性技术，形成技术创新链条；引导创新资源向产业链上下游企业集聚，以科技型企业为主体，围绕上下游产业链建设一批企业重点实验室、工程中心、企业技术中心等研发机构，推动研发机构链条式发展；围绕产业链，以协会、联盟等产业组织机构为纽带，整合各类研发机构、研发平台，推动各类研发机构进行网络化衔接。

三是科学合理布局创新资金链条。以资金使用效用最大化为目标，围绕创新链不同阶段的创新主体、创新技术，合理布局创新资金，构建科学合理的资金支持链条。围绕产业链上下游相互关联的创新机构，构建形成创新平台建设资金的支撑链条；围绕处于创新链不同环节的创新机构，支持其重点产品开发，形成从技术研发到产品产业化全过程的项目研发资金支撑链条；积极调动社会风险投资，围绕资金链条布局，建设一批具有较强服务能力的科技金融服务平台。

（二）完善创新资源集聚和高效配置机制

一是加强高端要素培育。首先，加大科技创新要素培育。集中武汉市优势科研力量和行业领军企业开展关键共性技术攻关，力争在制约经济社会转型发展亟须攻克的“卡脖子”技术领域取得突破。其次，加大现代金融要素培育。积极发展武汉市科技银行、民营银行和外资金融机构，鼓励武汉市国有银行开展中小微企业服务，形成大中小组合、国有民营外资多元的银行体系，扭转信贷资源在大企业和中小企业之间的错配现象，促进金融机构和实体企业需求衔接匹配。最后，实施人力资本优先发展战略，着重解决武汉市教育脱离经济发展和高技能人才等短缺问题。通过改革传统人才评价、考核和激励机制、加大高层次创新人才培养支持力度、完善海外高层次人才引进方式，吸引有经验和影响力的复合型创新创业人才和团队投身武汉市实体经济发展。

二是集聚创新资源打造“创新共同体”。集聚资源，创造价值链。要坚持市场导向，处理好普惠政策与重点发力的关系，在空间布局上聚焦武汉市重点园区，在政策支持上聚焦重点新型研发机构，大力扶持孵化能力强的项目。全力构建包含基础研究、应用基础研究和技术创新的全链条科技创新合作。在武汉市区域经济的高速发展下，未来区域经济从区域经贸合作向协同创新转变，从共建生产链向共建优质生活圈转变，全方面集聚、配置人才、企业、产业等创新资源。进一步深化与知名高等院校、科研院所、重点实验室的战略合作，在形成创新共同体四大要素(大学、科研院所、企业、投融资机构)中,谋求建立紧密联系和互动网络,形成创新生态系统、创新创业社区。

三是完善创新资源高效配置机制。实施创新资源集聚行动计划,加大政府创新投入,建立部门统筹协调机制和信息共享机制,改革和完善政府创新投入的统筹使用、管理监督和绩效评估体系，促进科研设备和信息资源的开放共享,提高政府创新资源使用效率。完善创新要素自由流动的市场调节机制,促进各类创新资源优化配置。通过落户、税收等政策,优化创新环境,吸引企业和人才。

(三)完善创新型成果转化激励机制

一是推动技术成果与产业发展深度融合。面向武汉市产业发展需求设置科技计划重点专项,以促进产业结构战略性调整和产业技术升级为主攻方向,重点支持地方优势产业关键核心技术攻关,强化高质量的科技成果有效供给,逐步实现科技成果供给与产业创新发展需求之间的高效对接。同时,建立行业“卡脖子”关键技术成果转移转化政府采购机制。加大政府采购力度,创新采购支持机制,切实支持重点关键技术产品攻关成果的推广应用。通过政府采购、完善重大技术创新成果推广应用保险补偿机制等,为突破“卡脖子”技术创造迭代创新的市场环境。

二是发挥企业在科技成果转化中的主体作用。提高武汉市科技型企业自主创新能力,健全以企业为主体的产学研一体化创新机制。加快推进以科技成果转化中试基地为代表的技术服务体系建设，搭建科技成果从实验室走向企业的桥梁，分担企业转化科技成果的风险。加强企业科技成果转化的资金保障。建立财政资金与市场金融资本联动推进机制,积极推进财政资金、金融以及社会资本协同互动、统筹联动,大力创新财政资金市场化运作方式。设立科技成果产业化基金,引导创投机构设立科技成果转化子基金,为科技型企业开展成果转化应用提供资金支持。

三是提升科技成果转化率。依托武汉市产业技术研究院,全力推动技术研发、成果转化、人才培养、企业培育、产业升级等功能的有机融合,促进产业关键技术攻关、科技成果转移转化、原创性技术创新和自主知识产权培育。加强科技成果供需信息共享,建立科技成果信息汇交工作机制;探索“校区+园区+社区”联动创新创业模式,加快大学科技园发展,推动高校联园区、院系进企业、创业到社区。建立高校院所的考核激励、成果所有人的收益激励、企业承接转化的激励、金融配套激励等全链条的激励机制，全方位激励高校院所科技成果的转化。鼓励武汉市企业与境外、其他地区技术先进企业、技术转移机构、高校、科研院所建立战略联盟关系，实现技术成果的优先转化。

（四）完善产学研融合协同创新机制

一是突出企业创新主体和技术创新核心地位。建立以科技型企业为主体、市场为导向、产学研深度融合的技术创新体系，支持大中小企业和各类主体融通创新，创新促进科技成果转化机制，积极发展新动能，强化标准引领，提升产业基础能力和产业链现代化水平。要突出企业在技术创新全局中的决策者、组织者、投资者地位，在集聚产业创新资源、加快产业共性技术研发、推动重大研发成果应用中，加强产学研、上中下游、大中小微企业紧密合作，进一步促进产业链深度创新融合，在技术创新决策、研发投入、科研组织实施等各个环节，切实发挥企业主体和市场导向作用。

二是搭建协同创新联盟或共同体。高校不仅要顺应企业技术创新的多样化需求，更要主动联系企业，在深入磋商中激发和挖掘企业技术创新需求，会同有关科研院所，探索合作举办技术研究院和专项研发中心，创造条件结成协同创新联盟或共同体。通过设立产学研协同创新管理委员会，发挥高校吸引企业家参与机制的作用，促进现代企业制度、现代大学制度、现代科研管理制度相结合，根据企业需求，精准承担技术研发项目、调整人力资源开发模式，形成以市场需求为导向、以企业为主体、高校及科研机构发挥主动性的长效机制，在相同或相近领域技术创新攻关上形成强大合力。

三是搭建产学研深度融合的资源服务平台。利用大数据、人工智能、网络通信等前沿技术手段，大力整合武汉市科技成果汇交平台、科技中介服务平台、知识产权和技术交流交易平台等资源，共建基于大数据的产学研协同创新资源服务平台。以产业知识图谱刻画创新生态中各要素及关系，以深度学习等感知智能技术挖掘并强化各要素间的对接，为创新生态的各线下参与方赋能，为技术转移人员、科研人员、政策制定者和其他服务人员提供辅助决策，孵化以科技创新为驱动的产业集群，打造承载这些产业集群的空间实体，匹配与之相融合的政策体系和服务体系，实现各种创新生态要素的动态多维组合，演化形成线上线下融合的科技创新生态。

（五）完善科技型企业创新保障机制

一是强化支持创新政策统筹协调。建立创新政策协调审查机制，组织开展创新政策清理，及时废止有违创新规律、阻碍新兴产业和新兴业态发展的政策条款，对新制定政策是否制约创新进行审查。加强科技体制改革与经济体制改革协调，强化顶层设计，加强科技政策与财税、金融、贸易、投资、产业、教育、知识产权、社会保障、社会治理等政策的协同，形成目标一致、部门协作配合的政策合力，提高政策的系统性、可操作性。建立武汉市创新政策调查和评价制度，广泛听取企业和社会公众意见，定期对政策落实情况进行跟踪分析，并及时调整完善。

二是建立健全科学分类的创新评价制度体系。推进武汉市高校和科研院所分类评价，实施绩效评价，把技术转移和科研成果对经济社会的影响纳入评价指标，将评价结果作为财政科技经费支持的重要依据。完善人才评价制度，进一步改革完善职称评审制度，增加用人单位评价自主权。推行第三方评价，探索建立政府、社会组织、公众等多方参与的评价机制。发展具有品牌和公信力的社会奖项。改革完善武汉市国有企业评价机制，把研发投入和创新绩效作为重要考核指标。

三是积极培育创新文化机制。良好的创新文化环境对企业创新具有重要的激励作用。要坚持用创新文化激发创新精神、推动创新实践、激励创新事业，在全社会积极营造鼓励大胆创新、勇于创新、包容创新的良好氛围。一方面，要建立宽松的创新生态环境，允许积累、允许试错，努力培育潜心科研的氛围；另一方面，要进一步增强创新观念，提高全民科学文化素质，建立健全激励创新的管理体制和运行机制。此外，还要进一步转变政府职能，创新监管方式和管理理念，坚持简政放权、放管结合、优化服务，降低制度性交易成本，大力破除市场准入壁垒，为企业创新发展提供更为优质高效的公共服务、创造更为公平便利的市场环境。

作者单位：武汉大学。其中，吴传清系湖北省政府咨询委员，武汉大学经济与管理学院教授、博士生导师，武汉发展战略研究院特聘专家；孟晓倩系武汉大学经济与管理学院博士研究生、本文通讯作者

“一主”引领湖北城市群建设

秦尊文　张　宁

2018 年 11 月 18 日，中共中央、国务院出台《关于建立更加有效的区域协调发展新机制的意见》，首次提出“建立以中心城市引领城市群发展、城市群带动区域发展新模式”，并明确赋予武汉引领长江中游城市群发展。长期以来，湖北省委、省政府一直要求武汉在全省经济发展中发挥龙头带动作用。2020 年 12 月，湖北省委十一届八次全会提出“一主引领、两翼驱动、全域协同”区域发展战略，其中“一主”就是指武汉和武汉城市圈。湖北要在“十四五”和今后一个时期实现高质量发展，应注重通过城市群这一平台和载体充分发挥“一主”龙头作用，加快“建成支点、走在前列、谱写新篇”的步伐。

一、湖北城市群演化过程及发展现状

（一）武汉城市圈的演化过程

2002 年初，武汉市采纳湖北省社科院专家建议，发起建立以武汉为中心辐射周边黄石、鄂州、孝感、黄冈、咸宁、仙桃、潜江和天门 8 个城市的“武汉及周边城市群”（起初称为“武汉经济圈”“武汉城市经济圈”等，最后定名为“武汉城市圈”）。当时，武汉城市圈面积占全省的 31%，人口占 51%，而其经济总量占到了 60%以上。2004 年 4 月 7 日，湖北省委办公厅、省政府办公厅批复《省发展和改革委员会关于加快推进武汉城市圈建设的若干意见》，正式启动武汉城市圈基础设施建设一体化、产业发展与布局一体化、区域市场一体化、城乡建设一体化等“四个一体化”建设。2005 年，又增加了“生态环保一体化”。2006 年 4 月，中共中央、国务院在《关于促进中部地区崛起的若干意见》中提出，“以武汉城市圈、中原城市群、长株潭城市群、皖江城市带为重点，形成支撑经济发展和人口集聚的城市群,带动周边地区发展”。这是“武汉城市圈”首次被写入中央文件。

2007 年 12 月,经国务院批准,武汉城市圈被列为全国两型社会建设综合配套改革试验区,上升至国家战略。自此至“十二五”末期,武汉城市圈建设进入高潮。省、市、县各级高度重视,省政府成立了湖北省推进武汉城市圈两型社会建设领导小组,省长担任组长;依托省发改委设立了正厅级单位湖北省发展战略规划办公室(加挂“湖北省推进武汉城市圈两型社会建设领导小组办公室”牌子);城市圈 9 市设立了两型社会综合配套改革办公室。省政府先后印发了空间规划、产业发展规划、综合交通规划、社会事业规划和生态环境规划等 5 个专项规划,以及多项城市圈一体化发展规划,领导小组成员单位出台了投资、财税、金融、人才、土地、环保等支持政策。按照总体规划、滚动实施的办法,省政府编制印发了武汉城市圈两年实施方案(2014—2015)和三年行动计划(2016—2018),每年印发年度工作要点,确保有序推进重大改革试验工作。此外,省直各部门成立工作专班。每年召开两型社会建设推进会议和工作联席会议。由于自上而下工作网络健全,武汉城市圈建设取得较大成效。

一是交通基础设施一体化成绩较亮眼。到“十二五”末期,武汉到八市、以及圈内相邻两市之间的 1 小时交通圈基本建成,半小时交通圈也基本形成,4 条放射线型城际铁路(武汉—咸宁、武汉—孝感、武汉—黄石和武汉—黄冈)均已建成并正式通车,“铁水公空”等交通基础设施一体化水平有较大提高。一体化的铁路交通网络逐步完善,公路快速骨架网络全面形成,城市之间的快速通道已基本建成。武汉长江中游航运中心建设步伐加快,武汉城市圈“干支相连、通江达海”的航运体系初步形成。

二是产业一体化逐步推进。产业双向转移和产业协作逐步活跃,产业转移对接由规划对接走向了具体产业链链条的延伸。“园外园”建设合作不断推进。到 2016 年,武汉东湖新技术开发区、武汉经济技术开发区已经在城市圈内建立了 20 多个“园外园”。产业转移对接规模不断扩大。孝感 1306 家规模以上工业企业中,由汉资控股的达 280 家;312 家亿元工业企业中,由汉资控股的达 50 家。圈域各市利用武汉在交通区位、销售市场、科技信息、人才等方面的优势,积极将企业研发中心、销售中心迁往武汉,助推武汉总部经济发展。

三是区域一体化市场基本形成。目前,城市圈已经形成了统一的市场主体准入政策体系，并初步建立了工商登记注册机关的协调联动机制，市场主体冠名已基本实现同城化，圈域内异地冠武汉市行政区划名称的企业过1000户。大力实施“五证合一、一照一码”登记制度，截至2016年底圈域内9市共办理“五证合一”登记业务132.83万件，占全省73.31%。金融同城化稳步推进。以人民银行支付系统为骨干、商业银行行内资金汇划系统为基础、同城清算系统为补充、网上银行等电子支付迅速发展的武汉城市圈现代支付清算网络体系初具规模；财税库银横向联网系统已基本全覆盖，信贷市场、票据市场、支付结算、金融信息、外汇服务等同城化建设也初见成效。

（二）宜荆荆、襄十随城市群的谋划

湖北省社会科学院专家早在2001年7月就提出设立省域副中心城市的建议，2002年3月《长江论坛》第2期刊文提出要在打造大武汉城市群的同时建设“宜荆荆”城市群，2003年1月又在《今日湖北》杂志上发表文章建议湖北建设三个城市群——武汉大都市圈、宜荆荆城市群、襄十随城市群。2003年9月，省政府30号文件首次明确襄阳和宜昌“省域副中心城市”地位，要求两市“做好大都市区发展规划，实现区域内城镇合理分工和基础设施共建共享，形成强有力的群体效应，更好地发挥其对省域西北部地域和西南部地域的辐射带动作用”。这一文件虽然没有直接提宜荆荆、襄十随城市群，但已经开始注重宜昌、襄阳带动周边发展的问题了。

2010年1月，湖北省第十一届人民代表大会第三次会议上的《政府工作报告》指出：“坚持大中小城市协调发展，在抓好武汉城市圈建设的同时，逐步形成宜荆荆（宜昌、荆州、荆门）、襄十随（襄樊、十堰、随州）等新的城市群。”这是省政府首次正式提出宜荆荆城市群、襄十随城市群。2011年7月，省委九届十次全会将“一主两副”定为湖北“建设支点”的中心城市带动战略。2012年12月出台的《湖北省主体功能区规划》强调构建“一主两副、两纵两横”为主体的城镇战略格局，并明确提出：“继续提升武汉城市圈的整体功能和国际竞争力，围绕襄阳、宜昌集中建设襄十随、宜荆荆城市群，形成更为平衡的资源配置格局，经济增长的空间由东向西拓展，人口和经济在国土空间的分布相对均衡。”2017年11月湖北省委出台的《关于学习贯彻落实党的十九大精神全面建设社会主义现代化强省的决定》强调指出：“推进武汉城市圈、宜荆荆和襄十随城市群协同发展。”2019年8月22日，省委十一届六次全会通过《关于落实促进中部地区崛起战略推动高质量发展的意见》强调:“推动武汉城市圈、襄十随城市群、宜荆荆城市群建设,促进城市间产业发展、基础设施、环境治理、公共服务、改革创新等协调联动,提升城市群功能。”

2020 年 4 月 20 日,应勇书记在湖北省委财经委员会召开的第五次会议上指出,更好发挥武汉和襄阳、宜昌的引领辐射带动作用,带动城市群、城镇带发展,带动湖北全域发展。同年 4 月 22 日,省委常委会召开会议。会议强调,要突出发挥优势、激活潜能,更大力度扩大有效内需,进一步激活区域潜力,更好发挥武汉为龙头、“襄十随”和“宜荆荆”为两翼的引领辐射带动作用。2020 年 12 月初,省委十一届八次全会提出“一主引领、两翼驱动、全域协同”区域发展布局,其中“一主”是指武汉和武汉城市圈,“两翼”是指“襄十随神”和“宜荆荆恩”两个城市群。

(三)湖北城市群建设存在的问题

十多年来,湖北城市群建设取得了一定成效,对全省经济社会发展起到了促进作用,在全国城市群建设中有一定地位,但也存在一些亟待解决的问题。

1.武汉城市圈一体化进展不尽如人意

基础设施互联互通短板突出。规划调整不衔接、重复建设、交叉地段道路“两不管”等问题时有发生,城市空间一体化格局没有形成。产业分工协作不够密切。各市之间缺少深度合作与对接,关联配套不够,联接耦合度不高,产业同质化、恶性竞争问题比较突出。如武汉新港、黄石新港、鄂州三江港都搞多式联运,货源市场、港口腹地高度重叠,没有做到错位协同发展。公共服务共享程度不高。目前,圈内各市在技术开发、招商引资、外贸出口、财政税收、土地征用、工商管理、物价调控等政策上存在差异,地域分割、行业垄断、市场壁垒问题较为突出, 打造统一开放的市场环境还有很长的路要走。一体化的基本公共服务、社会保障、社会治理等推进力度较弱,电话区号除鄂州最近启用“027”外,其他市未与武汉统一,公交卡、医保等也都还没有统一。

2.宜荆荆、襄十随城市群建设“雷声大、雨点小”

早在 2007 年 8 月,湖北省委主要领导认为武汉城市圈通过几年建设已小有成效,为促进省域协调发展,曾表示要适时启动宜昌、襄阳两个城市群建设。但随后由于武汉城市圈申报国家综合配套改革试验区进入冲刺阶段, 为集中精力争取获批,宜、襄两个城市群建设被暂时搁置。申报国家综合配套改革试验区获批之后,武汉城市圈炙手可热,根本无暇顾及他事。直到 2010 年政府工作报告中明确提出推动宜荆荆、襄十随城市群建设。这一年，宜荆荆三地联合建设城市群的热情很高，政府之间有较多互动，民间也较热络。相比之下，襄十随则动静不大。此后，宜荆荆、襄十随城市群多次被省政府及有关部门提及，这两个概念也被广泛接受。2016 年，省发改委启动《宜荆荆城市群发展规划》和《襄十随城市群发展规划》编制工作。2017 年终于完成了《宜荆荆城市群发展规划》和《襄十随城市群发展规划》的专家稿，但并未发布。

3.持续推进城市群建设的定力不够

从国外经验看，打造成熟的城市群或者都市圈，至少需要二三十年时间，必须一以贯之，长期坚持。武汉城市圈刚提出的前几年，特别是国务院批准两型社会建设综合配套改革试验区后，省、市精神振奋，响应积极，纷纷成立领导小组、开展专题调研、召开联席会议、举行对接活动等，取得了较好的成效。但此后力度逐渐减弱，特别是 2017 年以来交流、互动、合作活动越来越少。在新一轮党政机构改革中，省综改办被撤销，各市政府具体负责这项工作的综改办、两型办、城市圈处(科)也都撤销了，相关工作基本停摆。而与武汉城市圈同时获批全国两型社会综改区的长株潭城市群，湖南历届省委、省政府主要负责同志都拿在手上亲自抓。在 2018 年机构改革中，独立的工作机构级别未降、编制未减，工作不仅没有放松，而且越抓越紧。2018 年 11 月，湖南省委常委会专题研究推进长株潭城市群一体化发展。长株潭三市建立了一体化发展联席会议制度，三市市委书记轮流担任会长，分书记层面、市长层面定期召开联席会，研究推进一体化发展的重大事项。湖北省 2016 年以后省级层面就没有再对武汉城市圈建设推进工作作出部署了，所有规划和方案时间截止期最多到 2020 年。而湖南 2019 年 9 月公布《长株潭城市群生态绿心地区总体规划》，一直规划到了 2030 年。

二、武汉发挥全省龙头作用责无旁贷

宜荆荆、襄十随城市群提出来之后，并不意味着武汉从此就不对鄂西南、鄂西北发挥龙头作用了。尽管提出宜荆荆、襄十随城市群的初衷，的确是想发挥宜昌、襄阳的“省域副中心城市”作用，但从实际情况来看，宜昌、襄阳“两副”对周边地区的辐射作用仍然不如武汉“一主”对鄂西南、鄂西北的带动能力强。从 2010 年以来的相关数据来看，武汉市在全省的经济增长极地位非常明显。

(一)GDP 在全省占居绝对优势

2010—2019 年，武汉市 GDP 占全省的比重总体上保持了上升趋势，2010

年该比例为 34.30%,2017 年达到 36.02%，为最高值，比 2010 年上升了 1.72 个百分点。2018 年有所下降,占比为 35.33%;2018 年占比为 35.40%,比 2010 年上升了 1.1 个百分点(见图 1)。也就是说,自 2010 年省政府正式推进宜荆荆、襄十随城市群建设以来，特别 2011 年 6 月省政府专门出台政策支持襄阳、宜昌两个“省域副中心城市”以来,武汉在全省的占比仍然上升了 1 个多百分点。

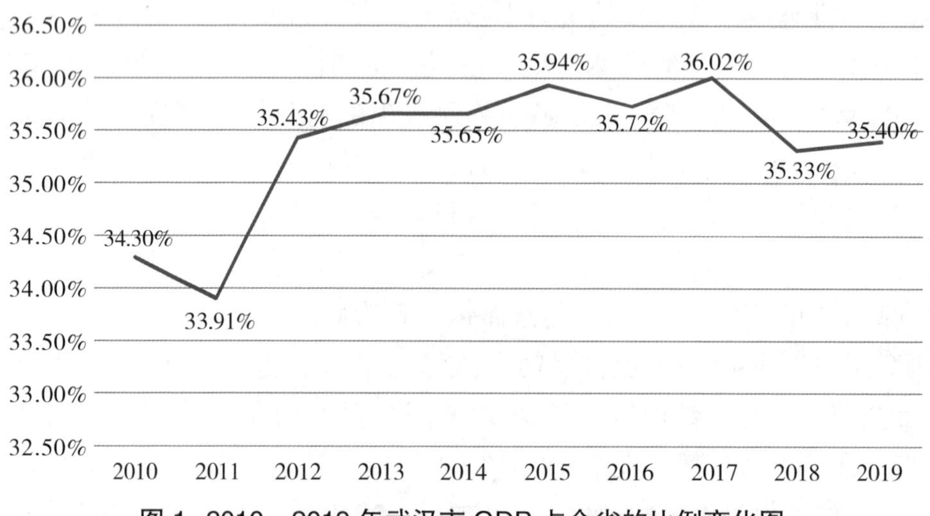

图 1 2010—2019 年武汉市 GDP 占全省的比例变化图

虽然 2019 年武汉 GDP 占比有所下降,但从武汉城市圈来看,武汉市 GDP 占比保持了持续上升趋势,2010 年该比例为 57.76%,2019 年达到 60.06%,2019 年比 2010 年上升了 2.30 个百分点(见图 2)。

图 2 2010—2019 年武汉市 GDP 占武汉城市圈比例图

（二）经济结构优化作用明显

1. 工业企业规模经济显著

2010—2018 年，武汉市规模以上工业企业数量占全省比例在 15.4%至 18.7%(见图 3)。

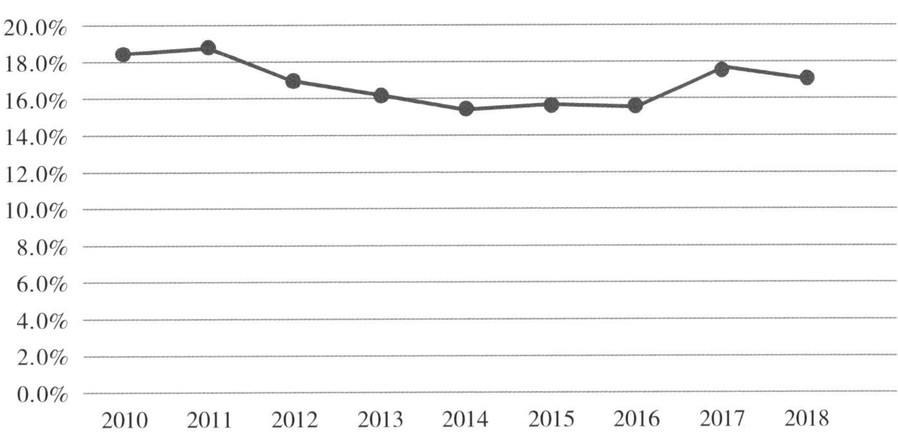

图 3 2010—2018 年武汉市规模以上工业企业数量占全省的比例变化图

2010—2016 年，武汉市规模以上工业企业产值占全省比例在 27.2%至 35.3%(见图 4)。

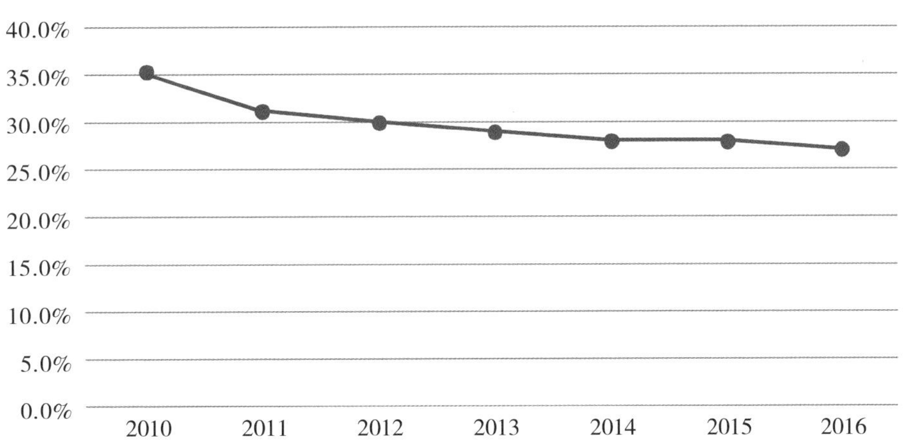

图 4 2010—2016 年武汉市规模以上工业企业产值占全省的比例变化图

从 2010—2016 年情况来看，各年规模以上工业企业产值占比均高于数量占比，表明武汉市规模以上工业企业平均产值高于全省水平；同时 2010—2017 年，武汉市规模以上工业企业盈利占全省比例在 19.2%至 30.6%，也高于对应年份规模以上工业企业数量占全省的比例，表明武汉市规模以上工业企业具

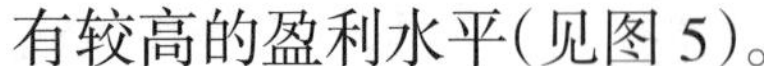
有较高的盈利水平(见图 5)。

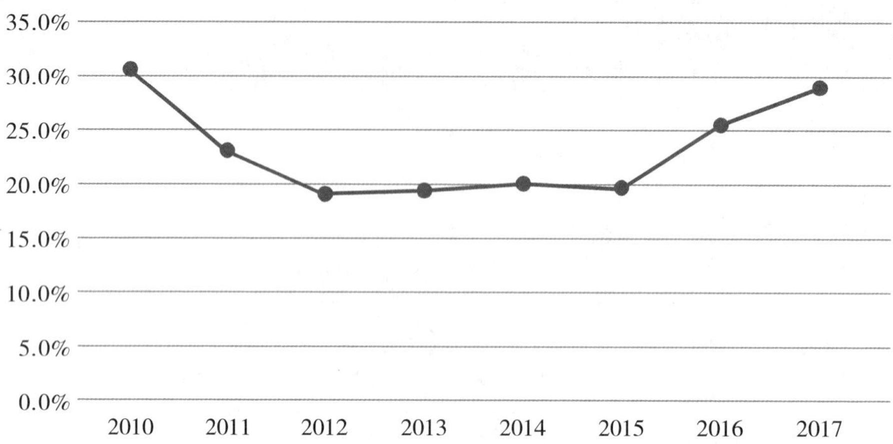

图 5 2010—2017 年武汉市规模以上工业企业盈利占全省的比例变化图

2. 高新产业持续领跑全省

2010—2018 年，武汉市高新技术产业增加值占全省高新技术产业增加值的比例高达 43.47%～51.87%(见图 6)，显著高于武汉市第二产业占全省第二产业的比例(32.20%～38.00%)，武汉市作为高新技术产业的集中地，对全省产业技术水平的发展一直起着领跑带动作用。武汉市高新技术产业主要集中在东湖新技术开发区、武汉经济技术开发区等国家级开发区。东湖新技术开发区已成为武汉市高新技术产业发展的核心区，在信息技术、生命健康、智能制造、“互联网+”等新兴产业领域已形成集群式发展态势。

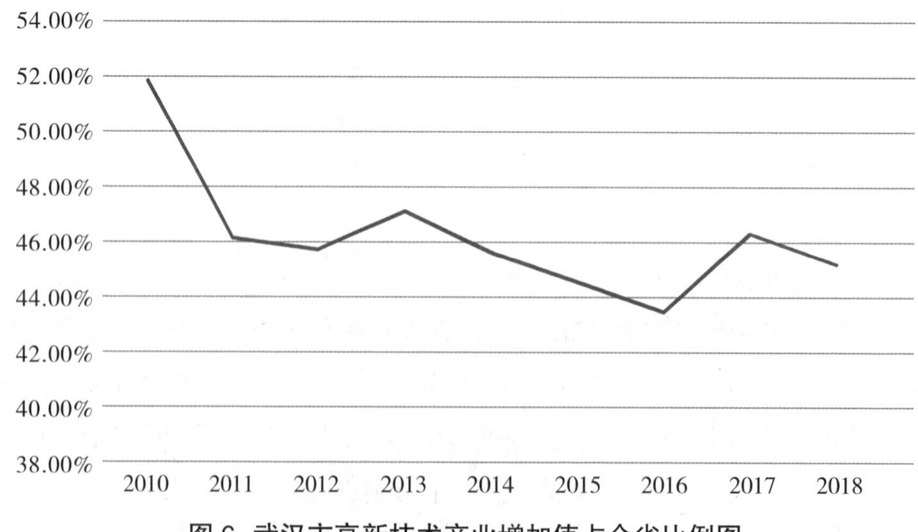

图 6 武汉市高新技术产业增加值占全省比例图

3. 主体产业支撑作用明显

武汉市现已形成了以汽车制造、电子信息、黑色金属冶炼和压延加工业、电气机械和器材制造、电力、热力生产和供应、金属品与非金属品制造、农副食品加工业、化学原料和化学制品制造业、石化、生物医药(按2017年主营业务收入排序)等门类为主体产业的工业体系,其中电子信息、汽车、食品、石化、钢铁产业主营业务收入各约占全省的80.1%、47.8%、21.6%、37.0%、53.7%(见图7),而电子信息、汽车、食品、石化、纺织、钢铁构成了湖北省的六大支柱产业。可以说,武汉市的工业发展对于全省支柱产业的影响举足轻重。

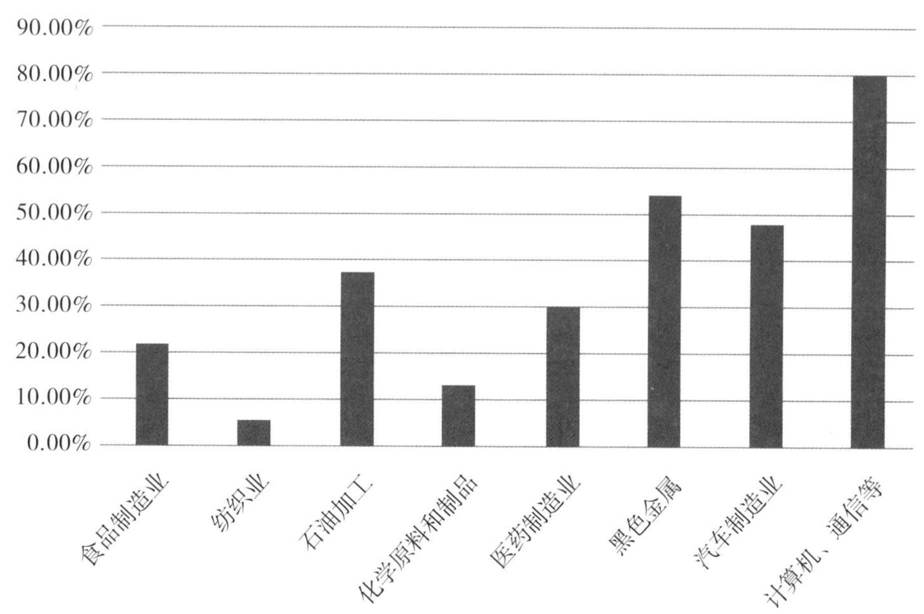

图7 2017年武汉市部分工业主营业务收入在全省占比图

(三)国内市场枢纽地位突出

2010—2018年,武汉市社会消费品零售总额占全省比例一直高达35%以上,而居于全省第2与第3位的襄阳与宜昌一直未超过全省的10%(见图8)。

2010—2018年,武汉市固定资产投资占全省比例在24%至35%,尽管占比呈逐年下降之势,但始终高于宜昌、襄阳固定资产投资占全省比重之和(见图9)。

考虑到上述两个重要指标的比例,武汉市在拉动全省内需方面无疑发挥了最为重要的作用。

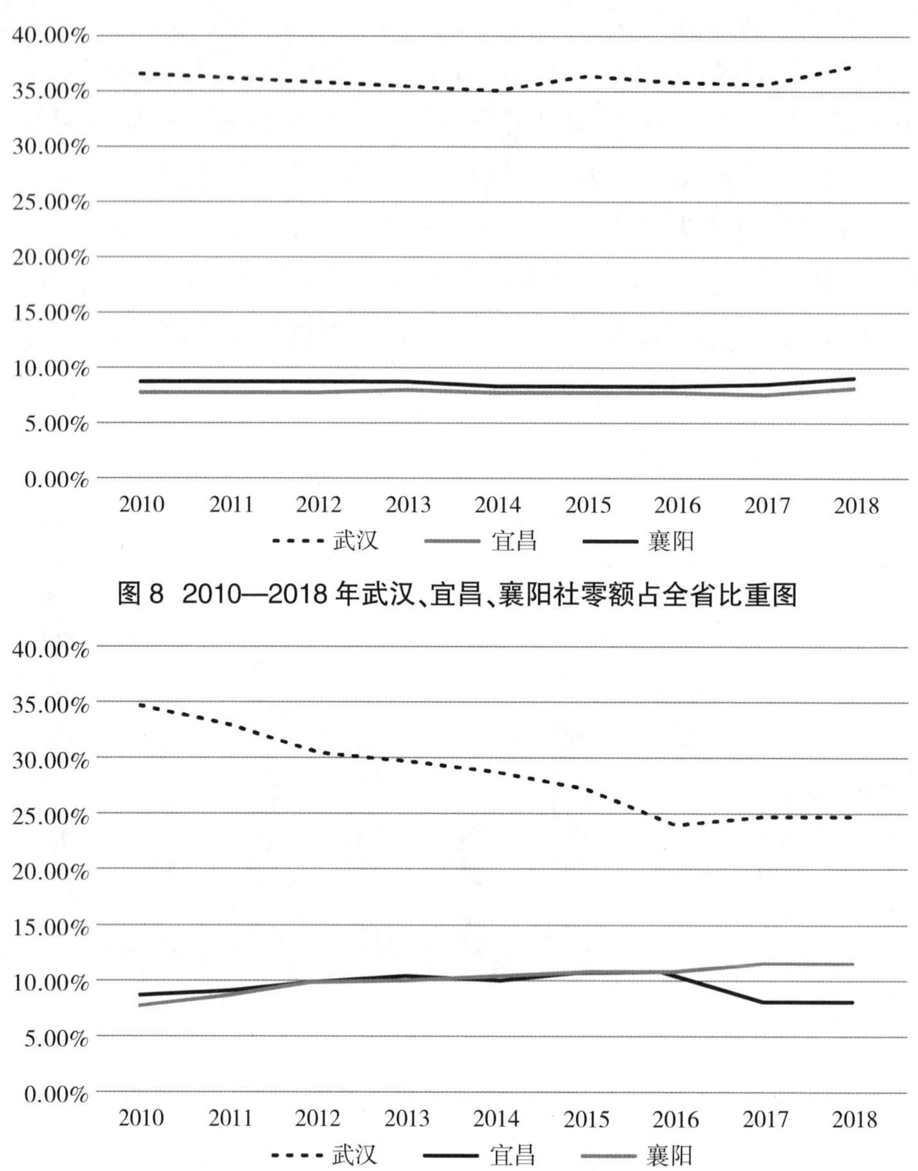

图 8 2010—2018 年武汉、宜昌、襄阳社零额占全省比重图

图 9 2010—2018 年武汉、宜昌、襄阳固定资产投资占全省比重图

(四)对外开放形成全省高地

武汉市作为全省的政治、经济、文化中心,同时作为全国重要的交通运输枢纽,发展开放型经济的条件十分优越,对外开放水平也在全省遥遥领先。从进出口总额看,2010—2019 年,武汉市进出口总额占全省的比重一直在 60%以上,出口占比一直在 50%以上,进口占比在 70%以上,均远高于 GDP 在全省的比例;从进出口依存度看,武汉市进出口依存度一直保持在 13%以上,显著高于全省总体水平，是宜昌、襄阳的 3 倍以上(见图 10)。2019 年，武汉市一般贸易进出口 1764.9 亿元，增长 13.7%；加工贸易进出口 418.3 亿元，下降 6.9%。

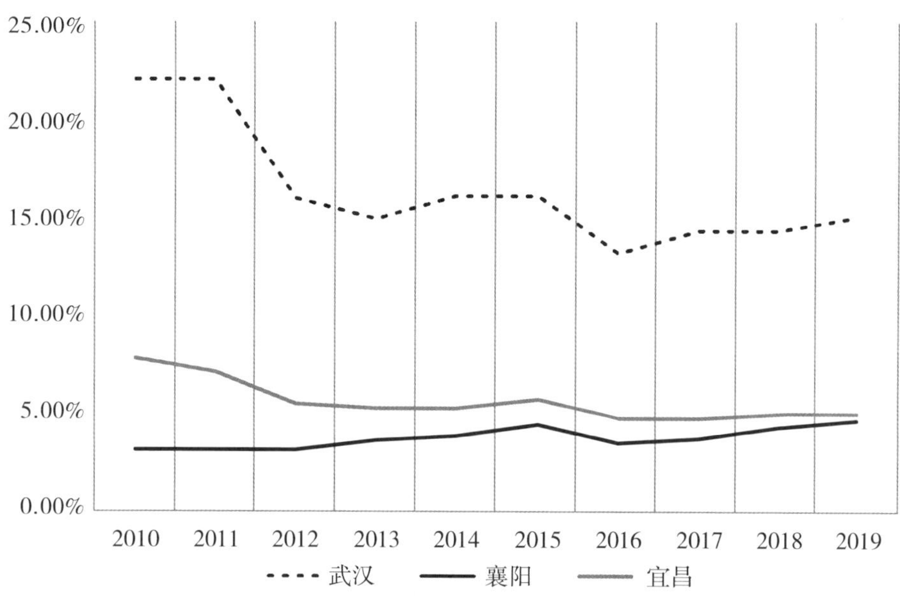

图 10 2010—2019 年武汉、宜昌、襄阳进出口依存度变化图

(五)人口集聚能力持续增强

武汉市人口一直保持较快增长态势。2011—2018 年，武汉常住人口增长率保持在 1% ~ 2.61%，远高于宜昌、襄阳这两个省域副中心城市(见图 11)。

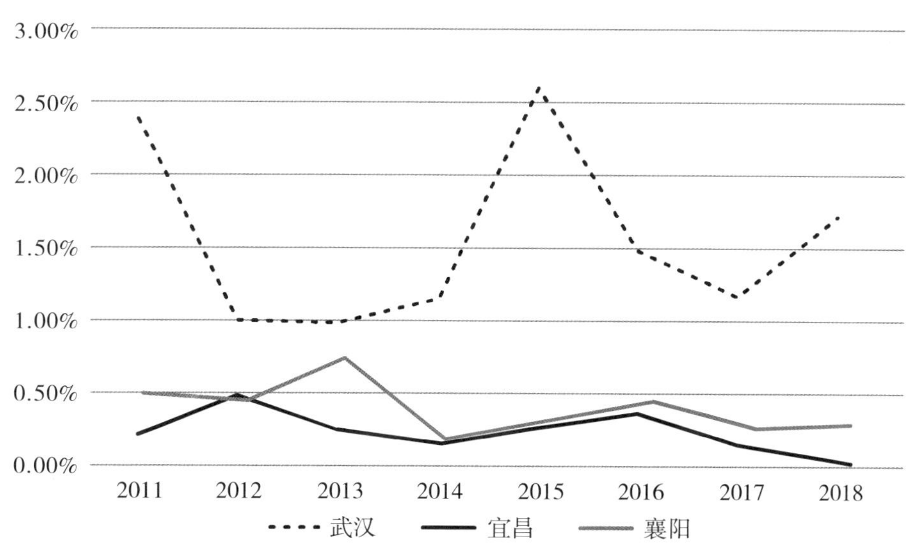

图 11 2011—2018 年武汉、宜昌、襄阳常住人口增长率图

从常住人口与户籍人口的差值对比看,2010—2019 年武汉市各年差值均为正(在 140 万 ~ 242 万人之间),且总体保持扩大趋势;宜昌市差值虽然为正,但远小于武汉市(在 6.1 万 ~ 21.72 万人之间);襄阳各年份差值均为负(见表 1)。

表 1 2010—2019 年武汉、宜昌、襄阳常住人口与户籍人口的差值 单位:万人

年份	武汉	宜昌	襄阳	年份	武汉	宜昌	襄阳
2010	140.17	6.10	-42.35	2015	231.50	13.32	-30.18
2011	174.76	8.01	-40.87	2016	242.78	18.69	-30.35
2012	190.29	9.86	-38.86	2017	235.64	21.30	-26.57
2013	199.96	9.76	-35.97	2018	224.37	21.72	——
2014	206.49	10.05	-35.43	2019	214.80	——	-21.80

伴随着人口的较快增长,武汉市常住人口在全省比例不断提高,从 2010 年的 17.1%提高到 2019 年的 18.9%(见图 12),作为全省吸纳人口最多的城市,对于推动全省城市化的发展发挥了重大作用。

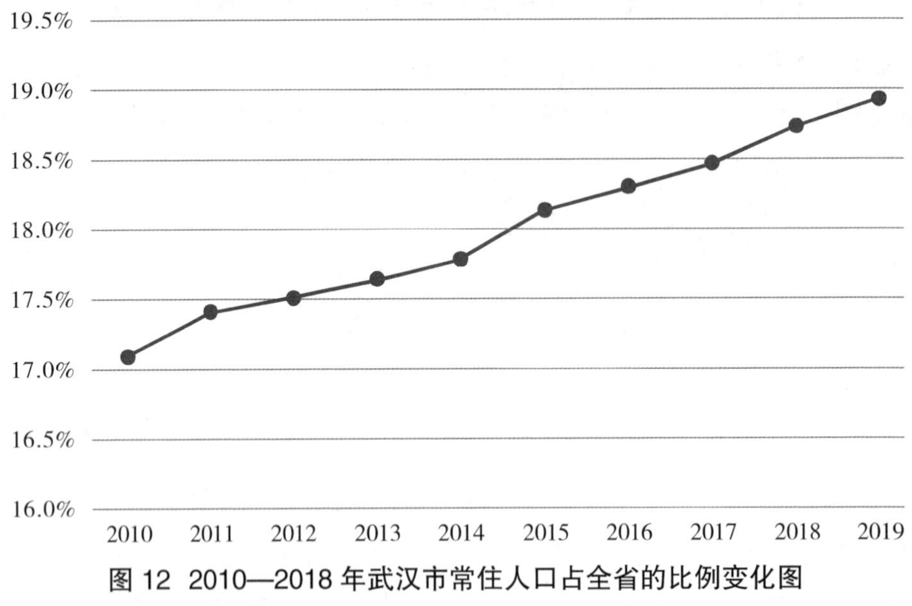

图 12 2010—2018 年武汉市常住人口占全省的比例变化图

三、进一步做大做强武汉城市圈

武汉城市圈是湖北城市群发展的重点地区,其目标就是引领长江中游城市群发展,挺起长江经济带。武汉应持续推进“五个一体化”,进一步做大做强武汉城市圈。

（一）推进武汉建设国家中心城市

推进武汉建设国家中心城市，是武汉城市圈做大做强的重要任务。全省都要大力支持武汉加快建成国家中心城市。

1.加快申报建设综合性国家科学中心

综合性国家科学中心基础条件是：有3个以上重大科技基础装置，有一批国家级的重大创新平台，有一批“双一流”高等院校，有一批世界级的领军人才，有若干先进产业集群。这五项条件武汉全部具备，应支持其建设继合肥、上海、北京、深圳之后第五个综合性国家科学中心。

2.建设国家生物安全与公共卫生医学科学中心

武汉在生物科技、病毒、医疗、公共卫生及相关产业在全国居前列，有较好基础。此次新冠疫情中全国各地专家齐聚武汉，对湖北相关科技和医疗知识进行大普及和现场大练兵。此次疫情也表明，生物安全和公共卫生应上升为国家战略，相关产业也应尽快发展起来。建议支持武汉率先建设国家生物安全和公共卫生医学科学中心，打造世界级生物医药产业基地。

3.支持武汉发展总部经济

发展总部经济不只是对武汉市有利，因为总部主要集约的是产业链上的“两头”——研发和营销，周边城市很多企业都愿意将“两头”甚至是总部迁往武汉。不能将武汉称之为“黑洞”，这是企业为了更便捷地获取生产要素的市场化行为，无可厚非。与此相伴相生，有不少武汉企业将产业链的中间环节或其中的一部分扩散到周边地区，即建立了生产基地。这种周边总部迁往武汉、武汉生产基地迁往周边的“双迁模式”实际上是双赢的，省政府及有关部门应大力支持。

4.研究启动扩大武汉市的行政区划

合并鄂州已议论多年，这不仅是武汉的期盼，也是鄂州人心所向。近些年，杭州、成都、合肥、济南等省会都已“扩容”，西安还代管了“西咸新区”。其实，即使将鄂州并入，武汉辖区面积在省会城市中仍居中游水平，少于杭州、成都、长沙等经济强市。合并鄂州不仅使武汉优势更强，也将使武汉GDP反超成都，恢复全国城市第8位。

（二）接续推进武汉城市圈建设

现在有一种观点：长江中游城市群提上国家层面后，武汉城市圈的使命就完成了，主张“抓大放小”，这也是近年来武汉城市圈建设力度减弱的原因之一。实际上，如果连武汉城市圈都建设不好，遑论建设长江中游城市群了，必须接续推进武汉城市圈建设，深入推进“五个一体化”。

1.强力推进通信基础设施一体化

在继续完善交通基础设施的同时，重点推进通信基础设施一体化。武汉城市圈获批全国两型社会建设综合配套改革试验区以来，一直宣称要统一电话区号，但到现在仍未实现。而长株潭、西咸、广佛肇、沈阳经济区、郑开等很多地区早就实现跨行政区通信一体化，为武汉作出了示范。因此，建议省政府迅速解决这一问题，以重塑城市圈一体化形象。

2.不断深化生态保护一体化

共同保护好长江母亲河。强化水资源开发利用控制、用水效率控制、水功能区限制纳污“三条红线”的先导作用和刚性约束，联合建立水资源水环境承载能力监测预警机制。以环保优先和自然修复为主，共同维护重点江河湖库等的健康生态。加强对天然林的保护，积极实施退耕还林，对湿地生态实施恢复工程，恢复其湿地功能。以国家级和省级自然保护区为重点，加强对珍稀濒危野生动植物的保护。采取一系列积极措施，共筑城市圈生态安全屏障。统筹山水林田湖草系统治理，强化大气、水、土壤污染联防联控。以跨区域河流为重点，实施横向生态补偿。积极推进国家级循环经济园区试点，办好低碳产业园区、静脉产业园区等各类生态工业园区，共同推动鄂东转型发展示范区高质量发展。

3.持续拓展产业一体化

推进产业双向转移。在前期武汉市将纺织、造纸等产业全部转移出去的基础上，继续将服装、食品饮料、化工、建材、一般性汽车零部件等传统产业和石化中下游产业逐步向周边城市扩散转移，鼓励周边城市的企业集团总部、研发和营销机构等高端部门向武汉转移和集中布局。鼓励武汉经济技术开发区、东湖新技术开发区、黄石经济技术开发区等国家级开发区与周边城市共建开发园区。以“园外园”为突破口，推进城市产业合作。目前，武汉已分别在圈内 8 城市建立了园区，但多属松散型、“挂牌型”。要推广武汉经济技术开发区托管洪湖新滩新区的经验，重点在黄冈等革命老区、贫困地区设立“飞地”，带动落后地区尽快致富、全面建成小康社会。

4.全面落实市场一体化

统一武汉城市圈市场主体准入政策、程序、服务、监管,加强在执法办案、打假维权、打击传销、商标监管、广告监管、合同监管、打假护农等方面的整体互动和工作协作。建立城市圈流通领域重要商品质量监测机制,实现监测品种统一、监测时间统一、监测区域统一、监测结果统一公布和统一开展“靶向式”监测。同时,积极搭建信用融资平台,开展动产抵押登记工作,全方位提供动产抵押信息社会查询,搭建银企沟通平台。

5.有效推进社会发展一体化

科技方面。继续增加大型科学仪器协作共用网入网单位和入网实验室,完善科技信息共享服务平台,开办网上技术市场,建设技术合同认定登记系统。积极开展国家和省级技术转移示范机构、中国创新驿站、区域技术转移联盟等建设,利用武汉丰富的高校资源推进“校市”合作。

教育方面。深入实施武汉市中心城区与城市圈内 8 个县市区对口合作,开展教师交流活动,继续实行教师校长跟岗挂职。推进城市圈部省高校对口支持合作。办好湖北省高等学校师范教育联盟、湖北高校数字图书馆,实现教学资源的网上运行和共享。

卫生健康方面。深入推进异地就医联网结算、新农合“一卡通”,支持武汉市知名医院托管市县医院。总结吸收抗击新冠肺炎疫情的经验教训,构建统一的突发公共卫生事件应急指挥与决策系统,对突发公共卫生事件和重大疾病预防控制实行统一调度、分级负责。

社会保障方面。实现武汉城市圈内社区就业与社保服务平台机构、人员、经费、编制、工作、制度“六到位”,保障人力资源跨区域无障碍流动。

(三)引领长江中游城市群发展

在推进武汉城市圈建设的同时,还要发挥武汉作为国家中心城市对长江中游城市群的引领作用。采取的策略不应当是“抓大放小”,而是大小两圈的建设同时推进,“以小促大,以大带小”。

1.提升武汉在长江中游城市群中的地位

2015 年发布的《长江中游城市群发展规划》,提的是武汉、长沙、南昌三个中心。“三个中心”的提法是基于当时的形势提出的。但是后来形势发生了变化:2016 年武汉被明确为“国家中心城市”和“超大城市”,这在长江中游地区是唯一的，而且武汉是中部地区唯一的副省级城市；2018 年 11 月党中央、国务院《关于建立更加有效的区域协调发展新机制的意见》的文件，表明了武汉是长江中游城市群唯一的中心。因此，在《长江中游城市群发展规划》2020 年底规划期结束后，湖北应呼吁在新一轮规划中明确“一主两副”，即为武汉为长江中游城市群主中心城市、长沙和南昌为副中心城市，与长三角明确的“一主三副”（上海为主中心，南京、杭州、合肥为副中心）类似。

湖北省委、省政府应尽量促成国家有关部门将各类长江“总部”放在武汉。新中国成立以来，长江水利委员会、长江航务管理局等国家管理长江相关机构均设在武汉，人们习惯认为武汉是长江“总部”。其实，早在民国时期，规划和管理长江流域的机构就在武汉。今后凡是涉及长江流域管理的这类机构，无如特殊情况应一律设在武汉。

2.引领长江中游城市群一体化建设

武汉并不与江西、湖南接壤，基础设施一体化等工作主要靠省里谋划。但武汉可以牵头打造一些共享平台。要以长江中游航运中心建设为契机，推进“长江中游港口群”的形成和发展，为长江中游城市群的形成打造共享的物理平台。在产业一体化、市场一体化、环保一体化方面，着力推进长江中游城市群建设。当前，要积极推进“研发孵化在武汉，产业化在周边”的模式，近期要迅速地在岳阳、九江等邻近地方实施突破，为长江中游城市群的产业一体化提供“样本”和示范。武汉地区有一些技术和企业曾自发地向湘赣两省扩散。如在武汉各大超市成功建立废旧电池回收系统的格林美公司，目前以武汉城市圈为中心构建的电子废弃物回收体系，已辐射湖北、江西、湖南 100 多个县市。今后要积极引导，大力扶持，舍得投入。

3.推进长江中游城市群民众心理融合

加大宣传和研究力度，从历史、文化等方面，寻找更多的渊源，扩大更多的共识。没有心理的认同，长江中游城市群将难以为继。多宣传江西、湖南的先进经验、风土人情，特别是多搜集一些“一江两湖三地亲”的生动案例和故事，以增加两地对湖北、武汉的亲近感。在这一点，重庆值得湖北省学习，重庆电视台有固定节目每天宣传和介绍周边，其他主流媒体也基本如此。

四、尽快做实襄十随神、宜荆荆恩城市群

鉴于湖北省委十一届八次会议已将神农架林区和恩施州分别划入相应城

市群，形成襄十随神、宜荆荆恩城市群的新情况，建议授权省发改委开展两个城市群规划编制工作。在此基础上，全面推进湖北省城市群建设。

（一）推进交通基础设施互联互通

襄十随神城市群要以铁路建设为重点推进交通一体化。利用浩吉铁路（浩勒报吉—吉安铁路，2019 年 8 月前称“蒙华铁路”）建成通车、汉十高铁通车营运的有利时机，构筑襄阳铁路枢纽地位和“全国综合性交通枢纽”地位；提升随州—信阳联络线的等级与能力，构建襄渝线—宁西线铁路货运主通道；推动汉丹铁路“老丹段”电气化改造，推动铁路老河口城区段东移西延，恢复汉丹铁路客运。

宜荆荆恩城市群要以完善高速公路和铁路为重点，打造复合交通轴，形成城市群的基本骨架；建设好宜昌港、荆州港、荆门组合港，以“长江—江汉运河—汉江—江汉航线”航道为依托，形成高等级航道网。通过铁路、公路、水运、航空等交通方面的全方位合作，提高公共基础设施的可达性，增强共享性。

同时，两个城市群同处湖北西部，山水相连，应注重两群之间交通基础设施的互联互通。当前，重点加快推进郑万高铁（襄阳—宜昌段）、呼南高铁（襄阳—荆门—宜昌段）、襄常高铁（荆门—荆州段）建设，共同推进汉江—汉江运河—长江航道维护，荆门、宜昌、襄阳联手做好漳河流域开发与治理。

（二）推进重点产业跨区域融合发展

首先，可以从旅游业突破。襄十随神城市群要充分发挥历史文化、山水文化资源富集的优势，努力彰显和弘扬华夏优秀传统文化，通过旅游业一体化发展，打造成为集观光、休闲、娱乐、体验、养生等功能于一体的生态文化旅游区和世界知名旅游目的地。宜荆荆恩城市群以三国、三峡旅游、民俗文化旅游为切入点，积极促成四市州旅游资源整合和整体营销。

其次，可以在汽车产业上下功夫。襄十随神城市群可以襄阳为龙头，与十堰、随州共建汽车产业带，与武汉汽车产业遥相呼应。同时，以襄十随神城市群带动宜荆荆恩城市群汽车产业发展。宜昌、荆州、荆门三市也有汽车及零部件产业，应积极主动与襄十随神城市群对接，共同做大做强湖北汽车产业特别是新能源汽车产业。

（三）推进社会事业共建共享

可以开展宣传、文化、教育、科技、体育、卫生、环保、社会保障等社会发展领域的合作，形成两大城市群发展的强大合力。襄十随神四市（林区）应以国家批复《汉江生态经济带发展规划》为契机，充分挖掘和整合汉水文化、炎帝文化、楚文化、三国文化、道家文化等文化资源，围绕增强文化创新能力和发展活力，推动文化体制改革在重点领域、关键环节取得新的突破。宜荆荆恩四市州应以国家批复南方大遗址保护为契机，将荆州片区建设成为我国大遗址保护示范区和荆楚文化展示区。

五、发挥武汉对襄十随神、宜荆荆恩城市群的带动作用

虽然湖北省委、省政府明确了襄阳、宜昌“省域副中心城市”的地位，赋予两市分别带动襄十随神和宜荆荆恩城市群发展的重任，但并是说武汉对鄂西北、鄂西南就放手不管了。媒体上曾有形象的比方，在湖北省这个“班”上，武汉是“班长”，两个“省域副中心城市”是“副班长”，“副班长”要协助“班长”工作，“班长”更要带领“副班长”工作，武汉要发挥对襄十随神、宜荆荆恩城市群的带动作用。

（一）着力培育和壮大新动能

武汉是著名的科教重镇。全市人才总量达 230 多万人，占全市人口总量近 1/4；普通高等学校数量 84 所，其中有 7 所列入国家“双一流”高校建设。在校大学生（含研究生）118 万人，成为全国三大智力密集区之一；拥有科研院所 121 个、国家级重点（工程）实验室 31 家、国家级（工程）技术研究中心 28 个。应当用足、用活、用好武汉“科教重镇”这个老底子，着力培育和壮大新动能。

2018 年 4 月 26 日上午，习近平总书记到东湖新技术开发区考察，一再强调：过去那种主要依靠资源要素投入推动经济增长的方式行不通了，必须依靠创新；具有自主知识产权的核心技术，是企业的“命门”所在。他在烽火科技集团有限公司讲：“企业必须在核心技术上不断实现突破，掌握更多具有自主知识产权的关键技术，掌控产业发展主导权。国家需要你们在这方面加快步伐。”在 4 月 28 日下午的讲话中又指出：要注重创新驱动发展，紧紧扭住创新这个牛鼻子，强化创新体系和创新能力建设，推动科技创新和经济社会发展深度融合。这为武汉培育和壮大新动能指明了方向，为武汉经济发展提供了根本路径。应当用足、用活、用好武汉“科教重镇”这个老底子，着力培育和壮大新动能，带动襄十随神、宜荆荆恩城市群发展。

要加大区域统筹协调力度，有序推动武汉市边际产业向襄十随神、宜荆荆

恩城市群转移,构建联系更加紧密的产业合作关系。发挥武汉对口支援鄂西北郧西县、鄂西南来凤县的示范效应,大力推动城乡要素融合发展,促进农民进城与“要素下乡”双向互动,实现要素资源最有效的利用。推动区域智力资源融合,充分发挥武汉龙头引领作用,促进全省智力资源合理配置,大力推动武汉创新成果在全省的运用。充分发挥武汉交通、口岸、海关、自贸区优势,为各市县商贸物流、进出口提供通道与平台支撑。突出抓好自贸区开放平台与制度创新试验田的作用,将成熟经验向全省复制推广,加强与宜昌、襄阳自留片区的合作,建设以武汉为龙头的湖北“全域自贸区”;破除要素商贸流通领域的体制机制障碍,打造统一、开放、商品要素自由流动的一体化市场,通过市场力量形成武汉对全省经济发展的强大带动作用。

(二)大力发展“引领型”制造业

一是带领襄十随神、宜荆荆恩城市群在存储芯片领域实现突破。习近平总书记 2018 年 4 月 26 日在武汉新芯集成电路制造有限公司视察时讲到:“装备制造业的芯片,相当于人的心脏。心脏不强,体量再大也不算强。要加快在芯片技术上实现重大突破,勇攀世界半导体存储科技高峰。”也就是总书记视察的当天,国家级信息光电子创新中心在武汉正式启动。该中心由烽火科技集团武汉光迅科技股份有限公司牵头组建, 覆盖全国信息光电子领域 60%的创新主体。此前,2016 年 12 月,总投资 300 亿美元的国家存储器基地项目在武汉·中国光谷正式开工。全面达产后,月产能将达到 30 万片三维闪存芯片,年产值将达到 100 亿美元。襄阳、宜昌、荆州、荆门都有与武汉“芯”配套的封装测试与材料产业,武汉要带领襄十随神、宜荆荆恩城市群走出一条强“芯”之路,不负总书记嘱托,实现“引领型发展”。

二是带领襄十随神城市群在智能网联汽车领域实现突破。智能网联汽车是智能汽车与互联网相结合的产物,可拉动汽车、电子、通信、服务、社会管理等行业协同发展。武汉具有发展智能网联汽车的良好基础。武汉是国家智能汽车与智慧交通应用示范城市, 武汉经济技术开发区成为首批入选示范区项目建设的核心区。襄阳也在积极发展智能网联汽车产业,建设东风汽车试验场四期、智能网联汽车小镇和智能网联汽车运营示范线。武汉要与襄阳加强协作,共克难关,努力使智能网联汽车成为湖北引领型产业的一张名片。

三是带领襄十随神、宜荆荆恩城市群在航空航天领域实现突破。武汉国家航天产业基地要着力打造航天运载火箭及发射服务、卫星平台及载荷、空间信息应用服务、航天地面设备及制造等四大主导产业。特别值得一提的是,武汉是北斗卫星导航技术核心研发基地，北斗技术的核心研究中心有导航卫星数据分析中心、数据中心以及电离层变化研究中心,三个中心都在武汉。要加大政策支持力度,尽早将核心优势转化为产业优势和经济效益。荆门、襄阳是国家老航空航天研发基地,特别是荆门具有国家级的特种飞行器研究所,具有半个世纪的历史。武汉要与荆门、襄阳加强联合,融合科研力量,推进军民融合,努力做大做强湖北航空航天产业。

四是带领宜荆荆恩城市群在海洋工程装备领域实现突破。早在 2013 年湖北省正式出台的《关于加快船舶和海洋工程装备产业发展行动方案》中,就明确提出打造形成武汉、荆州两个船舶和海洋工程装备产业集群。在宜荆荆恩城市群,宜昌、荆门也涉足先进船舶和海洋工程装备产业。武汉海工装备制造产业体系相对完备,完全可以围绕这些产业投入更多研制力量,带领宜荆荆恩城市群重点强化海上油气钻井平台、大型特种船舶、大型海上作业平台、深海金属矿产开采设备、深潜器等方面生产优势,积极发展海洋战略性新兴产业,包括开发海洋生物产业、海洋能源产业、海洋矿业等产业,共同把不靠海的湖北打造成“海洋经济强省”。

(三)错位发展大健康产业

武汉市要发挥科技优势、市场优势,带领襄十随神、宜荆荆恩城市群在大健康领域错位发展,实现突破。在襄十随神城市群中,十堰、神农架生物资源丰富,发展大健康产业具有得天独厚的优势,可以神农氏、武汉道家医药养生文化传承为灵魂,发展康养产业、中医药产业;襄阳市启动了大健康产业规划编制工作;随州也较重视大健康产业发展。在宜荆荆恩城市群中,四市州都很重视大健康产业发展,其中荆门市、恩施州将大健康产业列为支柱产业,专门编制过“十三五”专项发展规划。

武汉大健康产业全省遥遥领先,而且大健康产业是武汉市委、市政府确立的继存储器、航天产业、网络安全人才与创新、新能源和智能网联汽车四个国家新基地之外唯一的地方自定的产业基地。武汉光谷生物城全国著名,“环同济—协和”高端医疗产业集聚区、光谷南大健康产业园、汉阳大健康产业发展区、武汉长江新城国际医学创新示范区等集群正在集聚发展。发挥全国大健康产业发展重要增长极的作用，带领襄十随神、宜荆荆恩城市群建设区域医疗中心、临床试验基地，打造大健康产业特色园区；与宜昌、荆门等地联手，推动医用物资生产标准化、品牌化和集群化发展，打造集医疗防治、物资储备、产能动员“三位一体”的医用防护物资生产集聚地。

（四）发挥优势发展“内循环”经济

国际金融危机以来，我国经济增长“三驾马车”角色地位发生了巨大变化。第一驾马车——投资：从 2011 年至今，我国全社会固定资产投资额增速已经出现连续十年下跌。第二驾马车——出口：国际金融危机以来，我国出口增速减缓。特别是 2018 年美国总统特朗普挑起中美贸易战以来，出口阻力越发增大。第三驾马车——消费：2017 年全年最终消费支出对国内生产总值增长的贡献率为 58.8%创了 16 年来的新高，比 2014 年的 47%提高了 17.6 个百分点。2018 年全年最终消费支出对国内生产总值增长的贡献率为 76.2%，一年就增加 18.6 个百分点，速度极其惊人(2019 年有所回落)。在投资和出口增长明显回落的情况下，“消费”充分发挥了对经济增长“稳定器”和“压舱石”的作用。“三驾马车”，消费为王。在湖北省 2019 年两会上，武汉提出建设“内陆消费中心”，对武汉经济增长乃至湖北建设“支点”都具有十分重要的作用。

2020 年 7 月 30 日中共中央政治局召开会议，分析研究当前经济形势，明确提出要“加快形成以国内大循环为主体、国内国际双循环相互促进的新发展格局”和“实现稳增长和防风险长期均衡”。构建双循环新发展格局，这是适应我国比较优势和社会主要矛盾变化、适应国际环境复杂深刻变化的迫切要求，是当前和未来较长时期我国经济发展的战略方向。我们要将扩大内需作为战略基点，坚持以供给侧结构性改革为主线，以创新驱动发展为主攻方向，以高水平对外开放为强大支撑，推动国内供需更高水平平衡，促进经济高质量发展，在构建双循环新发展格局中育新机开新局。

武汉在国内大循环中具有很好的基础条件。自古就有“货到汉口活”的美誉，近些年武汉社会消费品零售总额一直居同类城市榜首。要发挥优势，带领襄十随神、宜荆荆恩城市群不断扩大内需，推动文化旅游、休闲娱乐、家政服务、健康养老等服务消费提速提质。积极发展消费新业态，打造线上线下协同互动的消费生态。大力促进新消费领域发展，重点培育品质消费、时尚消费、信息消费、服务消费、文化消费、体育消费等新消费热点，武汉的赛马产业、航空运动产业等,都属于中高端消费,应大力支持。要发挥新消费引领作用,培育形成更多新技术、新产业、新业态、新模式,增强新消费对全产业链的引领和带动作用,发挥内需在湖北省经济中的“压舱石”和“增长极”作用。

(五)以扩大进口拉动外贸发展

上海已举办两届中国国际进口博览会,即将举办第三届。在这个“消费为王”的时代,这一做法很值得武汉借鉴。武汉要重点打造全球知名的消费地标,打造个性独特的特色街区,打造舒适、便利、智能的社区商业,形成资源集聚的内外贸融合发展格局的国际消费城市。

要发挥武汉自贸片区的引领作用,与宜昌片区、襄阳片区一道,积极扩大进口,引导消费。加强进口行政审批取消或下放后的监管体系建设。按照打造法治化、国际化、便利化营商环境的要求,深入推进简政放权、放管结合、优化服务改革,提高进口通关便利性,实施通关一体化改革,打造具有国际先进水平的进口贸易“单一窗口”,节约进口贸易交易时间、降低进口交易的制度性成本。合理降低关税、落实降低部分商品进口税率措施,减少中间流通环节,严格执行收费项目公示制度,清理进口环节不合理收费,清理不合理加价。完善免税店政策,扩大免税品进口。进一步规范进口非关税措施,健全完善技术性贸易措施体系,降低进口成本。充分依托武汉海关特殊监管区域等平台,培育形成一批进口贸易特色明显、示范带动作用突出的进口贸易促进示范企业和平台。将“一带一路”相关国家作为重点开拓的进口来源地,优化进口市场布局,增加国内消费升级需要的特色优质产品进口,扩大贸易规模。加快建设立足中部、辐射“一带一路”、面向全球的进口网络,多元化进口市场布局,引导宜荆荆恩、襄十随神城市群企业充分利用自贸协定优惠安排,积极扩大进口。

通过扩大进口,逐步吸引产品制造商来武汉、襄十随神、宜荆荆恩等地投资办厂,就近销售,拉动外向型经济发展。

(六)积极发展枢纽型经济

武汉是“九省通衢”,居祖国“天元”位置,是名副其实的“枢纽”。要以此为依托,积极发展枢纽型经济,带动襄十随神、宜荆荆恩城市群发展。

首先,共同发挥好长江、汉江“黄金水道”功能。与荆州、宜昌一起,重点推进“645”航道工程建设,着力解决长江黄金水道“中梗阻”的问题,打造“水上高速”;武汉卓尔已在荆门沙洋打造汉江流域最大的航运物流枢纽,要继续支持荆门、襄阳、十堰复兴汉江航运。带领宜荆荆恩、襄十随神城市群共建“长江—江汉运河—汉江”高等级航道圈，共兴长江汉江航运。提升阳逻国际港功能，加快建设航运产业总部区，支持“江海直达”新型船舶建造，完善近洋航线网络；在巩固武汉、九江、南昌、岳阳间定期集装箱公共班轮的基础上，将荆州、宜昌、荆门、襄阳等港口纳入“中三角集装箱公共班轮项目”范围。

其次，联手建设好铁路枢纽。在普铁时代，武汉与北京、上海、广州并称中国四大铁路枢纽。在高铁时代，武汉地位受到郑州、西安、合肥、重庆、成都、贵阳等市严重冲击。尤其引人注目的是，安徽阜阳于 2019 年 10 月和 12 月连续开通商合杭高铁商合段和郑阜高铁，已经形成“米”字形高铁枢纽，而武汉很早就宣称的“米”字形高铁格局并未真正成型。要加快沿江高铁中线通道（武汉—荆门—宜昌）建设，尽早在武汉形成“米”字形，并为扭转武汉近年客运量下降的局面作出贡献。同时，继续发挥货运优势。重点推进中欧班列（武汉）加速发展。中欧班列（武汉）是全国唯一回程货量高于去程货量的班列。发挥其在全国领先优势，积极开展国际通道建设。推广“宜汉欧”“襄汉欧”与武汉共享班列模式，使襄十随神、宜荆荆恩城市群搭上武汉快速发展的列车。

再次，联手建设好航空枢纽。2019 年武汉天河机场客运量为 2715 万人，列全国第 14 位，近年来首次超过长沙黄花机场（2691 万人，第 15 位），而郑州新郑机场以 2913 万人列第 12 位，至于成都双流机场则以 5586 万人列第 4 位的成绩远超武汉。要引入更多航空公司将武汉作为基地、开辟更多航线、加密航班。而襄十随神、宜荆荆恩城市群的 8 个市州（林区）除随州以外，其余 7 市州都有营运的民航机场或通用航空机场。要推进天河机场与这些机场开展联合，大力发展文化旅游、会展经济，挖掘更多客源，争取早日超过郑州。

（七）加强长江经济带绿色发展示范

宜荆荆恩、襄十随神城市群地处长江、汉江的上游，是大武汉的生态屏障。加强宜荆荆恩、襄十随神城市群的生态建设和环境保护，对于武汉两型社会的环保安全和可持续发展具有重要作用。武汉市要搞好与宜荆荆恩、襄十随神城市群的生态环保项目的对接，协同开展对有关产业和企业的生态环境影响值评价，联合采取鼓励、保护、支持、限制或禁止的政策措施，推进清洁生产，共同搞好长江、汉江流域的水土保持和水污染防治，实现两型社会建设的目标。

2018 年 5 月，国家推动长江经济带发展领导小组召开会议，明确湖北武汉、江西九江与上海崇明岛为长江经济带绿色发展示范区首批创建城市。武汉创造了一些好经验，得到国家推动长江经济带发展领导小组办公室的肯定。如武汉市实施《长江武汉段跨区断面水质考核奖惩和生态补偿办法（试行）》，实行水质“改善奖励”“下降扣缴”的生态补偿奖惩措施，2019 年共计罚款 600 万元、奖励 850 万元，促使长江、汉江水质均保持优良水平。武汉市还采取要素补偿和综合补偿相结合的方式，对市域范围内纳入基本生态控制线的生态资源实施生态补偿。2019 年全市安排生态补偿资金 7.6 亿元，各区生态补偿积极性充分调动，基本生态控制线区域生态环境质量得到了有效改善。这些成功的经验，可以在襄十随神、宜荆荆恩城市群复制和推广。

作者单位：湖北省社会科学院。其中，秦尊文系湖北省政府咨询委员会委员、湖北省社会科学院研究员、武汉发展战略研究院特聘专家

汉江生态经济带(武汉段)国土空间生态修复的探索与实践

刘奇志　朱志兵　徐　放　王立舟

我国已进入生态文明建设新时代。国土空间生态修复是推进生态文明建设的重要举措,也是国家空间治理体系和治理能力现代化建设的重要内容。面对区域性生态问题,退化生态系统的整体保护、系统修复、综合治理均需以生态修复为重要抓手。

汉江是武汉市的母亲河,同时武汉也是汉江生态经济带的重要战略支点,是长江和汉江流域生态文明建设的核心区域。本文以汉江生态经济带(武汉段)生态保护修复规划为例,对武汉国土空间生态修复的实践探索进行总结,系统分析主要生态问题及生态修复优先区识别、生态修复模式选择等技术方法,并重新认识国土空间生态修复内涵,以期能对国土空间的"整体保护、系统修复、综合治理"起到积极借鉴作用。

一、立足水城关系,深刻理解汉江对于武汉的重要意义

(一)因水而生:汉水至,汉口兴

汉江对于武汉城市格局的形成起着至关重要的作用。远古时期,汉江河道一直处于动态变迁之中,直到明朝成化年间,汉水改道龟山以北,从此河道基本稳定。古文记载,"成化初,忽于排沙口下,郭师口上,直通一道,约长十里,汉水径从此下,而故道遂淤""今渔利犹存,舟楫已不达矣"。汉水北面地势开阔,港湾条件比较好,形成了天然良港——汉口,大量的陕西商人随汉水而下,将货物运抵汉口的汉正街中转,后来又吸引了周边的地主、农民、手工业者和全

国各地的商人在此聚集，汉正街逐渐因货物集散而发展起来。至明末，汉口日渐繁荣，成为天下四大名镇之一，也为日后武汉三镇的格局打下了基础。

（二）因水而盛：以汉江生态经济带建设实现跨越式发展

汉江生态经济带包含武汉市江汉区、硚口区、汉阳区、东西湖区、蔡甸区等区。2018 年 10 月，国务院正式批复《汉江生态经济带发展规划》，意味着汉江流域经济带的建设发展进入了新阶段。批复指出，围绕改善提升汉江流域生态环境，共抓大保护，不搞大开发，加快生态文明体制改革，推进绿色发展，着力解决突出环境问题，加大生态系统保护力度；围绕推动质量变革、效率变革、动力变革，推进创新驱动发展，加快产业结构优化升级，进一步提升新型城镇化水平，打造美丽、畅通、创新、幸福、开放、活力的生态经济带。武汉是长江与汉江交汇的城市，无论是人口规模、经济体量还是辐射能力都在整个汉江流域中处于遥遥领先的位置，《汉江生态经济带发展规划》的批复将为武汉的发展注入新的动力。

（三）因水而忧：汉江流域生态问题日益突出

武汉市作为长江中游中心城市，从三镇江滩公园建设，到百里沿江生态文化长廊，一直将流域治理工作的重点放在长江两岸，而关于汉江流域治理的系统性还有待进一步提升。近年来，随着城市建设的快速推进，汉江流域人类活动强度不断增加，生态保护压力增大。

一是岸线粗放利用问题。汉江武汉段与城区联系紧密，流域内部分湖泊、河道岸线被社会人员无序开采，部分河道存在不同程度的滑坡、塌方；同时，大量存在的水产养殖也造成了局部生态系统被破坏，养殖田埂分割岸线完整性；与城区相邻的驳岸凌乱，黄土裸露，沿岸私房搭建，垃圾堆放，现状环境和景观品质较差。

二是水体污染问题。汉江武汉段的支流及湖泊较大范围内现状为 V 类或劣 V 类水体。一方面因为周边雨污分流不完善，截污纳管不彻底，严重影响河道及湖泊水质，面源污染未有效控制；另一方面流域内各大水系未能实现完全流通，且湖塘常年未清淤，港渠河湖淤积严重，淤泥中氮、磷等物富集，造成水体内源污染加剧。

三是湿地退化问题。2012—2019 年，汉江沿线河湖湿地减少 7.14 平方公里，占比 4.56%，平均每年减少 1.02 平方公里，减少的主要类型为坑塘水面占用。减少的区域主要位于蔡甸常福、蔡甸城区、主城区及三环线周边。

四是植被破坏问题。局部存在山体、林地破坏现象，2012—2019 年汉江沿线林地减少 1.03 平方公里，平均每年减少 0.15 平方公里，林地减少的区域主要位于蔡甸常福及主城区三环线以内区域。植被的破坏一方面导致野生动植物栖息地功能退化，生态廊道不健全，另一方面也降低了地区生态系统的抗性，加剧了生态系统脆弱特质。

二、践行生态文明，全面认识汉江经济带（武汉段）生态修复的总体要求

汉江于汉口龙王庙汇入长江，全长 1577 公里，流域面积 1590 万公顷，在长江八大支流中，汉江长度第一、流域面积第二，对整个长江流域生态系统有着重要的影响。汉江武汉段是长江流域与汉江流域生态系统相融的关键节点，对于提升生物多样性、提高流域系统稳定性、增强防洪抗灾安全性具有重要意义。

（一）国家层面：落实国家发展战略，服务国家“南水北调”工程

习总书记视察湖北时指出，“长江病了，而且病得还不轻”。作为长江最大支流，开展汉江经济带生态保护修复，是落实习近平总书记视察湖北指示精神、构筑汉江中下游生态安全屏障的重要举措，对于落实长江大保护、重构两江流域生态治理体系具有重要作用。

从国家层面来看，汉江生态经济带首先定位为全国水源保护示范区、全国生态文明建设先行区。正如《汉江生态经济带发展规划》中指出的，汉江生态经济带区域生态环境保护形势严峻，南水北调中线工程实施后，全流域综合治理和生态建设任务更加迫切，经济发展与生态环境保护的矛盾突出。“南水北调”作为世界上最大的跨流域调水工程，是实现我国水资源优化配置和经济发展的重要战略性民生工程，中线工程作为“南水北调”工程的重要组成，直接受益人口超过 1.2 亿人，在很大程度上缓解了我国北方的缺水问题。然而，规模如此宏大的水利工程在为供水地区带来经济生产力的同时，也在一定程度上对调水区下游生态系统造成不良的影响。自“南水北调”工程启动后，汉江中下游多年平均水面宽度下降 10.2 ~ 107.3 米，平均水深下降 0.08 ~ 0.27 米，平均流速下降 0.05 ~ 0.39 米 / 秒，泥沙淤积加剧，环境自净能力下降。与此同时，汉江武汉段水环境容量下降近三分之一，水质退化风险加剧。武汉市位于汉江最下游，汉江水文条件变化对武汉段影响最大，要按照国家要求，通过实施生态修

复工程保障生态安全,以便为更好服务南水北调工程作出贡献。

(二)区域层面:提升区域生态系统安全

从整个汉江流域来看,《汉江生态经济带发展规划》提出了“一带两区”的生态安全格局,其中“一带”为沿江绿色保护带,连接陆生生态系统与河流湿地生态系统,“两区”为秦巴山生物多样性生态功能区、大洪山—桐柏山水土保持生态功能区,汉江是串联“一带两区”的重要生态骨架。从武汉城市圈来看,汉江在“两山两水一片”(“两山”为东北侧的大别山脉与南部为幕阜山脉,“两水”为长江和汉江,“一片”为江汉平原以及点缀其中的各类湖泊)的区域生态大格局中同样具有重要地位。

武汉作为汉江生态经济带的核心城市、武汉市城市圈的中心城市,有责任积极保护水资源、变水患为水利,探索特大城市治水样本和水城共生发展模式,努力成为长江经济带生态文明建设的先行示范区。汉江生态经济带生态保护修复应着眼长江大保护和武汉城市圈大生态修复的需要,把生态文明建设摆在首要位置,划定并严守生态保护红线,重点保护和修复汉江生态环境,扎实推进水环境综合治理,科学利用和有效管理水资源,努力建成人与自然和谐共生的绿色生态走廊。

(三)武汉层面:助力武汉国际滨水生态绿城建设

武汉市高度重视生态空间保护,已基本形成“两轴、两环、六楔”的总体生态框架结构。其中,“两轴”为长江主轴和东西向山水轴;“两环”三环线生态带与外环生态带,是集多种功能于一体的区域生态保障环;“六楔”为依托山水脉络形成的六大生态区,其中后官湖绿楔是汉江生态经济带的重要组成部分。

汉江之于武汉,不仅在城市格局形成的过程中发挥着作用,也在武汉的生态环境中担任着重要的角色。一方面汉江流域作为“两江四岸”的核心区域和滨江生态文化带的重要组成部分,是提升城市生态文化品牌、展现滨江景观形象的重要区域。另一方面作为东西向“山水轴”的重要载体,汉江流域向东连接蛇山、洪山、喻家山,是筑牢生态和自然资源本底,维育武汉全域生态保护整体框架的核心骨架。本次工作突出保护和利用相结合,以汉江武汉段流域内的河、湖等水系、水体为纽带,以水定城、以水润城、以水优城,系统开展区域生态保护修复,提升城市生态空间品质,将武汉建设为国际知名的滨水生态绿城,增强人民群众的幸福感与获得感。

三、坚持因地制宜，统筹开展汉江生态经济带(武汉段)生态修复工作

(一)立足生态系统关联性，确定生态修复空间范围

汉江在武汉市域内流程约75公里，沿线有东西湖、蔡甸、汉阳、硚口、江汉等区，整体呈现北城南野的生态格局特征：北岸以城镇化地区为主，生态要素较少；南岸非建设用地规模较大，湖泊、湿地丰富，山林纵横，生态要素密集。汉江武汉段的生态系统构成可以概括为“两大支流，四大水系”，两大支流分别为汉北河、索子长河—汉阳河，四大水系分别为汉北河水系、索子长河水系、什湖—后官湖水系、汉阳六湖水系。立足生态系统关联性，确定汉江生态经济带(武汉段)生态修复范围总面积676.86平方公里，西至市域边界，东至长江，南北以道路为界，包含城镇、农业、生态三类空间，山、水、林、田、湖、湿多种生态要素。

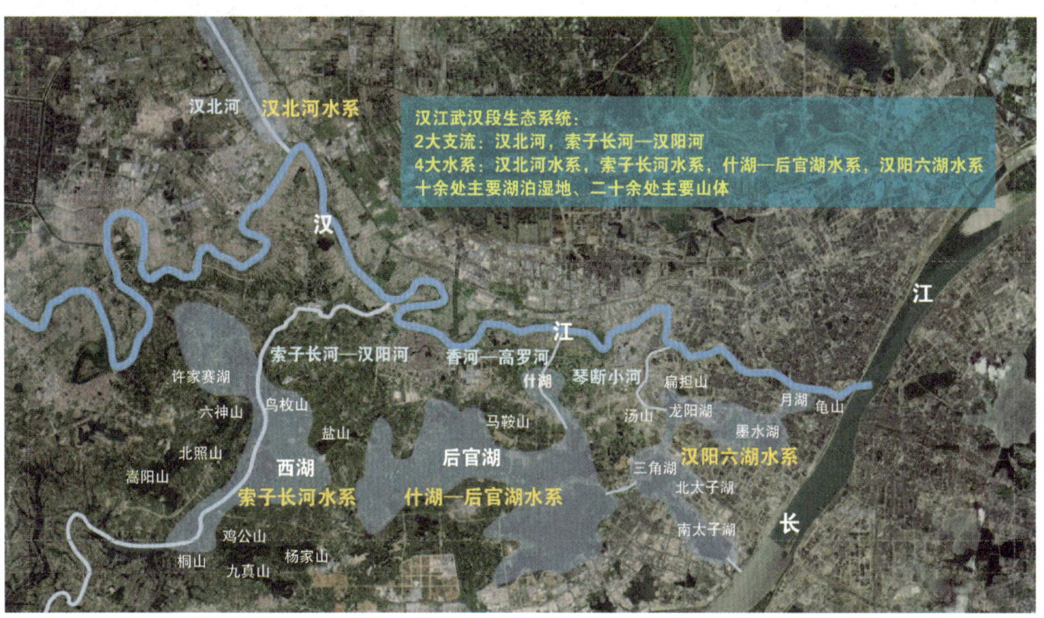

图1 汉江武汉段生态系统结构结构分析图

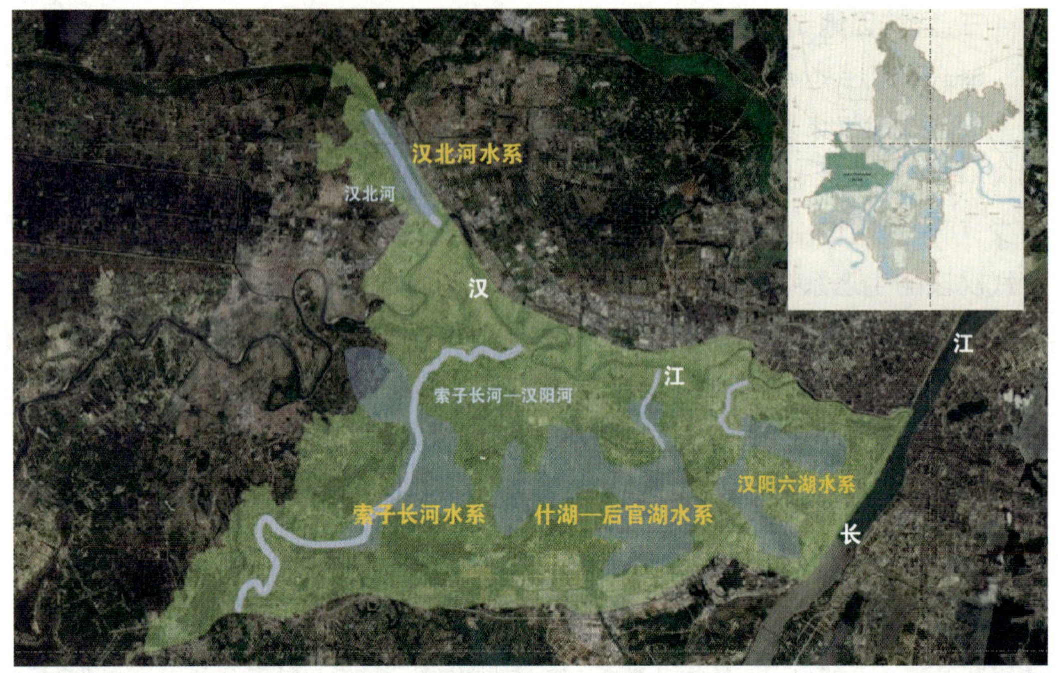

图 2 研究范围示意图

(二)依据生态本底现状评价,识别生态修复优先区

汉江武汉段既是两江生态系统交汇的重要节点,又是武汉市“两江四岸”空间格局的重要组成部分,作为汉江流域生态空间与城镇空间结合最为密切的区域之一,承担了生态保护与城市发展的双重任务。因此,探讨汉江武汉段的生态问题,不仅要加强生态敏感性和生态服务性分析,还要立足“城中江”的地理特征,从生态胁迫性和景观格局入手,准确识别主要生态问题及问题之间的关联性,确定生态系统重要物种保护和关键要素,识别亟待修复的生态空间。

图 3 生态敏感性分析图

图 4 生态服务价值分析图

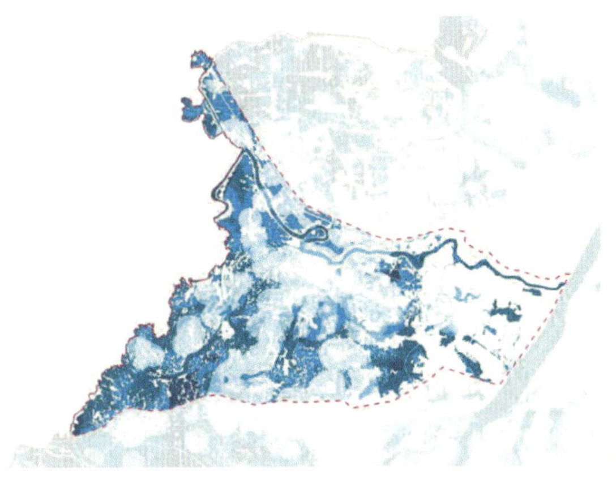

图 5 生态系统质量分析图

图 6 景观格局分析图

将上述分析结果叠加，识别生态维育阻力较高的地区，作为生态修复优先区。经过综合分析评价，汉江生态经济带（武汉段）生态修复优先区分别位于汉北河、什湖—后官湖和汉阳六湖三个区域。

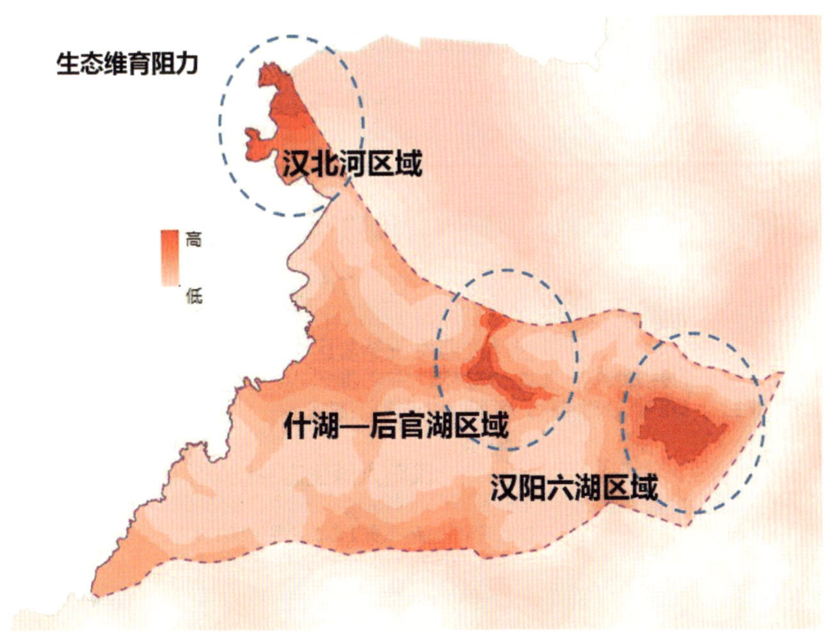

图 7 汉江生态经济带（武汉段）生态修复优先区分布图

（三）结合优先区分布情况，明确生态修复空间结构

依托汉江生态经济带（武汉段）“两大支流、四大水系”的生态系统空间特征，以小流域为基本单元，综合考虑上、中、下游不同地域间资源利用与保护的协同关系，规划构建“一轴三区”的生态修复空间结构。其中，“一轴”为依托汉

江干流的汉江生态轴，是区域生态骨架和物质交换、能量流通主要通道，沟通串联整个流域生态系统。“三区”依托小流域生态子系统构建，与现状识别分析出的生态修复优先区相对应，分别为什湖湿地生态系统修复区、汉北河水生态系统修复区、汉阳六湖生态系统修复区，根据空间特征差异进行不同方向的生态修复探索，其中什湖湿地生态系统修复区以改善什湖水质，重建什湖湿地生态系统功能为目标，重点探索农业生产、城镇建设与生态保护修复有序共进的工作模式；汉北河水生态系统修复区以汉北河岸线及周边环境生态修复为目标，重点探索人工河道生态系统构建模式；汉阳六湖生态系统修复区以改善六湖水质，加强区域内水生态系统连通性为目标，重点探索城镇空间内重要生态要素保护修复模式。

图 8　生态修复空间结构分析图

同时，在已开展的汉阳六湖连通工程基础上，打通高乐河与香河，实现后官湖—知音湖—什湖与汉阳六湖的水系连通，在更大区域层面加强长江与汉江的水系连通，从而进一步完善区域水系网络，为水体的流动提供条件，以改善水质，提升城市排渍和调蓄能力，提高生态斑块之间的关联度。

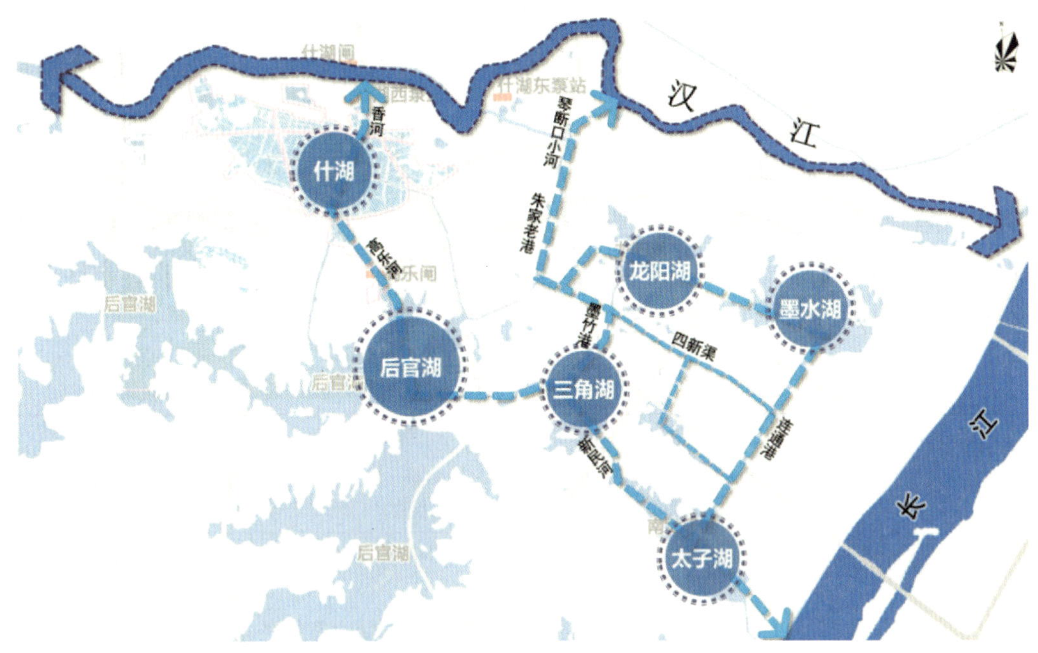

图 9 水系连通分析图

(四)基于生态系统受损程度,选择生态修复模式

根据修复场地生态系统损害或退化程度的差异，国土空间生态修复的主要模式包括保护保育、自然恢复、辅助再生和生态重建四种。在操作中,因修复单元生境条件的多样性,通常采用多种方法镶嵌的修复方式。

表 1 主要生态修复模式对比

修复模式	应用场景	技术手段
保护保育	代表性自然生态系统和珍稀濒危野生动物物种及其栖息地	建立自然保护地、去除胁迫性因素、建设生态廊道、就地和迁地保护及繁育珍稀濒危生物物种
自然恢复	生态退化程度较低,具备较强自然恢复能力的区域	停止引起生态退化的人类活动（围湖造田、过度放牧、筑坝断河等）;加强与周边生态斑块连接,疏通原生物种流动通道
辅助再生	生态中度或高度退化,但仍具备一定自然恢复能力的区域	不仅要消除引发生态破坏的人为影响因素,还需进一步采取生物干预（控制入侵生物、重新引入本地物种)或非生物干预(污染修复、栖息地环境营造)措施
生态重建	生态高度退化,已不具备一定自然恢复能力的区域	不仅需要消除所有可能引发生态退化的因素,而且要重新引入大部分本地生物群落以重建适应本地特征的生态系统

汉江生态经济带(武汉段)生态本底条件较好,多数区域只要消除人为因

素,能在较短时间内恢复生态功能,因此,应坚持自然恢复为主、人工干预为辅的总体思路,根据不同修复区面临的具体问题和修复重点,有针对性地选择修复模式,安排具体工程项目。

针对汉江生态轴水量下降、部分岸线破碎、迎水面树木汛期受高位洪水长时间浸泡损毁严重等问题,采用辅助再生模式,安排汉江生态补水、岸线整治及防护林升级改造三项具体工程,以达到修复岸线、提升水体水质,增强生物多样性的修复目标。

表 2　汉江生态轴主要工程项目

项目名称	建设内容
汉江生态补水工程	新增新沟二小队、新沟三小队、八向、蔡家台四处泵船,改造六十四高灌泵站,达到生态补水目的
岸线整治工程	加固受损堤岸,设置居民功能活动空间,打造健康步道,打造健康活力的滨河空间
防护林升级改造工程	移除长势不好和杂乱的植物,对原为意杨的防护林进行改造,升级为水杉或其他抗风浪抗浸泡树种

图 10　汉江生态轴主要工程项目分布图

针对汉北河水生态系统修复区老涢水二段断流且河道滑坡塌方、新沟镇老街垸堤岸线破碎严重等问题,采用“辅助再生+生态重建”模式,安排老涢水二段流域综合治理、新沟镇老街垸堤岸线及生态环境治理两项具体工程，以达到重建老涢水二段生态系统、提升新沟镇老街垸堤岸线生态功能的修复目标。

表3　汉北河水生态系统修复区主要工程项目

项目名称	建设内容
老涢水二段流域综合治理工程	清理河道，挖除河道内堆灰及垃圾，新建联通渠，设置引水闸，将汉北河作为其水源来源，保障其河道水位
新沟镇老街垸堤岸线及生态环境治理工程	对岸线进行修复，改造防护林，提高堤岸的安全性及生态系统多样性

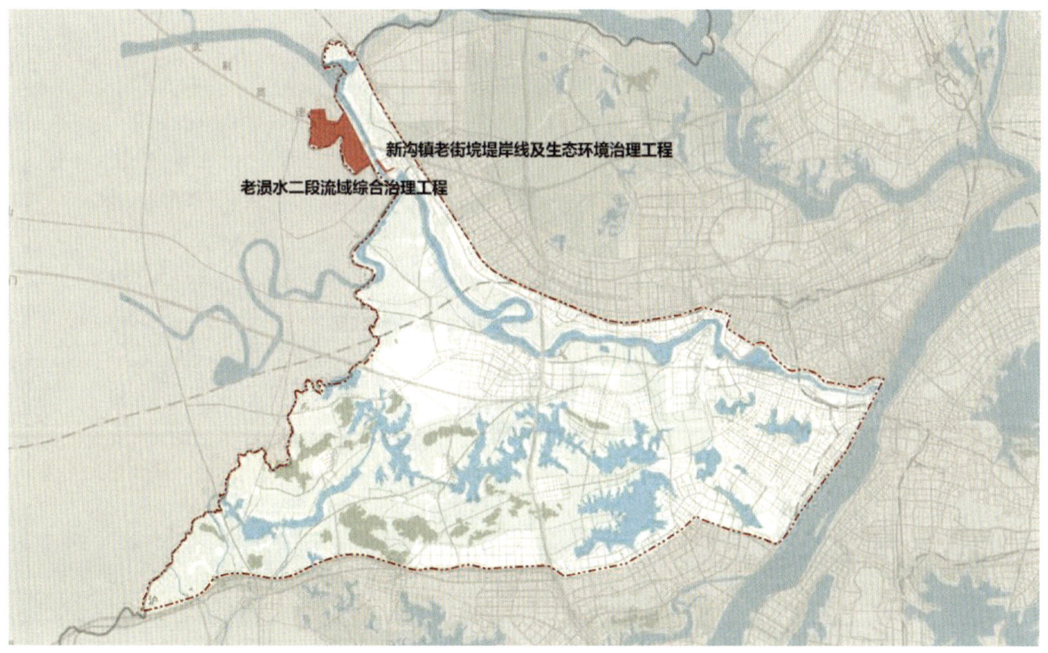

图11　汉北河水生态系统修复区主要工程项目分布图

针对什湖区域生态系统修复区内什湖及其水系水质较差(劣Ⅴ类)、富营养化程度较重、内部底泥淤积严重，马鞍山因采石采矿导致山体破坏，后官湖部分岸线由于水产养殖及经济作物种植造成破坏等问题，采用“辅助再生+生态重建”模式，安排什湖片区生态保护修复、马鞍山山体保护修复、后官湖岸线整治修复三项具体工程，全面提升什湖区域生态品质。

表4　什湖区域生态系统修复区主要工程项目

项目名称	建设内容
什湖片区生态保护修复工程	什湖内部底泥清淤，东渠、西渠河道疏浚，通过构建挺水—沉水—浮水的植被配置，丰富植被层次，重新动物栖息地，建设滨岸缓冲带拦截来自农田、菜地等的污染物

（续表）

项目名称	建设内容
马鞍山山体保护修复工程	建设支挡加工工程和边坡绿化与滴灌系统工程，完成采石区与裸露地治理、全部植被恢复
后官湖岸线整治修复工程	根据湖泊陆域到水域，划定缓冲带农业生产区—缓冲带防护隔离区—湖滨带的空间布局，采用尾水强化拦截净化技术、林下低生物量草坪建植与径流拦截净化技术、堤岸型湖滨带水生植物倒置式配置技术等，使之既能满足对边坡表层稳定的要求，又能恢复被破坏的自然生态环境

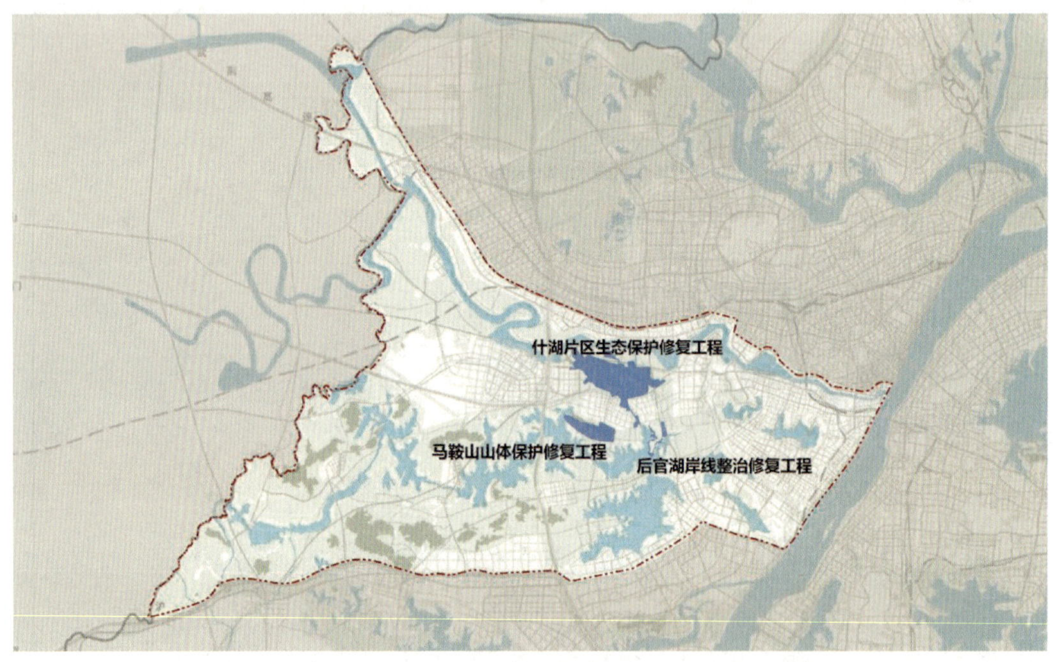

图 12　什湖区域生态系统修复区主要工程项目分布图

针对汉阳六湖生态系统修复区内点源、面源、内源污染造成湖泊港渠水质的恶化，沿岸私房搭建、垃圾堆放造成岸线破坏等问题，安排湖塘水体提质、港渠生态修复及岸线整治、琴断口小河岸坡整治及生态治理、墨水湖水体提质及生态修复、龙阳湖水体提质及生态修复五项具体工程，系统推进区域湖泊治理、港渠治理、水生态修复等工作，构建汉阳区域生态安全格局。

表 5　汉阳六湖生态系统修复区主要工程项目

项目名称	建设内容
港渠湖塘水体提质工程	采用排口生态化改造、底泥疏浚、水质提升等工程措施，对黄金口明渠、东港、什湖明渠、龙口渠、龙新渠、龙阳湖明渠进行水质提升，消除黑臭，并对墨水湖西侧湖塘进行整治

（续表）

<table>
<tr><th>项目名称</th><th>建设内容</th></tr>
<tr><td>港渠生态修复及岸线整治工程</td><td>建立以挺水植物为主的健康水生植物群落，进一步优化水生植物群落、提高系统对外源污染的净化和内源污染的控制能力，将原状破败、散乱的岸线主要改造为不同形式生态驳岸</td></tr>
<tr><td>琴断口小河岸坡整治及生态治理工程</td><td>建设生态驳岸，提升琴断口小河生态功能，树种选择以乡土树种为主，速生树种与慢生树种相搭配</td></tr>
<tr><td>墨水湖水体提质及生态修复工程</td><td rowspan="2">围绕排口生态化改造、底泥疏浚工程、湖泊生态修复工程、应急处理工程等工程进行水体提质及生态修复</td></tr>
<tr><td>龙阳湖水体提质及生态修复工程</td></tr>
</table>

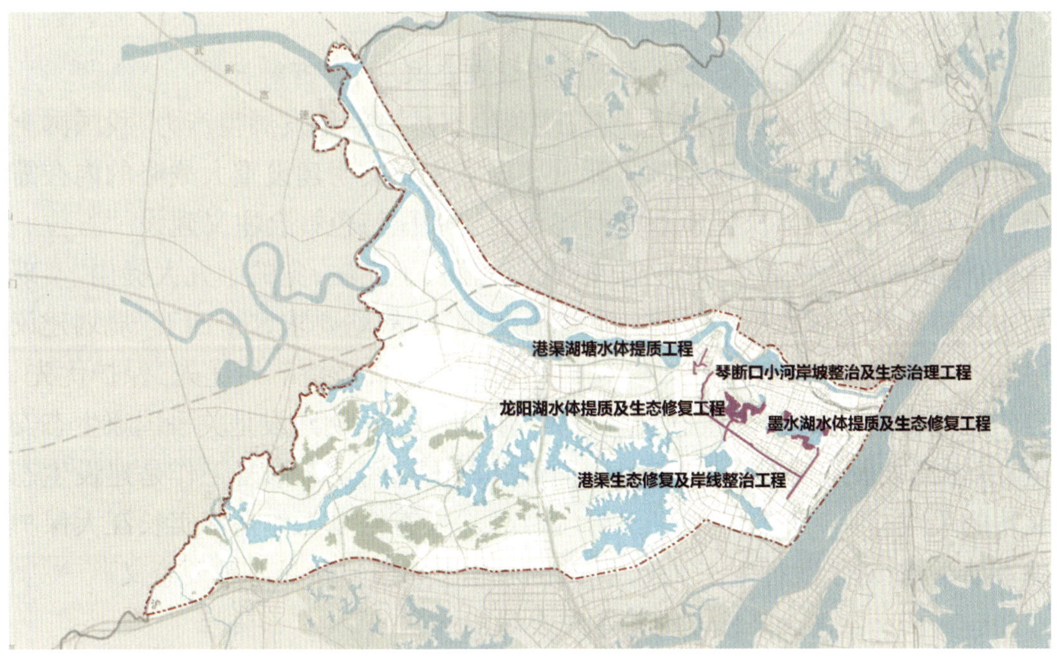

图 13 汉阳六湖生态系统修复区主要工程项目分布图

（五）追溯生态问题源头，安排生态修复非工程措施

国土空间生态系统是“自然—经济—社会”的复合系统，生态修复应软硬措施并举，一方要采取工程措施修复生态功能，另一方面要通过产业转型升级、日常监测监管、完善配套制度等非工程措施巩固生态修复效果。

汉江生态经济带（武汉段）位于城镇、农业、生态空间交会地带，生态破坏成因复杂，包括农业面源污染、生活用水污染、城镇建设破坏等，因此生态修复工作在安排一系列工程项目的同时，也配套了一系列非工程措施：一是开展专项研究，通过区域整体功能策划引导产业升级和城镇村品质提升，规范各类开发行为,从根源上降低生产生活对生态环境的破坏;二是结合基础数据收集和相关数据库建设,以武汉城市仿真实验室为基础,建立适合汉江武汉段特点的生态品质动态监测系统;三是落实"河湖长制"工作制度,探索跨区水体监测考核机制,探索水岸城一体化建设实施管理机制,完善生态修复配套制度建设。

四、总结实践经验,加强对国土空间生态修复内涵的再认识

汉江生态经济带(武汉段)国土空间生态修复工作综合考虑了上游、中游、下游流域关系,城镇、农业、生态空间关系,陆域、湿地、河湖要素关系,人类、动物、植物系统关系,是武汉市国土空间生态修复的重要探索。相关实践表明,深刻理解国土空间生态修复的内涵、正确把握国土空间生态修复的本质,是科学开展生态修复工作的重要基础。

(一)国土空间生态修复的主旨是建设生态文明,具有时代性

保护生态环境就是保护生产力,改善生态环境就是发展生产力,我国国土空间生态修复的提出,正是基于新时期国家生态文明建设重大战略的内在需求。自党的十八大首次把生态文明建设提到中国特色社会主义建设"五位一体"总体布局的战略高度后,生态文明又被写入了宪法,党的十九大提出"实现山水林田湖草整体保护、系统修复、综合治理"的战略要求,"十四五"规划建议中进一步强调坚持尊重自然、顺应自然、保护自然,坚持节约优先、保护优先、自然恢复为主,守住自然生态安全边界。推进生态文明建设是关乎国家生态安全、中华民族永续发展的根本大计,而做好国土空间生态修复工作是建设生态文明的关键抓手。汉江生态经济带(武汉段)生态修复工作是落实长江大保护的重要举措,对于践行生态文明、提升区域生态系统质量具有重要意义。

(二)国土空间生态修复的对象是全域国土空间,具有系统性

国土空间是生态文明建设根本的物质基础和空间载体,然而我国国土空间生态现状不容乐观。就武汉市而言,面临着水质安全、水岸线利用、湿地安全与生物多样性、山体破损等问题,尽管前期开展了相关修复工程,但多立足于单一目标,且多是关注小范围或点状修复,忽视了生态系统的系统性。国土空间是由山、水、林、田、湖、草等各个组分互相关联而形成的有机整体,修复必须遵循"生命共同体"理念,从单一的要素修复转向全要素协同治理,处理好"点"与"面"的关系。汉江生态经济带(武汉段)生态修复工作以小流域为修复单元,因为水文关系是维持生态系统平衡的关键纽带,流域是生态系统中功能相对完整的单元。

（三）国土空间生态修复的核心是构建健康生态系统，具有动态性

国土空间是一个有生命的系统，各要素、单元之间均有物质交换和能量流通。从时间维度来看，寒来暑往，草木枯荣，受地球气候变化周期、生物生命周期影响，国土空间在不同时间节点体现出空间异质性。因此，应根据生态系统生命周期加强对国土空间生态修复的动态维护，将工程手段与非工程手段相结合，不仅要有西医式的“手术”，也应融入中医式的“调养”，一方面对遭到破坏的生态系统进行积极干预，维持良性的能量循环和物质转换，另一方面通过国土空间用途管制等相关制度建设，规范国土空间开发利用行为，保持国土空间应有的新陈代谢功能。汉江生态经济带（武汉段）生态修复通过合理选择生态修复模式，将工程手段与非工程手段相结合，对于构建健康生态系统进行了有益探索。

（四）国土空间生态修复的目标是人与自然和谐共生，具有人本性

国土空间生态修复，并不是单纯追求恢复到原始状态下的自然生态系统，而是基于人与自然和谐共生的目标构建健康生态系统。如果抛开人类发展的需求，就违背了国土空间为人类社会可持续发展提供支撑价值的目标初衷。因此国土空间生态修复应特别处理好“郊野”与“城区”的关系，以往的生态修复工作多集中在郊野地区而忽视了城区，实际上城区是人口最为集中的区域，加强城区的生态修复工作可以更好地让广大人民群众享受到优质的生态产品。汉江生态经济带（武汉段）贯穿城镇、农业、生态三类空间，与市民生活关系密切，汉江生态经济带（武汉段）的生态修复对于提升生态产品价值、促进优质生态产品全民共享具有重要意义。

五、结语

生态修复是一项系统性工程，针对国土空间“自然—经济—社会”复合系统的特征，生态修复必须遵循“山水林田湖草生命共同体”和“人与自然生命共同体”两个基本理念，科学处理好“点”与“面”的关系、合理选择生态修复模式，才能切实体现和落实“系统思维、整体视角、综合治理”的内在要求，真正让生态资源永续、有效地为人民所享用。

作者单位：武汉市自然资源和规划局、武汉市规划研究院。其中，刘奇志系武汉市自然资源和规划局副局长、中国城市规划学会标准化工作委员会副主任委员、教授级高级规划师、武汉发展战略研究院特聘专家

关于大力推进湖北人工智能产业发展的建议①

魏建国　李　昂　郑晨丽

近年来,在移动互联网、大数据、超级技术和脑科学等新理论新技术的驱动下,人工智能加速发展,正在催生智能产业和智能经济,成为第四次工业革命的引擎,将对社会经济发展和人们生活方式产生重大而深远的影响。

西方发达国家高度重视人工智能技术和产业发展,先后发布战略规划,出台支持政策。如美国发布《人工智能倡议》,德国公布《工业战略 2030》,英国发布《产业战略:人工智能领域行动》,法国发布《人工智能战略》,日本出台《人工智能战略 2019),等等。各国都把人工智能作为引领未来发展的战略领域,全球范围内围绕人工智能产业发展的竞争将日益激烈。

一、人工智能已上升为国家战略,各地政府高度重视

习近平总书记多次就发展人工智能作出重要批示, 指出人工智能事关国家竞争力、维护国家安全,要抓住机遇,抢占先机,加快部署和实施。

2017 年 7 月,国务院发布《新一代人工智能发展规划》,将人工智能上升为国家战略,确定了到 2030 年我国新一代人工智能发展的战略目标;之后,工信部、科技部等发布了一系列关于人工智能的产业政策,对我国大力发展新一代人工智能技术、推进人工智能科技产业发展、抢占人工智能领域国际制高点,做出了重要部署;2018 年 4 月,教育部发布《高等学校人工智能创新行动计划》,

①本文得到武汉市科协 2021 年度科技创新智库建设调研课题资助。

提出到2020年建立50家人工智能学院、研究院或交叉研究中心;2019年,国家批准北京、上海、天津、深圳、杭州、合肥等6市首批建设“国家新一代人工智能创新发展试验区”;2020年1月,教育部、国家发改委和财政部印发《关于建设高校促进学科融合 加快人工智能领域研究生培养的若干意见》,提出要构建基础理论人才与“人工智能+X”复合型人才并重的培养体系,着力提升人工智能领域研究生培养水平。

各省市纷纷出台关于人工智能的产业政策，制定促进新一代人工智能发展行动规划。上海市政府明确提出把人工智能放在优先发展的战略位置。重庆市提出要抢抓智能产业发展机遇,实现“重庆制造”向“重庆智造”转变,到2025年打造2000亿元级的大数据智能产业群。深圳市发布《深圳市新一代人工智能发展行动计划(2019—2023年)》,提出到2023年,建成20家以上创新载体,打造10个重点产业集群,人工智能核心产业规模突破300亿元,带动相关产业规模达到6000亿元,将深圳建设成为中国人工智能技术创新策源地和全球领先的人工智能产业高地。浙江发布《加快集聚人工智能人才十二条政策》,旨在五年内集聚50位国际顶尖人工智能人才、500位科技创业人才、1000位高端研发人才、10000名工程技术人员和10万名技术人才。

随着国家政策的倾斜和相关基础技术如5G通信、新基建的发展,人工智能呈现爆发式增长。截至2020年6月,中国人工智能企业数量达到5125家,位居全球第二。北京、广东和长三角地区的人工智能企业数量约占全国总量的86%,其中北京人工智能企业占比40%、上海占20%、广东占16%。据估计,2020年人工智能行业核心产业市场规模超过1500亿元，增长率达到26.2%，未来15年将持续稳步增长，到2030年核心产业市场规模预计突破10000亿元。

大数据、人工智能技术在这次抗击新冠疫情、保障人民正常生活、助力复工复产中发挥了重要作用。通过汇聚冠状病毒的各种数据源,运用互联网、大数据、云计算、人工智能等新技术精准高效地开展疫情的监测分析、病毒溯源、社区管理等工作,推广协同研发、无人生产、远程运维、在线服务等新模式和新业态,推动了企业复工和产能恢复。

湖北省大力发展人工智能产业的意义在于:有利于抢占战略性新兴产业发展制高点,培育新的经济增长点;有利于提升湖北省智能制造水平,提升湖北省制造业竞争力，把武汉打造成为“中国制造 2025”试点示范城市并带动各地市州发展；有利于加快湖北省产业转型升级，推动产业结构和产业体系向高端化发展，催生新技术、新产品、新产业、新业态、新模式；有利于加快创新驱动战略和“双创”战略，提高湖北省全要素生产率，提升产业竞争力，促进经济提质增效；有利于提升社会治理和公共服务水平，创造更加智慧的工作和生活方式。

二、湖北省人工智能产业发展现状

（一）在相关政策上开展了探索性工作，产业发展取得了一定成效

在 2017 年 11 月，东湖新技术开发区发布了全国首个区域性人工智能产业政策，即《促进人工智能产业发展的若干政策》和《东湖高新区人工智能产业规划》。

2020 年 9 月，科技部批准武汉建设国家新一代人工智能创新发展试验区，为此湖北省科技厅出台了《推进新一代人工智能发展技术创新工作方案》，提出要将其建成全省人工智能技术策源地和领军企业聚集地，积极支持各市州县着眼本地经济高质量发展、保障和改善民生、城市精细化管理等方面开展各具特色的人工智能技术创新试点示范，培育形成若干可复制、可推广的示范样板，引领支撑全省人工智能健康发展；未来 5 年，全省将重点支持在智能制造、智能网联汽车、智能北斗、智慧文旅、智慧公共安全等 16 个重点领域布局开展人工智能技术创新。2020 年 9 月，省政府发布《湖北省新一代人工智能发展总体规划（2020—2030 年）》，提出要以应用促发展，聚焦工业、农业、健康、教育等 10 大领域，建设人工智能特色应用场景，推动智能产业化、产业智能化。

2019 年，武汉人工智能核心产业规模超 100 亿元，相关产业规模超 1000 亿元，已初步形成了智能芯片、信息安全、无人驾驶、智能制造、虚拟现实 / 增强现实等若干领域特色，在新一代机器视觉技术、智能驾驶辅助系统、行为式身份验证、智能工业机器人操作系统、智能红外检测等细分领域处于国际领先水平；智能芯片、智能制造、智能网络汽车、机器视觉、语义识别、智能机器人、智能安防、VR/AR 等特色领域的人工智能技术及场景，正在武汉加速发展，助力武汉实现高质量发展、高品质生活、高效能治理。2019 年中国人工智能产业发展潜力城市 20 强榜单，武汉排名第六。

（二）引进和培育了一批人工智能相关企业

目前，长江存储、京东方、科大讯飞、华星光电等在机器视觉、语音识别、自然语言处理、智能医疗等技术领域的领军企业落户武汉，华为、小米、腾讯等在武汉设立了研发基地。光谷正在建设首个人工智能产业聚集区。武汉市人工智能企业数量超过 120 余家，在机器视觉、语音识别、自然语言处理等技术领域引进或培育了一批国内领先企业，在智慧城市、智能制造、智能驾驶等领域开展探索和应用推广。襄阳云谷积聚了华为、IBM、中国移动等，正在形成云计算产业集聚区；京山轻机智能机器人产业园正在建设之中。

小米在武汉已经开展的人工智能业务主要包括人工智能的基础云计算、大数据支持，视觉、语音、NLP、深度学习等核心技术；腾讯科技武汉研发中心成为腾讯发展人工智能产业的后援，提供底层研发支撑，重点布局图像识别、语音识别和文字识别，并探索人工智能语音识别的软件；金山在武汉的人工智能业务包括金山软件的智能写作、金山云的智慧医疗；迈瑞医疗武汉研究院致力于智能医疗技术与产业化等。光庭、极意网络、天远视科技、飔拓科技、依迅电子等一批本土企业集聚发展。其中，武汉光庭信息技术股份有限公司研究汽车自动驾驶、自主泊车控制系统，获评工信部“人工智能与实体经济深度融合创新项目”。

（三）注重加强人工智能技术的应用

湖北省智能制造装备产业体系雏形初现，在高档数控机床、工业机器人、智能专用装备、激光加工装备、3D 打印、关键基础零部件等领域取得较大进展，部分细分领域的新产品在国内处于领先地位，智能制造装备产业体系初步形成；在汽车、食品、石化、纺织等传统支柱产业推进数字化、网络化、智能化改造，实施“机器换人、设备换芯、生产换线”；鄂城钢铁的 5G 智慧工厂正式投产，实现了生产无人化、智能化；目前全省已有 1100 多家企业实施了“三化”改造，其中 83 家成为国家和省级试点示范，建成一批 5G 智慧工厂、无人车间、智能生产线。

（四）智能产业服务平台逐步增加

湖北省已成立智能制造技术创新产业联盟、武汉人工智能研究院、大唐广电智能制造公共服务平台、超算中心、长江大数据交易所、武汉东湖大数据交易中心等，将为中小企业、自主创业者提供智能制造应用软件、模拟生产、数据存储共享与计算等服务。目前,武汉5G商用规模和速度居中部第一,5G基站数量全国第三,固定宽带下载速率全国第五,全域实现光纤光缆通达。武汉人工智能计算中心项目启动建设，将围绕武汉市国家新一代人工智能创新发展试验区,重点打造"一中心四平台",以人工智能计算中心为主体,提供公共算力服务平台、应用创新孵化平台、产业聚合发展平台和科研创新人才培养平台,助力武汉市智能制造、智慧医疗、智能数字设计与建造、智能网联汽车产业发展。

三、湖北省人工智能产业发展存在的问题

(一)亟待加快细化和落实人工智能产业发展规划,加强支持政策创新

目前发布的《湖北省新一代人工智能发展总体规划(2020—2030年)》还比较粗略,对人工智能技术前沿和最新产业发展反映不够,须尽快制定分领域的控制性详细规划,分年度安排新一代人工智能重大项目研发与产业化工作;目前北京、广东等19个省市发布了关于人工智能的一系列产业政策,湖北省支持人工智能技术和产业发展的专项政策很少，政策供给不足以反映人工智能领域的最新发展,对人工智能产业发展缺乏专门化、系统化、标准化、具前瞻性的政策指导;对重点支持领域、产业环境、高端人才引进培育、标准规范建设等规划部署不够；地市州政府关于人工智能产业发展的支持政策和具体措施还不到位。

(二)人工智能研究能力不强、产业体量小,在全国的影响力不够大

在中国人工智能科技产业区域竞争力指数综合排名中,北京、广东、上海、浙江和江苏排在第一梯队,分值分别为90.1、42.8、28.5、25.9和18.1,湖北排名第七,在第二梯队,得分仅8.9分,与先进省市差距很大;在"中国人工智能城市十五强"榜单中,武汉仅排名第九。

现有的人工智能科技企业规模小、技术层次不高,在全国有影响力的湖北本土人工智能科技企业很少;在研发上,基础理论、核心算法、关键设备、高端芯片、重大产品和系统方面的原始创新成果比较少,数据开放度不高,应用场景不够;在产业生态上,科研机构和企业协同不够,还没有形成有影响力的生态圈和产业链。

(三)支撑人工智能产业发展的基础条件建设有待加强

湖北省云计算中心、大数据基础设施建设与全国相比显得滞后，移动通

信、物联网、工业互联网等网络基础设施有待加强,5G 网络建设有待提速;大数据产业发展滞后,数据孤岛现象的存在成为制约人工智能产业发展的关键因素。人工智能实际上就是数据智能,让需要机器来做判别的问题最终转化为数据问题,数据开放和数据生态优势的形成是人工智能发展的前提和基础。目前还存在数据标准化难度大、成本高,数据开放、共享和交易机制缺失,数据开放程度不高;数据的获得性、通用性、开发性相对较弱,数据获取和维护成本高等问题。

(四)人工智能创新体系建设和人才培养还不足以支撑该产业的快速发展

人工智能创新平台建设不够,专门实验室建设不足,在科技部认定的 15 家"国家新一代人工智能开放创新平台",湖北榜上无名;现有的人才储备不能满足湖北省人工智能产业发展的迫切需求,高端领军人才十分紧缺,现有人才政策对行业高端人才的吸引力有限;高校人工智能学科建设和课程体系有待加强和优化,缺乏高水平有国际经历的高水平师资。

四、加快湖北省人工智能产业发展的政策建议

(一)做好人工智能产业发展的顶层制度设计,加强相关政策创新与供给

尽快制定《湖北省新一代人工智能产业发展行动计划》,确定新一代人工智能科技和产业的若干发展领域和重点方向;成立人工智能产业推进领导小组,全面统筹协调推进产业发展;出台支持人工智能产业发展的系列专门政策,及时调整相关领域政策、法规和行业标准,抓紧修改、废止阻碍新产业发展的规定,建立适应技术更迭和产业变革要求的政策调整和快速响应机制;各地市州要因地制宜作出相应部署安排。

尽快出台《武汉国家新一代人工智能创新发展试验区建设若干政策》。以把武汉建设为国家新一代人工智能创新发展试验区建设为机遇,在人工智能产业发展的体制机制、政策法规、标准规范等方面开展先行先试工作,积极推动体制机制、人才培育、知识产权等方面的改革和探索;促进创新政策与产业政策、社会政策的协调,加强政策创新,形成更加完备的政策体系;探索体制机制、人才培育、知识产权等方面的改革和探索,打造人工智能创新高地,带动全省人工智能产业的政策创新和制度创新。

加强人工智能产业发展环境建设。探索建立支持人工智能科技创新及其产

业化的体制机制，为人工智能科学研究、技术开发、产品创新、产业发展和社会应用营造良好环境；充分研究人工智能与实体经济、人民生活、社会管理深度融合的安全风险、法律风险和伦理风险，探索建立人工智能及大数据应用监管机制，制定有利于人工智能健康发展的运营规范和治理模式。

聚焦大数据安全、数据资源开放和利用等关键环节，研究制定数据开放共享、数据安全、数据资产保护和数据隐私保护的地方性法规；推进人工智能行业相关标准的制定和完善，促进人工智能行业和企业自律，探索构建人工智能伦理道德与政策法规体系。

加强人工智能领域的知识产权保护，促进人工智能知识产权转移转化。建立人工智能知识产权联盟，构筑和运营专利池，培养高价值专利；完善人工智能行业标准体系建设，在数据处理标准、基础硬件设施、应用服务和安全隐私等方面探索研究制定技术标准和应用规范。

（二）建设人工智能协同创新平台，聚焦人工智能关键领域的研发与创新

依托湖北省高校、科研院所、领军企业等创新主体，支持联合申报"国家新一代人工智能开放创新平台"，合作建设一批人工智能技术创新平台，布局一批国家、省、市（州）级重点实验室、工程研究中心和技术创新中心，支持围绕人工智能开展跨学科、大协同创新攻关，在人工智能产业链、创新链、价值链关键核心领域开展创新项目合作，加速人工智能领域技术创新成果产业化；着力提升技术创新研发实力和基础软硬件开放共享服务能力，鼓励各类通用软件和技术的开源开放，支撑全社会创新创业人员、团队和中小微企业投身人工智能技术研发与产业化，建设众创空间、孵化基地和"双创"平台等载体，促进人工智能技术成果的扩散与转化应用，使人工智能成为驱动实体经济建设和社会事业发展的新引擎。

确定人工智能的重点领域和重点方向。以人工智能重大应用需求方向为引导，依托开放创新平台推动人工智能相关基础理论、关键核心技术、软硬件支撑体系及产品应用开发，形成具有国际影响力和广泛覆盖面的人工智能创新成果；支持在大数据人工智能、跨媒体感知计算、混合增强智能、群体智能、自主协同控制与优化决策、自主智能无人系统创新性架构、高级机器学习、类脑智能计算理论与方法等重点领域开展研究；推进数据挖掘、计算机视觉、语

音识别、自然语言处理和机器学习等领域的研究和应用；围绕前沿基础研究、核心关键技术、智能产品和行业应用，开展技术研究、标准研制、新产品研发、试验验证、应用推广等工作，大力推进智能制造关键共性技术研发，逐步形成开放兼容、稳定成熟的技术体系，力争在人工智能理论、技术和应用方面取得一批国际领先成果。

（三）大力推进人工智能产业创新，打造若干龙头企业，建设人工智能产业集聚区

参照科技部颁布的《“新一代人工智能”重大项目2020年度项目申报指南》，结合湖北科教优势、产业优势和未来产业布局规划，聚焦人工智能若干重点产业领域，推动智能驾驶、智能机器人、智能硬件、智能传感器、智能芯片、智能软件等产业的发展，推进这些产业领域的创新创业工作；引进和培育一批具有核心竞争力和带动力的人工智能领军企业、独角兽企业，支持人工智能领域中小企业向“专精特新”发展，培育壮大一批细分领域隐形冠军和创新标杆企业，培育新一代人工智能科技新兴业态。

加强人工智能产业链和创新链建设，集聚高端要素、高端企业和高端人才，搭建政府、企业及高校合作的产业联盟，打造人工智能产业集群和创新高地，加快建设具有全球影响力的产业创新中心；在智能机器人、智能汽车、可穿戴设备、虚拟现实等新兴领域加快培育一批龙头企业，建设若干人工智能产业特色园区，打造国家级智能制造示范基地；壮大“芯屏器核网”产业集群，加快智能网联汽车产业化，打造智能装备产业集群，发展国产化人工智能软件产业，提升产业发展能级；在武汉、襄阳、宜昌等地建设产业配套完善、辐射能力强的人工智能产业特色集聚区，在武汉建设“国家新一代人工智能创新发展试验区”，促进人工智能产业突破性发展。

（四）实施“人工智能+”计划，积极推进人工智能在各领域的融合与应用

推动人工智能与其他产业融合创新，全面提升各产业的智能化水平。在制造、农业、交通、物流、金融、商业等重点行业和领域开展人工智能应用试点示范，推动人工智能规模化应用，改造和提升传统产业，促进传统产业智能化，形成智能制造、智能农业、智能商务、智能物流、智能交通、智能金融等新型产业形态，全面提升传统产业的智能化水平；支持传统行业战略性引入信息化系统，建立满足企业多层级管理需求的数据中心，加强传统产业与科技公司合作力

度，突破工业数字化壁垒；促进人工智能与制造业融合发展，提高劳动生产率，实现经济能级优势提升，发展机器人、智能感知、智能控制、微纳制造、复杂制造系统等关键技术，推进企业智能化升级；实施省级智能制造试点示范项目，推动智能制造试点示范工作，培育一批智能制造试点示范企业，支持示范工厂开展工业大数据智能应用，在全省制造行业建设智能示范工厂、智能示范车间，国家和省级智能制造试点示范项目，推动企业加快生产线、控制终端智能化升级；打造功能强大的智能制造和工业化信息化融合发展产业生态圈。

推进人工智能技术在社会管理领域的应用。积极推进人工智能技术在公共服务、公共安全、医疗保健、教育、家居、城市管理等多个领域的深度应用，实现智能政务、智能交通、智能安防、智能城市管理，提高民生服务的智能化水平，为公众提供个性化、多元化、专业化、精准化、高品质服务，推动社会管理现代化；利用智能技术加快推动人才培养模式、教学方法改革，构建包含智能学习、交互式学习的新型教育体系。

编制面向智慧医疗、智慧农业、公共卫生、智慧城市、现代食品、生态修复、清洁生产等应用场景的技术目录，打造示范应用场景，推动实施一批医疗健康、智能制造、无人配送、在线教育等新兴产业技术项目，引导消费和投资方向。

（五）以新基建为机遇，加强人工智能产业的基础设施和支持条件建设

夯实人工智能产业发展基础，推动第五代移动通信（5G）系统、工业互联网、车联网、超级计算、大数据等智能化信息基础设施建设，推动公共数据安全有序开放，建设高速度、低功耗、低延时、万物互联、泛在、安全的高性能网络系统，构建全覆盖、高效能的人工智能信息基础设施体系，支持以智能发展需求为导向，向集融合感知、传输、存储、计算、处理于一体的新一代智能化信息基础设施优化提升，形成支撑新一代人工智能广泛应用的基础设施体系；适应人工智能、智能网联汽车等领域快速发展的需求，加快完善信息网络基础设施、智能网联汽车测试场、道路标识、充电桩等基础设施。

搭建人工智能产业发展的公共服务平台。围绕人工智能产业标准制定、知识产权服务、检验检测、行业交流等需求，建立集技术研发、示范应用、产品检测认证、知识产权等功能为一体的人工智能产业公共服务平台，实现资源、信息协同共享，打造人工智能领域服务链，提升公共服务能力；开展人工智能及相关领域的学术研究、专题培训、行业研究和合作推广，承办国家、省、市人工智能及相关领域的展览会、洽谈会、招商引资会等专题展会和论坛活动，建设人工智能产业发展的国内外人工智能要素资源交流平台和科普培训基地。

加强人工智能领域的行业标准建设和知识产权保护。加强人工智能行业标准体系建设，在数据处理标准、基础硬件设施、应用服务和安全隐私等方面探索研究制定技术标准和应用规范；建立人工智能知识产权联盟，构筑和运营专利池，培养高价值专利；建立针对新技术新业态的知识产权快速维权跟踪反应机制，推动司法判罚从补偿性向惩罚性转变。

加强人工智能人才队伍建设。加强对人工智能专业学科指导建设，推进高等院校和科研机构布局人工智能学科，建设覆盖高层次人才、专业技术人才、中小学等多层次人才培养体系。按照“厚基础”“重交叉”“宽口径”思路，培育一批专业技能扎实、科学素养高、动手实践能力强、具备开阔产业应用视角和国际前瞻视野的复合型人才；鼓励校企合作，建立实训基地，开展订单式技能型人才培养；在关键核心技术领域实施人工智能高端人才精准引进，培育一批具有国际影响力的人工智能领军人才和创新团队，打造人工智能人才高地。

发挥财政引导和市场主导作用，形成多渠道资金支持人工智能产业发展的格局。设立省级人工智能产业投资基金，对接国家重大科技专项补偿政策，形成财政、金融和社会资本多渠道资金投向人工智能产业项目；大力培育政府引导基金、天使投资、创业投资、科技金融、商业银行、投资银行等各类金融机构，为不同发展阶段的创新创业企业提供有针对性的资金扶持；鼓励龙头骨干企业、专业化投资机构成立市场化基金，促进社会资本参与人工智能产业发展，为企业提供资金支持、并购重组等服务；对人工智能企业和优秀人才制定专门的税收减免政策；对人工智能企业相关产品，给予本地装备首台套、软件首版次、新材料首批次优惠政策支持；建立对本地人工智能企业产品的政府采购制度。

作者单位：武汉理工大学经济学院。其中，魏建国系武汉理工大学经济学院教授、博士生导师、湖北省人民政府参事、武汉发展战略研究院特聘专家

疫后重振篇

重启武汉经济发展亟须国家支持重大建设项目

袁云光

2020 年新型冠状病毒肺炎给人民生命安全和生产生活带来了巨大创伤，为防止疫情蔓延，武汉“封城”举措之严、防控力度之大、对经济社会影响之深，在历史上是绝无仅有的。作为中部崛起的战略支点，武汉经济从休克到复苏、从复苏到复兴、从复兴到辐射，仅依靠自身的力量是远远不够的，还需要国家在重大发展政策、重大项目建设上予以支持，帮助武汉休养生息、培元固本，提振发展信心，提升城市功能，推动产业升级，促进经济长期稳定高质量发展，为此建议如下：

一是恳请尽快批复设立国家级武汉长江新区。长江经济带的崛起将成为影响全球经济发展的大事件之一。国家已在长江经济带上下游、武汉周边设立了 9 个国家级新区。设立国家级武汉长江新区，符合新发展理念要求，符合国家区域协调发展战略部署，有利于培育长江经济带高质量发展新的动力源，有利于促进国家对武汉区域发展定位的重大作用的发挥。目前，关于设立国家级武汉长江新区的请示已上报国务院，关于建设武汉长江新区总体方案已按要求报送国家发改委，恳请国家尽快批复设立国家级武汉长江新区，为把武汉建设成为国家中心城市打下坚实基础，增强武汉城市功能和辐射服务能力。

二是支持建设武汉综合性国家科学中心和武汉综合性国家产业创新中心。武汉科教创新发展要素丰富，高校多，在校大学生多，科研院所多，拥有国家研究中心 1 家、国家级重点（工程）实验室 33 家、国家级（工程）技术研究中心 28 个、科技企业孵化器 163 个，科技创新的驱动作用不断增强，高科技产业发展势头强劲，经济恢复发展的产业根基依然稳固。希望国家支持武汉建设综合性国家科学中心和综合性国家产业创新中心，发挥好武汉一流大学和科研机构重大科技基础设施、重大科技研发平台的作用，构筑起武汉创新驱动高质量发展的强大支撑。

三是支持武汉申报国家级公共卫生应急管理体系试点城市建设，推进武汉建设成为世界公共卫生之都。大力补齐医疗卫生服务供给短板。加强公共医疗卫生基础设施建设，加强公共卫生与防疫基础设施、运营体系、人才培养的投资与建设发展，建立更为完善的公共卫生体系、传染病防范体系和 ICU 重症隔离资源管理体系。积极拓展生物医药、医疗器械和医疗服务等产业的发展空间。希望国家把新冠疫苗生产基地布局在武汉，以提振受疫情影响而下滑严重的武汉经济，也能让在疫情恢复后的武汉为全国全球抗疫大业作出贡献。

四是恳请国家正式批准武汉成为竞猜型赛马彩票试点城市。放眼全球，不少城市的高档体育赛事与城市形象的展示、城市功能的提升相得益彰。武汉急需在疫情恢复后以体育赛事来展示城市新形象，提升城市影响力。2007 年武汉成为国家认可的竞猜型赛马彩票试点准备城市，该项目经过十几年的研发试点，武汉国际赛马已成为我国赛马活动的一面旗帜。立足当下，恳请国家正式批准武汉成为竞猜型赛马彩票试点城市，全面发展赛马产业和赛马博彩业，把武汉打造成为世界级“赛马之都”，在全球树立更加开放的形象。

五是支持武汉申报建设武汉长江国际文化公园。长江文明文化延展崛起是经济重振后的更为重要的谋划。武汉承办的大河文明对话论坛在全球已有重大影响。希望国家支持在长江与汉水交汇的南岸嘴地区建设武汉长江国际文化公园，构建长江文明博物馆群，形成红色革命文化、辛亥首义文化、琴台知音文化等文化展示体系，充分展示武汉楚风汉韵、东西方文化融合发展的历史文化名城厚度，成为武汉向世界展示城市形象和长江文明的重要窗口。

六是支持武汉申报社会基层治理精细化试点示范城市。每一次大的灾难，都会倒逼社会治理水平提升。要进一步深化疫情中积累的社会精细化治理新经验，提升社区及物业管理的智慧化网格化水平，构建更加清洁、优美、健康、有序的居住环境，打造全国乃至全世界范围内的基层治理典范城市。

作者系武汉发展战略研究院副院长、研究员

国内外公共卫生管理体系应对新冠肺炎疫情的经验及启示

武汉发展战略研究院课题组

新冠肺炎疫情是新中国成立以来传播速度最快、感染范围最广、防控难度最大的一次重大突发公共卫生事件。随着全球疫情的多点爆发,不同国家、地区的公共卫生应急管理体系成为检验其社会治理能力的最佳载体。目前我国疫情已进入常态化防控阶段，但全球疫情仍未进入平缓区间，绝不能掉以轻心,要以谦虚谨慎的心态,积极学习各国、各地区在疫情防控中的先进经验,扬长避短,不断完善提升公共卫生应急管理体系。

一、国内外公共卫生应急管理体系应对新冠肺炎疫情的案例分析

(一)新加坡应对新冠肺炎疫情的案例分析

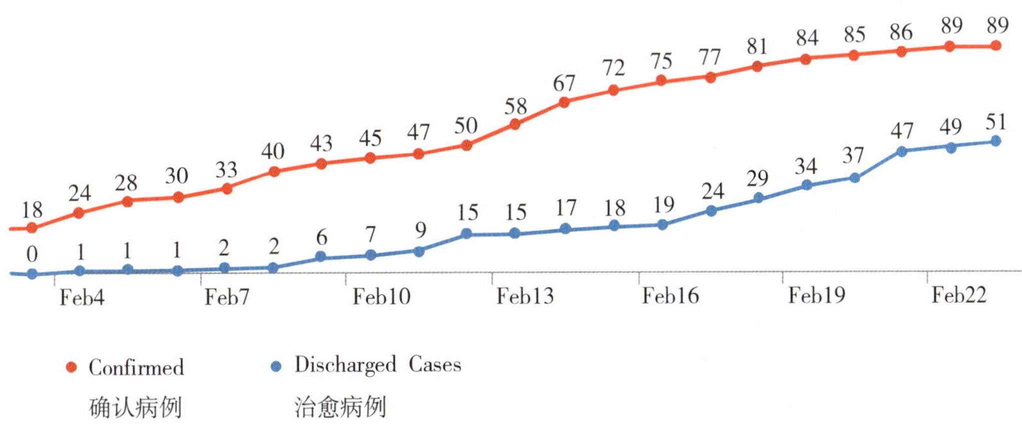

图 1 2020 年 2 月新加坡疫情动态

2020 年 2 月初,新加坡一度是除中国大陆外第二大新冠肺炎疫情国。面对严峻形势,新加坡政府快速反应,应对得当,治愈率和数量位列中国境外国家首位,控制效果得到了世界卫生组织(WHO)和世界各国的肯定。新加坡有效控制疫情的措施,主要是以下五点:

1.疾病暴发应对系统(DORSCON)

2020 年 1 月 2 日,新加坡卫生部发布公告,通知医疗从业人员留意疑似新冠肺炎感染者,并按照不同年龄设置定点接诊医院。同时,新加坡国际机场针对来自中国武汉的旅客,启动体温检测和异常者隔离。新加坡能够早于大多数国家快速采取系列管控措施,得益于 2003 年“非典”(SARS)期间建立的“疾病暴发应对系统”(Disease Outbreak Response System Condition,简称 DORSCON)。DORSCON 系统包括 4 个警戒级别,分别为绿、黄、橙、红,代表不同的疫情程度。绿色级别表示没有出现“病毒或动物传染人类的迹象”;黄色级别定义为“轻微或受控制人传人现象”;橙色级别则为“疾病严重并容易人传人,但还没普遍扩散”;红色级别则发展至“死亡和发病率持续上升”。不同警戒级别可以综合反映疫情在新加坡本地和海外的严重程度、病毒传播力度,DORSCON 系统还清楚地列明防疫对日常生活的影响,以及对民众的建议。

表 1　新加坡“疾病暴发应对系统”

DORSCON ALERT LEVELS

(Disease Outbreak Response System Condition)

	GREEN	YELLOW	ORANGE	RED
Nature of Disease	Disease is mild **OR** Disease is severe but does not spread easily from person to person (e.g. MERS, H7N9)	Disease is severe and spreads easily from person to person but is occurring outside Singapore. **OR** Disease is spreading in Singapore but is (a) Typically mild i.e only slightly more severe than seasonal influenza. Could be severe in vulnerable groups. (e.g. H1N1 pandemic) **OR** (b) being contained	Disease is severe **AND** spreads easily from person to person, but disease has not spread widely in Singapore and is being contained (e.g. SARS experience in Singapore)	Disease is severe **AND** is spreading widely
Impact on Daily Life	Minimal disruption e.g. border screening, travel advice	Minimal disruption e.g. additional measures at border and/or healthcare settings expected, higher work and school absenteeism likely	Moderate disruption e.g. quarantine, temperature screening, visitor restrictions at hospitals	Major disruption e.g. school closures, work from home orders, significant number of deaths.
Advice to Public	• Be socially responsible: If you are sick, stay at home • Maintain good personal hygiene • Look out for health advisories	• Be socially responsible: if you are sick, stay at home • Maintain good personal hygiene • Look out for health advisories	• Be socially responsible: if you are sick, stay at home • Maintain good personal hygiene • Look out for health advisories • Comply with control measures	• Be socially responsible: if you are sick, stay at home • Maintain good personal hygiene • Look out for health advisories • Comply with control measures • **Practise social distancing: avoid crowded areas**

新加坡卫生部于 2020 年 2 月 7 日下午宣布将国家疾病暴发应对系统级别从黄色提高至橙色（与 2003 年 SARS 疫情时的级别相同），橙色级别为第二高的等级，指疾病疫情已达严重程度，容易在人与人之间传播，但尚未广泛蔓延并且可以被遏制。

2.控制疫情传播链条

从疫情之初，新加坡政府就意识到国内医疗资源并不足以应对此次大规模的烈性传染病治疗需求，在借鉴处理 2003 年 SARS 和 2009 年 H1N1 流感爆发经验基础上，新加坡政府果断采取关口前移、严防扩散的防疫策略。从疫情暴发开始，始终坚持“按照流行病学标准，监测疾病、追踪每一个接触者”的方法，高度重视对病例传播链条的控制。

2020 年 1 月下旬，第一批“输入型”感染病例出现后，新加坡快速组建了一支 140 人的政府联络追踪小组。同时，利用警务资源追踪传染病例，做传播链条分析，每一个传播链细致到街道、住宅小区，目标是确定并隔离确诊病患的“密切接触者”。一旦传播关系确认，新加坡卫生部官网会及时更新每个病例的传播链条“全分析”，通过发布详尽可靠的信息，缓解公众紧张，降低疾病传播概率。

美国哈佛大学传染病动态研究中心发表的一篇论文显示，新加坡拥有全球最强的流行病学监测和接触者追踪能力，全球追踪输入性病例的能力，仅为新加坡的 38%。

3.联动防御体系

新加坡的卫生服务体系由公立和私立双重系统组成，公立系统由政府管理，私立系统由私营医院和诊所提供服务。新加坡政府充分利用地理面积小、经济实力强等优势，政府拨款扶持 873 家私人的公众健康预备诊所（PHPC，类似于中国发热门诊），作为“传染病监测哨点”，形成了一套由公立医院、社区医院和私人诊所构成的公共卫生联动防疫体系。

私人诊所一般只有一间房，在防疫中其职责在于发现可疑病人（有流行病学史，有呼吸道症状），然后按流程转到上一级医院。每一个“哨点”都是国家整体防疫系统的有机组成，并同步高效运转。2020 年 1 月 2 日开始，新加坡 800 多家诊所就接到中国武汉的新冠疫情警报。1 月 3 日起，就已经开始为疫情分检和转运做准备。

为尽早发现疑似患者，新加坡政府以财政补贴的方式，鼓励有症状者前往诊所就诊。任何有发烧、咳嗽、喉咙痛、流鼻涕等呼吸道症状的新加坡居民，到“哨点”诊所，均可享用“特殊津贴”就医。新加坡本地公民和永久居民按 10 新元（约合人民币 50 元）的固定诊金收费，部分老年人仅需支付 5 新元（约合人民币 25 元）。

自疫情发生以来，新加坡的医疗系统正常运转，基本没有受到影响。没有要求住院、门诊患者全部筛查肺部 CT 或做病毒检测，其他疾病的病死率没有因防疫而出现额外增加。

4.依法严控传播

为控制社区传播，新加坡对新冠肺炎疑似者、有密切接触史者，实施了“强制休假令”（Leave of Absense）和“居家隔离令”（Stay-Home Notice）。

“强制休假令”规定，凡是 14 天内曾前往疫情地区、于 2 月 8 日 23 时 59 分后返回新加坡的工作签证、教育签证等持有者，无论国籍，需获得新加坡人力部的批准才能返回。一经抵达，必须接受为期 14 天的“强制带薪休假”，假期不计入年假。“居家隔离令”要求所有与确诊病例有过密切接触的人，在抵达新加坡起的 14 天内，不得离开居住地。

为确保隔离效果，新加坡政府会安排专人，每天打电话、登门拜访。同时，还启动了基于定位和移动网络的解决方案，居家隔离者每天要定位、打卡，向政府报告其所在地。

如试图隐瞒疫情、提供不正确信息、破坏上述规定，都属违法行为，违反“隔离令”的民众将面临最高 1 万新币的罚金，或最高 6 个月监禁，甚至可能两刑同罚。违反“强制休假令”的员工，将被撤销工作签证、驱逐出境。其雇主则于未来两年内，禁止雇用外国劳工。“不服从，必严罚”的铁腕管理手段的实施，在避免病毒传播扩散的同时，增强了人们对疫情控制的信心。

5.重视信息透明

2019 年 10 月 2 日，新加坡“史上最严的假新闻法”——《防止网络假讯息和网络操纵法案》（POFMA）正式实施。该法案指出，若政府认定为存在错误的事实陈述、不符合公正利益，即可采取行动。为发布“纠错信息”，新加坡政府官网专设“辟谣、打假”专题页 Factually。

截至 2020 年 2 月 28 日，新加坡政府至少 4 次引用 POFMA 法案，发布辟谣通报。新加坡卫生部除在网站及时更新疫情讯息外，每天还通过即时通讯工具 Whatsapp，发送疫情讯息、防疫建议，并对媒体或社交网络上出现的虚假信息进行辟谣。社交媒体脸书（Facebook）接到政府指示，在有关“造假文”下，自动附上政府打假专题页链接。

纵观新加坡应对新冠疫情的各种措施，其成功之处在于强大的政府、雄厚的经济实力、高效的法治执行力、科学的防疫体系以及及时的信息披露等诸要素的有机组合，在避免因民众恐慌而对本地医疗资源平稳运行产生冲击的同时，保证了疫情得到有效控制和社会经济的稳定。

（二）韩国应对新冠肺炎疫情的案例分析

在新冠疫情向全球蔓延的情况下，韩国由一度被视为疫情最严重的国家到疫情控制最好的国家之一，不封城、不停工、正常生活的“韩式防疫模式”的形成，得益于韩国政府迅速采取了“地毯式筛查、流动测试、移动警报”等防疫措施。

1.地毯式筛查

韩国防疫专家认为，地毯式检测可以及早发现患者，确定传染源，并为诊所和医院做好更充分的准备提供条件，以便迅速采取治疗方案。

韩国政府采取主动检疫导向，一旦发现疫情，便针对有感染可能性的人进行“穷尽式”检测，即便是没有症状，若有感染可能性也会被要求进行检测。韩国有 4 家企业大量生产测试盒，每周生产 10 万至 50 万份。每天检疫人数高达一万到两万人，有 118 个公共和私人实验室、约 1200 名医疗专业人员完成分析，一般需要 6 个小时，患者通常在一天内就能获知结果。截至 3 月 15 日，累计检测数量达到 295647 人，占韩国人口的近 1/190。

韩国具备这样的检测能力，是吸取了 2015 年中东呼吸综合征（MERS）的教训。近年，韩国引入了紧急使用许可制度，缩短了药物和试剂投放市场所需的时间。此外，韩国还重新设计了紧急情况系统，在各大医院和地方保健所都配备了 RT-PCR 检测装置，为迅速诊断提供了条件。

2.快速检测

韩国为尽快控制疫情的传播，高度重视检测诊断的速度，全力推动充分的诊断。

为提高检测效率，韩国首创“得来速”（drive-thru）检测法。在公共停车场，通过提前预约或直接到现场登记就可以进行检测，被检查者只需摇下车窗，就可以被提取检测样本。这种方式可以最大限度减少医护人员与患者之间的接触，降低病毒传播风险，并且无需负压帐篷等设备，还可以减少消毒和换气的时间，提高检测速度。目前全韩国共有 50 多处“得来速”检测点，该检测模式也正在被全球很多国家采用。

韩国还创新出“步行筛查亭”(walking-thru)检测法，为无车患者和老弱者提供方便、安全的检查，且不需要有宽敞的场地。采用该方式，防护服使用频率和医院的负担都会减少。目前，韩国该筛查亭共设有 4 个，每小时最多可为 10 人进行检测，还专门设置了针对儿童患者的筛查亭。

3.跟踪隔离

为阻断病毒传播链，韩国政府大力推动相关 App 应用和大数据调查。利用 GPS 定位功能，一旦监控对象擅自离开隔离点，与居家隔离人员手机联网的监控系统就会立刻发出警报，负责监管的公务人员会迅速采取措施，将隔离对象劝返隔离地。

韩国卫生部门还通过对信用卡记录、监控录像、移动电话定位服务、公共交通卡和移民记录等数据进行筛选，以确定受感染者或疑似人群的出行记录。

同时韩国还通过《传染病预防法》等法律，进一步完善和强化政府对传染病的预防及管理。根据相关法律，如果不服从隔离或不去隔离治疗的，一旦发现，将被罚款 300 万韩元(约合人民币 17723 元)，情节严重的监禁 1 年或罚款 2000 万韩币(约合人民币 118158 元)。

4.信息公开

疫情发生后，韩国政府各机构立即启动应急方案，即时向民众提供各种有用信息，韩国疾病本部、灾难预防本部以及大邱市政府每天都由负责人一到两次定时通过电视向民众汇报工作情况，包括确诊人数、死亡人数、恢复人数、检查人数、住院等候人数等所有采集到的数据。各地方政府还通过手机短信方式，一天几次向所有人发送疫情信息。

自 2020 年 1 月 20 日韩国确诊首例病例以来，韩保健福祉部每天在官网更新确诊者的行动轨迹，具体到所乘坐的交通工具、就餐的餐厅、观影影院的座位等明确信息。

(三)国内城市应对此次疫情的有效措施

1.温州:“四点布局”经验

温州常住人口925万人，是浙江省第二大城市，在武汉经商、就学、务工的温州人有18万左右。春节期间的人员回流给温州疫情防控工作带来巨大的输入性压力，发病曲线与回温人流高潮成正比。面对高发态势，温州市按照省委省政府“一确保两努力”“加快提高诊断和治疗速度”的要求，提出并实施了抓实、抓细、抓深的“四点布局”防控举措：

进一步织密综合防控网，牢固形成疫情防控有效闭环，力争做到传播源全找到、传播渠道全切断，坚决遏制疫情蔓延。

强化高水平的治疗，力争患者“早治愈、全治愈”、医务人员“一个不感染”。

切实维护正常社会面，积极回应好百姓关注的重点、热点，让老百姓解疑释惑、共同防范，形成全市上下同频共振、打赢大战硬仗的合力。

坚持未雨绸缪、提前应对，强化工作力量、会议活动、返工返学返岗、群众生活、企业生产等“五个统筹”，进一步提高前瞻性，严格防控和稳定发展两不误。

2.天津宝坻区：三个“第一时间”

天津市宝坻区处于京、津、唐三角地带，春节期间宝坻区百货大楼内先后确诊了多例新冠肺炎病例，形成了由公共场所蔓延到家庭内部的多起聚集性疫情。疫情发生之后，宝坻区迅速采取了以下有效措施：

第一时间发布。市疫情防控指挥部第一时间把确诊病例的行踪轨迹向全区发布，要求所有密切接触者居家隔离。

第一时间摸排。天津市疾控中心专家通过“福尔摩斯式”的流行病学调查分析，在百货大楼销售人员中摸排出密切接触者194人，19日到25日到百货大楼顾客的人群摸排出9200人，为政府防控疫情提供了及时、精准的决策依据。

第一时间隔离。疫情掌握后，宝坻区在第一时间把194人连夜送到隔离观察点，集中隔离。同时要求所有到过百货大楼的顾客，自行居家隔离。宝坻区各个相关街镇组织工作组，四个人对一个社区或者对一个村，监督重点人员的居家隔离情况，避免居家隔离人员随意走动。

以上国家和国内城市采取的有效措施中，不难发现其在处理公共卫生应急事件中都有一个共同的特点，就是抓住了关键核心的一个字：“早”——做到“早预警，早防备，早控制，早治疗，早公开”，以时间和效率来化被动为主动，尽最大努力将疫情和疫情对社会经济的损伤控制在最小范围内。

二、武汉市应对新冠肺炎疫情的经验做法

在以习近平同志为核心的党中央坚强领导下，武汉市采取了公共卫生历史上罕见的“封城”措施，成功应用了方舱医院为代表的分级诊疗模式，利用全社会动员、全民参与、多部门合作、联防联控的爱国卫生运动方式，有效地遏制了疫情在全省、全国的传播，并为全球疫情防控争取了宝贵的时间。

（一）建立临时指挥协调机制，切断传播路径

为了有效应对新冠肺炎疫情，武汉成立了市新冠肺炎疫情防控指挥部，根据疫情防控形势调整和充实防控指挥部的组成人员和机构设置，全面领导疫情防控工作，做到了上下统一、指挥顺畅、令行禁止、高效运行，对协调疫情防控工作、提高防控工作效率起到了至关重要的作用。此外，还建立了高效协作的联防联控机制，统筹协调市直各部门的防疫工作。

从 2020 年 1 月 23 日 10 时起，武汉市暂停运营城市公交、地铁、轮渡、长途客运，暂时关闭机场、火车站、高速公路等离汉通道，其后大部分社区、小区、村也都实行了不同程度的封闭管理措施，减少人员流动、减少交叉感染，严防新型冠状病毒疫情扩散。

（二）建设临时医院，实行分类收治、集中救治

为应对医院床位不足的困境，武汉市参照 2003 年抗击“非典”期间“北京小汤山医院”模式，建设火神山和雷神山两座专门医院，集中收治新型冠状病毒肺炎患者。进入 2 月份以后，武汉市实行了分类收治隔离，通过社区开展全方位排查，将所有发热的患者筛查出来，连同因发热到门诊就诊的患者，分为四类：无法排除感染可能的发热患者、确诊患者的密切接触者、疑似患者、确诊患者，将发热患者、密切接触者集中隔离观察，疑似患者集中隔离，确诊患者集中收治、分级诊疗。确诊的轻症患者集中收治在方舱医院，给予支持治疗，其中重症患者转至专科医院接受进一步的治疗，危重患者则安排在定点医院重症医学病房接受诸如 ECMO、透析、气管插管等生命支持治疗。

在武汉应收尽收、应治尽治的紧急政策下，方舱医院对体育馆、展览馆、学校等大型公共设施进行医疗用途的改造，使其成为大容量收治轻症患者并集中管理与康复的轻医疗场所，在防疫中发挥隔离传染源、切断传播途径，并在社会与社区层面上达到保护易感人群的关键作用，对于整个疫情的防控和逆转具有重要的意义。

(三)动员社会力量,坚守社区防疫前沿阵地

社区是疫情防控最基础、最基层的单元,此次新冠肺炎疫情防控中,社区成了名副其实的防疫第一线,平时存在感极弱的社区和居委会发挥了重要的作用,社区工作人员承担了封闭管理、新冠疫情排查、初诊筛查、患者上报、跟踪服务、环境消杀、出入管理以及物资配送等多方面的工作。

为了缓解社区工作压力,武汉市疫情防控指挥部组织市直机关、事业单位、国有企业党员干部和公安民警、志愿者等力量下沉社区,帮助社区抓好具体防控,发动物业服务员组成网格工作团队,把牢各小区出入口,24 小时专人值守,在所有小区门栋张贴醒目标识,标明是否有发热病人,在每名发热病人所住楼栋、单元、门口张贴居家隔离标识,提醒临近居民加强防护。

(四)打通跨省应急物资运输通道,保障物资供应

在武汉市周边设立 4 个物资中转站,具体分布为:武汉市东西湖区捷利物流园、武汉市汉南区宝湾物流园、武汉市黄陂区武湖萃元冷链物流园(汉口北)、鄂州赤湾东方物流有限公司,根据应急物资运输需求,本着就近、方便、快捷的原则,采取多种有效方式,组织好物资中转和运输,保障疫情防控应急物资(包括医疗设备、器械、药品、防护品、试剂等)和医疗救助工程("火神山""雷神山"项目)建设物资运输畅通;保障群众生产生活必需物资的运输畅通;保障城市运转的水、电、油、气等燃料供应物资运输畅通。

三、国内外公共卫生事件应急管理的经验启示

(一)政府应当建立健全应急管理组织机构

危机具有突发性、不确定性、危险性大和危害范围大等特点,危害的范围大、涉及面广,仅仅依靠一个政府部门或一级政府不可能有效控制与处理。从横向来看,危机管理工作涉及绝大多数的政府部门;从纵向来看,上下级政府系统必须协同管理。为了更好地协调各级政府和部门政府,应该在常设危机管理机构中强化公共卫生管理职能,同时要特别注重建立多部门、多领域和多层次协作的工作机制,这样才能更好地发挥群体的力量来高效协同地应对危机。

(二)建立以"预防为主"的监测预警和应急响应体系

将"预防为主"放到首要位置,使"预防为主"的观念深入人心。依托疾病监测反馈系统、城市疾控症状预警系统、疾病暴发应对系统等制订详实有效的卫

生预案和应急规划，采集相关信息进行数据模拟和分析，一旦疫情发生，可以按照预设防控措施和方案进行隔离，及时遏制危机事态的蔓延和发展，把危害和影响控制在最小范围内。

（三）建立公共卫生应急事件信息传播机制

信息传播机制（公共卫生信息的发布与通告）是许多国家应对突发事件的典范经验，新加坡、韩国等国家政府非常重视与媒体机构的沟通。在公共卫生事件与危机问题爆发后，政府依托开放式和公开化的沟通交流平台，及时通过媒体和网络平台向公众和社会发布防控信息，通过疫情的播报和传播还原事情真相和处理进展，避免因疫情和谣言引起国民恐慌。

（四）建立完善的公共卫生应急全程管理机制

新加坡、韩国等国家公共卫生应急管理能力的领先地位，体现在其公共卫生应急全程管理的科学化和高效化。权威化的指挥调度体系、科学化的预警监测体系、效能化的应急处理机制、及时公开的信息传播机制、充足的经费物资保障体系以及专业性的医疗救助体系都是成功的公共卫生应急管理的典型特征。重视早期响应，重视技术提升与法制约束，强调全民参与和媒体介入，深化国际交流与合作，都是在公共卫生应急全程管理中能够取得较好成果所采取的有效措施。

执笔人：万　伟　伍　玥　袁　圆　王　珺　叶传忠

从六稳到六保：稳住经济基本盘兜住民生底线

袁云光

2020 年 4 月 8 日召开的中央政治局常务会议对形势作出判断：国内经济发展面临的困难加大，复工复产面临新的困难和挑战。国际疫情持续蔓延，世界经济下行风险加剧，不稳定不确定因素显著增多。要切实稳定大局，提出从“六稳”到“六保”，即从稳就业、稳金融、稳外贸、稳外资、稳投资、稳预期到保居民就业、保基本民生、保市场主体、保粮食能源安全、保产业链供应链稳定、保基层运转。“六保”凸显了当前党中央更加强调经济环境的困难、风险和不确定性，更加强调兜住底线、守好基本盘，更加强调增强底线思维。

一、充分认识做好“六保”工作重要性和紧迫性

新冠肺炎疫情对我国经济社会发展带来前所未有的冲击，2020 年一季度我国国内生产总值同比下降 6.8%，消费、投资、出口都出现下降，就业压力明显加大。经济发展面临前所未有的挑战。但我国经济展现出巨大韧性，随着一系列复工复产政策效果逐步显现，经济复苏步伐正在加快，生产、生活秩序加快恢复，有利局面来之不易。当前，国外疫情持续蔓延，世界经济下行风险加剧，不稳定不确定因素显著增多，给统筹疫情防控和经济社会发展工作带来了严峻挑战。党中央审时度势，坚持稳中求进的总基调，在“六稳”的基础上提出了“六保”，明确了“稳是大局，必须确保疫情不反弹，稳住经济基本盘，兜住民生底线”的总体要求。

二、要切实加大“六保”工作力度

一是要突出重点人群，保居民就业。“六稳”与“六保”都特别重视就业。疫情发生以来，国家密集出台了一系列精准有力的就业政策。保居民就业，要抓好重点行业、重点人群就业工作，确保就业大局稳定。进一步“真金白银”援企稳岗，“点对点”组织返岗，发挥“双创”积极作用，更多采取市场化手段促进重点群体就业创业。切实抓好高校毕业生就业，把高校毕业生就业作为重中之重。切实增强市场主体创造和稳定就业岗位能力，发挥企业主渠道作用，扩大就业岗位供给。着力畅通就业渠道，举办各类网上招聘活动，邀约更多的企业、筹集更多的岗位入驻网上招聘会，为求职者提供更多选择。依托城乡基础设施、公共服务设施、人居环境改善工程等，开展以工代赈工程建设，优先吸纳低收入群体就业。

二是要聚焦困难群体，保基本民生。脱贫攻坚收官之年，剩余脱贫攻坚任务本来就艰巨，疫情又带来新的挑战，巩固脱贫成果难度加大，要加大脱贫攻坚力度，复工复产中优先使用贫困地区劳动力，确保如期全面完成脱贫攻坚任务。切实做好民生保障工作，兜牢民生底线。保障困难群众基本生活，做好低保工作，对受疫情影响收入下降导致基本生活困难的城乡居民以及生活困难的新冠肺炎患者及其家庭，按照相关规定及时纳入低保和特困人员救助供养范围。提高困难残疾人和重度残疾人护理补贴标准。启动社会救助和保障标准与物价上涨挂沟联动机制，及时发放价格临时补贴，确保群众基本生活。

三是要坚持问题导向，保市场主体。各类市场主体是我国国民经济发展的主要力量，是承载居民就业的主要领域。要进一步落实从中央到地方的政策组合拳，着力帮扶中小企业渡过难关。搭建企业综合服务平台，建立常态化对接机制，促进中小企业与龙头企业、应用单位和销售企业开展对接。强化流动性支持。扩大中小微企业纾困专项资金规模，对中小微企业和个体工商户提供无息贷款。切实降低企业经营成本。对承租国有资产类经营用房的中小微企业和个体工商户，3个月房租免收、6个月房租减半。鼓励引导非国有资产出租人比照国有资产类经营用房“3免6减半”政策，为中小微企业和个体工商户减免租金。执行阶段性降低失业保险费率、工伤保险费率政策。

四是要应急谋远，保粮食能源安全。面对疫情大考，我国生活必需品、医疗物资、电气水热等基本供应总体平稳，食品、药品、基础工业品、基本公共服务等有序运转，基本民生得到有效保障。但在新的全球化发展中，仍要紧绷粮食安全和能源安全之弦，保粮食能源安全。抓好农业生产和重要副食品保供稳价，认真研判国际市场变化对我国的影响，做好生产流通、保供稳价各项工作，落实国家米面油储备要求，全面核查米面油库存情况，确保货源供应充足，确保老百姓的"米袋子""菜篮子"货足价稳。确保煤电油气安全稳定供应。强力推进能源基础设施建设，推进特高压项目、电网智能化等"新基建"建设。强化能源跟踪监测和分析预警，能源运行调度和供需衔接。

*五是要协同推进复工复产，保产业链供应链稳定。*国际疫情持续蔓延，导致海外需求下降，给我国产业链供应链带来较大影响。面对挑战，要以龙头企业和骨干企业带动产业链供应链复工复产；充分运用数字化供应链平台强化产业上下游、跨行业协同生产；依托完整产业链体系优势，以我国自身产业链供应链稳定带动全球产业链供应链的稳定发展。积极应对疫情后制造业企业生产经营遇到的困难和问题，组织工业品供需对接、政银企对接、人才供需对接等活动，使人流、物流、资金流有序转动起来，畅通经济社会循环。加强企业用工保障、要素资源保障，助力产业链协同复工复产。着力培育、发展壮大行业龙头企业和知名品牌，带动产业向品牌化、高端化、国际化发展。开展"补链""强链""延链"精准招商，积极谋划、建设一批产业重大项目，解决产业链上下游不配套、交通物流不畅、资金融通等问题，发挥重大项目在产业高质量发展中的支撑和带动作用。

*六是要严格财政开支，保基层运转。*针对一些地方财政受疫情影响较大，中央加大对地方转移支付力度，确定阶段性提高地方财政资金留用比例。切实加强社区建设。探索试点城市社区工作新机制。坚持重心下移，重视发挥社区和物业在社会治理中的基础作用，以此次疫情防控为契机，推动社会治理中心和服务向社区转移，促进政策资源和力量向基层倾斜。加大保基层运转资金支持力度，按照财政事权和支出责任，所需经费由各上级财政转移支付给予适当补助，提升社区公共服务能力和管理水平。大力压减一般性支出和非急需、非刚性支出。可开可不开的会不开、可办可不办的培训不办。切实将有限的资金用在刀刃上。

作为 2020 年受疫情影响最严重的城市，武汉经济增长、企业发展、民生事业等受到较大冲击，面临的困难与挑战前所未有，武汉推进"六保"工作尤为重要和紧迫。越是在这个时候,越要保持清醒和冷静,一方面,武汉经济稳中向好、长期向好的基本面没有改变,多年积累的综合优势没有改变,区域经济中心城市的重要地位没有改变。另一方面,应对疫情催生并推动了许多新产业、新业态快速发展,也创造了新的发展机遇。武汉要坚持底线思维,强化忧患意识,始终将"六保"工作贯穿于经济社会发展各项工作,打好经济发展战,为"决战决胜脱贫攻坚、全面建成小康社会"作出武汉积极贡献。

作者系武汉发展战略研究院副院长、研究员

疫情影响下支持服务业健康发展的政策建议

胡爽平

服务业作为武汉经济增长的引擎，在此次疫情中受到冲击极大，能否提振,将成为短期内武汉经济能否步入企稳轨道的决定性因素。因此,要准确把握疫情防控和经济形势的阶段性变化，因时因势调整服务业发展的着力点和应对举措,努力把疫情造成的损失降到最低限度。

一、从时间序列着眼——分步有序推动服务业恢复

(一)从近期来看,要着眼于恢复生产

控制住疫情是服务业重新繁荣的前提,武汉要在注重控疫情的前提下,逐步恢复各类服务业。零新增不等于零风险,理应时刻保持谨慎,毫不放松疫情防控工作,以精准有力的措施巩固疫情防控成果,分类制订重点行业企业疫情防控指南,指导监督企业落实各项精准防控措施。同时精准施策分类帮扶,注重协调解决服务业企业受疫情影响下遇到的困难和问题，加强服务业运行监测,精准施策,建立疫情后危机处理机制,提升危机处理能力。

(二)从远期来看,要立足长远创新发展

新冠肺炎是2020年最大的“黑天鹅”事件,它所引发的蝴蝶效应,很有可能打破服务业的旧秩序,成为行业调整的一个契机。疫情的短期影响难以改变服务业的加快发展,但由于武汉服务业受冲击较大,既要恢复又要加快发展,那么创新发展就是大势所趋。

1.支持发展新服务模式

服务业发展在应对疫情冲击中也出现新的机遇。特别是一些新的服务供给应运而生，不少创新技术得到积极应用，对有效抗击疫情发挥重要作用，而且很大程度上反映了未来市场需求和技术创新的趋势。疫情期间，线上服务项目冲击相对较小，甚至还有爆发式增长的趋势。例如，网络游戏、在线娱乐平台等。因此，要积极支持发展服务业新模式和新的服务供给方式。推进传统批发零售业数字化，大力发展网红经济，支持企业举办网络促销专项活动；加强平台和流通体系建设，鼓励发展平台经济、共享经济、跨境电商、外贸综合服务等新业态，大力发展生鲜、冷链配送新模式，完善配送附属设施。加快网络零售、游戏及娱乐等发展成熟服务业进一步发展，推进线上课堂等一些新兴服务业态爆发式增长，线上营销、供应链管理、云制造等生产领域的服务需求加快线上步伐。

2.支持服务业发展新业态

一是要注重现代治理体系升级，发展现代治理的相关产业。通过此次疫情防控阻击战，政府治理能力将有较大提升。疫情结束后疫病防控体系的完善和改革以及相关产业的发展，也将成为疫情过后重要的经济增长点。在业务上，体现为智慧城市、交通管理、医疗体系、农产业供应链、物流效率、应急灾备、信息溯源等；在产业链上，体现为整个社会治理体系的科技能力升级，包括更全面的数据化、智能化，更大范围的系统平台，甚至是具备人工智能的灾备预测等。比如，及时考虑防洪治理的相关产业等。二是要注重生活工作方式调整，探索一批新兴产业。历史表明，重大事件会对居民基本生活产生影响，这会带来大量的产业改变，包括饮食结构、体育锻炼、社交方式、康养保健等行业。疫情下一些新的工作方式、生活方式和商业模式得到发展，探索灵活办公机制、错峰上下班，发展线上和智能化办公，避免人流交叉感染。有些恢复生产的企业，可以加快机器人、远程办公平台等的运用。应加快释放新兴消费潜力，在诊断、住院医疗和社区护理中充分运用远程医疗技术、机器人和无人机技术。

3.大力促进服务业数字化

从长远来看，企业线上服务需求、数字化转型需求的不断增长将是必然趋势，加上我国在应用型技术创新方面的优势，目前非常时期服务业发展的新变化有望延续，将促进服务业更多依靠市场规模优势和现代科技创新实现高质量发展。一是加快数字化基础设施建设，积极打造数字基础设施。要加快数字经济创新发展试验区建设，积极运用中央预算内投资等各方面资金，加强包括5G、数据中心、工业互联网等新型基础设施建设，推进大数据、云计算、人工智能、物联网等技术的集成创新和融合运用，培育更多的经济与就业新增长点。二是积极推动生活性服务业数字化建设，生活服务在线化。服务业实现数字化转型，推动"大平台+全产业链数字化"的发展模式。推动生产和消费需求进一步线上化，拉动网络教育培训、电影线上首播、云服务平台等新业态新模式快速增长。三是积极推动线上资源共享。共享经济的范围从原先的基于商品和服务的共享拓展到人力资源的共享，"共享用工"得到更大范围的认可和接受。率先推进服务业"零工经济"和"灵活就业"制度，可考虑建立"服务业人工智能提升实验区/示范区"，大力降低服务业从业人员的重复劳动和现场工作量。

二、从主体作用入手——政府和企业齐心协力复雄风

(一)从政府的角度看，要加大宏观政策调节力度

制定出台一系列含金量较高的政策举措，精准施策，帮助和支持服务业发展，最大限度降低疫情对服务业带来的影响。

1.阶段性加大减税降费力度

全面落实国家税收扶持政策，加大城镇土地使用税、房产税、增值税等减免力度；免征中小微企业部分社会保险，缓缴经营严重困难企业部分社会保险，减征符合条件的单位医疗保险费用；减免或减征承租国有资产类经营用房的中小企业的租金，对存在支付困难的企业可以延期收取租金，同时鼓励业主(房东)为租户减免租金；依据情况延期缴纳土地出让金、住房公积金，不作逾期处理；延期缴纳水电气费，对受疫情影响、确有特殊困难不能按期缴纳水电气费的服务业企业，可申请办理延期等。

2.加大财政金融支持力度

降低企业融资成本，强化信贷供给，对受疫情影响较大的企业不得盲目抽贷、断贷、压贷，还款困难的予以展期或续贷；开通信贷审批绿色通道，预留专项信贷规模，下调贷款利率，保证专项资金及时足额到位；加强企业保险服务对接，延后保费缴纳时间，取消反担保抵质押要求，降低担保和再担保率；利用好现有省级服务业发展专项资金，加大对餐饮业数字化转型、地方品牌培育、

餐饮集聚区的支持力度；支持重点商贸餐饮企业扩大经营规模，对达到标准的企业给予一次性资金奖励。

（二）从企业的角度看，要最大限度降低疫情对企业带来的影响，增强抗风险的能力，加快自身发展

1.积极争取政策和资金支持

近期，国家有关部委和各地政府密集出台了一系列政策措施，企业要主动关注和争取适用的支持政策。

2.加强企业间的互救互助

一些互联网平台发起“共享员工”计划、提供免息低息贷款以及实体商业企业为商户减免租金等做法，就是很好的例子，值得鼓励和提倡。

3.创新服务模式

对于整个服务业来说，要辩证地看待疫情中的危与机，危机也意味着推陈出新。疫情期间，某些更高层次的生活性需求和生产性需求无法得到满足，新需求就会激发科技创新、产品创新、服务创新、商业模式创新的出现，进而产生新产品、新业态。同时，要提升服务和管理水平，加大宣传、营销力度。

4.加快数字化转型

顺应发展趋势，积极拓展线上服务，加强对原有组织形式、管理方式、商业模式等变革创新，通过数字化、智能化技术为自身发展赋能。

三、从供需两端来看——“两手都要硬”保障发展

（一）从供给端来看，继续深化供给侧结构性改革，推动经济高质量发展要求

一是尽快恢复正常的生产经营活动，畅通消费产品和服务的供给渠道；聚焦短板领域，增加有效投资，提升供给质量和产业链水平。二是缓解运输费用、仓储成本、保险等资金成本上的压力。加大公共卫生服务、应急物资保障领域投入，加快 5G 网络、数据中心、工业物联网等新型基础设施建设，不断壮大经济发展新动能。三是适应新的服务需求和供给。

（二）从需求侧来看，积极引导人民，紧紧依靠人民打赢疫情防控和实现经济社会发展

一是努力扩大有效需求。各级有关部门要研究制定积极的扶持政策，要扩大有效需求，鼓励消费、支持消费，提振消费信心，促进生产端回场。保障和稳

定就业，增加居民收入。二是培养居民健康的消费方式。以科学应对疫情为契机，扩大绿色食品、药品、卫生用品、健身器材等商品的生产销售。同时，积极稳定汽车、智能家居等大宗消费。三是提升消费者的获得感，激发消费的积极性的潜力。顺应居民消费升级和产业升级新趋势，加快释放线上消费等新兴消费潜力，积极稳定汽车等传统大宗消费，推动服务消费提质扩容。激发被抑制、被冻结的消费，把在疫情防控中催生的新型消费、升级消费培育壮大起来，使实物消费和服务消费得到回补。

四、从行业发展分析——分类合理逐步启动发展

企业受疫情影响具有较大的行业差异性，不能一刀切，需要科学合理分类启动发展。

一是对受疫情冲击严重的服务行业，要采取一揽子有效措施，切实减轻企业负担。比如，具有聚众属性和出行的零售、餐饮、旅游和文化娱乐等生活性服务业受到冲击影响最大。可鼓励餐饮企业为全省机关、团体、企事业单位提供集体用餐供配送服务保障，支持行业协会、商会搭建信息沟通服务平台，有效促进餐饮供需双方快速对接；支持理发、家政等便民服务单位尽快复工；推动批发零售、住宿餐饮等居民生活服务单位有序复工，支持大型商场全面复工；推动景区、度假区先行对本地人员开放。

二是对受疫情波及影响大的服务行业，要不断创造有利条件，推动发展。物流运输、贸易仓储、商务服务等生产性服务业也受到较大的传导波及，要有序恢复交通运输服务，合理组织运力，加密主要线路运营班次，在强化检疫和防控措施的条件下，动员出租车、网约车、城市配送、快递等行业复工，保障居民必要的出行以及外部物资向城市内部转运和“最后一公里”配送，从而为疫情严重地区应急物资和居民生活必需品供给提供有力支持，也为其他地区企业复产复工创造有利条件。

三是对受疫情影响相对较小或可以自主减轻影响的服务行业，鼓励加快创新发展。推动非人员聚集性的金融业、研发设计、信息服务、检测服务、对外贸易等生产性服务业企业全面复工；要加大互联网、移动互联网技术的应用，采取线上办公、线上教学等方式，减少人员流动和聚集，尽可能保证正常运转。

四是对受疫情影响不同的微观个体，要精准施策，落实到位。疫情对不同服务业微观个体的冲击程度不一样，从受冲击程度来看，民企大于国企，小微企业大于大企业，农民工大于正式职工，当前政策要更多地倾向于民企、中小微企业。

五、从内外环境来看——自身防范和国际合作同步推进

疫情全球蔓延对武汉服务业发展会产生一定影响，因此要抓好自身防控的同时推进国际合作。疫情在全球蔓延，对世界经济和我国发展影响是深远的，必须从世界格局深刻变化的战略高度看待和谋划应对之策。统筹好国内国际两个大局，稳定外贸外资和产业链，有序推动外贸龙头企业复工复产，保障产业链、供应链畅通运转。要继续优化营商环境，放宽外资准入限制，扩大金融等服务业对外开放。创新招商引资方式，落实外资优惠政策，维护全球供应链稳定，开拓多元化国际市场。加强疫情防控国际合作，借鉴武汉经验来帮助国际社会。

作者单位：武汉发展战略研究院

疫情影响下的文旅产业发展形势分析及武汉文旅重振建议

武汉发展战略研究院
武汉江汉朝宗集团公司 联合课题组

2020年突如其来的新冠肺炎疫情对文旅行业影响巨大,2020年的春节“黄金周”,武汉市文旅企业基本“颗粒无收”,大多数企业现金流遭遇考验,不少小微企业或将从此退出市场。为此,联合课题组开展相关调研,评估疫情的持续性影响,提出了应对建议。通过调研,我们发现,新冠肺炎疫情对文旅行业的影响较大,对不少中小微企业已经形成较大打击,但我国文旅产业经过四十多年的发展,尤其是近十余年,在科技应用以及产业跨界融合推动下,产业规模、产业链完善程度、产品和服务供给能力、产业人才素质都已明显提高,从类似非典疫情发展轨迹来看,我们相信,在全社会的共同努力之下,文旅产业终会迎来疫后拐点。文旅消费作为新时代的“刚需”消费,将随着疫情的解除快速恢复,甚至会迎来“报复性”反弹。

一、新冠肺炎疫情对文旅产业的影响性分析

(一)对文旅企业经营的直接影响

1.渠道端企业首当其冲,受损严重

渠道端企业是目的地产品和旅游者之间的连接器,以传统旅行社、OTA以及各种票务和产品代理商为代表。新冠肺炎疫情爆发后,国家文旅部及时发布监管政策,要求自2020年1月24日起,旅游出行活动全面暂停,渠道端企业首先受到冲击。据不完全统计,受疫情影响,2020年春节全国有将近50万个旅游团取消,对旅行社企业造成巨大损失。

疫情对旅行社和 OTA 企业的经营影响主要集中在三个方面：一是团队游取消造成的直接损失，包括一些产品的预付金，特别是对于经营出境游的旅行社；二是上下游企业间的应收账款问题，由于供应商与一些较大的零售代理平台以及供应商之间存在账期，遇到“旅游停摆”事件后，存在因为减损金额“不满意”或其他纠纷，导致企业资金链风险，甚至通过连锁反应波及整个产业；三是未来一段时间内无法营业而带来的成本支出和现金流压力，部分中小商家会面临歇业、关门的困境。

从企业经营的角度来看，春节黄金周的旺季收入基本损失，2020 年一季度经营收入基本丧失，后续的持续影响还需根据情况来评估。但对于部分小微企业，受疫情影响相对大中型企业会更大，如果缺乏现金流支持，经营将会陷入停顿。

2.目的地资源端企业承压，重资产投入企业日子难受

目的地资源端企业是文旅产品和服务的供给方，包括各类景区、主题公园、酒店、文化场馆、演艺项目、各类餐厅等。受疫情影响，各经营景区和项目全线停业，各企业年前开展的春节营销支出基本“打水漂”，但项目关停期间的设备维护费用、人员工资、财务费用、税费等仍持续发生，企业资金压力陡升。

一是民营重资产投资企业“压力山大”。民营企业资金来源相对有限，且资金成本更高，在 2018—2019 年资本“寒冬”的背景之下，广大民营企业已经倍感压力，本次新冠肺炎疫情的暴发则更是“雪上加霜”。所有投资景区、主题公园、酒店和演艺项目的民营企业，都会因新冠肺炎疫情而遭受巨大经济损失。对于资金雄厚的投资商，尚有等待市场恢复的实力；而对于广大的中小投资商，包括众多的民宿投资方，遭遇的困难会更大，部分项目或将亏损转让。

二是华南地区文旅企业损失更大。因气候原因，我国大部分地区在 1—3 月份是旅游淡季，尤其是北方地区不少景区和项目在一季度处于关闭状态，其所受的影响不会很大。但在广东、海南等地区，春节前后是旺季，尤其是海南，春节是一年中最旺的时节，旅游产业所占经济比重又很大，所受损失更大。根据广东省旅游景区协会对其辖区内景区企业所做的问卷调查，截至 2020 年 2 月 10 日，379 家填报问卷景区，参照 2019 年同期收入水平，共计损失 5.86 亿元(不含人工、税费等支出)。剔除 46 家公益性博物馆、展览馆等未收门票、无住宿餐饮等收入的景区，其余 333 家景区平均每家景区损失 176 万元。而且，

疫情结束时期未定，景区继续关停，损失还会进一步增大。

三是主题公园、酒店类项目损失较大。主题公园、酒店类项目投资大，人力成本高，资产折旧摊销大，在没有收入的情况下，仍需要对设备和资产进行维护，发放员工工资，偿还银行贷款。对于海昌、圣亚、长隆等动物主题乐园而言，还有动物繁育和养护的支出。迪士尼表示，如果新冠肺炎疫情导致其在上海和香港的主题乐园关闭两个月，预计损失将达 1.75 亿美元。根据初步数据，2020 年春节的酒店入住率相比 2019 年同期下降了 71%。酒店入住率比 2003 年“非典”期间 30% ~ 40%的入住率还低。不仅连锁酒店集团受到冲击，“散、小、弱”的单体酒店更是面临生存危机。

3.产业服务类企业压力相对较小，人才流失是隐忧

文旅产业服务类企业以规划设计、商业咨询、品牌营销、运营托管、会议会展等为主，大部分为轻资产服务模式，固定资产投入少，企业运营人力成本占比大，相对而言，受疫情影响幅度较小。

产业服务类企业持续经营的重要问题是保持专业人才队伍的稳定。这类企业的员工一般具有较高的学历，拥有较为广博的知识面，具有较高的择业主动性和流动性，也具有一定的创业意识。如果企业较长时间没有业务或业务不稳定，会影响到其收入和职业的发展，可能会造成人才流失；而流失的人才往往可能是企业的骨干力量，将对企业的业务承接和交付能力造成较大影响。

（二）对产业投资和项目建设的影响

1.对产业投资的影响

疫情对文旅产业中长期的战略和投资格局不会改变，但短期内的投资策略和节奏会有所改变。

一是中长期投资战略和逻辑不变。受访机构均认为文旅产业的基本面和发展格局不会受到疫情影响，参考“非典”疫情的发展轨迹，疫情结束后文旅产业将很快迎来恢复，甚至可能发生爆发性反弹。当前，文旅消费已成为居民消费的重要组成部分，且与文化、商业、体育、农业等产业深度融合，投资者依然看好文旅产业的发展潜力和投资机会，但会根据机构战略和疫情发展择机布局。

二是 2020 年上半年投资放缓或暂停，选择优质赛道和价值洼地重新布局。多家机构表示，疫情对机构的投资肯定是有影响的，对于已投项目，纯文旅

项目均直接受到影响,文旅相关项目受影响也较大,部分已投项目和企业遭遇关停。对于新增投资,至少在 2020 年上半年,机构的投资均比较谨慎,原有的投资计划后延或搁置。在投资策略上,康养旅游、体育旅游、在线服务、大文娱、智慧旅游等领域更受关注。

三是疫情过后或将迎来一个并购潮。“非典”疫情暴发后,旅行社行业曾有一批中小企业被并购。当前,行业各个细分领域均有不少企业在同质化竞争,也有不少创业企业涌现出来。在 2018—2019 年资本寒冬下,已有一批企业被并购或关停,此次疫情过后,也或将有一批中小企业被并购。

2.对在建和拟建项目的影响

多家接受调研的企业表示，在建和拟建项目会在施工节奏和开业日期上受到一定程度的影响,2020 年上半年计划开业的项目都已后延。而计划开工的项目，则会根据疫情情况以及企业受影响程度再次进行评估。但各企业均表示,在建和拟建的项目都会继续推进。

二、2021 年文旅产业发展研判

(一)行业发展的基本面和基本格局不变

1.市场供需格局不会改变

疫情的影响只是暂时的、阶段性的,疫情受到控制之时,就是行业发展开始恢复之时。从供需两个方面来看,目前来看,疫情对需求的影响只是暂时的,后续的消费需求或将“报复式”反弹。而从供给端来看,疫情恰好提供了一个行业磨炼内功的机会,产品和服务创新及供给能力或将由此得到提升。一旦疫情解除,将迎来供需两旺。

2.投资信心和整体方向不变

在 2018—2019 年资本寒冬的影响下，多个行业的投资都受到较大影响，但文旅行业表现不俗,文旅产业投资处于稳中有进的状态。虽然部分企业和项目确实在 2020 年上半年遭遇到了比较大的困境,但行业整体投资规模和涉及领域仍在扩大。

(二)产业发展的后劲将有所提升

1.资本和人力资源不断丰沛

随着产业的发展，文旅行业已经逐渐从一个单纯的劳动密集型行业转变为一个资本、智力和劳动多重密集的行业。随着投资潜力的提升,产业和创投资本都在纷纷进入,尤其是实力雄厚的地产业和互联网产业资本的进入,更是助推行业投资和人力资源跨越式发展。目前,文旅产业的产业链还在不断延伸,细分和融合领域越来越多,资本和人才形成了集聚之势。

2.产品和服务同质化程度将会下降,创新将会提升

新冠肺炎疫情将对行业发展带来一场洗礼,企业同质化竞争或烧钱发展的比重将下降,越来越多的企业会从创造客户和社会价值的角度去思考问题,从而触发更多有市场价值的创新出现。

(三)优势细分市场将率先复苏并高速发展

1.周边游和微度假将率先复苏,并将逐渐占据更大的市场份额

从"非典"过后旅游产业的恢复轨迹来看,近距离周边游由于时间短、风险低,将率先恢复并爆发式发展,因此,各渠道端和目的地企业应该将营销和服务重点放在周边游市场。同时,随着消费品质和复合性的提高,融合主题娱乐、新潮消费和品质度假的 2~3 天的微度假产品和项目将更受市场欢迎。市场已经涌现出来的相对成熟的文旅城和文旅小镇将率先迎来客流高峰。

2.家庭游型出游比重将逐步提升

新冠肺炎疫情过后,人们将更加注重家庭关系,旅游会成为人们陪伴家人的重要方式。尤其是离家 2~3 小时车程范围内的家庭型微度假目的地,或将成为人们出游的首要选择。

(四)增量市场和投资机会正在显现

事物的发展都有两面性,新冠肺炎疫情在给行业带来损失的同时,也将带来产业结构的一次调整,会孕育出新的增量市场和投资机会。

1.康养旅游和体育旅游将迎来更大规模的发展

自 2016 年 10 月《"健康中国 2030"规划纲要》发布之后,康养旅游和体育旅游的发展即进入了快车道,以地产公司为首的各大企业纷纷布局康养和体育旅游赛道,全国各地康养小镇和体育旅游小镇如雨后春笋般不断涌现。但目前,大部分项目还处于前期硬件建设甚至是"借鸡下蛋"的阶段。

本次疫情的暴发突如其来,对人们的健康意识的培养是前所未有的,预计康养旅游和体育旅游将在疫情解除后率先复苏。同时,各种康养和体育小镇的发展将进入实质性内容导入和有效运营阶段。全民康养的需求将助推康养旅游和体育旅游产业进入更加高速的发展阶段,也将催生更多具有市场竞争力

的项目和运营企业。

2.在线旅游服务市场占有率将进一步提升

疫情期间,OTA 等在线旅游服务企业相比于旅行社企业而言抗风险能力更强,对客服务能力和品牌美誉度将进一步提升,在一批中小旅行社退出市场之际,OTA 企业的市场占有率将进一步提升。同时,此次疫情期间,人们的在线消费习惯进一步获得培养,后续更多细分领域的在线服务都将获得市场机会。

3.中端连锁酒店市场份额将进一步提升

疫情过后,酒店市场的消费能力将受到一定的影响,受经济受损的影响,企业差旅和游客出行的预算都可能有所降低。由此,高端奢侈性酒店的入住率可能会有所下降，而传统经济型酒店在产品服务品质上难以满足目前的主力市场消费需求,因此,以亚朵、麗枫、华住、如家精选为代表的中端酒店品牌更有市场需求。部分单体酒店或小型品牌酒店在经受此次疫情打击后,也会寻求被大型连锁集团并购或加入连锁品牌经营。由此,中端连锁酒店从供给和需求两端来看,都将进一步增长。

4.城市周边微度假项目将更有市场机会

受我国假日制度和民众度假需求的影响，未来 2~3 天的家庭出游将占据越来越大的市场份额。同时,出游的便利性、休闲的品质、产品的丰富度也将是消费者重要的考量因素。城市,尤其是一二线城市拥有更为庞大、更具消费能力的群体，也拥有更加完善的交通和服务体系，产业资本和优秀人才也更富集,因此,在城市 2~3 小时出游范围内,将聚集更多的服务于城市家庭游客的品质度假项目。

5.文旅融合、文商旅融合发展领域将孕育大量投资机会

在自然界中,两个或多个生态系统接合的区域是最富有生命力的区域,也是最容易孕育新物种的区域。在商业领域,也有同样的规律存在。2020 年是文旅融合的重要推进年份,各种文旅融合产品和项目在 2019 年的设计和孕育之后,批量出现在市场中。而涵盖“她经济”“潮经济”“萌经济”等新潮消费的商业服务与文旅的结合,则会孕育更多的新物种,给市场带来更为丰富的产品和服务供给。

6.科技驱动型产品和项目将持续发展

5G 技术将迎来广泛的商业应用实践,人工智能、无人机、物联网等技术的

应用正在逐步成熟。青年群体是文旅行业的引领群体,文旅消费也是对新技术和新玩法接受度最高的消费领域之一，融入酷炫科技的产品和服务将持续引领市场。由于具有更高的进入门槛、更大的可复制性、更广泛的消费场景,在科技产品的应用和研发上,产业资本的支持和投入也将一直维持在高位。

三、关于武汉文旅企业恢复振兴的建议

虽然文旅业已遭受重创,一大批中小企业也在走到了生死存亡的关头,但是我国宏观经济基本面依旧向好,文旅行业增速超过大部分行业,文旅消费已成生活方式。武汉文旅企业要有信心,坚定疫情影响只是“暂时性”冲击,早做谋划重振。

(一)有序应对疫后文化和旅游补偿性消费

一是统筹推进疫情防控和行业复苏。当前,新冠肺炎疫情防控依然不能松懈,病毒潜伏期长、无症状感染、聚集性传染等现象仍然存在,国外疫情呈现蔓延扩散态势、带来输入性感染风险。通过分析历史经验、文化和旅游消费意愿调查数据可以发现,人们的文化和旅游消费需求持续高涨,因为疫情人们的消费需求暂时被抑制、被延缓,疫后可能出现补偿性消费和报复性消费。因此,对于具有较强人口流动性、聚集性和社交性等特征的文化和旅游消费来说,复工复产需在严格防控基础上,按照“一景一策、一企一策”的差异化原则,精准施策、有序推进。

二是渐进式推进文化和旅游消费复苏。根据疫情风险程度,实行分区分级网格化、精细化管理。在文化和旅游活动场所实施流量限制;通过实名制分时分段预约、凭健康码出行等方式,避免人员聚集;在人流主要通道、场所做好消毒工作。

三是大力提升文化和旅游场所管理智慧化、信息化水平。利用大数据、人工智能技术,对文化和旅游活动场所人员流动进行智能化管理。通过单通道高精度热成像测温系统、远程红外测温、人员聚集预警等技术手段,有效管理人流。在游客服务中心、博物馆、主题公园等文化和旅游设施内,发展智能机器人服务,通过机器人提供迎宾接待、客服助手、门票打印、导览导购、智能讲解等服务,既避免接触式交叉感染,又形成特色智慧文旅体验。构建文化和旅游应急管理数字平台,通过大屏显示系统、GIS 电子地图、定位技术、应急元管理、通信调度接入,提高一键救援应急处理能力和综合应急事件处置效率。

(二)积极盘活资源、拉动内需,重新激发旅游市场活力

一是积极盘活文旅存量资源,拉动内需,重新激发旅游市场活力。建议疫情结束后，聚焦文旅大项目建设和新业态新产品培育，推动文旅产业转型升级。针对武汉市民推出一批一日游、周边游、乡村游、亲情游等线路和产品,并与推动农民就业、脱贫攻坚结合起来,及时盘活武汉市及周边地区旅游资源,通过拉动内需激发武汉文化市场活力。

二是充分依托武汉现有的旅游资源,培育疫情后旅游新热点。新冠肺炎疫情将会引发越来越多国民更加关注自身生命健康状况，影响人们生活理念的变化,康养旅游、医疗旅游、运动旅游将会成为疫情过后旅游业发展新热点。针对疫后群众关注健康养生的特点,鼓励发展健康旅游、体育旅游、生态旅游、度假旅游、深度文化旅游等产品。针对群众长期关注疫情的特点,发展灾后警示教育旅游,开展面向全民的危机教育、生命教育、生态教育、科学教育,提升全民文化素养和健康水平。武汉市可依托军运会场馆设施等资源发展运动游,发挥东湖、木兰云雾山等旅游资源的生态环境和自然景观优势发展康养旅游,同时,可聚合武汉乡村旅游资源禀赋优势,因地制宜地打造特色康养小镇。

(三)延长文旅产业收益链条,构筑文旅企业发展的稳定态势

一是景区可在“二次消费”开发上下功夫。因旅游融合了吃、住、行、游、购、娱、商务、康养等要素,门票已非景区收入主要来源,湖北省70%以上景区已经具备有让游客“二次消费”的能力,想办法延长收益链条。

二是通过异业合作和联合营销,构筑文旅企业发展的稳定态势。文旅行业具有得天独厚的异业合作和联合营销优势。在各个行业普遍受冲击、利润下降、营销费用削减的情况下,异业合作和联合营销是纾解文旅行业营销乏力的重要手段。整合企业、政府、行业协会、科研院校、相关企业等构建新的商业网络,业务共生、生态共建、利益共享,形成利益共同体、责任共同体、认知共同体,最终成为命运共同体。

(四)通过产业发展延长旅游产业链条,打造荆楚文旅品牌

一是积极探索“旅游+”,延伸产业链,促进产业高度融合。要发挥好文旅产业“一业兴带动百业旺”的牵引辐射作用,助力经济社会全面复苏。旅游区应不断延伸完善其旅游产业链,坚持“旅游+”,出台推动武汉市加快健康旅游发

展的指导意见，高质量推出医疗旅游、温泉养生、森林旅游、中医康养、气候医疗等健康旅游产品。加大文创产品转化成旅游商品力度，大力发展会展旅游、体育旅游、江轮游艇旅游等，促进旅游与其他产业的融合发展。充分发挥文化赋能和旅游业拉动作用，助力湖北经济社会高质量发展和现代化建设迈上新台阶。

二是充分保留利用抗“疫”资源，讲好武汉“英雄之城”的故事。后疫情时期，建议以雷神山、火神山医院原址为重点，通过整合人员、设施设备以及技术资源，积极向国家申报建设湖北省国家卫生应急移动防疫中心，为突发事件紧急医学救援提供强有力的卫生防疫保障。同时，由武汉市文旅部门牵头，将其中部分区域改建成为各具特色的纪念馆，以公共卫生安全为主题，通过原貌展示、新闻视频图片展示等多种形式，辅以多媒体互动设施建设，为参观者展示抗“疫”故事。在此基础上，充分利用医院原有的基础设施资源，全力将其打造成为国家研学实践教育基地，积极与学校合作，开展卫生安全知识科普课堂。还可将雷神山、火神山医院研学基地与武汉市爱国主义教育基地等红色旅游景点整合起来，不断丰富武汉“英雄之城”的故事内涵。

三是支持抗“疫”相关影视文学的发展。加强文旅产业深度融合。武汉市在抗“疫”期间涌现出许许多多感人至深的故事，许多故事在社交网络上也广为流传，引起了巨大反响。武汉市政府相关部门机构可以鼓励开展抗“疫”故事的挖掘和再创作，以电影、电视剧、纪录片、小说、广播剧等形式呈现，并通过主流媒体和新媒体等多渠道进行传播，展现大灾大难面前人性的善与恶、悲与欢、情与法、公与私，传播不屈的英雄城市精神。

四是打造荆楚特色文旅品牌。从“吃住行游购娱”六大基本要素和“商养学闲情奇”六大新发展要素作为发展的衡量标准，促进文旅产业中食文化、宿文化、行文化、游文化、购文化、娱文化的内容创新提升，充分展示文旅特色。要深入挖掘红色文化、长江文化、楚文化、三国文化等特色资源，打造荆楚文化品牌。

五是拓展产业链，加快文化旅游商品文化创意和设计生产。吸引具有创新性开发生产的团队或专业技术领域的专家进行开发合作，开发一批集实用性、趣味性、时尚性于一体的文化旅游产品，体现荆楚文化特色和景区特点。既满足游客对文化旅游产品的物质需求，又能满足游客对产品的审美需求。

（五）充分利用好科技为文旅赋能，发展文旅智能服务

一是鼓励发展线上文化和旅游体验项目。大力推动文化、旅游与数字创意融合发展，发展数字化景区、数字博物馆等文化和旅游产品，通过点云、三维重建、三维渲染技术还原博物馆展品原貌；依托 VR、AR、在线直播、线上互动、线上游戏、空中课堂等形式创新应用场景、强化线上文化和旅游体验，促进线上文化和旅游消费。同时，通过建立线上社群等方式，构建虚拟公共文化空间，通过专人组织指导，鼓励开展居家文化体育活动。

二是构建文化和旅游大数据分析决策平台。加快智慧旅游突出贡献项目“武汉文旅码”的提档升级，推动构建文化和旅游大数据分析决策平台——“文旅云”系统，建立包括消费者属性标签、位置标签、消费偏好标签等大数据画像，实现针对文化和旅游客户群体的精准营销和产品服务的定向投放。利用大数据平台，全面、精准把握文化和旅游消费的供需趋势，为文化和旅游行业在疫后精准有序复工复产提供科学指导。

（六）制定优惠政策，加大旅游企业奖励支持

一是加大财税金融扶持力度，提振市场信心。通过降低旅游企业运营成本为企业松绑减负，帮助旅游企业渡过难关。为弥补旅游运输企业在疫情期间停业的损失，规定可以延长旅客运输企业经营权期限和经检测合格的旅游客运经营车辆使用期，使其企业经营权期限和车辆使用期不因疫情而缩水。每年从重点产业发展资金中安排一定数额的资金，对成功创建国家级全域旅游示范区的市县，新创建国家级、省级旅游度假区的项目单位，新创建的 A 级旅游景区、旅游风情小镇、特色旅游街区等，给予一次性奖励，从而鼓励旅游企业不断提质升级、完善服务。不断扩大武汉市旅游文体产业投资基金（筹）规模，引导更多社会资本按市场化方式加大对旅游文体企业及上下游关联企业的投资力度。加快旅游基础设施和旅游公共服务设施建设，打通全域旅游的“最后一公里”。支持旅游企业以资产证券化、信托、预期收益抵押等方式优化资产结构，实现轻资产化。推出“荆楚游、疫安心”旅游综合保险产品，鼓励保险公司开发旅游突发公共安全事故保险险种，解决游客到湖北武汉旅游的后顾之忧，降低旅游企业的经营风险。

二是加强文旅企业的纾困帮扶和奖励支持。延长困难企业所得税亏损结

转年限,减免相关税费、保险费,落实稳岗补贴政策等,降低生产经营成本,缓解流动资金压力。配套相应补偿政策,直接“输血”。按照景区接待人数比例予以门票减收补偿;对景区内租户进行税收减免;提升景区“造血”功能,通过项目资金引导景区开发二次消费产品。加大对旅游企业的奖励支持,助力文旅行业发展信心恢复。加大对有贡献的旅游企业的奖励支持,研究制订相关政策,如《2021—2025年武汉市旅游市场营销奖励实施方案》等,对在新冠肺炎疫情阻击战和旅游市场恢复中成绩突出的企业给予一定的奖励支持,并及时将相关奖励资金拨付到位。

三是促进旅游项目落地,打造核心吸引物。尽快出台支持旅游高质量发展的用地政策,制定旅游用地分类指导意见。建立省市县联动推进创建国家级旅游度假区、5A级景区、国内外知名IP主题公园的机制。实施旅游企业养成计划,对前100名旅游企业精准施策,对旅游重点企业实施政府联络员制度。加大对旅游产业招商项目的支持、指导力度,加强旅游重大项目的策划储备,多渠道争取中央资金支持。

四是加大人才培养力度,提升旅游服务质量。支持引进国际知名院校和企业与在汉院校合作办学,增加高等和中等旅游职业学校数量,允许旅行社安排本公司员工提供外语旅游服务,扩大旅游企业员工“旺工淡学”覆盖面,加强旅游景区、旅行社和旅游餐饮企业的人员培养,不断加大旅游人才培养力度。

武汉发展战略研究院:杜　涛　袁云光
武汉江汉朝宗集团公司:陈俊涛　张胜蓝　孟雅喆

新冠肺炎疫情对武汉服务业影响量化评估

——基于 480 家服务业企业的调查研究

沈　明

一、引言

突发大规模疫情不仅严重损害人类生命健康，对社会经济系统的破坏性影响往往更大也更为深远。受英国疯牛病影响，欧盟持续 10 年禁止英国牛肉出口。埃博拉病毒肆虐，非洲农业活动、投资贸易受到限制，整个非洲经济都遭遇重创。SARS、HINI 流感等流行病同样对全球经济造成巨大冲击。[①-②] 历史经验表明，突发大规模疫情往往是突然爆发、集中感染、快速传播，引起强烈社会恐慌，短期经济冲击明显而后逐渐恢复，大部分损失源于因疫情恐慌引起的经济通缩和政府管控[③]。再者，疫情对社会经济的影响分布不均，老人、体弱多病者和贫困群体受损失更大，第三产业受冲击影响显著大于第一、二产业。旅游业、交通运输行业以及与出行相关的酒店、餐饮、批发零售和会展业受冲击影响显著大于其他行业。疫情期间，石油、农副产品、汽车和家电销售短期内也遭受严重损失，而对医药行业、通信业、互联网企业等行业来说是机遇大于风险。[④-⑤] 长

①李正全. SARS 影响国民经济的短期与长期分析[J]. 经济科学, 2003(3):25-31.

②大卫·布鲁姆; 丹尼尔·卡德莱特; JP 塞维利亚. 传染病疫情与经济影响[J]. 金融市场研究, 2020,02: 10-15.

③张文斗, 祖正虎, 许晴,等. 突发大规模疫情对经济的影响分析[J]. 军事医学, 2014, 38(2): 124-128.

④Goodwin R, Haque S, Neto F, et al. Initial psychological responses to Influenza A, H1N1 (Swine flu)[J]. BMC Infectious Diseases, 2009,9: 166 -171.

⑤杨翠红, 陈锡康. SARS 对我国消费的影响程度分析[J]. 管理评论, 2003, 15(4) : 13-18.

期来看，疫情还会对经济发展产生结构性影响，主要表现在资本流动、投资、区域贸易平衡等方面。①

2020年初，武汉爆发新冠肺炎疫情，从1月23日“封城”到4月8日“解封”，武汉经历了76天抗击疫情、经济停摆、内外交通阻断的艰难时期，疫情对武汉服务业的冲击有很强的典型性。目前，有关新冠肺炎疫情经济影响的研究已有不少，但大多停留在定性层面，缺乏详实的数据支撑和实证分析，不利于精准施策。②-③本文将基于武汉480家服务业企业调查分析，量化评估疫情对武汉服务业的整体和结构性影响，充分估计困难和风险程度，一方面弥补现有研究不足，另一方面为武汉把握经济形势、应对经济风险和推动服务业发展变革提供研究支撑，具有重要的理论和现实意义。

二、疫情对武汉服务业企业的影响调查分析

本次企业调查由湖北省发改委组织，武汉市发改委向在汉服务业企业统一发放问卷，最后收集到540份调查样本，经筛选，其中480家企业样本数据有效。主要统计指标包括一季度主营业务收入、一季度利润亏损情况、亏损原因和预计全年营业收入情况。

（一）样本企业行业和规模特点

第一，能够覆盖武汉服务业各个领域，对重点行业代表性较强。480家样本企业中，生产性服务业企业353家，占比67.6%；生活性服务业企业127家，占比32.4%。从行业分布来看，来自批发和零售业、金融业、交通运输业、科技服务业、租赁和商务服务业、软件和信息服务业的企业样本346家，占比72.08%，合计营业收入1871.56亿元，占比95.9%。来自住宿和餐饮、文娱、旅游、教育等行业样本数量较少，营业收入合计不到2%（表1）。

表1 调查样本行业和规模分类以及主营业务收入统计表

序号	所属行业	百万级企业数量（个）	千万级企业数量（个）	亿元级企业数量（个）	企业数量合计（个）	2019年主营业务收入（万元）	营收占比（%）
1	批发和零售业	32	28	18	79	13775282	70.60

①Lee JW, McKibbin WJ. Estimating the global economic costs of SARS[C]. Washington DC: Paper presented at the Learning from SARS: Preparing for the Next Disease Outbreak- Workshop Summary, 2004.

②陆旸，夏杰长. 疫情对服务业冲击的影响及对策[N]. 中国经济时报，2020-03-02(04).

③孙久文. 新冠肺炎疫情与区域经济发展[J], 区域经济评论，2020(02):8-11.

（续表）

序号	所属行业	百万级企业数量（个）	千万级企业数量（个）	亿元级企业数量（个）	企业数量合计（个）	2019 年主营业务收入（万元）	营收占比（%）
2	金融	0	0	4	4	2136014	11.00
3	交通运输、仓储和邮政业	6	32	17	57	1486326	7.60
4	科学研究、技术服务和地质勘查业	20	29	8	60	570335	2.90
5	租赁和商务服务业	30	35	10	75	392825	2.00
6	信息传输、计算机服务和软件业	23	37	9	71	354863	1.80
7	房地产业	3	19	6	28	252632	1.30
8	文化、体育和娱乐业	5	13	7	25	229746	1.20
9	旅游业	1	6	2	10	98112	0.50
10	住宿和餐饮业	16	3	3	22	60717	0.30
11	水利、环境和公共设施管理业	1	5	1	7	44584	0.20
12	卫生、社会保障和社会福利业	4	6	1	11	43146	0.20
13	居民服务和其他服务业	11	10	0	21	37674	0.20
14	教育	6	4	0	10	16160	0.10
15	合计	158	227	86	480	19498417	100

第二，能够覆盖 10%的规上服务业企业和 56%的服务业 100 强企业，对武汉规上服务业代表性较好。截至 2020 年 6 月，武汉市在库规模以上服务业企业 3014 家，服务业 100 强企业年营业收入均在 2 亿元以上。经筛选，480 家样本企业中符合规模以上服务业企业标准的样本 315 家，占规上服务业企业总数 10.45%；符合服务业百强企业营收门槛的样本 56 家，占服务业百强总数 56%（表 2）。

表 2 调查样本 2019 年主营业务收入分类统计表

营收规模	企业数量（个）	占比（%）	主营业务收入（万元）	占比（%）
百万级（以下）	158	33.55	62076	0.32
千万级	227	48.20	827768	4.25
1~2 亿元	30	6.37	432721	2.22
2 亿元以上	56	11.89	18175852	93.22
合计	471	100.00	19498417	100.00

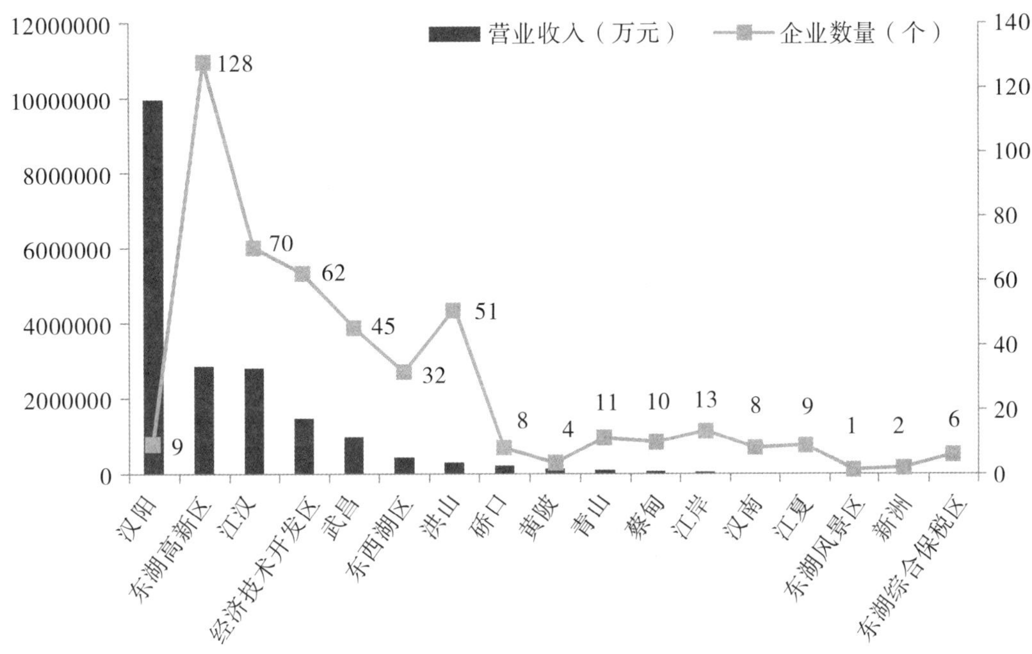

图 1 各区服务业企业营业收入和企业数量统计示意图

第三,能够覆盖武汉市服务业最发达的几个城区,反映武汉主要城区服务业受影响程度。如图 1 所示,来自汉阳区、江汉区、洪山区、武昌区和三大开发区的企业数量合计 397 家，占比 84.65%；营业收入合计 1891.07 亿元，占比 96.99%。除了硚口区和江岸区样本数量和企业规模不够以外,大部分样本来源城区与武汉服务业分布格局基本吻合。

(二)一季度服务业企业受影响情况

第一，一季度服务业企业普遍受损,93%的企业营业收入减少，平均减少 35.42%;86.67%的企业利润亏损,平均亏损 51.34%。如表 5 所示,480 个样本企业一季度主营业务收入合计 128.11 亿元，其中生活性服务业营收同比减少 69.04%,预计亏损 62.26%,均高于生产性服务业。按亏损程度不同,我们将企业划分三个档次:轻度亏损(0~30%)、中度亏损(30%~80%)和重度亏损(80%以上)。其中,轻度亏损企业 188 家,占比 46.6%;中度亏损企业 123 家,占比 42%;重度亏损企业 40 家,占比 3.4%(图 2)。重度亏损企业主要为从业人数在 50 人以下的小微企业,占比超过 50%。在收入大幅减少情况下企业还需负担各种支出,其中人工成本和房租负担最重,占成本支出的 31%和 15%。

表 3 2020 年一季度服务业企业主营业务收入减少情况统计表

分类	企业数量(个)	一季度主营业务收入(万元)	一季度营收同比减少(%)	预计亏损(%)
生产性服务业	353	1235866	32.75	46.22
生活性服务业	127	45321	69.04	62.26
合计	480	1281187	35.42	51.34

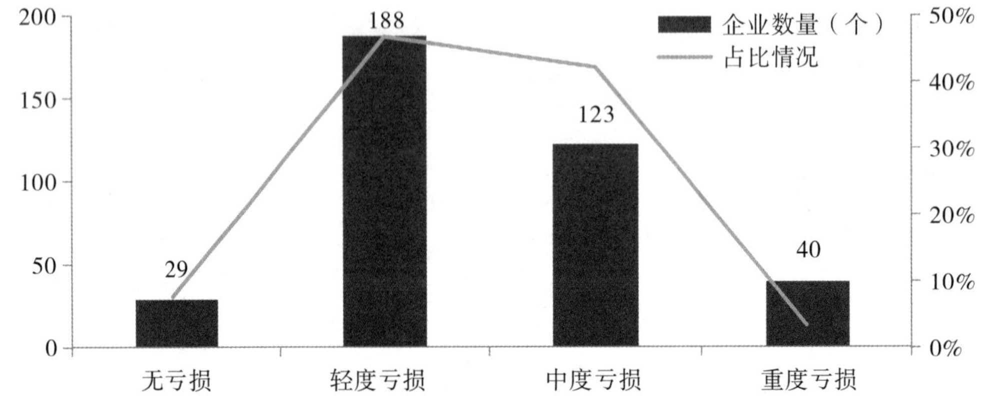

图 2 2020 年一季度利润同比减少企业数量统计示意图

第二,从行业来看,金融保险业营收同比减少 15.07%,其他行业营业收入平均减少 53.35%,金融业是所有服务业中受疫情影响最小的行业。调查显示,受疫情冲击最大的有住宿与餐饮业、批发与零售业、旅游业、文化娱乐(电影)业、教育培训业、交通运输业、租赁和商务服务业等。如表 4 所示,批发和零售业、交通运输、仓储和邮政业一季度营业收入合计 39.2 亿元，同比减少 53.35%;旅游、教育、房地产、文化娱乐等行业营业收入减少超过 60%。疫情爆发后全球金融市场虽剧烈波动但总体风险可控，且疫情进一步激发居民保险需求,保险业逆势增长,金融保险业受疫情影响相对较小。本次调查有 4 家金融保险企业,一季度营业收入 66.68 亿元,同比减少 0.02%,占全市各行业主营业务收入比重从 2019 年的 33.62%提升至 2020 年的 52.05%。

表 4 2020 年一季度武汉各行业主营业务收入变化情况统计表

所属行业	2019 年一季度营收(万元)	占比(%)	2020 年一季度营收(万元)	占比(%)	占比变化(%)	营收同比减少(%)
金融	666929	33.62	666798	52.05	18.43	0.02
批发和零售业	598867	30.18	259502	20.25	-9.93	56.67
交通运输、仓储和邮政业	293568	14.80	132438	10.34	-4.46	54.89

（续 表）

所属行业	2019 年一季度营收（万元）	占比（%）	2020 年一季度营收（万元）	占比（%）	占比变化（%）	营收同比减少（%）
科学研究、技术服务和地质勘查业	114571	5.77	84224	6.57	0.80	26.49
租赁和商务服务业	86160	4.34	53200	4.15	-0.19	38.25
信息传输、计算机服务和软件业	70635	3.56	34993	2.73	-0.83	50.46
房地产业	54889	2.77	16223	1.27	-1.50	70.44
文化、体育和娱乐业	41022	2.07	13467	1.05	-1.02	67.17
住宿和餐饮业	13113	0.66	5295	0.41	-0.25	59.62
水利、环境和公共管理业	6867	0.35	4711	0.37	0.02	31.40
卫生、社保和社会福利业	9774	0.49	4224	0.33	-0.16	56.78
居民服务和其他服务业	9052	0.46	3467	0.27	-0.19	61.70
旅游业	14306	0.72	2029	0.16	-0.56	85.82
教育	4235	0.21	615	0.05	-0.17	85.48
合计	1983990	100	1281187	100	0.00	35.42

第三，从规模来看，一季度规模以上服务业企业营业收入同比减少 35.10%，利润亏损 52.26%，受冲击影响显著小于规模以下企业。如表 5 和表 6 所示，规上企业一季度营业收入合计 127.36 亿元，同比减少 35.10%，预计亏损 43.67%；规下企业一季度营业收入合计 7619 万元，同比减少 64.98%，预计亏损 59.01%，规下企业亏损明显高于规上企业，说明企业规模越大抗风险能力也越强。

表 5 2020 年一季度规模以上服务业企业营收和利润减少统计表

分类	企业数量（个）	一季度主营业务收入（万元）	一季度主营业务收入同比减少（%）	预计亏损（%）
生产性服务业	206	1224542	32.35	35.33
生活性服务业	109	49026	67.78	60.26
合计	315	1273568	35.10	43.67

表 6 2020 年一季度规上/规下服务业企业营收和利润减少统计表

分类	企业数量（个）	一季度主营业务收入（万元）	一季度主营业务收入同比减少（%）	预计亏损（%）
规上企业	315	1273568	35.10	43.67
规下企业	165	7619	64.98	59.01
合计	480	1281187	35.42	51.34

第四，从各区来看，来自江汉区和武昌区的样本企业对总体贡献最大。如表 7 所示，江汉区、武昌区一季度样本企业营收合计 95.69 亿元，占全市样本营收总量比重 74.66%。受疫情影响，江汉区和武昌区服务业企业一季度营收同比减少 11.43 亿元，占全部减少比重 16.26%。经济技术开发区、东湖高新区和东西湖区三大开发区一季度服务业营收合计 26.86 亿元，占总量比重 20.94%，对全市服务经济的贡献值仅次于江汉区和武昌区。受疫情影响，三大开发区一季度营收同比减少 48.71 亿元，占全部减少比重高达 69.31%，对总体的冲击影响最大。

表 7 2020 年一季度武汉各区主营业务收入减少情况统计表

序号	所属区	一季度营业收入（万元）	占比（%）	一季度营收同比减少（%）	减少结构占比（%）
1	江汉区	774792	60.47	60.32	10.62
2	武昌区	181771	14.19	67.06	5.64
3	经济技术开发区	127216	9.93	51.46	19.19
4	东湖高新区	103870	8.11	91.24	37.88
5	东西湖区	37504	2.93	72.97	12.24
6	洪山区	18008	1.41	86.83	4.74
7	硚口区	9237	0.72	99.57	5.16
8	蔡甸区	8878	0.69	41.75	0.52
9	青山区	8236	0.64	54.67	1.37
10	江岸区	3604	0.28	68.37	0.75
11	汉南区	3517	0.27	60.56	0.6
12	江夏区	1764	0.14	85.86	0.37
13	黄陂区	1371	0.11	53.5	0.32
14	汉阳区	1019	0.08	74.21	0.18
15	新洲区	289	0.02	65	0.09
16	东湖综合保税区	70	0.01	67.8	0.06
17	东湖风景区	0	0	100	0.28
18	合计	1281187	100	73.57	100

三、疫情对武汉服务业重点行业的影响分析

（一）房地产业

2019 年，武汉房地产业增加值 1789.16 亿元，占 GDP 的 11.03%，是国民经济的支柱性产业，也是服务业第一大产业。通过横向比较发现，武汉市房地产业增加值总量接近北京、上海、深圳，对 GDP 的贡献度居各城市首位

(图 3)。数据表明,武汉经济对房地产业有较强的依赖性,疫情影响下武汉地产投资、销售和运营收入均有所下滑,可能会对武汉市全年经济数据有不小的扰动。(1)商业地产。商业地产的最主要持有者,各类零售、餐饮、影院、娱乐商业在疫情中大量停业,商业地产业主不得不减免租金帮助商家渡过难关,致使运营收益大幅下降。据调查,2020 年一季度武汉市购物中心首层平均租金下跌至每平方米每月 308.7 元人民币,环比下跌 7.1%,同比下跌 6.5%。[①](2)办公地产(写字楼)。根据《疫情对于 2020 年武汉商业地产的影响初判研究报告》,疫情影响下在汉办公楼租户扩租和搬迁需求延迟,中小企业退租增加但未形成大规模退租潮。初步判断,疫情对武汉楼宇经济有短期扰动,但不会改变长期趋势,未来武汉楼宇经济发展会进入一个重质量、减速度时代。[②]

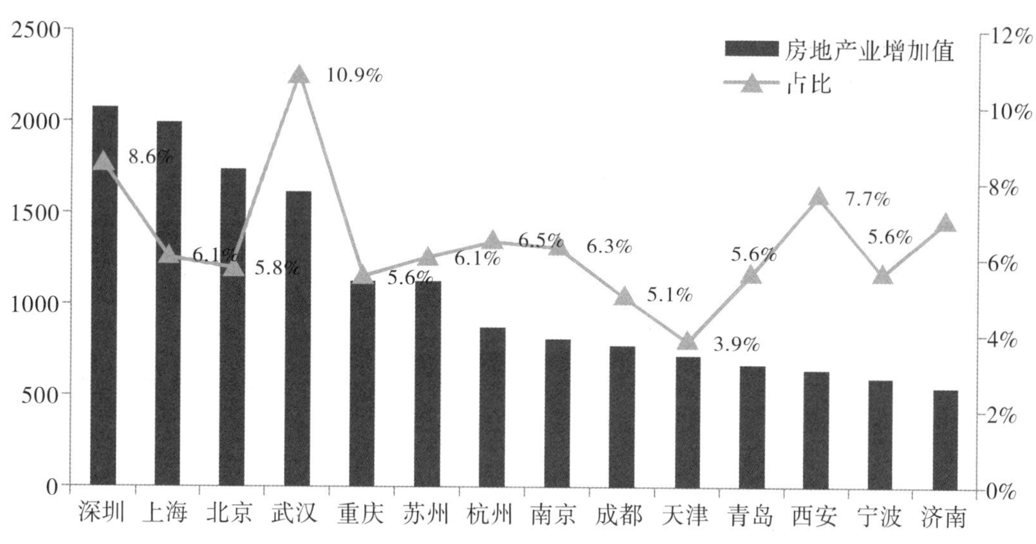

图 3 2018 年 13 个主要城市房地产增加值对比示意图[③]

(二)批发和零售业

2019 年,武汉市批发和零售业增加值 1260 亿元,占 GDP 比重 7.8%,是仅

①第一太平戴维斯. 数读武汉一季度零售市场报告:升级调整成常态[EB/OL]. [2020-04-27]. 腾讯网, https://new.qq.com/omn/20200427/20200427A03QK300.html?pc.

②世邦魏理仕. 疫情对于 2020 年武汉商业地产的影响初判[EB/OL]. [2020-03-04]. 房讯网, http://www.funxun.com/news/72/202034105145.html.

③数据来源:2019 年各城市统计年鉴。

次于房地产业、金融业的第三大服务行业。(1)零售业。受疫情影响,企业停工停产、居民收入减少,整体消费能力下降。以中百集团和鄂武商为例,2020 年一季度,中百集团和鄂武商业绩同比下降超过 700%和 170%,盈利从去年同期的 2662.56 万元、2.96 亿元降到预亏 1~3 亿元。疫情后居民消费更趋于保守,对零售业恢复繁荣有抑制影响。(2)批发业。以纺织服装业为例,疫情影响下纺织服装产业链中断,国内外订单均大幅下降,全球服装业受严重冲击。国家统计局数据显示,2020 年一季度,限额以上单位商品零售当中,服装鞋帽、针纺织品类的销售额同比下降 32.2%,仅次于金银珠宝类的降幅;出口纺织纱线、织物及制品同比下降 19.9%,出口服装及衣着附件同比下降 20.0%,均呈“断崖式”下滑。武汉是华中地区服装产业的龙头老大,不可避免会受到较大冲击。

(三)交通运输、仓储和邮政业

2019 年,武汉市交通运输、仓储和邮政业增加值 730 亿元,占 GDP 比重 5.7%,是武汉服务业第四大产业。疫情期间,武汉市对外通道关闭,全市交通运输业陷入停滞。据武汉物流协会公布数据,2020 年 1—3 月,武汉市物流业景气指数(LPI)分别为 42.6%、17.7%和 52.2%,其中 1 月和 2 月 LPI 都处于 50% 的荣枯线以下。[①] 交通运输行业是国民经济的基础性行业,疫情结束后行业运营也能逐渐恢复。根据 2003 年 SARS 经验,疫情结束后 1~2 个月交通运输行业就能够实现正增长。考虑到全球疫情仍然处在上升趋势, 国际政治经济环境恶化,交通运输行业恢复可能不及预期。但长期来看,疫情推动了线上经济发展,间接催化了快递行业需求,未来物流运输行业有较大的成长空间。

(四)住宿和餐饮业

2019 年武汉市住宿和餐饮业增加值 361 亿元,占 GDP 比重 2.2%。住宿和餐饮业虽然对经济增长的贡献率不高,但对繁荣消费市场、改善人民生活和扩大就业有重要意义。(1)住宿业。住宿业是疫情中受损最严重的行业之一。2020 年 4 月 13 日,武汉数百家酒店及公寓联合发布《身处困境中的武汉酒店业发

①中国物流业景气指数(LPI):主要由业务总量、新订单、从业人员、库存周转次数、设备利用率、平均库存量、资金周转率、主营业务成本、主营业务利润、物流服务价格、固定资产投资完成额、业务活动预期 12 个分项指数和一个合成指数构成。其中合成指数由业务总量、新订单、从业人员、库存周转次数、设备利用率 5 项指数加权合成,称为中国物流业景气指数,英文缩写为 LPI。物流业景气指数 LPI 反映物流业经济发展的总体变化情况,以 50%作为经济强弱的分界点,高于 50%时,反映物流业经济扩张;低于 50%,则反映物流业经济收缩。

出求救的声音》，指出面对租金、人力成本和银行利息等刚性支出，绝大多数酒店和公寓已经无法维持正常运营，预计在五六月份将出现中小酒店和公寓的大面积倒闭潮，即便能挺过来的，恢复正常经营也大概需要 6 个月时间，形势仍然十分严峻。(2)餐饮业。据中国烹饪协会发布的《2020 年新冠肺炎疫情对中国餐饮业影响报告》，相比去年春节，疫情期间，78%的餐饮企业营收损失达 100%以上；9%的企业营收损失达到九成以上；7%的企业营收损失在七成到九成之间。随着全民核酸检测完成，武汉餐饮业在加速恢复，特别是中小餐饮业恢复情况好于品牌大餐饮。

(五)旅游业

武汉是国家历史文化名城，旅游业对国民经济贡献突出。2018 年，武汉市实现旅游总收入 3164 亿元，居副省级城市第 4 名；旅游产业增加值 1379.75 亿元，占全市 GDP 的 7.5%。旅游属于综合性产业，直接间接关联部门有 100 多个，具有高就业容纳性和强产业关联性。据中国旅游研究院测算，受新冠肺炎疫情影响，预计 2020 年全年旅游收入同比减少 30%以上。[①] 从全国来看，旅游业直接就业 2825 万人，直接和间接就业 7987 万人，占全国就业总人口的 10.31%。按照“旅游行业每直接收入一元钱，相关行业的收入就能增加 4.3 元”推算，预计 2020 年武汉市旅游及相关行业收入损失约 4081.56 亿元，影响直接、直接和间接就业人口 81.69 万人和 230.97 万人。[②]

(六)教育培训业

近年来，武汉教育培训事业快速发展，各类教培机构多达 2466 家，对 GDP 的贡献预计超过 500 亿元。[③] 2020 年 3 月 9 日，由“爱学习”联合“腾跃校长在线”联合发布的《K12 教育培训机构疫情影响情况调查报告》[④]指出，此次疫情中

①华夏时报. 二季度旅游业正在复苏, 后期国内游或有反弹性增长[EB/OL]. [2020-06-07]. 新浪财经, http://finance.sina.com.cn/wm/2020-06-07/doc-iircuyvi7173649.shtml.

②按照全国预期年损失 30%估算，2020 年武汉旅游总收入减少 949.2 亿元。按“旅游行业每直接收入一元钱，相关行业的收入就能增加 4.3 元”估算，预计相关行业收入减少 949.2 × 4.3=4081.56 亿元；从业人数按全国从业人数等比例倒推，武汉旅游业从业人口约 2825/（10.94/0.3164)=2825/34.58=81.69 万人；7987/34.58=230.97 万人，这几项数据均为笔者粗略推测，仅供参考。

③武汉恒诺市场研究有限公司. 2019 年武汉教育培训市场调研报告 [EB/OL]. [2019-10-23]. 站长头条, https://www.seoxiehui.cn/article-166280-1.html.

④K12, 教育类专用名词(kindergarten through twelfth grade)，是学前教育至高中教育的缩写，现在普遍被用来代指基础教育。

87%的机构表示受到较大甚至严重影响,60%的机构预计上半年净营收下跌超过 50%。疫情影响下,教育培训企业普遍面临营收减少、场地租金压力大、人工成本高等困难,不少企业面临资金链断裂危机(图 4)。上半年,疫情对武汉教育培训行业的影响已成事实。按照 2003 年行业发展规律,预计下半年秋季招生阶段或迎来补偿式反弹。在转机来临之前,大多数教育培训机构正通过转型线上进行自救。从中长期看,OMO 模式(Online Merge Offline 线上线下互动模式)将成为未来教培行业的发展方向。

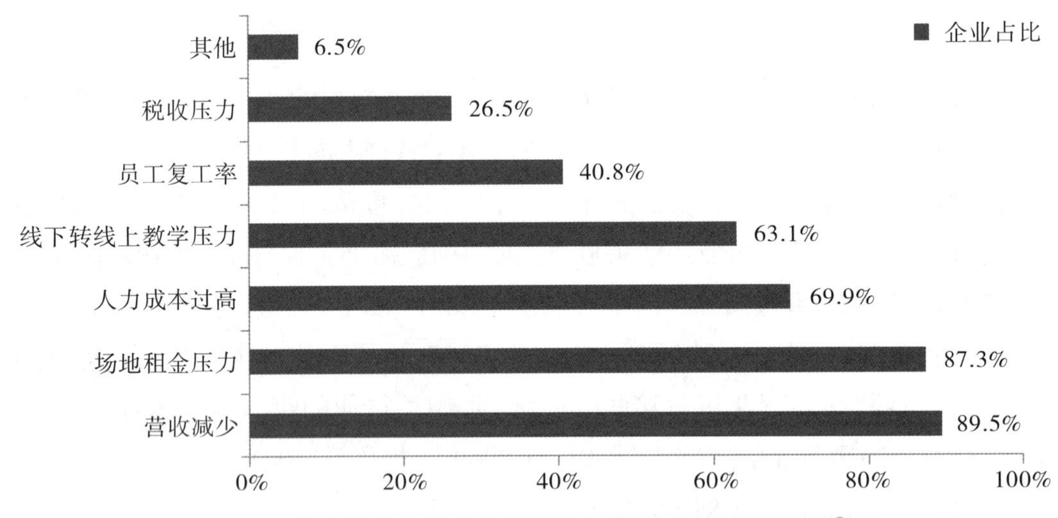

图 4 疫情影响下教育培训行业面临的主要经营困难①

(七)文化、体育和娱乐业

文娱产业是武汉重点培育的新兴产业之一。2017 年,武汉市文化产业增加值 619.1 亿元,同比增长 29.7%,占 GDP 比重达到 4.62%;2019 年前三季度,武汉市规上文化企业达到 828 家,实现营收 1171.3 亿元,同比增长 18.5%,呈高速增长态势。疫情后,电影撤档、演出取消、文娱消费场所全部暂停营业,线下文化娱乐业几乎颗粒无收。据中国电影协会统计,疫情期间全国 2263 家(约 40%)电影院倒闭。疫情后,近八成的观众群体或将缩减娱乐性开支,短期内旅游、演出、展览等非刚性消费恢复度较低。

①爱学习教育集团. K12 教育培训机构疫情影响情况调查报告[EB/OL]. [2020-03-09]. 搜狐网, https://www.sohu.com/a/378749958_120245320.

四、主要结论和政策建议

（一）主要结论

第一，2020 年一季度 93%的服务业企业营收减少，86.67%的服务业企业利润亏损，平均亏损率超过 50%。其中，生活性服务业受冲击影响显著大于生产性服务业，规模以下服务业受冲击影响显著大于规上企业。除金融业以外，武汉其他服务行业普遍受到较大损失，短期内疫情对服务业的冲击是全方面和难以弥补的。第二，疫情以后，商贸物流、房地产业和餐饮业等传统服务业在逐渐恢复，对经济发展的"稳定器"作用会进一步增强。另一方面，商务会展、时尚设计、旅游、教育、住宿业、文体娱乐业等新兴服务业短期内仍然艰难。特别是旅游业近年来对武汉经济的直接间接贡献（包括就业）一直在扩大，旅游业的折损对武汉经济和就业的冲击会比较突出。第三，疫情不仅重创了武汉服务经济，也改变了全球经济环境，未来五年全球经济面临巨大的不确定性。据世界银行预测，2020 年全球 GDP 下降 5.2%，是二战以后最大降幅，对国际贸易、旅游和原料出口依赖严重的经济体受打击更大，要做好长期应对准备。[①]

（二）对策建议

第一，稳住服务经济基本盘。对生产性服务业要做好企业沟通调研，保障生产性服务业正常运行；对生活性服务业要重点帮扶，能够线下经营的予以减租减税政策，对线下经营困难的企业和个体工商户要积极帮助线上化转型，从人才、资金、技术指导、政策帮扶等各方面给予企业支持。政府层面要积极作为，扩大有效投资，为经济复苏注入活力。[②] 加大新经济和新消费培育力度，挖掘和释放银发经济、母婴经济、夜间经济、线上经济等需求潜力。

第二，稳住服务就业基本盘。有研究表明，新冠肺炎疫情对我国就业的影响预期（涉及行业、地域、时长和规模）将超过非典疫情和金融危机。[③] 建议进一步加大财政税费政策支持，特别加大对中小微企业和个体工商户的金融支持力度，鼓励企业不裁员、少裁员，吸纳应届高校毕业生，鼓励国企事业单位扩大招

①商务部网站. 世界银行预测 2020 年全球 GDP 下降 5.2%[EB/OL]. [2020-06-11]. 新浪财经, http://finance.sina.com.cn/roll/2020-06-11/doc-iirczymk6447417.shtml.

②王伟玲, 吴志刚. 新冠肺炎疫情影响下数字经济发展研究[J]. 经济纵横, 2020(03):16-22.

③莫荣, 陈云, 鲍春雷, 等. 新冠疫情与非典疫情、国际金融危机对就业的影响与对策比较分析 [J]. 中国劳动, 2020(01): 16-30.

聘规模，鼓励高校扩招研究生、军队扩招入伍。[①] 支持发展“地摊经济”等灵活就业形态，对已经失业的人群做好再就业引导帮扶，帮助失业人员提升就业能力和再就业。加强失业人员等困难人员生活保障，加强形势研判，对未来经济和就业形势做好跟踪研究和政策应对。[②]

第三，稳住消费盘。一则修复信心，加快推进传统消费行业的数字化转型，大力发展“互联网+社会服务”消费模式，促进线上线下消费有机融合，为大众提供健康、绿色、安全、便捷的产品和服务。二则提振消费，增强消费券发放力度，鼓励“2.5 天假”弹性调休，为市民消费增加动力、创造时间。针对文旅产业，建议出台免景区门票、免高速费、加大食宿消费券投入等刺激政策。推进老旧小区和老年家庭“适老化”改造，带动老旧小区居民家装改造消费升级。三则扩大内需，重点稳住住房和汽车等大宗消费，鼓励发展住房租赁市场。结合服务业的供给侧改革发展，加快释放文化、旅游、体育、养老、托幼、家政、教育培训等服务消费潜力。[③]

作者单位：武汉发展战略研究院

①黄群慧. 新冠肺炎疫情对供给侧的影响与应对:短期和长期视角[J]. 经济纵横, 2020(5):46- 57.

②王震. 新冠肺炎疫情冲击下的就业保护与社会保障[J]. 经济纵横, 2020(03): 7-15.

③李志萌, 盛方富. 新冠肺炎疫情对我国产业与消费的影响及应对[J]. 江西社会科学, 2020 (3):5-15.

社区疫情防控治理调查研究

——以武汉市聚才社区为例

武汉发展战略研究院课题组

新冠肺炎疫情暴发以来，城乡社区成为疫情防控的基础环节。万千医护人员在战“疫”一线救死扶伤的同时，数百万社区工作人员也战斗在疫情防控第一线，为遏制疫情扩散蔓延作出了积极贡献。为发挥好社区在此次新冠肺炎疫情防控中的积极作用，进一步提升社区综合治理能力和水平，武汉发展战略研究院下沉江岸区花桥街聚才社区的党员干部在帮助社区做好疫情防控工作的同时，结合自身研究优势设计调查问卷，对聚才社区疫情防控治理工作进行了相关分析。此次回收有效纸质调查问卷共计 86 份，问卷受访人员中，自由职业者、公司和企业员工占比较大（占 22.09%），服务业人员和商人个体户均占 13.95%，事业单位人员占 12.79%，社会组织工作人员占 5%左右(见图 1)。问卷显示，自 2020 年 1 月 23 日“封城”以来，聚才社区绝大多数居民在汉留守(73.26%)，仅有 26.74%左右的居民有过离汉返汉经历。在来(返)汉人员中，绝大多数人选择了自驾，其次是选择客运交通或乘坐火车。

聚才社区是一个老旧开放式社区，共有 3000 多户居民，常住人口近万人。辖区 70%左右都是外来租户，他们被称为“新市民”。疫情初期，社区利用“新市民”的力量，组织成立了“新市民志愿者服务队”“生鲜商户联盟”，他们主动参与了社区消杀、防控和保供。来自安徽的“新市民”张德军在聚才社区生活了 15 年，经营着一家牛肉面馆。2020 年 2 月疫情期间，他报名成为一名社区志愿者，参与了防控保供，直到 2020 年 5 月初面馆重新开张。社区每月都会发布新的招募令，面向辖区“新市民”，持续招募志愿者作为“替补队员”，确保常态化防控不松懈，十多名“新市民”参与了此次疫情防控值守。

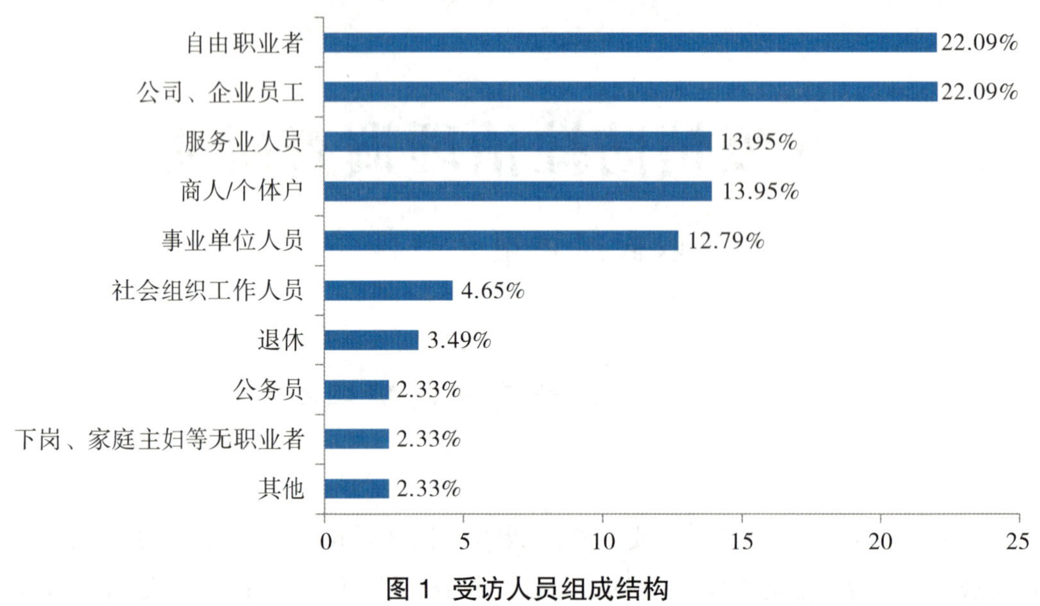

图 1 受访人员组成结构

一、社区在疫情防控中发挥了重要作用

（一）积极做好政策宣传和相关组织工作

问卷显示，聚才社区的宣传工作比较到位，起到了积极作用。聚才社区属于典型的老旧社区，不会上网的老年人居多，绝大多数居民是通过报纸、电视等新闻媒介了解新冠病毒的（占 90.7%），有 50%左右的居民则是通过社区工作人员、社区网格群以及社区志愿者等社区宣传渠道了解的（见图 2）。问卷显示，有 80.23%的居民认为社区主动公示张贴联系热线对其帮助很大。2020 年疫情期间，社区通过张贴疫情通告、社区工作者通过携带小喇叭在各个小区循环播放疫情通告，建立微信群并通过微信网格群及时发布疫情信息和疫情通告，拉宣传横幅等举措起到了有效提醒居民不外出、安心宅家的作用。同时，社区授权值守点下沉党员指导居民使用健康码进出扫码登记，加强疫后健康监测。发放新冠肺炎防控漫画和七步洗手法等科普防控知识的措施也有效督促了居民养成良好的个人卫生习惯。调查数据显示，80.23%以上的聚才社区居民认为几乎没有人（5%以下）在公共场所不戴口罩（见图 3）。社区也鲜见聚会或人员聚集现象，每次团购时，组织人员（团长）、下沉党员以及社区志愿者均会及时提醒人员之间保持两米左右的安全间距（见图 4）。

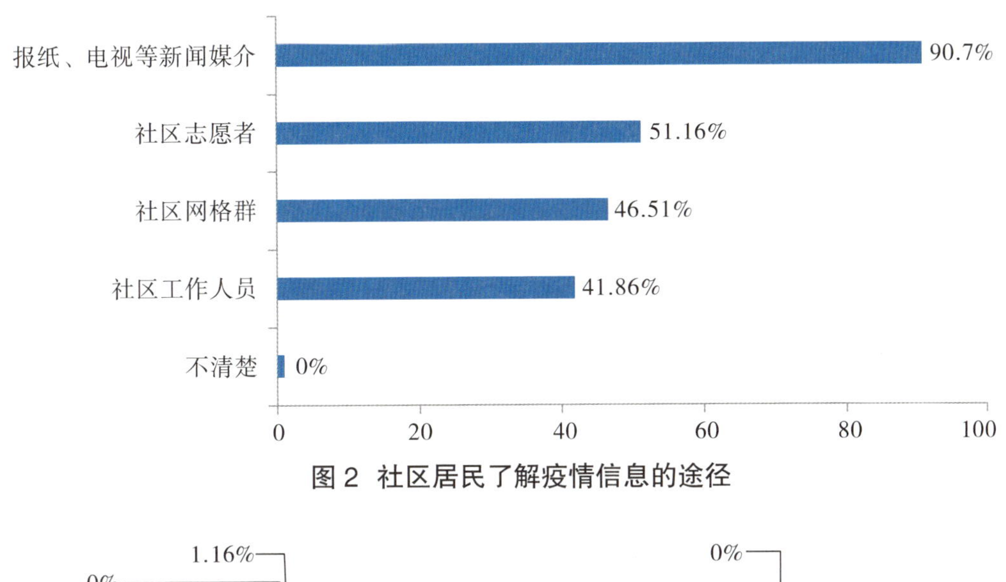

图2 社区居民了解疫情信息的途径

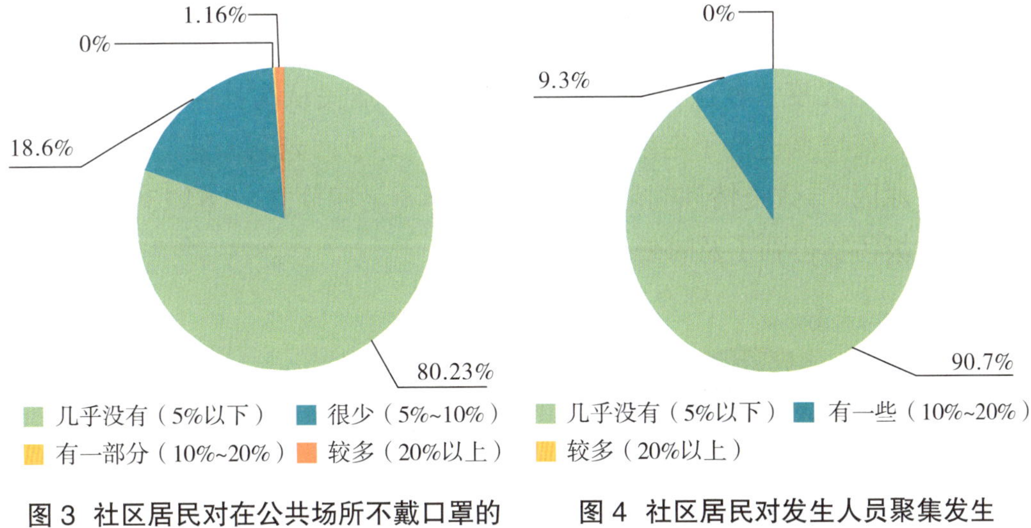

图3 社区居民对在公共场所不戴口罩的人数感受

图4 社区居民对发生人员聚集发生情况的感受

聚才社区组织下沉党员成立了临时党支部，进一步强化了封控隔离和各项服务工作,充分发挥了党组织的战斗堡垒和先锋模范作用。

(二)严格做好疫情封控、排查和相关消杀工作

问卷显示,有89.54%的居民非常认可社区实施的封控管理工作,认为社区对道路封控口和小区进出口进行的凭证出入登记并测量体温，严防了疫情传播。大多数居民认为社区做好了与确诊患者有过密切接触人员的排查和随诊。因部分居民春节外出或住在其他亲戚家,有一半以上的居民对社区上门或电话排查三类人员，帮忙联系医院或隔离点并做好后期追踪排查工作给予了高度

评价(见图 5)。

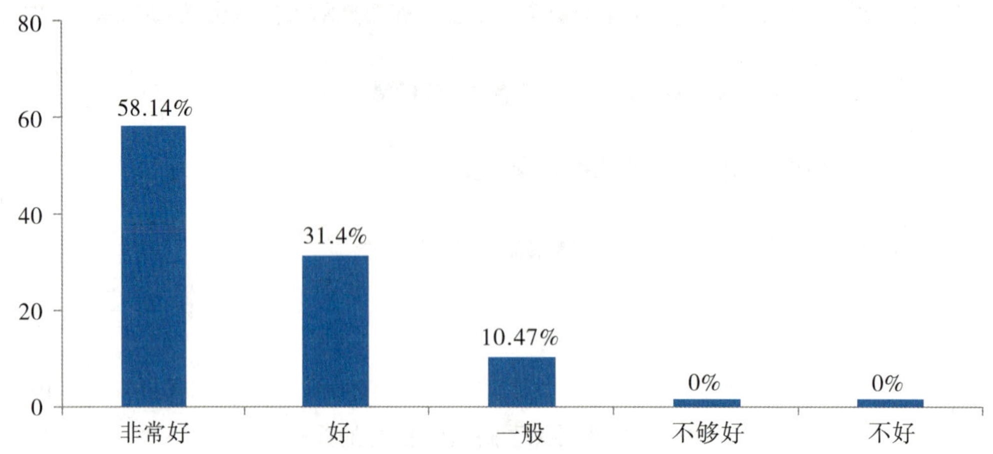

图 5 居民对社区登记信息、体温检测工作的效果评价

自疫情发生以来,聚才社区采取了一系列有效措施控制了疫情传播,成为江岸区较早的无疫情社区。问卷显示,94.19%的居民认为社区对相关公共场所、封控口、疫情点进行了定期清洁和消杀。因春节回老家未能返汉和患病休假等诸多原因,导致疫情期间环卫工人在岗率不足四分之一,64.13%的居民认为社区垃圾污物得到了及时处理(见图 6)。

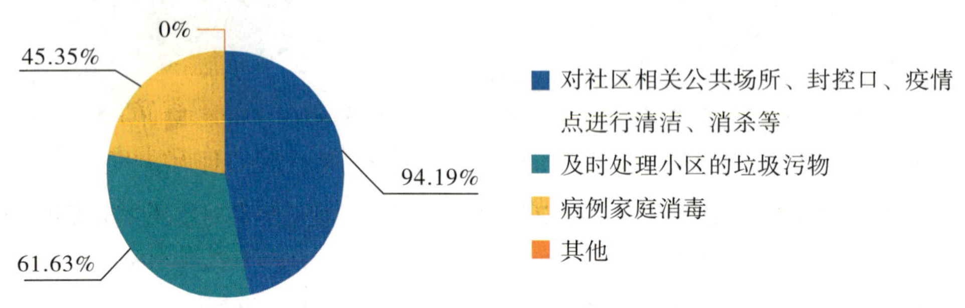

图 6 社区采取的公共卫生措施

(三)统筹协调社区工作者、网格管理员、下沉党员干部和社区志愿者做好相关服务工作

问卷显示,70%以上的居民赞许社区为高龄老人提供了上门送菜、送餐以及登记购药服务,对社区组织联系团购平价蔬菜、平价猪肉,发放爱心菜,提供蔬菜、药品、日用品等线上购买渠道感到满意。同时,社区志愿者每天还要为高龄老人提供个性化的购买服务,满足他们的特殊需求。近七成居民认为社区在

各个值守点设置的无接触快递接收点，提供的免费理发服务十分贴心。总体来看，绝大多数(96.51%)受访居民满意聚才社区的疫情防控工作，其中58.14%的居民非常满意(见图7)。

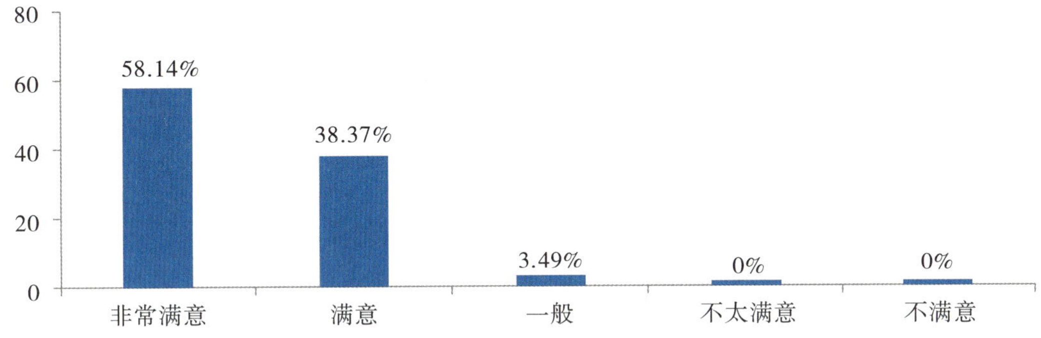

图7 居民对社区的疫情防控工作满意度

二、社区治理能力有待进一步提升

问卷显示，46.51%的居民反映聚才社区疫情防护相关物品和防护物资并不充足，包括口罩、防护服、消杀工具等。在这场战“疫”中，虽然，市、区两级下沉社区的党员干部、社区志愿者有序加入了社区疫情防控大军，共同构筑起了疫情防控的人民防线。但因社区管理环节诸多，涉及面极广，34.88%的居民认为疫情防控队伍人手仍显不足，31.4%的居民认为疫情防控资金仍有缺口，29.07%的居民认为目前社区从事预防传染病等公共卫生事务的专业人员尚不能满足疫情防控需要，31.4%的居民认为社区卫生服务机构的基础设施条件较差。此外，24.42%的居民认为公共卫生环境的整治还不够彻底，29.07%的居民认为缺乏专业心理疏导人员(见图8)。同时，居民也对社区如何做好疫情防控给出了各自的看法，提出一些建议和期许(见图9)。

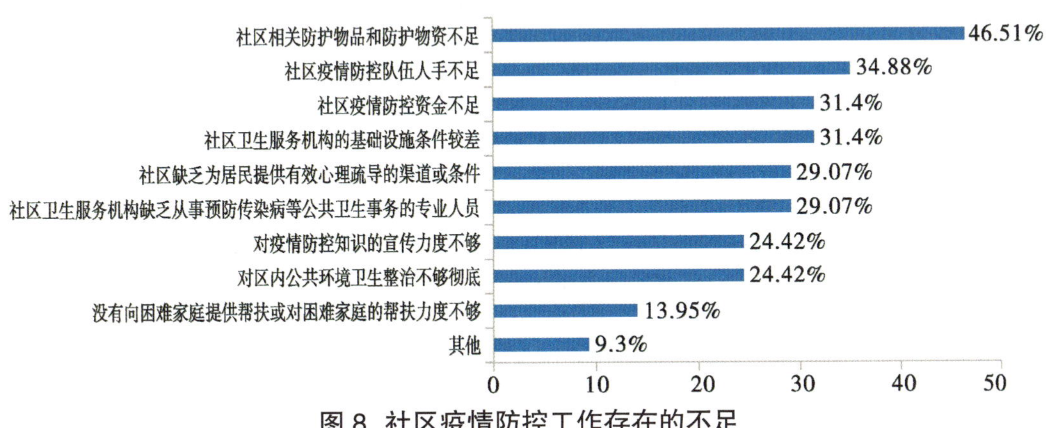

图8 社区疫情防控工作存在的不足

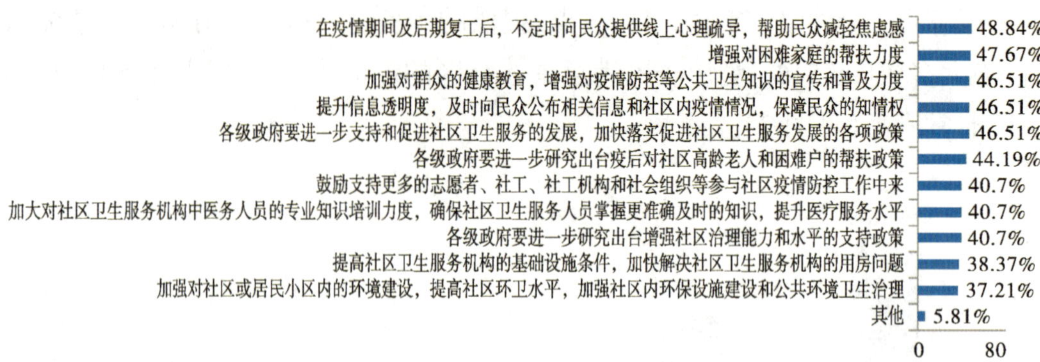

图 9 居民对社区疫情防控工作的建议

三、进一步完善提升社区管理的相关意见和建议

2020 年的新冠肺炎疫情是对国家治理体系和治理能力的一次大考。社区是疫情联防联控的第一线，也是群防群治的最前沿。进一步完善提升社区管理，至关重要。

(一)进一步提高认识和加强组织宣传

一是必须提升对社区功能的认识，应该真正将其视为社会的基本组织单位和方式。不仅包括服务居民的功能，更应包括服务社会、应对重大事件的功能。二是社区服务应该提倡“我为人人、人人为我”的理念，鼓励支持更多的志愿者、社工、社工机构和社会组织等参与到社区工作中来；二是提升信息透明度和公开性，及时向民众公布相关信息和社区内疫情情况，保障民众的知情权，应将精细化管理和人性化管理作为重心任务。三是加强对群众的健康教育，增强对疫情防控等公共卫生知识的宣传和普及力度，将公共卫生知识教育渗透到各个环节。四是增强对困难家庭的帮扶力度，重点加强对老年人的关爱、保护与支持。五是不定期为居民提供线上心理疏导，帮助民众减轻疫后焦虑感。

(二)不断提升社区公共服务能级

一是加强对社区或居民小区内的环境建设，提高社区环卫水平，加强社区内环保设施建设和公共环境卫生治理；二是提高社区卫生服务机构的基础设施条件，加快解决社区卫生服务机构的用房问题；三是加大对社区卫生服务机构中医务人员的专业知识培训力度，确保社区卫生服务人员掌握的知识更准确、及时，提升医疗服务水平。

(三)重视增强社区治理保障能力

无论是抗击新冠肺炎疫情还是未来发展需要,都应高度重视社区建设,增强社区保障能力。一是增强基层政权与社区居委会的社区建设职责,将发展、督促社区型组织建设并提供相应的支持纳入其中，积极争取政府公共资源投向社区建设。二是赋予物业管理公司与社区业主委员会相应的社会责任,并确保应急时期能够更加有序地担当起组织动员、共同应对的责任。三是高度重视社区型社会组织建设，应当立足于每个社区支持成立包括小微型慈善组织在内的各类社区型社会组织,让其发挥联结社区成员的桥梁作用。四是将社会保障特别是社会救助与社会服务向社区延伸，关键是乡镇街道的社会保障经办机构要与社区组织和社会工作者有序对接，确保社会保障政策特别是应急时期的临时性政策能够及时得到落实。

(四)研究出台相关支持政策

一是各级政府要进一步支持和促进社区卫生服务的发展，加快落实促进社区卫生服务发展的各项政策；二是各级政府要进一步研究出台增强社区治理能力和水平的支持政策；三是各级政府要进一步研究出台对社区高龄老人和困难户的可持续帮扶政策。

课题负责人：杜　涛
课题组成员：徐　强　袁云光　张　铮
马朝晖　赵　芳　万　兵
主要执笔：杜　涛　徐　强　张　铮

重大疫情后武汉社区治理能力提升研究①

武汉发展战略研究院课题组

城乡社区是社会治理的基本单元，社区治理是加快实现国家治理体系和治理能力现代化的重要基础和战略行动。党的十八大以来，习近平总书记就推进国家治理体系和治理能力现代化提出了一系列新理念新思想新战略，将基层社会治理提升到全新高度。党的十九届五中全会提出，到 2035 年基本实现社会主义现代化远景目标以及“十四五”时期经济社会发展主要目标，并强调要坚持把实现好、维护好、发展好最广大人民根本利益作为发展的出发点和落脚点，尽力而为、量力而行，健全基本公共服务体系，完善共建共治共享的社会治理制度，扎实推动共同富裕，不断增强人民群众获得感、幸福感、安全感，促进人的全面发展和社会全面进步，为我们在新时代着力加强城乡社区治理、提升社会治理能力指明了方向、提供了遵循。

习近平总书记在基层代表座谈会上的重要讲话中指出：“‘十四五’时期，要在加强基层基础工作、提高基层治理能力上下更大功夫。”社会治理工作最坚实的力量支撑在基层，最突出的矛盾和问题也在基层。疫情既是一场大灾，也是一场大考。如何保证城市社区治理工作治而有力有据、理而有效有序，考验着城市管理者的智慧与能力。特别是发生新型冠状病毒肺炎重大疫情后，社区作为守好疫情的“第一道防线”，作为防疫政策落实的“最后一公里”，意义更

①本文系 2020 年武汉市社科联立项课题成果。

为重大。虽然社区在应对新型冠状病毒肺炎疫情中确实发挥了重要作用,功不可没,但与此同时,也暴露出社区治理存在的一些短板和问题。在后疫情时期,人们更要痛定思痛,反思疫情暴露出来的问题,补足治理短板。我们看到,城乡社区疫情防控的成果,既依赖于一线防疫工作者的持续投入和居民的主动配合,也依赖于自上而下的充分动员、人员下沉、资源供给。城乡社区作为社会的基础单元,是否能够在感知、监测和防控类似危机的工作中,更加敏感、更加高效、成本更低,取决于能否建好"韧性社区"。本课题通过理论探究、比较借鉴、问卷调查分析以及下沉社区走访体验,对重大疫情视角后城市社区治理提出了一些意见和建议。

一、社区治理的内在逻辑

(一)发展逻辑

社区治理是社会治理的基本单元,是实现国家治理总体目标的措施。中国特色社会主义社区治理始终围绕着"以人民为中心"的价值导向,是提升人民幸福感和获得感的"最后一公里"。习近平总书记曾多次提到建立人类命运共同体,充分体现了党中央在政策顶层设计上对基层社会治理的重视。从社区治理政策的发展来看,2000 年发布的《民政部关于在全国推进城市社区建设的意见》中指出:"社区是聚居在一定地域范围内的人们所组成的社会生活共同体。"明确了社会主义社区建设的共同体特征。党的十八届三中全会以来,国家治理体系与治理能力、社会治理等一系列概念从"管理"转变为"治理",社区治理的内涵和外延从单一的政府治理拓展为各类权力部门、公共部门以及社会组织的多向度相互影响,体现了公共事务相关主体对于国家和社会事务的平等参与和协商互动。党的十九大报告提出建立以党组织为核心,社会组织、企业,社会单位、居民等广泛参与的多元主体治理结构,促进社会参与、激发社会活力,维护人民群众的利益,打造共建共治共享的社会治理格局。党的十九届四中全会聚焦国家治理体系和治理能力建设,系统地总结了"中国之治"的 13 项制度,社区治理作为社会治理的基本单元,作为国家治理体系的重要组成部分,是国家治理能力的题中之义。社区治理需要坚持问题意识,围绕老百姓的身边事,与源头治理、系统治理、综合治理相结合,构建人人有责、人人尽责、人人享有的社区治理共同体。

提高保障和改善民生水平、加强和创新社会治理,是全面建成小康社会的必然要求，也是中国共产党践行初心和使命的必然要求。习近平总书记指出：“必须始终把人民利益摆在至高无上的地位，让改革发展成果更多更公平惠及全体人民，朝着实现全体人民共同富裕不断迈进。”“十三五”期间，我国社会治理现代化步伐加快，加强和创新社会治理各项指标完成情况良好，为“十四五”开局奠定了良好基础。

(二)理论逻辑

社区是具有共同价值观的人所组成的社会团体。随着生产力的发展，生产空间的向外延展，使传统的封闭社区逐渐被开放的社会共同体所取代，社区作为共同体的形态也经历了从封闭的地域共同体走向开放的社会共同体的发展历程。现代交通通信手段的革新改变了生产方式和生产关系的性质和形式，互联网的出现进一步加强了人们跨地域空间的社会联系。正如鲍曼所言，“失去共同体，意味着失去安全感；得到共同体，如果真的发生的话，意味着将很快失去自由”。社区作为人与人之间共同的生活空间，在从封闭走向开放的同时，亦成为现代社会人们重构彼此关系的重要载体，伴随着现代化的进程，存在于空间意义上边界划分已无实际价值，社区的真正意义是基于此所形成的对人与人之间相互帮助、相互理解、相互支持等情感联系纽带。社区治理的意义也日益凸显为在“国家—社会”二元治理结构下解决个人与集体、特殊利益与共同利益、个体生活与公共生活之间矛盾与沟壑的具体方式。社区治理作为中国特色社会主义基层社会治理的重要抓手，必将持久地存在于社会生活内部。

当前，新冠病毒已波及全球众多国家和地区，成为需要全人类团结起来共同抗击的常态化重大疫情。社区作为外防输入、内防扩散的重要关口，不仅是全体成员共享治理成果的利益共同体，更是与所有人休戚相关、生死与共的命运共同体。面对疫情防控的重大考验，社区治理能力与疫情防控效果密切相关。

二、国内外城市社区治理经验做法借鉴

(一)国外城市社区治理实践

1.美国的社区治理：高度自治型

作为移民社会，美国的城市社区治理模式突出表现为在法律保障下的高度的居民自治。在联邦政府层面关于社区的相关法律主要有《社区再投资法》《国家和社区服务法案》《2000年美国教育目标法案》《授权社区计划和社区项目法》《社区、家长领导行动指南》等。美国各州由议会或州宪法授权各市，以决

定该市组织体制和公共事务，在此之下，由公众部门和私人部门的管理者、社会活动家、多学科的专业工作人员组成的委员会制定地方社区自治宪章，明确本辖区公共政策、开发行为、城镇规划的原则和细则。

自治型治理模式的特点是，社区治理主体呈现多元化且主体间分工日益精确细化的特征。政府只是宏观管理者，负责规划指导和资金扶持，具体工作由社区委员会、社区服务顾问团、专业社工、非政府组织、社区企业和社区居民、志愿者来实施。

社区委员会的主要职能是集合社区成员、任命管理人员、制订社区的发展目标和计划、商议并对社区重要公共事务进行决策等，是反映社区民意，连接政府和社区的重要纽带。社区服务顾问团是社区内部居民的意见整合者和社区方案的主要执行者，负责收集并协调社区委员会主席和居民的意见，执行社区委员会的决策。

2.新加坡的社区治理:政府主导与政社互动型

新加坡城市社区治理具有一套完备的组织体系，治理过程严格遵照层级关系。在新加坡，每个社区就是一个选区，每个社区会成立 3 个组织，分别为公民咨询委员会、社区中心管理委员会和居民委员会，这 3 个组织构成了一个完整的城市社区治理体系。公民咨询委员会处于体系中的顶层，其职能主要是提供社区公共福利服务，协调另外两个委员会组织和协调社区内的各项事务，充分发挥桥梁作用，既可以向政府反映社区居民需求，提供建议和意见，同时也尽其职责维护社区居民的权益。社区中心管理委员会为体系内的中间层，负责社区中心的服务运行，包括对社区内居民的培训、组织社区文化娱乐等活动，以促进社区和谐发展，方便政府与民众的沟通。居民委员会为新加坡社区治理组织体系中最基本的区域性组织，主要负责向居民传递政府政策、将维护治安和环卫等工作外包，并与以上两个组织形成互动，为其提供人力资源方面的支持和民意反馈。

新加坡这种典型的政府主导型社区治理模式是一个自上而下的行政主义的制度化管理方式，充分发挥了政府的主导作用，执行力强，有效联系社区其他组织各司其职，社区治理绩效显著。

3.日本的社区治理:混合型管理模式

日本的社区管理体现了明显的混合式特征，其主要特点是政府、社区组织和社区居民之间实现互动与协作,三者共同管理与支持社区建设和服务发展。

日本各级政府在社区治理过程中并不直接管理和领导社区的具体工作,其功能主要是对社区工作进行规划和指导。市、町、村内的行政委员会和政府役所是政府参与社区治理的基层平台。行政委员会下设社区建设委员会,负责社区管理工作。政府役所内设工商、农林、环境、民生、水产等相关课室,工作范围广泛,涉及社区居民及社区的各项管理事务。

在城市社区层面,每个町都有自己的自治组织——町内会(自治会)。町内会与邻近町内会共同组建"町内会联合会",类似于我国的街道办事处和居委会。町内会是具有行政职能和自治性质双重身份的社会基层治理单位,主要职能是主抓社区内环境卫生、组织社区文化娱乐活动、培训课程等工作。政府通过设置专项基金推动社区建设与管理,但社区治理资金来源并非只有政府单一渠道,比如町内会的资金还来自居民所缴纳的会费,以及企业赞助和个人捐助等。

在日本混合型社区治理的管理方式中,政府并不过多干预社区决策,以保证社区拥有真正的自主决策权。政府除了出资兴建社区基础设施和提供相关福利外,也对社区内各组织的活动进行监督。这种模式既发挥了政府在社区治理中的引导作用,也有助于提升社区居民参与治理的积极性。

(二)国内城市社区治理的特色经验

1.北京市:街乡吹哨、部门报到

一是强化党组织在基层社会治理中的引领作用。北京市"街乡吹哨、部门报到"改革通过建立党建工作协调委员会和在职党员"双报道"等举措,重新激发了驻区单位和在职党员活力,强化了基层党组织与基层在职党员在城市基层社区治理中的功能。

二是通过体制机制改革推动执法力量下沉与权责匹配。为解决基层政府的机构职能配置与其治理责任之间明显失衡与错位的问题,采取了以下五个方面的应对策略:启动街道管理体制改革;推行"街巷长"工作制;构建街乡综合执法平台;推行网格化管理;加强街乡政府的治理体系地位。

三是最大限度地聚集企业、公众、社会组织等多方力量协同参与、协同治理。采取了以下措施鼓励支持社会各方力量参与:建立"小巷管家"队伍;借助政府购买服务、规模聚集等方式发挥企业与社会组织在基层治理中的作用;搭

建多元参与的治理平台,广泛吸收多方治理力量。

2.上海市:重塑老城厢

上海市的城市社区治理走在全国前列,曾经最先提出并推行“两级政府,三级管理,四级网络”的管理模式。上海市黄浦区以构建“精细化治理体系”为抓手,对豫园、小东门周边的老城厢区域实施综合治理,成效显著。精细化治理体系包括以下五个方面。

一是治理对象的精细化。“一户一策”的服务理念,关注居民的多元化、差异化利益诉求,切实解决群众生活中的“急难愁盼”问题。

二是治理主体的精细化。政府与社区资源的耦合。创新启动了“1+3+X”执法联勤联动综合治理模式,在区和街道两个层次上形成跨条块参与的全方位、常效化联合工作系统。

三是治理工具的精细化。刚性制度与柔性手段并举。刚柔相济,既有利于提高工作效率,又解决了居民的现实困难,提升了治理工作的整体成效。

四是治理体系的精细化。党建引领、政府主导、居民参与。建立了党建引领、政府牵头、城管主攻、街道指挥、职能部门配合、社区自治组织深度参与、居民自主参与的精细化治理体系。

五是治理流程的精细化。事前、事中、事后控制的精细衔接。高度重视流程控制,事前、事中、事后皆有细致的控制措施与制度安排,以确保治理持续有效。

3.成都市:院落自治

深化院落居民自治制度以及村(居)务公开和民主管理制度,深入推进院落(小区)、农民集中居住区居民自治。成都市推进小区治理机制创新主要包括以下三个方面。

一是推动小区自治组织的赋能和归位。成都市要求社区居委会积极支持业委会在小区治理中发挥作用,通过“社区在大门外”的设置方式,有效明确了居委会和业委会的治理边界,推动了居委会和业委会之间的良性互动。在一些暂不具备业主大会成立条件的小区,建立小区议事会、院落管委会等自治组织,实现小区(院落)自治组织全覆盖。

二是同步加强党组织对小区治理的领导。为加强党对社区治理的领导和对业委会合理合法发挥作用的引导,成都市主要探索了几个方面的机制:在居民小区内单独组建党组织，党组织成员由社区党组织成员和小区业主委员会、物业服务机构、社会组织中的党员负责人构成；推行居民小区党组织与业主委员会双向培养、双向进入制度，把党组织的领导全面植入小区业主管理规约、业主大会（业主委员会）议事规则；小区党组织不代行业委会职责，但通过各种方式加强对业委会的指导和监督，加强业委会工作的规范化；探索社区党组织向业委会和物业公司分别派驻业委会社工和物业社工的管理模式。

三是支持专业部门在小区内的专业治理。通过建设各类协调性平台，推动社区外各级党组织、驻区单位和行业部门加强对小区治理的专业化支持。主要包括：发挥各级党组织的政治优势和行业部门的管理优势，整合党建资源、行政资源和社会资源等下沉到居民小区；坚持以镇（街道）党组织为领导，以社区党组织为核心，以居民小区党组织为引领，以业主委员会、物业服务机构为基础，建立党员群众互联互动、共建共治共享的居民小区联动工作体系；在小区内搭建社区和居民小区党组织、业主委员会（或院落居民自治组织）、业主代表、物业服务机构的沟通交流平台，组织动员各主体依法有序参与小区治理；在各类具体议题上，通过坝坝会、议事会等形式形成居民自治协商的各类协商性平台，引导小区居民有序参与小区自治。

（三）启示与借鉴

通过研究国内外城市社区治理的经验，可为武汉社区治理的发展提供以下启示与借鉴。

1.以人为本，重心下沉

切实发挥社区在社会管理和公共服务方面的集成作用和基础作用，既充分授权，体现社区综合管理功能，又强化指导、监督，确保社区管理行为规范有序。要注重服务资源，特别是社会资源的动员集约、能效提升，强调管理部门的整体联动、协同效率，促进公共资源最优配置，确保公共服务公平均衡，满足公众对社区服务的要求。

2.公众参与，沟通为先

要善于运用社会市场的力量，善于运用协商沟通的机制，善于发挥社区领袖的组织作用，致力于公共权力社会化，保证宏观和微观层面界限清晰，提高社区组织的主体性和有效性。

3.法治为基,强化保障

将法律规范作为保障社区治理的重要前提。制定城市宪章，规范社会关系,明确权利义务,在法律框架下促进社区发展。拓宽城市社区发展资金的来源渠道,在发挥政府财政支持主导作用的同时,也要动员企业和个人等社会主体的捐款支持。

三、社区在这次新冠肺炎疫情防控中发挥了重要作用

近年来,武汉市高度重视社区治理工作,积极探索社区治理的新思路、新举措、新模式,社区治理取得明显成效。新冠肺炎疫情发生以来,在以生命至上、人民至上为宗旨的前提下,国家主席习近平多次在重要会议上指出:要压实地方党委和政府责任,强化社区防控网格化管理,实现地毯式排查,采取更加严格、更有针对性、更加管用有效的措施,防止疫情蔓延。特别是在新冠疫情防控中，社区防控措施的有效落实为疫情防控取得重大成果提供了良好基础和坚强保障。以下是课题组结合武汉社区抗疫实际和调查问卷统计结果所做的总结。

(一)积极做好宣传动员工作,筑牢人民防线

由于新冠肺炎是一种新型肺炎,民众认识不清,且缺乏有效的治疗手段,及其容易导致民众心理恐慌,如何克服恐慌,稳定人心也是疫情防控的重中之重。在疫情防控过程中,社区通过社区信息平台、张贴海报、循环广播等形式广泛普及防控知识,引导社区居民科学防控。宣传防控政策措施,引导居民依法防控,自觉服从管理,支持疫情防控工作;宣传居家隔离、集中隔离、病例救治流程和做法,引导居民克服担心和焦虑心理,不信谣、不造谣、不传谣,相信党和政府,增强打赢疫情防控阻击战的信心和决心。充分动员社区居民、社区内相关单位,形成上下一心、众志成城、共克时艰的生动局面,建设人人有责,人人尽责、人人享有的社区疫情防控共同体(见图 1)。

(二)强化社区风控管理,抓细抓实抓落地

疫情发生后,各社区在武汉市委、市政府的领导下迅速行动,采取封闭式管理等非常规措施。从 2020 年 2 月 17 日开始，对全市所有 9045 个小区、村(大队)实行最严格的封闭管理,组织社区工作者、下沉干部、网格员、楼栋长、物业人员、志愿者等多方力量,按照“一门进出”“五个严管”的标准,建起 420 多公里硬质隔离的“生命长城”,对社区实施 24 小时封闭管理。做好人员、车辆

出入登记，在出入口设点测量体温；夜以继日轮流值班，严防死守，严禁外来人员进入；逐户走访，开展拉网式排查，做到一户不漏、一人不落，摸清底数；发现疑似病例立即报告，做好隔离、转运等工作。及时清理社区垃圾，并对公共区域消毒杀菌，做好社区内部卫生工作。运用大数据、人工智能等数字技术，加强社区人员精准管理和疫情监测溯源，发现问题第一时间报告，建立统一高效的疫情报送系统。提高疫情防控效率和能力，尽最大可能切断传染源，尽最大可能控制疫情波及范围（见图 1）。

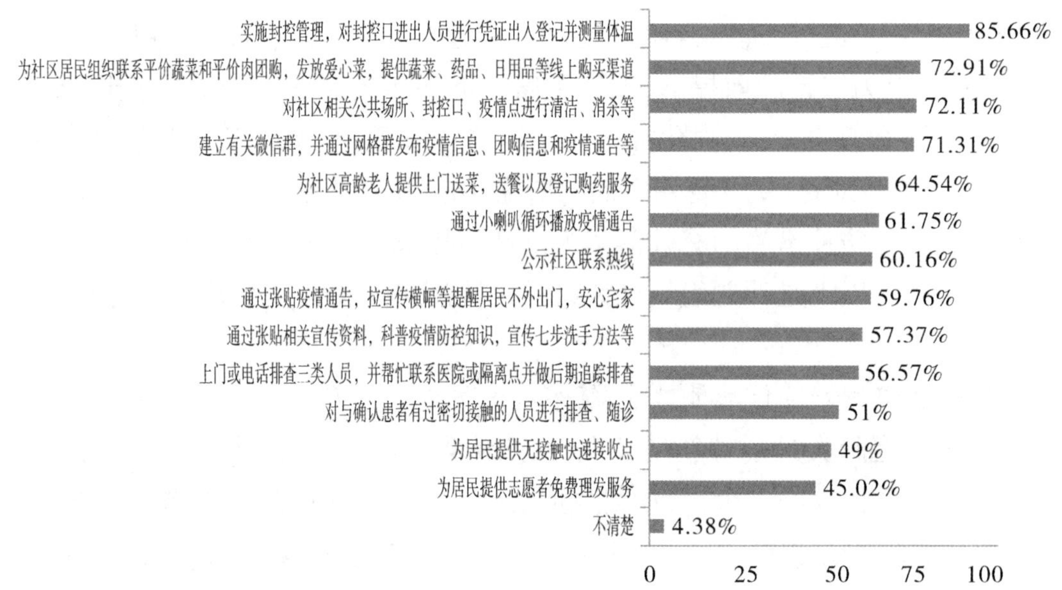

图 1 疫情期间社区工作者、网格员、下沉党员干部、社区志愿者等做的工作

（三）发挥社区管理者职能，多维度严防死守

整合社区干部、网格管理员、社区志愿者、物业管理人员等力量到社区，盯紧居民小区、步行街道、主要路口、关键场所等重点区域，全天候开展“一测温、二核实、三登记、四劝退、五消毒”检查防控。对超市、餐饮店、农贸市场等进行卫生安全巡查，对药店发热、咳嗽药品购买登记情况进行全面检查登记，减少人员聚集，维持良好市场秩序。社区工作人员挨家挨户普及健康码注册和打卡方法，强力推行社区、公共场所、居民小区等扫码（绿码）方能进出，筑起防范疫情的铜墙铁壁。武汉“解封”后，坚持解封不解防，在落实“口罩必戴、健康码必扫、体温必查、身份必问”的前提下，有序放开小区管控措施，严格落实公共场所出入登记、通风消毒、分时预约、流量管控等防控导则，全面开展爱国卫生运动，继续守好群众健康大门（见图 1）。

(四)强化党建引领,下沉防控力量

根据湖北省、武汉市疫情防控指挥部关于党员下沉社区参加疫情防控的工作部署,各级政府单位、事业单位等党员干部积极下沉社区,充分发挥党组织战斗堡垒和党员先锋模范作用,全市组织机关企事业单位5.5万名党员迅速下沉社区,在社区成立2880余个临时党支部坚守一线阵地。在方舱医院成立17个临时党委、128个临时党支部。下沉党员干部坚持一手硬,严格落实小区封闭的同时,坚持一手软,全力做好小区居民服务。全力保障小区日常生活需求:利用小区网格微信群,倡导小区居民通过集中线上团购方式,购买肉菜蛋奶水果等生活物质。组织41家大中型电商企业开展线上配送,满足市民急需的个性化需求。积极对接供货商,构建“居民下单—商超配货—公交运输—志愿者接收—居民收货”的生活物资配送闭环,组织5万多名下沉干部和2万多名志愿者,深入13001个社区网格,以套餐团购、无接触配送方式送菜送药上门,累计配送团购物资4715万份。掌握物流到货时间,采取分楼栋、分楼层方式,组织居民错峰排队分发生活物资,消除居民无序聚集造成交叉感染隐患。用心做好困难群众兜底保障:为13万名低保群众发放临时价格补贴1.7亿元,面向中低收入人群推出“10元10斤”爱心蔬菜包409万份,投放政府平价储备肉9764吨。设立69个集中安置点,妥善安置6025名滞汉外地人员,为2万余名滞汉生活困难人员发放救助金3829万元。关心关爱老年居民:帮助不会使用智能手机的老年人网上团购,解决生活后顾之忧。关注重症和慢性病患者用药需求:建立专门的购药微信群,帮助患者购药,送药上门,解决小区患者缺少药品的燃眉之急(见图1)。

四、社区治理在此次疫情中暴露出来的短板

在这次疫情中,社区治理的重要性得到了充分体现,但同时也显露出一些存在的问题和短板,需要在今后得到进一步明确、完善和提升。

(一)街道、社区职能定位不够明晰,在自治能力提升和自治有效实现形式方面还存在一定短板

1.社区权责较为模糊,社区工作人员工作动力不足

武汉市政府行政层级分为市、区、街道办事处三级。作为最基层的政府机构,街道办事处下辖若干社区,社区的工作人员配置、经费来源、承担工作职能基本由街道办事处决定和安排,社区的工作人员面向社会实行聘用制,大多不属于公职人员。加之,目前社区要履行的职能较多,所谓“上面千条线,下面一根

针”,行政工作名目繁多,消耗了居委会工作人员绝大部分时间和精力,长期超负荷运作,加上忙于处理行政性事务,使得社区居民对居委会工作缺乏认同感。

2.社区自治存在短板,居民参与自治积极性不高

社区自治能力普遍较低，各级政府部门往往通过行政命令和强制手段直接控制或影响社区的治理工作。而在各个社区居住的市民的生活需求包含水电气、医疗卫生、生活、休闲、治安等方方面面,涉及各个政府部门的工作范畴。市民在其他渠道反馈不足或不畅的情况下，只能将日常生活中出现的问题和困难集中反映到社区,社区已经成为政府部门和市民之间的承受层、操作层和落实层。但目前基层治理法治化建设仍面临诸如权责模糊、工作负担过重、自治空间不足以及基层法治意识整体薄弱等问题，社区因缺乏各种资源和处置手段,常常处于比较尴尬的境地,在一定程度上影响了社区某些功能的正常发挥和整体的可持续发展。居民与社区的利益关联程度在日常生活中也难以体现,很多居民没有意识到参与社区自治的重要性。在自治能力提升和自治有效实现形式方面还存在着短板，从而在一定程度上影响了社区基层民主政治和治理理念的培育和发展。

(二)社区相关基础设施条件较为薄弱,尤其是社区公共卫生资源相对短缺,应对突发公共事件的能力有限

1.社区建设资金有限,调配资源能力不足

无论是在“硬件”还是“软件”上,社区建设都需要大量的资金。但目前社区建设资金普遍缺乏,一方面,社区居民的生活服务需求不断增加,另一方面,社区所能提供的公共服务及公共设施十分有限，从而制约了社区建设的开展和社区生活环境的改善。目前,社区的经费主要由街道办事处负责解决,除了日常紧张的办公经费外,几乎没有其他可使用或调配的资源,很难解决社区内需要投入资金和资源才能处理的困难。城市很多生活服务设施未向社区延伸,设施配备不齐全、规模不够、布局不均,尤其是“无物业、无保安、无封闭”的老旧社区条件更差,这些社区几乎占了武汉市社区总量的三分之一,其共同特征就是人口高度密集,老弱人群较多,公共环境欠缺,基础设施较差,小区普遍没有专门的物业管理公司进行管理。还有部分老旧社区只能使用公共厕所。

2.社区公共卫生事务人员缺乏,基本医疗设施配套不足

作为居民卫生健康服务体系的网底，基层社区医疗机构对于做好新冠肺

炎疫情的社区防控和关口前移具有不可替代的作用。然而,自疫情暴发以来,基层医疗和公共卫生领域供给不断反映出资源不充足、分配不合理、保障不平衡的问题。据问卷调查显示,29.48%的居民反映其所在社区的卫生服务机构基础设施条件较差。因社区医院缺乏高水平的专业技术人员和防疫设施,全科医生培养制度和分级诊疗制度不健全,公共卫生服务与医疗服务结合能力差,人们通常选择高级别的医院或者定点医院进行感冒症状以上的医疗求助,导致居民小病小痛都要进大型医院,一定程度挤压和影响了城市医疗资源使用效率的最大化。社区卫生服务中心、乡(镇)卫生院在疫情防控中也未能起到实质性的排查监测作用。同时,目前公共社区卫生服务中心和乡(镇)卫生院大多属于差额拨款的公益一类事业单位。社区医院既没有独立自主的人事聘用权,也没有薪酬决定权。由于社区基层卫生医疗行政级别低,与同处于公益二类的公立医院相比,医务人员的薪酬缺乏弹性,工资待遇偏低。此外,受编制限制,专业医疗岗位缺乏吸引力,很难留住高水平的专业人才。问卷调查显示,约有36.25%的社区居民反映其所在社区的卫生服务机构缺乏从事预防传染病等公共卫生事务的专业人员(见图2)。

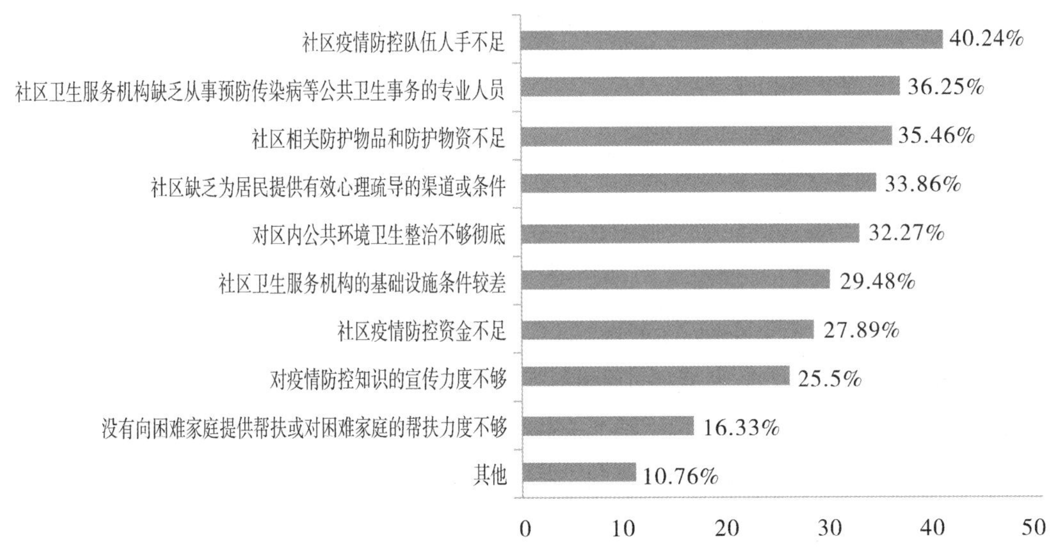

图2 问卷调查社区疫情防控工作的不足

(三)社区工作队伍知识程度普遍不高,队伍素质有待进一步提升

社区工作者队伍素质有待进一步提升。近年来,社区工作者队伍总体素质有了明显提高,但与新形势新要求和所承担的任务相比,在思维方式、观念素

质、服务协调能力等方面还有一些不相适应的地方。随着社区工作内容和任务的不断增加，有些社区工作人员难以适应新形势和社区建设发展新需要，服务意识和主动性有待提升；同时由于待遇偏低，社区工作人员交流提拔机制不健全，工作压力大，难以吸引优秀人才，使得社区工作者队伍力量薄弱且人员相对不稳定。近年来，武汉市采取了从大学生中招聘专职干部、提高社管干部待遇和地位等措施，社区工作队伍整体素质有了很大提高，但离工作实际需求和城市现代管理要求仍有很大差距。全市社区工作人员中，拥有大专以上学历者仅占 50.5%，拥有社会工作师职业水平证书的仅占 27%。不少基层工作者缺乏突发事件应对专业知识，造成应急反应行动迟缓，宣传沟通能力不足。因为体制、身份、待遇、压力等问题，社区工作人员流动性大，有实际工作经验、懂社区工作规律、熟悉社区工作方法的人才缺乏，有很大一部分社区工作者是由下岗职工、家庭妇女等低技能社会人员组成。很多社区工作者没有经过系统化专业培训，缺乏社会管理知识，面对社区各项功能社会化服务显得心有余而力不足。武汉市自然资源和规划局于 2020 年 2 月中旬、3 月中旬先后两次就处于疫情风暴中心的武汉社区开展了前线调研，调研显示：75%的受调查社区在疫情之前没有建立志愿者服务机制，80%的受调查社区没有组织本社区居民等社会资源参与社区管理。

（四）社区治理体系不够完善

国家治理体系是一个网络式、层次性、分散化的协同治理结构，要使特大城市能够保持稳定、发展、秩序、活力，治理体系结构必须是完整的。国家治理延伸到基层，社区这根“针”就必须机能不退化、职能不减少、功能不缺失。从疫情看到，目前社区治理体系不完善、自治能力待加强，只能应对日常管理，还不能很好地解决居民需求多元、多变问题，特别是还不能有效预警、干预和处置突发性灾难问题。

1.社区多元主体参与不足，治理模式滞后

社区治理要求社区所有利益相关者都应共同参与，包括居委会、居民、政府、社会组织、志愿者等。但当前还没有充分形成多元主体参与社区治理的局面，主要表现为：参与社区治理的居民缺乏广泛性和代表性；社会组织数量偏少，专业人员不足，活动能力较弱，未能充分发挥作用；社区事务仍由居委会具体负责，社区治理主体单一化。同时参与社区治理的广度和深度不够，主要表现为对社区经济建设、文娱活动、民主监督、民主决策等参与广度和深度不够。

2.社区治理的标准化、智能化水平不高

当前基层社区治理保障不是很健全，社区治理的配套法规还有待于进一步完善、修订。同时，社区治理的手段相对滞后，没能跟上智能化的步伐，治理水平有待提高。具体表现为：有些社区治理往往采取传统的行政方法，对于社区治理过程中出现的新问题、居民提出的多样化需求等缺乏创新性思维，创新性理念有待于进一步提升；智能化设备在社区治理中的运用还有待于进一步加强。在抗疫过程中，街道和区属各委办局都承担了各自的极为繁重的工作任务，但是一些区属委办局又通过向街道发通知、发表格、提要求，把自身承担的一些工作任务又“下沉”给了街道和社区，再因“属地责任”，无形中加重了街道和社区的工作负担。

3.数据壁垒、“孤岛”化问题依然严重

在抗疫过程中，街道社区因工作需要必须准确掌握社区的基础数据，上级各部门每天也要求街道社区上报各种工作的数据台账。但是，由于负责基础数据收集的网格员不是专职去干，平时基础数据收集不全面，再加上基础数据数字化、信息化、智能化程度普遍偏低，因此往往要反复进行人工统计和纸质表格的填写，无形中加重了工作的负担。街道与市、区各部门的数据尚未充分实现有效地衔接，很难把这些部门的数据纳入到街道的大数据服务平台，各个信息资源之间缺乏关联性，数据壁垒及数据“碎片化”“孤岛化”现象严重制约了社区信息化建设的效能。而智慧社区的不同产品由不同企业提供，也很容易导致“信息孤岛”情况发生。

五、提升疫后社区治理的对策建议

（一）针对社区日常运行的“行政化”倾向，全面提升社区工作的自主性程度和自治化水平

在抗疫工作中，借助行政命令和外部援助去完成社区值守和疫情防控，是战时状态下必然的正确选择；但是在常态化的社区值守和疫情防控工作中，就必须要在增强居委会自主性的基础上，动员本社区的各方面力量，来参与社区值守和疫情防控工作。

1.做实社区工作站的具体工作，为社区的自主自治运行“减负”

社区居委会、社区工作站各自功能不同，社区居委会发挥自治功能，社区

工作站承接街道行政性事务,如果社区工作站的本身功能得到充分发挥,那么社区居委会就会有时间和精力去全力做好社区自治的各项工作。但是,现实情况却是,社区居委会和社区工作站合署办公,人员全部交叉任职,结果是其主要承接了街道行政性事务和工作安排,没有足够时间和充足的精力去发挥自治功能。这就需要从顶层设计出发,由各街道落实社区工作站的具体职责和专职的人员配备,完全由这一专门机构把街道行政性事务和工作安排承担起来,真正为社区的自主自治运行“减负”。

2.发挥社区居委会的自身功能,为社区的自主自治运行“赋能”

社区居委会作为基层群众自治组织,其根基在群众,其力量在群众,其工作为群众,就应当把主要精力放在教育群众、组织群众、服务群众、引领群众等主要任务上,健全党组织领导的自治、法治、德治相结合的基层社区治理体系,建设人人有责、人人尽责、人人享有的基层社区治理共同体。

3.建立多元联动机制,为构建自主自治运行社区提供支撑

虽然各系统出于不同的目的会采取不同的组织行动,但是各系统在部分目标上是重合的,以各系统的共同利益为支撑点,将社区内各个系统粘合,提高社区自治能力。将社区自治组织的协同作用发挥出来,调动社区内的服务组织、工作人员及志愿者,汇聚多方力量集中应对公共突发事件。要突出基层党组织政治功能,建立社区党组织领导下的居委会、业委会、物业企业“三驾马车”自治共治、共建共享的社区治理机制。

(二)针对社区公共卫生资源的“弱化”倾向,全面提升基层医疗和公共卫生领域的供给水平

1.完善街道(乡镇)、社区(村)、基层派出所、疾控机构、基层医疗卫生机构常态化联动机制

建立公共卫生应急社区防控网络,提高基层医疗卫生人员传染病早期发现、及时报告与初步救治能力。强化基层医疗卫生机构疫情防控“基层哨点”职能,建设相对独立的发热诊室,强化预检分诊、隔离观察、协同转运、应急处置等功能,构筑公共卫生应急防控的第一道防线。强化家庭医生团队网格化防控责任,对家庭医生进行绩效考核。压实属地、部门、单位、个人“四方责任”。

2.完善分级、分层、分流的重大疫情救治机制

加强分级救治,明确定点医院、非定点医院、基层医疗卫生机构的救治职

责，配备与救治任务相匹配的力量和设备，实行分层救治。发挥医联体作用，合理引导患者就近医治、到不同层级或就诊量少的医疗机构就诊，实行分流救治。建立养老、儿童福利、监所等机构特殊群体医疗救治绿色通道。推进社会心理服务体系建设，加强社会心理疏导和危机干预工作。

3.构建环境卫生管理长效机制

广泛开展爱国卫生运动，将爱国卫生工作与社区治理工作相融合。坚持完善“周末卫生大扫除”“城市清洁日”等，重点加强对老旧小区、城乡结合部、农贸市场等薄弱环节的环境整治。大力开展健康知识普及，完善健康资讯传播网络，提倡文明健康、绿色环保的生活方式，拒食野生动物，推行分餐制，提升市民公共卫生安全危机意识与公共卫生应急素养，把全生命周期健康管理理念贯穿城市规划、建设、管理全过程。

4.提升基层医务人员薪酬待遇

建议社区医疗机构可以享受公益一类财政保障政策，允许基层医疗卫生机构（指政府办乡镇卫生院和社区卫生服务中心/站、村卫生室，下同）突破现行事业单位工资调控水平，自主决定内部绩效工资比例。绩效分配应突出价值导向、业绩导向，多劳多得、同工同酬、优绩优酬。

（三）针对社区作用发挥存在的“虚脱化”倾向，全面提升街道、社区党工委的领导水平和治理能力

1.真正落地街道“吹哨”、区属部门“报到”的各项要求

以街道为基层治理主战区，党工委书记为总指挥，切实强化街道战区调度指挥职能，把街道党工委对区属职能部门的“吹哨”调度权、考核评价权、人事建议权，真正落到“条条围着块块转，一针撬动千条线”的实处。用好街道“大工委”及联席会议制度、机关企事业单位党员干部常态化下沉社区制度，健全完善“街道吹哨、部门报到”“社区吹哨、党员报到”机制，积极探索社区和居民“派单”，单位和党员“接单”。

2.切实加强街道办事处的自身建设

街道党工委要善于领导街道办事处，通过街道办事处自身职责作用的发挥，来强化街道战区调度指挥职能。这就需要进一步明确：街道办事处在本街道党的工作委员会领导下，指挥调度区人民政府工作部门及其派出机构、承担公共服务职能的企业事业单位等，围绕矛盾化解、应急处置、综合执法、群众诉

求等工作，进行基层治理。同时还可以进一步明确：街道办事处经市、区人民政府批准承担市、区人民政府工作部门交办的临时性事项的，市、区人民政府工作部门应当提供必要的人员、经费、技术等保障，并明确事项办理的要求、标准和流程。以此为基础，建立街道办事处职责清单制度，街道办事处职责清单由各区人民政府依据有关规定制定并向社会公布。未经市或区人民政府批准，街道办事处不承担清单以外的其他职责。

3.明确"基层领导必须要懂专业"的基本素质要求

近年来，随着年轻干部培养选拔力度的不断增强，街道作为年轻干部交流锻炼的平台作用日益凸显。一些到新的工作岗位的街道领导班子成员，对于分管的工作以前既不是十分熟悉，也缺乏专业训练。这就需要对他们在加强思想淬炼、政治历练、实践锻炼的基础上，突出加强专业训练。要从街道日常的党建工作、党群工作、公共服务工作、公共管理工作、公共安全工作、社区建设工作、人大工作、民兵及退役军人工作以及纪检监察工作等各自的专业性要求出发，分类对分管这些工作的领导班子成员进行专业性集中培训，确保他们以超强的专业水平落实和体现过硬的政治担当和扎实的工作作风。

4.强化社区工作人员的公开招录和培训指导

建好用好城市社区党组织书记、社区工作者、志愿者"三支队伍"，选优配强基层党组织书记，建立社会化、职业化、专业化社区工作者队伍，不断健全志愿服务体系。贯彻落实《武汉市社区工作者管理办法》，着力构建进出有通道、履职有目标、考核有标准、待遇有保障、发展有空间、激励有机制的社区工作者职业化体系。要做好专职社区工作者的公开招录，加大对持证社工的招录比例，制定与专业技术等级、本科专业、受教育程度、工作年限等挂钩的薪酬体系。加强对社区社会工作者的培训，提升社区社会工作者的专业化水平，激发社会工作人才的积极性和能动性。针对社区工作人员应急能力不足的问题，可有针对性地开展应急能力提升指导。这种应急能力主要包括对公共突发事件的发展预判、事件的处理、人员与资源的调动和利用等，应该针对这些方面对社区工作人员进行指导，提升其应急意识，使其在面对公共突发事件时能够做好准备，并能迅速成立应急指导小组，充分调动社区工作人员和社区居民参与应急防控。

（四）针对社区治理模式滞后、基础数据“碎片化”等倾向，全面提升基础数据的数字化、信息化、智能化水平

1.完善基层社会治理的组织体系，协调社区各类组织之间的关系，促进社区组织功能的释放，形成城市社区的治理优势

发挥党组织作为社区“舵手”的政治优势、组织优势、群众优势、执行优势，发挥居民委员会在社区自治、民意汇集、议事协商、矛盾调解等方面的桥梁和纽带作用，发挥社会组织在回应民生所需、提供社会服务、激发基层活力、重构熟人社会等方面的功能，为基层社会注入活力。推行社区“微治理”；推进人大代表和政协委员进社区带动工程；组建名人能人志愿服务队伍；促进小区业主委员会自治；加强居民治理能力教育和培训，引导居民通过正确渠道表达诉求，积极参与社区活动；形成居民对居委会工作的日常参与机制，完善居民听证会、协调会、评议会等制度。

2.创新治理机制，提升社区智慧化治理的效能

要高度重视运用信息化理念和方式推动社区治理体制机制创新，把大数据技术嵌入基层治理，提升社区治理的主动性、前瞻性和精准性。社区治理要与互联网、数字化、信息化这些现代技术相结合，必须全面加快“智慧社区”建设。以提供贴近居民服务为基础开展智慧社区建设，搭建为居民提供辖区内办事指南、公共设施查询、业主群交流以及线上投票、社区干部联系、辖区党员咨询、便民服务和重要通知公告等服务的平台。积极探索“社区大脑”，整合公安、城管、房管、市容等执法功能，构建能分析、能判断、能指挥、能协调、能处置的社会治理平台。通过组建联合指挥中心集中办公，打破以往职能部门各自为政的局面，催生街道队伍建设的“管理变革”。一旦分布在街道各处的红外线感应探头发出警报，“社区大脑”的工作人员就能快速将信息发给相关职能部门。如果遇到须立即处理的问题，工作人员就能按照相关职能部门人员的位置，就近调配最近的管理力量赶赴现场，使社区治理更快捷、更精准、更精细。通过“智慧社区店小二”——武汉微邻里，整合口罩预约、回汉登记、健康打卡、社区关爱、志愿服务等多项信息动态，及时更新功能，在遇到突发事件时，能够及时实现登记、采集、服务、动员各个环节的线上操作，优化防疫工作流程，避免了人群聚集风险，帮助工作人员从繁琐的填表等传统工作方式中解放出来，极大地提高了防疫工作的效能（见图 3）。

3.激发居民参与度,多渠道开展社区建设

注重发挥居民主体作用,引导居民走出“小家”、共建“大家”;注重发挥公益类社会组织的支持补充作用,强化政策引导,对在社区开展为民服务、养老照护、公益慈善等活动的社区社会组织,降低准入门槛,提供购买服务、场地保障等方面支持。通过社区事务公示及时告知居民如何参与社区事务建设,并以公开、透明的形式赋予居民话语权,提升社区公民的主体责任感。为了在公共突发事件中最大限度地争取群体社区居民的配合和参与,就要注重激发居民参与意识,并对居民进行一定的参与培训,提升参与能力。

4.提高社区信息透明度,强化社区网格精细化治理

要创新“网格+党建”“网格+警格”“网格化+矛盾调解”等模式,常态化走访民情、了解需求、排查矛盾、发现隐患,并将收集的信息录入系统,实现地域、人员、工作全覆盖。配备足够的专职社区网格员。这些专职社区网格员的身份归属为社区工作站的工作人员,在业务方面接受综治、民政、党建等方面的业务培训,科学收集相关信息,并通过掌上 App——武汉微邻里,及时推送需要马上解决的问题的相关信息。

5.开发基于综治、民政、党建等工作需要的全科网格数据库

从顶层设计出发,由市级相关部门统一开发面向全市基层社区的全科网格数据库,对综治、民政、党建等方面的数据进行集中的收集、处理、分析,从而达到对各基层社区全科基础数据的全面掌握和及时更新,为社区治理现代化提供坚实的数据支撑。

(五)针对民意调查中群众反映的意见建议靶向施策,制定问题清单,精准对接居民服务需求

通过深入调研、逐户走访、召开座谈会等方式,加快解决社区居民提出的难点和痛点问题。通过深入社区调查问卷,我们发现了目前居民普遍反映的问题主要集中在电动车停放和充电、牛皮癣、垃圾分类管理、社区养老等方面,这同时也是社区管理面临的棘手问题。通过走访、调研,我们找到了一定的解决路径。

1.采取积分奖励、日常用品兑换等方式,鼓励大家积极参与垃圾分类管理,自觉遵守垃圾分类的相关规定

问卷显示有将近一半的居民(48.1%)认同社区福利积分奖励制度,即所得

的积分可以用于兑换参观券、电影票、免费理发券、餐饮试吃券等；确定了“两只桶”管理模式。还有将近四成左右的居民（37.50%）认同日常生活用品的奖励方法，此外，还有建议现金奖励、抵扣一部分物业管理费或停车费等措施。推行“两只桶”管理模式，即由社区监督管理居民家中的“小桶”，由物业服务公司负责监管管理院落“大桶”，实行定时定点投放，从宣传引导、督促指导等方面出实招、抓时效，有效化解了居民小区垃圾分类投放的监管短板（见图3）。

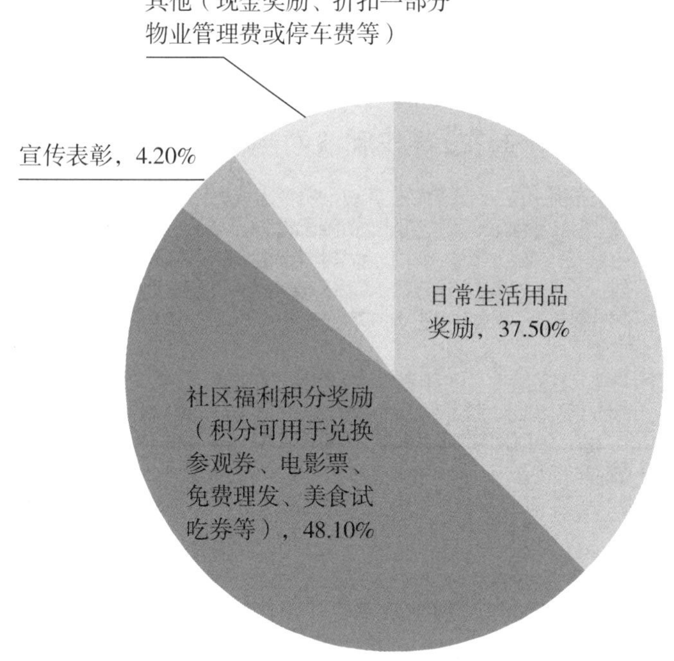

图3　居民对垃圾分类奖励方法的认同度调查

2.通过安装充电桩、规划集中充电、停放区域，科学解决电动车安全停放及充电问题

街道可为居民集中规划安装一批电动自行车充电桩，居民可以扫码充电，充电结束后充电桩可自动断电，既方便又安全。为防止电动车上楼停放的消防隐患，可在电梯间设置感应装置，只要电动车进入电梯，电梯就会自动停止运行，直至电动车退出。

3.通过“整、奖、罚、探、疏”五法并行，综合治理“牛皮癣”难题

“整”，即从源头处理，在各个商家办营业执照的时候，即告知需要发布信息的商家由物业公司统一管理信息，在商业街设立广告栏或者移动电视招商

播放广告信息;设立自由张贴处,分类张贴;"奖",即建立和完善有关张贴小广告的法律制度,重视并由执行者严格执行。将处理效果与处理人员的工作绩效挂钩。由此,各个环节的张贴小广告的处理人员必然尽心尽力;"罚",即加大处罚乱张贴小广告的行为,不仅要交罚款并且要将自己所有粘贴的小广告处理干净,进行义务劳动来看守自己张贴小广告的地方,防止他人破坏环境;"探",即抓典型,深探究,根据张贴小广告上的电话号码或者地址找到商家进行处罚。并且与移动、联通、电信公司合作,停掉张贴小广告上留的电话号码;追究复印、打印诈骗信息的公司和张贴人员的责任;"疏",即有效疏通小广告,规范的设立更多的广告信息栏和公益广告栏。把各商家的利益,群众的需求以及环境的保护几个方面有效的协调起来,寻找利益的制衡点。

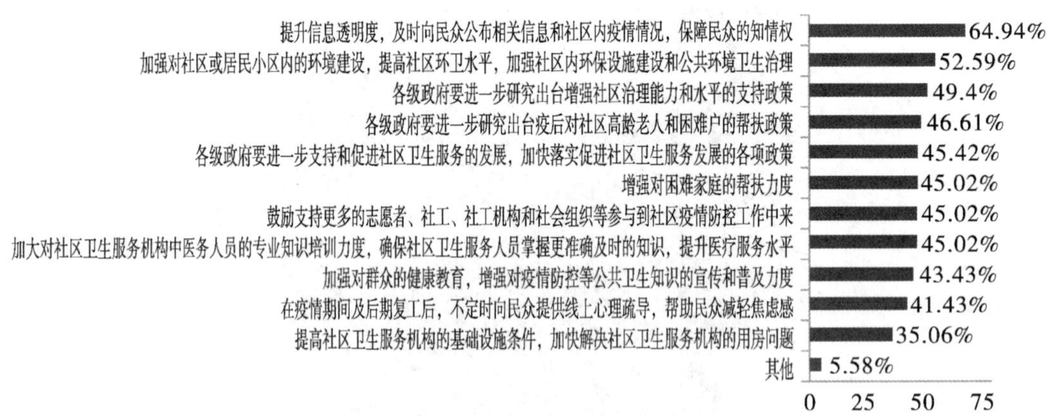

图 4 调查问卷之疫情防控常态化相关建议

总之,重大疫情后武汉社区治理能力提升的最终目的,就是要坚持以人民为中心的发展思想,把服务居民、造福居民作为城乡社区治理的出发点和落脚点,全面加强基本民生、法律维权、文体娱乐、邻里互助、居民融入、防灾减灾等方面服务。尤其要加强专业化服务。即社会工作者与社区居民委员会中的社区干部要以家政服务、文体活动、心理疏导、医疗保健、法律服务、交通安全宣传教育等为主要服务内容,以低保对象、空巢老人、留守老人、留守儿童、残疾人为主要服务对象,有针对性地开展社区服务,夯实幸福生活的"邻里工程",逐步破解城市的"陌生人社会"难题。以业委会为载体,关注居民日益多元化、个性化的服务需求,拉近"陌生人"之间的感情,让"陌邻"变成"睦邻",促进楼上楼下、街坊邻居"一家亲"。此外,还应加快推动社区治理相关领域的立法,明确各方权利义务,在法律框架下促进社区发展,推动社会治理的精细化与法治化。拓宽城市社区发展资金的来源渠道,在发挥政府财政支持的主导作用的同时,也要动员企业和个人等社会主体的捐款支持。加快落实促进社区卫生服务发展的各项政策,研究出台增强社区治理能力和水平的支持政策、疫后对社区高龄老人和困难户的帮扶政策等(见图4)。

课题负责人:杜　涛

课题组成员:袁云光　万　伟　徐　强　简真强

健全武汉市公共卫生应急管理体系的若干思考

武汉发展战略研究院课题组

任何一起重大突发公共卫生事件的发生，都是对一个国家治理和应急能力、社会生活秩序和群体心理状况的巨大挑战。2020年初，新冠肺炎疫情来势汹汹。面对不期而遇的新挑战、突如其来的新考验，在以习近平同志为核心的党中央坚强领导下，全面发挥了"坚持党的领导、集中力量办大事、始终坚持以人民群众为中心"的社会主义制度优越性，举国上下坚定信心、同舟共济、科学防治、精准施策，构筑起联防联控、群防群控、依法防控、科学防控、全域防控、全民防控的严密防线，以最快的速度取得了疫情防控阻击战的胜利。回首往昔，放眼长远，武汉市应从体制机制上进一步完善重大疫情防控举措，健全公共卫生应急管理体系，坚定不移补齐社会治理短板，探索超大城市现代化治理新路子。

一、我国公共卫生应急管理的基础条件

（一）我国公共卫生应急管理体系发展概况

公共卫生应急是指为预防和减少突发公共卫生事件的发生，控制、减轻和消除突发公共卫生事件引起的严重社会危害而采取的全过程的应急管理和技术活动的总称；同时，也是控制和消除其他公共事件引起的严重公共卫生和社会危害而采取紧急医学救援和卫生学处理的活动。其主要活动包括监测预警、风险评估、现场调查与处置、紧急医疗救援、危机沟通、心理援助、恢复和重建等活动。

20 世纪以来,各类传染病疫情和突发事件逐渐呈现多发、频发态势,各类突发事件的不确定性、影响的广泛性、公众对健康的高需求性,对政府执政能力提出了更高的要求。我国公共卫生应急管理的历史,是一部在与各种突发公共卫生事件斗争中不断蜕变、成长、发展的历史,其过程大致可以分为三个阶段。

1.第一阶段:新中国成立初期—改革开放

新中国成立之初,我国政府就高度重视卫生体系的建设,成立了中央、省、地(市)、县各级卫生行政部门,设置有医政、药政、卫生防疫等部门,负责管理辖区内的卫生工作。此外,在全国范围内建立起了省、市、县三级卫生防疫站,其主要任务是运用预防医学理论、技术,开展卫生防疫的监测、监督、科研和培训等工作。

这段时间,我国各级卫生行政机构和专业技术单位并没有设置专门的卫生应急机构以及专家组织。卫生行政机构内主管防疫、医政、卫生监督的部门以及卫生防疫站的各业务科室是负责突发公共卫生事件管理和处置的主要机构,各级医疗机构是医疗救援的主要责任单位。突发事件一旦发生,卫生行政部门会根据事件的性质和可能的趋势,组织相关部门和人力等多种资源立即投入处置工作。这一时期,我国主要凭借政府强大的社会组织和社会动员能力,来确保对突发公共卫生事件的有效指挥、组织、动员、管理和控制。在应对突发公共卫生事件的过程中,更多的是采取“兵来将挡、水来土掩”的临时性紧急应对策略,组建临时应急指挥和管理机构,领导、组织和协调各地的机构和资源来全力应对。但由于缺乏应急法律法规、应急预案等制度和规范,资源不足,技术手段单一,难以科学、有序、高效地预防和控制突发公共卫生事件。

2.第二阶段:改革开放—SARS 爆发

SARS 爆发前,我国公共卫生机构虽然得到了一定程度的发展,但在 GDP 为导向的发展价值引导下,很多地方对公共卫生事业,尤其是疾控系统、基层卫生系统的重视和投入严重不足。其结果是公共卫生组织,特别是基层卫生组织功能萎缩,公共卫生服务的质量和数量都有所下降,突发公共卫生事件处置能力整体不足,这为后来 SARS 危机的发生埋下了隐患。

SARS 爆发前,我国没有一套完善的公共卫生应急管理体系和机制,也缺乏专门和常设的危机管理组织机构。虽然启动了对一些重点疾病的监测工作,如传染病监测、医院门站流感哨点监测、重点人群艾滋病哨点监测,但缺少主动检测和突发事件后的跟踪监测。由于有效检测和报告系统的缺乏,导致一些突发事件的征兆在早期难以被发现并得到及时处置,从而错过最佳应对期,付出了巨大的社会应对成本。

3.第三阶段:SARS 后至今

2003 年 SARS 在短短数月的时间内,对我国的政治、经济、社会、对外贸易等各方面都造成了极大的冲击,使得我国认识到公共卫生应急管理的极端重要性,从而全面启动了公共卫生应急体系建设工作。

围绕"一案三制",公共卫生应急管理的法律体系、预案体系、管理体制和运行机制不断完善。法律体系方面,相继出台了《突发公共卫生事件应急条例》,修订了《中华人民共和国传染病防治法》,颁布实施了《中华人民共和国突发事件应对法》,卫生应急工作有了更充分的法律依据。预案体系方面,逐步形成了包括国家专项预案、部门预案、单位预案的"横向到边、纵向到底"的应急预案体系。管理体制方面,目前全国已有 28 个省级卫生行政部门、69 个地(市)成立了独立建制的卫生应急办公室,形成了国家、省、地三级突发公共卫生事件信息决策指挥系统。2006 年卫生部组建了国家突发公共卫生事件专家咨询委员会,成立了 4 类 36 支国家级和近 2 万支地方级卫生应急处置队伍。运行机制方面,指挥决策、组织协调、监测预警、信息发布与通报、应急保障等各项关键环节应对机制在实践中不断完善。

通过倾斜性的资金投入、设施设备配套、人员能力培训以及各项配套政策、制度的落实和推动,特别是经过一系列重大突发事件处置实践的锻炼,我国整体公共卫生应急能力有了全面的提升。

(二)公共卫生应急管理面临的新形势

在一次次突发公共卫生事件的考验中,我国公共卫生应急管理水平和有效应对能力不断提升。在错综复杂的国际政治环境以及我国快速发展的经济社会环境下,对于公共卫生应急管理体系的认知必须不断刷新、不断升级,以应对新形势带来的新挑战与新要求。

我国人民对生命健康的期许不断提升。随着人民生活水平显著改善,对美好生活的向往更加强烈。其中,人民群众对于民生健康保障的需求更加多样和紧迫,对灾害、灾难及疫病的积极应对意识不断增强,对政府履职尽责保护人民群众生命健康有着强烈的期许。2018 年,新组建的国家卫生健康委员会正式挂牌，卫生应急管理的含义不再局限于“公共卫生专业领域所涉及的应急管理”，而是变为大健康、大卫生概念下的应急管理，即“与公众健康及公共卫生相关的应急管理”。面对人民更高的期许，卫生应急必须成为社会和谐稳定、群众健康托付的“压舱石”和“稳定器”，为民众提供全方位、全周期的健康服务，将工作重心从非常态救灾向常态防灾转变，降低公众对于各种灾害、灾难的脆弱性，提升抗逆性，从根本上起到削减风险、防灾减灾的作用。

全球工业化、城市化、信息化程度不可同日而语。目前，世界已经进入了风险社会。自然风险、技术风险、生物风险、人为风险等都对人的健康、生命与安全造成严重的威胁。就公共卫生突发事件而言，进入 21 世纪后，人类先后经历了 SARS、甲型 H1N1 流感、H7N9 流感、MERS（中东呼吸综合征）、埃博拉病毒、寨卡病毒等急性传染病的侵袭。在全球化、工业化、城市化、信息化进程迅猛发展的背景下，传染病疫情可以沿着快捷的交通工具，快速在世界范围跨界蔓延。而且，城市化是人口向城市大量集中的过程，公共卫生事件如防控不力，拥有更多人口的经济、文化、政治中心将面临严重威胁。同时，在高度信息化的时代，各种信息泛滥将导致社会出现严重的恐慌，并引发社会动荡。

人口老龄化程度不断加剧。从 1999 年开始，我国开始步入老龄化社会，而且人口老龄化的发展速度非常快。截至 2019 年底，我国 60 岁以上的老年人已经超过 2.5 亿人，占全国总人口的 17.9%。老年人身体机能衰退、行动不便，对各种风险的反应相对迟钝，是各类突发事件的脆弱性人群。不仅如此，在各种公共卫生突发事件中，老年人通常患有各种基础疾病和慢性病，更是各种传染病疫情中的易感人群。以此次新冠肺炎疫情为例，重症和危重症患者年龄普遍偏大，65 岁以上患者占比 85%以上。可见，我国进入老龄化社会的现实使公共卫生应急管理面临前所未有的挑战，必须进一步降低、防范老龄社会的公共安全风险，使紧急医学救援和突发公共卫生事件的应对措施更加符合老年人的特征与期待。

二、武汉市公共卫生应急管理现状

（一）武汉公共卫生服务体系发展概况

自 2003 年 SARS 疫情发生以后，武汉已在公共卫生和传染病防控体系与制度建设方面取得长足进展，疾病预防控制体系的组织架构等硬件建设得到了明显改善，医疗资源、科教资源配置在全国位居前列，具备了一定的公共卫生应急管理基础。

1. 组织架构等硬件建设相对完备

从机构组成来看，武汉公共卫生服务体系主要由三部分构成：一是专业公共卫生机构，包括武汉市疾病预防控制中心、卫生计生执法督察总队、计划生育服务中心、血液中心等，是让居民少生病、晚生病、不生大病的重要防线，也是居民健康防线的上游；二是基层医疗卫生机构，包括社区卫生服务中心 / 站、乡镇卫生院、村卫生室等，既为居民提供基本公共卫生服务，也提供基本医疗服务，是最主要的医防结合结构，也是医疗服务网的网底；三是医院，包括公立医院和社会办医院。2009 年，武汉在全国率先成立综合医院公共卫生科，每日向武汉疾控平台提供传染病、预防接种、高血压、糖尿病、肿瘤等大数据，成为构筑全市公共卫生体系的重要力量。行政上，以疾病预防控制中心为代表的专业公共卫生机构和各公立医院等均为武汉市卫健委的直属单位。

从体制机制来看，以《突发事件应对法》(2007)和《传染病防治法》(2013 年修订)为依据，在《国家突发事件总体应急预案》《突发公共卫生事件应急条例》(2011 修订)的统摄下武汉制定了《武汉市突发事件总体应急预案》和《武汉市突发公共卫生事件应急预案》，辖下各区也均制定了相应的应急预案，截至 2018 年底武汉市已建立突发公共卫生事件总体预案 5 个、专项预案 15 个。

2. 医疗资源配置在全国具有一定优势

基础医疗资源丰富。截至 2018 年末，武汉市医疗卫生机构床位数达 9.53 万张，卫生技术人员数 10.96 万人，其中执业(助理)医师 3.96 万人，注册护士 5.44 万人，药师(士)0.47 万人，技师(士)0.54 万人；每千人口床位数、执业(助理)医师数、注册护士数分别为 8.6 张、3.57 人和 4.91 人，分别在全国主要副省级及以上城市中位居第二、第十和第五位(见表 1)。

表 1　全国主要副省级及以上城市基础医疗资源情况①

	千人床位数(张)	排名	每千人口执业(助理)医师(人)	排名	每千人口注册护士(人)	排名
成都	8.77	1	3.77	6	4.80	7
武汉	8.60	2	3.57	10	4.91	5

①数据来源：各城市卫健委官方网站；上海仅公布根据户籍人口的千人床位数，经换算得到常住人口的千人床位数。

（续 表）

	千人床位数（张）	排名	每千人口执业（助理）医师（人）	排名	每千人口注册护士（人）	排名
沈阳	8.46	3	3.62	9	4.33	10
杭州	8.28	4	4.58	2	5.09	3
西安	7.77	5	3.78	5	5.27	2
济南	7.70	6	4.30	3	5.02	4
重庆	7.10	7	2.46	15	3.07	14
南京	6.52	8	3.74	7	4.53	8
宁波	6.42	9	4.29	4	4.49	9
广州	6.38	10	3.63	8	4.81	6
上海	6.03	11	3.09	12	3.86	11
北京	5.73	12	5.08	1	5.74	1
天津	4.37	13	2.76	14	2.53	15

优质医疗资源实力强。截至2018年末，武汉市有三级医院61个，其中三级甲等医院27个（含部队医院，下同），[①] 三甲医院数量仅次于北京（55个）、广州（38个）、上海（32个）、天津（31个）、重庆（31个），与成都、西安（均为27个）持平。[②] 考虑到与前述城市的常住人口差距，武汉人均优质医疗资源占有情况，在全国更加靠前。

3.科教资源丰富、科研实力雄厚

武汉拥有华中科技大学同济医学院、武大医学部、湖北中医药大学、武汉科技大学医学院等大批医学院校。其中，尤以华科同济医学院和武大医学部的重点学科及相关附属医院实力突出。从医学专业的ESI学科数量上来看，华科和武大分别有7个和9个优势学科进入ESI全球排名的前百分之一。在教育部第四轮学科评估中，全国仅有5家位列A类学科（见表2），华科的公共卫生与预防医学学科为仅有的两个A+学科之一。华科同济医学院的基础医学专业及公共卫生与预防医学专业均已进入世界一流学科的行列。而武大医学部的A3实验室是国内首家通过国家认可的“高级别生物安全实验室”，武大的医学研究院正在致力于重大疾病的基础和转化医学研究。

①数据来源：《2018年武汉市卫生健康事业发展简报》。

②数据来源：《中国卫生健康统计年鉴2019》及各大城市卫健委数据。

表2 第四轮学科评估中公共卫生与预防医学学科A类学科排名

评估结果(公共卫生与预防医学学科)	学校名称
A+	南京医科大学
A+	华中科技大学
A-	北京大学

在医学高等教育的发展领域，华科同济医学院附属的协和医院、同济医院,武汉大学附属的人民医院和中南医院也已经发展成为集医疗、教学和科研为一体的现代化综合医院,是中部地区的医疗中心,在复旦大学医院管理研究所连续10年发布的“中国医院排行榜——全国综合排行榜”分别位列第8、第12、第44和第78名。

此外,作为我国生物安全实验室平台体系中的重要区域节点,武汉P4实验室打造了新发、突发传染病病原研究单元和高等级生物安全实验室平台,具备了从事最高生物安全等级病原研究能力，可在国家公共卫生应急反应体系和生物防范体系中发挥核心功能。

三、完善公共卫生应急管理体系的总体框架

构建完备的公共卫生应急管理体系总体框架，是提升城市公共卫生应急管理水平的前提,必须贯彻落实习近平总书记“一保障四体系”重要精神,从推进超大城市治理体系和治理能力现代化的的高度，坚持把人民健康放在优先发展的战略地位,积极推进健康供给侧结构性改革,抓紧补短板、堵漏洞、强弱项,不断健全公共卫生应急管理体系,为市民提供全方位、全周期的健康服务。

(一)强化公共卫生法治保障

从立法、执法、司法、守法各环节发力,全面提高公共卫生安全的依法防控、依法治理能力。坚决贯彻落实国家公共卫生领域,特别是生物安全、传染病防治、野生动物保护等相关法律法规。依法依规开展公共卫生及疫情防控的风险评估、疫情监测、预警及疫情信息报告、通报和公布等工作。实时对接国家、省公共卫生相关法律法规的修订更新,结合武汉实际,依法出台涵盖疫情预防监测、定点医院医疗救治、医务人员保护鼓励、交通管制、防护物资调配、群防群治等领域的实施条例，为有序推进公共卫生安全及疫情防控相关的指挥机制、防控举措、工作程序等提供制度保障。依法严厉查处违反有关法律的行为,切实做到法无授权不可为、法定职责必须为。筑牢司法防线,准确适用法律,依

法严惩妨害公共卫生安全及疫情防控的各类违法犯罪行为。加强相关法律法规的宣传普及，提升全体市民的守法自觉，依法行使权利和履行义务，切实增强市民公共卫生法治观念，形成科学健康文明的生活方式。

(二)健全疾病预防控制体系

坚持预防为主、防治结合、中西医并重，不断优化医疗卫生服务体系，提升传染病、流行病、慢性病、职业病等的预防和服务能力。强化风险意识，完善公共卫生重大风险研判、评估、决策、防控协同机制，从源头遏制“小病”向“大疫”转变的各类风险。加强全科医生培养、分级诊疗、医疗联合体、流行病学监测网络等建设，推动公共卫生服务与医疗服务高效协同、无缝衔接。推进基本公共卫生服务均等化，不断优化城乡医疗卫生资源投入结构，加强公共卫生软件和硬件建设，全面提升城区、街区、社区、农村等不同层级医疗机构的疾病防控能力。推进公立医院高质量发展，促进社会力量办医加快发展，确保医疗卫生资源总量与质量同步提升。加强公共卫生队伍建设，健全执业人员培养、准入、使用、待遇保障、考核评价和激励机制。健全疾病风险预警机制，通过采样与病毒学监测相结合的方式，做到及早预见、尽早预警。建立健全“吹哨人”行为容错、保护制度，增强卫生医疗人员对疾病防控的责任心与积极性。坚持全社会共建，不断完善重点疾病汇报机制，充分发挥基层党组织、基层社区、基层卫生院所等基层单位“第一道防线”作用。坚持大健康理念，发展大健康产业，宣传健康文化，大力推动全民健身与全民健康深度融合，完善公共财政体育投入机制，加快发展体育事业和体育产业，增强民众体质，增强疾病抵抗能力。

(三)优化重大疫情防控救治体系

完善科学的疫情风险等级评估体系，依据病原体传染力、传播途径、人群易感性、病死率、爆发流行范围等不同特征及危害程度和发展可能趋势进行科学风险分析评估，实施疫情分级响应机制，确保疫情响应各项工作精简、快速、高效。加强重大疫情应急指挥机制建设，建立集中统一高效的领导指挥体系，做到指令清晰、系统有序、条块畅达、执行有力，精准解决疫情第一线问题。健全横向协同、上下联动、多元力量统一的疫情协同应对机制，把地方党委政府的治理优势和卫生专业部门、科研院所的技术优势充分结合，支持一线临床技术创新。运用大数据、人工智能、云计算等数字技术，在疫情监测分析、病毒溯源、防控救治、资源调配等方面更好发挥支撑作用。健全基层党组织领导的基层群众自治机制，强化社区防控网格化管理，加强对基层社区管理人员、社会工作者和社区群众的重大疫情应对宣传、培训和演练，鼓励群众服从统一管理、强化自我约束、互帮互助、群防群治，实现患者早发现、早报告、早隔离、早治疗，切实提升基层一线疫情应急响应能力。加大对传染病医院的投入，改善诊疗条件，提高疑难重症传染疾病的诊疗能力。建立健全分级、分层、分流的传染病等重大疫情救治机制，在提升大中型医疗卫生机构服务效能的同时，完善医联体共建机制，打造贴近社区和居民、受居民信任的基层社区诊所，做好辅助诊疗、有效转诊等工作，提升医疗资源的利用效率，强化医疗服务体系的承载力。

(四)创新重大疾病医疗保险和救助制度

加快健全完善托底线、救急难的基础性制度，在重大疫情应急响应机制启动等紧急情况发生时，考虑通过医保部门预拨部分医保基金的方式，确保医疗机构先救治、后收费。建立健全疾病应急救助制度，通过政府财政投入和社会捐助等渠道筹资建立专门基金，加强资金监管，规范应急救助行为，提高应急救助能力，在全市范围内快速、高效、有序地对需紧急救助但无负担能力的民众实施应急医疗救助。先行先试，探索建立特殊群体、特定疾病医药费豁免制度，有针对地免除医保支付目录、支付限额、用药量等限制性条款，减轻困难群众就医就诊后顾之忧。统筹基本医疗保险基金和公共卫生服务资金使用，提高对基层医疗机构的支付比例，实现公共卫生服务和医疗服务有效衔接。加强基本医疗保险、大病保险和医疗救助等制度的有效衔接，建立全市统一的城乡居民医保和重大疾病医疗保险制度，实现覆盖范围、待遇保障等的统一。坚持基本医疗卫生服务的公益性，不断扩大药品集中带量采购范围和品种，切实减轻疾病防控和群众看病负担。

(五)完善应急物资保障体系

把应急物资保障作为城市应急管理体系建设的重要内容，构建集中管理、统一调拨、平时服务、灾时应急、采储结合、节约高效的应急物资保障体系。优化城市重要应急物资产能保障和空间布局，建立集中生产调度机制，充分发挥大数据、人工智能、柔性制造等技术，依托常态化应急物资生产保障基地建设，确保应急物资生产有序有力。建立应急物资保障大数据平台，统筹应急物资采购、储备、分拨、转运、快递、配送等关键环节，全面提升应急物资保障管理水平。依托武汉区位优势，探索在武汉建设中部地区国家级应急物资保障中心，积极承担区域应急物资保障供应职能。探索建立常态化的应急物资采购储备基金制度，统筹财政投入、社会募捐等资金来源，确保非常时期应急物资采购资金需求。建立健全应急物资生产供应的技术支持、质量监管、价格控制等体制机制。

四、提升武汉市公共卫生应急管理能力的政策建议

(一)探索在武汉试点以“人民健康为核心”的大健康系统改革，提升公共卫生治理能力现代化水平

近年来，我国在公共卫生体系重构等方面取得了重要进展，但仍然存在一些结构性、制度性的不足。对武汉市而言，此次疫情也是探索公共卫生系统性改革的重要契机，必须敢为人先，以人民健康为中心推进公共卫生体系改革，全面提升武汉公共卫生体系的水平和质量。

1. 以加大投入为重点提高公共卫生领域供给质量

从抗击新冠肺炎疫情的实践来看，公共卫生领域的投入尚不适应实际需求。建设现代化的公共卫生体系，仍须大幅增加公共卫生财政投入，进一步加快公共卫生基础设施建设，提高公共卫生领域的供给质量。一是要加大卫生经费投入，其增幅应当不低于当年的财政收入增幅。建议人大出台或修订相关法律，规定公共卫生费用政府投入每年的最低 GDP 占比。同时要区分卫生总费用政府投入部分的投入比例，在医疗和公共卫生间做好平衡。二是要扩大公共卫生领域的财政投入，保障疾控体系和基层公共卫生体系正常运转的资金支持。三是要推动公共卫生支出向新城区、农村地区等资源相对不足地区倾斜，缩小区域间基本公共卫生服务的差距，加快基本公共卫生服务均等化进程。

2. 以高效、专业、独立性为目标加快深化疾控体系改革

疾病预防控制是公共卫生工作的基本内容，关系人民群众健康，造福千家万户，是保障国家社会稳定、维护经济持续发展的重要要素。加快推进疾控体系改革，首先要把疾病预防控制工作明确为政府优先保障的基本公共服务，重新界定各级疾控中心的机构性质。其次，要创新疾控体系运行机制。将卫生行政系统主导的疾控局和 CDC 系统合并，并与军队、科研等机构协调整合，统一组建成新的、相对独立的、专业化程度更高、自主性更强的 CDC 体系，使其在执法、疾病报告、数据公开及应急管理方面具备更强的独立性，除依法定程序外，

其他机构不得干预。最后，要实施疾控体系特殊的人才政策，改变选人用人方式、导向，坚持以德为先、德才兼备，坚持知识结构和学科背景的多元化，充分调动广大疾控专业技术人员的积极性、主动性和创造性。

3. 以公益性、专业性为导向深化公立医院改革

公立医院是我国公共卫生与基本医疗的中坚力量，是实现健康中国战略目标的重要专业技术主体。在此次抗击疫情中，“白衣战士”展现了救死扶伤、医者仁心的崇高精神。为此，强化公立医院在公共卫生中的重要职责，以公益性、专业性为导向深化公立医院改革，至关重要。一是通过完善公共卫生科室、加大公共卫生资源投入，强化公立医院的公共卫生职能。二是强化公立医院突发公共卫生事件应急机制的健全和完善。健全突发公共卫生事件应急响应机制，制定配套应急预案，定期模拟演练，并对医务人员进行专项培训，以提高全员应急意识和应急能力。三是完善对公立医院履行公共卫生职能的补偿机制。建议健全财政补偿机制，确定补偿标准及补偿方式，制定完善的补偿政策；完善各级医院公共卫生服务专项评价考核机制，由第三方进行绩效评估，考核结果与财政补偿标准挂钩。此外，还要以专业化为导向加快优化公立医院治理结构。

4. 以保基本、强能力为重点推进基层医疗卫生体系改革

基层医院直接面对地方人民群众的医疗服务与健康需求，是公共卫生事件发现、报告、防控的重要部门，在优质高效的医疗卫生服务体系发挥着主力军作用。一是要加大基层医院建设投入，继续增加公办或公私合营社区医院的数量。逐步推动中医馆、发热门诊和远程医疗会诊系统建设项目在基层医疗机构落地，增加医疗设备，改善医疗环境，提升基层医疗机构硬实力。二是借助智慧技术，打造综合服务平台。基层医院的服务项目不应只局限于预防保健、健康体检、突发事件处理等方面，应采用互联网、大数据、云平台技术，积极开展及落实健康档案、健康教育、健康管理和在线教育等项目服务，拓展基层医疗机构的公共卫生服务职能。三是深化基层医疗机构薪酬制度改革，落实“两个允许”和“一类保障、二类管理”等政策，大力提高基层医生的地位和待遇，注重基层医生的需求及成长。四是进一步强化大医院支持基层医院的体制机制，优化医联体内部资源配置，大力推进“分级诊疗”落地落实，提升老百姓在基层医院就医的信心。

(二)加强公共卫生与防疫的人才培养和基础科研工作,提升科学研究、疾病控制和临床治疗之间的联动性

改革公共卫生体系、加强突发公共卫生事件应急管理等,需要大量专业专职人才,除预防医学、临床医学等专业学科背景人才外,还需要一支懂预防、懂治疗、可预防、可治疗、能应急、能常态的复合型人才队伍。

1. 加强公共卫生一体化教育体系的建设,培养复合型拔尖人才

建设公共卫生与预防医学专业从学校教育、毕业后教育到继续医学教育的阶段分明、有机衔接、目标明确的一体化教育体系。针对学校教育阶段,规范、完善本科教育,以教学内容的规范化、教学方法的现代化和教学实践的普及化作为重点;积极发展硕士专业学位教育,注重培养以"岗位胜任力"为导向的实用型和技能型公共卫生人才;努力建设创新型公共卫生博士教育,更新教育理念,培养了解中国卫生国情、掌握疫情防控知识、具备创新科研能力、学科交叉融合能力、具有全球健康视野和协调管理潜力的高级复合型公共卫生人才。

针对毕业后教育,学习临床医学住院医师规范化培训的模式,开展公共卫生与预防医学实践规范化培训,建立国家规范化培训基地和质量标准,组织毕业生到教学实践基地(如各级疾控中心)、卫生与健康相关的企事业单位、医院的感染管理科室、急诊科或相关科室、健康相关的社会组织中实践。同时,要求优先参加突发公共卫生事件或重大疫情的现场防控实际工作,以提高疫情防控和应急处置能力。

对在职的疾控系统工作人员、与疾控工作相关的医疗服务机构工作人员、卫生与健康相关企事业单位专职人员等开展形式多样的继续医学教育。针对公共卫生突发事件应对和重大疫情的防控救治,有必要专项开展"现场流行病学培训"和"现场应急管理培训",并坚持实行疾控岗位全员轮训制,确保与突发公共卫生事件应对处置和重大疫情防控有关的机构和个人都能得到系统的培训,以应对各种应急需要。

2. 建立疾控、临床和科研协同的教学机制和平战结合的协调机制

从疾控体系来说,实时、系统、前沿的流行病学研究是疾病防控措施及时到位的关键科学依据;从疾病诊治系统来说,以临床数据样本为基础,采用现代基础医学手段开展的研究,能为病人诊治提供重要的病理知识基础(甚至是关键的靶位)。

只有将科研队伍与疾控及临床队伍在平时就组织成团队或形成协同的体系，加强科研合作、工作协作，并且把日常临床中常见的问题当作一次次演练来开展三方协同的研究与实践，才能在重大疫情出现时，临危不乱、胸有成竹地开展有效的防治及其相关的研究工作。

可考虑在科研院所与医疗机构中整合原预防医学科，使之成为一个公共卫生医学部门，甚至下设公共卫生科室，从而在医院层级中发挥院前院后患者的管理等缺失的功能作用。比如河南省人民医院的公共卫生病房楼，在此次疫情中就发挥了重要的作用，甚至还作为医院层面为国家医改提供从政策研究到实践的一手资料，弥补医改专家重理论轻临床实践的不足。

此外，现有的很多研究机构，比如一些病毒所，还没能真正发挥作用，对这些公共卫生与防疫研究机构要进行梳理，加强公共卫生、防疫研究的体系性、针对性，加大投入，在病毒和防疫研究方面走在前面。

（三）加强现代信息技术在公共卫生应急管理中的深度应用，健全公共卫生应急联动响应体系

在这次新冠疫情防控中，以大数据、云计算、人工智能等为代表的新一代技术发挥了重要作用，例如利用无人机进行户外行人监测、防疫宣传、入户体温检测、车辆扫码放行，运用智能化技术进行公共场所人群远程测温，通过无人驾驶车辆进行物资配送，运用大数据进行感染人数、疫情趋势、疫区分布等的预测及模拟。针对此次新冠疫情应对中暴露出来的短板和不足，我们应更加主动地发展现代信息技术，将“智慧城市”建设深入公共卫生应急管理，切实提升公共卫生信息化治理能力和水平。

1.开展数字化协同建设，加强信息化应急指挥机制建设

依托大数据技术，及时建立完善应急大数据平台、指挥调度中心和指挥体系建设。建立信息化的24小时/17天监视机制和预警警告系统。依托民营企业专业优势，完善应急队伍配备。结合非典、非洲猪瘟、新型冠状病毒肺炎等特别重大的病毒传染疫情，展开大规模疫情传播的研究预判和防控演练。加强各级应急管理人员能力建设，精通信息情报系统，应急处理方案和基层、社区的应变能力与备灾常识。另一方面，政府部门掌握准确的疫情信息、医疗资源信息，及时发布疫情动态、公布患者活动轨迹、科学辟谣，有助于减少社会恐慌，提醒公众加强防护，减少病毒侵袭的风险；同时面向公众发布包括指定医院的病床

数、发热门诊人数、出诊医师信息等便民信息，公众一旦出现症状，可以就地快速就诊。

2. 建立可追溯信息平台，提供信息化保障

一是开发务工人员疫情防控和流动安全大数据平台，实现务工人员健康档案、企业用工信息、上下班通行等扫码查询、扫码操作，方便快捷可操作易推广，为可追溯提供载体，以可追溯倒逼压实责任，以政府信用为务工人员担保，解决供需双方信息不对称问题，供需双方信息共享和全过程可查核可追溯。

二是重点针对应急物资中的重点药品、医疗器械品种等建立应急物资追溯体系，通过打造药品、医疗器械等重点物资从生产到流通到使用的全流程追溯，在提高药品、医疗器械的使用安全水平的同时，为政府的应急物资调配提供有力保障。以医疗器械为例，在信息化追溯体系的支持下，在重点公共卫生事件突发初期，政府就可以快速掌握重点产品的产能分布、现有库存分布、流通渠道分布等情况，结合疫情发展情况，能够根据全国各地应急物资需求的缺口量，并结合产能分布和流通渠道的分布进行更为高效的调配，同时还可以做到应急物资款项的专款专用，下发后专途使用。

(四)进一步优化信息沟通、发布机制，提升突发公共卫生事件下的舆情治理能力

完善疫情信息公开机制是公共卫生服务制度体系的重要内容。建立统一的疫情统计和疫情发布标准，构建以政府权威发布为主、有公信力和影响力的公众人物舆论引导为补充的信息发布矩阵，积极主动回应社会关切，有利于提高政府公信力，传播正能量，增强社会凝聚力。

1. 健全信息发布机制

确保信息真实可信，把公共卫生突发事件信息管理纳入诚信政府建设的重要环节，针对具体公共卫生突发事件，加强政府部门与专家学者、医疗卫生工作人员的沟通合作，提升科学研判事件风险的能力，确保政府及相关职能部门对外发布的信息真实可信，让老百姓心中有数。做到信息及时发布，健全覆盖城乡、灵敏高效、快速畅通的公共卫生事件信息网络，第一时间向社会发布事件信息，避免不实言论甚至谣言对社会大环境的冲击，错失舆论主动权。强化加强信息公开透明发布力度，针对事件的关键环节、发展动态、潜在风险，依法依规、公开透明地向公众发布信息，即使信息暂时不完全、事态暂时不明了，

也可以给公众发布事先预警,然后随着信息的完善不断更新。确保信息发布的统一性,加强不同职能部门之间的协调沟通,搭建统一的信息发布平台,确保对外发布的信息口径一致,避免信息发布自相矛盾、部门之间相互打架,降低信息发布的权威性。

2. 加强信息沟通和舆情引导

给社会适度的表达空间,坚持以防范风险为目的,以保障公众知情权、表达权和监督权为诉求,加快理顺社会组织、媒体、专业人员、公众个体发布信息的体制机制,特别是加快完善"吹哨人"容错免责机制,对公共卫生突发事件原初的各类舆情传播与扩散保持适度宽容,避免错失防控的关键节点。加强信息跟踪,推进信息平台、咨询热线、新闻发布等领域的供给侧改革,聚焦民众关切话题,通过主流媒体和专业人士发声,进行有针对性的答疑解惑,化解社会忧虑情绪,提升社会支持度。发挥基层社区宣传堡垒作用,通过墙体广告、横幅、标语、漫画、板报、手抄报、大喇叭等民众喜闻乐见的方式开展舆情引导,引导普通民众不信谣、不传谣的同时,切实提升正面舆情到达率,提升基层社区凝聚力。

3. 严厉打击信息违法行为

完善舆情监管机制,按照"谁经营谁负责,谁主管谁负责、谁发布谁负责"的原则,运用各种技术手段和法律法规,规范传播秩序,净化舆情空间,防止因虚假信息、谣言猜测、恶意操作误导舆论,对恶意发布、传播虚假信息或借机泄露、买卖个人合法隐私信息的行为,造成不良社会影响的,网信、公安部门要依法依规处理,追究发布人、转发人及相关传播平台的法律责任。对接国家相关法律法规,结合武汉实际,进一步优化武汉公共卫生应急管理舆情管理条例等地方法规,为打击造谣、传谣等各类信息违法行为提供必要的法律保障。

(五)提升公众素养,增强科学应对突发公共卫生事件能力

1. 倡导健康文明的生活方式

坚持预防为主的理念,深入开展爱国卫生运动,倡导健康文明的生活方式,预防控制重大疾病发生或使"小病酿成大疫"。切实把生态文明建设融入公众日常生活,引导公众树立科学的生态文明理念,爱护自然,珍爱野生动物,坚决革除滥杀滥食野生动物的陋习,与大自然和谐共处。加强生命健康教育,做好相关疾病预防、康复、保健及危机时期自我保护等知识的宣传教育,引导公

众树立珍爱生命、健康至上的正确生命观，培养公众积极向上的乐观主义精神，强化心理抗压能力和科学防护守卫自身安全的能力。倡导健康的日常生活方式，勤洗手、居家讲卫生，倡导分餐制、公筷公勺制、餐具专人专用制等。深入开展全民健身运动，让运动切实成为民众美好生活中不可缺少的重要内容，提升个人身体素质和免疫力。

2. 加强应急知识的宣传教育

开展市民公共卫生素养教育行动，将公共卫生安全教育纳入公众安全健康宣教和安全健康文化建设内容范畴，加强卫生、医疗、应急、网信、教育等部门的合作，依托家庭、学校、社区、企事业单位等平台，常态化开展公共卫生安全教育。强化公众对传染病的传染源、传播途径、传播风险等的认识，切实让市民认识到对自己、对他人、对公共卫生安全应承担的责任，规范公众健康安全行为。宣传普及各种突发公共卫生事件的防治知识，让公众形成积极预防、有序应对的正确态度，提高个体和群体的预防保护能力。提升公众对公共卫生突发事件各环节信息价值的自觉认识及敏锐的判断力和分析力，善于运用权威信息指导自身进行科学防疫防护，避免信谣、传谣或出现恐慌。设立武汉公共卫生安全日，通过常态化开展应急演练、专家讲座、发放宣传册等，警钟长鸣，切实提升公众对公共卫生安全事件的警觉性和应对能力。

3. 提升公众群防群控能力

充分发挥群众的主体作用，调动公众防控公共卫生突发事件的主观能动性，变“要我防疫”为“我要防疫”，变“要我尽责”为“我要尽责”，形成大家都自律、人人抓防控、个个都出力的良好局面。面对突发公共卫生事件，鼓励公众主动申报登记相关健康信息，不隐瞒、不逃避，积极配合调查，依法履行公民义务。充分发挥基层党组织战斗堡垒作用，将公共卫生突发事件预防、应对与常态化的基层社会治理紧密结合，广泛吸纳民智、听取民意，将防控关口前移，依托基层社区治理、红色物业、社区志愿服务等，系统做好疫情监测、排查、预警及重要生活物资保障供应和困难群众救助等各项工作，鼓励民众相互督促、互帮互助，形成公众携手应对公共卫生突发事件的合力。

执笔人：袁　圆　王　珺　叶传忠　万　伟　伍　玥

基层社区在突发事件防范与应对中的角色定位及能力建设研究

——对武汉市基层社区治理情况的问卷调查分析

杜　涛

一、习近平总书记关于社会治理和基层治理的相关论断

习近平总书记有关社会治理重要论述体现在对社会治理制度、治理标准、治理目标、治理重心等方面，习近平总书记新时代社会治理重要论述为基层社区在突发事件防范与应对中的角色定位及能力建设研究提供了理论依据和实践指导。

(一)关于治理制度：坚持和完善共建共治共享的社会治理制度

"坚持和完善共建共治共享，保持社会稳定、维护国家安全"是习近平总书记所倡导的新时代社会治理制度。共建共治共享治理制度体现的是全民参与，它尊重了人民的参与权，维护了人民群众的根本利益。

(二)关于治理标准：完善社会治理机制，提升"四化"水平

习近平总书记在党的十九大上首次为社会治理制定了标准，他强调要"提高社会治理社会化、法治化、智能化、专业化水平"。这一思想的提出具有里程碑的意义，它让社会治理的水平成为一种可以量化的指标，让一切有理可依、有据可循。

(三)关于治理目标：以人民为中心，保障和改善民生

习近平总书记指出要"提高保障和改善民生水平，加强和创新社会治理"。以人民为中心的思想就是要求我们在治理过程中及时了解群众实际生活情

况，知道什么是群众真正想要的，社会治理能够为人民群众带来多少利益，要从人民的根本利益着手谋划思路、制定措施、推动落实。要解决人民生活的基本生存需求，关心人民的现实利益，从而实现社会治理目标。

（四）关于治理重心：深入落实基层治理，提升社会治理成效

习近平总书记指出，推进改革发展稳定的大量任务在基层，推动党和国家各项政策落地的责任主体在基层，推进国家治理体系和治理现代化的基础性工作也在基层。分析当前我国的各种社会矛盾，主要问题都集中在基层。基层是社会的基础，在社会治理过程中如何抓好基层治理是我们当下最要紧的问题，也是实现我国社会治理现代化的必经之路。习近平总书记强调要“加强社区治理体系建设，推动社会治理重心向基层下移发挥社会组织作用，实现政府治理和社会调节居民自治良性互动”。基层治理既是重点也是难点。现在基层社会治理体系中依然存在不少问题，而且不断涌现的新问题也加大了治理难度。

所以，我们必须深挖基层社区治理问题，创新现有的基层社会治理体制，加大对基层的资金和技术投入，为基层群众提供更精准的服务，从而推动基层治理紧跟社会发展的脚步。

二、当下基层社区的角色定位及其服务能力的问卷调查

为进一步了解社区在常态化疫情防控中的角色定位及其能力建设情况，以便进一步提升社区综合治理能力和水平，本研究设计了调查问卷，对武汉市社区治理情况作了大致的调查了解。此次回收有效纸质调查问卷共计 189 份，问卷受访人员中，自由职业者、公司和企业员工占比较大（占 22.09%），服务业人员和商人个体户均占 13.95%，事业单位人员占 12.79%，社会组织工作人员、公务员以及下岗、家庭主妇等无职业者占 5%左右。

（一）社区居民对基层社区的作用发挥及其角色定位的认可情况

1.绝大多数居民在社区出现公共问题时，多优先找政府解决

问卷调查显示：目前政府（70%）是社区出现公共问题时，市民优先求助的对象，其次依次是业主委员会（60%）、居委会（50%）以及居民自己组织协调（50%）、物业（30%）等。目前在居民看来，居委会未能承担起社会治理最后一公里的重要站位。实践调查中也显示，很多小区居民在遇到重大公共问题时，首先想到的是打市民热线或是在城市留言版上留言反馈（见图 1）。

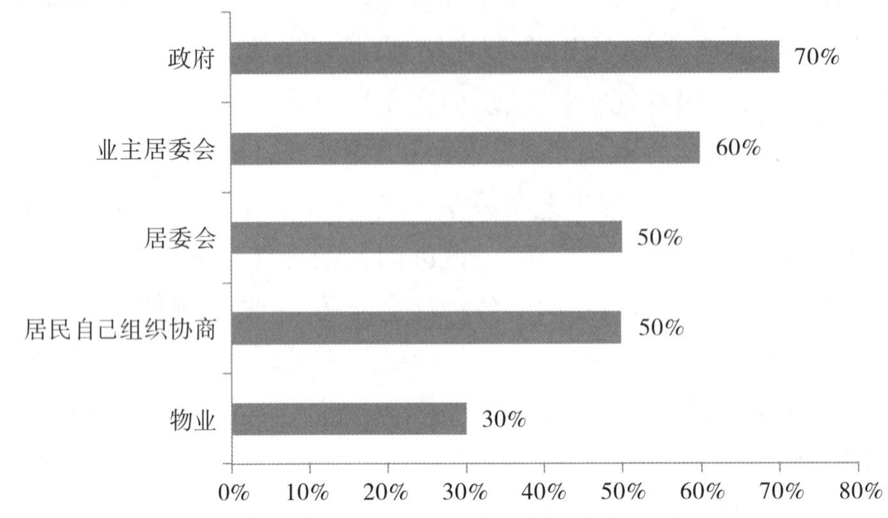

图 1 您认为社区出现公共问题,应优先靠谁来解决

2.绝大多数居民认为“没有社区居委会来组织,啥事都搞不起来”

问卷调查显示:六成居民选择认同社区开展工作的重要作用,八成居民不认同社区的事儿找能干的人决定就行了,认为还是需要通过社区。九成居民认为自己有权利参与讨论社区公共资金如何使用等(见图 2)。

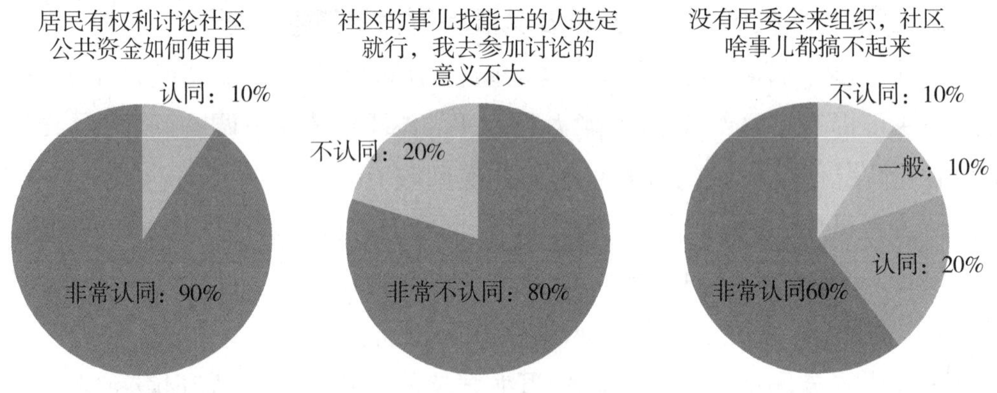

图 2 社区居民对社区居委会的认同度以及对社区公共资金的使用看法

3.大多数居民认为社区居委会和社区党组织发挥了比较重要的作用

问卷调查显示:绝大多数居民(75%~80%)认为选择社区居委会和社区党组织发挥了非常重要作用,同时,75%的居民认为业主委员会发挥了非常大的作用,也许是因为居民更信赖自己推选出来的业主委员会,认为他们更能代表自己发声(见图 3)。

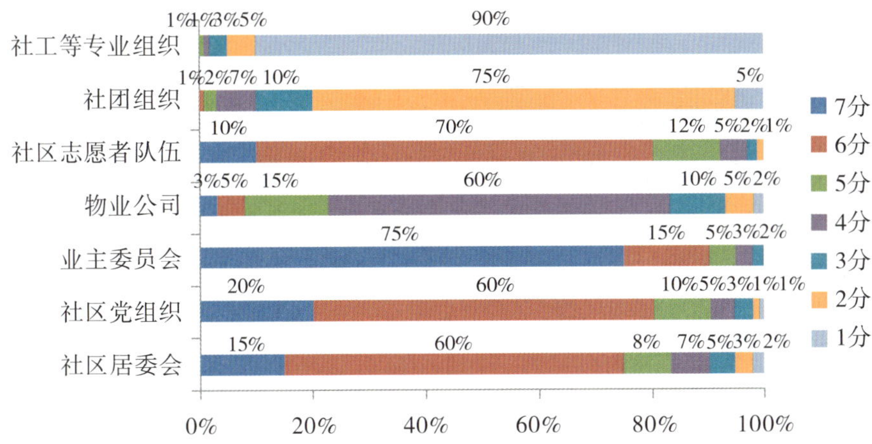

图 3 对社区服务与治理中社会各组织发挥的重要性的认同

（二）社区居民对社区服务与治理能力的认可情况

1. 多数居民知晓或参与了社区组织的各类活动或组织

问卷调查显示：八成左右居民参与了志愿服务队、爱心组织，环保团队等社区公益慈善类团体组织的活动，七成左右居民参与了社区舞蹈队、书法社、曲艺社等组织的文体兴趣类活动，六成左右居民参与了社区为老人、儿童等提供的专业服务。但是大多数居民并没有参与到社区议事会、业委会、停车管理会等议事协调类组织或妇联、老年人协会、残疾人协会等群团组织，说明社区与社会团体组织之间紧密度不够（见图 4）。

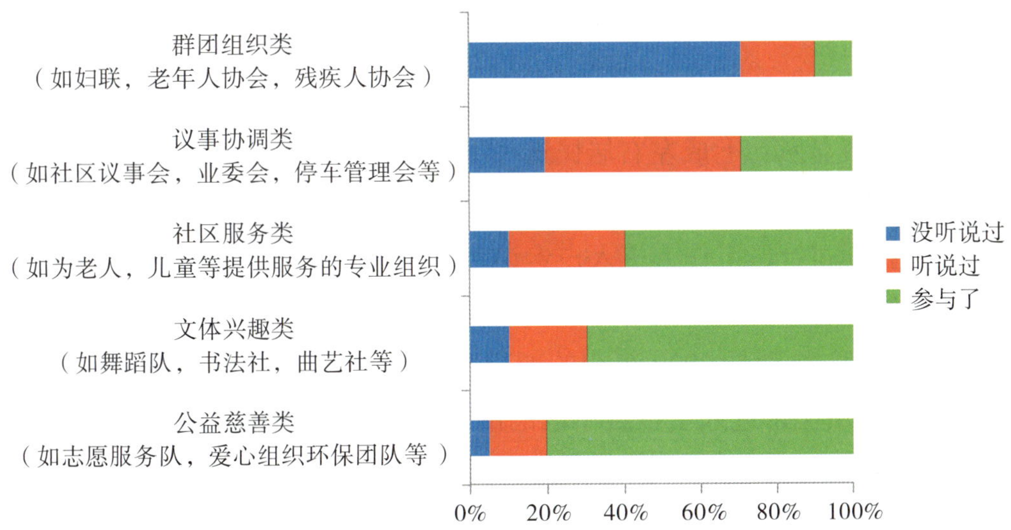

图 4 你是否听说或参加过以下类型的社区中组织的活动？

2. 多数居民认为所在社区的公共活动空间(如社区广场,活动室等)不够充分

问卷调查显示：六成左右居民认为所在社区的公共活动空间（如社区广场、活动室等)非常不够,三成以上居民认为不太够,仅有 9%以上的居民认为基本够用,1%左右的居民认为已经非常充分了。通过调研了解到,目前很多社区在开发初期均设计有社区广场或活动室,但是由于后期停车位不足,很多小区的广场或绿地被改换为停车功能，活动室也被租用为非公益性的经营性场所(见图 5)。

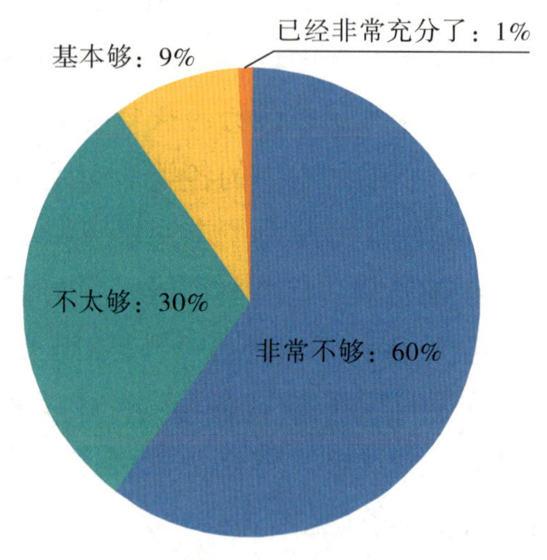

图 5 您认为所在社区的公共活动空间(如社区广场、活动室等)是否充分？

3.多数居民首选网络平台为反映公共问题的意见表达渠道

问卷调查显示：七成左右居民选择网络意见平台表达自己对社区公共问题的意见和建议,一半左右居民选择直接去社区居委会反映问题,而仅有 5%的居民选择通过社区工作人员入户走访时反映问题，还有 10%左右的居民则希望通过社区召开的居民讨论会反映问题。因近年来,武汉市一直非常注重社区网格化管理,特别是 2020 年初的新冠肺炎疫情以后,除了年龄偏大的老年人外,大多数市民都进入了各自小区的网格群,通过社区网格平台了解社区日常信息,表达自己的意见和建议,团购物资等(见图 6)。

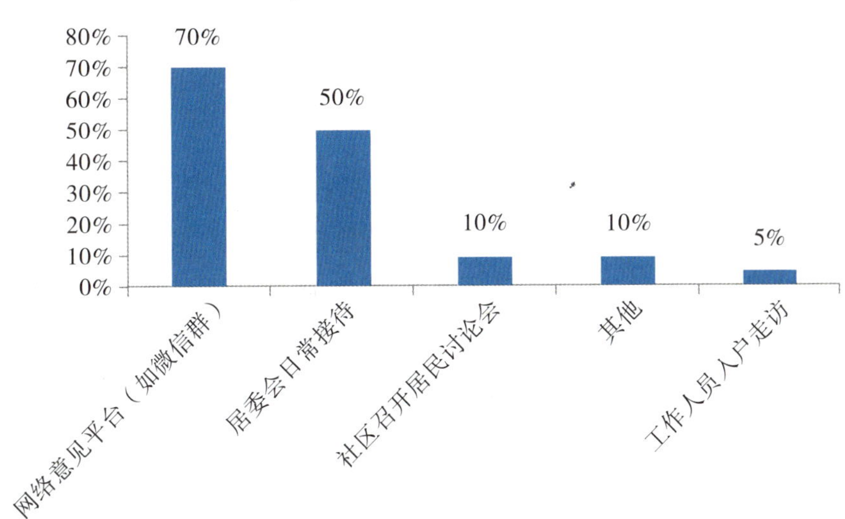

图 6 您对本社区反映公共问题有哪些意见表达渠道？

4.多数居民认为目前居住的小区主要提供了保洁、保安服务

问卷调查显示：九成以上居民认为所居住的小区能够提供保洁、保安服务，20%以上的居民认为能够提供医疗看护服务，而仅有10%左右的居民则认为居住的小区能够提供学校、运动设施及机构、购物配套设施等服务，5%左右居民可以享受到社区巴士服务。从走访情况看，武汉的常青花园小区、百步亭小区等大型社区等因居民偏多，所以小区内相应的配套服务比较齐全，而大多数小区通常没有提供运动设施、购物配套设施、学校等，主要依靠小区外的公共服务。这也说明武汉大型社区并不多(见图7)。

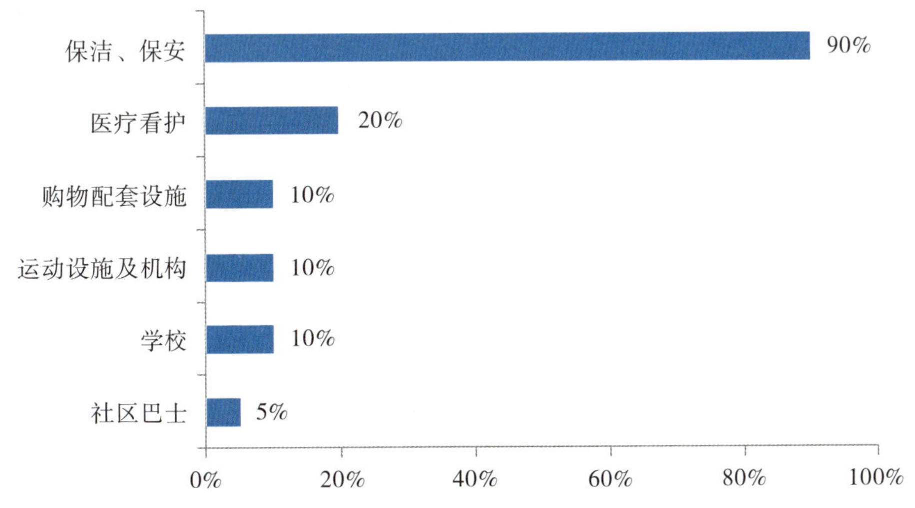

图 7 您目前居住的小区能够提供哪些服务？

(三)社区居民对疫后社区服务与治理能力的期望和建议

1.多数居民认可社区养老服务,七成左右居民选择机构养老、社区日托养老模式

问卷调查结果显示,九成以上居民赞同社区养老,其中30%左右居民非常赞同社区养老服务,认为可以减轻子女的负担,而且老年人在一起也很有意思。六成左右居民认为社区养老还是不错的选择,只不过有时父母会想念子女。仅为5%左右的人不太赞成社区养老,认为父母在身边才能更好地照顾他们。5%的人认为无所谓,主要视家中的经济条件而定(见图8)。

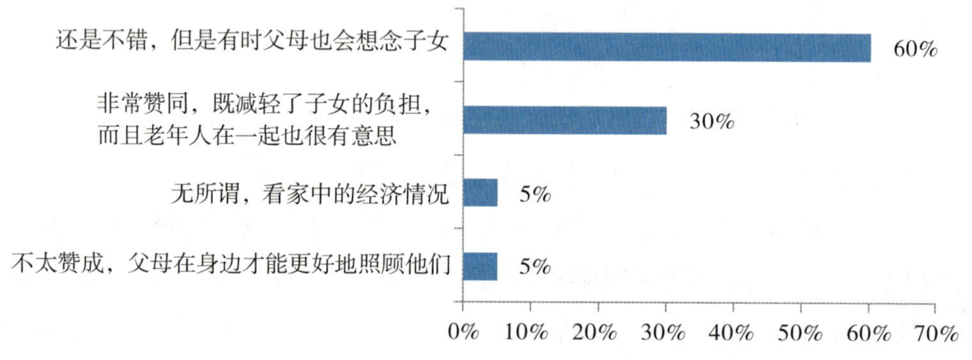

图8 请问您对社区养老的看法

问卷调查显示,七成左右居民选择在养老院、老年公寓等专业养老机构养老或是社区日托养老服务模式;六成左右居民认同社区居家养老模式,即居住在家里,由社区提供生活照料、家政和医疗保健等服务;一半左右居民选择由家庭成员提供日常服务的家庭养老模式或是由社会组织或社会企业提供养老服务(见图9)。

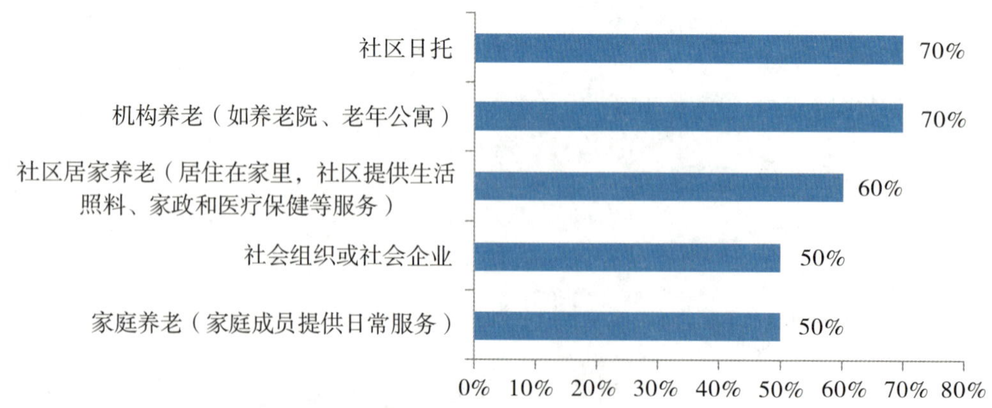

图9 请问您认为对老年人养老而言,最合适的方式

问卷结果显示，85%居民选择医疗保健养老服务项目，80%的人选择诸如洗衣做饭、打扫卫生、买菜购物、洗澡穿衣、陪同外出等生活照料服务，75%的人选择身体锻炼，70%的选择如日托站等日托服务，50%的人选择聊天解闷，心理开导等心理护理，40%的人选择参与社会活动，30%的人选择麻将、桥牌等休闲娱乐活动、老年人学习培训或是提供紧急救助服务（见图10）。

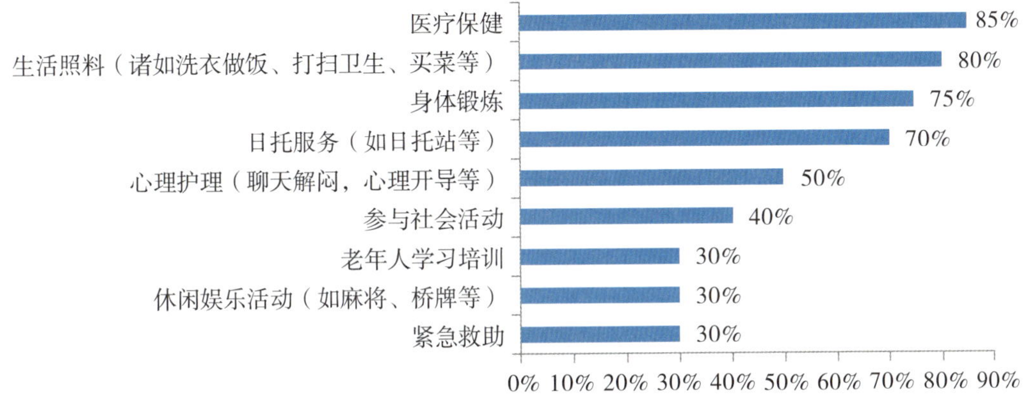

图10 您感觉您（长辈）在平时生活中需要哪些养老服务项目？

问卷调查表明，九成左右居民最希望小区的社区医院能够提供专业健康护理类服务，八成左右居民最希望小区社区医院提供康复类服务紧急救助类服务，七成左右居民最希望小区社区医院提供养生保健类服务，六成左右居民最希望小区社区医院提供医疗绿色通道服务，将近一半居民最希望小区社区医院提供社区门诊，还有10%左右居民最希望小区社区医院提供健康教育类服务，以上表明大多数社区居民寄希望于社区医院能够不同于偏重救治服务的大医院，应尽量能够提供一些健康护理、康复训练、紧急救助、养生保健等服务项目（见图11）。

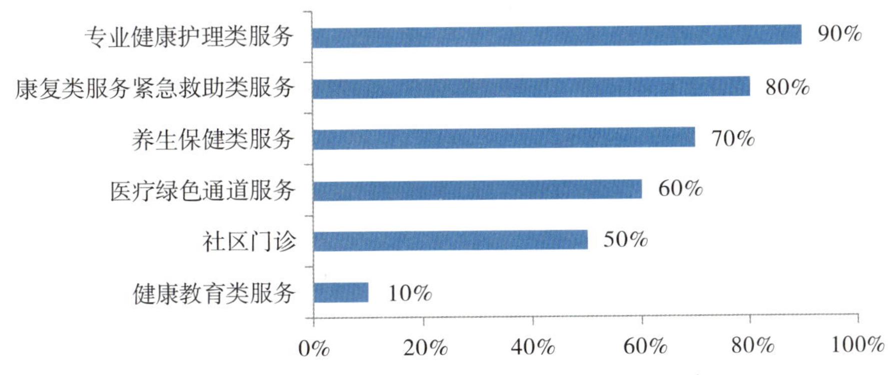

图11 您最希望小区的社区医院能够提供哪些服务？

2.多数居民希望社区能够提供特殊饮食服务或养生烹饪指导

问卷调查结果显示，九成以上居民认为在目前居住的小区居民特别需要为老人、小孩、病人提供特殊的饮食服务，八成以上居民则认为小区里最需要提供长期家庭养生烹饪指导，75%以上居民则认为小区里最需要提供家庭营养搭配指导，一半以上居民认为小区里最需要提供三餐服务，仅有20%左右居民认为小区里最需要提供节日宴或婚礼宴请服务(见图12)。

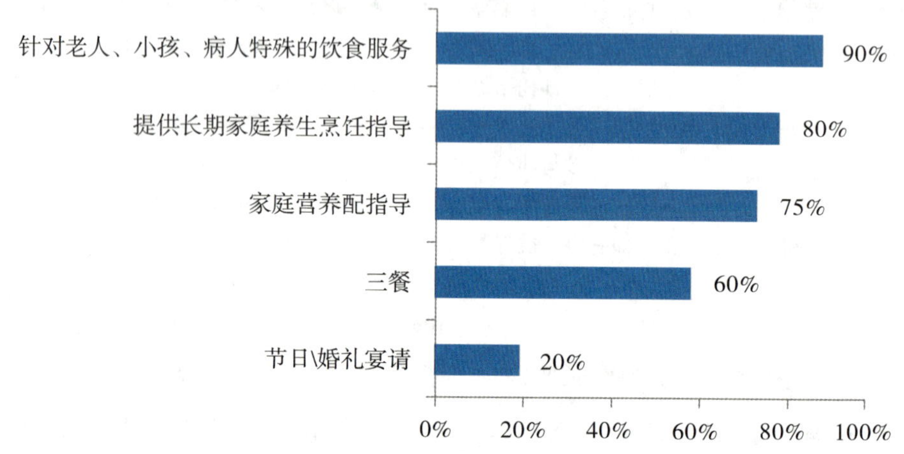

图12 您认为在目前居住的小区里最需要哪几项餐饮服务

3. 多数居民最希望社区能够优先考虑为社区困难家庭解决就业问题

问卷调查结果显示，八成以上居民希望社区能够帮助解决就业困难问题，九成以上居民希望社区能够为困难家庭排忧解难，提供就业解决生活困难问题；六成以上居民希望社区能够每周组织举办招聘会，提供更多就业机会；一半左右居民希望社区能够为其提供保洁、保安工作机会(见图13)。

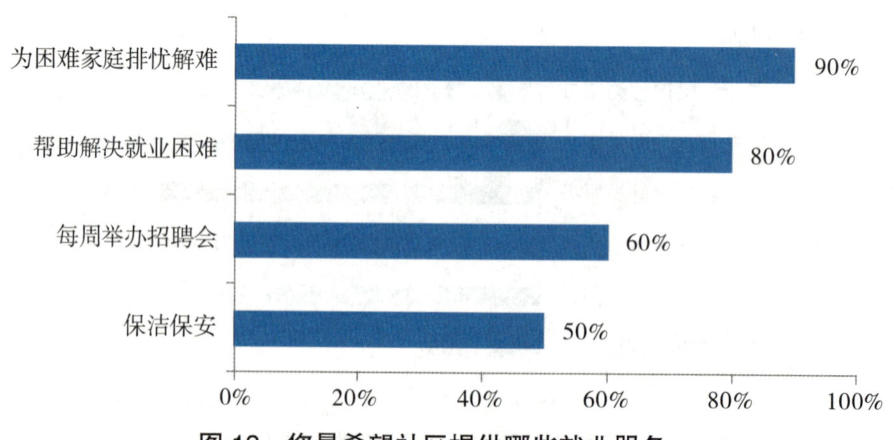

图13 您最希望社区提供哪些就业服务

4.多数居民最希望社区整合资源向居民提供完善的社区服务

问卷调查结果显示，九成以上居民希望社区能够统一整合各种资源向居民提供完善的社区服务；六成以上居民希望社区组织友爱互助团体进行服务，完善社区就业服务体系；一半左右居民希望社区能够组织志愿者进行服务，发挥志愿服务帮扶就业（见图14）。

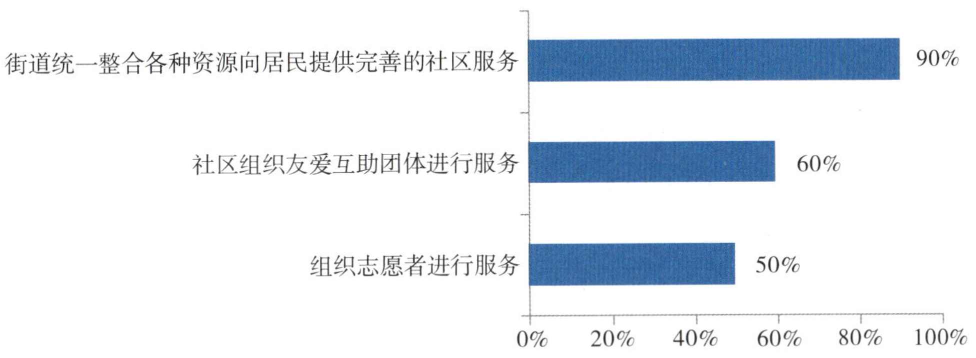

图14 您希望将来的社区就业服务体系如何构建？

三、国内应急安全形势和社区在突发事件防范与应对中暴露出的短板

（一）当前我国突发事件形势依然严峻复杂

近年来，我国安全形势保持稳定向好态势。据应急管理部通报：2019年实现了事故总量、较大事故、重特大事故起数“三个继续下降”，自然灾害因灾死亡失踪人数、倒塌房屋数量、直接经济损失占GDP比重较近5年均值大幅降低。但突发事故尤其是安全生产事故仍处于爬坡过坎期，危险化学品、煤矿、消防等传统高危行业风险尚未得到全面有效防控，城市建设、污染防治等领域新情况新风险不断涌现，重特大事故时有发生。特别是安全发展理念还不够牢、安全责任不落实、本质安全水平不高、安全预防控制体系不完善等瓶颈性、根源性、本质性问题仍未得到根本性解决，全国安全生产整体水平还不高。由于自然和人为致灾因素相互联系、传统安全与非传统安全因素相互作用、社会矛盾与新生社会矛盾相互交织，不确定性因素增加。加之受认知程度、防控准度、落实力度等限制，许多突发事故未能防患于未然。尽管从中央到地方，各级应急处突救援越来越快，但总体伤亡大、损失大、影响大，仍然给人民群众生命与健康安全带来了极大威胁。2019年我国各种自然灾害共造成1.3亿人次受灾，909人死亡失踪，12.6万间房屋倒塌，直接经济损失3270.9亿元。

21世纪以来，中国先后经历过数次重大自然灾害和突发事件危机，它们对

经济社会运行产生了不同程度的负面效应。其中，2003 年 SARS 疫情对经济的影响特别是短期冲击幅度最大，并与 2020 年的新冠病毒肺炎疫情存在更大的相似性。由流行性、传染性疾病引发的公共卫生危机始终是人类社会发展共同面临的重大现实问题，特别是在全球化分工与协作高度紧密的现代社会，其对经济社会发展和人民生活福祉的影响更加凸显。

新冠病毒肺炎疫情对经济造成的直接损失虽然在短期内表现直观而突出，但其中部分损失，特别是直接面对消费者的服务行业的经济损失会在疫情结束后，随着需求的重新释放而得以恢复和弥补。而疫情对经济领域带来的间接影响和损失却不会在短期内完全显现，但其影响和规模亦不可低估，对工业产业链运行的间接影响以及对就业、对中小微民营企业生存发展带来的挑战，都会对中国经济长期平稳发展造成连锁性的不可逆损失。

总体来看，统一指挥、专常兼备、反应灵敏、上下联动、平战结合的中国特色应急管理体制正加快形成，制度优势不断彰显。但公众参与应急管理的社会化组织程度较低，公共安全意识和自救互救能力总体薄弱，尤其是基层应急能力薄弱，仍存在重事后处置、轻事前准备等问题，需要从制度层面进一步重塑和构建。

（二）武汉市目前社区服务治理现状

1.围绕“三聚焦”抓好社会治理工作落实

一是聚焦脱贫攻坚，基本民生保障进一步强化。坚持托底线、解急难，2020 年 4 月 1 日起，城乡低保、特困人员保障再次提标，上半年发放各类救助金近 10 亿元，建档立卡贫困人口全部纳入低保保障，社会救助体系不断完善、响应更加灵敏。

二是聚焦特殊群体，基本社会服务进一步优化。坚持一手抓“封控管理”，一手抓“恢复服务”，统筹推进养老服务业、人工智能养老、城企联动普惠养老等改革试点，探索设立“家庭照护床位”，各类养老设施正在抓紧建设。

三是聚焦群众关切，基层社会治理进一步深化。坚持抓联动、筑根基，开展城乡社区结对共建，实施“社区治理创新助力计划”，举办社会工作宣传周活动，出台社区工作者管理办法，建立 4 岗 18 级岗位等级序列，进出有通道、履职有目标、考核有标准、待遇有保障、发展有空间、激励有机制的社区工作者职业化体系初步建立。

2.完善五大民生体系

一是加密全面托底的救助保障体系，重点从加大救助力度、提高救助精度、扩大救助广度着力，探索建立快速响应综合施策救助系统，进一步兜住“底线民生”。

二是完善均衡公平的设施制度体系，重点从补齐民政设施短板、编制“十四五”规划、推进慈善养老立法等方面着力，确保政策和决策落地见效，进一步夯实“基本民生”。

三是构建共建共治共享的社区治理体系，重点从激活力、聚合力、增动力着力，落实社区工作者管理办法，建立平战转换应急机制，制定机关干部、党员等下沉社区常态化管理办法，进一步深化“服务民生”。

四是完善供需对接的养老服务体系，重点从监管标准化、设施体系化、服务智能化着力，深化人工智能养老社会实验改革试点，新建一批养老设施，确保养老床位数达到每千名老人50张，进一步提升“品质民生”。

五是优化均等高效的社会服务体系，重点从推进殡葬信息化、慈善捐赠公开常态化、政务服务从“一网通办”向“全市通办”深化等重点方面着力，进一步构建“幸福民生”。

（三）基层社区在突发事件防范与应对中暴露出的短板

1.社区服务的队伍建设问题亟需解决，社区党建相对滞后于社区治理实践

社区服务工作是专业化的服务工作，还是可以任何人进入的就业领域，或者它内部是否有专业和非专业之划分。如果没有，那么社区服务就会成为一个“筐”，无法为居民解决繁杂的问题。完善的用人机制没有真正建立起来，也会影响工作人员积极性、主动性的发挥。缺乏合理的人才流动机制，好的人才难引进，现有的人员难调出，影响了社区服务队伍的整体活力。

当前，武汉市仍有一些社区党建工作滞后于社区治理实践，基层党组织战斗堡垒作用发挥不够充分。一是社区基层党建工作一定程度上存在虚化现象，落实上级决策部署不坚决、不到位。二是社区存在党员干部人员偏少、年龄偏大、工资待遇偏低等问题，特别是有的社区支部书记难以承担起引领城市社区治理的“领头人”角色。三是有的社区干部党性意识、身份意识、宗旨意识较为淡薄，与社区居民群众交流少、不能赢得基层群众的广泛拥护和支持。以上这些导致调查问卷中显示出当社区出现公共问题时，社区居民多选择通过政府

渠道寻求解决，对社区居委会处理重大问题的能力有所质疑。

2. 社区服务功能普遍薄弱，目前的综合保障能力满足不了应急情况下的现实需要

当前，社区承载的责任越来越广泛和重要，但社区的人力、财力、物力配备与现代化社区的建设还不相匹配，特别是在突发事件处理过程中，社区往往捉襟见肘。一是社区人员力量紧缺。社区联系千家万户，群体庞大、人员复杂，而社区干部数量少、任务重，往往处理行政事务的时间多于服务居民的时间。二是经费保障短缺。社区承担各级各部门安排的大量行政事务，但是目前社区普遍存在着经费不足的问题。经费不足给社区工作的开展带来了许多困难，为居民办实事的资金没有保证，开展各种创建活动所需的资金很有限，导致各项工作难以保障和正常运行。三是社区服务硬件设备薄弱。大多数社区基本没有相关服务设施，软件配套也非常薄弱，主要是社区作为提供居民服务的平台未建立，能提供服务的项目特别是与日常生活密切相关的太少。四是应急处理经验不足，应急能力有限。遇到突发事件时，一些社区工作人员应急管理经验明显不足，应急能力亟待提高。目前来说，社区提供服务总体上不能满足群众的需求。

据问卷调查了解，目前社区从事预防传染病等公共卫生事务的专业人员尚不能满足疫情防控需要（29.07%的居民认为），社区卫生服务机构的基础设施条件较差（31.4%的居民认为）。

3. 体制不顺、权责不明，社区工作人员压力较大

目前城区每个社区都要应对众多条线的工作任务，甚至相当多的部门是将其职能延伸到社区，把社区工作台帐作为落实和完成各类行政工作的载体，使得社区有时还要完成一些临时性的额外任务。由于各条线下达的任务很多，所以社区工作人员不得不花大量的时间和精力去完成这些任务，而很少有时间去研究和解决社区自身的自治和发展问题。

社区是疫情联防联控的第一线，社区工作者们每天战斗在社区第一线，保障了每家每户的安全，也保障了整座城市最基础的平安。根据在某社区的调查，社区的 8 名工作人员日常服务 2000 户居民。疫情暴发以来，社区工作者们每天早上七点到晚上八点半甚至十点一直在忙碌着。他们要入户核查，做好居民体温监测排查，外来人员的抵达时间、所乘交通工具等的排查；发现

异常，第一时间上报街道；要与防疫部门一起让发热患者早日接受核酸检测；劝解需隔离的人员及时隔离；参加小区门口值守，查验人员出入证明，劝阻居民外出；在社区楼栋张贴倡议书和疫情通报宣传疫情防控政策，安抚群众情绪；帮助被隔离群众购买蔬菜和生活用品；协助做好小区公共空间和楼栋消毒灭菌工作等等。

新型冠状病毒呈现出非常强烈的、明显的人传人的特性，大量入户排查必然增大社区工作人员交叉感染的风险。有时他们还要与防疫部门工作人员一起接触发热患者或确诊病例，但是，他们所拥有的防护物资一度是不完备的，在一定程度上增加被感染的风险。

四、强化基层社区的角色定位，提升社区应急能力建设的策略

针对上述问题，在当前及以后预防和处置重大突发公共卫生事件中，建议从以下几个方面入手，加强基层社区的角色定位，提升基层社区的应急治理能力。

（一）加强基层社区的五大角色定位

1. 从社会治理来看，社区治理是国家治理的基本单元和微观场域，社区治理现代化是国家治理体系和治理能力现代化的重要根基

从党的十八届三中全会提出“加快形成科学有效的社会治理体制”，到党的十九大提出“加强社区治理体系建设，推动社会治理重心向基层下移，发挥社会组织作用，实现政府治理和社会调节、居民自治良性互动”，再到党的十九届四中全会提出“坚持和完善共建共治共享的社会治理制度，建设人人有责、人人尽责、人人享有的社会治理共同体，健全社区管理和服务机制，构建基层社会治理新格局”，标志着我们党正在不断深化对社区治理的规律性认识。愈发复杂的国际国内形势和公共卫生事件的频发，迫切需要我们完善社会治理制度，进一步明确社区在基层社会治理体系中的角色定位，通过整合优化各类社会资源，构建互信、互助、互担的社会治理整体防控链，加强社区、社会组织、社会企业、社会单位等在基层社区治理中的重要作用，尤其是面对突发事件防范与应对时及时发挥各自更大的治理作用，合力助推国家治理体系和治理能力现代化建设。

2. 从基层实践层面来看，社区在突发事件防范与应对中，应承担社会维稳“基石”、社情民意“导向标”、应急处突“急先锋”、社区居民“贴心人”、宣传动员“传话筒”等五种角色

一是应成为维护社会稳定的“基石”。疫情防控中,各基层社区党组织要坚决抓好社会层面的稳定控制,组织好社区基层干部、辖区警务助理、社区网格员、治安志愿者等群防群治力量,有力维护社会大局的安定有序。社区要牢固树立“大局观”,真正起到维护和巩固社会平安稳定的“基石”作用,为有效防范应对各类突发事件营造良好社会氛围,做好坚强的组织后盾。二是应成为传递社情民意的“导向标”。后疫情时代,经济下行压力持续加大,经济犯罪将会明显增多,很可能引爆突发事件。社区要当好社情民意的“风向标”,因为社区处在党和政府联系群众的最前沿,要保证民情信息渠道的畅通,让老百姓的心声有人听、疾苦有人问、困难有人帮,要广泛收集群众的意见建议和相关诉求,传递好党和政府的声音,解决好百姓群众的实际困难。开辟了一条知民情、体民意、解民忧的绿色通道,积极有效地解决社区治安、邻里纠纷、家庭矛盾等问题,形成邻里互助、和睦相处的良好氛围。三是应成为应急处突的“急先锋”。习近平总书记强调,社区是疫情联防联控的第一线。社区守护着数以千万计居民的健康和安全,是疫情防控阻击战的正面战场。这次新冠肺炎疫情足以证明,只要社区干部敢担当、真担当,疫情防控工作就会抓得实、抓得好。近年来,无论是疫情防控,还是防汛抢险、抗灾救援等,基层社区干部面对各类急难险重任务,都担当了急先锋的作用。四是应成为服务社区居民的“贴心人”。面临突发事件时,社区一定要把人民群众的利益放在首位,努力提升自身服务质效,形成社区治理共同体,助推基层治理现代化进程。正如以上调查问卷所显示的,孤寡老人、留守儿童、残障人士等特殊群体需要更多的社区关爱,一定要想尽一切办法尽可能减少疫情防控对居民生产生活的影响,尽可能保证人民群众的生命健康和生活日常。五是应成为宣传动员的“传话筒”。遇到突发事件时,一定要发挥人民群众的集体力量,建立统一战线,宣传动员就是必不可少的“硬核”推力。作为联系和服务社区群众的社会治理“最后一公里”,社区要当好宣传动员的“喇叭筒”,要积极主动地在第一时间及时将政府相关指示要求、防范安排、防控信息等传送到千家万户,及时打消社区居民的种种顾虑,教育引导大家正确理性对待突发事件,增强自我防范意识和防护能力,服从上级统一指挥和统一调度,形成人尽其责的应对社区突发事件防控的共同体。

(二)织密织牢基层社区应急防控治理六大韧性网

公共危机往往是危中有机。在人类社会已进入高度风险社会这一时代背景下，在反思和总结这次疫情防控的经验和教训的基础上，应尽快构建完善社区公共危机管理体制机制，提升社区应急管理能力。

1.织密社区应急管理体制机制网

完善社区应急管理体制机制。一是强化社区公共危机应急管理指挥。充分发挥好党建引领作用，成立以社区党支部书记为第一责任人的公共危机应急管理指挥小组。进一步落实党员双报到制度，突发公共事件发生后，党员到所在社区党支部报到，参与和配合基层防控工作。二是完善社区应对突发公共事件管理体制。成立社区应急管理指挥小组，将居委会、业委会、物业公司、驻区单位以及社会组织等负责人纳入其中，明确各方在危机应对中的任务职责。通畅社区与上级部门的信息沟通和共享渠道，确保能够第一时间获得上级指导和支持。三是做好社区应急物资储备常态化管理。如社区应急工具、防护装备、检测仪器等应急物资的储备和盘点、清理、补给，提高应急处置保障能力。

2.织密社区治理信息化建设网

优化社区治理信息平台和网格化管理。一是将大数据、人工智能等现代信息技术应用于突发公共事件应急管理。通过智能手机应用程序和物联网等所反馈的数据，提高突发公共事件防控的精准性和前瞻性。二是优化社区网格化防控体系。完善纵向到底、横向到边的责任体系和工作格局，加强网格化管理。依托微信公众号、微信群、QQ 群、智慧社区 App 等信息化手段，畅通信息化联络渠道，对社区网格实施精细化、动态化、全方位管理。三是确保各级政府搭建的数字化防控平台与街道(乡镇)、社区(村)各网格互联互通。以便政府部门全面及时了解事态发展并作出科学决策，真正实现“一网通”“一网清”“一网尽”，避免出现信息孤岛。

3.织密社区治理共建共享网

建设社区社会治理共同体。一是提高动员能力，确保突发公共事件发生时能够迅速动员各方力量，开展联防联控和群防群治。根据公共危机的性质和规模，迅速梳理出应急管理工作的各项任务，确定好政府联络、后勤保障、信息收集、社区宣传以及志愿者动员等工作，明确各项任务的具体负责人。二是发挥社会工作的专业优势，支持广大社工、义工和志愿者开展心理疏导、情绪支持、保障支持等服务。三是发挥居民在应急管理中的关键作用。社区组织是国家治理的基石，其自治能力越强越好。应引导居民主动关注社区的应急管理工作，在日常生活中配合社区、物业做好应急准备和应急设施维护，自觉消除安全隐患。

4.织密社区治理舆论宣传网

营造良好的舆论环境和文化氛围。一是加强舆论引导工作，管控好负面舆情。统筹网上网下、传统媒体和新兴媒体，准确、及时、得当地发布权威信息，加强政策措施宣传解读。强化舆情管控，防止出现利用舆情挑唆基层群众、增加恐慌心理、诋毁政府公信力等问题。二是有针对性地开展精神文明教育，教育引导广大群众提高文明素质。从儿童抓起，加强国民应急知识教育，提高全民科学素养和自我防护能力。三是利用各种途径培育应急文化，使其融入社区居民日常生活工作，提高应急管理意识和能力。健全党组织领导的自治、法治、德治相结合的城乡基层治理体系。

5.织密社区治理人才队伍网

提高基层干部和工作人员治理能力。一是提高基层党员干部应对公共危机的专业素养。通过组织定期培训，让社区工作人员能够做到临危不乱、组织有序，防止事态升级、蔓延和扩大，做到局面稳控、矛盾消除、事情解决、损失降到最小。二是强化依法应急管理意识。社区工作人员要熟悉危机应对工作须遵守的相关政策法规，避免突发公共事件应对中出现违反政策法规、侵犯居民权利等问题。三是将具有应急管理能力的党员干部充实到社区。公共危机尤其是疫情危机，往往涉及高度专业化的知识和技能，建议为每个社区配备专门的应急管理工作人员，发挥其突发公共事件的预防、监测和处置应对作用。

6.织密社区民生保障网

保障突发公共事件中的民生底线。一是保障突发公共事件发生时民生物资供应。在社区设立突发公共事件发生后的物资供应点，发挥好快递公司、外卖平台在物资供应链中的作用，确保生活必需品的供应。二是重视对弱势群体的特殊关怀。建立针对疑难杂症患者、精神疾病患者、老年人、残障人、因病卧床人员、儿童和妇女等弱势群体的特殊照护和关怀工作机制。发挥社会保障制度“定心丸”和“稳定器”作用。出现突发公共事件时，对社区低收入群体增发临时救助金，对就业中断、收入中断、社会保险关系中断等问题及时出台精准的帮扶解决政策。对社区一线工作人员在突发公共事件中导致的伤残及时认定并给予相应待遇。三是坚持“政策进社区，服务送上门”，鼓励社区加强社区层面的就业创业政策宣传。社区工作人员可以通过发放政策宣传资料、架设宣传展板、设立咨询台等方式，向群众广泛宣传最新出台的“就业创业政策”“创业担保贷款申请”等优惠政策，并就居民关注的热点问题，如就业困难人员灵活就业、一次性创业补贴、创业担保贷款等系列政策进行详细讲解。四是配合市区相关部门，加快完善城乡三级卫生服务体系。社区要推进“社区医院 —— 社区卫生服务中心”抓好社会医疗服务“最后一公里”的医疗设施建设和服务能力建设，配合大中型医院、专业公共卫生机构以及区级医院，共同构建三级医疗网络，共同打造 15 分钟基本医疗卫生服务圈。建议社区医院拓展贴近居民需求的医疗服务，增加专业健康护理类服务、康复类服务紧急救助类服务、养生保健类服务，同时，在必要时社区医院能够提供专用医疗绿色通道服务。五是积极探索多种社区养老模式。在全市进一步推广“社区养老+居家养老”的嵌入式社区养老模式，在社区和街道分别建设社区嵌入式、中心辐射式养老网点，让老人在熟悉的环境里养老，感受到“离家不离亲”，也能方便家属经常探望。依托“互联网+养老服务”新模式，打通居家和社区养老，实现共享设施，使社区老人既可享受社区照护，也可以把养老设施“搬”到自己家中。六是提供社区健康饮食特色服务。建议武汉有条件的社区可联合有意向的餐饮单位通过定期餐饮配送形式，为小区内老人、小孩、病人等特殊人群的需求提供定向专业化的订单式饮食服务，联手武汉相关社区大学，为社区居民提供长期性的家庭养生烹饪指导，提供家庭营养搭配指导。七是完善武汉社区公共卫生安全治理体系的综合建构。结合武汉市 15 分钟社区生活圈规划要求，统筹公共卫生安全相关的社区医疗设施、隔离观察设施、生命线设施等要素，基于平战结合、复合兼容的规划理念，确定配置和建设管理要求，发挥整体效能。从应对重大公共卫生安全风险角度，社区要素配置应重点规避高密度居住区、学校、养老院等敏感要素，提高生活垃圾、医疗垃圾、排水等污染物末端的专业化处理要求，提高空间弹性承载能力，预留一定的社区发展备用地用以建设应急设施，确保疫时空间可拓展。建立平战结合的社区应急响应空间方案，充分利用现有的设施场地，做实社区单元应急响应的空间转换方案，做实社区应急时期的空间综合管理方案，保障城市运行不乱、不断。

作者单位：武汉发展战略研究院

“十四五”前瞻篇

武汉市“十四五”发展思路研究

武汉市发展和改革委员会
武汉发展战略研究院 联合课题组

“十四五”时期(2021—2025 年)是武汉市全面建设社会主义现代化强市新征程的开局起步期,也是武汉在基本形成国家中心城市框架基础上提升国家中心城市功能的关键时期,更是武汉适应社会矛盾历史性变化和加快推进高质量发展的关键时期。谋划好“十四五”经济社会发展基本思路,对全市科学编制和有效实施“十四五”规划,加快建设国家中心城市,具有重大意义。

一、“十三五”规划实施的总体评估

“十三五”以来,在党中央、国务院和湖北省委、省政府坚强领导下,武汉市委、市政府坚持以习近平新时代中国特色社会主义思想为指导,深入贯彻习近平总书记视察湖北武汉重要讲话和一系列重要指示、批示精神,团结带领全市人民抢抓发展机遇、积极应对风险挑战,凝心聚力、真抓实干、砥砺奋进,高质量发展迈出坚实步伐,三大攻坚战取得重要进展,营商环境显著改善,“精致武汉”展现新姿,民生福祉日益增进,“十三五”规划确定的目标任务进展顺利,全面小康社会有望如期建成。

(一)疫情防控武汉保卫战取得决定性成果

疫情发生以来,习近平总书记一直亲自指挥、亲自部署防控工作,多次提出“坚决打赢湖北保卫战、武汉保卫战”。2020 年 3 月,习近平总书记专门赴武汉考察疫情防控工作,强调湖北和武汉是这次疫情防控斗争的重中之重和决胜之地。市委、市政府始终把疫情防控作为头等大事和最重要工作,强化统一领导,及时成立市疫情防控指挥部,建立统一高效的战时指挥体系。组织动员各方力量参与疫情防控，构建联防联控、群防群控工作体系，打好全民参与的人民战争。全力打好“阻隔战”，严格离汉通道管控，启动史无前例的“封城”措施，严格社区封闭管理，对全市所有 9045 个小区、村（队）实施硬隔离措施。全力打好“救治战”，强力推进建院增床，以最快速度建成火神山医院、雷神山医院，改造扩增 88 家定点医院床位，快速建设 33 家方舱医院，对“四类人员”实行集中医学隔离，实现从“人等床”到“床等人”的根本转变。全市新冠肺炎患者治愈率 92.3%。全力打好“保障战”，有效保障疫情防控物资生产和供应。统筹推进常态化疫情防控和经济社会发展，加快疫后重振。

（二）城市综合实力持续增强

城市战略地位更加突显。2018 年 4 月，习近平总书记时隔五年再次亲临湖北武汉视察指导，提出了“四个切实”的重要要求。国家中心城市、自主创新示范区、自由贸易试验区、长江经济带绿色发展示范区等 50 多项国家重大战略和改革试点任务聚焦武汉。主要经济指标保持全国同类城市前列。2019 年全市地区生产总值 16223.21 亿元，同比增长 7.4%，固定资产投资（不含农户）增长 9.8%，社会消费品零售总额增长 8.9%，地方一般公共预算收入同口径增长 2.3%。

（三）新旧动能加速转换

全面创新改革试验三年任务圆满完成。武汉成功入选国家知识产权运营服务体系建设城市，2019 年每万人发明专利拥有量 41.6 件，居全国同类城市前列。三个国家级开发区拉动作用明显增强。高端创新平台功能增强，国家制造业创新中心增至 2 个，成为比肩北京、上海的“双中心”城市。存储器、航天产业、网络安全人才与创新、新能源和智能网联汽车四个国家新基地和大健康基地建设全面推进。光电子信息、汽车及零部件、生物医药及医疗器械三大世界级产业集群快速壮大。新产业新业态新模式蓬勃发展，高新企业总数居同类城市前列，成功创建全国质量强市示范城市。2019 年，高新技术产业增加值占比提高到 26.04%，数字经济占比超过 40%。实施服务业升级计划，深入推进国家服务业综合改革试点、服务贸易创新发展试点，现代服务业向高端高质迈进。

（四）三大攻坚战成效显著

坚决打好脱贫攻坚战，“两不愁三保障”全面落实到位，截至 2018 年底，已实现 86115 名贫困人口全部脱贫销号，271 个贫困村全部脱贫出列，提前两年完成目标。坚持乡村振兴与精准脱贫深度融合,“三乡工程”成为全国乡村振兴的一面旗帜。坚决打好污染防治攻坚战,深入实施“拥抱蓝天”行动计划,全面启动“三湖三河”流域治理,加快实施土壤污染防治行动,空气、水体、土壤质量逐步好转。积极落实长江大保护,首创国内长江断面水质考核奖惩和生态补偿机制,长江、汉江岸线资源环境整治取得明显成效。不断巩固提升国家园林城市、国家森林城市创建成果,推进“绿满江城、花开三镇”行动,围绕创建国家生态园林城市、国际湿地城市,开启了美丽武汉建设新征程,城市绿量和品质大幅提高。举办了第十届武汉园博会,获C40城市国际大奖。东湖绿道入选联合国人居署中国改善城市公共空间示范项目。戴家湖公园获中国人居环境范例奖。武青堤堤防江滩公园获C40城市未来奖和鲁班奖。府河绿楔生态示范工程列入全国首批PPP林业生态示范项目。坚决打好防范化解重大风险攻坚战,全市和市本级政府债务余额均控制在省核定下达的限额以内,债务风险平稳可控,非法集资、重点企业债务等地方金融风险总体可控,扫黑除恶向纵深推进,安全生产形势稳定。

(五)改革开放取得明显成效

供给侧结构性改革不断深化,“破、立、降”取得显著成效。放管服改革扎实推进,全面实施市场准入负面清单制度,建成四级政务服务“一张网”。对标国际标准,开展重点领域营商环境提升行动,武汉营商环境评价跻身全国前十、中西部第一。长江经济带、长江中游城市群、武汉城市圈、武汉大都市区建设积极推进,武汉国内城市地位日益提升。湖北自贸区武汉片区建设取得新进展。武汉经开综保区获批设立,武汉成为第二个拥有3个综保区的副省级城市。国际经济合作迈出新步伐,获批建设国家跨境电商综合试验区。国际大通道进一步拓展,新开通多条国际航线,天河国际机场实现7×24小时常态化通关,中欧(武汉)国际班列延伸至34个国家、76个城市,是全国唯一进口列数超过出口列数的班列。对外交流合作不断加强,国际友好城市和友好交流城市总数达109个。成功举办第七届世界军人运动会,实现了“办赛水平一流、参赛成绩一流”目标,城市影响力大幅提升。中法生态示范城全面启动建设。

(六)城市功能品质持续提升

城市空间格局不断优化,以主城区为核心、六大新城组群轴向拓展的空间格局基本形成。长江新城、长江主轴、东湖绿心等世界一流的亮点区块建设全面推进。综合交通体系不断完善，天河机场 T3 航站楼、机场交通中心建成投运，跻身全国最高等级机场行列，武汉铁路枢纽总图修编获得国家批复，武汉长江中游航运中心建设取得突破性进展，阳逻港跻身世界内河港口第一方阵。城市快速路网体系不断完善，世界级“地铁城市”加快建设，轨道交通第四期建设规划获国家批复，获批国家“公交都市”建设示范城市。蝉联全国文明城市、国家卫生城市荣誉称号，荣膺首批国家食品安全示范城市，成功入选世界设计之都。

（七）人民生活水平和质量普遍提高

居民收入增长和经济增长保持同步，2019 年全市居民人均可支配收入 46010 元，比上年增长 9.2%，高于 GDP 增长。基本公共服务均等化水平稳步提高，积极推进更加充分和更高质量的就业，坚持以扩面提质为重点，社会保障水平大幅提升，加大住房保障力度，教育、医疗改革不断深化。积极繁荣公益文化事业，发展壮大文化产业，文化民生状况持续改善。成功获评国家首批旅游休闲示范城市，黄陂区入选首批国家全域旅游示范区。老年友好型城市建设积极推进。妇女、儿童、青少年、残疾人等人群权益保障工作稳步推进。积极抗击新冠肺炎疫情，把人民群众生命安全和身体健康放在第一位，坚持内防扩散、外防输出防控策略，全面加强防控，坚决遏制疫情蔓延势头，疫情防控武汉保卫战取得决定性成果。

（八）城市治理体系和治理能力现代化水平明显提升

全面从严治党取得新成效。协商民主制度建设扎实推进。法治建设迈出坚实步伐，依法行政水平不断提升，法治政府、法治社会建设成效明显。智慧武汉建设加快推进，智慧交管、智慧水务等示范应用成效显著。社会治理创新扎实推进，群众安全感、社会治安满意度显著提升。安全生产形势总体平稳。深化平安武汉建设，再次夺得全国综治最高荣誉“长安杯”，进入全国最安全城市行列。

二、“十四五”时期面临的发展形势

（一）世界处于百年未有之大变局，危中有机

当今世界多极化、经济全球化、社会信息化、文化多样化深入发展，世界面临的不稳定性不确定性突出，正经历新一轮大发展大变革大调整，处于各国竞争优势重塑、国际经济规则重建、全球力量格局重构的叠加期，大国战略博弈全面加剧，国际局势跌宕起伏，我国发展面临的外部环境更加严峻复杂。联合

国《世界经济形势与展望2020》发布2019年全球经济增速降至2.3%，为10年来的最低水平。随着新冠肺炎疫情扩散蔓延，全球产业链、供应链、资本市场、大宗商品市场等连遭重挫，经济社会发展将受到严重影响，国际货币基金组织最新预计，2020年全球经济增速仅为-4.9%。[①]但疫情也再次证明，构建人类命运共同体的重要性和紧迫性，经济全球化将是世界经济发展的必然趋势。因此，从长期来看，人类命运与共、全球各领域合作发展的大势不可逆转，开放合作将持续向纵深推进，新一轮科技和产业变革蓬勃兴起，依然会给新兴市场国家和发展中国家带来发展机遇。

新兴国家崛起势不可挡，国际货币基金组织数据显示，按购买力平价计算，新兴经济体和发展中国家经济总量2008年已经超过发达国家，到2018年占世界经济比重达到59%。[②]“十四五”时期，新兴经济体增速将继续相对超过发达经济体，将在全球经济版图中争取到更大份额。我国作为最大的发展中国家，走近世界舞台中央的步伐不可阻挡，发展面临的机遇前所未有。

全球科技革命面临重大突破。新技术将改变各国比较优势，分工模式将发生重大改变，传统产业和价值链的低技术环节在全球价值链中获利将越来越低，争夺发展制高点竞争将空前激烈。无论是当前的新冠肺炎疫情防控还是今后全球经济社会发展，均离不开科学发展和技术创新，对我国科技强国建设而言孕育着机遇。

全球治理体系深刻重塑，国际经贸规则面临颠覆性变化。中美战略博弈明显加剧，“一带一路”倡议广受世界各国赞同。截至2019年3月底，中国政府已与125个国家和29个国际组织签署173份合作文件，从欧亚大陆拓展到非洲、拉丁美洲和南太平洋地区，极大地拓宽了国内投资空间，释放消费潜力，也对我国区域发展带来积极影响。但此次新型冠状肺炎疫情，却暴露了全球治理的危机，全球金融危机、贸易保护主义兴起等，又进一步加深了这种治理危机。在全球性挑战逐渐加剧情形下，亟待全球治理体系的全面改革，更是我国积极参与全球治理体系重塑的重要契机。

---

①发达经济体为-8%，新兴市场和发展中经济体-3%。数据来源IMF《世界经济展望》2020年6月版。
②数据来源：IMF《世界经济展望》2019年4月版。

(二)我国进入充满挑战的重要战略机遇期,高质量发展势在必行

危和机总是同生并存的,随着境外疫情加速扩散蔓延,国际经贸活动受到严重影响,我国经济发展面临新的挑战,同时也给我国加快科技发展、推动产业优化升级带来新的机遇。面对危机,要深入分析,全面权衡,准确识变、科学应变、主动求变,善于从眼前的危机、眼前的困难中捕捉和创造机遇。

我国主要矛盾已经从“人民日益增长的物质文化需要同落后的社会生产之间的矛盾”转变为“人民日益增长的美好生活需要和不平衡不充分的发展之间的矛盾”。在这一时期,我国将在全面建成小康社会的基础上,迈向基本实现社会主义现代化的新征程。更好地满足人民对美好生活的期待和解决发展不平衡不充分的问题,都要靠高质量发展。

经济下行压力持续加大,为实现经济平稳有序发展,国家不断加大宏观政策调节和实施力度,启动新型基础设施建设,不断释放消费潜力,持续扩大内需,我国市场巨大,1 亿多市场主体,供给资源多,市场需求大,经济发展长期向好的基本面没变。新一轮科技革命的市场化、产业化不断催生着、促进着、推动着新动能的产生。世界经济增速放缓,将推动我国更加注重内生动力的挖掘,更加注重广阔的国内市场开拓。这些为高质量发展提供了良好的基础条件和战略空间。

(三)武汉发展机遇挑战并存,机遇大于挑战

党的十八大以来,习近平总书记先后四次视察湖北,提出“四个着力”“四个切实”的要求。国家赋予了武汉建设国家中心城市的历史重任。省委、省政府要求武汉强化“主中心”地位,立足湖北、面向世界、融入世界。新冠肺炎疫情发生后,习近平总书记专门赴汉考察,指出这次疫情短期内会给湖北经济社会发展带来阵痛,但不会影响经济稳中向好、长期向好的基本面。“十四五”时期,是武汉抢抓机遇、迎难而上、浴火重生,开启现代化强市建设新征程、实现城市复兴的关键时期,经济社会发展将呈现出一系列新趋势新特征。

疫后发展的重振期。武汉作为新冠疫情的先发地和中心区域,疫情对短中期经济运行产生较大冲击,对城市形象和国内外交流合作产生一定影响,也深刻暴露了武汉市经济社会发展、城市治理等诸多领域的短板弱项。疫情仍在全球蔓延,在较长一段时期内,武汉仍面临着较大的统筹推进疫情防控常态化和促进经济社会发展的压力。未来五年,我们要以在疫情防控中淬炼出的英雄胆

识，以超常规的思路和超常规的举措加快经济社会发展，补齐城市建管短板，落实新要求，回应新期盼，在全国的发展大局中展现更大的责任担当。

新旧动能转化的加速期。武汉处于转变发展方式、优化经济结构、转换增长动力的爬坡过坎的关键阶段。武汉有丰富的科技、人才资源和国家新产业基地的超前布局，但战略性新兴产业短期内尚未形成引领规模，源头创新能力有待加强，传统产业升级迫在眉睫。未来五年，加快新旧动能转换，是武汉实现跨越发展，在新一轮科技革命与产业变革中走在前列的必由之路。尤其是新冠肺炎疫情的爆发，传统产业、低端产业在全球产业链竞争的空间更趋逼仄，加速催生出更多新技术、新企业、新产业、新模式，激发新动能。

城市功能的提升期。“一带一路”倡议，长江经济带、中部崛起等重大国家战略在武汉叠加，全国经济中心、高水平科技创新中心、商贸物流中心和国际交往中心功能不断巩固，城市功能品质加速提升，文化软实力明显增强。新冠肺炎疫情后，医疗设施、智慧城市、交通运输、仓储物流以及城市群、城市圈设施补短板建设将加速推进，5G、工业互联网、大数据、云计算、人工智能、北斗导航等新基建也会有序展开，城市功能品质、健康保障能力、国际竞争力和影响力将大幅提升，国际化大都市的独特魅力充分展现。未来五年，更要强化中心城市的辐射和集聚功能，营商环境、生活环境与国际先进城市逐步接轨，国际竞争力和影响力大幅提升，国际化大都市的独特魅力充分展现，在长江经济带和中部崛起中的核心带动作用更加凸显，在全国发展大局中的战略地位明显上升。

社会公众需求的增长期。武汉已高水平全面建成小康社会，中高端人才加速集聚，市民追求自我实现、公平正义、健康体面、精神享受、精致生活更加迫切，公众需求结构和质量要求都在改变和提高，社会保障体系的构建也面临新的形势和新的要求。尤其是经过新冠肺炎疫情，公共服务、健康养老、环境保护等诉求将显著增加。未来五年，广覆盖的制度供给、高水平的公共服务、高质量的就业岗位、高品质的商品和服务的需求将显著增加。

生态环境改善的窗口期。十八大以来，“生态兴则文明兴”“绿水青山就是金山银山”“建设生态文明需要全民共同参与”等价值取向和新发展理念深入人心，武汉市蓝天、碧水和净土保卫战取得阶段性成果，生态文明顶层设计和制度体系建设加快推进。尤其是新冠肺炎疫情给武汉带来的沉痛教训更加强化了“人与自然和谐共生”的理念,生态环境保护显得更为迫切。未来五年,武汉解决生态环境突出问题的条件和能力更加完备,有利于将生态文明建设全面融入经济社会发展全过程。

全面深化改革的攻坚期。新冠肺炎疫情是对治理体系和治理能力的一次大考,既有经验,也有教训,要加快补齐治理体系的短板和弱项,为保障人民生命安全和身体健康筑牢制度防线。要以供给侧结构性改革为核心,坚定不移推进政府治理体系和治理能力现代化,从经济改革到城市治理形成更合理更长期的规划,树立“全周期管理”意识,努力探索超大城市现代化治理新路子。要坚定不移推进市场化改革,对那些制约微观经济活动和社会创新能力提升的体制机制性问题要加快解决,减税降费、“放水养鱼”要逐步成为常态,释放发展潜力,搞活全市经济,推动高质量发展。更要坚定不移扩大开放,力争在全面创新改革试验、自主创新示范区、自由贸易试验区等国家重大改革发展试点任务中,取得实质性突破,在重点、难点、共性问题上形成改革经验。未来五年,是武汉查漏补缺、迎难而上、改革攻坚的五年,也是武汉顺应人民对美好健康生活新期待,主动研究提出一批重大工程项目、重大政策、重大改革开放举措,更好服务全市经济社会发展大局的重要时期。

在这一时期,全市经济社会还面临一系列问题和挑战:

一是城市治理能力和治理水平有待提升。新冠肺炎疫情暴露出的公共卫生体系和人民健康医疗的突出问题亟待解决和完善。利益群体更加多元化,加之社会矛盾的积累叠加,社会治理难度加大,对维护稳定提出了更高的要求。

二是经济下行压力加大。外部环境挑战增多,中美贸易摩擦以及一系列连锁反应给未来发展增加诸多不确定因素。内部结构调整和持续稳定增长压力较大,主要表现在投资拉动作用有所下降、消费拉动作用尚不明显、出口阻力有所加大、高新技术产业有待发力、工业在中部地区的领先地位受到挑战等。

三是营商环境和开放水平仍需优化。武汉市优化营商环境成绩显著,但还有改善的空间。民营经济总量偏小、占比偏低、结构不优、企业竞争力不强,与发达地区差距较大。对外开放水平和层级不高。

四是生态环境约束日益趋紧。产业结构偏重,以煤炭为主的能源结构尚未得到根本转变,主要污染物总量减排任务艰巨,改善大气和水体质量任重道远。空气质量综合指数在全国 74 个重点城市中仍处于中游水平,夏秋季节的首要污染物已经由PM2.5转变为臭氧污染，NO_2污染年平均浓度呈上升趋势。2019年开展水质监测的163个湖泊中，仅1个湖泊达到Ⅱ类水质，30个湖泊为劣Ⅴ类水质。

五是社会民生仍需改善。城镇居民收入水平与同类城市相比仍然偏低。社会保障体系仍不完善，弱势群体和困难群众的保障水平仍然较低。教育、医疗等优质资源分布不均，与群众的期望还有距离。

三、总体思路

（一）指导思想

以习近平新时代中国特色社会主义思想为指导，全面贯彻党的十九大和十九届二中、三中、四中、五中全会精神，增强“四个意识”，坚定“四个自信”，做到“两个维护”，紧紧抓住用好我国发展的重要战略机遇期，有力有效应对世界百年未有之大变局，统筹推进“五位一体”总体布局，协调推进“四个全面”战略布局，牢记“四个着力”和“四个切实”殷殷嘱托，坚持以人民为中心的发展思想，坚持新发展理念，坚持稳中求进工作总基调，以高质量发展为主题，以深化供给侧结构性改革为主线，以振兴实体经济和培育强大国内市场为基本立足点，以改革开放创新为根本动力，以增进人民福祉为根本目的，践行“人民城市人民建、人民城市为人民”的治理理念和“全周期管理”意识，着力巩固优势、挖掘潜力、补齐短板、填补空白，努力探索超大城市现代化治理新路子，加快疫后重振复苏，加快建设国家中心城市，努力打造国际化大都市，高起点开启现代化强市建设新征程。

以推动高质量发展为主题。高质量发展是落实新发展理念、事关发展全局的一场深刻变革，是适应社会主要矛盾变化和全面建设社会主义现代化强市的必然要求。要坚持质量第一、效益优先，把自主创新作为推动高质量发展的战略基点，把数字牵引作为推动高质量发展的强劲动能，把绿色转型作为推动高质量发展的重要途径，把激励相容作为推动高质量发展的有效机制，加快推动质量变革、效率变革、动力变革，在转变发展方式上走在前列。

以深化供给侧结构性改革为主线。深化供给侧结构性改革是建设现代化经济体系的根本路径，是培育发展新动能、形成竞争新优势的战略选择。要把深化供给侧结构性改革贯穿经济社会发展全过程和各领域，聚焦技术创新和制度创新，增强要素供给支撑能力和微观主体活力，提升要素配置效率和产业竞争力，拓展市场出清渠道，资源要素配置市场化渠道、创新成果产业化渠道、金融服务实体经济渠道，畅通经济良性循环，推动供需平衡由低水平向高水平跃升。

以振兴实体经济和培育强大国内市场为基本立足点。振兴实体经济，是深化供给侧结构性改革的必然要求，强大市场是深化供给侧结构性改革的保障。要坚持以提高质量和核心竞争力为中心，扩大高质量产品和服务供给。依托武汉作为全国知名的商贸重镇的优势，巩固和开拓国内市场，构建“产业强链”和中产扩大两大支柱，形成具有规模性优势的内生循环。

以改革开放创新为根本动力。全面深化改革、扩大高水平开放和全方位创新是破解发展难题、应对外部挑战、跨越常规性长期性关口的根本出路。要坚持以高水平开放促市场化改革，以改革创新促高质量发展，加快完善市场机制，推进制度型开放，推进改革系统集成、协同高效，在关键性基础性重大改革上突破创新，为推动经济社会持续健康发展注入强劲动力。

以增进民生福祉为根本目的。在发展中确保民生有效保障和改善是顺应人民对美好生活新期待的具体体现，也是一项需要长期奋斗的系统工程。着力完善公共卫生应急管理体系、城市现代化治理体系、城乡基层治理体系，加快补齐治理体系的短板和弱项，为保障人民生命安全和身体健康筑牢制度防线。坚持和完善统筹城乡的民生保障制度，把握公平正义这一尺度，把稳定和扩大就业作为优先目标，不断补齐民生领域短板，满足人民多层次多样化需求，使人民生活更加充实，更有保障、更可持续。

（二）基本原则

稳中求进、提质增效。既要稳定全市经济基本盘，在守住底线的基础上积极进取，持续做大经济总量，确保经济增长速度高于全省全国平均水平；也要更加注重发展质量和效益，扩大有效投资，释放内需潜力，不断提升经济发展的含金量、含新量、含绿量。

增强优势、补齐短板。既要巩固提升武汉交通区位、科教资源、产业基础、市场规模等发展优势，积极担当国家使命；也要坚持问题导向，以改革的办法破解难题，补齐公共卫生、应急管理、基层治理、生态环境等短板，增强城市发展韧性。

自主创新、开放合作。既要把自主创新作为推进高质量发展的战略基点，推进产业基础高级化和产业链现代化，提升武汉在全国发展格局中的地位；也要深化开放合作，引领带动区域发展，提高对外开放水平，培植国际经济合作和竞争新优势。

有效市场、有为政府。既要充分发挥市场在资源配置中的决定性作用，深化要素市场化配置改革，促进公平竞争；也要更好发挥政府作用，创新和完善宏观调控，营造市场化、法治化、国际化营商环境，充分激发市场活力和社会创造力。

以人为本、民生优先。坚持以人民为中心，紧紧依靠人民、不断造福人民、牢牢植根人民，着力解决发展不平衡不充分问题，使民生保障水平与经济发展水平、财力水平相适应，不断提升全市人民的获得感、幸福感、安全感。

（三）主要目标

围绕巩固提升全面建成小康社会成果，尽快实现疫后重振、浴火重生，进一步增强国家中心城市功能，“十四五”武汉经济社会发展的奋斗目标是：到2025年，武汉经济社会保持平稳较快发展，发展质量和效益显著提高，综合实力显著增强，全国经济中心、高水平科技创新中心、商贸物流中心、国际交往中心、国际性综合交通枢纽功能进一步提升，力争在高质量发展、高品质生活、高效能治理等方面走在全国前列，确保现代化新征程开好局起好步，为建设国家中心城市和国际化大都市奠定坚实基础。

高质量发展走在全国前列。质量变革、效率变革、动力变革取得突破，发展优势凸显，发展能级提升，宜业城市更加创新、开放、包容。创新发展升级。综合性国家科学中心和综合性国家产业创新中心建设取得突破性进展，国家重点实验室和东湖实验室建设加快，光谷科技创新大走廊基本形成，环大学创新带激活创新创业活力，全球创新要素高度集聚，科技创新策源功能全面增强，自主创新成果产业化绩效提升，基本建成具有全球影响力的高水平科技创新中心。产业发展升级。产业基础高级化、产业链现代化、产业布局集聚化基本实现，四大国家新基地和大健康产业基地集聚辐射力进一步增强，光芯屏端网、新能源和智能网联汽车、生物医药和健康服务、现代商贸物流等成为万亿级产业集群，传统支柱产业转型升级，新兴前沿产业加快布局，全国经济中心地位巩固提升。开放发展升级。中部陆海大通道基本形成，国际产业合作能力提升，贸易和投资自由化便利化走在前列，市场化、法治化、国际化营商环境更加完善，国内主要城市 3 小时交通圈、长江中游城市群 2 小时出行圈、市域 1 小时通勤圈全面建成，成为连贯长江经济带和“一带一路”、畅通国际国内双循环的重要枢纽。

高品质生活走在全国前列。人民最关心最直接最现实的利益问题得到更好解决，群众享受更多生活便利、文化福利、生态红利，宜居城市更加美丽、文明、幸福。民生品质提升。应保尽保、应救尽救全面落实，均衡普惠、人人可及的基本公共服务体系健全完善，就业更加充分，居民收入稳步增长，教育、养老、托幼、医疗、住房等公共服务水平优化，15 分钟生活圈、10 分钟公共活动圈全面建成。人文品质提升。社会主义核心价值观引领文化建设，“英雄城市、英雄人民”精神特质大力弘扬，历史文化传承创新，文化事业繁荣兴盛，12 分钟文体圈全面覆盖，文化产业快速发展,市民文明素质进一步提升。生态品质提升。“两江三镇、六轴六楔、北峰南泽”空间格局基本形成，城市风貌更有特色，生态安全屏障更加牢固，长江经济带绿色发展引领示范，城市水更清、天更蓝、地更净，市民跟大自然更亲近。

高效能治理走在全国前列。“事前防范、事中控制、事后反思”的全周期管理闭环构建形成，“五张网”织牢织密，安全城市实现共建、共治、共享。基层治理高效。党领导的自治、法治、德治相结合的城乡基层治理格局构建形成，街道社区资源配备充分，“民呼我应” 机制更加完善， 社区工作者职业体系更加健全，社区居委会、业委会、物业服务企业“三方联动”更加有效。智慧治理高效。新基建加快布局，“城市大脑”持续进化，“一网统管、一网通办、一键回应”全面实现，基础设施体系适度超前、相互衔接，城市管理更加科学化、精细化、智能化。风险治理高效。应急管理体系健全完善，实战化、扁平化、合成化应急处置模式加快构建，疾病预防与治疗一体化机制率先建立，中心城区 10 分钟、新城区 12 分钟医疗急救圈全面建成，自然灾害、事故灾难、社会安全等领域的综合监测、预报预警、风险评估能力明显提升，矛盾纠纷源头预防和多元化解机制更加完善。

四、重点任务

“十四五”时期，既守住安全底线，防范化解各类风险，确保城市健康安全平稳运行；又要争先进位，增强国家中心城市“四中心一枢纽”功能，进一步提升武汉在全国的战略地位；更要稳住大盘，补齐城市功能、生态环境、社会民生等领域短板，全力维护经济发展和社会稳定大局。

（一）聚力安全发展，践行人民城市治理理念和"全周期管理"意识，努力探索超大城市现代化治理新路子

顺应新时期社会结构深刻变化，社会矛盾、发展风险多元、多样、多发新形势，树立全周期管理意识，加快补短板、强弱项、堵漏洞，完善超大城市综合治理体系，建设高效韧性城市。

1.完善城市安全和应急防灾体系，全面提升城市抗击风险韧性

坚持预防为主，把"防风险"摆在更加突出的位置，构建全程管理、预防为主的运行机制，既要高度警惕"黑天鹅"事件，也要防范"灰犀牛"事件，切实守住不发生系统性风险的底线。健全重大风险预警体系，建立智慧化预警多点触发机制，提升自然灾害、事故灾难、安全生产、食品药品安全等经济社会领域的综合监测、预报预警、风险评估能力。健全重大风险应急响应体系，建立完善统一指挥、专常兼备、反应灵敏、上下联动的应急响应机制，形成实战化、扁平化、合成化应急处置模式，严格落实应急管理责任制。健全突发事件应急管理预案体系，抓好应急演练，强化应急救援队伍建设，切实提升分级、分层、分流的重大突发事件应对能力。健全多种储备方式协调统一的应急物资保障体系，完善平战结合的应急物资采购调度机制，推动应急物资信息共享、供需衔接、快速调配，积极建设国家区域应急救援中心、国家应急储备与供应链调度中心。健全安全风险网格化管理体系，强化全民预防、联防联控相关知识与技能推广普及，提升基层社区风险管理和应急能力。

2.创新基层社会治理体系，织密基层社会治理网

坚持问题导向、需求导向和发展导向有机结合，综合施策、形成合力，构建多元主体共建共治共享的社会治理格局。充分发挥各级党委在社会治理中总揽全局、协调各方的领导核心作用，建立健全党委领导、政府负责、社会协同、公众参与、法治保障的社会治理体制，持续提高社会治理社会化、法制化、智能化、专业化水平。完善政府治理和社会调节、居民自治良性互动的体制机制，通过政府购买服务、开放公共服务市场，鼓励和引导企事业单位、社会组织、人民群众积极参与社会治理，形成合力。加强基层社区治理体系建设，理清街道、社区职能与事权，制定出台工作事项清单，推动城市治理重心和配套资源向街道社区下沉，探索建立社区党建、居民自治、社区服务、物业管理、社区教育、社会

治安“六位一体”的基层社区治理模式。优化社区工作者管理机制，让社区工作者晋升有通道、薪酬有保障、管理有规范、履职有标准，推进社区党组织书记事业岗位管理试点，切实提高社区工作者积极性和服务效能。织密社会矛盾风险化解网，树立底线思维，着力减少矛盾增量、化解矛盾存量，深化“民呼我应”改革，强化首问负责制，完善市区领导干部包案制度，推动机关企事业单位党员干部下沉社区常态化。健全基层德治机制，发挥家庭家教家风在基层社会治理中的重要作用。

3.完善平安武汉创建体制机制，维护城市公共安全

积极创建全国社会治安防控体系示范城市，健全立体化、法治化、专业化、智能化社会治安防控体系，全面提升对各类治安隐患的敏锐感知、精准识别、预警预防和快速处置能力，依法严密防范和惩治各类违法犯罪活动。深入贯彻落实总体国家安全观，严防境内外敌对势力插手利用社会矛盾煽动破坏活动。全面落实意识形态安全工作责任制，敢于正面发声，展现武汉“英雄城市”精神风貌，打击歪风邪气、弘扬正能量。发扬新时代“枫桥经验”，坚持以打开路、标本兼治，纵深推进扫黑除恶、反邪教、治理电信网络诈骗犯罪、打击黄赌毒等专项行动。健全精神障碍患者、吸毒人员、刑满释放人员等特殊群体管理机制。强化基层治安工作能力，推动反恐、治安、交通、消防等公共安全基础设施建设。进一步拓宽群众参与维护公共安全的渠道，深入开展领导干部大接访、万名警察进社区等活动，依法保障人民群众的知情权、参与权、建议权、监督权，落实举报奖励制度。巩固提升国家食品安全示范城市建设水平，保障舌尖上的安全。常态化开展安全生产打非治违专项行动，坚决防范遏制重特大事故发生，争创国家安全发展示范城市。

4.全面提升民主法治建设水平，筑牢高效能治理的民主法治基础

坚持和完善人民代表大会制度，充分发挥市人大及其常委会在立法工作中的主导作用，支持和保障各级人大及其常委会依法行使职权、人大代表依法履职尽责，使立法、监督、重大事项决策、选举任免等更好地体现人民意志。充分发挥协商民主重要作用，支持和保障人民政协履行政治协商、民主监督、参政议政职能，进一步推动协商民主广泛多层制度化发展。巩固和发展最广泛的爱国统一战线，加强中国特色社会主义参政党建设，支持各民主党派、工商联和无党派人士参政履职，做好党外知识分子、新的社会阶层人士、非公有制经

济人士和民族、宗教、外事、侨务、港澳、对台工作。做好援疆援藏、对口支援与帮扶等工作。着力提高立法质量和水平，推进立法与全市重大决策相衔接、与改革发展稳定大局相衔接、与增进民生福祉相衔接，完善公共卫生、应急管理、生态环保、营商环境、民生保障等重点领域地方性法规制度。构建职责明确、依法行政的政府治理体系，完善重大决策合法性审查机制和稳定风险评估机制，严格规范公正文明执法，推动法治政府建设走在全国前列。深化司法体制综合配套改革，着力完善司法管理体制和司法权力运行机制，进一步提高司法质量、效率和公信力。完善全覆盖的公共法律服务体系，加强法治宣传，深入开展法治示范区、街、社区建设。

（二）聚力创新发展，完善产业创新生态圈和技术创新生态链，建设高水平科技创新中心

面向世界科技前沿、面向国家发展战略需求、面向国民经济主战场，深化新一轮全面创新改革试验，着力实施“一芯驱动”战略，深入实施“卡脖子”攻关工程，打通源头创新、产业创新、成果转化“全链条”，打造一批核心、高端、基础领域“国之重器”，赢得国际竞争和发展的战略主动权，建设成为具有全球影响力的国家科技创新中心。

1.推动国家“大科学工程”建设，争创综合性国家科学中心

建设世界一流大学和科研机构。支持武汉大学、华中科技大学、中国科学院武汉分院等在汉高校院所加快建设世界一流大学和科研机构，鼓励高校院所参与国际大科学计划和大科学工程。加强高水平的基础和应用基础研究，超前部署量子科学、物质科学、脑科学、合成生物学、空间科学、深海科学等基础前沿的科学研究。鼓励中外合作共建全球领先的科学实验室、研发中心、联合研究院、人才实习实训基地等。探索构建面向未来的高水平科研体系，加快打造环大学城创新带，促进大学与城市深度融合，建设世界著名“大学之城”。

建设重大科技基础设施。加快国家重点实验室布局和东湖实验室建设，规划建设长江科学城，大力支持脉冲强磁场中心、生物安全与技术四级实验室等开展原始创新，加快推进精密重力测量、生物医学成像、生物样本库等重大科技基础设施建设，谋划布局作物表型组学、农业微生物、第四代同步辐射光源、磁阱型聚变中子源、超算中心、生物安全大数据中心等重大科技基础设施。加强与国家科技重大专项、重大科技计划、重大军工项目的衔接，积极探索交叉

前沿领域，努力争取国家大科学装置项目和重大科技基础设施建设，组织实施大科学计划，提升前沿学科群和重大科技基础设施的集群效应。

建设重大科技研发平台。加强应用基础研究，实施重大科技项目，支持光电国家研究中心、信息光电子创新中心、数字化设计与制造创新中心、先进存储产业创新中心等开展科技攻关。加快建设新型研发机构，新建一批企业技术研究中心和工程研究中心，引进世界一流科研机构和跨国企业研发中心，支持企业、高等院校和科研院所共建联合实验室、工业技术研究院、协同创新中心、行业技术中心。支持联合打造中试熟化平台，提供共性技术研究开发、中间试验、工业性试验、工程化开发等服务。

2.提速关键技术研发和产业化，争创综合性国家产业创新中心

巩固核心技术领先优势。围绕集成电路、光电子信息、地球空间信息等具有国际竞争力的科技创新领域，持续增强前瞻性科研实力，争取更多引领性原创成果的重大突破。强化集成电路设计、操作系统、高端数控机床、工控软件、系统集成与应用、内容与服务协同创新，突破三维集成特种工艺、先进存储器工艺技术、5G 核心芯片、高频器件和虚拟化平台，加强宽带移动互联网、云计算、物联网、高性能计算、类人智能、自然交互与虚拟现实、微电子与光电子、高精度光学成像等等技术研发，重点突破实时精准定位、面向复杂环境的适应性智能导航等北斗卫星应用技术,推动区块链技术和产业创新落地见效。

补齐关键技术短板。围绕航空航天、生物医药、新材料、新能源汽车等具备基础实力的产业领域，聚焦产业链核心技术和关键环节，加强研发投入力度，提升原始创新能力和本地化配套能力。持续加力生命健康和生物安全领域重大科技攻关，加快高精度光学成像、脑影像、脑电、基因测序、基因编辑、细胞治疗等脑科学和精准医疗技术突破，突破低成本高性能可降解、超高分子聚合、金属 3D 打印等新材料技术开展氢燃料电池汽车整车集成、氢燃料发动机、制氢及氢储运等关键技术研发，实施智能网联汽车及复杂环境感知、新型智能终端、车载智能计算平台等共性技术研发。

瞄准未来前沿技术。谋划实施“2025+”前沿计划，超前布局量子通信与量子计算、脑科学与类脑科学、航空航天、数字经济、人工智能、精准医疗等重量级未来产业，聚焦合成生物、类脑计算与脑机智能、脑重大疾病的机理和诊治、人类增强、高超声速、在轨服务维护、可重复使用运载器、量子材料设计、增强

现实、混合现实、区块链等前沿技术，争取率先实现重大突破。

建设科技成果转化高地。深化高校院所科技成果转化对接工程，加快中科院科技成果在汉转化服务中心、中国高校（华中）科技成果转化中心、国家中部技术转移中心建设，促进中科院系统和全国“双一流”高校科技成果在汉转化，打造中部枢纽型技术交易市场。策划建设检验检测产业园。支持全市技术转移服务机构做大做强，打造科技服务资源集聚区。加快科技成果使用权、处置权、收益权改革，深化职务科技成果权属改革，试点赋予科研人员职务科技成果所有权或长期使用权，提高科技成果就地转化率。建立重大应急科研攻关组织体系、科技平台、制度体系，建立基础研究成果及时向应急应用的转化渠道。促进军民融合深度发展，支持军民两用技术双向转移转化。

强化企业创新主体地位。充分发挥企业在研发投入、技术创新决策、科研成果转化中的主体作用，设立高层次企业研发中心，吸纳企业参与重大科技项目的决策和组织实施。实施高新技术企业倍增计划，建立科技型企业梯次培育路径，积极孵化科技型中小企业，着力培育科技型高成长企业，打造创新标杆企业，加快培育“专精特新”企业和“隐形冠军”“单项冠军”，催生一批“小巨人”“瞪羚”“独角兽”等科技型高成长性企业，促进大中小企业协同创新。

3.突破性推进体制机制改革，打造全球创新要素集聚高地

建设国际性人才新高地。充分发挥院士领军作用，实施院士引领高端产业发展行动计划，推动光电子、数字产业、量子技术、超级计算等高端产业突破性发展。深入推进招才引智，突出“高精尖缺”导向，坚持“靶向引才”，面向海内外引进一批战略科技人才、产业领军人才、青年科技人才和高水平创新团队。大力实施“武汉工匠”培育计划，不断壮大高技能人才队伍。大力实施“大学生留汉工程”，打造“大学生最友好城市”。坚持市场化社会化引才用才，推动“双招双引”向海外延伸，建设国际人才自由港。

打造全国科技金融中心。加快武汉城市群科技金融改革创新试验区建设，积极申报国家级保险型社会先行示范区，探索创新科技金融“东湖模式”，大力推广投贷联动、科保贷等新业务，发挥企业融资对接服务平台作用。积极对接创业板和新三板改革，加强科创板上市服务工作，支持优质科技企业在境内外主要证券交易所上市。大力发展天使基金和创投基金，支持创业投资高质量发展。鼓励支持金融机构与信息技术创新型企业、研究机构进行协同创新，培育

引进金融科技企业。

建设国家知识产权强市。推进知识产权综合管理改革，加快信用体系建设，加强"互联网+"产业发展、新兴媒体融合、商业模式等新形态等方面的知识产权保护。深入推进知识产权快速协同保护平台建设，构建新的知识产权严保护、大保护、快保护、同保护工作体系。提升武汉知识产权交易所能级，建设知识产权交易与运营综合服务中心。加快构建知识产权攻防体系，鼓励支持企业布局核心基础专利，培育高价值专利，深入推进国家知识产权服务业集聚发展示范区建设，积极推进知识产权资本化、证券化，争取知识产权证券化试点。

优化创新平台载体。全面提升东湖国家自主创新示范区引领作用，高质量建设国家"双创"示范基地，推动"创谷"提质拓面发展，加快推进全域自主创新，全力打造全城覆盖、全程服务、全域创新的城市空间布局。超常规发展制造业创新中心、新型研发机构、新型孵化器等，大力发展"四不像"新型研发机构。争取在体制机制改革、战略性新兴产业培育、传统产业转型升级、老城区有机更新、教育改革和科研制度改革等领域先行先试、率先突破，最大努力调动科技人员科技研发和成果转化积极性，打造全国创新创业样板。尊重科技创新的不确定性、高风险性，建立符合科技创新规律的评价体系和容错纠错机制，鼓励企业"二次创业"和企业内部创业。

4.深化创新开放合作，积极融入全球创新网络

推动光谷科技创新大走廊建设。依托东湖国家自主创新示范区，以西联武汉、东联鄂州黄冈黄石的高新大道为主轴，以光谷科学岛为重点创新源，以未来科技城、光谷生物城、光谷中心城等为关键创新节点，以关山大道、未来大道、光谷第五大道等为三条千亿大道为延伸，高起点规划建设布局，高效率推进要素集聚，建成具有全球影响力的科技创新策源地，辐射带动湖北省高新技术产业创新能力提升。

促进长江中游城市群协同创新。做大做强长江中游城市群科技成果转化联盟和新型研发机构战略联盟，在智能装备、电子信息、生物、新能源、新材料、航空航天等领域开展一批重大科技合作项目。推动现有的大型科学仪器、设备设施、自然科学资源等相互开放，共建重点实验室、工程技术中心、中试基地等共性技术试验平台，共同争取国家重大技术研发平台。

积极对接国家科技创新战略。围绕国家中长期科技创新的系统布局，面向

2030年谋划实施一批体现国家战略意图的重大科技项目。加强与上海张江、合肥、北京怀柔、深圳等综合性国家科学中心的联系。推动光谷科创大走廊与长三角G60科创走廊对接,加快长江中下游产业创新合作。加强长江中游城市群与粤港澳大湾区、长三角地区、京津冀地区等的联系,共同探索完善区域协同创新机制,联合发起大型科技行动计划。

深度融入全球创新网络。构建国际科技创新合作体系,加强与“一带一路”主要科技创新中心的联系,设立海外创新办事处,探索共建国际研发中心和合作园、互设分基地、成立联合创投基金等发展模式。积极参与国际科技合作计划、大科学计划、大科学工程、国际标准制定,建立知识产权跨境交易平台,打造常态化的全球科技活动交流中心、展示中心、交易中心。

(三)聚力产业发展,促进数字经济和实体经济深度融合,强化全国经济中心功能

坚持高端化、绿色化、智能化、融合化要求,加快发展数字经济、总部经济、线上经济、平台经济、共享经济等新业态新模式,推动产业基础高级化、产业链现代化、产业布局集聚化,以战略性新兴产业为先导、以先进制造业为支撑、以现代服务业为主体,着力增强世界竞争力、区域带动力、未来支撑力,推动传统产业转型升级,加快形成现代化产业体系。

1.发挥市场和规模优势,重点发展四大万亿级产业集群

光芯屏端网。依托国家存储器基地建设,以“芯”产业为引领,加快新型显示、5G通信与人机交互、虚拟现实、智能终端等相融合,促进“芯屏端网”协同联动发展。加快长江存储等重大项目建设,形成以存储芯片,光电子芯片、物联网芯片为特色的国家级“芯”产业集群,打造全国最大的中小柔性显示和新一代大尺寸等高端显示面板产业集群,培育智能手机、平板电脑、机器人、可穿戴设备等智能终端产品产业集群。依托国家网络安全人才与创新基地,重点发展数据信息安全产品,推动开放融合环境下的云安全服务,大力发展面向工业软件、移动应用的加固加密技术和攻击防范服务。

新能源和智能网联汽车。依托国家新能源与智能网联汽车基地,把握轻量化、电动化、智能化、网联化、共享化趋势,加快向新能源、智能网联汽车方向转型升级,加速探索5G技术、智能汽车、智慧交通融合发展新模式。开展氢燃料电池汽车整车集成、氢燃料发动机、制氢及氢储运等关键技术研发,建成

具有国际先进水平的氢燃料电池汽车生产基地。加强自动驾驶系统研发、产业化及示范应用,突破基于智能交通系统的车联网技术,培育壮大智能网联汽车产业集群。支持传统汽车产业在扩大规模中转型,实现整车及核心零部件自主配套。

生物医药和健康服务。依托武汉国家生物产业基地和光谷南大健康产业基地,建设国家级药物研发协同创新平台,争取布局国家临床医学研究中心,突破一批具有自主知识产权的生物技术, 重点发展生物医药和高性能医疗器械,提升发展医药流通服务,突破发展生物农业、精准诊疗、脑科学、做大做强一批龙头企业和重点产品,规划建设国家生命健康创新发展示范试验区。大力推进康养产业基础设施建设,促进健康与养老、旅游、文化、健身、食品等深度融合,不断催生健康新产业、新业态和新模式,实现康养多元化服务供给,创建国家级康养产业试验区。

现代商贸物流。推进线上、线下经济深度融合,传统业态和新业态相互兼容,国内市场和国际市场双向拓展,商品市场和要素市场两轮驱动,着力打造全国新零售之城,建设服务中部、辐射全国、面向国际的国家商贸中心城市。大力推进传统商贸转型升级,推动线上线下融合发展,加快智慧商圈建设,发展场景化、复合型体验新模式,加快向时尚、文化消费中心转型。推进零售业融合化、精细化升级,活跃夜间商业和假日消费,提升社区零售智能化、便利化水平。大力引进国内外知名电商平台,支持本地专业电商平台发展壮大,加快推进跨境电子商务综合试验区建设。打造水陆空立体化智慧物流体系,持续推进物流园区(货运枢纽)智能化、绿色化发展,形成全国物流总部集聚和物流资源整合配置中心。促进物流业与制造业、商贸流通等产业深度融合,为制造业供应链提供嵌入式物流服务,为电子商务和跨境电商提供仓配一体服务,打造集约化、平台化的现代供应链,大力培育新动能,促进降本增效,构建协作发展的物流生态圈。大力发展国际物流,支持开展国际快件中转集拼业务,打造中部地区国际、国内物流分拨中心,构建全球物流服务体系。

2.推动产业迈向高端,壮大发展七大五千亿级产业集群

智能制造。发挥激光、机床、海工等装备制造的技术和产业优势,重点布局机器人、高档数控机床、3D 打印与激光加工装备、高技术船舶与海洋工程装备、轨道交通装备等领域,建成国内一流的智能制造产业中心。

节能环保。重点发展水污染防治与循环利用、大气污染防治与相关综合利用、固体废弃物回收处理与综合利用、环境监测技术与装备等领域，推进产品与技术高端化、企业总承包运营一体化、设备制造与环保节能服务融合化。

科技金融。坚持科技与金融融合发展，推动金融产品和服务方式创新。坚持科学规划科技金融产业，完善金融组织体系和市场体系，提升金融服务水平。坚持改革创新与风险防范相统一，优化金融生态环境，加快集聚金融资源，培育高新技术产业，提升金融服务实体经济的能力。

精细化工。加强精细化工产业技术创新和优化产品结构，重点开发高性能化、专用化、绿色化产品。重点发展石墨烯材料、新型功能材料、化工高分子、高性能复合材料，重点支持纳米材料、生物材料、智能材料、超导材料等前沿新材料的研发和产业化。

设计服务。大力发展工程设计产业，发挥中南设计院、中铁大桥局、铁四院等龙头企业作用，进一步扩大建筑设计、桥梁设计、高铁设计等优势领域市场占有率，支持企业抱团出海，拓展国际市场。大力发展工业设计产业，支持企业创新经营模式和核心工艺，促进武汉工业设计向高端综合设计服务转变，积极创建国家和省级工业设计中心，助力全市制造业向价值链高端延伸。积极发展服装设计、广告设计、文化传媒、娱乐视听等其他创意产业，做大做强全球创意城市网络设计之都。

智慧旅游。建立面向游客和企业的旅游公共服务平台，完善旅游信息发布及咨询平台、旅游大数据集成平台。推动博物馆、图书馆、艺术馆、文化馆等的数字化提升。推动4A级及以上景区、星级饭店以及旅游交通等的旅游智慧化提升，包括旅游电子支付、可穿戴技术应用等，培育一批智慧景区、智慧企业。

商务和会展。着力完善法律、咨询、会计、审计、评估等服务机构，重点发展贸易结算、技术检测、产品认证、管理认证、咨询服务、法律仲裁、品牌代理和信用服务等高端商务服务，积极推进服务贸易平台建设，加快形成与国际营商规则接轨的高水平、专业化商务服务体系。大力推进会展业与相关产业融合发展，引进培育一批特色鲜明的国际、国内知名品牌展会，着力增强武汉会展业的实力，提升会展业市场化、专业化、国际化和信息化水平。

3.着眼未来产业发展前沿，培育发展五大千亿级产业集群

航空航天。以国家航天产业基地为核心，武汉临空港经济技术开发区和

武汉经济技术开发区(汉南区)为两翼,重点发展新型运载火箭及发射服务、卫星平台及载荷、空间信息应用、地面及终端设备制造等领域,大力发展固定翼、旋翼、柔翼等各类无人机及地面站和通讯指挥车,突破发展低轨通信卫星、低轨遥感卫星、导航增强卫星,轻型航空器核心产品达到世界先进水平,形成面向国内外的市场化、商业化航天发射服务能力,建成我国商用卫星研发制造基地。

人工智能。加快研发并应用高精度、低成本的智能传感器,突破面向云端训练、终端应用的神经网络芯片及配套工具,支持人工智能开发框架、算法库、工具集等的研发,支持开源开放平台建设,积极布局面向人工智能应用设计的智能软件,夯实人工智能产业发展的软硬件基础。以市场需求为牵引,积极培育人工智能创新产品和服务,促进人工智能技术的产业化,推动智能产品在工业、医疗、交通、农业、金融、物流、教育、文化、旅游等领域的集成应用。

量子科技和超级计算。围绕量子通信、量子计算、量子精密测量和量子技术标准等领域的基础研究和应用基础研究,建设量子通信研究与测试平台、量子技术核心器件研究平台、量子精密测量研究平台、量子计算研究平台、量子技术标准研究平台、军民融合发展研究平台等量子科技领域的大平台。大力发展量子芯片、量子测控、量子云等产品,推进“量子+”应用创新。争创国家级超算中心,推动一批超级计算机部署和应用。

氢能和电磁能。推动可再生能源电解水制氢和工业副产氢提纯两种制氢路径并行发展,积极探索多种制氢技术。重点布局 35MPa 和 70MPa 及以上高压气态储氢设备,探索发展液态氢、低压固态储氢及新型储氢材料的存储、运输技术及设备。在燃料电池电堆、空压机、氢能发动机等系统核心配件,系统集成技术等方面重点布局。加快现场制氢、储氢、加注一体化模式的标准化和推广应用。同步推进氢能在交通运输、能源综合利用等多领域的示范应用,实现商业化运营。依托海军工程大学、华中科技大学、航天科工集团等联合筹建电磁能国家实验室,推进电磁能技术的融合发展,推动电磁能技术在相关领域的应用。

动漫游戏。深挖动漫游戏产业市场发展潜力,提升动漫游戏原创能力,加大对原创动漫游戏精品和优秀动漫游戏企业的扶持力度。深化动漫游戏公共服务,完善动漫技术设备和公共技术平台支撑服务体系建设,有效降低企业成本。引导促进动漫游戏会展平台发展，活跃动漫游戏及衍生产品消费。鼓励投资建设电竞赛事场馆，重点支持建设或改建可承办国际顶级电竞赛事的专业场馆。发展电竞产业集聚区，做强本土电竞赛事品牌，支持国际顶级电竞赛事落户。促进电竞比赛、交易、直播、培训发展，加快品牌建设和衍生品市场开发，打造完整生态圈，为国内外著名电竞企业落户扎根营造良好环境。

4.坚持“三化”导向，实施“十二大”行动

围绕推进16个重点产业，以实现“三化”为基本导向，以建立健全“8个1”的工作机制为抓手(一个产业、一个领导、一个规划、一个基地、一个国家试点、一个基金、一个招商团队、一个政策体系)，重点实施“12大行动”。

加快提升“三化”水平。推动产业基础高级化，以数字经济为引领，以新基建为基础，积极推进具有关键核心技术的新兴产业成长壮大，加快钢铁、石化、纺织轻工等传统支柱产业转型发展和提升改造，建设质量强市国家示范城市。推动产业链现代化，以总部经济、线上经济等新经济形态为主体，发挥重大项目、龙头企业带动作用，强化产业链、创新链、人才链、资金链、政策链、招商链等“六链统筹”，加大产业链固链、补链、稳链、强链力度。推动产业布局集聚化，坚持梯度布局、圈层拓展、轴向延伸、组团集聚，以武汉都市圈、武汉城市圈、长江中游城市群等为重点辐射区域，依托光谷科技创新、车都先进制造、临空临港等经济走廊，推进产业分工协作、一体化发展。

实施战略性新兴产业三大行动。突出创新性、先导性、成长性，打造具有国际竞争力的战略性新兴产业集群。实施战略产业强基行动。面向世界科技前沿、面向国家发展战略需求、面向国民经济主战场，在关键“卡脖子”领域实施集中攻关，形成一批拥有自主知识产权的核心技术和前沿产业。实施新兴产业壮大行动。聚焦产业链核心技术和关键环节，加强研发投入力度，提升原始创新能力和本地化配套能力，加快推进新产业成为支柱产业。实施未来产业育苗行动。着眼未来5~10年全球产业发展前沿，以未来经济社会发展的重大需求为导向，超前谋划发展未来产业，抢占未来产业发展制高点。

实施制造业和建筑业三大行动。突出智能化、服务化、绿色化，加快推动现有支柱产业向中高端升级。实施制造智能化行动。推进互联网、大数据、人工智能与实体经济深度融合，推动全产业链智能化改造，建设高水平数字车间、智能工厂。实施制造服务化行动。促进个性化定制、现代供应链、装备后援等新业

态、新模式发展，实现生产型制造向服务型制造转型。实施制造绿色化行动。加快构建科技含量高、资源消耗低、环境污染少的绿色工业体系，加快绿色技术研发，健全绿色工业标准，完善绿色供应链，建设绿色工厂、绿色园区。

实施服务业三大行动。突出升级、创新、集聚，着力提升现代服务业中心功能。实施服务业升级发展行动。推动生产性服务业向专业化和价值链高端延伸、生活性服务业向精细化和高品质升级，努力增加优质服务供给，逐步形成结构优化、服务优质、布局合理、融合共享的现代服务体系。实施服务业创新发展行动。加快新技术对传统服务业的改造提升，积极发展线上经济、平台经济、共享经济、体验经济，促进各种形式的商业模式、产业形态创新应用。实施服务业集聚发展行动。加快建设一批面向制造业的生产服务支撑平台，打造一批知识密集型生产性服务业集群和现代服务业集聚区，构建全产业链区域服务体系。

实施农业三大行动。突出绿色化、标准化、品牌化，着力强化现代化都市型农业特色。实施农业绿色发展行动。推进农业投入品减量化、生产清洁化、废弃物资源化、产业模式生态化，促进农业农村发展与生态环境保护协调统一。实施农业全程标准化行动。强化全产业链开发、优质优价导向，推进生产、加工、流通、营销产业链全面升级，大力发展精致农业，促进一、二、三产业深度融合，提升农业发展整体效益。实施农业品牌提升行动。大力推进农业企业品牌、农产品品牌建设，广泛利用传统媒体和“互联网+”等新兴手段加强品牌市场营销，打造高品质、有口碑的农业“金字招牌”。

（四）聚力改革发展，激发市场活力和优化营商环境，强化中部强大内需市场引擎

坚定不移实施扩大内需战略，充分发挥投资的关键作用和消费的基础作用，创造市场新需求，坚定不移深化市场化改革，建设高标准市场体系，激发市场活力，优化营商环境，以大市场带动大产业，确保经济平稳健康运行。

1.发挥投资关键性作用，打造投资目的地城市

充分发挥投资对优化供给结构的关键性作用，不断增强供给质量和中长期供给能力。实施更加积极的财政政策，合理扩大政府投资，抓住产业数字化、数字产业化赋予的机遇，适度超前加快 5G 网络、数据中心、人工智能、工业物联网、物联网等新型基础设施建设，加大城际交通、物流、市政基础设施、研发

创新、产业升级、生态环保、社会民生、城乡协同等强功能、补短板领域投资力度。优先投资就业带动能力强、有利于农村劳动力就地就近就业和高校毕业生就业的产业。瞄准先进标准，加大对传统产业优化升级与现代服务业发展方向的投资力度和水平，促进产业迈向全球价值链中高端，在创新引领、绿色低碳、共享经济、现代供应链、人力资本服务等领域培育新增长点、形成新动能。

放宽民间投资的领域和范围，破除金融、电力、医疗、教育、养老等行业对民间投资不合理的限制，加大基础设施建设、城市更新改造等领域对民营企业的开放力度，鼓励民间资本、有实力的数字科技企业发挥研发实力和经营创新优势，重点参与公共卫生与医疗健康、智慧交通、智能能源、智能新媒体及电子政务等领域的新基建项目，把民间资本引导到具有稳定现金流和收益的项目中来。

加大项目谋划储备和建设保障力度，优化项目落地、审批、建设、验收等一体化服务机制，坚持“土地跟着项目走，资金跟着项目走”的原则，强化土地、金融等要素供给。

2.增强消费基础性作用，建设国际消费中心城市

推进实物消费提档升级。促进商业品质提升，积极推进质量提升行动，引导企业加强全面质量管理，做强“首店经济”和“首发经济”，完善六大市级商业中心功能，打造 1～2 个具有国际知名度的顶级商圈，将江汉路步行街建成全国一流示范步行街，建设一批线上线下融合的新消费体验馆，促进中高端消费、品牌消费。推动建设景区免税购物区等各类市内免税店，进一步完善免税政策，吸引境外游客消费；扩大机场等口岸免税业务，增设口岸免税店，吸引居民境外消费回流。促进社区商业和轨道交通站点、道路交通枢纽创新商业开发和经营，构建城市多层次、全覆盖商业体系。大力发展住房租赁市场特别是长期租赁，引导鼓励汽车、家电等大宗耐用消费品及绿色智能产品消费。大力发展农村电子商务，促进消费新业态、新模式、新场景在城乡的普及应用。

加速服务消费提质扩容。大力发展在线经济，促进教育、健康医疗、养老、托育、家政、全域旅游、文化、体育等服务消费线上线下融合发展，拓展服务内容，扩大服务覆盖面，不断释放潜在服务消费需求，逐步形成信息消费、文旅消费、绿色消费、康养消费等新消费热点。探索建立在线教育课程认证、家庭医生电子化签约等制度，支持发展社区居家“虚拟养老院”。积极培育网络消费、夜

间消费、定制消费、体验消费、时尚消费，推进与消费者体验、个性化设计、柔性制造等相关产业加快发展。

强化促进消费的政策引导。实行包容审慎有效的准入制度，认真落实国家清理并取消的各种限制消费的政策，对消费的供需双方不设置障碍。加快推进重点领域产品和服务标准建设，加强消费领域信用体系建设，健全消费者维权机制，优化促进居民消费的配套保障，加强消费宣传和信息引导。

3.推进要素市场化配置改革，建设高标准市场体系

健全要素市场化配置体制机制。建立健全城乡统一的建设用地市场，深化产业用地市场化配置改革，推动不同产业用地类型合理转换，加快工业用地、仓储用地、公共用地的市场化进程。加快科技金融中心建设，提高金融服务消费升级、产业升级效率，增加服务小微企业和民营企业的金融服务供给。畅通劳动力和人才社会性流动渠道，努力发展高层次人才市场。加快发展技术要素市场，培育发展技术转移机构和技术经理人，探索适应原创导向的重大项目形成和组织机制，试点赋予科研人员职务科技成果所有权和长期使用权，提高科技成果就地转化率，形成科技成果转化收益的具体办法。加快构建数据要素市场基础性制度，建立健全公共数据资源开放共享体系，发展壮大数据要素市场，培育数字经济新产业、新业态和新模式，支持构建农业、工业、交通、教育、安防、城市管理、公共资源交易等领域规范化数据开发利用的场景。加快要素价格市场化改革，加强要素价格管理和监督，健全生产要素有市场评价贡献、按贡献决定报酬的机制。

健全要素市场化交易平台。拓展公共资源交易平台功能，探索建设一批具有全国辐射能力的新市场和新平台。健全科技成果交易平台，完善技术成果转化公开交易与监管体系。引导培育大数据交易市场，持续建设完善长江大数据交易所、东湖大数据交易所等要素交易市场。发展一批新型要素市场，扩大武汉城市矿产交易所、武汉农村综合产权交易所、武汉航运交易所等交易平台规模，探索组建或者完善商贸物流、节能量、碳排放、水权交易等特色交易场所。

巩固商贸物流中心功能。建设区域性工业消费品国际采购中心，合理布局大型综合性批发市场与专业批发市场，构建宽覆盖、低成本、高效率的批发市场体系。培育一批带动性强、联动好、辐射快的物流示范项目，大力发展城乡高效配送。加强自贸区、综保区与汉正街、汉口北、武汉站等区域联动发展，加快

物流、仓储、展示、交易等基础设施建设，深化供应链创新与应用试点，推进国内外重要枢纽城市间商流、物流、信息流、资金流对接，提升对全球要素资源的配置能力，打造国内强大市场枢纽和推动中部优质产品走向世界的主要平台，实现以“大市场带动大物流，大物流带动大产业”。

4.打造营商环境最优城市，激发市场主体活力

持续优化营商环境。持续优化政务环境，推进政务服务“一网通办”“全城通办”，探索“秒报、秒批、秒办”极简审批模式，打造“在武汉、我来办”服务金字招牌，完善“企呼我应”工作机制，当好服务企业“店小二”。持续优化政策环境，制定规范政商关系正面清单，构建既亲又清的新型政商关系，惠企政策要“实战实用”。完善公开公平公正的市场环境，坚决消除市场垄断、破处市场壁垒，市场准入要一视同仁，平等对待各类企业。加快法治建设，全面落实《优化营商环境条例》，建立健全营商环境评价与考核制度，扎实推进产权保护，依法有效保护企业家，特别是民营企业家财产安全和创新创业积极性，加大社会信用体系建设力度，推进政务诚信、商务诚信、社会诚信和司法公信建设。

充分激发市场主体活力。加快推进市属国有企业重组整合，深化国企混合所有制改革。进一步完善国企法人治理结构，建立健全现代企业制度。充分发挥市属国有企业的生机和活力，推动市属平台企业市场化转型改革，组建国有资本投资运营公司。优化激励约束，进一步提升国有经济活力、控制力和抗风险能力。加大支持民营企业发展的力度，促进民营经济健康发展。推动各项惠企政策落实落地，为民营企业创造良好的发展环境，确保让企业“活下去、留下来、强起来”。破解民营企业融资难题，为企业减负。培育发展创新型民营企业，支持民营企业开拓国际市场，培养造就一批优秀民营企业家。建立民企预警帮扶机制，针对危及企业生存发展的突发性重大事件，在合法合规的前提下，帮助企业化解危机，保护企业和企业家合法权益，努力维护企业正常经营。

全面提高政府效能。理顺政府和市场关系，避免政府越位、错位、缺位，能交给市场和社会的就要“舍得放手”，不断提高政府行政效能。全面实施市场准入负面清单制度，持续推进商事制度改革，行政资源从以审批为主转向宏观调控、事中事后监管和提供公共服务。全面推行权力清单、责任清单制度，协调推进清理和规范各类行政许可等管理事项。推进政府机构改革，加强政府自身建设。推进政府职能转变，加快向社会组织让渡服务职能。进一步发挥信用在创

新监管机制、提高监管能力和水平方面的基础性作用，建立健全贯穿市场主体全生命周期，衔接事前、事中、事后全监管环节的新型监管机制，不断提升政府监管能力和水平。

健全激励相容机制。建立健全激励导向的绩效考核评价机制，以正面激励为主，体现差异化要求，合理设置干部考核指标，改进考核方式方法，增强考核的科学性、针对性、可操作性，调动和保护好各区域、各战线、各层级干部的积极性。强化考核结果分析运用，将其作为干部选拔任用、评先奖优、问责追责的重要依据，引导干部担当作为，在其位、谋其政、干其事、求其效。探索“容新容缺容错”模式，将改革创新和推动发展中因缺乏经验、先行先试出现的失误错误，同违纪违法行为区分开来，为改革创新免责，为敢于担当的干部撑腰。健全以增加知识价值为导向的分配机制和宽容失败的容错机制，激发创新人才特别是领军人才的积极性。

（五）聚力开放发展，增强国际性综合交通枢纽功能和口岸平台作用，打造国际交往中心

把握内陆城市开放新机遇，围绕大通道、大平台、大市场、大支撑，推进“引进来”与“走出去”相结合、“高端链接”与“对外辐射”相结合，“国外市场”和“国内市场”相结合，在更大范围、更宽领域、更深层次推进高水平开放，实现内外资源的优势互补和合作各方的共赢共享。

1.构建陆海空立体开放大通道，提升连接长江经济带与“一带一路”枢纽能力

打造开放大通道。充分利用交通区位优势和陆海空基础设施资源，建立融入长江经济带和“一带一路”推进机制，构建智慧、高效、功能完善的现代化国际性综合交通枢纽体系，形成客运枢纽、物流枢纽、港航枢纽，打造国际航空门户枢纽、长江航运中心、欧亚陆运节点城市。依托陆港型、港口型、空港型、生产服务型、商贸服务型国家物流枢纽承载城市，建设内陆效率高、成本低、服务优的陆海空立体开放大通道，着力提升国际通达能力，实现国际空运“一日达”、国际铁路运输“半月达”、远洋运输“一月达”。

统筹空港、水港、陆港建设。加快建设国际航空枢纽，推进武汉天河国际机场第三跑道建设，启动建设 T4 航站楼、卫星厅和第四跑道，开通更多国际客货运航空航线。加快长江中游航运中心建设，优化完善港口功能布局，打造长江

右岸以青山和鄂州为主、长江左岸以阳逻和黄陂为主的出海格局，以阳逻国际港东西港区为核心建设一批规模化、专业化、现代化的港口集群，完善港口集疏运及航运基础设施，打造国际一流航运中心。拓展中欧班列覆盖面，发展江海联运，加密“江海直达”和近洋直航，开辟近海直航航线，拓展国际集装箱江海直航公共班轮运输。加快建设国际陆运枢纽，完善“两横两纵两连”十二个方向高铁网，打造“米”字形高速铁路网，推进连接周边省、市的高速公路网建设。

完善多式联运体系和口岸功能。大力发展铁水、陆水、陆空、公铁联运，推进高铁进机场、铁路进港口，打造阳逻港“水铁公”、天河机场“空铁公”多式联运枢纽，构建陆海空联动、服务中西部、辐射欧亚非的内陆型多式联运服务网络。提升多式联运服务水平和口岸保障水平，推动多式联运各方深度融合，培育多式联运经营主体，加快武汉多式联运海关监管中心建设，充分发挥武汉新港空港综保区区港联动和武汉电子口岸·国际贸易“单一窗口”等平台优势，有效压缩整体通关时间，提升口岸通关服务效率，扩大区域通关合作，释放口岸经济的发展活力。

2.强化核心城市作用，辐射带动区域合作共赢

推进武汉都市圈和城市圈的同城化建设。以推动统一市场建设、基础设施一体高效、公共服务共建共享、产业专业化分工协作、生态环境共保共治、城乡融合发展为重点，推进都市圈和城市圈同城化。在圈域统一的规划管护基础上，优先推进“三个统筹”，即统筹新型和传统基础设施互联互通，率先推进轨道交通网络布局，构建以轨道交通为骨干的通勤圈，形成市域1小时通勤圈；统筹城乡融合发展，重点推进公共服务一体化，促进公共服务均衡普惠、整体提升；统筹生产布局，同步推进用地指标和环保指标在都市圈和城市圈范围内平衡。探索联合招商、飞地经济、园区共建等机制，支持三大国家级开发区依托光谷科技创新大走廊、车都先进制造大走廊、临空经济大走廊向外拓展，依托基础设施互联互通，加速武汉产业链和公共服务资源向周边延伸。

推进长江中游城市群一体化发展。深化“决策—协调—执行”三级合作机制，完善“基础设施互联互通、市场一体化、产业协同发展、生态文明共建、公共服务共建共享、深化开放合作”六大行动机制。加快建设城市群交通网，构建城市群2小时出行圈。重点打造一批有较强竞争力的优势产业基地，强化分工协作，形成城市群的产业集群和经济联动。建设支撑区域创新与产业发展的平台

与机制，推动城市群内部人才、技术、资本等要素跨区域自由流动和优化配置，加快建设中部大市场。建立健全跨区域生态文明建设联动机制，推动城市群绿色发展。建立健全公共事务管理机制，加强公共服务交流合作。

挺起长江经济带的脊梁。全方位推进长江经济带的整体联动，加快建设长江经济带综合立体交通走廊，加强与沿线城市在产业布局、商贸流通、国际经济合作、港口岸线开发利用等方面的交流合作，不断深化与长三角、成渝城市群合作，共同打造长江黄金水道。重点打造长江经济带大物流通道，紧密长江中游城市群航运合作及区域经济贸易往来，搭建中部三省互联互通载体，完善湖北武汉、湖南岳阳、江西九江之间“中三角省际集装箱公共班轮”航线，加大航线密度，发展特色定制与规模运输相结合的物流服务体系，依托武汉长江中游航运中心，推进港航资源整合，促进临港经济发展。完善省际市际协商合作机制，探索长江流域要素市场合作机制。

3.发挥开放平台的引领作用，拓展海外大市场

加快推进湖北自贸区武汉片区建设。加强自贸区与东湖国家自主创新示范区的“双自联动”。着力构建开放型经济新体制，不断健全投资管理、贸易监管、金融服务、政府管理体系，加快实现投资贸易自由化。加快武汉经开综合保税区、武汉新港空港综合保税区、武汉东湖综合保税区建设，推进建设中国(武汉)跨境电商综合试验区，并实现与自贸区的联动发展。积极对接国际标准、国际规则、国际标识，构建与国际接轨的投资贸易规则体系，优化国际贸易制度环境和营商环境，以价值链为核心，积极参与全球产业链、供应链重构。学习借鉴上海“自贸区卓越指数”，加大制度创新力度。积极承接国际新兴产业布局和转移，争取国家支持自贸区重点产业进行全产业链开放发展，在培育打造长江经济带世界级产业集群上实现突破。

高水平“引进来”。坚持进一步扩大开放，引进高质量外资，推动利用外资由规模速度型向综合效益型转变，加强外资在产业链关键节点以及促进技术创新方面的作用。推进“双招双引”向海外延伸，以跨国大企业、大财团、外资金融机构入驻为载体，引进高质量的企业、项目和人才。加快建设“1+4”对外开放平台，高质量建设中法武汉生态示范城建设，建立中法规划合作示范基地，持续举办中法城市可持续发展论坛和中法生态示范城国际旅游文化节，建成论坛永久性会址，大力引进法国及其他国家企业，打造城市可持续发展样板；高

起点规划建设中德、中日、中印、中美等国际产业园，带动武汉融入全球产业链、供应链和价值链。深化教育医疗、健康养老、文化旅游、体育休闲、专业服务等领域开放，吸引更多外资来武汉投资。

高质量“走出去”。大力发展电子商务、市场采购、外贸综合服务等新业态，发挥武汉在工程设计建造、装备制造、信息技术等领域优势，构建全产业链战略联盟。加强产业地标、知名企业和品牌产品宣传推介，鼓励支持中小企业“借船出海”、各类企业“抱团出海”，参与海外并购、国际竞争与合作，积极开拓国际市场，让更多武汉制造、武汉技术、武汉标准走向世界，把武汉打造成为推动中部优质产品走向世界的主要平台。不断完善出口市场结构，巩固传统市场，重点开拓“一带一路”新兴经济体和发展中国家市场，加快国际产能合作，推动建设境外产业园和综合服务平台。

4.开展更加积极的城市营销，塑造城市国际化新形象

实施城市形象海外推广工程，将武汉塑造成英雄的城市、健康的城市，充满希望的城市。建设具有国际影响力的体育城市，加强军运会场馆整体运营与维护，承办武汉网球公开赛、武汉马拉松比赛等具有国际影响力的高规格体育赛事，打造全球高价值的体育赛事品牌，建设国际体育赛事名城。争取高层及国际性峰会在汉召开，积极举办世界大健康博览会、全球服务外包大会、全球供应商大会、国际性学术论坛等活动，推动大健康博览会交易平台等产业、科技、文化等领域的高层次交流合作平台建设。加快发展国际旅游，建设国际滨水休闲旅游目的地城市和中部地区国际旅游集散地。承办重大主场外交活动，建成国家重要的外交主场城市。加快外国领事馆区建设，引进更多国际组织和机构落户武汉，建成国际性组织和活动落户中部的首选城市。加强与国际友城尤其是国际知名城市之间的务实交流合作。加快推进国际学校、国际医院、国际社区、国际人才公寓建设，优化国际公共服务环境。

（六）聚力协调发展，推进新型城镇化和乡村振兴融合发展，提升城市承载能力和功能品质

合理统筹生产、生活、生态空间，更加注重城乡融合发展，更加注重城市功能提升和亮点区块打造，构建集约高效、经济适用、智能绿色、安全可靠的现代化基础设施体系，织密城市精细管理网，提高城市科学化、精细化、智能化管理水平，“绣”出城市品质品牌。

1.加强空间治理，构建安全和谐高效的城市发展格局

加强国土空间开发保护。优化空间规划体系，推进“多规合一”。科学有序统筹布局生态、农业、城镇空间，推动各区域依据主体功能定位及区域资源环境承载能力实现科学发展。完善国土空间开发保护制度，按照确保生态保护红线功能不降低、面积不减少、性质不改变的基本要求，强化底线约束，划定生态保护红线、永久基本农田、城市开发边界三条控制线，实施严格管控。强化国土空间规划与城市安全治理的有机衔接，完善公共空间的建设和功能匹配，以多功能性、冗余度和多尺度为目标，构建以生态空间、避难空间和安全生产空间为重点的韧性城市空间格局。

升级形成“两城、三区、百镇、千村”的全域空间格局。整体谋划主体功能区体系，推动城市多中心、网络化、组团式发展，形成全域统筹、城乡一体的空间格局。做精做优主城，提升商务商业、文化旅游、时尚创意等功能，加快建设亮点区块，深化老旧城区有机更新。以超前理念、世界眼光规划建设长江新城，全力申报建设国家级长江新区，打造代表城市发展最高成就的展示区、全球未来城市的样板区。做大做强东湖新技术开发区、武汉经济技术开发区、临空港经济技术开发区三个国家级开发区，着力提升科技创新、先进制造、区域辐射带动等功能。加快重点镇、中心镇、示范镇等“百镇”发展，提升小城镇吸引力和人口集聚能力；加快发展特色小(城)镇，打造创新创业发展平台和城乡要素融合的有效载体。加快建设美丽“千村”，因地制宜推进都市型中心社区(村)、城镇型中心社区、乡村型中心社区建设，打造一批具有引领带动作用的示范村。

2.坚持先地下、后地上，推进城市基础设施提质升级

深入推进“四水共治”。充分利用城市地下空间的发展，建设体系化的综合管廊。进一步巩固长江汉江干堤、中小河流堤防，全力提升城市防洪能力，构建标准适宜、调度灵活的城市排涝体系。大力推进“海绵城市”建设，广泛推广应用海绵化建设技术措施，实现源头减排，进一步完善骨干排水通道，加快次、支排水管网改造升级，兴建雨水调蓄池、深隧等大型排水工程，切实提高全市应对暴雨、大暴雨的排涝排渍能力。建设雨污分流的城镇污水收集和处理系统，推进城市污水的再生利用，因地制宜建设中水回用设施。构建以大中型水厂为核心、城乡一体、多源互联的优质安全供水体系。

全面提升城市交通品质。推动轨道交通、过江桥隧、快速路网等基础设施

建设,加快完善城市交通系统,完善城市的骨架路网,结合 15 分钟生活圈、10 分钟活动圈以及 12 分钟文体圈的要求,进行路网改造,打造“公共交通+慢行”引领的现代化城市交通体系。推进轨道交通的总体规划建设,加快第四轮轨道交通规划项目建设,启动第五轮轨道交通规划建设,确立轨道交通在公共交通中的骨干作用,打造具有世界先进水平的地铁城市。持续推进公交都市示范城市建设,实施“公交优先”战略,建设一批各类交通方式无缝高效衔接的换乘枢纽。严格落实“窄马路、密路网”的城市道路布局新理念,打造“环射结合、轴向成网”的路网新格局。完善越江跨河通道布局。

加强能源保障。完善电网结构,推进世界一流城市电网建设,实施电力“特高压靠城、超高压进城”工程,提高武汉电网消纳特高压通道电力的能力,畅通外部能源资源新通道。积极争取和引进气源,实现天然气供应方式的多元化和来源的多渠道化。推进炼油企业设备技术改造,增强油品生产和调配能力,优化武汉沿江石化产业布局、推动武汉城市绿色发展。利用现有和规划热源点及生物质锅炉、地源热泵、水源热泵等技术,发展集中供热(制冷)。

构建中部地区超大城市固废处置体系。加快补齐垃圾处置设施短板,提升生活垃圾、建筑垃圾、餐厨废弃物、医废危废、污泥等各类废弃物处置能力。推进生活垃圾分类和源头减量化,加快建立有效衔接的垃圾分类收运回收处理系统。进一步规范塑料废弃物回收利用和处置,加强塑料污染治理。推进生活垃圾分类和再生资源回收利用两网融合,配套建设一批中小型垃圾转运站,优化提升再生资源回收网络。

3.强化数字牵引,打造新型智慧城市典范

前瞻布局新一代信息基础设施。促进信息基础设施与城市公共设施功能集成、建设集约,构建物联、数联、智联三位一体的新型城域物联专网,建设以大数据中心、超算中心为核心的“城市大脑”。加快建设 5G、IPV6、工业互联网、物联网等基础设施,谋划布局人工智能平台、区块链网络、一体化大数据中心。实施宽带武汉工程,加快发展升级高速宽带,加快建成千兆光网城市。提升窄带物联网(NB-IoT)接入支撑能力,积极推进实施窄带物联网应用示范工程。加快建设基于新一代信息技术的城市安全运行系统,科学实施网络空间治理,健全网络安全保障体系,全面提升城市抗击风险的韧性。

推进城市运行智慧化。支持构建农业、工业、交通、教育、安防、城市管理、公共资源交易等领域规范化数据开发利用的场景。推动物联传感、智能预测在给排水、燃气、城市建设领域的应用，推动动态感知网络在公共安全监控、自然灾害预测、环境监测、河道监管、食品安全追溯等领域应用，推动图像识别、生物特征识别等技术在社会综合治理、大人流监测预警等领域应用。加强各类城市运行系统的互联互通，建设运行应急安全智能应用体系，增强城市综合管理的监控预警、应急响应和跨领域协同能力，加强智慧城管建设，提升快速响应和高效联动处置能力水平。

推进城市治理智慧化。加快建设数字政府，统一数据标准，实现数据互联互通和共享共用，形成政务服务“一网通办”、城市运行“一网统管”。推进政府数据开放共享，优化政府治理基础数据库，建立公共数据开放和数据资源有效流动的制度，制定出台新一批数据共享责任清单。持续完善全流程一体化在线服务平台，深化跨部门协同审批、并联审批，促进各部门和领域间的数据交汇、共享、流通。构建形成大平台共享、大数据慧治、大系统共治的顶层架构，拓展城市仿真实验室功能，支撑基于大数据、人工智能的城市智慧决策和管理。聚焦医疗、教育、养老、文化、旅游、体育等重点领域，推动智能服务普惠应用，提供智慧便捷的公共服务。加强城市日常精细化管理，运用大数据等技术支撑综合性的管理措施。创新社区治理 O2O 模式，建设数字化社区便民服务中心。

加强数据资源整合和安全保护。探索建立统一规范的数据管理制度，提高数据质量和规范性，丰富数据产品，制定数据隐私保护制度和安全审查制度，推动完善适用于大数据环境下的数据分类分级安全保护制度，加强对政务数据、企业商业秘密和个人数据的保护。

4.促进城乡要素双向自由流动和平等交换，扎实推动乡村振兴

深化农村改革。完善产权制度和要素市场化配置，加快破除体制机制弊端，促进城乡要素自由流动、平等交换和公共资源合理配置。探索宅基地所有权、资格权、使用权“三权分置”改革办法，进一步盘活农村土地资源。全面推进农村集体产权制度改革。统一城乡建设用地市场，建立集体经营性建设用地入市制度。创新农业经营方式，实施新型农业经营主体培育工程，大力培育新型职业农民，培育认证安全优质农产品品牌。

全面提速美丽乡村建设。加快编制实施全市域村庄规划，积极稳妥推进村塆合并，以农村垃圾、污水治理和村容村貌提升为重点，加强人居环境整治，推

动基础设施、公共服务向集并村集中。加快新城区街、乡、镇更新改造和功能提升，加快建设一批特色古镇古村，传承弘扬优秀传统文化，打造具有荆楚特色的美丽乡村文旅品牌。

大力推进新型城镇化高质量发展。加快实施以促进以人的城镇化为核心、提高质量为导向的新型城镇化战略，大力推进在城镇就业的农业转移人口落户，试行以经常居住地登记户口制度。推进常住人口基本公共服务全覆盖，建立城镇教育、就业创业、医疗卫生等基本公共服务与常住人口挂钩机制，推动公共资源按常住人口规模配置。

（七）聚力绿色发展，彰显大江大湖魅力和“两型”社会特色，建设生态宜居城市

深入贯彻习近平生态文明思想，牢固树立“绿水青山就是金山银山”的发展理念，坚持尊重自然、顺应自然、节约优先、保护优先，实施安澜、清洁、绿色、美丽、文明长江“五大行动”，做好生态修复、环境保护、绿色发展“三篇文章”，打好生态环境治理持久战，建设国内外知名的滨水生态绿城，实现人与自然和谐共生。

1.坚持共抓长江大保护，打造水城融合、人水和谐的生态城市

把修复长江生态环境摆在压倒性位置。深入实施长江大保护十大标志性战役，打好长江保护修复攻坚战。健全重点河湖水质提升和重点企业行业节能减排长效机制。加强港口码头和船舶污染防治，持续开展非法码头整治，推进武汉长江汉江核心区港口码头、岸线资源优化调整。推动长江航运绿色综合治理和生态航运体系建设，建立健全污染物排放标准体系、监测体系与管控体系，推广岸电、LNG等清洁能源及绿色航运技术装备运用，推进绿色港口建设。

持续优化滨水绿城的生态格局。实施“蓝网”工程，构建布局合理、引排得当、生态良好的水生态网络，努力打造“城水相融、江河相连、湖库相嵌、山水一体、保用相促、人水和谐”的城市水库，在水资源供给保障体系、水务防城保障体系、城市排涝体系、水务综合管理体系建设等方面加快探索突破，美化水环境、丰富水生态、保障水安全、强化水管理、弘扬水文化，建成世界知名滨水生态绿城。实施“绿网工程”，打造沿江百里生态文化长廊和东湖生态绿心，围绕城市生态骨架、蓝绿空间，整合生态要素，建立综合公园、社区公园、街头公园（小游园）的城市公园体系，形成林荫道、绿道、通道绿化的绿廊公园体系，打造

郊野公园、乡村公园、田园公园的农村公园体系，构建森林公园、湿地公园、自然保护区、风景名胜区的自然公园体系，高质量创建国家生态园林城市和森林城市，努力建设国家公园城市。

2.打好污染防治攻坚战，推动生态环境质量持续向好

实施江湖相济综合治理，以“三湖三河”流域水污染治理为重点，全面开展全市河湖流域水环境治理“清源、清管、清流”行动，加快提升重点湖泊水质，全面消除城市建成区黑臭水体，打好碧水保卫战。2025 年，全市河湖流域水质基本达标。实施大气污染防治行动计划，聚焦工业生产、移动源排放、扬尘、燃煤四大污染源，全面统筹抓好细颗粒物（PM2.5）、可吸入颗粒物（PM10）、氮氧化物、挥发性有机物（VOCs）污染防控，持续增加空气质量优良天数，打好蓝天保卫战。全面实施土壤污染防治行动，加快推进土壤污染治理修复，强化固体废物污染防治，完善医疗废物转移处置体系，打好净土保卫战。深入开展农业农村环境污染防治，推进农村“厕所革命”，严控畜禽养殖污染，实行科学施肥和农药减量控害。开展污染综合防治科技攻坚，改进生产技术，推进技术装备研发。

3.倡导绿色低碳循环发展，加快形成绿色发展方式和生活方式

实施“绿色工程”，推进长江经济带绿色发展示范区建设。全面推行清洁生产，严格实行环境准入制度，加强源头管控，转变发展方式，培育壮大新兴产业，推动传统产业智能化、清洁化改造，优先发展节能环保产业，积极实施一批循环技术改造项目，培育一批循环经济示范企业和园区，加快构建绿色低碳循环发展的产业体系。推进能源生产和消费革命，构建清洁低碳、安全高效的能源体系。健全自然资源产权制度，落实资源有偿使用制度，推进资源全面节约和循环利用，实行资源总量管理。推进低碳城市建设，实施碳排放达峰行动计划。积极发展绿色制造、绿色物流、装配式建筑。引导公众绿色生活，加强生态文明宣传教育，倡导简约适度、绿色低碳的生活方式，反对奢侈浪费和不合理消费。革除滥食野生动物陋习，严厉打击非法野生动物买卖行为。开展创建节约型机关、绿色家庭、绿色学校、绿色社区和绿色出行、绿色商场、绿色建筑等行动。

4.完善绿色发展体制机制，夯实生态文明建设的制度保障

强化生态保护红线空间管控，形成自然生态空间分级管控体系，有效防范

化解生态安全重大风险。创新考评机制,完善绿色发展指标体系、生态文明建设考核目标体系，实施领导干部自然资源资产离任审计和生态环境损害责任终身追究制度。深化生态补偿机制,健全常态化的环境保护成效与奖励惩罚相挂钩的激励约束机制,完善基本生态控制线区域生态补偿制度、长江汉江武汉段跨区断面水质考核奖惩及生态补偿制度。完善多元投入机制,加大政府和社会资本合作在环境保护和绿色产业发展领域的推广应用，大力发展绿色金融和绿色保险。探索生态产品价值实现机制,推行自然资源有偿使用,落实生态环境损害赔偿制度,完善排污权交易制度,探索水权交易试点,加快建设全国碳交易注册登记系统。探索绿色知识产权保护激励机制，加强绿色发展新业态、新领域创新成果的知识产权保护。

(八)聚力文化发展,展现“英雄城市”精神和汉派文化之美,打造社会主义文化强市

深入实施文化强市战略,坚持完善公共文化服务体系,增强多元文化服务能力,文化事业与文化产业协同并进,文化与经济社会深度融合,“英雄城市”的精神品质更加彰显,汉派文化影响力不断扩大,城市文明水平和文化软实力达到新高度。

1.大力推进文明城市建设,提升城市美誉度

深入学习宣传贯彻习近平新时代中国特色社会主义思想，坚持以社会主义核心价值观为引领,大力推进文明城市建设,深入开展市民素质提升、文明乡风涵育等精神文明创建活动,展现武汉人热爱城市、友善待人、文明守礼的精神风貌。讲好武汉抗疫故事,弘扬武汉“英雄城市、英雄人民”的精神特质,持续发扬识大体、顾大局、不畏艰险、顽强不屈的抗疫精神。推进诚信建设制度化,构建守信奖励、失信惩戒的信用体系。推进“志愿者之城”建设,倡导守望相助、奉献友爱的互助精神。落实意识形态工作责任制,牢牢把握正确舆论导向,高度重视传播手段建设和创新,提高新时代新闻舆论传播力、引导力、影响力、公信力,弘扬主旋律,激发正能量。提高哲学社会科学研究水平,加强新型智库建设,为加快建设国家中心城市和国际化大都市提供有力的智力支撑。

2.创新公共文化供给机制,增强公共文化服务能力

推动政府、市场、社会多元供给主体形成合力,加快公共文化资源标准化、均等化建设,建立健全普惠型、全覆盖的公共文化服务体系,打造 12 分钟文体

圈。健全历史文化保护与传承发展机制，加快汉口历史风貌区和武昌古城旧址改造，积极参与和推动“万里茶道”申报世界文化遗产，擦亮历史文化名城品牌。强化非物质文化遗产保护和开发利用，保护好传承人，建设一批国家级非物质文化遗产保护项目和生产性保护示范基地。大力推进戏曲文艺振兴，实施文艺精品创作工程，推进戏曲艺术中心建设，办好中华优秀戏曲艺术文化节、琴台音乐节等重要节会，扶持汉剧、楚剧发展，振兴武汉“戏码头”。培育和扶持特色群众文化活动，做好武汉之夏、江滩大舞台、城市剧场等群众文化活动品牌，不断丰富木兰艺术节、滨江之春、归元庙会等区域性群众文化活动，广泛开展群众性体育活动。加大公共文化事业硬件、软件的投入和建设力度，不断优化公共文化服务网络管理机制，切实提高图书馆、文化馆、博物馆、群艺馆等公共文化服务设施的服务覆盖面与质量。

3.实施“文化+”融合发展战略，提升文化产业竞争力

坚持“需求引领、特色引领、科技引领、融合引领”的理念，大力发展创意设计、会展博览、数字出版、电竞直播、动漫游戏等新业态，推动文化产业成为国民经济支柱性产业。促进文化产业转型升级，推动文化与科技、金融、商贸等相关产业融合发展，加快建设国家文化和金融合作示范区。做大做强文化市场主体，培育特色优势文化品牌，推动文化产业高质量发展，建成全省文化产业核心区。加大文化产业园区和文化基地的建设力度，优化园区基础设施和配套服务，引导相关文化企业向园区聚集，培育主导产业，发展关联产业，完善产业链条，凸显园区特色，不断壮大发展规模，提升发展质量。大力推进文化招商，实施重大项目推动战略，聚焦文化创意、互联网文化、文化金融等重点领域开展精准招商，加大枢纽型、核心型总部文化企业引进力度，着力引进世界 500 强的文化企业地区总部、全国 100 强的文化企业总部，及其研发基地、交易中心等，做大文化产业增量。注重培育高成长型文化企业，鼓励中小文化企向“专、精、特、新”方向发展，支持处于成熟期且经营较为稳定的文化企业在主板市场上市。深化文旅融合，推出更多武汉特色文化旅游产品，提升“知音”号、长江灯光秀等品牌影响力，争创国家级文化产业和旅游产业融合发展示范区、国家文化和旅游消费示范城市、国家级夜间文旅消费集聚区，打造国际文化旅游目的地。

4.推进文化体制改革创新，释放文化发展活力

加快形成由文化事业单位引领、以市场化原则运营、以服务市民文化生活和发展文化经济为目标的文化发展路径。引导文化企业始终把社会效益放在首位，实现社会效益和经济效益相统一。深化文化领域供给侧结构性改革，推动融合发展，促进文化消费，以优质高效的文化产品和服务供给，更好满足人民群众对高质量文化体验的需要。推进国有文化企业的战略重组和股份制改革，培育一批核心竞争力强的国有或国有控股文化企业。鼓励引导社会力量投资兴办剧场、博物馆、美术馆、文化产业园区及各类文化产业基础设施。优化营商环境，持续推动“放管服”改革，优化行政审批流程，完善互联网、文化、文物等专业文化服务领域市场准入制度。创新文化市场监管方式，提升文化市场综合执法水平，建立健全文化市场信用体系，完善警示名单和黑名单制度，营造良好的文化市场环境。加强文化开放与交流，搭建文化开放平台，拓展文化开放路径，强化文化开放支持体系建设，不断增强武汉文化“走出去”能力和国际影响力。

（九）聚力共享发展，兼顾尽力而为和量力而行，建设幸福城市

坚持既尽力而为，又量力而行，以扩面、提质、增效为导向，建立健全与武汉经济社会发展水平相适应的公共服务标准体系，以标准化促进公共服务均等化、普惠化、便捷化，使市民获得感、幸福感、安全感更加充实、更有保障、更可持续。

1.实施就业优先战略，实现更加充分和更高质量就业

坚持通过发展经济扩大就业，按照产业支撑就业、创新创业带动就业的思路，加快产业转型升级，推进新旧动能转换，加快新产业、新业态发展，催生一批多层次、高质量就业岗位，形成经济发展与就业水平提升相互促进局面。适应劳动力市场新变化和劳动者多层次就业需求，健全均等化、专业化、标准化的公共就业创业服务体系。优化“双创”生态系统，促进创业带动就业、多渠道灵活就业。加大对高校毕业生留汉就业的支持力度，抓好创业孵化基地、实习实训、校园推介、创业大赛、基层就业等项目建设，不断优化薪酬、户籍、安居等就业创业配套服务，争取更多的大学生在汉就业。大力实施职业技能提升行动，强化“订单式”“订岗式”培训，不断提升各领域就业人员的就业能力，有效化解就业结构性矛盾。深入推进“三乡工程”，建立“平等受惠、差别帮扶”的政

策体系，支持农民工返乡就业创业。加大公益事业岗位的拓展，解决零就业家庭的就业问题。强化就业失业动态监测与研判，统筹做好化解过剩产能分流职工、农村转移劳动力、城镇就业困难人员、退役军人、残疾人、新冠肺炎治愈者等重点群体的就业工作。深入推进劳动关系协调和劳动权益保护，健全劳动关系治理长效机制，完善政府、工会、企业共同参与的协商协调机制，构建和谐劳动关系。

2.不断提升教育现代化水平，办好市民满意的教育

全面落实教育优先发展战略，围绕提升教育现代化水平，加快构建高起点规划、高水平均衡、高质量育人、高素质师资、高效能治理、高科技支撑的全民终身教育服务体系。加大对教育规划布局、财政资金投入、硬件设施配套、师资力量提升等领域的政策支持力度。坚持把立德树人作为重点，全面构建德智体美劳全面培养的教育体系，形成更高水平的人才培养体系。按照建公扶民、扩容增优的思路，继续扩大学前优质教育资源总量，提高公办园的数量和比例，引导民办园提供普惠性服务，推进学前教育普及普惠安全优质发展。实施义务教育优质扩容行动，持续推进义务教育城乡一体化改革发展，积极探索义务教育优质均衡发展的实现路径，切实办好老百姓家门口的每一所学校。推进高中阶段教育优质特色多样化发展，构建高质量、多样化、可选择、有特色的发展格局。完善现代职业教育和培训体系，对接现代产业发展，优化专业结构，促进办学质量和效益全面提升。推进市属高等院校内涵发展，支持在汉高校“双一流”建设，全面提升教育质量和水平，为地方经济和社会发展服务。整合资源，办好特殊教育。强化数字信息引领，纵深推进智慧教育、网络教育。加快建设学习型社会，实现不同类型继续教育学习成果的互认与衔接，不断拓宽和畅通终身学习通道。坚持“优者从教、教者从优”，深化教师管理综合改革，培育高素质、专业化、创新型高素质教师队伍，营造尊师重教的良好社会风尚。

3.推进收入分配结构调整优化，确保居民收入与经济增长同步

坚持按劳分配原则，完善按要素分配的体制机制，促进收入分配格局更合理、更有序。坚持在经济增长的同时实现居民收入同步增长、在劳动生产率提高的同时实现劳动报酬同步提高，鼓励勤劳守法致富，增加低收入者收入，调节过高收入，取缔非法收入。把提高劳动生产率作为增加收入的根本手段，加快形成与劳动生产率提高相匹配的收入增长机制，尽量避免因工资增长过快

或过慢而导致的不可持续问题发生。把扩大中等收入群体作为提高收入的重要抓手，加强人力资本建设，加强产权保护，增强群众的财产安全感，做好公共服务保障，为中等收入群体“增收减支”。鼓励企业采取协议薪酬、持股分红等方式，试行年薪制和股权制、期权制，提高技能人才的经济待遇和社会地位。建立健全符合事业单位特点、体现岗位绩效和分级分类管理的工资分配制度。推动高校院所、企业、金融、政府四方合力，健全科技人员收入分配制度，提高科研人员科技成果转化收益比重。千方百计拓宽农民增收渠道，加快一、二、三产业融合发展，深化农村重点领域改革，全面提高农民工资性、经营性、财产性、转移性收入。

4.健全多层次社会保障体系，全面提升保障能力和水平

注重普惠性、基础性、兜底性，加快建设覆盖全民、城乡统筹、权责清晰、保障适度、可持续的多层次社会保障体系。深入推进养老保险制度改革，不断完善城镇职工基本养老保险制度和城乡居民基本养老保险制度，鼓励发展补充社会保险和商业保险，构建基本养老保险、职业年金、企业年金和商业保险相结合的多层次养老保险体系。全面实施统一的城乡居民基本医疗保险和大病保险制度。健全重特大疾病医疗保险和救助制度，在突发疫情等紧急情况时，确保医疗机构先救治、后收费。探索建立特殊群体、特定疾病医药费豁免制度，减轻困难群众就医就诊后顾之忧。健全工伤预防、补偿及康复“三位一体”的工伤保险体系。完善更加积极的预防失业、促进就业、保障待遇为核心的失业保险体系。建设大救助信息系统，推进民生保障精准化，优化低保标准动态调整机制。完善社会救助、社会福利、慈善事业、优抚安置等制度，关注“一老一小”，发展普惠性婴幼儿照护服务，健全留守儿童、妇女、老人关爱服务体系，发展残疾人事业，加强残疾康复服务。坚持“房子是用来住的，不是用来炒的”定位，加快构建房地产市场平稳健康发展长效机制，推动住房制度改革与新型城镇化发展需要同频，与城市规划、公共服务制度等改革共振，切实做到“稳房价、稳地价、稳预期”。加大住房保障力度，优化保障住房供应结构，加快完善公租房、共有产权房、人才保障房、征收安置房“四位一体”的住房保障体系。创新方式方法，吸引社会力量参与，系统推进老旧小区、棚户区、城中村改造。

5.提升全方位全周期健康服务能力，建设健康城市

站位国内第一方阵，以提高人民健康水平为核心，大力开展爱国卫生运

动，积极稳妥推进健康供给侧结构性改革，以普及健康生活、优化健康服务、完善健康保障、建设健康环境、发展健康产业为重点，为市民提供全方位、全周期的健康服务，努力创建国家健康城市示范市。创新推进疾病“防治一体化”建设，补齐医防融合短板，强化疾控中心临床基地建设，构建紧密型疾病预防控制网络，探索建立“公共卫生总师”“首席公共卫生专家”制度，建设中心城区10 分钟、新城区 12 分钟医疗急救圈，打造疾控体系改革和公共卫生体系建设的“武汉样板”。统筹国家、省属在汉机构和市、区属优质医疗资源，提升中部地区重大疫情防控救治和国家应急医疗卫生服务功能，争取立项并建设国家公共卫生应急演练与培训基地、国家现场流行病学培训与实践基地。统筹医疗保障基金和公共卫生服务资金使用，提高对基层医疗机构的支付比例，实现公共卫生服务和医疗服务有效衔接。建设全民健康信息市区一体化平台和健康医疗大数据中心，推动“互联网+医疗健康”发展。构建整合型医疗卫生服务体系，完善分级诊疗制度，巩固医疗联合体建设，提升公共卫生服务协调联动能力。坚持基本医疗卫生服务的公益性，不断扩大药品和医用耗材集中带量采购范围和品种，切实减轻群众看病负担。推进城乡基本公共卫生服务均等化，加大基层卫生医疗基础设施建设力度，强化基层卫生医疗服务团队建设。促进社会力量办医加快发展，支持社会力量举办、运营高水平专科医院，建立专业协作团队为居民提供医疗、公共卫生、健康管理等签约服务。深化国际医疗合作项目建设，不断优化涉外就医流程，提升国际化医疗卫生服务能力。坚持大健康理念，做好重点人群心理疏导和心理治疗，大力推动全民健身与全民健康深度融合，加快发展体育产业，建设国际体育赛事名城。贯彻落实国家生育政策，加强人口发展战略研究，推动人口结构良性变动和长期均衡发展。积极应对人口老龄化，完善居家、社区、机构“三位一体”多元化养老服务模式，推进医养结合，构建养老、孝老、敬老政策体系和社会环境，加快老龄事业和康养产业融合发展，建设老年友好型城市。

武汉市发展和改革委员会：余功豹　吴远明　袁晓芳
程旭沛　黄平利　安冬青
武汉发展战略研究院：刘艺璇　袁云光　叶传忠
付　兴　骆　严

武汉市服务业“十四五”发展形势分析

沈　明

“十四五”规划是我国开启全面建设现代化国家新征程、应对世界百年未有之大变局、百年未有之全球性公共卫生事件风险挑战，以及加快构建国内大循环为主体，国际国内双循环相互促进新发展格局的关键性规划，在我国规划史上具有重要里程碑意义。“十四五”规划事关长远，必须立足实际，认真思考谋划，为未来五年发展打牢基础、指明方向。本文在已有研究和数据资料分析基础上全面总结服务业发展趋势，深入分析服务业“十四五”发展环境，为科学编制武汉市服务业“十四五”规划提供参考。

一、服务业发展总体趋势

(一)服务业上升为全球经济主导产业

近半个世纪以来，随着经济全球化的不断深化，世界经济结构经历了深刻的变化和调整。服务业在全球范围内得到了长足的发展，呈现服务业增加值比重逐步上升的趋势。截至 2019 年，全球服务业增加值占全球生产总值（GDP）比重超过 70%，比 1970 年提高了 17 个百分点，我国服务业占国民经济比重达到 53.9%。未来，在以 5G 为基础的新一代信息技术推动下，服务贸易持续增长，中国经济将加速向服务经济转型。

(二)服务业成为全球经济增长的主要动力

如图 1 所示，2019 年，全球 189 个国家和地区中，服务业增加值占 GDP 比重超过 50%、60%和 70%的国家和地区分别有 137 个、73 个和 26 个，占比分别为 72.5%、38.6%和 13.8%。其中，美国（77.37%）、英国（71.26%）、瑞士（70.91%）、法国（70.19%）、新加坡（70.38%）、古巴（69.97%）、日本（69.31%）、意大利

(66.27%)、澳大利亚(66.15%)等发达国家服务业占 GDP 比重均在 65%以上。中国服务业增加值占 GDP 比重 53.9%，在 189 个国家和地区中仅排名第 107 位,未来还有很大的提升空间。

(三)服务业是创造就业的主渠道

从全球范围来看,服务业不仅贡献了全球三分之二的经济产出,同时为发展中国家提供了三分之二的就业机会，为发达国家提供了五分之四的就业机会。当服务业增加值比重超过 50%之后，服务业就业水平呈现出快速提升趋势，并逐步实现与服务业增加比重同步的发展格局。根据国家统计局数据显示,2018 年底,我国服务业就业人员约 3.59 亿人,占就业人口比重 46.3%,成为吸纳就业最多的产业,但同时与发达国家服务业就业容纳水平还有很大差距。

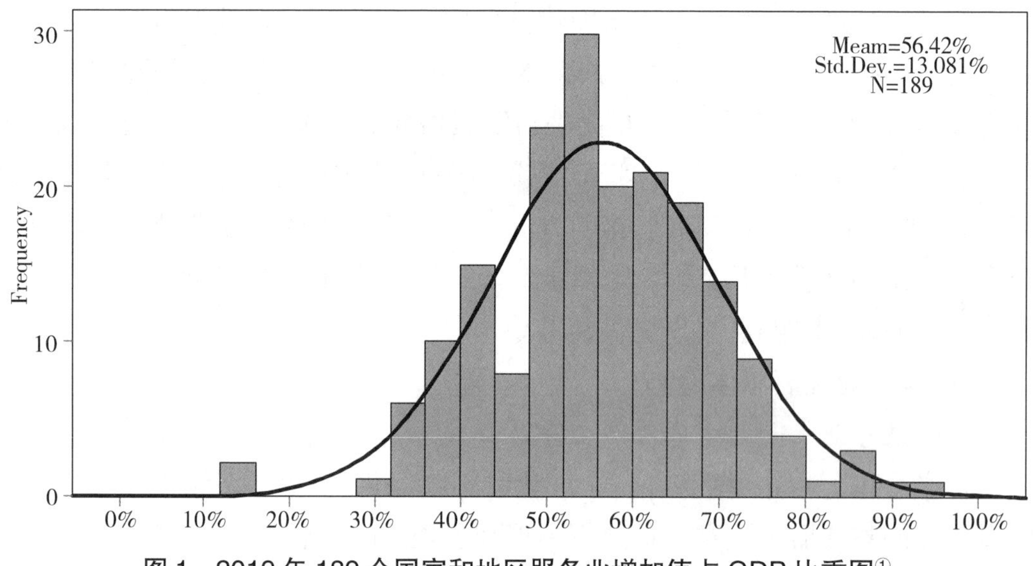

图 1　2019 年 189 个国家和地区服务业增加值占 GDP 比重图①

(四)服务业结构转型升级持续推进

工业化中后期,服务业发展会出现明显的结构性变化和升级趋势,知识和技术密集型服务业开始兴起并快速发展，生产性服务业和社会服务业占服务业增加值比重不断上升,逐渐取代传统商品流通服务业,成为服务业乃至国民经济的支柱。1950 年,美国商品流通服务业增加值占 GDP 和整个服务业的比重为 23.7%、41.1%,到 2008 年则分别下降到 19.7%、25%。同期,生产性服务业

①数据来源:世界银行数据库。

增加值占 GDP 和整个服务业的比重则由 15.3%、26.6%持续递增至 33.2%、42.1%，社会服务业增加值占 GDP 和整个服务业的比重也由 12.8%、22.2%上升到 20.1%、25.5%。

（五）创新要素推动服务业及经济结构加快升级

随着科学技术的不断进步和国际分工的日益深化，服务业发展更多地依靠创新要素的投入，特别是研发、培训、品牌等创新发展要素和无形资产投入，为服务业创新发展提供了重要支撑。例如，美国服务业 1998—2004 年的无形资产投入中，研发投入份额为 20%，包括人力资源培训、企业流程等企业专用资源的投入占比超过 30%，品牌投入占 15%，数据及信息资源投入占 15%。

（六）服务业与一、二产业融合程度不断加深

工业化中后期，产业关联程度不断深化，服务业产出也越来越多地作为要素投入到经济运行过程中，出现了服务业与制造业、农业互动融合的发展趋势，促进了经济结构的调整升级。例如，1972—1990 年期间，美国的服务业中间需求率由 32.0%增长到 33.7%，上升了 1.7 个百分点；日本的服务业中间需求率由 42.6%提高到 43.3%，上升了 0.7 个百分点。1972—1990 年，美国通信业、房地产及商务服务业中间需求率分别由 48.9%和 49.8%提高到 52.5%和 54.6%；日本运输仓储业和金融保险业的中间需求率则由 47.4%和 59.2%上升至 59.2%和 71.4%，生产性服务业作为经济发展和结构调整要素投入的作用日益凸显。

（七）大都市成为引领服务业加快发展的龙头

服务业发展与城市化及城市发展密切相关，大型城市产业和人口高度集聚，为服务业发展提供了广阔的发展空间。从全球范围来看，国际化大都市服务业增加值比重基本在 70%以上，纽约、伦敦和中国香港已接近 90%。与此同时，许多生产性服务业在大都市的集聚程度不断提高，以金融保险行业为例，伦敦、纽约和东京的金融保险业占所在国总就业的比重分别从 1981 年的 6.4%、13.6%、4.2%提高到 1999 年的 8.4%、13.9%和 5.7%，成为所在国乃至全球金融业发展的龙头。

（八）服务贸易在全球贸易中的占比越来越高

服务贸易可以显著促进各国经济增长，优化资源配置，创造就业岗位，增强企业竞争力并增加发展的包容性。2019 年 10 月，世界贸易组织发布《2019 年世界贸易报告》指出，服务贸易在全球贸易和经济中的重要性被长期低估。自

2005 年以来,世界服务贸易额年均增长 5.4%,高于货物贸易的 4.6%。2017 年,发展中国家占世界服务出口贸易的 25%,占服务进口贸易的 34.4%。由于数字化技术带来的远程交易量增加以及相关贸易成本降低,预计到 2040 年服务贸易在全球贸易中的份额将增长 50%,发展中国家在全球服务贸易中的份额将增加约 15%。

二、服务业发展内外形势

(一)世界经济处于下行衰退期,全球政治经济环境不稳定、不确定性增加

1.疫情以前全球经济已陷入增长乏力,处于周期性下行通道

2019 年,全球经济贸易增速显著放缓,外国直接投资大幅下降,主要发达经济体增速持续下行,新兴经济体下行压力加大。短期来看,美国特朗普政府推行单边主义和保护主义政策严重抑制了全球贸易投资往来,导致世界经济增速大幅下滑。国际货币基金组织总裁格奥尔基耶娃指出,贸易摩擦造成的累计经济损失或将达到 7000 亿美元,占全球 GDP 的 0.8%。长期来看,世界经济下滑是经济的周期性决定的。当经济处于周期性下行中,政府会加大财政和货币政策力度,但积极政策是短期提振、长期失灵,反而加剧通胀和贫富分化,抑制市场需求。全球经济增长乏力,投资回报率降低,世界多国已进入负利率时代,未来数年世界经济仍将在中低速轨道内前行。①

2.新冠肺炎疫情加速全球经济下行,不排除疫情与人类长期共存的可能性

2020 年初爆发新冠肺炎疫情,全球产业链和运输链受阻,消费快速收缩,出口经济受到严重冲击,进一步加剧了宏观经济下行趋势。2020 年 6 月,世界银行发布《全球经济展望》预测,2020 年全球经济收缩 5.2%,其中发达经济体的经济活动预计萎缩 7%;新兴市场国家和发展中经济体预计收缩 2.5%。人均收入预计将下降 3.6%,数百万人在 2020 年陷入极端贫困。

3.经济衰退加剧贸易摩擦和地缘冲突,美国对华压制或将持续升级

近年来,中美贸易冲突不断升级,在高科技产业领域对华压制持续升级。当下美国疫情仍然严峻,截至 2021 年 3 月 25 日,美国新冠肺炎确诊人数已超过 3006 万例,位居全球第一。封锁措施致使美国经济受到严重打击,美国政府 2021 年 1 月 28 日公布的数据显示,美国 2020 年全年 GDP 萎缩 3.5%。按照美

①张宇燕, 2019 年世界经济形势:进入中低速增长轨道[EB/OL], 人民网, 2020-1-19. http://world.people.com.cn/n1/2020/0119/c1002-31555618.html

国一贯秉持的“美国优先”战略，未来美国大概率会将危机向全球转嫁，为脆弱的全球经济蒙上阴影。下一阶段，美国竞争性对华战略将进一步调整、深化、演进，对抗性或会更强，国际政治经济生态如果从合作走向博弈，将进一步加剧逆全球化趋势。

4.疫情叠加贸易战影响加速全球价值链重构，国际贸易进入数字贸易时代

此次疫情暴露了全球化分工体系下产业链、供应链的脆弱性和不稳定性，将加速西方国家制造业回流，实施“再工业化”战略。疫情以后，全球产业链加速重构，呈现区域化、板块化新格局。国际贸易受疫情影响加快进入数字贸易时代。2019 年，全球服务贸易中有 50%以上实现数字化，超过 12%的跨境货物贸易通过数字化平台实现。预计 10~15 年后，全球货物贸易增长 2%、服务贸易量增长 15%，而数字贸易增长 25%。到 2040 年，世界贸易格局将形成 1/3 货物贸易、1/3 服务贸易、1/3 数字贸易的格局。①

（二）国内经济步入“新常态”，处于产业结构调整、发展动力转换的变革关键时期

1.未来五年，中国经济将保持“L”形增长，增速预计 5%～5.5%

按照预测，“十四五”时期，中国经济将保持 5%～5.5%的中速增长并且持续 10 年乃至更长时间。中速增长阶段，推动跨越中等收入陷阱的深层次动力是创新驱动发展，“十四五”时期中国经济增长动力将进一步从“要素驱动”向“创新驱动”转变，全要素增长率提高将成为中国经济增长的重要引擎。同时，“十四五”期间中国经济摆脱新常态低迷期、走向高质量发展模式须克服一系列问题和挑战，新旧动能转换、经济平稳增长、政府财政税收存在低速失速的可能。如何确保中国经济在持续稳定增长中推动创新转型加速并实现高质量发展，是未来五年面临的主要挑战之一。

2.中国进入新旧动能变革关键期，传统制造业和服务业增速放缓，战略性新兴产业加速发展

有数据显示，近 5 年传统制造业和服务业规模年均增长率仅 2%～3%左右；而与战略性新兴制造业有关的产业则以每年 10%～15%左右的速度在增长，生产性服务业、服务贸易等战略性新兴服务业则以 15%～20%左右的速度

①黄奇帆．新形势下全球产业和贸易的新格局新趋势 [EB/OL]. 搜狐网,2019-02-19,https://www.sohu.com/a/295724954_825950

在增长,大数据、云计算、人工智能、互联网等颠覆性数字产业则以每年 25%左右的速度增长。[①] 未来五年将是中国深度工业化的攻关期和产业智能化的奠基期,先进制造业与知识密集型服务业将成为中国经济增长的新动能,以人工智能为代表的新型技术的商业化应用将会加速,中国迎来通过产业智能化后发追赶发达国家的重要窗口期。中国服务业发展格局将发生重大变化,产业结构调整的深入推进,将加速推动生产性服务业的融合化、数字化进程,数据与其他产业的融合将会越来越深,预计到"十四五"期末,中国数字经济规模约为 40 万亿～45 万亿元,占 GDP 比重超过 35%。

3."三驾马车"中,内需将成为拉动中国经济增长的主要力量

从投资形势来看,传统领域投资边际效应不断降低,新兴领域投资潜力仍然巨大,预计"十四五"阶段,投资对 GDP 的贡献率会下降到 40%以下。从进出口形势来看,全球经济放缓对中国出口的拖累仍将持续,出口形势不容乐观,预计"十四五"时期中国进口总额会反超出口,成为世界第一进口大国。从消费形势来看,2018 年消费对经济增长的贡献率达 76.2%,消费已连续 5 年成为经济增长第一动力,中国经济正步入消费主导的新发展阶段。消费是最终需求,既是生产的最终目的和动力,也是人民对美好生活需要的直接体现。中国拥有 14 亿人口的大市场,其中有 4 亿中等收入群体,蕴含着大量的消费升级需求。预计"十四五"阶段,我国消费规模稳步扩大,消费模式不断创新,对经济增长的贡献进一步增强。

(三)新一轮科技革命和产业变革席卷全球,信息技术成为产业变革的核心引擎

1.人工智能技术将推动产业模式和就业结构发生颠覆性变革

以人工智能技术为标志的第四次工业革命已经到来,其深度和广度将超过以往的前三次工业革命,大量的无人工厂、无人车间、无人物流、无人售卖将成为常态,对产业结构、社会就业、仓储物流、用户体验,以及产业链、价值链等产生革命性影响。麦肯锡全球研究院预测中国具备自动化潜力的工作内容达到 51%,相当于 3.94 亿劳动力就业将受到冲击。一方面,中国面临较大的人工智能人力资本缺口,优化提升劳动力素质结构迫在眉睫;另一方面,如何帮助大量

①黄奇帆.新形势下全球产业和贸易的新格局新趋势[J].宁波经济(财经视点),2019,489(02):12–13.

传统劳动力找到新的工作岗位成为一项新的社会挑战。

2.数字经济发展驶入快车道,加速向实体经济各领域渗透

2019年,我国数字经济增加值规模达到35.8万亿元,占GDP比重达到36.2%。数字经济包括数字产业化、产业数字化、数字化治理和数字价值化四个方面。2019年,中国数字产业化增加值达7.1万亿元,占GDP比重7.2%;产业数字化增加值约为28.8万亿元,占GDP比重为29%,其中服务业、工业、农业数字经济渗透率分别为37.8%、19.5%和8.2%。从区域来看,北京、上海数字经济GDP占比已超过50%;江苏、浙江、上海、北京、福建、湖北、四川、河南、河北、安徽、湖南等省市数字经济增加值超过1万亿元。[①] 在国际经济环境复杂严峻、国内发展任务艰巨繁重的背景下,我国数字经济依然保持了较快增长,各领域数字经济稳步推进,质量效益明显提升,数字经济高质量发展迈出新步伐。

3.信息技术推动消费变革,消费性服务业线上线下深度互动

随着移动互联网的迅猛发展,我国网上消费零售额快速增长。2014—2019年,全国网上零售额从27898亿元增长至106324亿元,翻了3.8倍,年均增速超过30%。近年来,纯线上零售发展进入瓶颈期,线上获客成本激增,据毕马威公布的《中国零售服务业白皮书》称,零售业平均线上获客成本已突破200元,已经超过线下获客成本。占比20%的纯线上零售,需要找到新的获客渠道,以降低获客成本;与线下人工成本相比,线上运营维护解读的成本处于较低的水平,通过低的获客成本结合高的线上运营效率,才能获取较好的盈利。互联网经济已进入OMO(Online-Merge-Offline)[②]时代,实体经济数据化程度会进一步加深,未来线上线下将被彻底打通,实现完整融合。目前服务业领域已经完成数字化转型的企业占比不到20%,未来服务业数字化转型发展空间十分广阔。

(四)人口环境深刻变革,老龄化和低婚育率负面效应凸显

1.劳动力总量持续减少,就业总量和结构性矛盾持续并存

“十四五”时期,15~64岁劳动年龄人口、新增劳动力、经济活动人口以及农民工规模将延续下降态势。到“十四五”期末,15~64岁劳动年龄人口约为9.7亿人,比“十三五”末减少了3000万人;新增劳动力规模维持约为1400万

①数据来源:2020年7月,中国信通院《中国数字经济发展白皮书(2020年)》。

②OMO商业模式将线上平台和线下实体店的供应链、仓储、数据将打通,形成线上线下一体化管理,线上线下滞销库存可以互相转化。

人，其中，城镇新增劳动力规模约为 700 万 ~ 820 万人之间，农村新增劳动力规模约为 650 万人左右；外出农民工规模保持在 1.7 亿人左右，本地农民工将维持在 1 亿人左右。[①] 从数据来看，“十四五”阶段，中国人口红利骤减，就业总量和结构性矛盾持续并存，而结构性矛盾的问题更为突出。人工智能时代，岗位结构和技能需求发生深刻变化；非标准就业成为普遍现象，用工方式和劳资关系出现重大变革；劳动力市场区域不平衡加剧，局部地区出现就业需求不足；人口流动格局进入新阶段，就业“本地化”与分化现象并存。

2.人口结构老龄化问题凸显，地方经济增长和财政承压加重

从 2000 年开始，中国已进入人口老龄化社会，此后中国人口老龄化进程不断加快。已有研究表明，老龄化会降低经济增速，减少财政收入，增加地方财政负担。[②] 另一方面，不断扩大的老年群体能增加相关养老服务需求，同时促进人口生育政策开放，“银发经济”“母婴经济”将成为新消费增长点。2018 年，中国 60 岁以上人口达到近 2.5 亿人，占总人口的 17.9%；同时出生率为 10.94‰，降到自 1952 年来的最低值，二胎政策全面放开政策环境下新生人口并没有迎来回弹，而是继续呈下降趋势，直接导致 15 ~ 59 岁劳动力年龄人口绝对数量逐年减少和各大城市由人才大战转为人口大战。“十四五”时期，国家将高度重视人口老龄化问题，大力发展保障性的银发经济，同时完善生育保障政策，形成生育自主、鼓励二胎、允许三胎的政策体系。

（五）经济持续下行背景下，可能会带来深层次问题和风险累积释放

1.金融风险依然是重中之重

中国的金融风险正面临着前所未有的复杂局面。一方面，由于中国货币信贷数据均大幅超过同期的经济增长率，中国的经济货币化水平居高不下（M2/GDP 超过 250%，超过发达经济体 200%以内的水平）。伴随货币信用以及金融业资产负债表的持续巨额扩张，中国债务率水平快速上升，成为中国金融风险的一个重要隐忧。另一方面，随着人民币国际化的大力推进，中国的金融体制、金融市场日趋复杂，宏观调控的难度明显加大。人民币国际化客观上使境内外市场联结起来，造成人民币汇率、利率等的影响因素增加，难以自如地施展调

①数据来源：《人口与劳动绿皮书：中国人口与劳动问题报告 No.20》，由中国社会科学院人口与劳动经济研究所与社会科学文献出版社于 2019 年 12 月 30 日共同发布。

②陈小亮，谭涵予等.老龄化对地方政府债务的影响[J].财经研究，2020，46(06)：19-33.

控政策。同时，银行业等金融机构在业务结构、资产负债表管理上也面临着前所未有的复杂局面，管理难度随之加大。

2.房地产风险也在不断积累

虽然近年来房地产去库存效果显著，但最近出现了反弹苗头，房地产市场存在价格泡沫风险和结构性风险。中国社会科学院的报告显示，从房价收入比角度来看，中国主要城市的房价收入比远超主要国际城市水平，在全球房价收入比排名前十位的城市中，中国城市占据 8 席，需要警惕出现房价泡沫迹象。从库存去化周期的角度来看，过高的库存去化周期问题已经得到明显缓解，但有再次反弹的风险。房地产市场存在结构性风险，不同层级城市房价分化加剧。金融机构的房地产金融风险也在加速积累，房地产贷款数量持续攀升也对商业银行有关金融指标造成了一定的压力，商业银行杠杆率和不良贷款比例持续上升。此外，由于房价对企业流动性风险存在直接影响，部分省份存在较大的企业流动性风险。

3.财政收支平衡压力较大

随着中国经济持续下行压力加大和减税降费政策深入推进，短期内中央和地方财政收入均承受不小的压力。2019 年全国一般公共预算收入同比增长仅为 3.2%，武汉同比增长 2.3%，经历多年高速增长后，呈现持续增速放缓态势(见图 2)。预计“十四五”期间，全国财政收入仍将持续低位运行，财政支出仍将保持较快增长，财政收支平衡压力加大。同时，由于一般预算收入和社保基金收入下降，许多地方缺少可以盘活变现的存量资产，也没有可以清理的结转结余资金，加之兜住“保工资、保运转、保基本民生”底线等各项刚性支出持续加大，收支矛盾日益突出。

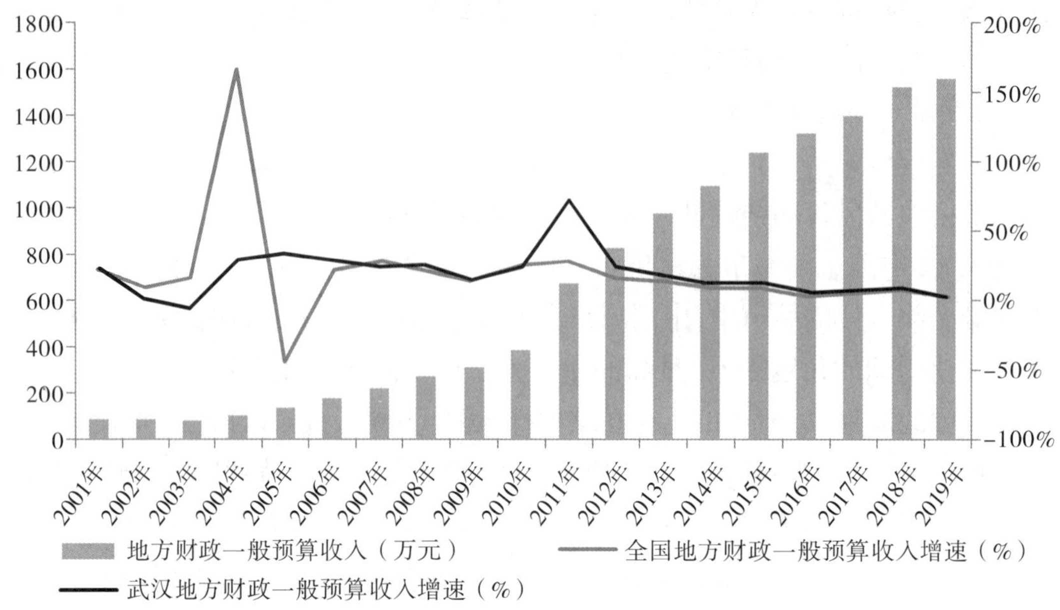

图 2　2001—2019 年武汉地方财政一般预算收入及增速统计示意图

(六)新型城镇化格局加速形成，中心城市和城市群综合带动作用进一步增强

1.新型城镇化建设深入推进，有利于促进服务业集聚发展

新型城镇化对服务业集聚有显著推动作用，经济发展水平越高推动作用越强。①《2020 年国务院政府工作报告》提出，重点支持“两新一重”（新型基础设施建设，新型城镇化建设，交通、水利等重大工程建设）建设。新型城镇化是以城乡统筹、城乡一体、产业互动、节约集约、生态宜居、和谐发展为基本特征的城镇化，是大中小城市、小城镇、新型农村社区协调发展、互促共进的城镇化。新型城镇化蕴含巨大的内需潜力，是中国经济增长和社会发展的强大引擎，也是推动产业结构优化升级、转变经济发展方式的重要抓手。② 对服务业来讲，新型城镇化发展能够带动资本、技术和人才等高端生产要素向大都市、中心城区集中，有利于促进生产性服务业发展，加速服务业空间集聚。③ 依托新型城镇化建设，政府要合理引导服务业在空间上有序集聚，建立与城镇化相适应的服务业空间分

①冯涛,洪仁婧.新型城镇化进程与服务业集聚发展研究[J].广西财经学院学报,2017,30(01):88-95.

②郝素云.新型城镇化对经济增长速度及产业结构优化的影响研究[D].广州：华南理工大学,2019.4.

③ KolkoJ. Urbanization, Agglomeration, andCoagglomerationofServiceIndustries [M].Chicago:UniversityofChicago-Press, 2010.

布格局,以便更好发挥城镇化的产业结构空间优化功能。①

2.都市圈一体化深入推进,中心城市作为服务和管理中心的功能不断强化

都市圈是城市群建设的基础空间单元，建设都市圈有利于打破行政区划壁垒,促进要素流动、优化产业布局,提升中心城市核心竞争力,是推动高质量城镇化的重要抓手。参考发达国家经验，未来中国会形成20个人口在2000万~4000万人左右的都市圈,制造业开始向郊区和附近的城镇迁移,城市作为服务和管理中心的功能不断强化。依托不同区域战略板块，区分不同发展阶段,我国区域发展将逐步形成“城市群—都市圈—中心城市—大中小城市协同发展—特色小镇—乡村振兴”的总体战略格局和全尺度空间组合链条。加快形成以城市群为主体形态的人口产业集聚格局，以都市圈为区域发展空间组织的主要模式,以中心城市为核心的高端要素集聚极核,同时带动特色小镇发展和乡村振兴,实现大中小城市(镇)有效均衡协同发展和城乡融合发展,提升城乡综合竞争力。②

3.产业集群/集聚区正成为区域经济增长的强大载体

打造跨省市的区域性产业集群已成为我国制造业和经济发展的新趋势。“十四五”期间,我国将更大力度出台制造业区域协调发展政策措施,推动形成因地制宜、错位竞争的制造业发展新格局,打造出多个世界级产业集群。随着产业集群和大都市区之间互动需求的增长,未来知识经济、规模经济和集聚经济潜能将得到充分释放,形成“产业与地区双向匹配,企业与政府双向选择”的“资源协同发展”新格局。③

三、总结展望

总结全文分析,服务业已成为全球经济主导产业、经济增长主动力和创造就业的主渠道,在快速发展中呈现出创新、融合、集聚、开放等重要趋势。“十四五”时期,面对世界经济周期性下行、国内经济结构性调整、信息技术革命、人口结构深刻变化等复杂环境,武汉市服务业发展机遇与挑战并存。结合服务业发展总体趋势,我们认为在编制武汉服务业“十四五”规划时要把握三个大方向:第一,做强支柱产业,结合新技术革命加快推进商贸、物流和金融等传统支

①王江波.城镇化与服务业空间分布——基于中国省级面板数据的实证研究[J].商业研究,2019(08):46-54.
②2019年2月,清华大学新型城镇化研究院《中国都市圈发展报告2018》。
③《聚焦“十四五”,不得不关注的新背景、新要点、新方向》http://www.sohu.com/a/318378392_219231

柱产业转型升级;第二,壮大新兴,做精做强信息服务、设计服务、科技服务、商务会展服务等特色优势产业;第三,聚焦消费,突破性发展动漫游戏、数字出版等文化创意产业、文化旅游、健康养老、教育、家政服务等新型消费服务业。与此同时,把推进服务业数字化转型、两业融合、高端集聚、改革和开放作为下一阶段推进服务业高质量发展的重点任务,以自身发展的确定性来应对外部环境的不确定性,建设国家现代服务业中心城市。

作者单位:武汉发展战略研究院

消费升级视角下“十四五”时期我国产业发展形势与路径分析

丁文珺

“十三五”时期我国消费结构加速转型，一方面，从长期视角看我国消费层次、消费模式、消费形态呈明显趋势性变化；另一方面，受疫情影响，消费市场显现出若干具备中长期影响力的新特征及新变化。消费结构的变迁为新时期我国产业转型升级提供了导向和动力，特别是在外需下滑压力明显加剧形势下，国内消费结构变迁给我国产业结构优化、模式创新、业态发展提出了新要求和新方向。“十四五”时期是我国“两个一百年”奋斗目标的历史交汇期，也是我国由全面建成小康社会向基本实现社会主义现代化迈进的关键时期，国际形势更加复杂多变，国内转型发展任重道远，世界正经历百年未有之大变局，在这新的历史时期，如何正确把握消费结构变迁下经济高质量发展的实质内涵，如何在扩大内需战略导向下以产业转型升级弥合消费结构变动带来的供需裂隙，值得深入研究。

一、“十三五”时期我国消费结构变动趋势及特征分析

受疫情影响，“十三五”时期我国消费结构特征的分析需要综合多方面因素进行衡量，一是必须结合长期以来我国整体消费水平及消费层次的变动趋势，在疫情造成消费各项指标大幅回落的形势下，客观判断我国消费结构变动特征。二是必须认清在疫情全球扩散加剧形势下，消费偏好、消费模式、消费形态会呈现出新趋势和新方向，且这些新特征对消费结构后续影响会明显高于疫情

对总体消费水平的影响。三是必须跳出“以规模论发展”的传统思维，需要着重关注具备消费潜力、符合消费趋势的领域，如当前总体占比不高但潜力较大的新兴消费发展，这既是近年来我国释放内需的必然要求，也是对冲疫情影响的重要着力点。

（一）消费市场整体趋势依然向好，呈现潜力大与韧性足并存特征

“十三五”时期，消费持续成为我国经济增长的第一动力，2019 年我国社会消费品零售总额达到 41.16 万亿元，2016—2019 年年均增长 9.35%，[①]消费品市场规模连续多年稳居世界前列。“十三五”期末受疫情影响，我国社会消费品零售总额出现大幅下滑，2020 年 1—2 月份我国社会消费品零售总额同比下降了 20.5%，特别是餐饮、旅游住宿、文化娱乐以及出行类商品零售额降幅明显，[②]以目前疫情全球化扩散趋势判断，疫情对部分领域消费影响可能会持续到“十四五”时期。但从我国消费市场长期发展趋势客观分析，国内消费长期向好的总体趋势并未发生根本性改变，广阔的内需市场、相对稳定的城乡居民消费能力和不断复苏的市场活力均为我国消费市场提供了巨大潜力和强劲韧性，伴随着抑制性消费逐步释放和市场供给结构的持续优化，我国消费市场仍将延续平稳的发展趋势。

（二）消费需求升级趋势不可逆转，品质化消费仍然潜力巨大

“十三五”时期，我国居民消费需求总体呈现出由衣食为主的生存型向发展型、享受型转型的趋势。在消费支出结构中，2019 年我国食品、衣着消费支出的占比较“十二五”期末分别下降了 2.44 个百分点和 1.21 个百分点，[③]但医疗保健、交通通信、教育文化、生活用品及服务等满足人民群众对于美好生活多样化追求的消费需求支出占比则呈现明显上升趋势。“十三五”期末受疫情影响，居民非生活必须类消费明显减少，食品类消费支出占比涨幅明显。但总体来看，我国消费需求升级趋势并未逆转，消费结构品质化转型特征依然明显，教育文化类消费需求持续稳定，医疗保健类消费在疫情发生后呈现明显上升趋势，休闲娱乐、旅游等消费占比虽呈阶段性下降趋势，但主要原因仍是疫情造成的后续

①数据来源：国家统计局，年均增长值根据每年增幅计算得出。

②数据来源：蔺涛. 疫情对零售市场短期冲击大 消费长期向好趋势没有改变 [EB/OL]. 国家统计局，2020-03-16.

③数据来源：根据国家统计局公布的 2015 年以及 2019 年全国居民人均消费支出构成中食品烟酒和衣着占比计算所得。

影响，商品和服务消费向优质高效升级的趋势并未发生逆转。

（三）消费方式转型步伐加快，疫情冲击下线上消费更趋大众化

伴随着信息技术与网络技术的全面推进，“十三五”时期，我国消费方式呈现由线下消费向线下线上融合升级趋势，2019 年我国线上实物商品零售额占社会消费品零售总额比重由“十三五”初期的 12.62%增至 20.70%。[①] “十三五”期末受疫情影响，数字经济、网络经济带动互联网销售逆势增长，2020 年春节疫情防控时期，我国生鲜电商平台日均活跃用户由 2009 年同期 527 万户增至 1000 万户以上，且仍呈继续递增趋势，[②] 同时，在线教育、远程医疗、网络娱乐、线上办公等本已具发展态势的线上消费在疫情影响下呈快速扩张态势，一些传统线下企业为应对疫情冲击也积极拓展线上业务，消费方式转型步伐进一步加快，线上消费模式更趋大众化。

（四）新兴消费增长势头强劲，具备个性化特征消费模式渐成规模

“十三五”时期，在新技术及新消费理念引领下，具备多样化、圈层化和个性化特征的新兴消费渐成规模。消费领域方面，绿色消费、信息消费、智能消费、健康消费等呈现出强劲增长潜力，特别是“十三五”期末消费市场因疫情影响遭受明显冲击的形势下，无人零售、人工智能、远程办公等进一步展现出新兴消费的韧性和活力，伴随着信息技术与实体经济的深度融合，新兴消费领域将迈入发展新阶段。消费模式方面，定制消费、共享消费、体验消费等走向成熟，近年来定制市场消费人数和金额均保持两位数高速增长，[③] 共享经济模式也已由以交通出行为主要代表的消费领域向其他品类和方向延伸探索，伴随着信息技术的不断发展，可以预期“十四五”时期我国新兴消费将会呈现更加多样化趋势。

（五）消费理念呈现转型新特征，新型理性消费意识逐步凸显

“十三五”是我国居民消费理念向新型理性消费转型的重要时期。与以克制性消费为主要方向的传统理性消费相比，新型理性消费是在有效平衡价格与品质下趋于理性的消费理念，产品服务品质及性价比超过品牌宣传成为影响消费者决策最重要的两项因素，在新型理性消费需求引导下，“十三五”时期，网易严

①数据来源：国家统计局。

②数据来源：李志萌，盛方富.新冠肺炎疫情对我国产业与消费的影响及应对[J].江西社会科学，2020,40(03):12.

③数据来源：CBNData《2017 中国互联网消费生态大数据报告》。

选、淘宝心选、小米有品等系列以去掉传统品牌溢价、强调工厂直达及短供应链的新型零售模式陆续出现并逐渐成长。“十三五”期末，伴随着疫情影响下消费信心及未来收入预期的下降，兼具品质生活需求的理性消费趋势更加明显，调研显示疫情后有 65.6%的受访者表示将要更有规划的进行消费，48.9%的受访者提出消费将更加看重性价比，[①] 消费理念的转型将对消费需求结构变动及消费行为、消费方式的变迁带来重要影响。

二、“十四五”我国产业发展进入深度变革期

消费是最终需求，是产业转型升级的重要驱动力。“十四五”时期我国的生产和服务将进一步向纵深跨越，以消费结构变迁为导向进一步改变原有的产业结构运行方式，重塑产业结构模式及其产业内部组织之间匹配关系，产业发展进入深度变革期。

（一）传统供给模式面临加速转型需求

消费进入多样化时代，市场需求更趋分散化和个性化，在新的需求模式下传统的生产模式、研发模式和商业模式都亟需以转型来契合发展新需求。一是以大规模、标准化为特色的刚性制造模式加速向柔性制造模式转型，通过追踪多样化市场需求改造和重构生产环节，推进产品生产个性化、供应链实时响应等生产组织方式变革，以及探索以创新挖掘新的价值生长点，将成为提升制造业企业竞争力的重要方向。二是专业化内生成长趋势更加明显，在个性化需求引致下市场细分持续深化，企业为实现在专业化细分领域成长，会逐步分离和外包非核心业务，以集聚资源向核心业务领域发展，获取长尾效应。三是供给质量的关注点从核心领域向配套领域拓展，产品服务增值化、产品文化价值乃至消费信贷环境、物流配送体系等都将成为多样化消费市场的新关注点，传统供给模式亟待由以生产为中心向以消费为中心转变进行转型，如何构建更具品质化、人性化特征的新型供给模式，将是“十四五”时期面临的课题。

（二）跨界融合成为产业发展必然趋势

消费结构变迁使市场需求中产品和服务边界日趋模糊，在新科技、新平台依托下产业中原有价值链不断被打破并跨越产业界线整合成新的价值链，三次产业之间要素重组、相互渗透并趋于融合，全产业价值链增值体系逐步形

①数据来源：58 金融《2020 年消费分期观念调查报告》。

成。一是“制造+服务”融合趋势加速，传统制造企业开始着力推进上下游产业整合，并向技术研发以及市场拓展等环节延伸，服务业企业加快推进服务生产化向上游环节延伸，服务型制造、以服务为主导的反向制造等服务产品化态势更趋明显，制造业与服务业在融合发展中实现产业价值链的延伸或突破。二是以互联网、大数据、移动终端等为纽带的跨界融合加快推进，在融合发展中一些传统产业的生产模式、商业模式发生颠覆性变革，以需求为引导的消费互联网前端应用和商业模式创新将通过价值链牵引生产、设计等环节的数字化协同，生产、消费、服务、流通将在移动互联网推动下趋向一体化。三是技术创新推进行业间加速融合，伴随着人工智能、生物、新能源等新兴领域技术与产业发展的深度融合，不同行业将拥有相同或相似的技术基础和市场基础，技术融合和市场融合会逐步推进行业间的融合互动，使得行业间渗透、再造得以进行。同时，值得关注的是由于跨界融合下产业间的关联性、产业结构的演变度以及产业组织形态等方面都将面临根本改革，因此，原本已形成相对固化业务边界、市场边界的产业部门也必将面临改革新需求，融合发展在为产业升级增添新动力的同时也带来了深化改革的新要求。

（三）补短板仍是供给结构调整关键内容

消费结构的变迁为“十四五”时期我国产业高质量发展提供了强大动力，以满足人民群众日益增长的美好生活需求为导向推进产业转型升级、实现供给结构改善和供给体系质量提升是发挥好我国超大规模市场优势的必然要求，而补短板仍将是我国“十四五”时期优化供给结构和扩大有效需求的重要结合点。一是要补齐中高端消费供给不足的短板，2019 年我国人均 GDP 突破一万美元，中高收入群体的快速崛起对产品、服务供给质量提出新要求，“十三五”时期全球奢侈品市场一半以上增幅来源于中国，[①] 但低端供给过剩与高端消费外流并存、同质竞争加剧与高端供给不足并存的现实困境，使得推进我国中高端消费品生产与服务供给扩容增质依然面临严峻挑战。二是补齐公共产品和服务供给不足的短板，面对人口老龄化带来的健康养老需求、“全面二孩”带来的婴幼教养需求等，进一步引导和发挥市场在公共品生产和供给领域的积极作用，推进部分公共品供给向新兴产业发展是“十四五”时期的重要任务，同时在具备兜底

①数据来源：麦肯锡《中国奢侈品报告 2019》。

特征、“弱质产业”特征的公共品供给领域，切实发挥好政府职能、合理发掘公共消费潜力也依然需要关注。三是补齐供给空间配置失衡带来的短板，区域、城乡发展不平衡问题依然严峻，2019 年全国各省（自治区、直辖市）人均地区生产总值变异系数仍有 0.47，城镇居民人均可支配收入仍有农村居民 2.64 倍，[①] 对居民消费升级和经济高质量发展造成不利影响，优化区域产业布局及协同发展机制、深入推进乡村振兴战略仍是“十四五”时期改革的重要方向。

（四）新兴产业发展进入变革关键期

“十四五” 时期将是我国新兴产业由高速发展阶段向高质量发展阶段转型的关键时期。一方面，新兴消费的提速升级将为我国新兴产业提供更为广阔的发展空间，伴随“十四五”时期我国中高端消费潜力的进一步释放，以应用为导向的高附加值、高科技含量产品将为我国新兴产业新一轮发展提供重要导向及强力引擎。同时，“十四五”时期也将是我国由科技革命加速向产业变革渗透的关键时期，以前沿性新兴技术为依托的颠覆性创新将处于新一轮爆发期，新业态、新模式的不断变革将为我国新兴产业发展提供新动力，推进新兴产业发展将成为我国参与国际竞争、实现转型发展和拉动消费增长的战略集聚点，“十四五”时期我国新兴产业将迎来战略机遇期。但也应该看到我国新兴产业发展还仍处于成长期，整体创新水平不足、部分领域核心技术受制于人、产业制度环境仍不完善等问题依然突出，面对全球贸易格局加快重塑，“十四五”时期，我国新兴产业发展将很难继续处于国际竞争的舒适区，以需求为导向，夯实科技基础、做优产业生态、加快转型升级将成为“十四五”时期我国新兴产业发展面临的紧迫任务。

（五）区域性产业链集群建设进入加速期

随着国内超大规模内需市场的逐步形成，我国经济发展具备了更多韧性，面对疫情冲击下全球产业链重构的严峻形势，我国参与经济全球化模式将很大可能性由长期以来的出口导向转变为基于内需的经济全球化模式，即在粤港澳大湾区、京津冀、长三角、成渝地区双城经济圈等重点区域打造一批空间上高度集聚、上下游紧密协同、供应链集约高效、既是水平分工又是垂直整合的开放式产业链集群，通过加强东、中、西部地区的经济循环，以及沿长江经济带开发与

①数据来源：国家统计局，经计算，其中变异系数 = 标准差 / 均值。

“一带一路”倡议的联系互动，把现有的国际价值链与国内价值链有机衔接起来，使国内经济循环成为带动全球产业链大循环的重要因素，这也是当前我国提高产业基础能力和产业链现代化水平的必然要求。但值得关注的是推进区域性产业链集群建设与全面对外开放之间并不冲突，甚至是更高层面的开放战略，要求我国不仅要用更加开放的理念吸引资金、技术等要素进入产业链集群以加强中国经济与全球经济之间的联系，更需要在国际合作中提升产业集群规模质量，从而带动全球产业链集群成长，使中国创新成果与世界分享。

三、“十四五”时期我国产业高质量发展面临的形势分析

“十四五”时期，我国宏观发展环境将面临更大的复杂性和更多的不确定性，疫情冲击下全球经济发展面临诸多潜在风险，长期以来有利于我国以“后发优势”参与竞争的国际环境已然发生转折性变化，国内发展也将继续处于发展转型和动力转换的关口期，虽然无论从市场规模、产业基础还是经济发展潜力来看，“十四五”时期我国仍具有较大的发展空间和增长韧性，但客观分析、提前预期我国产业发展面临的风险与挑战，对“十四五”时期我国产业发展作出正确的战略选择，具有重要意义。

（一）全球经济发展面临更多不稳定与不确定因素

“十四五”时期我国经济发展国际环境或将发生转折性变化。首先，全球经济放缓态势短期内难以改变，2019 年全球经济增速已下调至 3%以下，[①] 在疫情影响下全球经济遭受进一步冲击，世界银行预测 2020 年全球经济预期萎缩 5.2%，或将成为二战以来最严重的经济衰退，[②] 全球经济下行压力加大在对我国外需市场造成直接冲击的同时，加速了全球价值链和供应链重构，区域价值链发展呈增强趋势，全球化结构面临深度调整。其次，逆全球化、大国博弈等给我国外向型经济发展带来新挑战，改革开放以来中国经济的快速成长在很大程度上受益于相对宽松的全球自由贸易格局和经济全球化，但伴随着中国经济崛起，中国与以美国为代表的世界主要大国之间摩擦加大，多边主义的全球治理规则和贸易体系受到严重侵害，2008 至 2017 年二十国集团中 19 个成员国共出台了 6616 项贸易投资限制措施，是同期有利于贸易投资自由化措施的近 3

①数据来源：世界银行。

②数据及资料来源：高伟东. 今年全球经济将萎缩 5.2%[N]. 经济日报,2020-06-10(008).

倍，[①] 大国博弈引致的贸易摩擦对全球贸易造成直接影响，2012—2019 年全球贸易平均增长率仅为次贷危机前 20 年平均水平的一半左右，[②]全球需求萎缩与疫情冲击双重影响又进一步增加了“十四五”时期逆全球化趋势风险。同时，“十四五”时期也将是长期以来有利于中国出口的 WTO 贸易规则重构关键期，竞争规则、市场准入、知识产权保护、环境保护以及争端解决机制、监管一致性等多方面规则将成为新一轮改革聚焦。国际环境的不稳定性、不确定性为“十四五”时期我国产业发展带来更多挑战，也为我国产业加速转型提出了要求，如何在新形势下培育我国产业参与国际合作与竞争的新优势是“十四五”时期我国需要直面的问题。

（二）新一轮科技革命和产业变革进入加速演化期

当前全球新一轮科技革命正在孕育兴起，以新一代信息技术为引领，新能源、新材料、生物技术等不同学科、不同领域之间技术相互交融、多点突破，一些前沿性、颠覆性技术不断涌现，部分关键性技术在孕育积累中已进入大规模商业化应用期，可以预期“十四五”时期将成为全球工业革命以来第六次技术长周期和第四次工业革命起点，全球产业发展格局将面临新一轮变革。一方面，产业的生产模式、组织方式、产业形态等将发生颠覆性变化，信息技术的突破性应用或将成为驱动社会生产力变革的主导因素，产业的数字化、智能化、平台化都将成为推动全球产业价值链重构的重要因素，在这历史变革期，我国产业面临以技术创新引领产业结构高级化、智能化和绿色化发展的巨大压力和发展机遇。另一方面，全球经济格局加速重塑，为抢占新一轮竞争有利位置，主要发达国家均把人工智能、5G 等新兴技术作为提升国家竞争力的重大战略，通过对内制度创新和对外政策打压同步强化其产业和竞争优势，“追赶窗口”期加速收敛，“十四五”时期我国将面临更为严峻的技术攻关、市场垄断等系列挑战。变革带来新压力的同时也将为我国创新驱动发展增添新动力，虽然在新一轮变革期我国仍存在一定后发优势，但庞大的经济体量、广阔的市场规模、部分已具备世界领先水平的技术基础等，使我国已拥有深度参与甚至引领新一轮产业革命的基础支撑，如何在新工业革命中创造和释放生产力、在大国博弈中深化工业化进程，是

①资料来源：2017 年 7 月英国政策研究中心发布的《全球贸易预警》报告 。

②数据来源：WTO，经计算。

“十四五”时期我国加速建设现代化强国的重要着力点。

（三）竞争格局面临产业链升级抑制与传统优势产业外迁双重压力

“十四五”时期国际产业竞争格局面临深度调整，我国必须对产业发展中可能面临的两方面风险进行提前预估。一是以美国为代表的发达国家对我国产业链压制效应将更加明显，高科技产业升级面临抑制风险。发达国家为维护其在全球科技密集型新兴产业领域的主导地位，已着手对科技创新要素流动设置了更为严苛的障碍，如美国对 14 个涵盖科技前沿和基础技术的领域实施了更为严格的出口管制，欧盟及欧洲议会预备制定包含限制关键技术外资收购在内的外国直接投资限制性法案，甚至美国企图将科技创新竞争和经济竞争战略延伸至地缘政治竞争和国家价值观竞争领域，以抑制中国在全球价值链中的竞争力，同时发达国家以“制造业回流”为主要特征的世界经济再平衡战略也进一步吸引了国际资本、部分高科技产业链以及产业链中的关键零部件供应回流本国市场，中国在现有全球价值链体系中的定位面临重构冲击，倒逼我国必须加快培育全球产业链和价值链中的升级能力。二是新兴经济体利用要素成本优势，在中低端制造领域已对我国传统优势市场形成了替代压力。近年来我国低成本比较优势正在弱化，2019 年我国劳动年龄人口数量占比从 2010 年峰值 70.1% 下降至 64%，制造业从业人员工资成本十年来年均增长了 10.62%，[①]同时能源、物流成本已明显高于欧美发达国家，企业综合税率也超过了 60%，而亚太国家、OECD 国家平均水平仅为 34%、40%，[②] 新兴经济体利用成本优势与出口优惠叠加政策已悄然兴起了一批新的世界加工制造基地，并出台了越来越多针对我国传统优势出口产品的贸易保护举措，在中美贸易摩擦持续发酵下，部分与美国关联密切企业也加速外迁至东南亚国家，部分内资企业推进了海外投资布局进程，随着新兴经济体制造业链条的逐步健全，必将对我国相关企业产生更为显著的挤占效应。面对追赶与被追赶的双重挤压，提升产业基础能力和产业链现代化水平将是相当长时期内我国产业转型升级的重要方向。

（四）要素供给进入结构转型与方式转变重要关口

当前我国“供给约束”与“供给抑制”问题依然严峻，矫正要素配置扭曲和提

①数据来源：国家统计局，经计算。

②数据来源：付保宗.“十四五”时期我国产业发展呈现五大趋势[J].经济纵横，2020(05):82.

升要素供给效率是解决我国经济结构性矛盾的根源，“十四五”时期我国进入要素供给结构转型与方式转变的关键时期。一是要素市场化配置改革进入实践攻坚阶段。我国正处于跨越中等收入陷阱关键时期，加快解决要素市场发育不充分、要素流动机制不健全、市场决定要素配置范围有限等问题成为我国进一步深化改革的重要突破口，2020 年《关于构建更加完善的要素市场化配置体制机制的意见》正式出台，“十四五”时期是改革从顶层设计到试点示范、从制度完善到具体实践的关键时期，不同类型要素的确权机制建立、定价机制形成、交易市场和交易监管机制完善等若干问题仍需要在实践中攻坚。二是要素供给结构面临加速转型关口。人口红利消失、传统要素弹性系数逆转、“干中学”的技术进步效应受到制约，以资源要素大量投入推进增长的发展方式已难以为继，推进生产要素结构升级迫在眉睫，如何发挥新生产要素供给质量以提高全要素生产率，仍是“十四五”时期需要在实践中解决的难题。同时，如何实现以数据为核心投入要素提高经济运行效率，也将是“十四五”时期的新挑战。

（五）我国已然进入全面深化改革的关键时期

纵观长期以来我国经济发展中积累下来的结构性问题均与体制机制紧密相关，推进制度改革是实现产业高质量发展的根本保障。党的十九届四中全会围绕国家制度和国家治理体系提出了把新时代改革开放推向前进的明确要求，“十三五”时期末，党中央印发了《关于新时代加快完善社会主义市场经济体制的意见》，作为落地关键期，“十四五”时期我国将进入新一轮以深化改革激发市场活力的攻坚期，金融体制改革、科技体制改革、国有企业改革、“放管服”改革等都需要在实践探索中形成具有中国特色的制度优势。特别是面对日益严峻的国内外经济形势，在更高起点、更高层次、更高目标上深化改革是我国应对经济下行压力、克服发展中不稳定因素、激发经济内生动力的必要保障，也是以改革向全球昭示中国市场化发展决心和向社会注入发展信心的重要举措，伴随着改革推进我国产业发展将被注入新的动力。但改革攻坚期也必将带来压力与阵痛，越到改革深化期更会触及经济发展中的一些深层次矛盾以及思想认识、理论创新、利益调整等各类复杂问题，“十四五”将是我国全面深化改革的攻坚期。

四、消费结构变迁下“十四五”时期我国产业高质量发展的路径选择

“十四五”时期我国将进入后工业化时代，面对宏观环境变化带来的发展

挑战，以及新工业革命带来的生产范式颠覆性变革要求，加快推进我国产业转型升级势在必行。但产业转型压力加大不能仅简单地理解为困境，更应视其为转型有利条件基本具备、经济发展到特定阶段所面临的新要求。总体来说，前一个阶段的发展积累已使我国基本具备了产业竞争由规模优势向质量优势转型的基础条件，推进需求结构加速变动期我国产业高质量发展的关键在于找准新定位、寻求新优势，在提升供给与需求的适配性中实现产业的结构优化、效率提升、动力转换。

（一）聚焦五个着力点

产业转型升级的难点在于对于传统发展路径依赖所形成的发展惯性易造成锁定效应，因此推进产业高质量发展需要以改革的视角，从支撑高质量发展的基础要素、关键环节、主要领域着手，形成推进产业高质量发展的新合力。

1.推进高质量的科技创新

创新是引领高质量发展的第一驱动力，改革开放以来我国在技术创新领域取得的成就世界瞩目，但“十四五”时期实现产业高质量发展的关键仍在创新，需要在制约我国创新发展维度的主要领域加快转型力度。一是要推进创新动力结构转型。产业转型升级是以政府为主导的集中式创新和以企业为主体的分散创新共同推进的结果，但集中式创新过强，民间创新贡献偏低、动力不足问题日益严峻，2018 年我国规模以上工业企业有研发活动的占比仅为 28%，企业研发投入强度仅有 1.3%，而在 2017 年日本企业研发投入强度就已达到了 3.3% ，[①] 面对新一轮科技革命下更趋激烈的产业竞争，我国既需要继续发挥举国体制下对于重点领域、关键技术集中式创新的制度优势，也需要通过激发企业创新活力优化创新结构、提升创新质量，特别是面对个性化、多样化、定制化消费需求不断增长的发展趋势，各具优势特色的民间创新活力更显重要，在深化行政体制改革框架下探索民间创新主体的激励机制势在必行。二是要推进创新投入结构转型。面对新一轮科技革命和产业革命加速演进下全球科技竞争和产业竞争端口前移态势，基础研究是让我国摆脱核心技术受制于人的关键，但基础研究不足仍是我国创新体系中的明显短板，2018 年我国研究经费在基础研究、应用研究和试验发展之间的比重分别为 5.54%、11.13%、83.33%，[②]而早在 2015 年日

①数据来源：我国数据来源于国家统计局网站，日本数据来源于科学技术部网站。

②数据来源：《2019 国家统计年鉴》。

本、法国、美国、英国在基础研究领域的研发占比就已达到12%、24%、17%、17%，[①] 有利于基础研究发展的创新环境和创新制度需在实践中不断完善。同时，如何将创新优势转化为生产力仍是我国需要在实践中长期探索的挑战，这也当前全球各国科技政策关注的主要命题，“十四五”时期仍需要以改革的视角探索中国方案。

2.发展高质量的新兴产业

新兴产业是经济体系中最具活力和增长潜力的部分，是提升产业竞争力、引领供给升级、挖潜经济新增长点的重要引擎。近年来我国新兴产业持续保持蓬勃发展的良好态势，产业增速持续高于总体经济增长水平，“十四五”时期伴随产业变革的加速演进，以及我国消费结构变迁下带来的多样化、高质量发展需求，新兴产业将面临更为广阔的市场空间，但同时也要客观认识到实现新兴产业高质量发展仍面临两大挑战。一是如何把握好鼓励产业成长与引导规范发展之间的平衡点。由于新兴产业从本质来说颠覆了传统的产业组织创新规律和商业模式，因此其发展中带来的安全及负外部性等问题未有成熟的产业治理模式，合理的规范引导是保障新兴产业能真正实现持续健康发展的关键，如何在监管力度、监管目标、监管规则等维度构建柔性、包容的新兴产业监管模式，是现阶段新兴产业发展走向成熟所必须面对的难题。二是如何避免各级政府在发展经济和绩效考核的共同推动下造成新兴产业发展扭曲，使得一方面有部分经济效益好、投资见效快的领域投资热情与配套技术、基础设施不同步，最终造成新兴产业发展“阻塞”与“过剩”并存，另一方面部分需要以供给发展引导需求增长的新兴领域却因缺乏有效支撑而错失成长良机。同时，持续完善产业发展模式，把握技术经济新范式下新兴产业发展内在要求，尽快摆脱“市场换技术”战略下造成的核心技术受制于人的困境仍是“十四五”时期我国新兴产业高质量发展的重要方向。

3.推行高质量的产业政策

产业政策是改革开放以来我国经济实现高速增长的重要支撑，也是更好发挥我国制度优势的重要工具，在当前经济下行压力加大与发展中不确定、不稳定因素增多的形势下，将产业政策与宏观调控有机结合，是积极应对“十四

---

① 数据来源：大连理工大学《中国研发经费报告 2018》。

五”时期我国产业结构变动和经济增长中各类不确定因素、弥补市场不足和调控市场波动的有效手段。但过去长期以来具备明显选择性、干预性特征的产业政策带来经济发展中的结构性问题已不容忽视，“十四五” 时期加快产业政策转型是实现高质量发展的必要保障。在功能定位上，产业政策要由直接干预市场主体行为向培育市场机制和间接引导市场主体行为转变，找准市场功能和政府行为的合理平衡点，在明确竞争政策基础性地位基础上，理顺产业政策与竞争政策之间的互补关系。在政策重心上，要从选择特定产业、特定企业的特惠模式向普惠性、功能性政策转变，将产业政策改革与简政放权有机结合。同时要合理发挥产业政策对于经济高质量发展的积极导向，避免盲目追求经济增长指标而造成的脱实向虚。

4.构建高质量的开放战略

“十四五”时期我国将面对更加严峻复杂的世界经济形势与疫情冲击下发展的不确定相互交织，对外开放合作将面临更多的不稳定因素，扩大内需战略将成为我国应对外部风险调整、保持经济长期向好的战略基点，但这并不意味着我国开放战略的止步，反而对我国加快发展更高层次的开放型经济提出了新要求。一是要求实施更高水平的对外开放，全面增强我国对全球价值链的掌控力，从以“引进来”为主向“引进来”与“走出去”并重发展，有序推进优势产业、重点企业的国际化布局，努力维护全球供应链稳定。二是要求实施更深层次的对外开放，积极参与国际经贸规则制定，为全球经济朝着开放、包容与平衡、共赢发展贡献中国力量，同时要以国际通行规则为标准优化我国对外开放制度，放宽市场准入、优化营商环境，以全面改革激发开放活力。三是要求实施更宽领域的对外开放，进一步扩大服务业开放领域，切实拓展服务贸易国际市场空间，以技术、标准、品牌、质量、市场网络等核心竞争优势培育为重点切实提升我国服务贸易发展质量。同时在当前扩大内需的战略基础上探索建设基于内需的开放型经济，以广大的内需市场吸引全球先进生产要素集聚，进而形成良性发展循环。

5.实施高质量的区域产业治理

区域产业治理是中国特色社会主义制度下国家治理体系的重要内容，合理规划区域之间以及国家与区域之间的产业关联是充分激发我国产业高质量发展潜能的必然要求。“十四五”时期区域产业发展特征与发展态势面临重大变化，传统各级政府复杂利益博弈下的区域产业发展理念和实践已受到明显挑战。首先，过去在规模增长导向下追求各自区域内形成完整产业链和产业体系的发展思路已很难适应当前发展形势与需求，各级政府必须以更加开放的视角去探寻区域在更为广阔空间内的产业功能定位，特别是在跨区域产业融合与产业协同已日渐成熟的形势下，这种打破产业发展边界、技术边界、市场边界乃至传统区域边界的发展新态势将给产业发展带来不可预估的潜力，但同时区域产业治理的模式也面临颠覆性变化。其次，区域产业集聚效应增强要求我国空间形态必须进一步加快调整步伐，“十四五”时期大力推进长三角、京津冀、粤港澳大湾区等重点区域建设，推动各级各类城市群发展，通过多极点、网络化的跨区域城市群建设推进产业发展的规模效益和集聚效益，成为支撑我国产业高质量发展的必然要求。

（二）兼顾好三个关系

高质量发展从本质来说就是一个从非均衡发展向均衡发展、从重点领域发展向协同发展的过程，是在发展中通过强化国民经济系统中具有相互关系和内在联系各领域、环节的交互作用，进而推动整体的升级跃进。特别是“十四五”时期，宏观发展形势的不确定性进一步凸显，在百年未有之大变局中，发挥我国超大市场规模和内需潜力优势，实践均衡性、协同性发展是产业高质量发展的重要遵循。

1.注重传统优势领域发展与新兴领域培育有机结合

以新旧动能转换推进产业高质量发展是一个长期性、复杂性过程，“十四五”时期我国仍处于需要新兴领域突破性发展与传统优势领域转型升级融合互动的阶段，不能简单的将传统产业都归于旧动能范畴，也不能盲目的将新兴产业都认同为新动能，同时产业实践也表明许多新兴产业、新兴技术也都需要以传统产业为平台在变革中逐渐产生，打破传统产业升级的制度约束和规避新兴产业路径依赖式发展才是在新旧动能接续阶段产业高质量发展的关键。

2.注重扩大内需战略与深化供给侧改革有机结合

扩大内需战略是“十四五”时期我国在复杂多变的宏观形势下实现经济高质量发展目标的必然选择，但扩大内需的着力点不仅在需求侧也在供给侧，通过供给结构的调整升级才是从深层次上真正解决当前存在供需错位问题的关键，在扩大有效供给、高端供给以满足消费结构变迁带来的新兴需求、潜在需求的同时，按照供需匹配和动态平衡的要求，减少无效、低端供给，继续化解结构性问题下带来的产能过剩仍将是“十四五”时期的重要任务。

3.注重产业高质量发展与民生改善的有机结合

发展的最终目的是满足人民群众日益增长的美好生活需求，推进产业高质量发展要与改善民生有机结合。一方面，要以产业发展引领需求、满足需求，特别是与人民群众幸福感息息相关的健康、养老、文化、旅游等领域，要顺应消费结构变迁趋势增强多层次、多样化、高质量的供给和民生保障能力；另一方面，在民生领域特别是基本公共服务领域，也要把握好转型升级的力度和节奏，必须以不损害或“误伤”中低收入群体需求为基本底线推进产业升级。

作者单位：武汉发展战略研究院

“十四五”时期武汉建设智慧物流城市策略研究①

杜　涛　袁云光　王军丽

“十四五”时期，国家加快实施“互联网+”战略、加快区块链技术的推广应用，智慧物流将迎来加速发展期。把智慧物流纳入到智慧城市建设之中，将是智慧城市建设深入开展和落到实处的重要工作，建设智慧物流城市也将成为我国实施物流业发展中长期规划和智慧物流建设的重要平台，城市智慧物流系统也成为提升城市发展活力的重要引擎。

面向“十四五”新发展征程，武汉正从“九省通衢”加速迈向“九州通衢”，全力打造国家“双循环”新发展格局重要枢纽，加快建设国家商贸物流中心。作为正在建设中的中部地区唯一具有规模化“铁、公、水、空”联运资源优势的国家中心城市、长江经济带核心城市和国际化大都市，武汉加快智慧物流城市建设，有利于进一步增强双循环服务支撑功能，加快实现国际、国内更为紧密的产业链、供应链联系，更好地发挥“一主引领”龙头作用，辐射带动武汉城市圈、长江中游城市群、长江经济带高质量发展，在开放的“双循环”格局中发挥更大作用，展现更大作为。

一、建设智慧物流城市的现实意义

（一）智慧城市的主要特征及其发展历程

①本文系 2019 年武汉社科基金后资助项目研究成果，立项编号：2019039.

1.主要特征

智慧城市被认为是物联网与数字城市相结合的产物，代表了信息时代城市发展的方向，文明发展的趋势，其本质是以现代信息技术为支撑，实现城市运行系统的互联互通，进而为在城市生活的人们创造更加和谐、智能的生存环境，使城市的发展更有活力。

其主要特征：一是智慧城市是以互联网、物联网、电信网、广电网、无线宽带网等网络的多样化组合为基础。二是智慧城市是技术集成、综合应用、高端发展的网络化、信息化、智能化和现代化城市。三是智慧城市是以智慧技术、智慧产业、智慧人文、智慧服务、智慧管理、智慧生活等为重要内容的城市发展的新模式。

2.我国智慧城市的发展历程

我国近年来不断加快智慧城市建设，但是智慧城市的发展是一个动态递进的过程，并不是一蹴而就的。总体来看，中国的智慧城市建设经历了三个阶段。

第一阶段是 2010 年之前，是智慧城市的萌芽期，主要强调数字化建设，利用 3S 技术（遥感技术 RS、地理信息技术 GIS、全球定位系统 GPS）对城市及相关信息进行采集监测，但是缺乏对数据的分析和智能化决策。

第二阶段是 2010 年至 2015 年，是国内智慧城市建设的探索发展期，主要典型做法是从国家层次到各省市地方均制定了多项发展规划，在物联网、互联网等技术的支撑下，掀起了国内智慧城市建设的潮流，出现了一批试点城市。

第三阶段是 2016 年至今，是新型智慧城市建设阶段，习近平总书记在 2016 年的谈话提出要推进新型智慧城市建设，2016 年 12 月，《“十三五”国家信息化规划》明确了新型智慧城市建设的行动目标：“到 2018 年，分级分类建设 100 个新型示范性智慧城市；到 2020 年，新型智慧城市建设取得卓著成效”。

（二）我国智慧城市的整体建设规模

据国家发展和改革委员会提供的数据显示：截至 2018 年 8 月，我国所有的副省级以上城市、76%以上的地级城市和 32%的县级市，总计大约 500 座城市已经明确提出正在建设新型智慧城市。据统计，2014 年中国智慧城市市场规模仅为 0.76 万亿元。2016 年突破 1 万亿元，2017 则达到了 6 万亿元。而 2018 年中国智慧城市市场规模则接近 8 万亿元。

从信息城市到数字城市，再从智能城市到智慧城市，中国已经将智慧城市写入国家战略，并投入大量资金。无论是特大型的一线城市，或是中小型城市，皆有智能城市项目落地，并且形成了数个大型智慧城市群，分布在东部沿海以及中西部地区。从在建智慧城市的地理位置分布来看，我国已初步形成了以北京、天津、大连、青岛、济南为主的环渤海，以南京、无锡、上海、合肥、杭州、宁波为主的长三角，以广州、佛山、深圳为主的珠三角，以及以西安、成都、重庆、武汉为主的中西部四大智慧城市群。在四大智慧城市群形成的过程中，包括芯片制造、传感器设备、系统集成在内的物联网产业集群也依托上述核心城市逐渐发展壮大。例如，在芯片制造领域，上海、北京、深圳等城市已具备相当的产业规模；西安、武汉、成都等中西部城市则依托自身的科研教育优势，在 RFID、芯片设计、传感传动、自动控制、网络通信与处理、软件及信息服务等领域形成了较好的产业基础。

为了加快智慧城市建设，我国通过采取分批试点的方式推进实施。2013 年 1 月，我国住建部确定了成都市等 99 个智慧城市试点；2013 年 8 月，确定北京经济技术开发区等 103 个城市作为第二批国家智慧城市试点。2015 年 4 月，确定了 84 个城市作为第三批智慧城市试点，前三批智慧城市试点共签约 311 个城市，重点项目签约总量超过 4000 个。全国 100%的副省级城市、89%的地级以上城市、49%的县级城市已经开展智慧城市建设，累计参与的地市级城市数量达到 500 余个，规划投资达到 3 万亿元，建设投资达到 6000 亿元。根据计划，2016 年至 2020 年期间，我国要培育 100 个新型智慧城市。智慧城市对医疗、交通、物流、金融、通信、教育、能源、环保等领域的发展具有明显的带动作用，将给城市和经济的可持续发展提供持续支持。

近年来，我国政府大力推进智慧城市规划建设，国家出台了一系列关于智慧城市的政策规划，对全国智慧城市的建设起到一定的指导作用。2014 年，国家在新型城镇化规划中，把智慧城市提升到国家战略层面，截至 2018 年底，国家发布的智慧城市领域相关政策性文件共计 17 项，地方性的政策法规性文件 16 项。

(三)建设智慧物流城市的背景和意义

当前，世界面临百年未见之大变局。新一轮产业革命和技术革命风起云涌，国内外环境发生深刻变化。作为支撑国民经济发展的基础性、战略性、先导性产业,我国物流业仍然处于重要的战略机遇期。大力发展智慧物流,全面推进高质量发展,既是我们的历史使命和艰巨任务,也是物流业持续健康发展的必由之路和根本途径。

随着我国实施制造强国战略——《中国制造 2025》(2015 年 5 月 19 日由国务院正式印发)的提出和互联网+行动计划的快速实施,以信息物理系统为基础的智能物流悄然兴起,智慧物流将成为创新产业发展模式、创新商品流通模式以及创新生活消费方式的核心要素之一。2016 年, 国务院办公厅出台的《“互联网+”高效物流实施意见》,明确了智慧物流对我国国民经济发展的重要意义;2017 年 7 月 20 日,国务院在《新一代人工智能发展规划》中,再次强调以人工智能为代表的智慧物流将成为新一轮产业变革和经济发展的新动力。由此可见,智慧物流已成为我国物流业供给侧结构性改革的重要发展方向,政府各职能部门也正为推动智慧物流的发展营造有利的政策环境。特别是党的十九大提出了一系列国家重大发展战略,为发展智慧物流、推进高质量发展指明了方向。

“十四五”时期,我国物流业发展处于重要的战略机遇期,物流需求仍将呈现新变化,物流运作将涌现新模式,物流发展方式将出现新突破。加快发展以智慧物流为主要特征的现代物流业,对于促进城市经济高质量发展、进一步提升居民生活水平、推动智慧物流城市建设具有重要意义。

“十四五”时期,我国新型城镇化建设将处于快速发展阶段,必将释放巨大的投资和消费潜力,对现代物流业的服务水平也将提出更加专业化的要求,城乡物流一体化、智能化、个性化、体验化将成为智慧物流发展的重点。智慧物流正在成为引领产业多元化和服务业现代化的先导产业, 成为带动区域经济增长和促进智慧城市建设的重要基础。智慧物流与供应链恰恰是智慧城市建设的主要支撑,城市智慧物流系统的构建将成为打造城市核心竞争力、提升城市发展活力的重要引擎。

(四)发展智慧物流对智慧物流城市建设的重要影响

1.有利于降低社会物流成本,提高企业利润

智慧物流能大大降低制造业、物流业等各行业的成本,切实提高企业的利润,生产商、批发商、零售商三方通过智慧物流相互协作,信息共享,物流企业便能更节省成本。其关键技术诸如物体标识及标识追踪、无线定位等新型

信息技术应用，能够有效实现物流的智能调度管理、整合物流核心业务流程，加强物流管理的合理化，降低物流消耗，从而降低物流成本，减少流通费用，增加利润。

2.有利于加速物流产业高质量发展，成为物流业的信息技术支撑

智慧物流的建设，将加速当地物流产业的发展，集仓储、运输、配送、信息服务等多功能于一体，打破行业限制，协调部门利益，实现集约化高效经营，优化社会物流资源配置。同时，将物流企业整合在一起，将过去分散于多处的物流资源进行集中处理，发挥整体优势和规模效益，实现传统物流企业的现代化、专业化和互补性。此外，这些企业还可以共享基础设施、配套服务和信息，降低运营成本和费用支出，获得规模效益。

3.有利于促进企业生产、采购和销售系统的智能融合

随着RFID技术与传感器网络的普及，物与物的互联互通，将给企业的物流系统、生产系统、采购系统与销售系统的智能融合打下基础；而网络的融合必将产生智慧生产与智慧供应链的融合，企业物流完全智慧地融入企业的生产经营之中，打破工序和流程的界限，打造智慧企业。

4.有利于节约消费者成本，实现轻松、放心消费

智慧物流通过提供货物源头自助查询和跟踪等多种服务，尤其是对食品类货物的源头查询，能够让消费者买得放心、吃得安心，增强消费者的购买信心，促进消费，最终对整体市场产生良性影响。

5.有利于提高政府部门的工作效率，助力政治体制改革

智慧物流可全方位、全程监管食品的生产、运输、销售，在大大节省相关政府部门工作压力的同时，使得监管更彻底更透明。通过计算机和网络的应用，政府部门的工作效率将大大提高，有助于我国政治体制的改革，精简政府机构，裁汰冗员，从而削减政府开支。

6.有利于促进当地经济进一步发展，提升城市综合竞争力

智慧物流集多种服务功能于一体，体现了现代经济运作特点的需求，即强调信息流与物质流快速、高效、通畅地运转，从而降低社会成本，提高生产效率，整合社会资源。

（五）智慧物流与智慧城市融合发展有效解决“城市病”

中国具有全球最大规模的城市体系和最快的城市化演化速度。改革开放

后，中国城镇化率从1978年底的17.9%到2018年底的59.6%，发展极为迅速，每年有1000万人口进入城市，城市人口已经超过8亿人；据最新估计，1000万常住人口级超大城市已达10个，500万人口级特大城市已达20个，而最新城市群发展趋势将进一步加剧城市人口的聚集。

一方面，城市是人才的聚居区、效率的提升机和创新的加速器，更是财富的贮存池、文明的催化剂和文化的交换台；另一方面，随着城市规模越来越大，大城市的“城市病”日趋严重，目前面临的主要问题有：一是城市交通拥堵日益严重；二是城市空气、水和土壤污染加剧；三是居住成本占比过高。

城市物流多数属于消费保障型物流，消费终端随生活社区、商务区和商贸区布局而分散化、碎片化；少数属于城市产业服务型物流，物流终端随产业布局而集中化、规模化。因此，要求城市物流一方面尽可能少地占用城市资源，降低城市资源浪费和闲置；另一方面，又尽可能将城市闲置资源加以复用，实现城市资源集约化和再生资源循环利用。

智慧城市的主要目标是提升市民生活工作品质、提高城市治理效率和集约化使用城市资源，也是解决大城市“城市病”的一个有效途径。

智慧物流与智慧城市三维度的融合，主要是形成基于城市的智慧供应链与智慧产业链生态，最终的目标则是达到以近零成本配置资源，低成本实现产品、服务的标准和过规模化，跨产业业务升维。

一是逻辑维融合助推商业模式变革。在“大云移物智”大背景下，互联网电商平台及其衍生发展的电商物流，率先实现了近零成本的个性化供给与差异化需求，并成功形成了规模化和商业化，为消费集中的城市社区提供了更佳的购买和服务体验。当下智能产品通过精准收集数据、科学匹配、高效服务个性化定制和标准化等方法，持续推进高效低价标准化进程。实现了时、空、逻辑在货品、快递员和消费者之上三个维度的融合。成就了效率安全领先的顺丰快递。二维码拓展快件的标准化，进一步提高市场竞争优势。

二是空间维融合优化空间结构。智慧物流推动城市间的甩挂运输、城市内的共同配送、社区共享快递柜等模式的落地，数据驱动为基础的智慧物流供应链推动城市供给、消费、商贸渠道的资源优化变革。智慧物流推动智慧城市空间结构重构，推动商品废弃物的低产出率和低价高效回收。以“运输+贸易+融资”一体的运营模式，可以降低商品废弃物的产出，闲置资源循环使用理念落地;智能处理消费末端残留物。

三是时间维融合优化资源配置。“大云移物智”可以精准度量以及物流渠道的资源分时利用率;智慧物流与供应链的融合可以在城市群中实现城市、社区和产业闲置资源复用、跨产业链的资源综合配置,推动智慧城市向深度发展。

因此,促进智慧物流和智慧城市融合,通过逻辑、空间、时间三个维度的融合降低城市资源浪费和闲置,并将闲置资源重复利用,做到再生资源循环利用是解决“城市病”的有效途径。

二、城市智慧物流的发展环境和价值分析

(一)城市智慧物流发展环境分析

1.智慧物流体系的基本构成

按照服务对象和服务范围划分,智慧物流体系可以分为企业智慧物流、行业智慧物流和区域(城市)智慧物流三个层次。

一是企业智慧物流层面。主要是推广信息技术在物流企业的应用,集中表现在应用新的传感技术,实现智慧仓储,智慧运输,智慧装卸、搬运、包装,智慧配送,智慧供应链等各个环节,从而培育一批信息化水平高、示范带动作用强的智慧物流示范企业。

二是行业智慧物流层面。主要建设内容包括智慧区域物流中心、区域智慧物流行业以及预警和协调机制的建设三个方面。其中,智慧区域物流中心的关键是搭建区域物流信息平台和建设若干智慧物流园区;区域智慧物流行业。即在各行业中加强先进技术的应用。例如快递行业重视新技术的开发与利用,通过自动报单、自动分拣、自动跟踪等系统使运件的实时跟踪变得轻而易举,还大大降低了服务的成本;预警机制则是加强监测,对一些基础数据进行开拓和挖掘. 做好统计数据和相关信息的收集,及时反映相关问题,建立相应的协调和预警机制。

三是区域(城市)智慧物流层面。旨在打造一体化的交通同制、规划同网、铁路同轨、乘车同卡的现代物流支持平台,以制度协调、资源互补和需求放大效应为目标,以物流一体化推动整个经济的快速增长。与此同时,着眼于实现功能互补、错位发展。着力构建运输服务网络,基本建成以国际物流网、区域物流网和城市配送网为主体的快速公路货运网络。“水陆配套、多式联运”的港口集疏运网络,“客货并举、以货为主”的航空运输网,“干支直达、通江达海”的内

河货运网络。同时打造若干物流节点智慧物流网络中的物流结点对优化整个物流网络起着重要作用,从发展来看,它不仅执行一般的物流职能。而且越来越多地执行指挥调度、信息等神经中枢的职能。

2.城市智慧物流的发展需求

城市智慧物流发展需求主体包括政府、企业、社会、市场四大类。政府层面,要求发展符合国家利益和法律法规,满足中国一线城市参与国际竞争的需要。企业层面,要求符合城市物流企业利益,满足企业高效发展。社会层面主要是满足社会高效、高质量发展的需求和民众智能高效消费的需求。市场层面需要有利于城市物流企业间的利益竞争和城市物流企业节能减排收益。除此之外,还有政府、企业、社会的资源整合需求,物流节点的资源整合需求和城市配送运力的资源整合需求。

(二)城市智慧物流价值分析

城市智慧物流系统的本质属性是资源的高效利用,为企业创造价值。基于价值链的标准、市场监管机制、运营管理体系等方面。城市智慧物流系统结构主要包括入城物流、物流中心、城市物流企业协同配送和逆向物流环节,从信息化、标准化和智慧管理等角度提升了物流系统各环节的价值。

一是入城物流环境友好价值分析。城市所需的入城供应物资都必须具有环境友好的特性,不仅无毒、无副作用,而且也是减量化的、便于拆卸和再循环的。

二是物流中心降本增效物流环节价值分析。物流中心是城市物资的集散场所,也是城市物流系统的价值点,可通过物流智慧化环节降低物流运作成本,提升价值。

三是城市物流企业协同高效配送价值分析。协同配送可以最大限度地提高人员、物资、资金、时间等资源的利用效率,取得最大化的经济效益,缓解交通,保护环境。

四是逆向物流环节价值分析。在城市中构建逆向物流服务体系,将主要区域和主要行业、主要企业的逆向物流活动进行有效整合和统一,形成逆向物流一体化发展模式。

三、武汉发展智慧物流、建设智慧物流城市的优劣势分析

(一)优势条件

1.业态创新加速涌现

保税物流、电商物流和物流金融等专业特色物流服务体系初步形成。武汉

大道、东方赤湾等传统货运企业，组建华中甩挂运输、零担快运等联盟，加快组织模式创新。第三方物流建设方兴未艾，斑马快跑、快货运等一批创新型企业，研发应用“互联网+公路物流”服务平台，推动同城绿色配送发展。

2.信息化、标准化加快推进

建立了武汉东西湖综合物流枢纽公共信息平台、武汉新港公共物流信息平台、武汉汇通货运信息服务平台等一批融物流信息、物流应用于一体的信息化平台，高效的物流公共信息服务平台将提供第三方、第四方物流、多式联运、冷链物流、快运快递等现代物流服务。电子海关进入成熟应用，整个物流行业的电子化应用达到90%以上。以大力发展多式联运体系、加强国家公路甩挂运输试点工程为依托，重点推进集装箱标准化、车型标准化建设。

3.物流通道快速拓展

铁路货运网络加快由“十”字形向“米”字形拓展，“九州货物快运”列车、“汉新欧”国际铁路货运班列常态化运营，往返货量均居全国前列。武汉的国际及地区航线网络得到进一步丰富，国际、地区航线达到63条，其中客运航线55条、货运航线8条。纽约、旧金山、悉尼、巴黎、罗马、莫斯科、圣彼得堡、伦敦、伊斯坦布尔、迪拜等国际大都市，均可直飞武汉。巩固“江海直达”，发展“泸汉台快班”“东盟四国航班”“日韩快班”等近洋航线，武汉港迈入世界内河港口第一方阵。“东盟物流直通车”专线运输相继开通，“九州通衢”的综合交通服务功能全面提升。

4.一大批智慧物流项目加快建设

作为武汉市智慧城市内容之一的“智慧物流”，将着力提升武汉市数千家物流企业的整体信息化水平。重点依托“一港六园八中心”，打造一批智慧物流示范园区，最大化发挥空港、港口、铁路、公路的枢纽优势，提高效能，提升武汉物流服务的辐射能力和国内国际资源的配置能力。智慧物流建设包含了对武汉市主城区及周边的道路、铁路、航空、水路运输的重点建设与覆盖。

5.智慧物流、无人公交等多种自动驾驶场景已经形成

2019年9月22日，武汉正式发出了全球第一张自动驾驶车辆商用牌照。除此之外，国家智能网联汽车（武汉）测试示范区也在武汉揭牌，开启了武汉的“自动驾驶”时代。经过基础设施智能化改造升级，目前，示范区已实现5G通信网络覆盖，融合智能感知系统，建成通信网、物联网、智慧路网、能源网，成为国

内最大 5G 路协同自动驾驶示范区。

示范区的“5G+北斗”高精度定位系统，可提供全天候、全天时、高精度的定位、导航和授时服务，构建真正的“交通大脑”。示范区采用物联网技术，用射频识别、红外、北斗定位、激光雷达等传感设备，将道路设施与互联网相连接，使道路“智能化”。智能汽车与路侧设备之间通信，能够延伸感知能力，大幅降低交通事故、减少交通拥堵并实现最佳能耗。同时，示范区的信号灯也实现了网联化，通过交通电视监控系统、交通事件检测系统、快速路(高架)管理系统等，让路面行车更安全、高效、便捷。示范区已引入了不同类型、不同车辆资源的提供商，包括智慧物流配送、智慧环卫应用、无人摆渡车、无人公交、无人出租车等，实现一个应用多品牌、多主体共存的无人驾驶车辆示范试验生态圈。除了示范区内，在城市的其他区域，武汉也在不遗余力发展自动驾驶。比如，在花山港，无人驾驶转运车来回穿梭转运集装箱，不需要人工干预，遇到红灯或行人自动停下来，全自动化操作。目前，东风自动驾驶出租车已在武汉经济开发区（汉南）正式运行。

6.武汉物流交易所总部区建设启动

总部位于新洲阳逻经济开发区的武汉物流交易所是武汉国家中心城市建设的重点项目，总投资约 27 亿元,交易操作量达 3.2 亿吨，主要建设物流交易中心、物流运营调度中心、物流企业服务区、物流支撑平台及相关配套设施等内容。项目预计 2021 年完工，其定位为集物流信息交易中心、企业聚集基地、综合服务平台于一体的大型综合物流产业发展平台，建成后将有力提升武汉物流资源聚集和区域辐射能力，预计可吸引 300 多家物流企业进驻。

（二）制约因素

1.物流基础设施整合尚不到位

尽管近些年来武汉市在物流基础设施建设上取得了较快发展，公路、铁路建设迅猛，通达里程大大提高，航运机场建设加速，空运能力不断增强，水运设施建设长足发展，国际航运能力提升迅速，为武汉市物流产业的发展提供了较好的基础条件。但仍很不够完善，与智慧物流的发展要求还有一定的差距。比如，武汉阳逻港区缺乏顶层设计，岸线和港口等资源存在重复建设和过度竞争。江北铁路建设进展缓慢，铁水联运环节多、没有实现“最后一公里”无缝衔接，现有铁水联运一期工程的物流服务缺乏时效和价格优势。中欧班列（武汉）

配套物流园区和铁路口岸功能亟待完善。友和道通国际货物运至天河机场需转运分拨至东西湖综合保税园区；东西湖区“物流西迁”相关政策不明晰，物流基础设施承接能力不足。这是由于武汉市物流基础设施的规划和建设统筹协调还不到位，导致物流基础设施网络布局不尽科学合理，物流基础设施之间配套、兼容欠缺，系统功能不够强，具有多式联运功能、能支撑区域经济发展的综合物流枢纽设施建设投入不多，高效、顺畅、便捷的综合交通运输网络尚不健全，这些也在一定程度上制约了武汉市物流业“智慧”程度的提升。

2.智慧物流可持续发展模式尚处于探索阶段

物流行业的企业规模普遍不大，整个行业小、散、乱现象明显，有效管理手段不足，存在诸多难以治理的状况。这种状况的存在导致生产要素难以自由流动，资源配置效率低下，难以形成统一、开放、有序的市场。导致整个行业物流成本居高不下，运营效率低，龙头企业引领作用弱，难以实现集约化发展，严重制约了物流产业转型升级。

传统物流企业思想不够解放，转型速度较慢。面对新一轮技术革命，传统物流企业观念转变与战略转型速度略显不足，对智能信息技术重视程度不够。尽管个别物流企业开始引进智慧物流技术，但由于缺乏配套的基础设施与人才储备，无法显著提高企业效益。因此，如何推动物流企业拥抱智能技术，加入智慧物流生态体系构建行列，形成协同共享的产业新生态是智慧物流下一步发展面临的艰巨挑战。

许多初创的技术公司依靠资本市场融资，纷纷进入物流领域，但智慧物流取得成功的关键依然在于物流需求与智能科技的深度融合。现有的许多概念仍然处在试运行阶段，智慧物流可持续发展模式仍处于探索之中。

3.智慧物流信息基础、标准体系较为落后

目前，以信息化为主体的智慧物流遍地开花，但智慧物流仍然处于局域网状态，缺乏完整、科学的标准体系，缺乏统一的城市信息化标准体系，不同部门组织制订的信息化标准之间不协调，各智慧物流系统之间不能实现协同共享。目前，武汉市尚未实现物流数据的无缝对接共享，更无真正意义上的公共物流信息平台。同时，标准化托盘、周转箱、集装箱、装卸设施在快消品、农副产品、电商、药品、冷链等重点物流领域应用普遍不足，导致仓储、管理成本居高不下。总之，由于武汉市在标准化建设和物流公共信息平台建设的短板，导致物流企业活动不能在一个公共信息平台上畅快运作，资源配置效率低。智慧物流运行实现的一个必要条件就是建立统一的基础标准体系，只有如此才能真正做到物与物、数据与数据的相互联通，进而实现信息共享与智慧应用。发挥智慧物流作用的核心是将物流企业的局域网打造成智慧物流的互联网，其关键在于制定智慧物流互联网的TCP/IP标准化协议，而目前我国在智慧物流信息的基础标准体系建设方面明显落后于发达国家。

4.物流整合协同服务能力不够

虽然，武汉市“一港六园八中心”物流空间布局基本形成，东西湖区综合物流园、东湖综保区物流中心、北湖物流中心、金口物流中心基本建成，阳逻港、汉口北、天河空港、郑店综合物流园，纱帽物流中心已初具规模。但因缺乏统一规划协调，设施重复投资、重复建设、产业同构等较为严重，资源利用率低，同业恶性竞争时有发生，流通对接能力弱，物流园区间协作发展不够，物流大流通和流通渠道不畅。比如武汉临空办主要工作是协调黄陂临空经济区管委会（核心区）、武汉临空港经济技术开发区、孝感临空经济区三个临空区的发展，但无实际管理权，形同虚设，直接影响到武汉市临空经济的健康有序发展。而且大部分物流企业服务能力、服务水平都很低，多以提供传统的运输、仓储、装卸等单一的功能性服务为主，不具备一体化、综合性物流服务能力，难以适应智慧物流发展需要。

5.物流对环境的影响依然严峻

在物流活动过程中，运输、仓储、包装、装卸搬运、流通加工等环节均会对环境产生不利的影响。一是运输环节对环境的影响。在运输过程中，燃油消耗和油料污染及交通运输可能产生大量噪音，运输事故是物流作业造成环境污染的主要原因。不合理的配送中心和货运网点布局，也会导致货物迂回运输。即时配送虽能实现零库存，但实施即时配送必然会使运输从铁路转到公路，从而会大量使用汽车运输实现“门到门”服务，而汽车运输本身就存在诸多影响环境与生态的问题。二是储存环节对环境的影响。储存和运输一样，是物流活动的基本功能。但是一旦储存方法不当，储存货物就会变质或泄漏，尤其是化学危险品，极可能会对人和周围环境造成一定的影响。武汉市的80万吨乙烯项目就涉及危险品运输对城市污染的潜在威胁。三是包装环节对环境的影响。有些包装材料，如塑料包装材料，使用之后若不对其进行及时处理，就会对环境造成长期污染,过度包装或重复包装也会造成资源浪费,同时废弃的包装材料还是城市垃圾的重要组成部分。特别是一些塑料袋、塑料瓶等包装会给大自然留下长久的污染,又如大量使用一次性包装(如木箱)不仅消耗了有限的资源,还会因处理这些包装废弃物消耗大量的人力、物力和财力。这些致使全市物流业对环境的影响加剧,也与智慧物流发展的初衷相去甚远。

四、武汉建设智慧物流城市的总体策略

(一)发展要素和发展技术

1.城市智慧物流发展要素

城市智慧物流的发展是一个逐渐走向成熟的过程,大致要经过三个发展阶段:初期阶段、发展阶段和成熟阶段。

初期阶段的发展要素有市场的不确定性和运营体系的不规范性。市场不确定性体现在接受程度、市场需求、创新方向、安全性等方面,运营体系不规范性体现在新能源设备、物流信息标准、市场监管机制、运营管理体系等方面。

发展阶段的发展要素为创新性和标准化。创新性包括生产创新、管理创新和技术创新,标准化包括设施设备、业务过程和物流信息的标准化。

成熟阶段的发展要素则有可持续发展、绿色环保、快捷高效、自主可控。各要素在城市智慧物流发展过程中起着不同的作用, 其中合作竞争性是发展的动力,标准化是发展的基本要求,自主可控、快捷高效、绿色环保和可持续性是发展的最终目标。

2.城市智慧物流发展技术

城市智慧物流的建设离不开现代物流技术与装备的支撑, 通过绿色装备技术、协同配送技术、流程优化技术等绿色化技术和城市物流信息平台技术、智慧物流技术、过程监控技术、资源整合技术等智慧化技术的融合应用,可实现城市智慧物流的建设。

其中智慧装备有新能源物流车、智能仓储、一体化节能冷库等,协同配送技术实现配送路线、配送时间、配送作业过程优化,流程优化技术实现企业内部流程优化和城市企业之间协作优化,其他技术还有智能仓储技术、智能包装技术等。

城市物流信息平台技术包括平台规划、建设和运营技术,智慧物流核心技术有物联网技术、大数据技术、云计算技术,过程监控技术包括仓储、包装及流

通加工和配送监控技术,资源整合技术包括客户资源、信息资源和运力资源的整合。

(二)发展目标

智慧物流对一个城市来讲，应当放在优先发展的位置，城市的生产与建设,城市居民的生活,每时每刻都离不开物流。如果物流市场不够规范,物流运作不够集约,就会导致物流成本居高不下,城市交通运输拥堵,居民生活质量下降。

智慧物流城市的建设目标包括构建多层次智慧物流网络体系、建设多式联运枢纽、智能信息共享平台、智慧交通、若干个智慧物流示范园区、示范工程和一批智慧企业等。

“十四五”时期,武汉市要全力打造全国多式联运示范城市、中部地区智慧物流标杆城市。

智慧物流在智慧城市的运作中还应把握两大建设要点：一是智慧物流要夯实技术基础,信息技术的研发与运用最为关键。二是智慧物流一定要向“智慧供应链”延伸。通过信息技术,实施商流、物流、信息流、资金流的一体化运作,使市场、行业、企业、个人联结在一起,加快实现城市的智能化管理与智能化生活。

(三)发展方向:三大“智”向

1.“智”在协同创新与资源共享

一是智慧物流的发展离不开物流企业之间的战略合作和协同创新。信息时代的现代化物流企业之间存在着竞争与合作的双重关系,智慧物流发展需要的技术创新、设备研发等需要企业间进行资源共享和技术合作,同时与其他行业实现跨界的协同创新,在互联网金融的支持下实现智慧物流的软硬件升级。

二是借助“互联网+”的高效服务创新运营模式。现代商业与“互联网+”的融合发展中重构了商业模式与客户关系，智慧物流行业的发展在业务流程和生态体系上也不断衍生出新模式和新业态。智慧物流借助“互联网+”的高效服务一方面体现在智能仓储方面,在“互联网+”大数据技术下的智慧物流智能分仓有效解决了“单点发全国”物流配送模式中的货物销量预测和配送规划,并通过分仓后的智慧型分拣和包装提高物流链路的整体效率。此外,智慧物流借助“互联网+”的高效服务还体现在高效运输与便捷配送上，在“互联网+”与车货匹配、甩挂运输及城市配送等融合发展模式下，智慧物流已经开始出现诸如货车帮、云鸟配送、运满满及速派得等新型的配送业务，通过信息技术的协调创新为电商交易提供了同城或短途的即时配送服务。

三是发展多式联运提升物流资源的集约度。智慧物流发展多式联运目前正处于国家“一带一路”发展的黄金阶段，智慧物流发展可以响应国家战略规划，积极开发多式联运的海铁联运、公铁联运物流信息系统，通过“互联网+”的信息互联与共享功能，积极与海关、上下游物流服务需求企业进行协作发展，创新一站式和开放式的联运服务业务，通过物联网、快速转运装备技术和智能转运系统等配套技术设施的研发实现智慧物流中的多式联运自动化发展。

2.“智”在加快物流业务数据化处理和物流数据业务化发展

一是物流业务的数据化处理具体体现在物流业务标准化产品的应用、在线化产品的应用和大数据化产品的应用等方面。在标准化产品的应用方面，诸如电子面单等一系列的基础产品的应用实现了智慧物流运营在数据采集和传输等环节的自动化水平，不断提高物流服务商与需求企业、快递公司的服务渗透率，可有效降低派送成本并提高派送效率。在物流业务在线化产品的应用方面，基于云计算的物流云可以快速处理大量的包裹信息，提升运营效率，不断提升物流业务的在线化处理能力。在数据化的产品应用方面，智慧物流与电商在商品交易信息和客户消费信息的收集与处理上可以提高物流企业的数据对接协同能力，实现智慧物流运营中的静态数据可传输化与可视化。

二是物流数据的业务化发展主要体现在智慧物流的供应链管理优化上，在大数据的分析下通过监测商品生产状态、预测商品销售订单、信息化管理仓储配送及借助大数据确定仓储配送中心的选址。在智慧的供应链优化方面，主要作用路径是优化商品的库存、优化物流配送和管理存储空间等，其中优化商品库存主要体现在分析和预警存储、预测库存需求和管理库存成本上，优化物流配送主要体现在通过商品销量数据分析和管理采购与供应商、科学的进行商品发货等，管理存储空间主要体现在通过消费者消费偏好和消费习惯的大数据来分析顾客购买模式，并据此进行科学的发货处理。

3.“智”在智能化与物联网化

人工智能是智慧物流发展的一个重要主题，伴随可视化的信息技术、无线射频识别、机器人理货及货物移动信息服务等新兴技术在智慧物流中的普及应用,智能化的运营与管理成为智慧物流发展的必然趋势。智慧物流中的仓储配送等节点在自动化的智能机器人辅助下,一方面可以解决劳动力短缺导致的“用工荒”和“用工贵”,另一方面在业务处理效率和出错率等都能得到有效改善。

此外,物联网与智慧物流的融合发展也是未来物流发展的主要趋势,目前物联网已经开始在智慧物流的部分环节提质增效,具体体现在车辆调度、货物溯源、全程冷链、驾驶安全和供应链协同等方面。车辆调度方面,是通过物联网的定位与附属信息采集系统,对智慧物流运营车辆的路况、车况及外部环境等进行信息识别与上传;货物追溯方面,是通过物联网适时远程视频追溯货物的整个运输流程;全程冷链方面,主要针对智慧物流的冷链运输环节进行全过程的温度检测,适时控制冷链物流的温度要求;驾驶安全方面,则是通过对车辆驾驶过程中的速度、驾驶室环境及车况进行信息处理;供应链协同方面,是通过物联网技术及时传递供应链上下游企业物流信息,打通信息壁垒,实现供应链高效协同。

(四)发展重点:五大“慧”点

1.坚持创新发展,“慧”在加快推广智能供应链

把握新一轮科技革命的机遇,推动建立智能供应链综合服务平台,拓展质量管理、追溯服务、金融服务、研发设计等功能,提供采购执行、物流服务、分销执行、融资结算、商检报关等一体化服务。加快开展供应链创新与应用试点示范,引导全市工商企业聚焦整合资源、优化流程、协同创新。加强数字供应链、智能供应链研究,提升供应链的数字化、可视化和智能化水平。加快发展供应链金融,助推供应链金融服务实体经济。鼓励社会资本设立专项产业投资基金,推动智慧物流模式创新。加强数字物流基础设施建设,建设物流互联网,引导基础设施线上线下融合发展。大力推广应用现代供应链等新模式和智慧物流等新技术,降低全链路物流成本。

2.坚持协调发展,“慧”在深化全角度、各领域的高效融合

协调稳定与发展、创新与守成的关系,促进区域之间、城区之间、军民之间、各种运输方式之间、产业链环节之间均衡发展。充分利用互联网技术,建设产业物流融合发展平台,加快发展平台化、社会化、专业化的物流服务。鼓励物

流业深度介入各相关产业产前、产中和产后全产业链服务，开展销售、生产、采购及逆向物流预测预警，更好发挥其支撑服务和先导带动作用。充分发挥行业协会服务功能，建立和完善符合物流高质量发展需要的指标体系、统计体系、政策体系和绩效评价体系，完善行业治理机制。全面推广“互联网+”政务服务模式创新，大力推进诚信体系建设，努力营造良好的物流发展环境。

3.坚持绿色发展，“慧”在促进各种资源的集约高效利用

积极推进物流绿色、低碳和可持续发展，推行绿色运输、绿色仓储、绿色包装和绿色配送，重视逆向物流和回收物流，推进资源循环利用。出台相关政策，鼓励清洁车辆在物流领域的应用，分阶段分步骤引导不达标车辆退出市场。大力推广绿色物流技术，开展绿色物流、绿色配送、绿色仓储、绿色包装等科技攻关，支持液化天然气车辆、仓库屋顶太阳能发电等绿色装备设施应用。鼓励托盘循环共用、集装箱多式联运、挂车共享租赁等绿色装备设施共享。通过加快构建武汉市绿色物流公共信息平台、交通运输设施无缝对接平台、绿色物流技术研发和推广平台、物流共同配送和集中配送服务平台等四大基础平台，加速推进武汉城市圈绿色物流系统、绿色物流产业示范园区、绿色农产品物流、绿色物流技术研发和推广等绿色物流重点示范工程建设。

4.坚持开放发展，“慧”在加快物流企业的智慧化转型升级

加快发展第三方物流，进一步加强物流组织和运力调配，积极培养第四方物流市场。合理高效地整合社会运力，实现物流网络化、集约化，形成物流信息共享机制，鼓励发展公路、铁路、内河各种运输方式间的联合运输，充分利用回程运力降低车辆空驶率，提高货运实载率，实现绿色、高效的物流组织和运输。鼓励物流企业通过兼并重组、联盟合作、上市融资等多种形式实现规模扩张、资源集聚，培育一批实力雄厚、模式先进、行业领先的大型物流企业和专业化服务平台。鼓励物流企业技术改造和装备升级，提升信息化、标准化、智能化水平，提高运行效率和服务能力。

5.坚持共享发展，“慧”在推进物流基础设施网络的互联互通

积极推广“共享经济”新模式，整合供应链，延伸产业链，提升价值链。服务国家重大战略，提升物流综合保障能力。武汉要围绕“中国制造 2025”示范城市建设，推进服务型制造供应链创新；围绕“乡村振兴”战略实施推进，积极构建农业、农村物流服务体系；响应“军民融合”战略，加快形成军事物流和社会物

流兼容、应急物流和通常物流兼顾的综合物流服务保障体系。构建符合“一带一路”建设需要的武汉物流服务网络，积极融入并领跑长江经济带乃至全球供应链。进一步完善武汉市重大物流设施规划，强化协调共进，完善综合交通运输网络，优化物流园区、配送中心、运输枢纽、物流仓储设施等物流节点科学布局，促进各种运输方式的高效衔接和协同配套。积极发展多式联运，实现铁路、港口码头、机场和公路的高效无缝对接。推进武汉、鄂州携手建设空港型国家物流枢纽布局承载城市。科学制定配送车辆通行规则，继续做好武汉城市物流配送“最后一公里”。加大重点制造产业集群的设施配套，促进物流园区间的互联共用，发挥社会物流网络的整体效能。

（五）重点工程：“33611”智慧物流示范项目

1.三大平台：智能信息共享平台、区域性交易服务平台和智慧交通一体化管理平台

一是搭建城市智能信息共享平台。构建智能化云服务平台，可利用云计算和数据挖掘技术处理大量相关数据，对物流全过程进行控制，实现智慧化。平台建设应根据不同服务客户分类建设，如政府服务平台、企业平台、公共服务平台等，联接物流系统的各个层次、各个方面，将原本分离的商流、物流、信息流和采购、运输、仓储、代理、配送等环节紧密联系起来，形成了一条完整的供应链。同时，各平台互联互通，实现平台集成化、数字化、可视化目的。

智能信息共享平台的建设主要针对智慧物流中的供应链管理方面，是为物流业信息系统各项目的连接服务，将信息和资源进行整合，并准确、快速、高效地传递给上下游企业，其中核心企业主要负责计划、组织、协调和沟通的进行，保证货物流通中各个环节的顺畅，促进无缝供应链的形成，整合物流信息资源，提高企业对市场预测和判断的准确度，增强供应链的市场反应能力，推动物流的信息化发展。通过利用现代信息技术对城市治理模式、管理体制、产业布局和公共服务进行重塑再造，融合“绿色、智能、创新”的理念，营造优质市政环境。致力于构建城市物联网统一开放平台，进而实现各感知设备之间数据共享、统一接入、集中管理和远程调控，使其成为中西部地区智慧物流的“决策大脑”，运用物联网和大数据打造安全、信用、数字的智慧物流中枢体系。通过建立智能信息共享平台，将供应商、运输商、零售商和政府相结合起来，可以实现四者的数字网络连接，进而有效支持智慧物流和智慧供应链的发展，推动武

汉智慧城市和数字城市建设。

二是打造区域性交易服务平台。以武汉物流交易所、航运交易所、船舶交易服务中心等为主要依托，以互联网、大数据技术为手段，创新物流资源整合模式，坚持线上线下相结合，构建基于运单、设施、装备、技术、资本、人才等各类要素的物流交易平台，打造具有影响力的物流资源配置全国性市场。

三是打造智慧交通一体化管理平台。即聚焦道路交通安全、畅通、运输与精细化服务，以领先业界的专属交通云和人工智能、区块链等先进技术，全新构建平台智慧交通“1+7+C”一体化管理平台。平台包括“1”个智慧交通运行监控与可视化指挥系统，“7”个智能管理（事故预防、违法处理、交通疏导、限行管理、运输管理、市民服务、警务管理）和交通“C”云，其中交通 C 云在既有业务核心系统的基础上，通过交通 AI 算法平台、容器云平台、数据交换平台、交通物联网平台、交通大数据平台这五大平台进行优化升级。未来的国家智能网联汽车(武汉)测试示范区将形成新能源和智能网联汽车测试验证、技术创新、标准研究、质量仲裁等技术服务能力，进一步扩大示范区“5G+北斗”高精度定位系统在武汉的推广应用，加快全市道路“智能化”进程，进一步提升全市交通智慧化管理水平。总之，智慧交通一体化平台的构建是武汉加快智慧城市和数字城市建设的有效途径。

2.三大体系：建设智慧物流仓储体系、智慧物流配送体系和智慧物流标准体系

一是建设智慧物流仓储体系：智慧的物流仓储强调数据智慧性、网络协同化、决策智慧化。即通过采用物联网的感知技术（如 RFID、激光、红外和视频监控等），实现对仓储货物的定位、识别、分拣和监控，使物流仓储智能化，最终达到高效管理的目标。智能仓储管理主要应用在自动化立体仓库中的自动控制技术、智能信息管理、智能机器人堆码技术、无人搬运车和 ACV 机器人等智能技术中，从而精确掌握企业库存的真实信息，合理控制库存；掌握货物位置信息，提高仓库管理效率;掌握科学编码规律，使物品分批次智能保管。

二是建设智慧物流配送体系：即利用物联网、自动化等技术，根据客户需求把物品按时送到指定地点的物流活动。智能配送作为智慧物流末端关键的一环，采用人工智能化分单，能够有效解决配送出错的难题；注重路由改制和智能分拣，让路由更为精简，分拣更为迅速;在仓库采用自动分拣技术，加速快

件流转；在“送”的环节，利用无人配送机器人进行送货，为用户提供高效、便捷的配送服务。以智能快递柜作为切入点，继续推进快递服务和普遍服务的一体化，满足末端投递需求，构造多元业务生态，成为智慧社区中的信息交流平台，协助智能城市管理及公共服务。加快推广智能产品追溯系统，通过 RFID 识别码实现对某项产品从原材料信息到产品交货进行全程追踪，保证产品在生产、运输、储存和销售等过程的安全性和透明性。

三是建设智慧物流标准体系：构建智慧物流体系应以标准为基础，包括物流设施、物流作业、物流信息处理均应标准化，应制定相关物流信息的各项规范标准，物流信息采集、汇合、整理、应用等方面进行规范，实现数据层、支持层和应用层的衔接，物流信息方面的标准化是智慧物流体系构建的基础，应在数据接口、电子数据交换、全球卫星定位系统等方面实现信息的标准化，以避免企业间沟通时出现障碍。同时，要集中力量部署一批技术研发重大专项，制定技术发展路线图，对现代物流关键技术进行研究开发，包括信息采集、快速反应、管理监控及双向通信等技术，降低关键技术普遍适用的整体成本。

3.六大智慧物流综合示范园区

重点推进空港综合物流园、阳逻港综合物流园、汉口北综合物流园、东西湖综合物流园、郑店综合物流园、花山港综合物流园等六大综合性智慧物流园区的的智能化建设与业务平台建设，实现物流园区的智能化，同时加强各物流园区之间的信息与数据共享，实现各大物流园区之间的信息与数据互联互通，形成协同效应。争取用 5~10 年的时间，建成一批具备信息平台的先进性、供应链管理的完整性、电子商务的安全性的智慧物流示范园区，促进商流、信息流、资金流的快速安全运转，满足企业信息系统对相关信息的需求，通过共享信息支撑政府部门监督行业管理与市场规范化管理方面协同工作机制的建立，确保物流信息正确、及时、高效、通畅。智慧技术的运用使得运输合理化、仓储自动化、包装标准化、装卸机械化、加工配送一体化、信息管理网络化。

4.一套多式联运智慧系统

推进水公铁空多种方式的协同联运。依托铁路，港口，公路，航空等交通运输设施，大力发展水水联运，水陆联运，公铁联运，公空联运，铁空联运等多式联运方式，推进武汉市水公铁空多种运输方式的高效无缝连接。加快铁路集装箱物流，公路物流，航空物流，港口物流等多种方式的快速联运，提高运输效力,降低物流成本。完善多式联运基础设施。抓住实施国家多式联运示范工程和现代物流创新发展城市试点的机遇，规划建设一批具有多式联运功能的物流枢纽,推进铁路线进码头、进园区,实现多种运输方式的“无缝衔接”。推动多式联运各种运输方式深度的融合，以集装箱、厢式半挂车等标准化应用为基础,大力发展铁水、陆水、陆空、水水联运,推进大宗散货、集装箱、汽车滚装多式联运,积极发展铁路驮背运输、半挂车滚装运输等多式联运组织形式;探索利用高铁资源,发展高铁快件运输。积极引进互联网龙头企业、发展移动货运App、推广“公路港”模式,鼓励发展依托互联网平台的“无车承运人”,切实提高车货匹配效率。

5.一大批智慧物流企业

以高成长性企业为基础,建立武汉市智慧物流产业发展重点项目库、企业信息库、招引信息库、专业人才库,列出了龙头企业培植清单,对重点项目库的拟建、在建、扩建、招引项目实施全过程动态化管理,对纳入企业信息库的高成长性企业实施一企一策扶持。着力提升一大批武汉市物流企业的整体信息化水平,积极推进企业物流管理信息化,建立物流信息采集、处理和服务的交换共享机制,推动武汉市物流链上所有环节与武汉市物流信息平台的互联互通,利用先进的信息技术为中小物流企业提供物流信息化解决方案，促进信息技术的广泛应用。

五、加快智慧物流城市建设的保障措施

(一)政策保障

1.建立智慧物流制度,保障互联共享

一是在“武汉市物流规划”和“武汉市智慧城市总体规划”的基础上,相关政府部门应出台武汉市智慧物流专项规划方案，完善与物流紧密相关的交通运输基础设施和货运通道网络规划,建立健全相关政策法规。明确更为细致的城市智慧物流发展内容及目标,使武汉的智慧物流发展有“规”可循;二是建立智慧物流技术研发与应用长效机制,主要包括动力、保障、运行和绩效等;三是政府应加强立法,以立法的形式支持智慧物流的发展,并建立约束和激励相结合的法律体系;四是出台相关优惠政策,如在税收优惠方面,减税免税以调动企业和社会各界参与的积极性,贷款方面,低息甚至零息贷款以支持创新型企业的发展,为智慧物流的社会化奠基。

2.加强政企物流数据共享合作应用

政府应将监管重心由过去面向集体的标准化监管转为面向个体的零散个性化监管,由对实体认证、审批的监管转为对虚拟认证、备案的监管,由资质监管转为市场引导下的信用监管，而政府监管重心的转移也为政企物流数据共享合作创造了新的空间。目前,政府部门在物流规划、设施布局、服务评价、标准建设、信用体系建设等方面存在迫切的信息化应用需求。物流科技企业应抓住机会,建立良好的政商关系,加强在物流数据领域的共享合作与产品开发,提升行业影响力。

3.加强互联共享,推进深化融合

由于信息处理成本的大幅降低,物流在线化和数据化成为可能,企业间的分工协作可以像互联网一样实现实时响应。要借助互联网基础设施,全面实现物流的在线化,促进整个生态体系中各参与方的情景感知和智能交互,从而在企业与客户间形成新的商业关系。要加大互联网基础设施投入,全面实现物流业务的数据化,充分释放信息和数据潜能,为智慧物流奠定大数据条件。突破核心信息技术,建立物流信息化平台,通过技术手段提高物流产业的竞争力,为行业的发展提供技术和信息支持。推动互联网与企业核心竞争力的相互融合,利用互联网再造流程、管理和模式,提升企业运作效率,提供更好的服务体验,形成企业创新力和生产力,创造新模式、新业态。搭建武鄂协调临空发展合作平台,完善大临空经济区经济合作机制,创造良好的合作环境,促进各种资源要素在区内自由流动,优化生产资源配置;建立专门行政组织机构进行统筹事宜,对各个临空经济园区之间的对接合作、基础设施和交通网络等进行协调共建,加强彼此之间的合作交流,实现共同繁荣。

(二)金融保障

在财政政策方面,要把智慧物流项目作为重点扶持项目,建立动态有效的政府财力保障支持机制，推动财政专项资金和税收减免政策向智慧物流应用试点、智慧物流技术和产品研发、智慧物流产业基地、示范园区建设倾斜,以促进智慧物流快速发展。成立智慧物流发展专项基金,鼓励企业进行智慧物流设施设备与信息系统建设,推动企业智慧物流系统和社会智慧物流系统的融合,对积极推进智慧物流发展的企业或单位给予税收或贷款优惠。在智慧物流重点项目建设初期，可由政府投入大部分建设资金，同时吸引部分社会资金投资,按照非赢利企业模式运营管理;在项目建设中期,可由政府和社会按照一定比例投入资金,按照企业模式运营管理;在项目建设末期,可由政府投入大部分资金,政府给予一定补贴,实行市场化运作和鼓励。

(三)人才保障

着眼于长远,加大人才培养、引进、使用等环节的政策扶持力度,整合高校、科研院所、软件企业等各种机构资源,通过多种渠道重点培养创新型、管理型、高技能型的人才,为智慧物流发展提供智力支持。积极借鉴先进国家的经验,不断完善吸引国外物流专业人才的机制,建立人才激励机制,加大高端人才引进力度,有针对性地引进物联网、云计算、信息技术服务、智慧物流管理等领域的高端人才,进一步完善人才服务的市场机制,促进人才的合理流动与优化配置。在汉各高等院校以物联网技术、物流管理专业为基础和平台,把握智慧物流人才的技能要求,制定科学的人才培养方案,设置完备的课程体系,注重对智慧物流技术、智慧物流运营与管理方面人才的培养,推动智慧物流专业建设;企业通过制定相关优惠政策、吸引优秀人才加盟,或者通过校企联合培养的方式参与智慧物流人才培养。

作者单位:武汉发展战略研究院,武汉综合交通研究院有限公司

武汉市“十四五”服务业增加值占GDP比重的分析研究

沈 明

2019年,武汉服务业增加值占GDP比重达到60.8%,创历史新高,服务业发展形势可谓“一片大好”,以致存在盲目推崇和过度重视服务业增加值比重提高的氛围。现象之下,服务业增加值占GDP比重过快增长背后的原因是什么,连续大幅增长趋势是否能够延续到“十四五”阶段等问题亟须深入分析、客观认识。本文立足于武汉市情,从全球、国内和武汉等多个层面展开分析,提炼总结服务业增加值占GDP比重的一般规律、影响因素和发展趋势,在此基础上提出“十四五”规划服务业增加值占GDP比重的预期目标,对科学把握武汉产业发展方向,正确处理第三产业与第一、第二产业,特别是服务业与制造业的关系有着重要意义。

一、从全球来看,发达经济体服务业增加值占GDP比重一般在65%以上,中等发达经济体服务业增加值占GDP比重一般在55%~65%之间

2019年,全球187个国家和地区中服务业增加值占GDP比重超过60%、65%和70%的国家分别有65个、48个和26个,占比分别为35%、26%和14%。美国、欧盟、日本、澳大利亚等国家地区服务业增加值占比在65%以上,韩国、俄罗斯、中国立足于工业制造业发展定位,服务业占GDP的比重在55%左右。数据表明,服务业增加值占GDP比重超过65%,基本可列入发达经济体或以服务经济为主导的经济体。对比来看,武汉服务业增加值占GDP比重在全球处于中等偏上水平,仍处于从工业经济体向服务经济体的过渡阶段。

二、从全国来看，大区域核心城市服务业增加值占 GDP 比重在 65%以上，一般区域中心服务业增加值占 GDP 比重一般在 60%~65%

2019 年，国内主要城市中服务业增加值占 GDP 比重超过 60%、65%和 70%的城市分别有 15 个、6 个和 3 个。[①] 其中，北京、上海和广州服务业增加值占比超过 70%，哈尔滨、杭州和成都服务业占比超过 65%，表明这 6 个城市在全国和区域的中心地位十分突出。如图 1 所示，武汉服务业增加值占 GDP 比重在副省级以上城市中排名并不突出，略高于合肥、郑州和长沙，表明武汉服务业规模居中部首位，但辐射能力还不够强，首位度还不够突出，处于"一般区域中心"阶段。未来五年，武汉将从"一般区域中心"向"大区域核心城市"跃进，但比肩北京、上海、广州、哈尔滨和成都等城市的区域影响力还有难度，服务业增加值占比仍将徘徊在 60% ~ 65%。

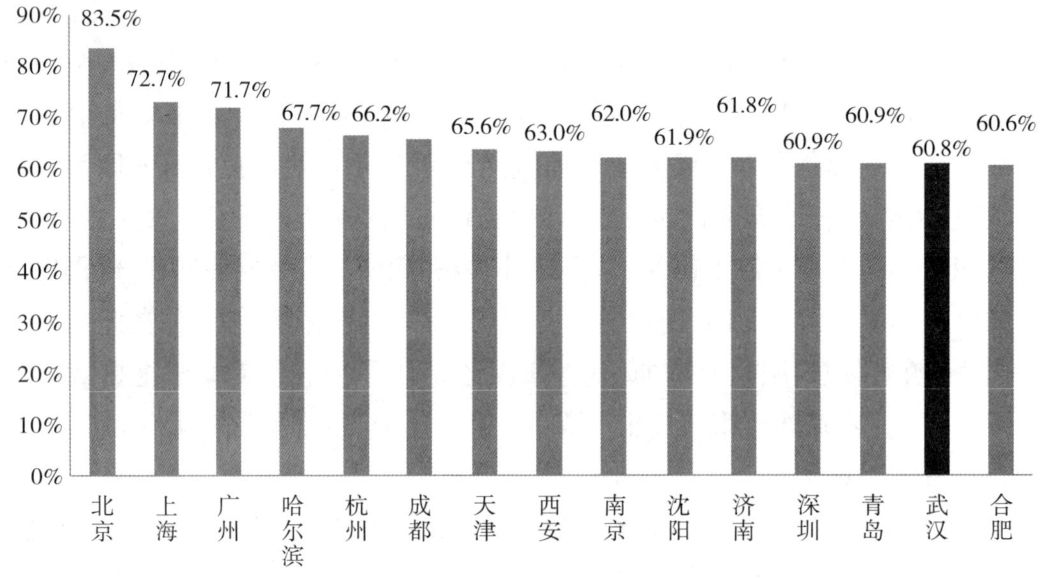

图 1 2019 年服务业占 GDP 比重超过 60%的主要城市统计示意图[②]

三、从武汉来看，近几年武汉服务业增加值占 GDP 比重过快增长

有研究表明，以现价计算的服务业增加值占 GDP 比重主要受两方面因素影响：一是服务业与第一产业、第二产业价格变化的相对比较。长期来看，服务业价格水平上涨最快，是服务业增加值比重快速上涨的重要原因。二是服务业

①主要城市的统计样本共 23 个，包括 19 个副省级以上城市和合肥、郑州、长沙、苏州。

②数据来源：本文图表数据均来自于各城市历年统计年鉴。

增加值与 GDP 实际增速的相对比较。

在价格水平不变前提下，服务业增速快于 GDP 增速则比重扩大。如图 2 所示，1978 年以来武汉服务业增加值占 GDP 比重总体呈上升趋势，大致可有三个阶段：一是 1990 年以前，武汉服务业占 GDP 比重在 30%以内，呈现“占比小，波动大”的基本特征。二是 1990—2000 年，武汉服务业增加值占 GDP 比重在 30%～50%之间，呈现“稳定增长，增幅较大”的特征。三是 2000—2018 年，服务业增加值占 GDP 比重在 48%～55%之间，呈现“先减后增，增势平缓”的基本特征。到 2019 年，武汉服务业增加值占 GDP 比重跳升至 60.8%，同比增长 6.19%，占比和增幅均创历史新高。

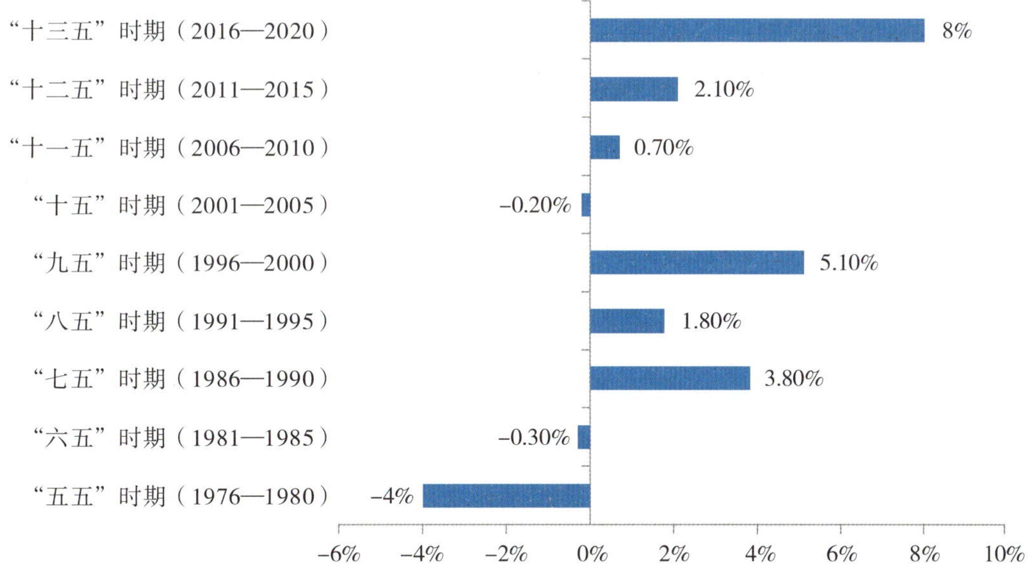

图 2 “五五”规划到“十三五”规划服务业占 GDP 比重增幅情况统计表

如图 3 所示，每个五年阶段并非稳态增长，中间有一定波动。其中有两个阶段波动最大，1989—1991 年三年累计增幅达到 10.8%，2017—2019 年累计增幅达到 7.5%，分别对应“七五”末期、“八五”初期和“十三五”末期。这两个阶段第三产业增加值指数均反超第二产业增加值指数，表明当期工业制造业增速大幅下降，服务业增加值比重被动推高。从国内外经验来看，服务业增加值比重大幅度提高，往往伴随着经济下行压力加大和经济增长放缓，容易带来工业化“早熟”和过早“去工业化”问题，加剧服务业发展中的低端化、泡沫化倾向，比如房地产业过热。

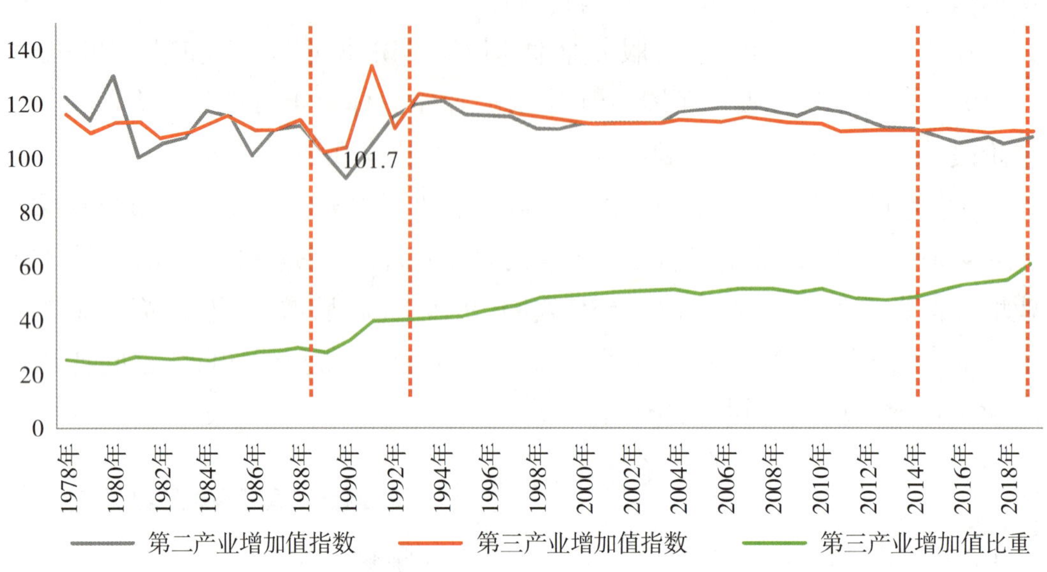

图 3 1978—2019 年武汉市服务业增加值占 GDP 比重示意图

2018 年以前武汉房地产业增加值长期稳定增长，到 2018 年和 2019 年武汉市房地产业增加值分别跳涨至 1623.6 亿元和 1789.16 亿元，是 2017 年(881.48 亿元)的 2 倍左右，占 GDP 比重高达 10.87%和 11.02%，比同期国内其他主要城市高出 5～6 个百分点。如图 4 所示，2018—2019 年武汉市房地产业较快较热的发展现象在全国范围内都是非常突出的。在国家坚持“房住不炒”的基本政策下，房地产业超常高速增长是不可持续的，如果刨除房地产业的异常增幅，2019 年服务业占 GDP 比重大概是 55%左右。也就是说，“十三五”时期武汉市服务业增加值占 GDP 比重实际增幅约为 3%，相当于“七五”时期服务业增加值比重增幅。以 2019 年为基期，参照“七五”和“八五”时期服务业增加值比重发展趋势，到“十四五”时期武汉服务业增加值占 GDP 比重大约提升 2 个百分点，约 62%～63%。如果继续推高服务业价格来拉升服务业增加值比重，会导致产业发展成本和居民生活成本增加，影响整个产业提质增效升级和居民生活质量改善，加大经济社会运行风险，不利于社会经济健康持续发展。

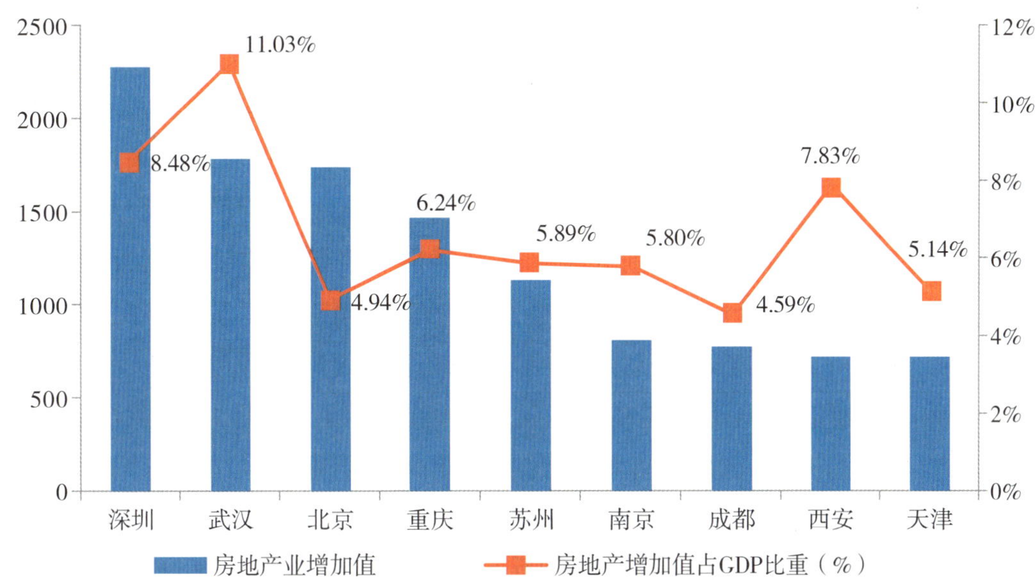

图 4 2019 年主要城市房地产业增加值及其占 GDP 比重统计示意图[①]

四、从宏观经济形势来看，“十四五”时期国民经济大概率处于“结构性通缩”中，投资消费不足将制约服务经济发展

从大环境来看，近五年在全球流动性充裕、各国实施量化宽松的大背景下，我国 CPI 和 PPI 等先行指数持续下行，投资消费需求不足，基本可以判断我们已经处于一个完整经济周期的收缩阶段。按照朱格拉周期理论，一个中周期是 8~10 年，基本可以覆盖整个“十四五”阶段。这一阶段，经济运行会呈现“结构性通缩”，即消费紧缩、资产通胀，GDP 维持低速增长，CPI 增长乏力。从小环境来看，过去两年武汉房地产发展较快对实体经济发展和居民消费会有一定抑制效应，叠加疫情影响，未来 2~3 年武汉消费经济会处于疲软和恢复期。

五、从产业发展趋势来看，当前武汉传统支柱性产业增长乏力，面临严峻的转型升级压力，不足以支撑服务业规模倍增，但有可能继续推高服务业增加值比重

2019 年，武汉市第二产业增加值 5988.88 亿元，仅次于深圳、上海、重庆、苏州和广州，在全国排名第六、中部第一。作为全国重要的工业基地，武汉工业门类齐全，配套能力强，拥有全国 39 个行业门类中的 37 个，形成了钢铁、汽

①数据来源：2019 年各城市社会经济发展统计公报。

车、电子信息制造、装备制造、能源环保、食品烟草六大千亿元支柱产业。2019年,六大千亿支柱产业中除了电子信息制造保持中高速增长(12.3%)外,其他产业增长乏力或负增长,其中汽车制造业仅增长0.2%,烟草制品业增长0.8%,农副食品加工业下降1.4%,以“芯屏端网”为特色优势的战略性新兴产业高速发展但规模尚小,对国民经济的支撑作用有限。进入“十四五”阶段,武汉产业发展“青黄不接”,转型压力空前大增。工业是服务经济的重要基础,没有坚实的工业基础和腹地经济作支撑,服务经济发展也会面临内生动力不足的问题。服务业抵御经济衰退的能力较强,经济增长减速尤其是制造业增速下降过快,容易导致服务业增加值比重提高幅度较大。到“十四五”时期,如果武汉制造业发展不能有效提振,那么服务业增加值占GDP比重可能会延续快速增长趋势。

从国内外和武汉自身发展经验来看,服务业增加值比重在经历大幅提升后会出现若干年份震荡调整甚至徘徊反复,这是正常的,不必盲目推崇和片面追求服务业增加值比重提高。综合全文分析,预计未来5年武汉市服务业增加值大概率在60%~65%之间徘徊,建议2025年武汉市服务业增加值比重目标设定为62%。若宏观经济形势向好,工业制造业提振繁荣,服务业增加值比重可能会低于62%的预期,反之高于预期。

作者单位:武汉发展战略研究院

武汉市“十四五”消费升级研究

沈　明

一、消费升级的内涵和影响因素

消费升级包括四个方面：消费实物量增加、消费品质提升、消费结构（内容）升级和消费形式变化。① 基于这四个方面，推动消费升级要从供需两端着手。一方面，稳定居民就业和收入，提升居民消费能力；另一方面，推动供给侧结构性改革，促进消费结构、消费品质升级，积极推进服务业数字化转型，适应无接触服务、线上经济等新消费趋势变化。

目前来看，影响消费升级的主要因素包括三点：国民收入、资产构成、人口总量和结构，这几个因素共同决定了消费的中长期变化趋势。一是国民收入。2019 年中国居民收入基尼系数为 0.45，超过国际警戒线 0.4，收入差距有扩大趋势，未来消费“两极化”现象会日渐凸显。②-④ 二是资产构成。2019 年，中国城镇居民家庭户均总资产 317.9 万元，住房拥有率超过 96%，其中 59.1%的资产为住房资产，同一比例美国约为 30.6%，并且有房贷家庭的月偿债收入比高达 29%④。数据反映出，中国家庭资产被房子绑定太深，极大程度制约了居民消费能力提升。三是人口总量和年龄结构。2019 年我国 60 岁及以上人口占比为 18.1%，65 岁及以上人口占比达到 12.6%，⑤ 处于轻度老龄化阶段。⑥人口老龄

①国家发改委经济研究所课题组. 消费升级问题研究[J]. 武汉经济研究, 2014(5): 5-23.

②数据来源：联合国开发计划署。

③丛雅静. 城镇居民收入差距与消费需求的关系研究——基于 ECM 模型[J]. 调研世界, 2014(06): 12-17.

④数据来源：央行公布的《2019 年中国城镇居民家庭资产负债情况调查》。

⑤数据来源：《中华人民共和国 2019 年国民经济和社会发展统计公报》。

⑥按照联合国《人口老龄化及其社会经济后果》确定的划分标准，当一个国家或地区 60 岁以上老年人口占人口总数比重达到 10%、20%、30%，或 65 岁以上老年人口占人口总数比重达到 7%、14%、21%，即意味着这个国家或地区分别进入了轻度、中度和重度老龄化社会。

化意味着创造财富的劳动力供给减少，社会负担加重，进而降低资本积累和经济发展速度，社会竞争压力增大，居民收入增加放缓，不婚主义、“单身经济”兴起。庞大的老龄群体也将产生家庭服务、养老服务、健身服务等新需求。“十四五”时期，国家会高度重视人口老龄化问题，人口生育政策大概率进一步放开，“银发经济”“母婴经济”会成为下一阶段消费市场的重要增长点。

二、未来消费升级的重点和方向

（一）生存型消费向享受型消费演变

从美国经验来看，“二战”以后，美国个人消费支出经历了从商品消费为主到服务消费为主的历史转变。其中，居住、交通、食品和住宿等支出占服务消费比重总体呈下降趋势，而医疗护理、娱乐和金融服务等支出占比持续上升，其中医疗护理的上升幅度最大。如图 1 所示，在美国服务消费支出中，居住、医疗护理支出占比居前两位，分别为 28%和 26.2%，金融服务和保险、食品和住宿占比分别为 11.8%和 9.9%。就中国情况来看，我国居民消费中，医疗、餐饮、家政、旅游等服务支出快速增长。2018 年，全国人均服务性消费支出 8781 元，占居民消费支出比重约 55.2%。其中，人均餐饮服务支出增长同比 21.7%，家庭服务支出同比增长 32.1%，医疗服务支出同比增长 20.5%，旅游住宿支出同比增长 14.9%。

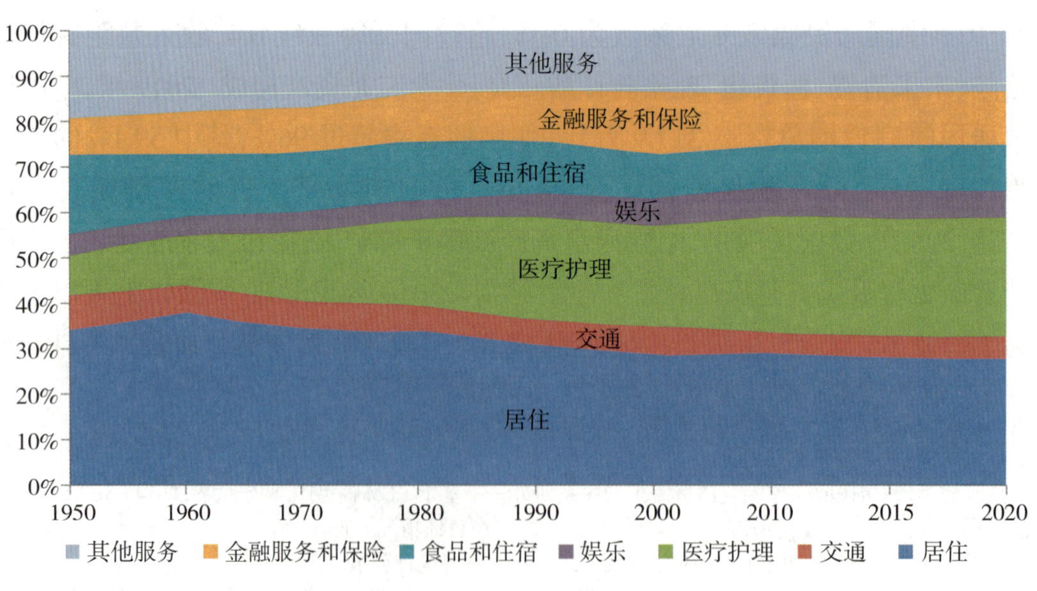

图 1　1950—2018 年美国服务消费各项支出构成（单位：%）

（二）新兴消费性服务业态快速成长

随着互联网、移动互联网、大数据等现代信息技术与消费性服务业的深度融合，大量"互联网+"、共享经济等新业态不断涌现并高速成长，极大地促进了消费性服务业的创新发展。在零售行业，淘宝、京东等综合性网络购物平台保持行业领先，针对细分领域的各类专业性电子商务平台层出不穷；在住宿行业，涌现出小猪短租、途家网等在线住宿服务第三方平台，提供房屋短租、租赁式公寓、民宿客栈等非标准住宿服务；在餐饮行业，出现了美团、饿了么等专业外卖服务平台，提供包括网络订餐、厨师上门等餐饮服务；在家庭服务行业，涌现出阳关大姐、e家洁等，提供专业保洁、家电清洗、保姆月嫂等服务；在居民出行方面，出现了滴滴打车、哈啰单车等出行服务平台，提供包括专车、快车、顺风车、代驾、无桩借还车等。这些新业态的快速成长，还带动了第三方支付、移动地图、信用认证服务等更多新业态的迅猛发展。2018年，我国第三方移动支付交易规模59.8万亿元，同比增长13.4%，市场规模稳居全球首位。

（三）消费性服务业线上线下结合日益紧密

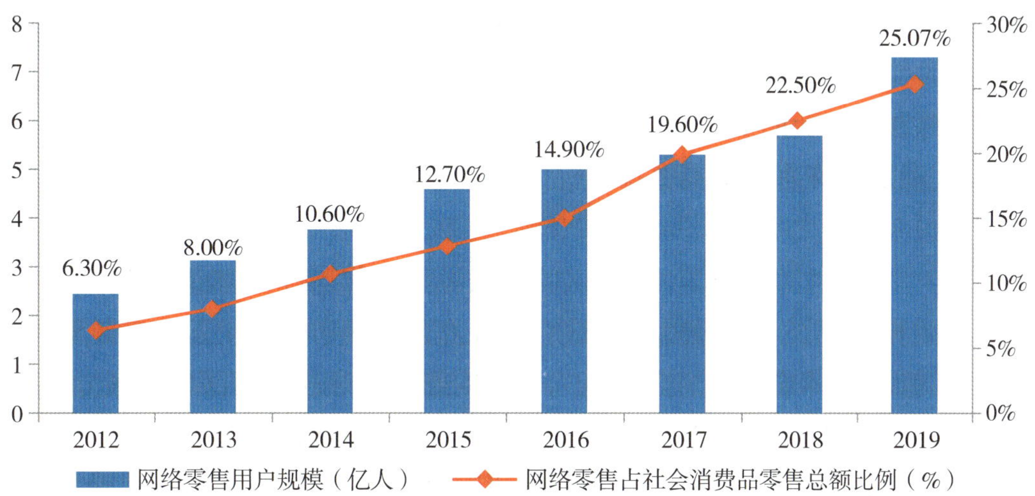

图2 2012—2019年网络零售用户规模及其占社会消费品零售总额比例统计示意图

全球范围内，新一代信息技术广泛应用，极大地促进了消费服务业的创新发展，释放了服务消费增长潜力。虚拟现实（VR）、增强现实（AR）技术已经开始广泛应用于无人驾驶、智能家居、可穿戴设备、交互产品、教学与操作指南、网络购物、游戏等领域，促进了大众消费的便捷性和良好体验。就中国情况来看，我国居民购物越来越呈现出碎片化、全渠道、全天候等特点。2019年，中国网络零售用户规模达到 7.32 亿人,同比增长 28.42%。线上零售交易规模达到 10.32 万亿元,占 2019 年中国社零总额的 25.07%,同比增长 2.57%。线上服务消费快速增长,有力拉动了线下餐饮、航旅、生活服务、教育服务等行业发展,新业态和传统服务业加速融合。

(四)“单身经济”“她经济”“母婴经济”“童经济”“银发经济”等新经济快速发展

新经济形势下,单身贵族、女性群体、婴幼儿童、低龄老年人成为不可忽视的中间消费主体。以单身经济为例,国金证券消费研究中心此前将 1985—1995 年出生的未婚人群定义为研究对象,发现这部分消费者更倾向于花钱买方便,外卖成为饮食重要消费之一,而且她们还花钱买未来,热衷于购买职业教育等课程。而在庞大的老年人群体中,低龄老年人有较强的消费能力,也更容易接受新的消费方式,对旅游、通信、健康保健等行业发展起到了重要拉动作用。此外,“80 后”“90 后”“00 后” 年轻人也逐渐成为服务消费增长的重要支撑力量。目前成熟的新生代(15—35 岁)在城镇 15—70 岁人口中的占比达到 40%,相比于“50”“60”“70”后,新生代年轻人对于高品质、个性化服务具有更强的消费意愿。同时,随着“二孩”政策的落实,新生婴儿明显增长,也促进了生育、家政、幼教等相关服务行业的发展。

三、武汉服务消费发展现状分析

(一)人均可支配收入保持稳定高速增长

如表 1 所示,2014—2019 年,武汉人均可支配收入、消费支出、社会消费品零售总额和旅游收入等指标均呈现持续增长态势,年均增速超过 9%。其中旅游收入增长率年均增速超过 12%,保持较高速度增长。人均消费支出在 2016—2017 年间出现较大波动,总体趋势平稳。2019 年,武汉市社会消费品零售总额 7449.64 亿元,同比增长 8.9%,在副省级以上城市中排名第六。

表 1 2014—2019 年武汉服务消费市场关键指标统计表

年份(年)	人均可支配收入(元)	增长率(%)	人均消费支出(元)	增长率(%)	社会消费品零售总额(亿元)	增长率(%)	旅游收入(亿元)	增长率(%)
2014	29627	—	19803	—	4369.32	—	1949.46	—
2015	32478	9.62	12940	9.16	5102.24	16.77	2188.97	12.29

（续表）

年份（年）	人均可支配收入（元）	增长率（%）	人均消费支出（元）	增长率（%）	社会消费品零售总额（亿元）	增长率（%）	旅游收入（亿元）	增长率（%）
2016	35383	8.94	26535	22.76	5610.59	9.96	2505.70	14.47
2017	38642	9.21	25852	-2.57	6196.30	10.44	2812.82	12.26
2018	42133	9.03	28307	9.50	6843.90	10.45	3169.36	12.68
2019	46010	9.20	30863	9.00	7449.64	8.90	3570.79	12.90

（二）人均消费支出稳步提升

随着经济发展、居民收入提高，武汉市居民消费需求日趋旺盛，物质消费水平不断提高，武汉居民消费进入加速升级阶段，呈现出从“生存型”向“发展型”再到“享受型”转变的基本趋势。2019 年，武汉全市居民人均消费支出 30863 元，同比增长 9.0%。按常住地划分，城镇居民人均消费支出 34005 元，同比增长 9.0%；农村居民人均消费支出 19150 元，同比增长 9.3%。

（三）“生存型”消费占绝大多数比重，消费升级速度偏慢

从消费结构来看，2017 年以来我国居民消费支出结构中食品烟酒、居住、交通出行和教育文化娱乐占比分别为 28.2%、23.4%、13.3%和 11.7%，居各类支出占比前列。从变化趋势来看，食品烟酒和衣着消费支出略有下降，居住、教育文化娱乐支出和医疗保健支出占比略有上升，各项支出占比结构总体变化不大（见图 3）。

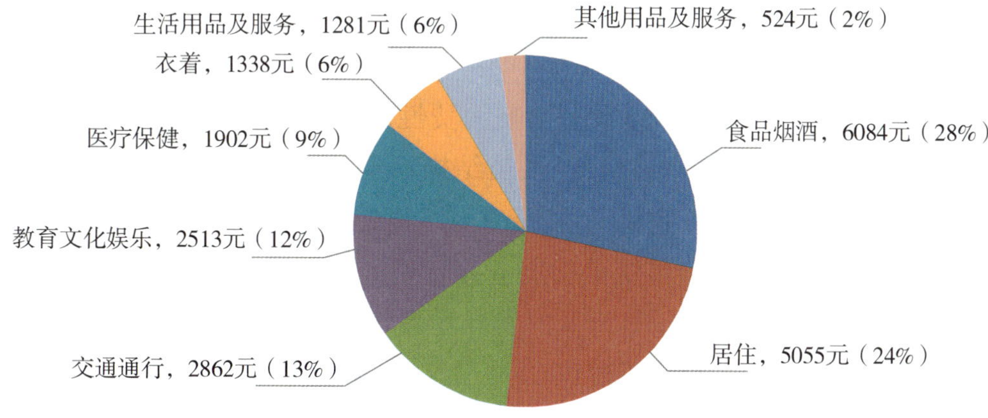

图 3 2019 年全国居民人均消费支出及构成示意图

四、武汉服务消费发展主要问题

从新常态下消费需求升级以及消费性服务业发展的内在要求来看，武汉市消费性服务业存在结构性过剩和结构性不足同时并存、供给质量层次较低、经营成本上涨过快、要素保障不完善等突出问题。

第一，中高端消费供给不足。随着“生存型”消费向“发展型”和“享受型”消费转变，居民对医疗、养老、文化、旅游、体育等方面需求日益增加，但行业发展总体滞后，总量供给不足，是消费性服务业发展的主要短板。

第二，传统消费供给过剩，专业化、差异化和特色化发展不够。主要集中在批发零售业、交通运输、仓储和邮政业、住宿餐饮业和居民服务业等传统行业，低端化、同质化问题突出。

第三，消费性服务业供给质量有待提高。目前，武汉市消费性服务业整体供给质量不高，部分行业和领域的体验性和顾客满意度较低。如餐饮、家政、康养等行业投诉率偏高。以家政服务业为例，目前家政服务业人员普遍年龄偏大、文化水平偏低、技能提升空间不大，高品质、专业化家政服务业发展不足，不能满足日益升级的家政服务需求。

第四，企业经营成本明显增加。消费性服务行业经营成本出现明显增加，主要原因在于用工成本、店铺租金、水电费、税费上涨。以零售业为例，零售业经营成本构成中人工成本占比为 40%～60%。近年来，武汉人工成本年均增幅 10%～15%，导致经营成本上涨 5%。租金成本占比为 20%～30%、近年来，店铺租金成本上涨幅度超过 20%，导致经营成本上涨 10%。其他水电费、行政事业性收费等也出现了不同程度的上涨，加剧了经营成本的上升。

第五，人才、资本和知识产权保护不足。高素质的从业人员、有效的资本市场以及完善的知识产权保护体系是影响消费性服务业创新发展的重要因素。武汉消费服务业从业人员素质偏低、人员结构不合理，制约了消费服务业创新发展。另一方面，消费服务业属于轻资产行业，以中小企业为主，难以得到传统金融机构融资支持，不利于传统消费服务业转型升级。此外，知识产权保护体系的不完善，也使文化和娱乐等行业的发展受到较大影响。

五、推进武汉消费升级政策建议

综上所述，目前武汉服务消费仍然以“生存型”消费为主，消费升级速度偏慢但趋势明显，我们判定武汉处于消费升级的初期阶段。存在服务消费供给结构性过剩和结构性不足、促进社会力量进入服务消费市场的准入机制尚不完善、适应居民消费扩大升级趋势的政策体制尚需健全、质量标准和信用体制建设等市场软环境尚待规范、服务消费领域基础设施短板尚未补齐等主要问题。“十四五”阶段，要进一步优化提升服务消费供给，培育壮大服务消费市场，必须同时从供给端与需求端两方面营造武汉市服务消费市场的政策环境，深化体制机制创新，优化服务消费供给环境、建立健全服务消费领域信用体系、完善促进服务消费配套保障以及加强服务消费宣传推介与信息引导。

第一，优化服务消费供给环境。深化消费性服务业领域准入改革，以市场为导向放宽市场准入、消除所有制歧视，充分发挥市场配置资源的决定性作用。支持各领域行业协会发展壮大，发挥第三方机构作用；进一步放开养老服务市场，支持社会力量提供多层次多样化医疗健康服务；加快推进教育、卫生、文化、体育等领域事业单位分类改革。打破地域分割和市场分割，加快建立全市统一、开放、竞争、有序的市场体系。加大生活性服务领域有效有序开放力度，逐步放宽放开对外资的限制。

第二，建立健全服务质量标准及评价体系。标准是质量的核心内涵，制定标准化有利于规范秩序、提高质量，某种程度上高质量发展就是高标准发展。政府要发挥引导性作用，对标准体系建设要加强重视。主动引导企业、协会和社会机构多方参与，共同推进服务业标准化体系建设，加强对服务业标准的宣传、执行和监督。探索服务质量治理体系和顾客满意度测评体系，推行质量首负责任承诺制度，强化服务质量问题协同处理机制，分领域分行业设立服务后评价标准体系等。

第三，建立健全服务消费领域信用体系。完善消费领域信用信息共享共用机制，依托武汉信用信息共享平台，建立健全企业信用档案和人员档案数据库。落实企业信息共享共用主体责任，加大信用信息收集利用，实现服务产品生产信息和质量追溯信息互联互通。探索守信激励和失信惩戒机制。加快建立守信“红名单”和失信“黑名单”及管理办法，实施守信联合激励和失信联合惩戒措施。尝试试点建立失信企业惩罚性赔偿制度，在总结评估基础上逐步扩大试点范围。建立完善信用分级分类监管机制，根据企业信用风险等级合理配置和调度监管资源。健全消费者权益保护机制。强化消费者权益司法保护制度，严厉打击制售假冒伪劣商品、虚假宣传、侵害消费者个人信息安全等违法行为。在旅游、文化娱乐等重点领域加强部门联动，提升跨行业维权效能。充分发挥武汉消费者权益保护委员会及其他社会组织作用，不断提升消费争议处理水平。发挥武汉市“12345”市民服务热线作用。

第四，完善促进服务消费配套保障。深化收入分配制度改革。加快建立全市统一规范的企业薪酬调查和信息发布制度。推进国有企业工资决定机制改革。完善机关事业单位工资和津补贴制度。合理确定社会救助、抚恤优待等标准。探索开展支出型贫困家庭救助工作。完善财税金融土地配套政策，落实健康、养老、家政等生活性服务业的税收优惠政策和用地政策，提升金融对促进消费的支持作用。完善多层次人才培养和引进机制。支持各类职业培训机构发展，积极发挥高校、协会、研究机构、培训机构主体作用，加快引进和培育海内外优秀人才来汉创业就业。加强基础设施建设。加大对社会投资的引导，改造提升老旧生活性服务基础设施，补齐乡村生活性服务基础设施短板，提升城乡生活性服务基础设施自动化、智能化和互联互通水平。

第五，加强服务消费宣传推介与信息引导。构筑服务消费宣传推介和信息引导机制，促进供需有效对接。加强武汉消费市场研究，组织编制年度全市居民服务消费发展报告。加强消费领域统计监测，建立健全评估消费发展水平的统计指标体系。健全消费政策评估机制，委托第三方机构开展重大服务消费政策评估。探索开展服务消费领域大数据应用。

作者单位：武汉发展战略研究院

武汉市服务业“十四五”发展基础研究

沈　明

一、武汉产业基础分析

(一)经济体量大但增速偏低,发展势头略显不足,经济下行压力大

武汉是中部地区重要增长极,经济增速高于全国平均增速。截至 2019 年末,武汉市常住人口 1121.2 万人,地区生产总值 1.62 万亿元,在全国排名第 8,中部排名第 1。1995—2019 年,武汉经济总量持续高速增长,从 2014 年开始超过万亿元,与此同时经济增速降到 10%以下并呈下滑趋势(见图 1)。作为国家老工业基地,武汉经济工业基础好,经济底盘大,经济总量在全国排名前列,但总体发展水平低于北上广深。从增速来看,武汉发展势头明显低于成都、杭州、南京、合肥、长沙等城市,发展后劲略显不足(见图 2)。面对东部的繁荣和西部大开发的夹击,以及中部合肥、长沙、郑州的竞争威胁和资源分流,武汉综合竞争力有被动弱化趋势,在激烈的国内外竞争中处于不利地位。

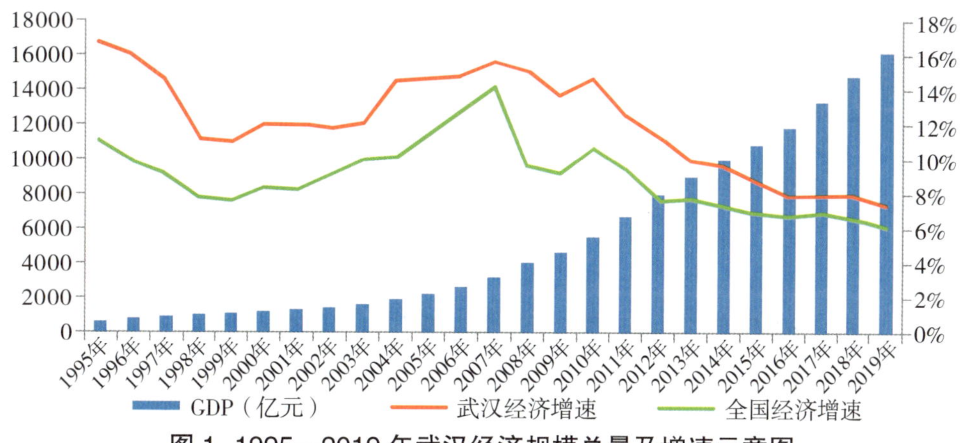

图 1　1995—2019 年武汉经济规模总量及增速示意图

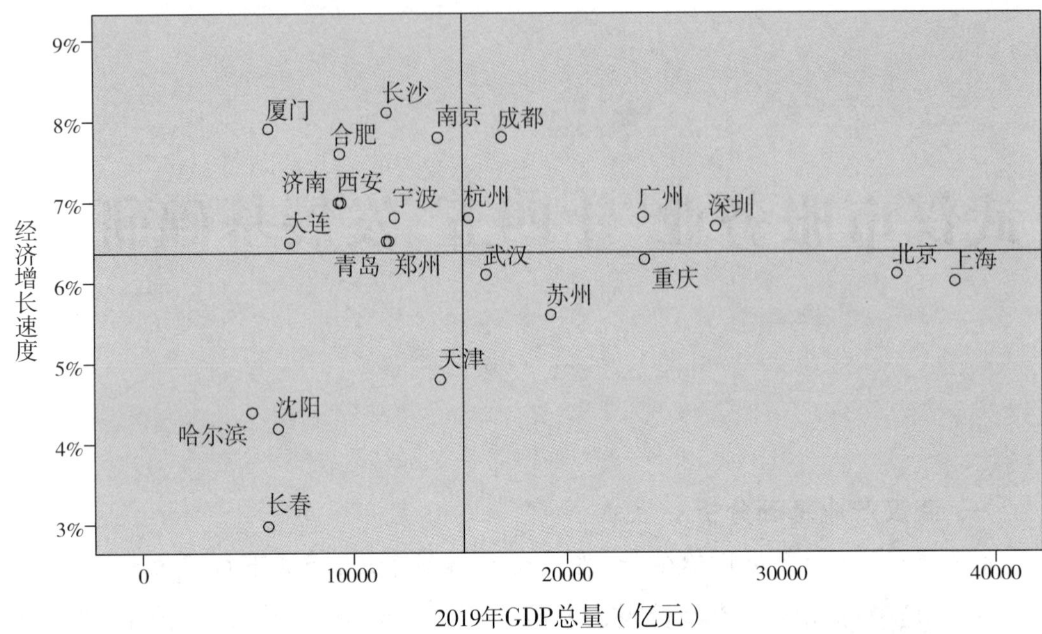

图 2 2019 年主要城市 GDP 和经济增速坐标分布图①

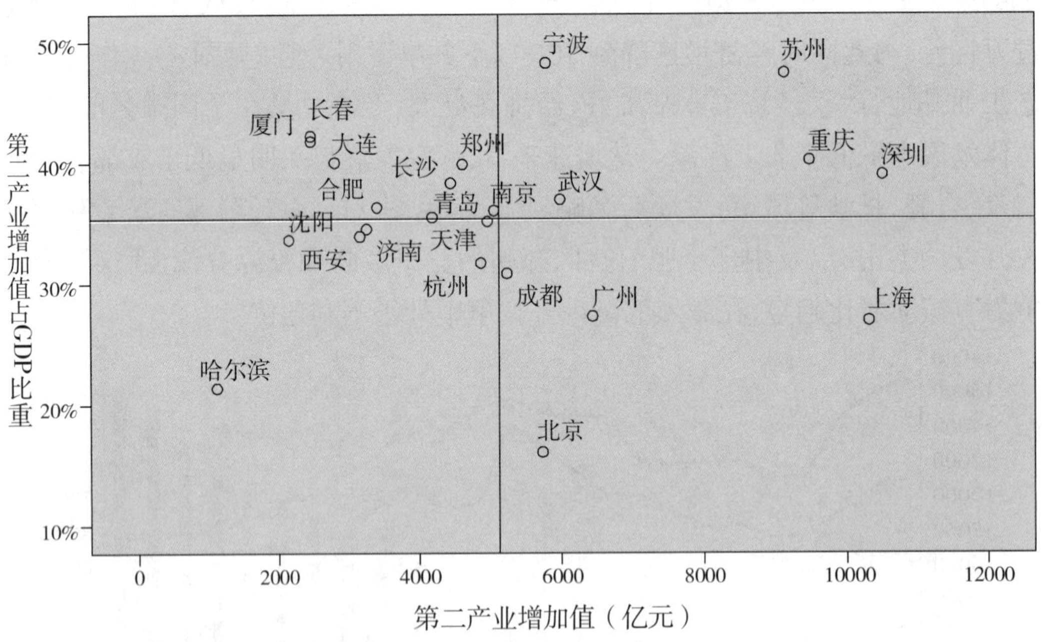

图 3 2019 年主要城市第二产业增加值和占 GDP 比重坐标分布图

①主要城市共 23 个，包括 19 个副省级以上城市，以及苏州、郑州、合肥和长沙。

（二）工业基础坚实但总体结构偏重，传统支柱性产业增长乏力

2019 年，武汉第二产业增加值 5988.88 亿元，仅次于深圳、上海、重庆、苏州和广州，在全国排名第 6、中部第 1（见图 3）。作为全国重要的老工业基地，武汉工业门类齐全，配套能力强，拥有全国 39 个行业门类中的 37 个，形成了钢铁、汽车、电子信息制造、装备制造、能源环保、食品烟草六大千亿元支柱产业。其中，汽车产业连续 9 年成为武汉大千亿支柱产业地位。2018 年，全市生产了 170 万辆汽车，占全国的 6%，汽车及零部件产业产值达 4000 亿元。近年来，全球汽车市场疲软，汽车产业环境趋于恶化，武汉汽车工业发展前景堪忧。2019 年，武汉规上工业中汽车制造业增加值增长仅 0.2%，烟草制品业增长 0.8%，农副食品加工业下降 1.4%，黑色金属冶炼和压延加工业下降 5.5%，计算机、通信和其他电子设备制造业增长 12.3%，电气机械和器材制造业增长 4.5%。六大千亿支柱产业中，除了电信和电气行业保持中高速增长，其他产业增长乏力或负增长。

（三）战略性新兴产业快速成长，武汉发展新动能加快蓄积

战略性新兴产业是目前经济体中最有活力、最具成长潜力的板块，也是国家和各省市争相发展的重点。武汉科教资源丰富，经济基础好，产业实力强，是国家新兴产业发展基地，以“芯屏端网”为产业特色和优势。2019 年 10 月，武汉“集成电路、新型显示器件、下一代信息网络和生物医药”四大产业入选国家战略性新兴产业集群，成为和北京、上海并列的新兴产业集群最多的城市。据统计，2019 年武汉市“四上”高新技术产业[①]增加值 4167.27 亿元，同比增长 11.8%，占 GDP 比重 25.7%。战略性新兴产业投资增长 22.5%，占全市投资比重 32.3%，同比增长 8.5%。其中，新能源产业投资增长 57.0%，新一代信息技术产业投资增长 48.5%。以“芯屏端网”项目投资为主的高技术制造业投资增长 29.2%，有力支撑了武汉高新技术产业发展[②]。战略性新兴产业是经济高质量发展的重要引擎，下一步，武汉会加大力度培育壮大战略性新兴产业，使之成为武汉经济健康发展的支柱性产业。

①“四上”企业是指规模以上工业企业、房地产企业和资质等级以上建筑业企业、限额以上批零住餐业企业、规模以上服务业企业。

②数据来源：武汉市统计局.《2019 年武汉市经济总量迈上新台阶，质效提升转型加快》，2020-4-8. http://tjj.wuhan.gov.cn/tjfw/tjfx/202004/t20200429_1189624.shtml.

（四）“三驾马车”中，投资和消费对武汉经济的拉动作用明显，出口经济发展明显不足

2019 年，武汉市全社会固定资产投资 9559.28 亿元，全国排名第 4；社会消费品零售总额 7449.64 亿元，全国排名第 6；出口总额 1362.3 亿元，排名第 19 位（见图 4）。从 2017—2019 年，投资、消费和出口对武汉 GDP 的贡献比重总体稳定，其中投资占 GDP 比重持续多年在高位运行并有扩大趋势，消费占 GDP 比重相对稳定，出口对 GDP 的贡献长期在低位徘徊且略有缩减（见表 1）。从全国来看，东部沿海城市进出口总额整体高于内陆城市。随着“一带一路”战略推进，近年来成都、重庆、西安等城市进出口贸易较快增长。就中部来看，2019 年武汉出口总额已经落后于郑州、长沙和合肥，在中部四城中排名最后，表明武汉在推进对外开放上明显落后于其他中心城市，融入全球经济的程度还远远不够（见图 5）。以上数据表明，武汉以投资消费为主导的经济发展模式没有变，其中投资拉动占主导。诺贝尔经济学奖获得者索洛关于经济增长模式的研究表明，依靠投资拉动的经济增长，投资回报率一定是递减的，长期依靠投资拉动的经济增长模式是不可持续的。在“三驾马车”中，消费是经济增长的稳定器，发挥基础性作用，在投资势微和出口不确定大增情况下，消费对经济增长的贡献率会进一步提高。消费需求增长有赖于可支配收入提高，收入提高有赖于劳动生产率提高，而劳动生产率水平提高有赖于科技创新和产业升级。大力提高科技创新水平，加快促进产业升级仍然离不开投资。长期来看，投资稳增长的关键作用不会改变，转而向“新基建”、高端人才、社会制度等新要素倾斜。

表 1 2017—2019 年投资、消费和出口占武汉 GDP 比重统计表

指标	2017 年	2018 年	2019 年
固定资产投资占 GDP 比重	58.70%	58.64%	58.92%
社会消费品零售总额占 GDP 比重	46.21%	46.10%	45.92%
净出口占 GDP 比重	8.63%	8.59%	8.40%

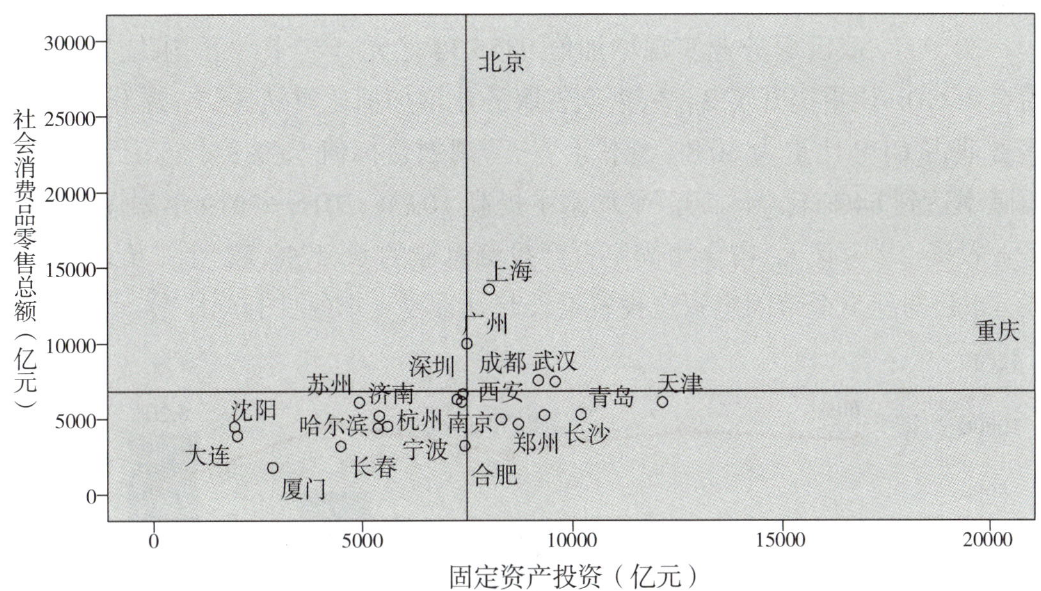

图 4 2019 年主要城市投资和消费数据坐标分布图

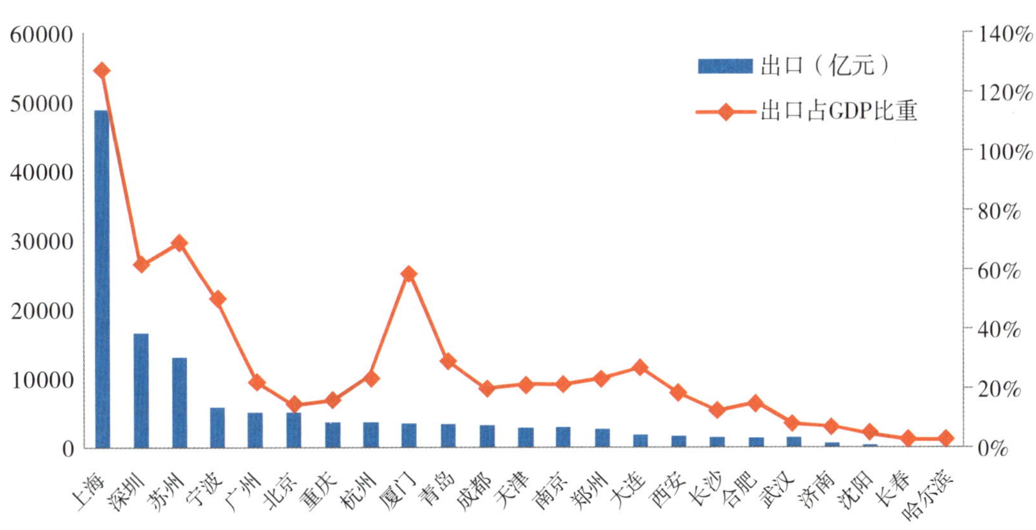

图 5 2019 年主要城市进出口总额及其占 GDP 比重示意图

二、武汉市服务业“十三五”发展回顾及总结

“十三五”时期，武汉以推进国家“十三五”服务业综合改革试点为引领，紧紧围绕“规模倍增、结构优化、能级提升、贡献增强”目标导向，大力实施“现代服务业倍增计划”，服务业发展总体呈现规模倍增、能级提升、创新发展、集聚发展、融合发展和开放发展态势，服务业发展水平和质量显著提升。

（一）服务业主导产业地位加快巩固

2019 年，武汉服务业实现增加值 9855.34 亿元，较“十二五”末增长 77%，占全市 GDP 比重提升了 8.8%，占全省服务业增加值比重从 34.5%提升至 43%；服务业占 GDP 比重为 60.8%，超“十三五”规划目标值 5.8%；对全市经济增长贡献率达到 64%，比“十二五”平均水平提高 10.7%；2016—2019 年累计完成服务业投资 2.2 万亿元，占全市固定资产投资总额的 66.57%，较“十二五”末期增长 4.4%，对稳定全市固定资产投资增长起到重要支撑（见图 6、图 7）。

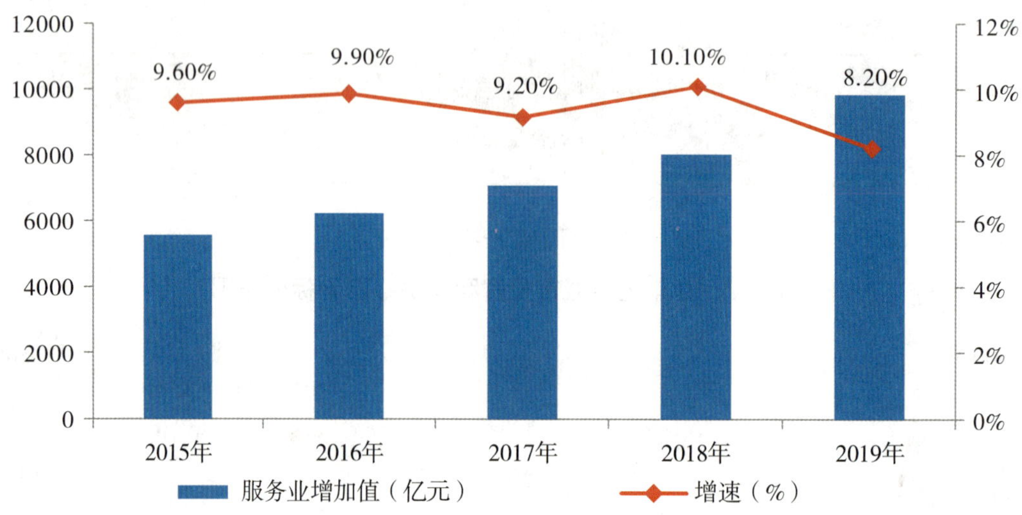

图 6 2015—2019 年武汉市服务业增加值及增速示意图

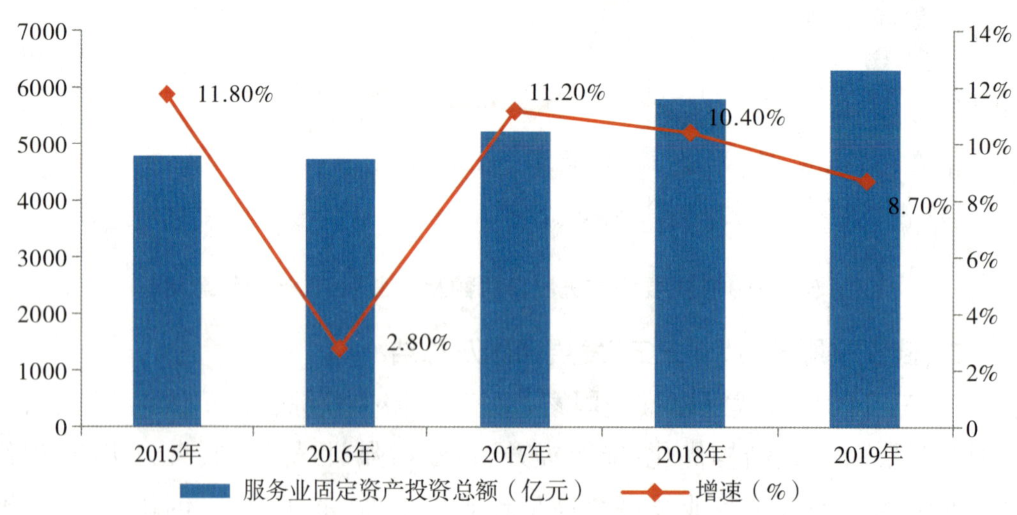

图 7 2015—2019 年武汉市服务业固定投资及增速示意图

(二)服务经济在全国地位加快晋升

"十三五"时期,武汉服务业总量规模全国排名第9,居中部第1,远超郑州、长沙、合肥等其他中部城市。加快建设国际消费中心城市,2019年社会消费品零售总额7449.64亿元,全国排名第6,中部第1,仅次于北上广和成渝(见图8)。多领域发展在全国处于领先地位,六大类国家物流枢纽承载城市中,武汉占了五类,比肩上海、广州、深圳;先后获评"中国软件特色名城""中国服务外包风采城市""中国服务外包中西部最具竞争力城市",服务贸易规模居中部首位。2017年武汉市成功入选世界"设计之都",成为继深圳、上海、北京之后的中国第四个"设计之都"。服务业改革创新稳步推进,2019年在服务业综合改革试点评估中获全国第3名。

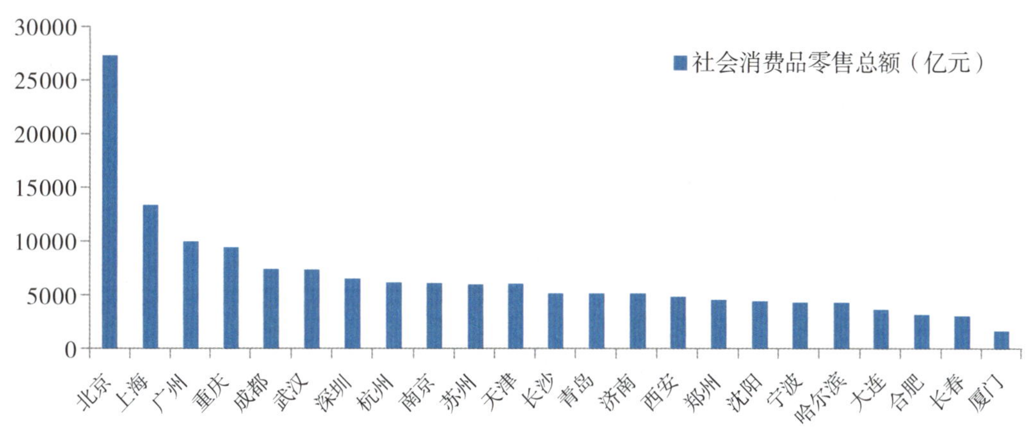

图8 2019年主要城市社会消费品零售总额示意图

(三)重点支柱产业发展能级持续提升

2019年,武汉市现代商贸业、现代物流和金融业增加值达到1620.77亿元、1548.97亿元和1486.05亿元,占服务业比重合计约47.24%。新业态新零售加速发展,全市网上活跃店铺数量达到9.4万家;物流业保持稳中向好发展态势,获批建设港口型国家物流枢纽城市;区域金融中心地位不断加强,武汉金融中心综合竞争力排名中部第1,副省级城市第6(见表2、图9)。

表2 2019年武汉服务业重点支撑行业情况表(按统计口径)

指标类别	2019年完成情况	
	增加值(亿元)	占服务业比重(%)
服务业增加值	9855.34	—
其中:商贸业(批发零售业+住宿餐饮业)	1620.77	16.45

（续 表）

指标类别	2019 年完成情况	
	增加值(亿元)	占服务业比重(%)
金融业	1486.10	15.08
房地产业	1789.16	18.15
交通运输、仓储和邮政业	930.58	9.44
其他营利性服务业	2595.71	26.34
非营利性服务业	1395.20	14.16

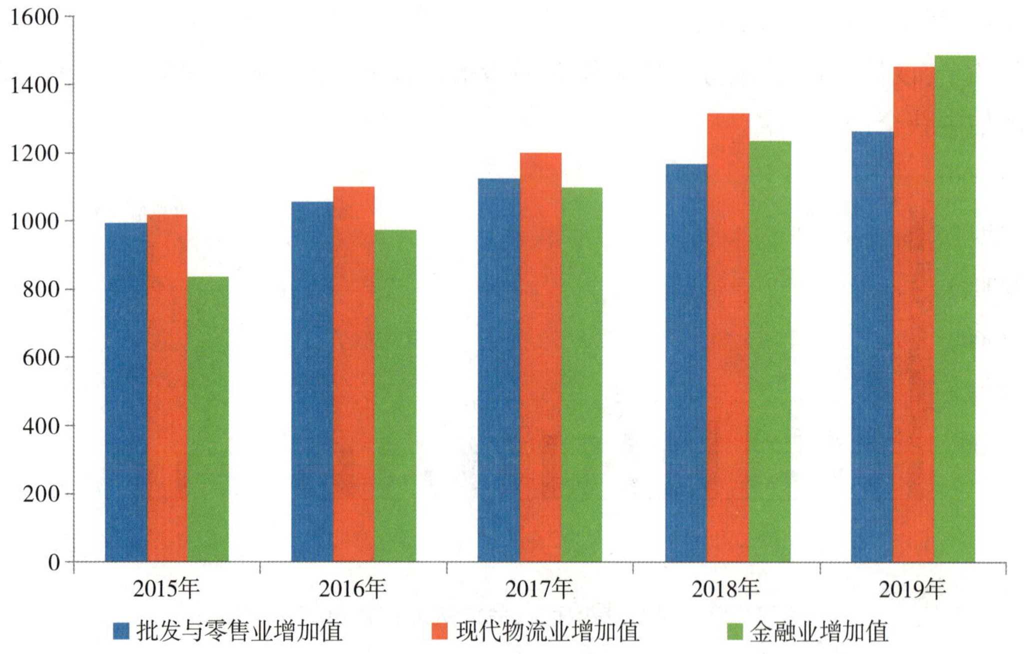

图 9 2015—2019 年武汉市服务业支柱产业增加值示意图(亿元)

(四)新兴服务业迅猛发展

现代旅游业提档升级，2019 年全市接待游客 3.18 亿人次，旅游总收入 3570.79 亿元，较 2015 年分别增长 50%和 69%，两项指标居副省级以上城市第 1 和第 4。信息服务业快速发展，形成互联网+、光通信嵌入式和工业软件、地球空间信息、基础软件和信息安全四个特色产业集群。2019 年软件与信息服务业收入达 2011.1 亿元，比“十二五”末期翻了一番，年均增速 19%；科技服务业蓬勃发展，2019 年全市科技服务业保持 20%以上较快增长，发明专利申请量 33202 件，授权量 11754 件，同比增长 15.5%和 33.5%。数字创意和设计产业蓬勃发展，2019 年全市文化产业增加值 796.5 亿元，占 GDP 比重为 4.91%，涌现出斗鱼直播、盛天网络、理工数传等一批领军企业，斗鱼嘉年华、武汉设计双年展、武汉时装周、琴台音乐节等活动成为具有全国影响力的文化新品牌。2019年全市工程勘察设计行业营业收入达1784.6亿元，营收规模和盈利水平均居全国前列。

（五）服务业集聚发展加速推进

近年来，武汉市高度重视服务业集聚区发展，服务业集聚区从无到有，集聚程度不断提高，承载能力持续增强，带动效应日益彰显，初步形成规模化、集约化、专业化、特色化的发展态势。2019年，全市共认定市级服务业集聚区31家，总占地面积15.49平方千米，入驻企业2810家，2018年营业收入2144亿元，是武汉市服务业发展的重要极核。特色园区蓬勃发展，汉阳造广告创意园等8家园区获批国家级示范园区，江汉金融服务业集聚区等14家园区成为省级现代服务业集聚示范区。截至2019年底，全市千亿元级服务业集聚区1个，百亿元级集聚区2个（见图10）。

（六）服务业扩大开放取得积极成效

“十三五”期间，武汉市相继开展服务贸易龙头企业培育计划、中小企业成长计划，并搭建了一批项目对接平台、国际市场推广平台和共性技术支撑平台，致力于推动企业以大带小、抱团出海。2018年全市服务贸易进出口额136.38亿美元，同比增长13.34%，服务外包合同执行金额22.4亿美元，同比增长34.26%，占全省比重超过八成。

三、武汉市服务业发展存在的问题和短板

（一）从全国来看，武汉服务业规模接近万亿元，但与一线城市有明显差距

目前，国内主要城市服务业发展大致可分为三个梯队。第一梯队：服务业增加值在16000亿元以上，有北京、上海、广州和深圳四个一线城市；第二梯队：服务业增加值在5000亿元~12000亿元，包括武汉在内的副省级城市大多处于这个区间。第三梯队：服务业增加值不足5000亿元，包括四个东北副省级城市及厦门。2019年，武汉市服务业增加值9855.34亿元，全国排名第9，在第二梯队中处于中等偏上水平，与一线城市服务业规模差距明显（见表3、图11）。值得一提的是，成都市服务业增加值从2018年的8303亿元增长至现在的11155亿元，排名从第9跳升到第6，服务业整体跃进非常明显，是主要城市中服务业发展最快的一个。

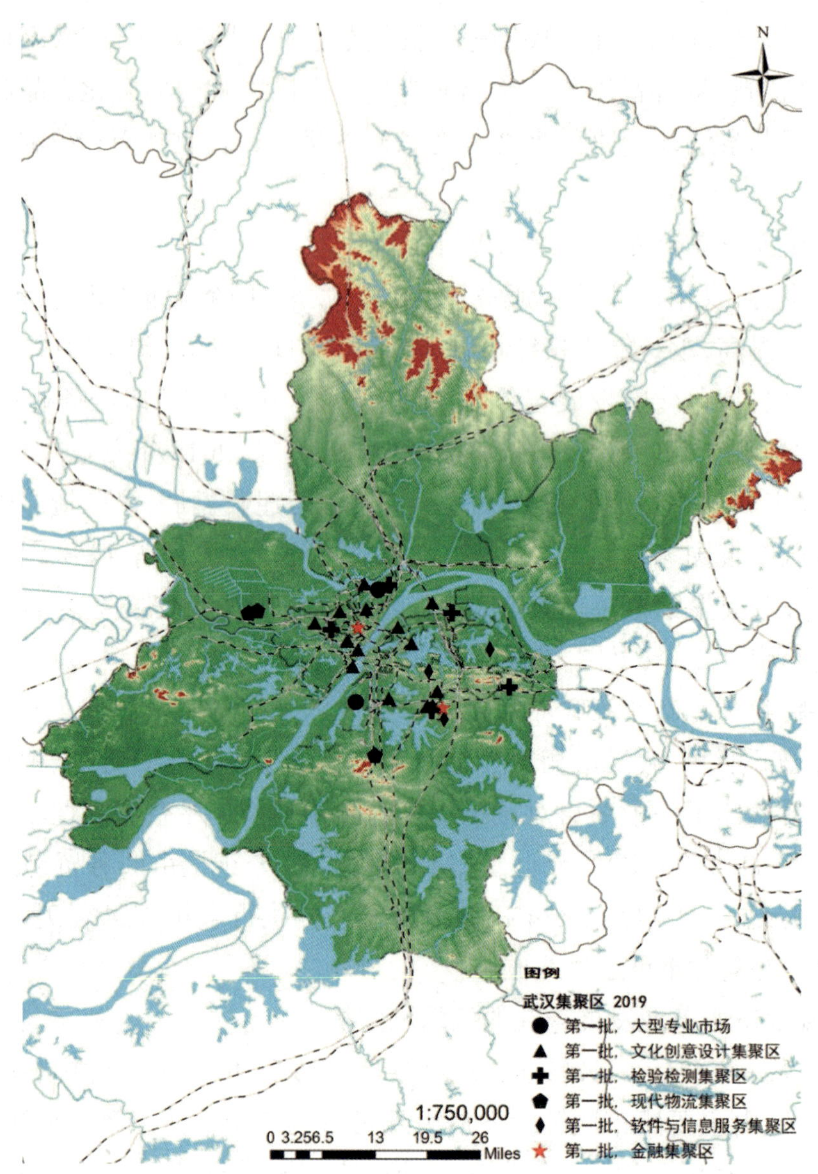

图 10 2019 年武汉第一批认定的 31 个集聚区空间分布图

表 3 2019 年 23 个主要城市经济数据和排名情况表(亿元)①

城市	级别	GDP	排名	二产增加值	排名	三产增加值	排名
北京	直辖市	35371.30	2	5715.10	8	29542.50	1
上海	直辖市	38155.32	1	10299.16	2	27752.28	2
广州	副省级城市	23605.77	4	6454.00	5	16923.23	3
深圳	副省级城市	26927.09	3	10495.84	1	16406.06	4
重庆	直辖市	23605.77	5	9496.00	3	12557.51	5
成都	副省级城市	17012.65	7	5244.62	9	11155.86	6

（续表）

城市	级别	GDP	排名	二产增加值	排名	三产增加值	排名
杭州	副省级城市	15373.00	9	4875.00	12	10172.00	7
苏州	地级市	19235.80	6	9130.18	4	9908.92	8
武汉	副省级城市	16223.21	8	5988.88	6	9855.34	9
天津	直辖市	14104.28	10	4969.18	11	8949.87	10
南京	副省级城市	14030.15	11	5040.86	10	8699.47	11
青岛	副省级城市	11741.31	13	4182.76	15	7148.57	12
郑州	省会城市	11589.70	14	4617.00	13	6831.80	13
长沙	省会城市	11574.22	15	4439.32	14	6775.21	14
宁波	副省级城市	11985.10	12	5782.90	7	5879.90	15
西安	副省级城市	9321.19	18	3167.44	18	5874.62	16
济南	副省级城市	9443.40	16	3265.20	17	5835.09	17
合肥	省会城市	9409.40	17	3415.32	16	5702.22	18
沈阳	副省级城市	6470.30	20	2178.60	22	4007.60	19
大连	副省级城市	7001.70	19	2799.80	19	3743.30	20
哈尔滨	副省级城市	5249.40	23	1127.30	23	3552.60	21
厦门	副省级城市	5995.04	21	2493.99	21	3474.56	22
长春	副省级城市	5904.10	22	2495.40	20	3060.60	23

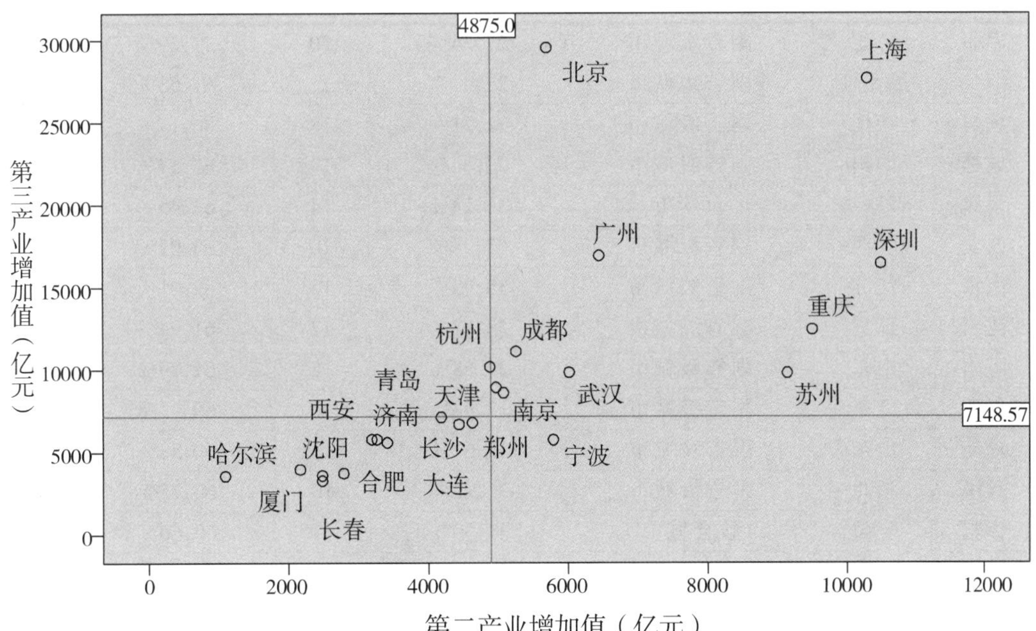

图 11 2019 年重点城市第二、三产业增加值坐标分布图

①数据来源：各城市 2020 年社会经济统计公报。

（二）从区域来看，武汉服务业规模居中部首位，但辐射能力还不够强，首位度还不够突出

服务业产值和占 GDP 比重是衡量城市区域辐射力的重要指标，服务业规模越大、占 GDP 比重越高，意味着对外辐射能力越强。如表 4 所示，23 个重点城市中，有 15 个城市三产占比超过六成，其中北京、上海、广州、哈尔滨、杭州、成都、天津和西安等城市排名前列，反映出这些城市在全国和区域的服务功能地位比较突出。相比之下，2019 年武汉市服务业增加值占 GDP 比重 60.75%，在 23 个重点城市中排名第 14，处于中等偏下水平（见图 12）。作为中部六省唯一的副省级城市、特大城市，武汉将建设以全国经济中心、高水平科技创新中心、商贸物流中心和国际交往中心四大功能为支撑的国家中心城市，而以目前的服务业发展水平还不足以支撑国家中心城市战略，下一阶段武汉要加快推进产业结构优化，着重提升服务业辐射能力，强化区域服务业中心地位。

表 4 2019 年重点城市产业结构和排名表

城市	省份	级别	第二产业比重	排名	第三产业比重	排名
北京	直辖市	直辖市	16.16%	23	83.52%	1
上海	直辖市	直辖市	26.99%	21	72.74%	2
广州	广东	副省级城市	27.34%	20	71.69%	3
哈尔滨	黑龙江	副省级城市	21.47%	22	67.68%	4
杭州	浙江	副省级城市	31.71%	18	66.17%	5
成都	四川	副省级城市	30.83%	19	65.57%	6
天津	直辖市	直辖市	35.23%	14	63.45%	7
西安	陕西	副省级城市	33.98%	16	63.02%	8
南京	江苏	副省级城市	35.93%	12	62.01%	9
沈阳	辽宁	副省级城市	33.67%	17	61.94%	10
济南	山东	副省级城市	34.58%	15	61.79%	11
深圳	广东	副省级城市	38.98%	8	60.93%	12
青岛	山东	副省级城市	35.62%	13	60.88%	13
武汉	湖北	副省级城市	36.92%	10	60.75%	14
合肥	安徽	省会城市	36.30%	11	60.60%	15
郑州	河南	省会城市	39.84%	7	58.95%	16
长沙	湖南	省会城市	38.36%	9	58.54%	17
厦门	福建	副省级城市	41.60%	4	57.96%	18
大连	辽宁	副省级城市	39.99%	6	53.46%	19
重庆	直辖市	直辖市	40.23%	5	53.20%	20

（续表）

城市	省份	级别	第二产业比重	排名	第三产业比重	排名
长春	吉林	副省级城市	42.27%	3	51.84%	21
苏州	江苏	地级市	47.46%	2	51.51%	22
宁波	浙江	副省级城市	48.25%	1	49.06%	23

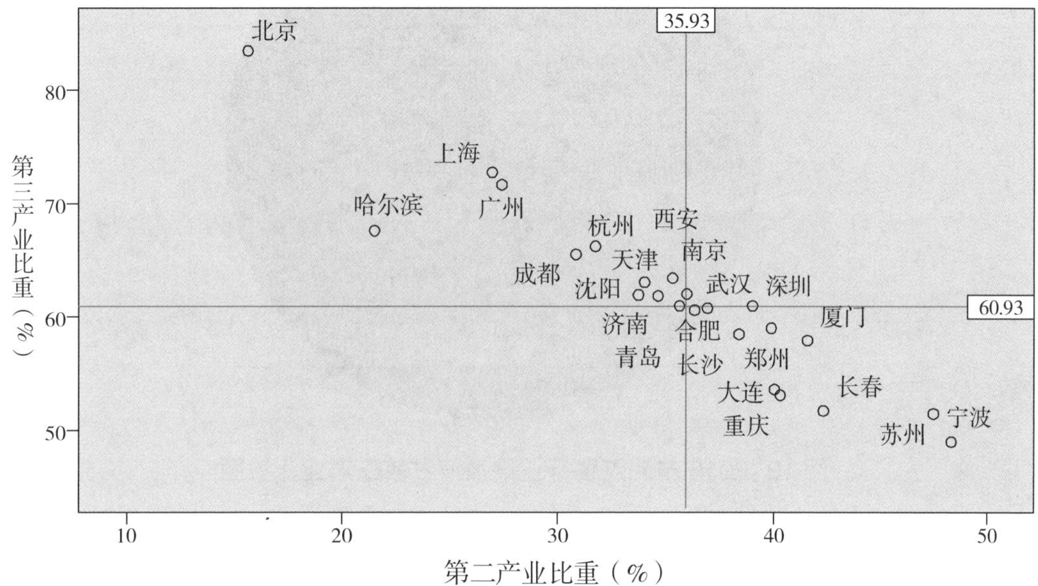

图 12 2019 年重点城市第二、三产业增加值占比坐标分布图

（三）从自身来看，传统服务业仍占主导，新兴服务业占比偏小，发展规模有待进一步扩大

从行业结构来看，2019 年房地产、金融业、批发和零售业以及交通运输业增加值合计 5465.51 亿元，占第三产业比重 55.46%，是武汉服务业支柱性产业。信息服务、商务租赁、科研服务、教育培训、文体娱乐、居民和公共服务等行业则笼统归入"其他服务业"，增加值合计 3991.25 亿元，占服务业比重约 40.5%（见图 13）。从企业发展来看，2019 年武汉市服务业百强中，商贸、物流、交通运输和房地产企业占据 48 个席位，仅 4 家软件企业、7 家通信类企业和 15 家咨询设计公司入围。数据表明，武汉服务业在结构上偏传统和基础部门，还未形成以智力资本为驱动的服务经济业态，不过近年来武汉市新兴服务业快速成长，特别是教育培训业、体育服务业，水利和环境等服务业发展增速均在 20% 以上，发展势头强劲，未来服务业升级发展趋势向好。

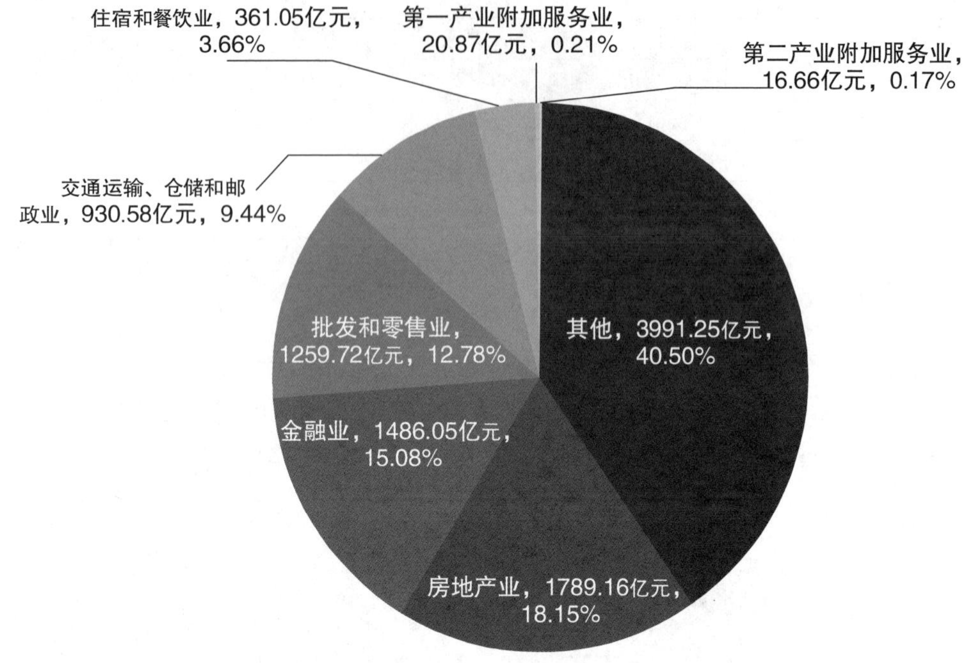

图 13 2019 年武汉各行业增加值占第三产业比重图

四、总结展望

当前，武汉经济发展处于结构升级、新旧动能转化的关键时期。服务业发展仍然存在服务业规模不大、产业发展能级不高、辐射带动能力不强、内部结构不优、创新能力不足、产业融合深度不够、对外开放程度不高等诸多问题；同时，服务业发展还存在诸多体制机制障碍和要素瓶颈制约，全面深化改革、扩大对外开放刻不容缓。总体来看，武汉服务业发展机遇与挑战并存，机遇大于挑战，仍是大有可为、创新发展的重要战略机遇期，必须顺应国际国内发展新形势，主动适应引领新常态，积极推动服务业体制机制创新、引导服务业全面转型升级，实现现代服务业规模与质量双提升。

作者单位：武汉发展战略研究院

“十四五”时期武汉新能源和智能网联汽车发展策略研究

杜 涛 万 伟

东风、上汽通用武汉基地两大“龙头”车企在2020年强劲复苏，也缓解了外地整车企业的燃眉之急，助力东风日产广州花都生产基地、郑州生产基地、常州生产基地等全国多个汽车生产基地闯过难关，带领全产业链在重振中跑出了加速度。汽车产业作为武汉的支柱产业，正以国家新能源和智能网联汽车基地为依托，大力培育发展以新能源汽车、智能网联汽车为代表的下一代汽车，推动武汉制造向高质量发展，从武汉驶向世界、奔向未来。

一、国内外发展新趋势

（一）新能源汽车的发展趋势分析

随着居民生活水平的大幅进步，汽车的保有量也在逐年上升。据国家商务部统计，2020年我国汽车保有量为2.8亿辆，与美国基本持平，并列为世界第1。但是随着国内一次能源的日益短缺以及环境的不断恶化，汽车作为重要的石油消耗及CO_2排放车辆，逐渐引起人们的普遍关注。新能源汽车将电力作为其主要动力源，尽管在发电过程中同样会消耗其他能源并排放CO_2，但是随着清洁能源发电比例的增加，以及超临界、超超临界火力发电机组正在逐步替代小型机组，其发电效率明显提高，同时其排放物便于集中处理。因此，新能源汽车的使用对节能减排具有重要意义。

1.发展现状

一是产销量呈增加趋势。表1为2011—2019年国内新能源汽车产量、销量统计表,可以看出,在过去的十年时间,国内新能源汽车呈现出快速发展趋势。其中在 2011—2018 年,无论是产量还是销量均逐年上升,产量、销量在 2018 年均首次突破一百万辆并同时达到顶峰。但是受到国家对新能源汽车补贴标准不断下降政策的影响,2019 年新能源汽车产量、销量均小幅下滑,首次出现负增长。进入 2020 年以来,由于受到新型冠状病毒肺炎的影响,国内前四个月新能源汽车产量、销量均为 20.5 万辆,同比分别下降 44.8%和 43.4%,下降幅度较大。基于此,国家发改委、工信部、财政部和科技部联合发布关于完善新能源汽车推广应用财政补贴政策的通知(财建〔2020〕86 号),文件明确指出将新能源汽车推广应用财政补贴政策实施期限延长至 2022 年底,同时平缓补贴退坡力度和节奏。该政策的实施必将进一步推动新能源汽车的发展。

表 1 2011—2019 年国内新能源汽车产量、销量统计表

年份	2011 年	2012 年	2013 年	2014 年	2015 年	2016 年	2017 年	2018 年	2019 年	2020 年 1—4 月
产量(万辆)	0.84	1.26	1.75	7.85	34.05	51.7	79.4	127	124.2	20.5
销量(万辆)	0.82	1.28	1.76	7.48	33.11	50.7	77.7	125.6	120.6	20.5

二是充电设施不断完善。由于新能源汽车尤其是纯电动汽车的主要能源消耗种类为电力,为方便新能源汽车充电,必须大力发展其动力输出保障设施——充电桩。充电桩的安装数量及其分布会对新能源汽车的行驶里程产生重要影响,并在一定程度上决定着新能源汽车到底能够走多远。为促进国内充电设施的持续健康发展,国家财政已经累计拨放该方面的奖励资金 45 亿元。另外,国家也已经于 2014 年全面放开了新能源汽车相关基础设施建设的市场准入,这极大地促进了社会资金流向充电桩建设领域。截至 2019 年底,国内充电桩安装数量达 121.9 万个,而新能源汽车保有量为 381 万辆,桩车比基本为 3∶1,发展趋势良好。

三是发展布局良好。经过多年的发展,目前国内在新能源汽车领域基本上建立了“三纵三横”的发展布局。“三纵”指纯电动汽车、混合动力汽车和燃料电池汽车同步发展,“三横”指动力总成系统、驱动电机和动力电池技术的整体进步。无论是在动力电池方面,还是在关键零部件方面,新能源汽车技术均取得了较大进步。

2.发展趋势

一是国内外车企合作更加深入。由于新能源汽车涉及核心技术较多,单个企业不可能在所有技术领域均独领风骚。随着车企市场竞争的不断加剧,车企之间的强强联合已经成为大势所趋。目前,丰田已经和比亚迪签订合作协议,恒大已经与包括 FEV、EDAG 及 IAV 在内的多家企业达成战略合作,长城与宝马集团合资的光束汽车项目已经正式启动。今后,各大车企甚至是跨行业之间的合作还将继续加深。

二是继续大力发展充电设施。尽管目前桩车比基本达到 3∶1,但是距离国家规划的 1∶1 的目标还有较大差距。据国家电动汽车理事会预测, 到 2030 年,国内新能源汽车保有量将会突破 8000 万辆,目前的充电设施建设速度远远无法满足市场需求。因此在未来十年,充电设施的发展也会更加迅速。除此之外,截至 2019 年 6 月,充电桩保有量排名前十的省份主要集中在沿海地区,占全国充电桩总量的 75.3%,地区发展极不平衡。随着中西部地区的不断发展,充电桩的安装比例也会逐渐向中西部地区倾斜。

三是不断推进电池技术的进步。在纯电动汽车(BEV)、混合动力汽车(HEV)、燃料电池汽车(FCEV)三种新能源汽车当中,由于纯电动汽车不需要消耗常规化石燃料,只需要消耗电能,不存在环境污染,因此其发展前景最好。然而,无论是何种新能源汽车,其动力电池都是极其重要的一环,对整车的市场价值产生重要影响。动力电池的整体质量不仅决定了汽车的单次充电行驶里程,同时其使用寿命也极大地影响着用车成本。所以与传统燃油汽车相比,纯电动汽车的核心技术为动力电池。为有效解决电动汽车行驶里程及电池寿命等问题,必须大力推进动力电池技术的不断进步,只有这样,才能促使新能源汽车的发展迈向新的台阶。

四是废旧动力电池的处理逐渐走向成熟。当新能源汽车行驶相应的里程(一般为 8 万 ~ 12 万千米),或者是其容量衰减至额定容量 80%以后,一般就认为动力电池达到了其使用寿命,需要报废更换。目前,由于汽车废旧电池的分布相对分散,利用价值不高,再加上处理成本、管理及技术等问题,汽车废旧电池问题一直以来未得到有效解决,回收率相对较低,大多是将其作为普通的生活垃圾进行处理。然而截至 2019 年底, 全国新能源汽车保有量已经达到 381 万辆,产生了大量的废旧电池垃圾,并且国内首批汽车动力电池的大批量报废时间即将到来。废旧电池作为一种有害垃圾,其损坏后会对土壤和地下水产生一定危害,如何对其进行有效处理也逐渐引起了各界人士的广泛关注。为有效贯彻落实《中华人民共和国环境保护法》,原环保部于 2016 年发布了《铅蓄电池生产及再生污染防治技术政策》,并对《废电池污染防治技术政策》进行修订。政策对废旧电池的收集、运输、储存、利用及处置做了明确规定。另外,工信部也要求成产厂家对每块动力电池进行独立编码,确保可以追踪其最终去向。相信今后新能源汽车废旧动力电池的处理会更加完善。

为有效解决传统燃油汽车石油消耗及 CO_2 大量排放等问题，降低环境污染,新能源汽车已经取得快速发展,并正在逐渐代替传统的燃油汽车。部分欧盟国家已经明确指出燃油汽车的禁售时间表，这将促进新能源汽车的进一步发展。

(二)智能网联汽车的发展态势分析

智能网联汽车(Intelligent and Connected Vehicle)是指搭载先进的车载传感器、控制器、执行器等装置,并融合现代通信与网络技术,实现车与 X(车、路、人、云等)智能信息交换、共享,具备复杂环境感知、智能决策、协同控制等功能,可实现安全、高效、舒适、节能行驶,并最终实现替代人来操作的新一代汽车。智能网联汽车不仅可以显著降低交通事故率 50%~80%,提高道路通行效率 10%~30%,而且能够提升燃油经济性,实现节能减排,同时拉动电子、通信、互联网等相关产业快速发展。智能网联汽车与车联网、智能汽车关系如图 1 所示。智能网联汽车兼具车联网与智能汽车双重优势,如图 2 所示,更加契合工业 4.0 时代信息物理融合的节奏。

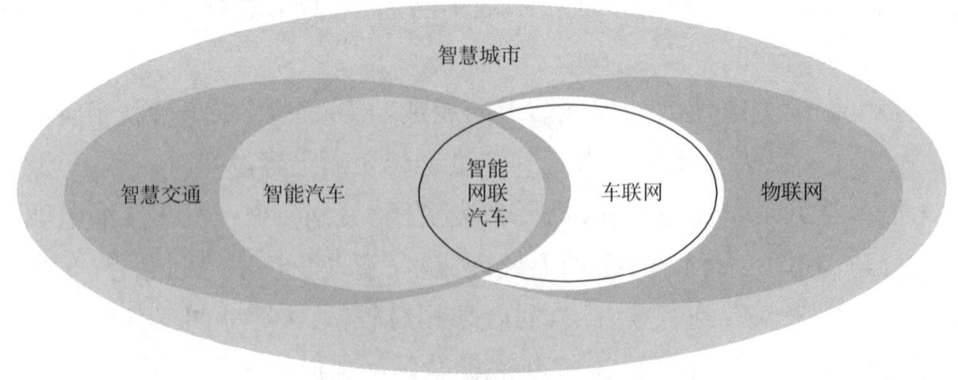

图 1 智能网联汽车关联图

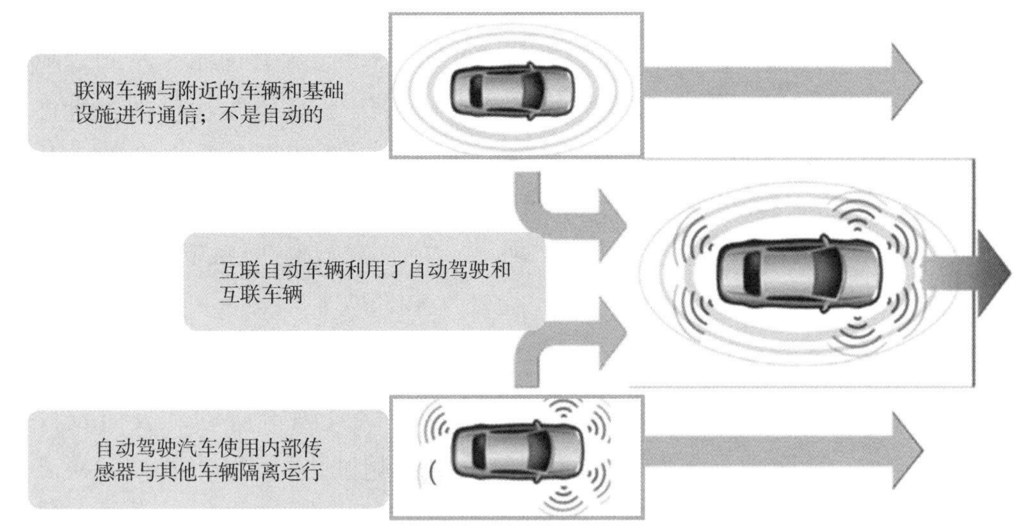

图 2　智能网联技术路径

智能网联汽车依据美国机动车工程师学会(SAE)发布的分级标准划分为驾驶辅助(L1)、组合驾驶(L2)、有条件的自动驾驶(L3)、高度自动化驾驶(L4)、无人驾驶 (L5)5 个级别。目前智能网联汽车在全球范围内已进入高速增长阶段,L1～L2 级驾驶辅助系统已经大规模量产,L3~L4 级自动驾驶系统尚处于研发和小规模测试阶段。根据 2019 年自动驾驶成熟度排名,如表 2 所示,欧美发达国家积极布局智能网联汽车产业,而我国与其尚存较大差距,基于信息通信行业的优势,以智能化和网联化融合的发展路径,促进我国在智能网联汽车行业实现换道超车。

表 2　2019 年自动驾驶成熟度排名

总体排名	国家	总分	政策法规		技术创新		配套设施		用户接受度	
			排名	得分	排名	得分	排名	得分	排名	得分
1	荷兰	25.05	5	7.27	10	3.49	1	7.72	2	6.58
2	新加坡	24.32	1	7.85	15	2.99	2	6.62	1	6.87
3	挪威	23.75	7	6.90	2	4.94	7	5.80	3	6.11
4	美国	22.58	9	6.65	3	4.65	8	5.69	6	5.59
8	德国	21.15	6	6.92	4	4.56	13	4.91	13	4.75
10	日本	20.53	15	5.74	5	4.28	3	6.48	18	4.03
20	中国	14.41	20	4.44	19	1.77	18	3.93	14	4.29

1.国际智能网联汽车发展现状

美国交通部发布《自动驾驶汽车 3.0:准备迎接未来交通》,同时各州出台政策，允许自动驾驶汽车在加州开放道路开展测试，并远程监控。根据 2019 年美国企业路测数据，以 Waymo 和通用为代表的自动驾驶系统企业在路测领域持续领跑，累计进行超过 350 万英里的道路测试。出于安全性和技术先进性考虑，以特斯拉和戴姆勒为代表的商用车企业，专注开源平台和卡车数字化研究，推出大数据平台，舍弃 L3 级而直取 L4 级；163 家技术创新公司总部位于美国，覆盖传统汽车制造商和科技公司，软件开发迭代频次加快，紧随自动驾驶创新热潮。

日本国土交通省发布《自动驾驶汽车安全技术指南》与《自动驾驶相关制度整备大纲》，打造自动驾驶系统零人身事故的社会；国家自动驾驶研发计划（SIP）持续深入，开展半动态和动态数据的采集和测试，逐步将测试领域从高速公路延伸至社会道路，初步实现基于自动驾驶的物流和驾乘服务。东京大学生产技术研究所表示目前客车局限于封闭的高速公路以及普通公路时速 20km/h 的低速区域，卡车局限于高速公路编队行驶以及港口封闭区域。

欧洲依托现有 ADAS 技术，启动 AdaptIVe 研究项目、Horizon 2020 科研计划和 C-ITS 战略，布局拥堵辅助、自动泊车、协同式卡车队列等技术研发，力争 2030 年进入完全自动驾驶社会。以欧盟为主导，进行顶层设计，统一规划布局；以行业组织串联智能汽车全产业链，启动框架项目，跨国协同开发。德国采埃孚与美国 NVIDIA 合作开发 ZFcoPILOT 驾驶员辅助系统，集成驾驶员预训练算法，持续识别车辆周边环境并监控驾驶员状态，自主处理特定驾驶操作。

国内外自动驾驶汽车产业链企业通过联盟化发展，侧重技术层面和资源获取，提升核心竞争力。中德签署《关于自动网联驾驶领域合作的联合意向声明》，中国企业主导的 5G 自动驾驶联盟，实现关键技术突破，加强核心标准的话语权；大众福特联盟涉及大额资金投入，自动驾驶领域的联盟真正走向落地实操阶段。

2.国内智能网联汽车发展现状

国家各部委明确智能网联汽车为汽车产业转型升级的重点方向之一。国家发改委发布《智能汽车创新发展战略》（征求意见稿），明确发展路线与愿景；工信部发布智能网联汽车产业发展行动计划、道路测试管理规范以及标准体系建设指南，不断优化测试、验证和应用示范环境，并在无锡等地开展 LTE-V 城市级示范应用，初期规划不少于 150 个实际道路测试案例；交通部发布《自动驾驶封闭场地建设技术指南》，加大智能网联汽车研发力度，形成自主、可控、完整的产业链。江苏（无锡）获批车联网产业化先导区，全力打造 2~3 家竞争力和规模水平国内领先的产业集聚区，建设 2 个国家级智能网联检验检测中心，组织实施 5 个 C-V2X 重点示范应用项目，最终实现车联网用户渗透率达到 40%以上。其他省市（北京、上海、重庆、河南等）陆续发布行动计划和战略举措，着手封闭场地测试和地图应用试点，13 个城市发放自动驾驶路测牌照累计 179 张，其中，北京市共计开放了 123 公里自动驾驶测试道路，支持冬奥会和雄安新区车联网应用，北京和上海或将成为智能网联汽车产业发展行动计划的跟进者。

基于智能网联基础技术研发的难度及成本问题，国内车企有效整合资源，加强产业融合性，面向智能网联领域达成战略共识，成立中国智能网联汽车产业创新联盟。联盟覆盖一汽、东风、华为、中兴、清华大学等 287 家企业单位，发布《智能网联汽车产业发展报告（2018 蓝皮书）》，与欧洲汽车与电信联盟达成战略合作，构建创新研究体系。加大智能网联领域的投入，全方位全产业链合资合作愈加频繁。汽车产品作为智能终端目前软硬件成本占比为 1∶9，随着智能化网联化进程逐步加深拓宽，软件的成本及生态占比势必走高。阿里巴巴打造“2038 超级联盟”，发展智能高速公路；启辰联合高德、科大讯飞达成战略合作，建设车联网平台，迈出开放合作、跨界融合的第一步。国内以百度领衔的“Apollo”生态联盟，向汽车行业及自动驾驶领域参与者提供开放的软件平台。百度基于高精度地图数据，助力国内车企（北汽、长城、比亚迪、江淮等）降低自动驾驶开发成本，实现跨国企业技术开发本土化，其全球生态合作伙伴已达 156 家，限定区域自动驾驶已实现量产。

国内 4 家自动驾驶科技公司（百度、纽励、奥特贝睿、知行）2020 年实现 L3 级自动驾驶解决方案商业化落地，普遍集中在相对简单的高速公路场景，极少涉及城市交通拥堵场景和自动泊车，环境感知系统以低成本可量产的毫米波雷达和相机模组为主，以低线束激光雷达为辅。

3.面临的挑战

我国智能网联汽车相关标准尚处于建设初期，标准体系与核心产品标准并不健全，难以满足智能网联汽车快速发展的需求；我国相关法律法规尚未针对自动驾驶汽车做出调整，自动驾驶汽车上高速公路、载人测试、加密审核等受一定法规限制。

道路基础设施的智能化改造需要跨部门协调与跨产业协同，投入产出比不明确。产业链核心环节(操作系统、计算平台等)研发投入比重较低,技术积累不足。数据驱动的开源平台建设对车载信息服务未来发展(数据货币化、网络安全、预测分析和智能基础设施项目)的促进效果显著,国内车企对其重视程度不足。自动驾驶汽车运营、数据采集与应用和测试场地运营还未形成有效的商业模式。智能网联汽车的大规模应用将会带来深刻的社会结构改变,由此产生的伦理道德讨论、社会安全、失业问题等等都将长期伴随智能网联汽车的发展。

二、武汉新能源和智能网联汽车发展条件分析

(一)武汉汽车产业整体发展形势良好

1.汽车产业实现规模和速度的提升,稳居全市第一大支柱产业

“十三五”时期,武汉汽车产业经呈现出速度加快、结构改善、效益提高、后劲增强的良好态势,在激烈竞争中创造了发展优势,在抢抓机遇中培植了发展后劲,为发展新能源和智能网联汽车产业打下了坚实基础。

武汉汽车及零部件产业产值已连续 9 年成为武汉市经济第一大支柱产业(见图 3)。2019 年武汉市汽车整车产量达 154.85 万辆(见表 3),占全国整车产量的 6.02%,汽车产业总产值达 3280 亿元,行业总产值已占到全市工业总产值的 20%以上，是全市工业的重要支撑。虽然从 2018 年汽车产量开始下滑,但“十三五”前四年累计实现产量 691.83 万辆,是整个“十二五”时期的 1.38 倍,总量规模实现了稳中有升的发展趋势。

表 3　2019 年 1—12 月武汉五大整车厂产量产值情况

企业	2019 年 1—12 月产量			2019 年 1—12 月产值		
	产量（辆）	2018 年同期（辆）	同比（%）	产值（万元）	去年同期（万元）	同比（%）
东本	791518	740089	6.95	13500820	11986502	12.63
通用	597537	649658	-8.02	5104000	5482200	-6.90
神龙	67891	178969	-62.07	649525	1326300	-51.03
乘用车	76652	85373	-10.22	880003	771348	14.09
雷诺	13396	47769	-71.96	211039	825899	-74.45
总计	1546994	1701858	-9.10	20345387	20392249	-0.23

备注:以上数据为根据企业反馈数据初步统计。

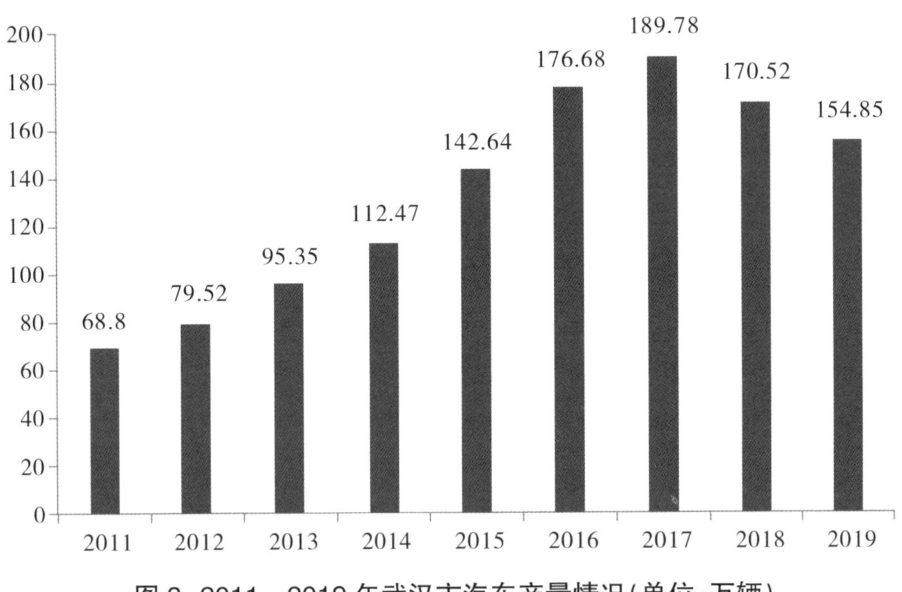

图3 2011—2019年武汉市汽车产量情况(单位:万辆)

2.产业规模不断提升,产业链不断延伸和完善

集群化发展特色显著。武汉市是全国六大汽车产业集群发展城市之一,目前已建立起集研发、测试、零部件制造、总装、销售为一体的汽车产业链。截至2019年底,全市集聚了包括东风本田、上汽通用、神龙公司、东风乘用车、吉利汽车、东风日产六大乘用车整车企业和比亚迪、扬子江、武汉开沃、武汉客车厂四大客车整车企业,拥有车身、发动机、电气设备、底盘等多个领域的零部件企业,生产的产品涵盖了变速箱、底盘、车身、电子、内饰、玻璃等主要零部件。后市场服务建设初显成效,汽车产业链条进一步拓展完善。

整车企业在调整中扩大产能规模。相比“十二五”时期的产能,“十三五“期间各大整车厂均进行了扩产及调整(见表4),东风本田三厂建成并投入,上海通用二期项目投产, 神龙汽车三厂合并, 东风日产武汉工厂投入建设。截至2019年,东风本田形成80万辆的产能且满负荷生产,超过十三五规划的目标产能;上海通用二期投入使用且产能利用率100%,总产能达到60万辆,完成十三五的目标设定;“十三五”以来法系车遭遇前所未有的市场下滑,神龙汽车持续亏损,70万辆的产能2019年仅生产6.79万辆,产能利用率长期处于极低状态运行,面临着生存危机;东风自主乘用车体量较小,仅10万产能已达到规划目标,2019年生产7.67万辆,产能利用率为92%;东风日产目前武汉生产基地正在建设中，规划产能 30 万辆，预计 2022 年投入使用，将在“十四五”期间实现量产。因此，“十三五“期间，主要头部乘用车车企产能总体达标，法系车企艰难生存面临兼并重组，自主品牌份额较小，需打响品牌提高产能。

表 4 武汉市五大整车厂“十三五”与“十二五”产能对比情况表

企业	“十二五”产能（万辆）	“十三五”产能（万辆）	2019 年产能利用率	“十三五”规划产能达标情况
东风本田	48	80	100%	达标
上海通用	24	60	100%	达标
神龙汽车	70	75	6%	未达标
东风雷诺	15	15	9%	未达标
东风乘用车		10	77%	达标

零部件产业供应链发达。2019 年全市已集聚东风格特拉克变速箱、东风鸿泰、湖北东峻集团、法雷奥车灯、东风模具冲压技术公司等汽车零部件企业达 1200 多家，零部件产值约为 1139.34 亿元，其中世界 500 强企业 16 家，在武汉开发区（汉南区）、江夏区、东西湖区和东湖高新区等区域形成了各具特色的零部件密集区，全市零部件产业集群形成，汽车供应链体系较发达。

已成为国内重要的汽车技术研发基地。目前全市已建成一批国际知名企业研发中心、国内一流企业研发中心和行业技术服务机构，如东风汽车公司技术中心、东风商用车技术中心、东风设计研究院、东风汽车股份公司研发院、神龙汽车公司技术中心、东风电动汽车研发中心、法国法雷奥车灯研发中心、康明斯东亚研发中心、汉阳专用汽车研究所、武汉汽车车身附件研究所等，基本形成了汽车研发中心集群，初步具备了自主研发能力。

（二）新能源汽车产业全面加速发展

1.给予政策重点支持

近年来，武汉市高度重视氢能产业发展，将燃料电池汽车产业列入全市“十三五”发展规划和《武汉制造 2025 行动纲要》；按照国家四部委要求，适时调整了武汉市地方新能源汽车有关政策，市政府先后出台了新能源汽车推广应用、产业化发展、加氢基础设施规划建设等方面 3 个政策文件，现正在积极申报国家“燃料电池汽车示范城市”。

2.产业和技术已具备较强实力

“十三五”期间，全市已形成新能源汽车整车、先进技术、零部件协调发展的产业集群。整车方面，东风乘用已实现量产，2018 年东风乘用车生产新能源乘用车销量约 8200 辆，产值约 15 亿元，上汽通用、神龙汽车、东风本田均于 2019 年投产新能源车型，吉利 20 万产能的新能源汽车工厂在建，比亚迪、扬子江、武汉开沃、武汉客车四大客车整车企业 2018 年生产新能源客车共生产 1600 余辆，产值约 15 亿元，目前四大客车企业新能源汽车项目正逐步扩产。截至 2019 年底，新能源汽车推广应用规模达 8.1 万辆，全市有近 2600 辆公交为电动车，约占总量三分之一。零部件配套方面，全市已有新能源汽车电池配套企业 16 家，电机电控配套企业 6 家，已拥有较为完善的新能源汽车核心零部件配套产业链。

氢能汽车是武汉新能源汽车产业的重点发展方向，目前全市已集聚了 30 余家氢能产业重点企业和科研院所，具备了制氢、氢气储运，燃料电池膜电极、电堆等核心零部件，整车示范应用等产业链资源。中汽研汽车检验中心建设的国家新能源汽车质量监督检验中心（武汉）正式获得授权证书，填补了全市新能源汽车行业国家级检测中心的空白。

3.基础设施建设正稳步推进

武钢气体、中韩石化、葛化集团已具备制氢供氢能力，武汉氢阳公司专注于“常温常压储氢技术”的研发，已完成液态有机储氢技术产业化中试实验。

2018 年，全市加氢站实现零的突破，目前全市已建成加氢站 4 座，分别是武汉开发区薇湖西路加氢站（武汉雄众）、东湖开发区中极加氢站（资环工研院）、武汉开发区智慧生态城加氢加气合建站（湖北众氢）和东西湖区常温常压试验站（武汉氢阳）。

4.示范推广应用走在全国前列

武汉市燃料电池汽车推广应用规模达 57 辆，其中，燃料电池公交车 23 辆（整车武汉开沃，燃料电池系统雄韬股份、资环工研院），燃料电池通勤客车 31 辆（整车东风襄旅、厦门金旅，燃料电池系统上海重塑、众宇动力），燃料电池轻型物流车 3 辆（东风襄旅），世界首台常温常压液体有机储氢燃料电池物流车也在武汉市正式示范运营。其中，31 辆燃料电池通勤车，车载氢气量 16 公斤，最高行驶里程 300 ~ 350 千米；当前，车辆每天行驶里程平均 100 千米。23 辆燃料电池公交车，车载氢气量 18 公斤，最高行驶里程 350 ~ 400 千米；当前，车辆每天行驶里程平均 300 千米。

（三）智能网联汽车产业化正加速推进

1.政策支持持续发力

武汉抢抓国家工信部与湖北省政府合作开展“基于宽带移动互联网的智能汽车与智慧交通应用示范”的重大机遇，大力推进“国家智能网联汽车（武汉）测试示范区”建设，全力推动传统汽车产业向下一代汽车转型升级。

2019 年 9 月 22 日，国家智能网联汽车（武汉）测试示范区揭牌，封闭测试场一期建成投用，全国最大、全长 28 千米的基于 5G 技术 V2X 车路协同系统全覆盖的智能网联汽车开放测试道路建成，公交车、环卫车、出租车、物流车等多种车型自动驾驶场景同时开放使用。同时，武汉市印发了《武汉市智能网联汽车道路测试和示范应用管理办法（试行）》，明确了开放测试道路路段和第三方专业管理机构，分批次对东风股份、东风商用车、百度、深兰、仙途等公司 36 辆车进行了评审，已发放智能网联汽车道路测试牌照 25 张，其中示范应用牌照 7 张，在全球范围内率先实现了智能网联汽车道路测试车辆载人载物商业化试运营。

2.具备较强的关键技术研发实力

武汉市在智能安全辅助驾驶、高精度地图、北斗定位、地理空间信息技术、互联网、通讯、智能交通等智能网联汽车的关键支撑技术领域具有较强的技术基础。武汉市于 2014 年建立了中国光谷汽车电子产业技术创新战略联盟（以下简称 CECOV 联盟），由光庭公司联合国内外汽车厂商、零部件供应商和科研院所组建。光庭公司依靠自身高精度地图优势，结合雷达及北斗导航自主研发出智能辅助驾驶系统。

武汉市在北斗卫星导航定位服务领域具有显著的技术和市场优势，2011 年建设完成湖北省连续运行卫星定位服务系统（HBCORS），湖北省测绘局、武汉大学等单位于 2013 年联合完成了中国首个北斗卫星导航地面增强网——北斗地基增强系统湖北示范项目，目前正加快对北斗车载智能芯片和导航终端的研发，力争达到毫米级精度定位。长通智联公司通过“互联网+北斗”的深度应用，形成了 20 多项相关专利，并获得了中国卫星导航与位置服务行业“北斗行业应用示范奖”。

3.产业融合格局初步形成

武汉的信息和软件产业处于中部领先地位，光谷软件园聚集了上千家软件企业和10多万软件工程师，为软件研发提供了人才保证。目前，武汉市整车企业和电子信息企业、互联网企业已经在智能网联汽车领域开展合作。中国电动汽车百人会联合全国82家自动驾驶领先技术创新企业，在武汉开发区成立“自动驾驶城市示范与产业协同创新联盟”，联盟成员包括戴姆勒、宝马、东风、一汽、上汽、吉利、蔚来等车企，以及华为、腾讯、滴滴、小马智行、驭势科技、图森未来等通信、新能源、人工智能、互联网创新企业。

2019年8月，国家新能源汽车质量监督检验中心落户武汉，来自瑞士的世界顶尖检测认证机构——SGS武汉公司也已迁入沌阳民营工业园。

（四）面临的困难与不足

1.关键零部件研发和产业化的整体布局有待制定

武汉市拥有东湖新技术产业开发区这一全国最大最具实力的光电子产业生产和研发基地，拥有国内最大的光电子信息产业集群，在部分智能网联汽车关键零部件领域具备良好的技术和产业基础。但目前对这些技术基础和条件尚未进行充分发掘和有效整合，没有制定能够充分发挥武汉市技术储备和研发优势，进而驱动形成一批重点零部件自主研发和生产体系的整体发展战略。相较于发达国家和国内部分领先地区而言，武汉市信息产业与汽车产业的融合尚停留在较浅层次，光电子信息生产和研发企业大多未能服务于汽车零部件的研发和产业化。已有智能网联汽车相关零部件企业的规模仍然偏小，协同研发机制尚未建立，行业合力没有形成。

2.测试评价及标准法规制定能力有待提升

整车及零部件试验检测、标准制定方面的既有资源不足。目前，武汉市仅有中汽中心汉阳专用汽车研究所的整车及零部件检测基地一家公共服务平台，在全市范围内尚无汽车整车试验场。位于襄樊市的整车汽车试验场在地理上与武汉市相距较远，给整车厂试验检测带来不便，增加了试验检测成本。

参与智能网联汽车国内、国际标准法规制定工作的实力尚显不足。智能网联汽车的标准和相关法律法规的制定工作需协同汽车、信息、通信、交通、法律等多个行业和领域共同进行。而武汉市目前在具有国际视野，具备跨专业、跨行业背景与能力的人才队伍建设方面存在较为明显的不足，难以积极参与国内外智能网联汽车标准及法规制定工作，不利于武汉市掌握智能网联汽车的核心技术话语权。

3.产学研协同创新的机制有待形成

武汉市拥有雄厚的汽车工业基础、优势的科研实力和丰富的人才资源，在传统汽车、新能源汽车等研发和产业化过程中形成了良性的产学研互动机制，建立了产学研紧密结合的创新体系。但面对智能网联汽车这一新兴的技术和产业方向，产、学、研各方协同参与的智能网联汽车创新及产业推进机制尚未明确。本地高校和研究机构在培养适应智能网联汽车研发需求的跨专业人才方面的力度尚显不足，区域内尚未设立跨学科、跨行业、跨机构的综合性研究机构以应对智能网联汽车研发所带来的挑战。区域内主要整车企业、零部件企业、高校、研究机构在智能网联汽车相关领域也还未开展深入和有效的协同创新合作，产学研结合的创新体系有待形成，技术人才体系尚未建立。

三、武汉新能源和智能网联汽车发展的路径选择

（一）推进汽车产业技术创新升级

1.加快推动产业关键共性技术突破

积极推动智能网联汽车专用技术研发。开展复杂系统体系架构、复杂环境感知、智能决策控制、人机交互及人机共驾、车路交互、网络安全等基础前瞻技术研发，重点突破新型电子电气架构、多源传感信息融合感知、新型智能终端、智能计算平台、车用无线通信网络、高精度时空基准服务和智能汽车基础地图、云控基础平台等共性交叉技术。建立健全智能汽车测试评价体系及测试基础数据库。重点研发虚拟仿真、软硬件结合仿真、实车道路测试等技术和验证工具，以及多层级测试评价系统。构建面向智能网联汽车海量数据交互和多样化应用的基础数据交互平台，推进智能网联汽车信息安全体系建设。

加快推进新能源汽车专用技术研发。突破新能源汽车的驱动电机及其控制系统、TRE 涡轮增程发电系统、专用底盘、电驱动机械式自动变速器、电动助力转向系统、电动汽车整车控制器等动力及关键零部件技术瓶颈，推动电机及其驱动控制系统产业化、电驱动机械式自动变速器产业化、电动汽车整车控制器产业化和动力系统集成产业化。突破新能源汽车动力电池的系列核心技术，推进新型动力锂电池关键技术研发与产业化、电池成组技术攻关及产业化、锂电池动力电池管理系统研发及产业化。建立镍氢电池、锂离子电池、氢燃料电池研究实验室，鼓励有实力的企业同科研机构开展氢燃料电池堆、发动机及关

键材料、生产工艺的技术研发。

2.加强关键零部件技术研发和项目实施

充分发挥武汉市在红外传感、车载激光雷达、车载视觉、协同精密定位定姿、驾驶机器人等领域的研发优势，重点支持武汉市相关企业和高校、研发机构在上述零部件技术领域展开联合技术攻关，建立具有自主知识产权的五大关键零部件研发体系，为武汉市培育具备国际领先水平的智能网联汽车核心零部件企业、构建核心零部件配套体系奠定技术基础。

推动红外热成像技术与智能网联汽车融合发展，鼓励相关红外技术企业不断创新，开发低成本自动驾驶红外热成像终端，提高视觉感知系统的清晰度、可靠性和抗干扰性。推动车载激光雷达技术的突破，开展大视场微型化激光探测技术研究，激光雷达测距算法、激光雷达三维成像算法攻关，提高复杂工况下车载激光雷达的识别率、可靠性、实时性，研发小型化、低功耗的车载激光雷达产品，大力实施成本控制。

推动视觉传感器及车载视觉系统关键技术的突破，围绕车载视觉传感器器件设计与研发、视觉传感器标定技术、车载视觉系统集成技术、视觉图像处理技术、视觉匹配与障碍物检测技术、视觉定位与三维重建技术开展研究。研究城市复杂环境中遮挡条件下智能网联汽车精密定位定姿技术，突破全球卫星导航系统（GNSS）、惯导、视觉、CAN 总线、激光扫描、毫米波雷达等多源信息融合定位定姿技术。

推动自动驾驶决策及其终端产品形态：驾驶机器人的研发，突破驾驶行为深度学习、复杂工况下的大数据融合和数据挖掘、自动驾驶的模拟控制和模拟学习，以及云端机器人与车载机器人协同驾驶等关键技术瓶颈。

瞄准新能源汽车动力电池与电池管理系统、电机驱动与电力电子总成、燃料电池动力系统、插电 / 增程式混合动力系统和纯电动力系统等产业价值链高端环节进行任务部署，积极开展补链工程。以氢能产业园为载体，以武汉众宇燃料电池研发生产基地、氢雄燃料电池项目等重点项目为支撑，支持动力电池、正负极材料、电解液、燃料电池电催化剂、燃料电池包及膜组件、制氢运氢储氢等一批新能源汽车关键零部件产业化项目落户。

3.构建产业关键技术创新平台

推动产学研深度合作。围绕汽车发展领域的市场需求，发挥东风公司等行业骨干企业的主导作用和高等院校、科研院所的基础作用，以探索新型产学研融合的前沿研究和技术创新融通体系为切入点，推动双方在前瞻性原始创新、破解关键核心技术难题、提速科技成果转化、催生科学发展新动能、建立高端人才共建共享新机制等方面，开展广泛、深入、多层次的合作，促进战略合作成果落地，并逐步构建汽车前瞻技术联合研究院，共建汽车产业发展创新生态。

搭建关键技术研发平台。聚焦行业关键共性技术研发，重点突破产业化过程涉及的核心工艺、专用材料与设备、标准和检测等短板弱项，提升服务行业企业能力。引导汽车、能源、交通、信息通信等跨领域合作，建立面向未来出行的汽车与智慧能源、智能交通融合创新平台，联合攻关基础交叉关键技术，提升汽车及关联产业融合创新能力。

建设汽车技术创新研发基地。支持建设东风车联网试验场和行业领先的大数据中心，申请建立国家级新能源汽车及零部件工程创新中心，建设氢燃料电池动力系统工程技术研发中心。支持东风公司与武大共建东风出行联合实验室、大数据 AI 联合实验室、创新电驱动联合实验室、新一代电子电器架构联合实验室、Sharing-X 移动技术服务平台联合实验室，支持东风公司与腾讯公司共建联合创新实验室。

（二）加快推进新能源及智能网联汽车产业化步伐

1.着力推动智能网联汽车整车产业化

加快提升商用、专用车辆的智能化、网联化技术水平，加速培育和壮大智能网联商用车、专用车整车生产能力，在商用车、专用车部分率先实现具备 1 级和 2 级自动驾驶水平智能网联汽车的产业化和市场推广运营。推动整车企业与互联网企业合作，培育和扩大具备 1 级和 2 级自动驾驶水平的智能网联汽车乘用车生产能力，加快推进智能网联汽车乘用车产业化。

2.积极推进新能源汽车整车产业化

重点支持骨干整车企业开发小型纯电动乘用车、紧凑型纯电动乘用车、插电式混合动力乘用车共用车型平台，混合动力商用车动力系统共性平台以及燃料电池汽车技术研发和产品平台，推动混合动力、纯电动、燃料电池客车及环卫车、工程作业类专用汽车、特定用途专用车产业化。引进和培育氢燃料电池汽车及氢能利用产业的企业，完善上下游产业链。建立健全运输仓储、维修保养、安全检验、报废退出的动力电池全生命周期产业服务体系和监管制度。

3.加速建设汽车产业发展服务平台体系

搭建新能源及智能网联汽车创新设计平台，引进世界知名汽车设计公司，汇聚世界汽车工业设计资源，设立汽车工业设计园区，驱使武汉成为全球新能源及智能网联汽车展乃至汽车产业设计创新重要策源地之一。建设新能源及智能网联汽车资本平台，面向全球新能源及智能网联汽车产业相关的初创期企业，进行种子轮、天使轮、Pre-A 轮的投资；作为投资及整合新能源及智能网联汽车产业的平台，参股或收购新能源及智能网联汽车行业内发展潜力大、产业带动强的企业。

（三）推进新能源及智能网联汽车产业基础设施建设

1.全面规划建设智慧路网基础设施

以建立健全完善的智能网联应用支撑环境为目标，逐步形成成熟的智慧路网体系。鼓励相关技术产品、设备、设施的研发，推动技术成果的转化，加快形成协同精密定位、宽带移动互联、V2X 协同、多源信息采集和感知、智能化交通控制等智慧路网的基础设施体系，构建人—车—路—云一体化的协同环境。

2.建设智慧路网信息化平台

推进交通基础设施、运输工具、运行信息等互联网化，实现交通信息互通。采用先行示范、逐步推广的方式，推动驾驶自动化、设施数字化和运行智慧化。结合北斗卫星导航系统应用，构建智能网联汽车交通控制网络，服务于智能网联汽车。强化交通有效引导和监管，推动驾驶自动化、设施数字化和运行智慧化，建设支撑智能网联汽车推广应用的新一代交通控制网。

3.营造新能源汽车良好使用环境

加快充换电基础设施建设。合理布局充换电基础设施，依托泛在电力物联网提升智能化水平，加快形成慢充为主、应急快充为辅的充电网络，鼓励开展换电模式应用。引导充电基础设施相关方联合开展建设运营，支持居民区多车一桩、相邻车位共享等合作模式。鼓励充电场站与商业地产相结合的发展方式，在充电资源稀缺区域建设智能立体充电站，提升公共场所充电服务能力，拓展增值服务。

有序推进加氢基础设施建设。因地制宜开展工业副产氢及可再生能源制氢技术应用，加快推进先进适用储氢材料产业化。开展高压气态、低温液态及固态等多种形式储运技术示范应用,探索建设氢气运输管道,逐步降低氢燃料储运成本。引导企业根据氢燃料供给、消费需求合理布局加氢基础设施。支持利用现有场地和设施,开展油、气、氢、电综合供给服务。

(四)推进新能源及智能网联汽车产业标准体系建设

1.积极参与国家新能源与智联网联汽车行业标准法规的建设和制定

确定新能源与智能网联汽车的技术范畴、技术分类、标准制定路线、测试标准、车辆标准,对接全国汽车标准化技术委员会和相关分委员会或工作组及相关国际标准化组织,完善相关工作机制,积极参与构建包含测试标准、产业标准的新能源与智能网联汽车国家和行业标准体系，着力打造具有武汉地方特色的地方标准体系。积极参与相关国际标准的制修订工作。

2.制定智慧路网基础设施建设标准规范

发挥武汉在中部地区的积极作用，与国内其他省市建立常态的深度合作和沟通渠道,开展智能网联汽车应用专项基础设施研究,分析智能网联汽车在行驶、养护、停车管理、交通管理、公共交通服务、城市管理等方面的特点,积极参与智慧路网基础设施建设相关的设计标准、建设规范的制定工作。

(五)推进新能源与智能网联汽车示范运营和推广应用

1.开展智能网联停车商业化示范运营

开展智能停车设备的创新研究，加速智能停车设备厂商新技术的商用及落地,推动自动远程控制停车系统研发,初步实现市场应用。搭建武汉市路内路外互联互通、信息共享、停车诱导、车位及充电设施预定和共享、支付便捷等符合智能网联汽车停放需求的服务平台。

2.促进新能源与智能网联汽车推广应用

组织开展新能源与智能网联汽车进公共服务领域、进公务领域等活动,加大新能源与智能网联汽车在城市公交、出租汽车、市政环卫等领域的推广应用力度。推进现有公交线路基础设施的改造升级,在特定区域开展智能驾驶公交示范运营,不断提升运营和管理水平,逐步扩大智能驾驶公交示范运营规模。在东湖新技术开发区、智能网联汽车示范区等区域,探索开放自动驾驶车辆上路牌照,逐步扩大试点车辆数量和试点范围。

3.构建智能绿色物流运输体系

推进新能源与智能网联汽车在城市配送、农村物流和铁路港口机场短驳等领域应用。开展港口集疏运通道、高速公路等场景下的自动驾驶物流车辆编队运行。推广模块化运输、单元化物流、无人物流等新模式应用,打造安全高效的物流运输服务新业态。

四、加快武汉新能源和智能网联汽车发展的对策及建议

(一)加速跨界融合,构建新型智慧产业生态

坚持跨界融合、开放发展,以互联网与汽车产业深度融合为方向,加快推进智能制造,推动出行服务多样化,促进汽车产品生命周期绿色化发展,构建泛在互联、协同高效、动态感知、智能决策的新型智慧生态体系。

一是积极推动国家级"光谷"和"车谷"的融合发展。推进数字工厂、智能工厂、智慧工厂建设,融合原材料供应链、整车制造生产链、汽车销售服务链,实现大批量定制化生产。引导企业在研发设计、生产制造、物流配送、市场营销、售后服务、企业管理等环节推广应用数字化、智能化系统。促进汽车、电子信息和智能制造领域龙头企业、创新企业之间的跨界融合和颠覆式创新,推进下一代汽车技术、电子和通信网络技术融合发展。

二是搭建平台,不断优化新能源和智联网汽车产业发展生态。构建第三方新能源汽车和智能网联汽车产业公共服务平台,提供信息技术资源、行业标准、设备与公共测试资源等共享平台服务。支持汽车制造企业、科研院所、工研院等各类创新平台有机协作,良性互动,推进关键核心技术产业化,形成产学研用一体化的新型创新体系。积极培育汽车共享出行领域的独角兽企业,促进全市新能源汽车融资租赁服务平台公司的发展,打造为分时租赁与网约车、物流车平台服务的融资租赁平台公司,支撑分时租赁、网约车、物流车运营平台公司轻资产运营,支持构建全市新能源汽车产业发展生态。重点攻关汽车专用制造装备、工艺、软件等关键技术,构建可大规模推广应用的设计、制造、服务一体化示范平台。

三是积极倡导全生命周期绿色发展理念。推动建立贯穿产品全生命周期的协同管理系统,推进设计可视化、制造数字化、服务远程化,满足个性化消费要求,实现企业提质增效。以绿色发展理念引领汽车产品设计、生产、使用、回收等各环节,促进企业、园区、行业间链接共生、原料互供、资源共享。制定发布汽车产品生态设计评价标准,建立统一的汽车绿色产品标准、认证标识体系。依托现有资金渠道,按规定支持汽车制造装备绿色改造,推动绿色制造

技术创新和产业应用示范。推进汽车领域绿色供应链建设,生产企业在设计生产阶段应采取环境友好的设计方案,确保产品具有良好的可拆解、可回收性。落实生产者责任延伸制度,制定动力电池回收利用管理办法,推进动力电池梯级利用。

(二)激发企业活力,打造国际领军车企

严格质量控制,加强品牌培育,推进企业改革,培育具有国际竞争力的领军企业。

1.增强新能源汽车和智能网联汽车企业产品综合竞争力。引导汽车企业加强可靠性设计、试验与验证技术开发应用,构建包含前期策划、中间监管、售后反馈的质量管理闭环系统,制定和完善产品质量标准体系,完善质量责任担保机制,发挥认证检验检测高技术服务业作用,健全全生命周期的质量控制和追溯机制。引导企业实施质量提升计划,以全面提高服务水平为突破口,以降低汽车故障率和稳定达标排放为工作目标,充分利用互联网、大数据等先进技术,建设汽车质量动态评价系统,持续提升产品品质和服务能力。

2.激发企业发展活力。稳妥推进混合所有制改革,通过市场化手段和多种模式,实现国企和其他非公有制企业在产能、渠道、投融资等方面的合作。充分发挥社会监督机制作用,落实政府投资责任追究制度,引导民营资本、新兴科技企业等依法合规进入汽车领域。

3.打造龙头车企。支持一批优势特色企业做大做强,成为具有较强国际竞争力的汽车领军企业,积极培育具有技术创新优势的零部件、连锁维修企业、汽车咨询服务企业成长为汽车“小巨人”。支持以企业为主导开展国内外有序重组整合、企业并购和战略合作。

(三)深化开放合作,提高国际发展能力

坚持把国际化发展作为新能源汽车和智能网联汽车产业可持续发展的重要保障,健全服务保障体系,提升国际化经营能力,加强国际合作,加快融入全球市场。

1.加快“走出去”步伐。引导新能源汽车和智能网联汽车企业树立国际化发展的战略理念,制定国际化发展战略。深化境外投资管理改革,搭建“新能源汽车和智能网联汽车产业国际合作绿色通道”。抓住“一带一路”建设、国际产能合作等机遇,加大力度开拓国际市场。鼓励优势企业选择差异化发展路径,逐步从出口贸易为主向投资、技术、管理等深度合作模式转变,实现产品、服务、技术和标准协同“走出去”。支持整车企业协同零部件企业选择重点发展地区建设汽车产业园区,形成科学布局、联动发展的产业格局。推动国内品牌汽车与国际工程项目“协同出海”。

2.健全国际化服务体系。鼓励武汉市汽车行业组织推动建立“新能源汽车和智能网联汽车产业海外发展联盟”,着重培育包括政策法规、知识产权和认证等领域的系统性服务能力。整合国内外资源,推动行业企业自主设立新能源汽车和智能网联汽车产业海外发展基金,联合相关国家和地区政府与社会资本,打造多维度、市场化资金保障体系。鼓励在汉银行业金融机构建立适应本地汽车企业境外发展的信贷管理和贷款评审制度,加快建立多层次汽车产业境外投资担保体系。促进国内金融和保险机构跨境服务体系建设,探索在海外开展汽车融资租赁和相关保险业务。加大对发达国家尤其是“一带一路”国家和地区标准、认证和检验监管等制度研究,有效破解国际贸易壁垒。整合国内资源,促进中外政府汽车质量安全监管制度交流与合作,完善平行进口等多种贸易方式汽车监督管理。

3.提高国际化经营能力。充分发挥国家、省、市现有政策的引导作用,鼓励和支持企业开展跨国合作,充分利用国际优势资源在汉设立新能源汽车和智能网联汽车研发中心,推动产业合作由加工制造环节为主向合作研发、市场营销、品牌培育等产业链高端环节转移。鼓励多投资主体共建共享国际营销渠道,创新营销模式,打造独立经销品牌。加强与汽车产业相关国际机构、组织的交流与合作,鼓励行业中介机构积极组织重点企业、高等院校等会同国际组织申请全球环境基金等绿色发展应用示范项目,建设新能源汽车分布式利用可再生能源的智能示范区,探索新能源汽车与可再生能源、智能电网的深度融合和协同发展的商业化推广模式,形成可在全球复制推广的经验和样本。

4.提高国际合作水平。继续扩大对外开放,鼓励利用外资及引进相关先进技术和高端人才,加强与国外企业的战略合作,全面提高合作水平。加强政策引导,促进合资合作品牌与中国品牌共同发展,共同开拓国际、国内两个市场。鼓励合资合作企业加大研发投入,提高本地化开发车型比例。鼓励合资合作企业与内资企业加强技术和人才交流。鼓励外资、民营企业参与行业兼并重组,支持民营企业与海外跨国公司开展合资合作，通过参股、并购、联盟等形式，提高国际化水平。

（四）加大政策支持，营造产业发展环境

一是设立奖励补贴政策。创新发展理念，研究出台促进新能源汽车和智能网联汽车发展的奖励政策，新能源乘用车整车生产企业以当年平衡新能源积分所需的新能源汽车产量为基准，新能源客车整车企业以上一年度产量为基准，增量部分给予奖励支持。氢燃料电池汽车整车企业按照“百、千、万”的年产销规模，分别给予奖励支持。加大新能源汽车推广应用财政资金补贴向基础设施建设运营方面的倾斜，鼓励和引导社会机构以市场化模式推进充电基础设施和加氢站建设。鼓励国家级开发区先行设立区级新能源汽车示范运营财政资金，率先分别设置燃料电池汽车商业运营示范区，开展示范运营。建议政府在出租车、移动出行等领域，优先采购当地生产的新能源车型，并给予当地车企一定的补贴。

二是加大财税金融支持。积极争取国家科技计划（专项、基金等）支持武汉市在新能源汽车和智能网联汽车前沿技术、共性关键技术的研发。鼓励新能源汽车和智能网联汽车企业加大研发投入，全面落实消费税、车辆购置税等税收政策。积极发挥政策性金融和商业金融各自优势，加大对新能源汽车、智能网联汽车等重点领域的支持力度。组建500亿级规模的新能源汽车产业基金，专门用于新能源汽车产业培育和项目引进。

三是建立汽车产业重大项目直通车制度。对于武汉市整车企业及项目建设发展面临的重大问题，采取“一事一议”“一企一策”，为龙头企业提供专项支持。鼓励各区、各部门在新能源汽车及零部件、基础设施建设运营、产业培育引进等方面，勇于创新、敢于“试错”，制定出台适合本区域汽车及零部件产业发展的差异化政策措施。

四是积极争取国家层面的支持。争取给予武汉市车企增值税和消费税减免、消费者购买汉产企业购置税减半，在汽车产业推进智能制造、产业技术改造、扩大产能等方面给予专项支持，降低2021—2022年度武汉市新能源汽车积分比例要求标准。在新能源汽车和智能网联汽车相关项目安排上给予适度倾斜。

五是加强人才队伍建设。加强对新能源汽车和智能网联汽车人才队伍建设的统筹规划和分类指导，开展新能源汽车和智能网联汽车领域人才培养及管理模式等专项研究，健全人才评价体系，完善人才激励机制，优化人才流动机制，改善人才生态环境，构建具有国际竞争力的人才制度。加强新能源汽车和智能网联汽车学科专业建设，强化职业教育和技能培训，搭建普通教育与职业教育的流动通道，着力培养科技领军人才、企业家、复合型等紧缺实用人才队伍，实现培养与产业需求的精准对接。构建和完善各类人才数据库，指导人才合理流动和定向培养。实施积极开放、有效的人才引进政策，促进国际化人才培养。

作者单位：武汉发展战略研究院

武汉市“十四五”两业融合发展研究

沈 明

一、两业融合的基本内涵

先进制造业与现代服务业融合，是以大企业、骨干企业为主体，以需求为导向，基于大数据、云计算、物联网、移动互联网、人工智能等新一代信息技术，通过制造业服务化和服务业制造化等路径，延伸和提升价值链，实现从生产型制造向服务型制造转变的过程。生产性服务业发展依靠制造业提供有效资源支持，制造业转型升级也依赖更有效率的生产性服务，二者唯有形成良好的融合机制才能构建完善的生态经济群落、提升区域整体竞争力。

两业融合一般遵循三个基本逻辑:一是工业化中后期，制造业与服务业各领域普遍出现融合发展趋势；二是在技术进步和业态创新推动下，两业融合层次不断加深，从浅层次融合向一般性协作、深度融合递进。其中，新兴产业、技术密集制造业和服务业部门之间最容易发生融合；三是两业融合是以产出融合和投入融合为基本路径。对处于不同工业化发展阶段的国家和地区，制造业与服务业融合的程度、方式有显著区别(见表 1)。

表 1 制造业与服务业融合的不同层次

融合路径	浅层次融合	一般性协作	深度融合
产出融合	提高产品零部件可靠性，促进多样化与多元化	提供售后支持、个性体验、产品设计、金融服务等增值服务	实现制造业与服务的总集成和一体化整合
投入融合	制造业内部提供简单服务要素	专业的生产性服务业剥离出制造企业	制造业和服务业重新整合和一体化发展

产出融合:产出融合是指制造企业向市场提供产品由单纯的实物,或者实物与少量附加服务向以制造产品和服务融合的“产品包”转变。产出融合是目前制造业与服务业融合最普遍、最直接的方式。

投入融合:投入融合发生在制造业价值链支撑环节,以及供应链、售前售后等基本环节,服务要素参与到制造业价值链中促进制造业转型升级。早期阶段,制造业对服务要素需求较少,一般由制造企业内的部门提供。随着产业发展,特别是企业规模增大,服务要素供给需要更强的专业性,更大的人才和资金投入,生产性服务业逐渐从制造业中剥离出来。目前,投入融合进入新的整合和一体化发展阶段,服务要素竞争力对制造业的支撑作用会更加显著。

二、两业融合的重点领域

随着工业化推进,我国制造业和服务业融合趋势在不断增强。家电、汽车、通讯设备、消费电子、工程机械等产业率先出现不同程度的服务化转型。设计、研发、实验等专业化服务,检验检测、设备维修、部件定制、工程总承包、交钥匙工程(EPC 工程)[①]、整体解决方案、第三方物流、供应链管理优化等是当前两业融合的重点领域。同时,两业融合催生的新业态成为制造企业竞争力提升的重要来源。例如海尔提出将逐渐由制造企业向服务企业转型,重点做好研发和渠道服务。陕西鼓风机集团已发展成为冶金、石化、煤化工、电力、环保等行业提供大型动力装备系统问题解决方案的集成商和系统服务商,是我国装备制造业服务化发展的标杆。一汽、宝武钢铁等大企业集团在原有信息化部门基础上,成立独立运作的专业服务公司,出现了一汽启明、宝钢宝信、武钢自动化、东风东浦等一批制造服务企业,在研发、金融、物流等领域开展社会化服务,成为新增长点。

三、国内外经验总结

一是建立以“客户为中心”的制造服务业。自 20 世纪六七十年代,发达国家就大力推动制造业企业向服务价值链延伸。为在新一轮产业和技术革命中抢占先机,近年来发达国家纷纷制定先进制造发展战略,推动工业互联网、工业云、移动 O2O 等新型生产组织方式提升工业设备、生产过程、产品和用户数据的感知、传输、交互和智能分析的能力,为制造企业实现产品全生命周期的实时动态

①交钥匙工程(EPC 工程),是发达国家跨国公司向不够开放的发展中国家投资受阻后发展起来的一种非股权投资方式,指项目承包方负责项目的设计(E)、供货(P)及施工(C),直至试运行合格后,将项目移交业主方,也就是最终是交给业主一把插入项目就能够运行的钥匙,业主接手后就能够直接进行正常生产。

控制与管理提供了技术支撑。

二是加强制造业服务化发展的标准和规范建设。发达国家一般不通过经济或行政手段直接干预产业发展，而是加强对标准和规范建设来支持和引导制造业服务化发展。如美国建立了营运模式共创与知识交流的平台,用以向企业推广制造业服务化运作模式。日本政府构建了多种与企业相关的认证体系，通过组建行业协会来加强和完善制造业服务业市场的管理。

三是开展两业融合的试点示范和载体建设。广东省围绕打造世界先进制造业和现代服务业基地的目标,重点推进由“广东制造”向“广东创造”和“广东服务”转型。浙江省率先组织开展了现代服务业与先进制造业深度融合的试点,通过试点产业集群、试点企业来示范引领全省两业融合发展。上海通过打造一批产业集聚度高、特色鲜明的生产性服务业功能区,提高生产性服务业比重,增强与先进制造业的融合能力。目前上海已形成40家生产性服务业功能区,生产性服务业占服务业比重达到60%,逐步接近发达国家水平。

四、武汉两业融合特征分析

两业融合率先出现在家电、汽车、通讯和消费电子等领域,武汉市相关产业主要分布在武汉东湖高新区和武汉经开区，这两个国家级开发区两业融合发展条件最优越、趋势最明朗,对分析武汉两业融合特征和问题具有典型代表意义,本文以武汉市东湖高新区为例展开分析。近年来武汉东湖高新区生产性服务业发展势头十分良好,逐步形成了以信息传输、软件和信息技术服务业,科学研究和技术服务业为主干,租赁和商务服务业、交通运输、仓储和邮政业,金融业协调发展的五大支柱产业,能够代表武汉生产性服务业发展最高水平。制造业发展上,东湖高新区拥有“光电子信息产业、生物医药产业、节能环保产业以及高端装备制造业”四大优势产业,其中光电子信息产业和高端装备制造业规模最大、发展最快,税收贡献最大,两大产业产出产品占总产品的44.7%和22.84%。

(一)融合方式多样化

一是分工逐步趋向专业化。武汉烽火信息技术集成有限公司负责烽火科技集团的软件及系统集成业务，原来内化于制造企业中的生产性服务成为独立的生产性服务公司。由原国网武汉高压研究院整合重组的武汉南瑞有限责任公司也发展成为专业从事智能电网输变电产品研发、设计制造和工程服务为一体的高新技术企业。

二是注重价值链有效整合。武汉市东湖高新区借助一流地球空间信息及服务创新产业集群,通过应用位置信息在移动互联网增值服务、物联网应用感知环节,构建了由地球空间信息数据获取、数据处理加工与运营服务和系统集成及应用服务于一体的完整产业链。

三是借助产业集聚构建生态群落。物流领域,武汉市东湖高新区凭借中西部最重要的物流支撑平台,融合了信息技术与物流、医药物流、冷链物流等物流支撑平台,为高端装备、医疗器械、清洁能源装备等制造业发展提供重要的产品流通渠道。

四是共生融合模式多样。武汉市东湖高新区内涌现出多种共生模式,制造业发展到一定阶段衍生出生产性服务业,生产性服务业反向推动制造业进一步创新升级,形成良性互动发展机制(见表2)。

表2 武汉市东湖高新区生产性服务业和制造业共生模式

模式类型	表现形式举例
中心型	处于模型核心地位的企业周围吸附若干小型的服务企业,核心企业把非核心资源外包给服务企业。比如武汉中旗生物医疗电子有限公司物流服务主要外包给周围的国药物流中心、大成物流、韵达和中铁物流等服务企业
金字塔型	重视合作和长期关系。企业间形成长期信赖关系,交易对象也倾向固定化。比如武汉爱机汽车配件有限公司金融业务长期固定在信赖度较高的日资银行,物流服务指定在中铁移动,仓储服务主要合作伙伴为本田贸易
嵌套型	强势中心管理机构和独立进行R&D、制造、销售、服务或其他关键业务的经营活动的企业所组成的战略联盟。比如武汉市东湖高新区组建光纤接入、激光、武汉地球空间信息、半导体照明、集成电路、红光高清等产业战略联盟,在技术攻关、产业协同方面发挥积极作用

(二)融合内容多角度

制造业发展到高级阶段,对资金、人才、信息和技术等创新要素有更高要求,与现代服务业的融合主要集中在资金、渠道、信息、技术和人才等五个方面,分别对应金融业、交通运输、仓储与邮政业、租赁和商务服务业、科学研究和技术服务业以及信息传输、软件和信息技术服务业。在技术融合上,东湖高新区积极促进科技服务业开放发展,已形成全方位、多层次、宽领域的科技服务网络体系。依托区域科技资源优势和龙头企业,吸引国内外研发机构、设计机构入驻武汉市东湖高新区,积极引进跨国公司、龙头企业研发中心及知名大学、科研院所等入驻。人才方面,雄厚的科教资源为武汉两业融合发展提供了坚实的人才储备。高新区内大量一线工人、企业高管、研发人才来自武汉本地，不少高新技术企业通过 3351 人才计划招才引才。

(三)深度融合发展逐步推进。

目前，东湖高新区两业融合发展处于从一般协作向深度融合发展过渡的阶段。以光电子信息产业、生物医药产业、节能环保产业以及高端装备为代表的制造业在两业融合中处于主导优势地位，依靠龙头企业的带动效应，中小型企业在产业配套和技术创新中的作用得以充分发挥，形成了大企业与中小企业分工合作、协同发展的企业生态群落。

五、武汉两业融合发展存在的主要问题

一是中间需求不足，两业融合能力还较弱。服务中间需求是影响生产性服务业规模化、市场化的本质因素。从全球价值链角度来看，我国制造业处于价值链中低端环节，产品附加值低、利润微薄，生产性服务业需求不足，发展远远落后于欧美国家。武汉工业制造业体系仍然以重工业为主导，对外贸易以加工贸易为主，没有终端产品，缺乏研发设计、品牌管理、营销服务等高附加值服务能力，既无法引入高端服务要素进行智能化、数字化改造，也没有向服务环节延伸的动力，这种环境下，生产性服务业很难得到长足发展。以东湖高新区为例，制造业服务需求大多还处于内部消化阶段，对生产性服务业的“拉力”严重不足(见表 3)。

表 3 武汉市东湖高新区生产性服务业和制造业融合个案汇总

企业名称	企业类型	信息融合	技术融合	人才融合	渠道融合	资金融合
武汉华电太安电器有限公司	小微制造业企业	依靠本地信息平台(强关联)	主要靠自主研发(弱关联)	依靠本地引进人才(强关联)	依靠本地物流公司(强关联)	较多本地金融服务集中在存贷款业务(强关联)
武汉中旗电子有限公司	中型民营制造业企业	全国性的信息平台(弱关联)	与华科大开展技术合作(强关联)	3351 人才计划(强关联)	对本地物流供应商缺乏了解(弱关联)	较多本地借贷金融服务(强关联)
武汉爱机汽车配件有限公司	中型外资制造业企业 1(日资)	集团化内部管理(弱关联)	集团化内部管理(弱关联)	仅一线工人引进来自本地(弱关联)	集团化内部管理(弱关联)	主要与日资银行合作(弱关联)
武汉住电电装有限公司	中型外资制造业企业 2(日资)	集团化内部管理(弱关联)	集团化内部管理(弱关联)	仅一线工人引进来自本地(弱关联)	集团化内部管理(弱关联)	主要与日资银行合作(弱关联)

（续表）

企业名称	企业类型	信息融合	技术融合	人才融合	渠道融合	资金融合
国网电力武汉南瑞有限公司	大型国有企业	集团化内部管理（弱关联）	自主研发为主少量本地科技服务（弱关联）	部分中高层人才来自本地、3351人才计划引进（弱关联）	自建仓储物流（弱关联）	极少本地金融服务（弱关联）

二是体制机制不适应，阻碍了两业融合的系统性推进。目前，国家产业和行业管理体系对制造业和服务业有严格区分，从中央到地方，推进两业深度融合的政策部门既有业务交叉，也有职能空白。虽然武汉有关部门从不同领域出台了相关推进政策与措施，但总体缺乏运行和协调的顶层设计和衔接机制，对两业融合的协同性谋划和前瞻性规划不足，更是缺乏从制度协同、营商环境优化、融合业态创新等方面进行系统性政策布局。

三是要素支撑乏力，两业融合发展条件不优。先进制造业与现代服务业目前是以各自独立的产业园区形态存在，但两业融合后出现的新产业、新业态和新模式，既受限于制造业载体的政策框架，也不完全适用于服务业集聚区的发展体系，需要在土地、人才、税收等方面更为灵活的承接载体，但全省范围内还缺乏能够支撑两业深度融合的试点载体。全社会范围内，围绕两业融合的高端要素支撑缺乏，既缺乏针对两业融合的金融创新和供给，也没有汇集两业融合部分领域的共性技术创新中心，同时在促进两业融合的过程中“产学研”的特色优势还没有显现。

六、推进武汉两业融合发展的政策建议

（一）加强科学谋划，加快推进两业融合发展进程

编制《武汉市两业融合发展规划》，加快培育新动能、发展新经济，以构建现代产业体系为目标，系统推进先进制造业与现代服务业的深度融合。加快出台《推动武汉市两业融合三年行动计划》，以促进两业深度融合为主题，以提升产业竞争力为中心，以制造业服务化、服务业制造化为主攻方向，坚持市场主导与政府引导、统筹推进与分业施策、调整存量与优化增量相结合，进一步明确两业融合目标、方向，分解落实重点任务，确保取得实效。

（二）创新体制机制，推动两业融合试点先行

一是加快创建两业融合示范园区（特色基地）。依托现有制造业强区、开发区和生产性服务业集聚示范区，培育认定一批市级先进制造业与现代服务业

深度融合示范区(特色基地)。引导开发区向"服务+制造"综合园区转型升级,促进企业互联网化服务、双创孵化、公共技术平台、创业投资等新型生产性服务机构集聚发展,搭建两业融合发展综合服务平台或者大数据、技术研发、检验检测、成果转化融资租赁等行业内公共服务平台,提升制造业与服务业相互协同、配套服务水平。二是实施两业融合示范工程。以电子信息、装备制造、生物医药、研发设计、检验检测、工程总承包、交钥匙工程(EPC 工程)、整体解决方案、第三方物流与供应链管理为重点领域,培育形成 100 个市级两业融合示范企业,引导制造企业依托核心先进制造业务,进一步涉足个性化定制、智能化生产、精准化营销、增值化服务,通过投资、并购、合作等形式进行多方面、多部门资源整合和业务融合,逐步实现从生产制造企业向"制造+服务"企业战略转型。扶持优势制造企业转型成为智能化改造方案提供商,为行业内中小微企业智能升级提供有针对性的服务;引导大型制造商通过管理创新和业务流程再造,逐步转向技术研发、市场拓展、品牌运作的服务企业。三是推进两业融合的品牌和标准示范。实施两业融合品牌发展计划,鼓励制造业集群、专业化制造和产业链龙头骨干企业创立集制造与服务一体化的品牌。在个性化定制、全生命周期管理、融资租赁服务、系统集成及整体解决方案提供、供应链管理以及工业软件、工业互联网、工业设计、供应链管理、大数据服务、总集成总承包服务等两业融合重点领域,开展服务能力评估、服务质量评价等相关标准试点、示范和推广,建立标准化服务行为规范和工作指引,完善标准化两业融合服务市场。

(三)坚持创新驱动,以创新发展为主线推动两业深度融合

一是优化融合创新生态体系。促进人才、技术、资本、服务等创新要素在制造业与生产性服务业之间的流动与转换,推动技术创新与产业融合互促共进。强化创新型龙头企业引领作用,发展创新联盟、技术中介等新型创新组织,促进企业间紧密互动联合,推动形成企业主导、产学研用一体发展的创新体系,激发新技术、新业态、新模式涌现。二是搭建融合创新载体。搭建优化产学研用对接平台,大力引进国内外知名高校、大型科研机构、大型企业、具有自主知识产权的优秀创新团队来武汉共建新型研发机构。凝聚政府、企业和科研机构各方力量,改革完善协同创新机制,形成以企业需求为核心的产学研协同创新格局。依托中国(湖北)自由贸易试验区,搭建国际性、区域性、行业性的开放、协

同、共建共享的创新平台，以及海外人才离岸创新创业基地。依托东湖国家自主创新示范区，整合优势科研、设计和教育等资源，建立“研究—设计—开发”一体化的制造业发展公共创新服务平台，建立集市场开发、用户研究、服务设计、技术研究和加工制造等多维一体的动态产业链。三是推进成果转化。依托全市各类协同创新中心，完善产学研一体的创新体系和协同机制，积极开展企业技术难题导向、高校科研院所成果转化、专利技术转让、校(院、所)企战略合作等服务，化解创新链与产业链深度融合过程中融合动力不足、融合能力缺乏的问题。提高科技成果孵化器等平台载体建设水平，健全激励机制，加快创新创业成果向现实生产力转化的步伐。

(四)培育融合发展生态体系，充分发挥市场主体作用

一是放宽现代服务业市场准入。从行业市场准入、项目审批、事中事后监管、权益保障等方面，做到先进制造业与现代服务业政策一致。如放宽制造企业开展现代服务业务及涉足生产性服务领域的准入门槛，消除不必要的前置审批和资质认定，减少结构性政策，建立平等、规范的市场准入和退出机制。二是消除政策壁垒。支持制造企业在不改变用地主体和规划条件的前提下，利用存量房产、土地资源发展制造业与服务业融合的新业务、新业态，实行五年过渡期内保持土地原用途和权利类型不变的政策。鼓励有条件的地方因地制宜出台支持政策，积极盘活闲置的工业厂房、企业库房和物流设施等资源，并对办公用房、水电、网络等费用给予补助，为制造业与服务融合发展创业者提供低成本、高效便捷的专业服务。消除服务业和制造业在税收、金融、科技、要素价格等方面的政策差异，降低交易成本。三是强化要素支撑。建立两业融合发展专项基金，支持企业两业融合项目，支持两业融合公共服务平台建设，对制造业服务化和服务业制造化给予补助奖励；强化金融支持，开展债券发行、信用贷款、融资租赁、质押担保等金融产品和服务创新。强化人才保障，积极引进培育复合型人才，招引与培育服务型中高端人才，引导高校加大学科专业调整力度，设置交叉复合专业，培养一大批既懂生产制造又懂商务知识，既精通制造技术又熟悉服务流程的复合型人才。鼓励开发园区、现代服务业集聚区规划建设多层工业厂房、综合研发用房等，供企业进行制造业与服务业融合发展的生产、研发、设计、经营多功能复合利用。出台两业融合科技创新奖励政策，对制造企业、软件企业等联合开发软件和信息技术及推广应用

的给予奖励、补贴。

（五）健全工作机制，协调推进两业融合发展各项工作

一是加强组织领导。充分发挥全市服务业领导小组作用，出台政策措施，推进跨部门协调。赋予全市服务业领导小组办公室两业融合管理职能，负责制订行动计划、落实政策措施等，有序推进两业融合各项工作。二是加强评价考核。研究制定边界清晰、逻辑严谨、指标明确的标准体系和评价体系，科学评估企业、园区及各区两业融合的广度和深度，为目标考核、任务分解提供科学依据。三是完善产业分类和统计方法。基于当前新兴产业和新兴业态正在不断形成，数字经济、分享经济、创意经济、智能经济、绿色经济等蓬勃发展的现实，服从客观性、科学性、数据可得性的原则，对现行的三次产业分类和统计方法进行改革，增强统计方法的科学性、指导性。

作者单位：武汉发展战略研究院

产业发展篇

深化物联网应用 加快智慧农业发展

刘艺璇

农业物联网是智慧农业发展的重要技术支撑,也是衡量现代农业发展水平的重要标志。近年来,武汉市在农业物联网技术应用方面进行了积极探索,取得了初步成效,但与其他领域相比,还有较大的发展潜力和应用空间。因此,要进一步推动物联网技术与农业产业体系、生产体系、经营体系深度融合,努力建设全国智慧农业发展先行区、全国农业信息化推进示范区。

一、农业物联网发展基础

“十三五”以来,武汉市高度重视智慧农业发展,将其作为现代都市农业转型升级的重要工程来抓。农业信息服务体系逐渐完善, 全市建成设施农业、水产、畜牧、大田环境监测等4类物联网典型示范,蔬菜基地物联网技术应用面积突破万亩,畜牧、水产基地物联网应用达到90%以上。一批农业物联网示范应用模式在全国推广,膳必鲜、木兰养殖场、喜鹊湖蟹业等3家农业企业物联网应用技术入选农业农村部推荐的节本增效农业物联网应用模式,木兰养殖场获批农业农村部数字农业建设试点项目,东西湖区获得全省农业物联网根节点建设项目支持。当前,武汉市正在大力推广云计算、物联网、大数据、移动互联网技术在农业生产、经营、管理、服务等领域的应用,着力推进现代都市农业向数字化、网络化、智能化转型。

二、农业物联网应用存在的主要问题

(一)统筹规划协调力度不够

智慧农业涉及生产管理多个环节,与农业企业、家庭农场、农户等多类主体息息相关。目前,各区农业物联网应用基本处于试点阶段,一般由信息企业主导,武汉市对智慧农业发展缺乏统一规划和引导,也缺乏政策支撑体系。智慧农业建设中,政府、企业、农民等各方定位不够明确,作用发挥不充分,协同推进机制不健全。农业数字化平台建设、系统开发、技术应用、设施改造需要大量的投入,财政支持力度有限,农业经营主体缺乏投资的实力,一些智慧服务企业和营运机构还处于观望状态。

（二）数字基础设施还不完善

农业信息化基础薄弱,5G 及千兆光纤还未覆盖乡村,数据资源分散,天空地一体化数据获取能力较弱、整合程度较低,重要农产品全产业链大数据、农业农村基础数据资源体系建设刚刚起步。高标准农田、连栋温室、规模化畜禽养殖场、工厂化渔业养殖场还不普及,机械设备现代化程度低,信息化技术难以应用。数字技术标准不统一,不同区域、产业、主体的智能农业系统和设备互不通联,存在同一个生产基地内多个物联网系统间不兼容的情况。此外,用于智慧农业的大数据大多为简单的归集,专业性分析数据资源较少,可用于指导生产、运作、管理与销售的信息不足。

（三）物联网技术产品不成熟

农业物联网技术研发创新能力不足,掌握软件编程、电子通信、农业、机械等专业知识的复合型人才稀缺,国外产品难以符合我国实际的应用需要,国内产品性能低于应用预期且后期维护成本较大。传感器的可靠性、稳定性、精准度等性能指标不能满足应用需求,比如土壤墒情监测传感器、二氧化碳浓度传感器、叶面传感器等技术和设备还不成熟,且设备需要长期暴露在农田自然环境之下,经常出现故障,严重影响使用。农业机器人、智能农机装备适应性较差,核心分析模型在实际的农作物栽培、种植等方面的信息反馈以及智能化处理方面效果不佳。

（四）市场化推广应用程度低

农业物联网初始投入大,一般的农户难以有足够的资金投入,农产品的低廉价格与微薄收益很难支撑农业的高成本,限制了智能化设施、农具进入农业生产。大部分从事农业物联网的企业缺乏对农业生产环境的深入了解,产品更多是技术驱动而不是需求驱动,导致部分产品针对性不强。现有农业生产经营模式规模化、集聚化程度不高,室外大田缺乏统一的、大面积的规划和管理,阻碍农业物联网应用大范围推广。农业生产经营主体对信息技术不熟悉,第三方服务体系不健全,缺少专业人员指导,技术应用难以到位,设备运行维护难以落实。

三、深化农业物联网应用的对策建议

(一)完善数字基础设施和标准体系

加快补齐农村数字基础设施建设的短板,尽快制定适用于农业生产实际需要的物联网标准,着力推进基础设施共建、信息资源共享、信息系统互通,为物联网技术的大规模应用搭好平台,提高物联网技术在农业领域的适用性和利用率。一是加快农村基础设施数字化转型。大力推动5G基站建设,加快实现重点农业园区、重要农产品生产基地和农产品加工企业5G信号全覆盖,同步推动农村地区水利、公路、电力、冷链物流、农业生产加工等基础设施的数字化、智能化转型。二是建立智慧农业大数据中心。构建集农业生产、农业信息、农业监管、农业仓储为一体的综合性信息平台,开发"三农"数据库、模型库和智慧农业信息系统,推进农机作业管理信息平台建设,通过公共基础数据开放共享,引导新型农业经营主体、农业行业协会、科研机构等主动采集并开放数据,大幅降低智慧农业研发、应用、推广成本。三是研究制定农业物联网行业应用标准。联合产、学、研、用单位,研究和编制农业领域条形码、电子标签等的使用规范,制定一批与农业物联网传感器及传感节点、数据采集、应用软件接口、服务对象注册以及面向大田、设施农业、农产品质量安全监管应用等方面相关的标准。

(二)推动自主技术研发和产品创新

立足于自主可控的原则,推动政府和科研院所、涉农企业等建立智慧农业科研体系,制订农业物联网核心技术攻关计划,加快技术研发应用步伐,提升农业物联网的自主创新能力。一是中试和熟化一批农业物联网关键技术和装备。围绕武汉市主导产业,重点中试和熟化动植物环境(土壤、水、大气)、生命信息(生长、发育、营养、病变、胁迫等)传感器,研制成熟度、营养组分、形态、有害物残留、产品包装标识等传感器,开展农业物联网技术和装备的系统引进和自主研发,加强动植物生长过程的数字化监测手段和模型研究工作,突破农业物联网的核心和关键技术。二是形成一批可推广的技术应用模式。针对设施农业与水产养殖、农产品质量安全、农业电子商务、大田粮食作物生产等的监测监控,分别研发系列专用传感、传输、控制等设备,开发相应的软件和管理信息系统,建立农机和农艺相结合的物联网应用模式。三是优化农业物联网实施方案及产品性能。鼓励产品制造商与农户业主之间建立密切的合作关系,在实施过程中需要与产品功能、性能不断磨合,通过及时反馈产品的性能缺陷,使厂商能够及时改进优化产品和解决方案,不断提升技术水平、产品质量。

(三)构建智慧农业生态和应用场景

围绕武汉市农业特色产业和重点领域,统筹考虑行业和产业链布局,完善应用平台和公共服务,加强标准制定和应用,推动物联网技术在农业全产业链的深度渗透和整体推进。一是大力发展农业物联网产业。围绕农业物联网的感知识别、数据传输、数据处理、智能控制和信息服务等环节,积极引导和推进农业物联网设备的制造、软件的开发及相关服务的应用,培育一批农业物联网产业化研究基地、中试基地和生产基地,促进农业物联网新兴产业的发展。二是策划搭建农业物联网公共服务平台。聚焦农业物联网重大行业应用,重点突破多源信息融合、海量信息分布式管理、智能信息服务等关键技术,探索建立农业物联网应用平台和服务模式,面向农业主管部门、生产基地、农民专业合作社、基层农技人员、农户等,提供农业资源规划与管理、生产过程精准管理、农产品质量安全溯源等领域的共性服务。三是实施农业物联网应用示范工程。重点在农用无人机、农产品质量安全监管、农业环境监测、农业生产远程视频诊断等领域,构建物联网应用场景,开展无线传感、远程控制、北斗精准定位、作业监测、自动导航、无人机飞防等技术应用示范,探索形成有效模式并在全市复制推广。

(四)培育新型经营主体和职业农民

加快培育懂农业、懂技术、懂市场的新型农业经营主体和职业农民,夯实农业物联网应用的市场主体和人才支撑。一是推动农业规模化、标准化经营。加快建设高标准农田、连栋温室、规模化禽养殖场、工厂化渔业养殖场等,选择能够进行规模化经营管理的农村集体经济体先行试点, 以行政村或乡镇为单位组织散户共同实施物联网应用工程, 对设备和解决方案实现统一采购和集约部署,减低成本、分化风险、提升效益。二是发挥新型经营主体带动作用。支持家庭农场、农民合作社和农业社会化服务组织等新型经营主体投资信息基础设施建设、开展物联网技术应用,发挥新型经营主体的带动和扶持作用,增强小农户参与智慧农业建设的积极性，使得智慧农业在新型经营主体和广大小农户的共同支持下蓬勃发展。三是引进培育智慧农业人才。支持新型农业经营主体引进人才，提升种养殖经营主体的管理水平和信息化发展水平。鼓励农业科研院所专业人才到农村挂职，积极开展基层农业物联网服务站点建设，注重对基层农户、农技人员的专项培训，加快培养农业物联网相关专业技术人员，提高农业物联网技术的应用能力。

（五）加强统筹规划引领和政策支持

充分发挥政府主导作用，实行统一管理和规划，研究提出促进农业物联网应用推广的政策建议，积极推动相关政策出台，营造农业物联网发展的良好环境。一是加强科学谋划。制定农业物联网发展计划及配套实施办法，描绘总体发展框架，制订目标和路线图，将农业生产单位、物联网和系统集成企业、运营商和科研院所相关人才、知识科技等优势资源互通，形成高流动性的资源池，形成武汉市智慧农业一盘棋的发展局面。二是建立重大工程专项。财政部门每年调拨一定的资金作为农业信息化发展引导基金，积极争取省级数字农业专项资金，选择信息化水平较好、专业化水平较高、产业特色突出的大型农业企业、农业科技园区、国有农场、基层供销社、农民专业合作社等，重点开展物联网、云计算、移动互联等现代信息技术在农业中的示范建设。三是制定智慧农业补贴政策。加快推动农业物联网相关产品和装备纳入农机购置补贴目录，鼓励农业信息化企业、电信运营商、科研院所等社会力量投入农业物联网建设，积极引导商业银行和农村金融机构对智慧农业基础设施建设提供融资贷款服务，逐步形成政府引导下的投资主体多元化、运行维护市场化，合力推进农业物联网发展。

作者单位：武汉发展战略研究院

加快培育数据要素市场
推动武汉数字经济发展

刘艺璇

党的十九届四中全会首次明确数据作为新型生产要素的基础性和战略性地位。“十四五”时期，数字武汉建设进一步提速，武汉作为数字一线城市，要在培育数据要素市场上破题，激活数据资源价值，推动线上超大规模数据和线下超大规模市场的优势叠加，加快数字产业化、产业数字化，充分释放数字对经济发展的放大、叠加、倍增作用，抢占数字经济发展先机。

一、武汉数字化发展现状

近年来，武汉大力实施大数据发展战略，加快数字基础设施和支撑平台建设，推动大数据开放共享和广泛深度应用，提高数据资源配置和利用能力，促进大数据与经济社会深度融合，数据要素正在成为推动高质量发展的新动能，在2019城市数字发展指数排名中位居第三。

（一）数据基础设施建设加快

武汉着力抓好网络基础设施、云计算基础设施等建设，部分领域达到了国内领先水平，固定宽带下载速率在全国主要城市中排名第五位；5G发展位居全国第一方阵，2019年底全市建成5G基站10276个；工业互联网国家顶级节点（中部）成功落户武汉；拟建和在用大型数据中心21个，政务计算存储资源集约化程度大幅提高。

（二）“一云一网”体系基本形成

建立“云端武汉”政务云平台，电子政务外网已联通15个区（开发区、功能区）、101 家市直部门和 4929 个区级部门、街道、社区，形成全市统一的四级网络应用体系，平均每天提供超过 15 万次数据交换服务。建立武汉市政府公开数据服务网，整合 99 个政府部门公开的统计数据，面向公众提供政府公开数据的检索、下载及在线数据服务。

（三）大数据产业发展迅速

出台《武汉市突破性发展数字经济实施方案》，依托国家存储器基地、国家网络安全人才与创新基地等，"光芯屏端云网智"产业生态正在形成，左岭大数据产业园、长江大数据交易中心、东湖大数据交易中心、华中大数据交易中心、地理空间信息云数据中心等大数据平台加快建成，一批大数据企业落户集聚。

（四）新型智慧城市建设提速

聚焦民生服务、政务服务、城市管理、公共安全、社会治理等领域，不断拓展智慧城市创新应用场景，有效整合各类城市信息资源，大力推进互联互通、数据融合、信息共享和业务协同，打造一批重点领域示范项目，使大数据在智慧城市规划、建设、管理中的应用更加广泛。

二、数据要素市场存在的主要问题

（一）数据开放共享水平较低

政府是重要的数据来源，尽管全市大力推进政府数据开放共享，但仍呈现出数据总量规模小、数据质量较差、可利用率不高、用户参与度低等特点，各部门搭建的数据信息系统依旧存在分割存储、相互孤立的问题，严重滞后于公共管理的需求。社会数据由企业拥有，但企业重视构建闭合数据生态，满足于自给自足的状态，对数据开放交易的积极性不高、顾虑较多，导致数据开放共享和交易规模的扩大受到限制。

（二）数据价值开发应用不足

经历了新冠肺炎疫情防控和复工复产，数字化转型升级的巨大优势被广泛认知和接受，但数据资源的应用场景总体范围较窄，特别是传统产业领域虽然积累了大量数据，但对于如何充分开发、有效利用、服务决策还比较盲目，数字化应用的深度和广度还不够。尽管武汉市已初步建立了全市政务数据资源共享交换体系，但整体数据资源质量依然不高、融合度较低，政务数据资源向资产转化率不高，通过"数据社会化"推动提高城市运行效率、促进经济社会持续健康发展的作用不明显，数据资源价值的全社会认同度有待提升。

(三)数据要素交易市场不健全

武汉目前仅制定了数据共享及系统接口相关地方标准，在标准体系建设上仍显薄弱,导致行业之间、部门之间重复建设,硬件和数据资源融合不足。数据产权、估值定价、数据市场流转、交易规则、技术规范、平台功能、企业信用、法律风险等方面缺乏共识,可交易数据的范围不明晰,极大削弱了数据要素市场主体进行交易的意愿,造成大数据交易所、交易网站、数据公司等数据市场中介不能有效发挥作用。此外,数据安全保护机制还不完善,制约着数据要素市场化配置进程。

(四)数据监管模式亟待创新

原有针对传统企业的监管模式与数据要素市场的高效流动性不相适应，亟待建立新型监管模式，加强数字经济领域重大突发事件的应急响应处置能力。在条块化和属地化的数据管理机制下,单个部门或单个地区的监管力量已不足以应对“互联网+”“大数据+”驱动的跨地区、跨行业、跨层级的数据监管需求。传统线下监管手段与数据要素市场线上线下一体化特性不相适应,比如教育、出行、医疗、金融等领域的数据型企业,难以完全参照线下经营实体资格条件取得相应牌照和资质。

三、推进完善数据要素市场的几点建议

(一)统筹数据要素资源

政府要充分意识到数据要素对于释放数字经济新动能的现实价值，创新数据要素领域的“放管服”改革,统筹整合各类数据资源和数据平台,构建共建、共享、共治的数据市场环境。

一是加强顶层设计和规范管理,加快制定涉及数据产权界定、数据开放共享、市场体系建设、个人信息保护、数据安全和跨境流动等方面的具有可操作性的实施细则和办法,建立全市数据资产目录和清单,统筹推进数据要素配置管理和监管工作。

二是加强数据协同治理,整合各部门业务数据,形成统一的业务数据库，通过规范数据交换信息，明确信息交换目录，实现各部门间的数据交换与共享,全面实现数据的标准化、一致性、准确性和可靠性,鼓励社会各界共同参与数据要素市场的治理。

三是加强数据要素的全面应用和统筹管理,建立全样本、全维度、全生命周期的数据关联和融合利用体系，纵横打通跨层级、跨部门的数据通道，建立逻辑互联、向下兼容、接口统一的大数据共享平台，创建高质量的数据生态和流通体系，实现政府、企业与公众三大数据要素利益相关者之间的充分整合。

(二)完善数据基础设施

加快数据基础设施建设，并推动其向高速化、智能化、泛在化演进，为数据要素实现向全产业领域传输提供必要渠道保障。

一是加快布局新一代信息基础设施，尽快实现5G网络、千兆光网、IPv6等高速智能信息网络全市覆盖，提速升级“城市大脑”，建设一批AI算力中心和面向垂直应用的数据中心，完善工业互联网平台功能，推进一体化政务网络平台建设，提升基础算力、共性组件、共享数据等一体化资源能力服务。

二是改造提升融合基础设施，开放市政基础设施和各类塔(杆)资源，开展数据中心站、充(换)电站、5G基站、储能站等“多站融合”的示范建设，加快智能交通、智慧管廊建设，构建形成超大城市物联感知体系，加快实现充电桩、智能电网、北斗感知、视频感知等各类城市感知终端的数据共享。

三是策划建设创新基础设施，围绕大数据创新产品、核心软硬件、融合性新兴业态等，支持具有公共服务属性的重大科技基础设施、科教基础设施、产业技术创新基础设施建设，联合科研院所、科技型企业等建立虚拟实验室、互联网研发机构等，推动关键技术攻关和产业化应用。

(三)深化数据融合应用

推动数字产业化和产业数字化，构建数据开发利用场景，促进数字技术与实体经济、城市治理、社会民生深度融合和示范应用，激发数据要素市场潜力和活力。

一是加速发展数字经济，着力构建“光芯屏端网云智”产业集群，着力培育和扶持一批数据产业领军企业，突破大数据关键共性技术，支持发展数据产品和服务，培育大数据解决方案供应商、向中小企业开放数据服务能力、丰富数据资源应用场景，提高数据资源的产出效率，加快数据资产化进程。

二是加快产业数字化转型，推广5G、工业互联网、人工智能等数字技术与产业发展的深度融合，发展数字化协同设计、大规模个性化定制、全生命周期管理等新模式，培育数据驱动的新业态，进一步提升产业数字化、网络化、智能化水平。

三是开放数据应用场景，建立数字经济应用场景发布和对接平台，重点面向医疗、教育、养老、金融、文旅、物流、公安、交通、政务、城建等领域，组织实施前瞻性、验证性、试验性应用场景项目，广泛征集场景解决方案，吸引社会资本投资参与场景建设。

（四）健全数据交易市场

健全数据要素市场运行机制，支持数据要素交易平台建设，积极培育数据交易市场主体，扩大数据交易范围，增加数据交易流量，加快数据流转速度。

一是健全数据权属制度，明确可交易的数据类型，明确数据所有权、数据占有权、数据支配权、数据使用权、数据收益权、数据处置权等，厘清用户、数据控制者和数据处理者的数据产权类型，通过各种类型的数据确权，明晰权利义务边界，有效保护相关数据权利主体的合法利益。

二是提升数据交易平台功能，支持长江大数据交易所、东湖大数据交易中心等加快发展，健全数据要素市场交易规则体系，完善数据清洗、数据挖掘、产权界定、价格评估流转交易、担保、保险等配套服务体系，争取建设更多区域性、全国性数据交易中心。

三是培育数据要素市场主体，积极发挥大数据交易所、数据经纪商等市场中介的作用，培育更多合格市场主体，创新交易模式、数据资产估值办法和交易定价方式，健全完善涵盖政府机构、行业协会、平台企业等在内的分工协作治理体系。

（五）推动政府数据开放

破除公共机构将数据资源视为部门资产的机制障碍，发挥公共数据资源公共服务属性，促进政务数据资源共享交换和开放应用，激活政府数据资产，释放政府数据价值。

一是大力推动政府部门数据共享，完善政府数据统一共享交换平台，明确各部门数据共享的范围边界和使用方式，整合政府部门公共数据资源，促进互联互通，提高共享能力，提升政府数据的一致性和准确性，提高对“一网通办”、协同监管治理、政府综合决策等支撑能力。

二是加强政务数据开放共享相关政策法规的建设，建立公共机构数据资源清单和负面清单，制订数据开放计划和进度安排，在依法加强安全保障和隐私保护的前提下，稳步推进公共数据资源统一汇聚和集中向社会开放，提升政府数据开放共享标准化程度。

三是建立政府和社会互动的大数据采集形成机制、完善公共数据社会化开放利用智力众包机制，推动政务数据与社会化数据平台化对接，加强与政务数据资源的关联分析和融合利用，引导企业、行业协会、科研机构、社会组织等主动采集并开放数据。

（六）加强数据安全保护

完善信息安全和数据保护相关制度，加强数据安全技术研发，推进网络安全产业发展，提高数据安全综合防御能力，确保数据要素市场的健康有序运行。

一是加快数据安全领域法律法规建设，制定数据隐私保护制度和安全审查制度，探索推行适用于大数据环境下的数据分类分级管理，落实数据安全责任，完善政务数据、企业商业秘密、个人数据等在采集、存储、流通、开发、利用等各环节的业务程序、标准规范和监管制度。

二是发挥国家网络安全人才与创新基地的重要作用，聚集一批优秀网安人才，培育一批高端网安企业，加大数据信息安全技术研发，推动从被动防御到主动检测的转变，加强隐私保护、安全评测、自动化威胁识别、风险阻断和攻击溯源等数据安全技术研发和产业化，培育扶持网络安全技术产业做大做强。

三是构建数据市场风险防控体系，探索建立面向企业的数据安全备案机制和数据市场安全风险预警机制，提升数据安全事件应急解决能力，提前做好应对数据带来的就业结构变动、隐私泄露、数据歧视等社会问题的准备。

作者单位：武汉发展战略研究院

加快发展民宿经济
助推武汉乡村旅游高质量发展

袁　圆

进入“大众旅游”时代，人民群众旅游消费需求日益多样化、个性化、品质化。乡村旅游以其适应城市群居民周边短途休闲度假消费需求的独特优势，呈现出超出一般旅游业态的蓬勃活力。民宿产业作为乡村旅游的重要环节，在一些地区迎来了爆发式增长，成为了我国乡村旅游产业中的一道新风景。然而，2020 年初新冠肺炎疫情的爆发，对旅游业造成了强烈的冲击。这一突发性事件，将加速转变传统旅游业发展思路，助推全域旅游市场复苏升级。

一、新冠疫情对旅游业的影响

新冠肺炎疫情爆发后，各地均实施了交通管制、关闭公共场所、限制聚集性活动等防控措施，旅游业成为受冲击最为严重的行业之一。2020 年 1 月中旬到 3 月中旬，全国各地的景区景点几乎全部停业，旅行社、酒店、在线旅游平台等文旅企业的订单根据政策全部取消，仅春节假期旅游产业直接损失预计达 5500 亿元。

纵观近十年，国内旅游市场一直保持着持续强劲增长的势头。2019 年受国内宏观经济下行影响，旅游业整体增速有所放缓，但仍实现了 8.4%的国内旅游人次增长以及 11.7%的国内旅游收入增长。作为我国进入常态化疫情防控阶段后的首个旅游小长假，2020 年“五一”假期全国共计接待国内游客 1.15 亿人次，实现国内旅游收入 475.6 亿元，分别恢复到去年同期 59%和 40%的水平。在限流、预约、分时段、间隔入园等多重防控措施下,这一成绩已经反映出了相当强烈的复苏信号。展望未来,我国旅游业仍处于发展的黄金时期。在经济长期稳定向好的基本面下,疫情结束后旅游业尤其是国内短途游必将迎来受抑需求的缓步释放,全域旅游大发展依然可期。

二、新形势下发展乡村民宿经济的必然性与必要性

(一)乡村民宿的火爆是旅游消费需求升级的必然结果

随着居民收入增长和生活水平的提高,国内旅游需求蓬勃增长并不断升级。总体来看,出现了以下几种新的变化趋势。

一是对全域旅游的需求越来越明显。全域旅游,就是要将旅游变成一种人们处处可游、时时可游的日常生活模式。进入"大众旅游"时代,越来越多的消费者对周末、小长假期间的"轻旅游""微度假"产生强烈的需求,意图通过一次"说走就走的旅行",短暂地"逃离"城市生活,转换生活空间,亲近自然,放空自我,放松身心。在全球疫情尚未明朗的形势之下,消费者选择周边短途游的倾向将愈发明显。分布广泛、贴近自然、风情各异的乡村地区无疑将成为全域旅游发展的最佳载体。

二是对自由行、深度游的需求不断增强。早期的旅游市场主要被跟团游这一旅游模式占据主流,行程紧凑,游览景点求多不求精。这与旅游业发展初期,居民的消费水平以及交通出行的便捷度有一定的关系。随着居民的生活模式及其对旅游的定义不断变化,度假式、体验式深度游需求日益强烈,爬山、徒步、骑行、垂钓等使人与自然真正融合的无景点式"慢"游项目愈发受到城市人群的青睐,这就要求住宿方可以一站式满足游客休闲、娱乐、户外、康体等一系列的需求。

三是对旅行体验的小众感有了更高的要求。新常态下消费升级的最大特征,就是模仿型排浪式消费阶段基本结束,个性化、多样化消费渐成主流。旅游领域也不例外,越来越多的消费者倾向于更加小众、更加独特甚至具有一定排他性的旅行体验,而疫情也将进一步加剧这种偏好。乡村精品民宿的出现恰好提供了这样一处远离都市喧嚣、与自然无限亲近的避世之所。

(二)精品民宿为乡村旅游产业供给侧改革注入新动力

传统乡村旅游业内涵单一、层次不高是当前突出的行业问题。乡村精品民宿的出现,避免了与传统模式进行同质竞争、低价竞争、恶性竞争,防止了低端产业层次上出现的产能过剩问题，在高品质、高价格条件下实现了市场供需两旺。

发展乡村精品民宿有利于推动传统乡村旅游业转型升级。一方面，精品民宿通过对传统住宿场所外观、档次、服务水准的全方位升级，大大提升了传统景区对于中高端游客的吸引力，带来景区客流量的增加，延长旅客在目的地的停留时间，增加旅游业收入。另一方面，民宿产业的发展会为乡村自然资源、闲置农房、宅基地等农村资本找到更高效的利用方式，为农民增加财产性收入。同时集群式民宿将衍生大量配套产业，推动形成以住宿为中心的“吃、行、游、娱、购”产业链，带动乡村地区“造血”式脱贫致富。

乡村精品民宿是推动城乡融合发展的重要经济业态。精品民宿带动作用下的乡村旅游升级，必然要以乡村基础设施、公共服务设施、市场营商环境等一系列硬件和软件条件的整体提升为前提，也必然会吸引大量的人才、资金、项目等资源。经营民宿的过程，也是乡村充分参与市场经济的过程，乡村旅游的主体将由传统单一的农民或农民经济组织，优化为农民—市民、合作社—企业的二元结构。全新的思维、全新的技术、全新的方法，将推动乡村旅游从业人员自身的服务意识、精神面貌、综合素质等与城市服务业接轨。

乡村精品民宿是促进乡村文化振兴的重要载体。工业化、城市化再发达的国家都需要拥有一定的村庄保有量，这既是粮食安全的保障，也是农耕文化的传承需要。精品民宿大多十分注重对乡村传统文化的挖掘、保护和传承，同时，也擅长将城市时尚文化恰如其分地导入乡村。城市与乡村、传统与现代、古老与时尚，在民宿跨界、混搭、融合、发展，使本来无人知晓或是濒临消失的本土文化焕发出新的生机，极大提高了乡村旅游的文化品位和附加值。

乡村精品民宿能促进乡村生态环境保护和改善，实现乡村可持续发展，是践行习近平总书记“两山理论”的重要途径。乡村民宿优美的生态绿色环境对于城市客户群体往往是最大的消费吸引点。因此，发展乡村精品民宿，必然也必须以保护生态为底线，在保护中发展乡村旅游，推动绿水青山变为“金山银山”。

（三）国家大力支持乡村旅游业及乡村民宿发展

国家层面近年来相继出台了一系列乡村旅游扶持政策。一方面，民宿经济作为一种新兴业态，其对于推动乡村旅游以及消费升级的重要作用已越来越明确。2018 年中央一号文件《关于实施乡村振兴战略的意见》在“构建农村一二三产业融合发展体系”中就提出了建设一批设施完善、功能多样的乡村民宿的要求。2019 年文化和旅游部发布的《关于提升假日及高峰期旅游供给品质的指导意见》中也明确提出要着力开发包括乡村民宿游在内的 11 个旅游新业态。另一方面，对于乡村民宿标准化和规范化发展的步伐也在逐渐加快。在《促进乡村旅游发展提质升级行动方案（2018 年—2020 年）》《乡村旅游扶贫工程行动方案》《关于进一步激发文化和旅游消费潜力的意见》等政策文件中，都提出了提高民宿服务标准的要求。2019 年 7 月最新版《旅游民宿基本要求与评价》的发布，意味着民宿行业进入标准化、规范化、制度化发展的新阶段。民宿无论是作为旅游行业的新生事物，还是作为乡村振兴的重要突破点，都得到了市场层面的热烈响应和政策层面的广泛关注，发展潜力十分巨大。

三、乡村精品民宿的特征

民宿，是一种集住宿、休闲、度假等功能于一身的非标准住宿，或利用自用住宅空闲房间，或将闲置的历史文化旧宅改造，或在空地选址新建，提供给旅客多元化的住宿服务。乡村民宿起源于旅游景点周边的闲置民居，早期多以“农家乐”模式为主，是景区配套设施不完善时期对价格不菲且极度稀缺的酒店住宿资源的一种补充。随着人民收入水平和消费水平的不断提高，乡村精品民宿在市场的驱动下应运而生。笔者认为，乡村精品民宿，一般具备以下几个特征。

一是具备优越的自然景观条件。精品民宿一般选址于风光优美但开发程度相对较低的自然风景区，这一方面是为了给消费者营造一种更具新鲜感和小众感的旅行体验，另一方面也是因为相对冷门的地区往往具备更大的设计和开发空间。

二是具有别致而有品位的外观设计。早期民宿多以自家住房为经营场所，只提供基本的住宿空间，不太注重建筑美学。而精品民宿多为全新选址上的新建建筑，或对既有民宅进行精心修缮改造而成。在建筑风格上，更加追求对当地自然景观、文化民俗的融合与彰显，同时尽可能体现更加大胆、新颖、别致的建筑理念。

三是提供不亚于城区酒店的住宿标准。尽管很多精品民宿坐落在离城区较远的山区和乡村，但是其提供给旅客的住宿环境已与城市生活接轨。对于住宿环境，不论是空间、装潢、陈设、寝具、卫浴、餐饮，都达到了不低于城区酒店的档次，以满足游客对中高端住宿水准的要求。

四是充分展示当地文化的魅力。作为地区文化展示的窗口，民宿能够让游客体验与自己所在地文化不同的新奇感。因此，民宿的设计规划必须充分挖掘和突出当地文化元素，并且提供扎根于当地文化资源的特色活动，如基于农业资源的生态种植、采摘、畜牧、垂钓等，让旅客真正感受到人文情怀，体验有品质的慢生活。

五是提供定制化、个性化、多元化的衍生服务。民宿和酒店最主要的区分点在于民宿具有由“主人文化”带来的特色化体验。除了基本的食宿服务外，还应提供基于周边旅游资源的旅行线路开发、咨询、策划、交通接驳等服务。除此以外，精品民宿还应具备应对游客定制化需求的能力，例如承办婚礼、年会、展览、沙龙等。

四、武汉休闲度假旅游市场现状

当前，我国旅游业进入黄金发展期，但同时，发展不平衡不充分的问题比较突出。就武汉市而言，休闲度假旅游市场供给侧与需求端的不对称与不匹配现象十分突出。

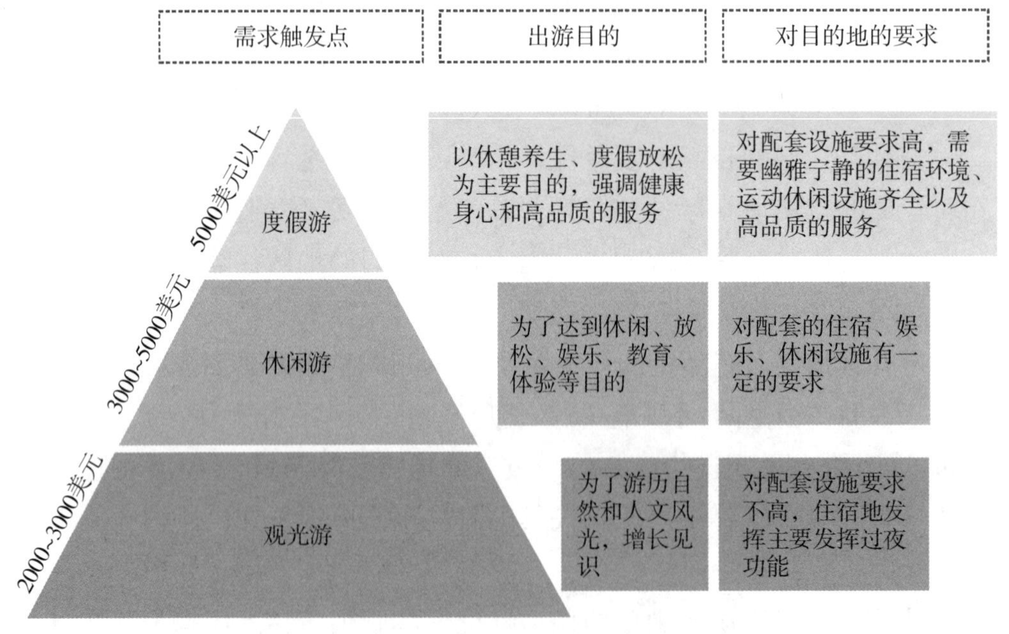

图 1 居民出游目的变化趋势

（一）需求端：居民旅游需求已进入爆发期

根据国际经验，人均GDP超过5000美元为休闲度假游需求的触发点，居民收入增长将推动旅游需求层次升级，休闲度假类旅游需求处于快速上升阶段。数据显示，武汉市人均GDP已超过1.6万美元，已具备覆盖休闲度假游需求的物质基础，境内、境外游人次加速增长。携程旅游公布的《2018年城市旅游度假指数报告》中指出，2018年，我国城市居民出游力①二十强中，武汉排名第四，超过广州、深圳等一线城市。尤其是周边短途游的频次开始大幅增长。每逢周末、小长假，出城高速公路都会发生拥堵，市内及周边地区高端度假酒店常常爆满甚至一房难求，居民对于短途旅行的强烈意愿可见一斑。

（二）供给侧：短途旅游度假市场发展滞后

武汉旅游产品及其配套服务的供给，与居民实际需求存在一定的错位，主要体现在以下几个方面。

一是高端旅游住宿资源不断丰富，但与短途游需求不匹配。近年来，武汉市五星级酒店数量持续增长，希尔顿、洲际、万达等国内外高端酒店集团相继入驻，截至2019年底，总数已达到22家。但从地理分布来看，五星酒店主要坐落在商务区或市中心核心景区周边，主要满足的是商务差旅及外地来汉游客的住宿需求。有少部分五星酒店坐落于相对较偏远的区域，如光谷希尔顿酒店、汉南绿地铂瑞酒店等，但酒店所依托的旅游资源又比较稀缺，使得度假旅游的深度和广度十分有限。

二是周边短途旅游景区的配套能力有限，无法满足居民的高品质度假需求。武汉新城区及周边地区已积累了一些有口皆碑的品牌旅游景点，如黄陂区木兰文化生态旅游区、江夏梁子湖生态旅游度假区等。但景区配套标准化酒店档次仅能达到市区二星、三星级酒店标准，精品民宿配套基本为零，传统农家乐依然占据主要住宿市场。这导致武汉乡村旅游市场以半日游、一日游的观光市场为主，过夜游的度假市场发展缓慢，旅游体验感升级困难。

三是武汉度假旅游市场发展滞后。现阶段武汉民宿产业主要以坐落在中心城区的都市型民宿为主，而本地居民周边休闲度假可以选择的高端民宿资源可以说十分稀缺。与江浙沪地区乃至同处中部地区的安徽、江西、湖南等地相比，

①城市出游力指数游该城市居民旅游消费支出占该城市居民消费总支出的比重计算得出。

武汉民宿产业在规模、档次、品牌知名度等方面都相差甚远，旅游度假市场开发几乎还处于空白阶段，这与武汉市的经济发展水平以及居民消费水平是极其不相符的。

五、民宿经济助推武汉乡村旅游高质量发展的方向与路径

（一）景点景区型：民宿＋景区

成熟景区由于其本身的知名度和品牌效应，在游客吸引力方面具有天然的优势。在千岛湖、阳朔、张家界等国内知名景区，精品民宿的入驻消除了景区与住宿的物理隔阂，使得游客“住在景区、食在景区、休闲在景区”的愿望成为现实，推动景区消费模式由观光“一日游”向度假“过夜游”转型。

武汉市可选取发展较为成熟且具有一定休闲度假基础的景区或旅游路线，作为民宿经济的切入口。黄陂木兰文化生态旅游区是武汉乡村旅游发展较早的景区，被誉为武汉人民的度假后花园。近年来，木兰文化生态旅游区发展迅猛，接待游客数量逐年攀升，但由于景区较为分散，且配套能力有限，总体来看客流还是以“一日游”为主。可考虑在景区内谋划精品民宿集聚区，串联各个特色景观，设计融吃、住、行、游、购、娱为一体的精品“民宿游”线路，为武汉乡村精品民宿游打响名号、打开市场，打造华中地区短途度假游首选目的地。

（二）休闲农业型：民宿＋田园综合体

休闲农业型民宿度假区以产业化程度极高的优势农业为依托，通过拓展农业观光、休闲、度假和体验等功能，带动农副产品加工、餐饮服务、农业文创等相关产业发展，实现农业与旅游业协同发展。日本和我国台湾省拥有众多将农业与休闲度假完美结合的典型案例，其中台湾的清境农场、薰衣草森林、卓也小屋，日本的 MOKUMOKU 农场、母亲牧场等，已成为全球游客度假打卡胜地。总体上来看，这些特色农庄的成功经验在于：一是有较大的规模以囊括足够的观光休闲空间、住宿空间、农业种植（养殖）空间、农业体验空间，用人与自然的深度交流来吸引游客；二是农场本身具备一定的实际生产能力，并且巧妙地将生产、加工、销售与观光体验结合起来，形成商业闭环；三是拥有较高的硬件水平以及现代化的运营能力，将农业旅游与度假经济深度结合。

武汉拥有丰富的休闲农业资源，东西湖区近年来因地制宜打造了石榴红村、醉美西湖、农业嘉年华等一系列以生态农业为主打项目的休闲旅游区，江夏、黄陂等区域也不乏众多各类小型农业采摘基地。总体来看，休闲农业旅游

资源充足，但开发档次、经营水平都偏低。应该进一步全盘统筹区内的农业资源，对标发达地区成功的农业旅游项目经验，以打造综合性大型田园综合体为目标，打响“农业休闲度假游”的品牌。

(三)历史人文型:民宿+古村古镇

古城、古镇、古村、古街道是历史人文型度假区的主要旅游资源，以其深厚的文化底蕴、淳朴的民风和古色古香的建筑遗迹等特点，一直受到游客的喜爱。在全国176家国家5A级景区中，就有多家古镇古村依托型的旅游景区，例如黄山西递—宏村、嘉兴乌镇、丽江束河古镇等。古镇古村中的特色民宿，也成为了度假休闲与传递文化价值的重要载体。

武汉作为一座历史悠久的城市，乡村地区也不乏一些具有深厚文化底蕴的古镇古村，例如黄陂大余湾、东西湖柏泉古镇、新洲问津书院等，但总体来看，武汉古镇古村旅游还处在起步阶段，一是缺乏大手笔的综合性古镇开发项目，二是现有项目对文化资源的挖掘、商业价值的再创造水平还远远不够。

(四)高端度假型:民宿+度假区

以高端民宿为主导的新型乡村度假游模式正渐渐兴起，最典型的案例就是莫干山“洋家乐”模式。莫干山的自然资源并不独特，但却是国内第一处因为民宿而走红的景区。“洋家乐”以“定位高端、经营生态、消费低碳”为开发思路，倡导人与自然和谐相处的生活理念，不同文化背景的生活方式相互交融，使无景点度假休闲旅游成为乡村旅游的新业态。

武汉市应提高市场敏锐度，积极挖掘武汉周边度假处女地，抓住时机，打造一批以高端度假休闲为卖点的民宿型度假区。短途旅游并不需要奇观异景，乡村的民宅、山水林田湖草、独有的民风民俗、缓慢的生活节奏以及远离现代化的宁静，本身就是非常稀缺并且有吸引力的资源要素。而高端民宿的规模化、集群化、品牌化发展，就是让这些看似普通的元素加以整合、包装和利用，焕发出新的生命力和商业价值。

六、武汉发展乡村民宿经济的若干建议

民宿经济是撬动旅游体验升级、推动乡村旅游业实现高质量发展的重要引擎，是满足人民美好生活需要的幸福产业，必须抓住机遇、抓紧谋划，让青山绿水、田园野趣等乡村“沉睡资源”转化为“美丽经济”。

（一）强化顶层设计，统筹谋划以武汉为核心的湖北乡村民宿度假市场

当前，无论是全市的旅游业总体规划、各类旅游专项规划，还是各行政区的旅游规划，都还停留在以景区（景点）开发为核心的阶段，意识不够超前，配套设施水平档次较低，对于大众旅游需求的变化不够敏感，对于乡村旅游休闲度假功能的挖掘还远远不够。因此，必须以全新的视角和格局，全面谋划武汉市民宿经济的总体布局。

一是要加快制定武汉乡村民宿专项规划。将乡村精品民宿发展纳入到武汉乡村振兴战略和全域旅游业发展规划中，推动不同类型、不同特色的民宿集聚区与乡村旅游项目统筹规划、同步建设、同步运营。以区为单位，对于全域乡村旅游资源进行再梳理、再研究、再谋划，明确民宿经济的重点镇、村和特色主导产业。不过分追求规模，重在服务和品质升级，起步期策划若干个纳客量不多于1000名游客的民宿集聚区。

二是要积极推动乡村旅游市场的区域一体化。随着交通基础设施的不断升级，车程四小时以内的乡村旅游目的地日益丰富，武汉周边相邻城市的农村地区变得更加触手可及。发展乡村民宿经济，需要注重与周边城市旅游资源的统筹联动发展，着重进行跨市域之间村落、景区的交通网建设，改变临近村落间的孤立状态，构建一体化的乡村民宿大市场。

（二）夯实发展基础，强化民宿经济的要素保障

民宿投资对于乡村振兴而言很大程度上是“扶贫工程”，资金量大、周期长、回报慢。因此，政府必须有远见、有魄力，提前为民宿经济的发展打好硬件基础，改善提升民宿经济的发展环境。

一是要推进村庄景区化建设。用景区化理念提升村庄建设品质，将民宿经济发展与“美丽乡村”“农村环境整治”等涉农工作统筹谋划，打造村落景区。鼓励以民宿为核心，以自然景观、田园风光、建筑风貌、历史遗存、民俗文化、体验活动、特色产品和生态环境为主要吸引物因势造景，做到村庄建设、景观打造、产业发展相统一，创建一批A级以上景区村庄。

二是要完善乡村公共基础设施。对于市场反响较为明显的潜在民宿集聚区，要优先完善道路、公共交通、信息化设施等基础设施条件，深入开展农村厕所革命、污水处理和垃圾分类。规划建设综合性游客接待中心、农副土特产品市场、停车场等配套设施，完善旅游标志、公共信息标志，逐步开行直通重点区

域的乡村旅游专线车和开建共享单车租赁站点，为旅客度假游提供快捷、方便、安全、舒适的设施条件。

（三）发挥主体合力，推动民宿经济专业化发展

民宿经济立足于乡村的自然资源、文化底蕴、风土人情，但发展民宿经济需要一整套现代化的开发、建设和经营方式。结合“三乡工程”，引导资源主体、资本主体、经营主体、从业主体等不同主体共同推进民宿经济发展。

一是要积极引入专业乡村旅游规划团队和开发团队。单打独斗、散兵游勇式的乡村旅游发展模式，已难以满足都市消费者的度假需求。民宿经济要成规模、上档次，无论是民宿集聚区的选址，还是乡村风格定位，基础设施配套以及乡村旅游元素的整合，甚至会涉及到跨村、跨镇、跨行政区的全盘统筹，这就需要专业团队在更大范围内对区域进行打包规划、设计和开发。

二是要积极向专业化的民宿建设团队和民宿连锁品牌伸出橄榄枝。目前，国内已经形成了一批具有一定规模的民宿管理集团，开始走向经验输出、管理输出乃至品牌输出的发展阶段。还有一些传统酒店集团、房地产集团也逐渐将业务触角伸向了民宿产业。成熟的民宿运营团队，往往更了解度假市场的偏好，更加有利于推动民宿项目的精品化发展，从资产管理、品牌策划、文创设计、宣传推广、系统服务、民宿运营、团队服务等各方面为民宿项目赋能，快速形成一个较为鲜明的旗帜和标杆。因此，武汉市应该积极敞开大门，邀请专业人士为武汉民宿经济把脉，为后期深度合作创造平台与机遇。

三是要积极发挥好回乡大学生、企业家、职业农民以及本地居民的主观能动性。村民是民宿经济的主要劳动力、土地资源的所有者，更是农耕文化的传承者，在政策允许范围内，应鼓励民宿经济发展模式的大胆创新，探索探索农户自主经营、“公司+农户”“合作社+农户”“创客+农户”“公司+村集体经济组织+农户”等合作模式，形成共建共享机制，让村民真正享受到民宿经济的红利，也让村民在现代化的经营环境中提升个人的能力、素质、眼界。

（四）完善政策体系，突破民宿经济的发展瓶颈

目前，在长三角、珠三角一带，对民宿产业的投资异常火爆。武汉市目前已经有2万多家都市型民宿，而主要服务于本土居民的郊野型度假民宿却十分稀缺。除了个别景区配套少量度假酒店，较多的则是由村民经营为主的传统农家乐，市场供不应求的问题十分突出。对于这种不符合市场规律的现象，市文

化旅游部门、农村农业部门要进行深入调研,对于民宿产业发展遇到的问题进行系统梳理,化解各种不合理的的政策性门槛,运用市场化办法解决民宿业发展的难点、痛点。

一是要抓紧研究出台民宿产业专项扶持政策。2019 年 11 月份,国务院办公厅印发了《关于加快发展生活性服务业促进消费结构升级的指导意见》,首次将民宿客栈明确为生活服务类的细分产业,并提出投融资担保、税收减免等多项优惠政策,民宿产业发展的政策环境已发生很大的变化,建议武汉市积极对接国家政策、对标发达地区,抓紧研究出台武汉支持乡村民宿产业发展的专项政策。

二是要明确专项政策的重点扶持方向。坚持问题导向, 加大改革创新力度,深入研究破解土地受制、投融资渠道狭窄、经营产品单一、管理服务水平较低等民宿领域突出问题的政策举措。进一步推动农村土地有序流转和农村集体资产股权制度改革,将闲置土地、房屋、古民居等要素资源入股民宿产业,实现"村民变股东",并带动农民增收。同时在不违背农村建房刚性规定的前提下,适当放宽空间高度、容积率等指标限制。加大财政专项扶持力度,鼓励符合要求的民宿业主申请小微企业等方面的扶持。鼓励和引导社会资本以投资、股权等多种方式进入民宿经济发展领域,依法合规利用 PPP 模式、互联网众筹模式、发行债券等新型融资模式投资发展民宿经济,参与民宿投资经营活动。

(五)严守发展底线,升华乡村文化与生态魅力

优秀传统乡村文化和自然生态魅力,是乡村旅游的宝贵财富。发展民宿经济,是在用现代化的理念和手段改造乡村、振兴乡村,但一定要把握好生态与文化这两条发展底线,让乡村的魅力通过民宿经济真正实现永续传承。

一是要尊重自然、尊重生态,守好"绿水青山"的生态底线。生态破坏往往不可逆,在发展民宿经济之前,要做到"规则先行""标准先行"。地方政府和相关管理部门要通过制定、完善针对民宿管理的相关法规和行业标准,加强对民宿建设、经营行为的规范、约束和引导,促进其健康可持续发展。按照生态持续发展、文物保护和开发利用的有关要求,明确禁止、限制、适度开发和开放发展的不同区域范围,确保乡村民宿发展的协调性与可持续性。同时,对于符合生态要求、主动倡导各类低碳环保理念的民宿,要给予一定的鼓励和嘉奖。

二是注重对乡村传统文化的保护和传承。乡村民宿不仅仅是一个提供食

宿的场所，更多的时候提供的是一份真实的乡村生活体验。当前乡村旅游对文化价值的开发，存在两个极端：要么高度商业化，业态雷同缺乏个性，大量异地商品、文化、趋利生意人侵略式进入，造成本地文化空心化和虚假化；要么过度强调文化价值，以原始建筑景观和博物馆、名人故居以及遗址等人文风貌为主要产品，静态呆板"曲高和寡"，仅仅能够满足游客最基础的观光需求。民宿经济作为乡村文化的载体，可以选择性地、引入外来创意文化或艺术，在满足现代人的物质和精神消费需求同时，不破坏当地的人文脉络和生活习惯，保留自然居住模式，吸引真正热爱乡村文化的旅游者到访甚至长期居住，共同参与乡村文化的保护与发展。

（六）善用互联网思维，激发民宿经济"网红"效应

信息化时代下，任何商品和服务的营销，都离不开网络平台的放大效应。对于民宿经济来说，顾客口碑、亲友介绍、门口拉客等传统揽客方式已经不能适应居民对于乡村旅游的升级预期。乡村精品民宿的发展需要民宿经营者们增强互联网营销意识，提高现代化的经营管理水平。

一是要利用好互联网的营销推广功能，讲好民宿故事。乡村民宿的出现，不仅代表了旅行方式的转变，更是抒发乡土情怀和山水情结的最佳载体。因此，一个合格的民宿是必然也必须有故事的。在"流量为王"的营销逻辑下，一个走心的短视频或者文章，能在瞬间吸引成千上万的流量，成为"网红"打卡地。因此，经营乡村民宿，一定要充分利用门户网站、短视频网站、公众号平台等各种互联网新媒体的推广能力，讲好独一无二的民宿故事，打造独一无二的品牌 IP。

二是要利用好互联网的大数据功能，适应现代化的经营模式。我国目前约有 40~50 万个住宿单位，其中真正的星级酒店只有 1 万 7 千个左右，许多民宿的信息化管理仍然很弱。如今网购已渗透至旅游消费的方方面面，便捷的民宿预订系统和真实可靠的民宿评价系统是消费者选择住宿的关键考察要素，这代表了民宿是否具备现代化的经营能力。因此，要支持和鼓励乡村民宿积极加入各类旅游预订平台，或者建立独立的旅游服务平台，充分融入民宿行业大数据资源的交换和共享圈，以用户需求为导向，不断提高乡村民宿的经营水平和服务质量。

作者单位：武汉发展战略研究院

深入落实乡村振兴战略
推动乡村旅游繁荣发展

刘艺璇

乡村旅游是落实乡村振兴战略,推动城乡深度融合的突破口和着力点。“十四五”时期,武汉要把握消费升级新机遇,把文化作为提升乡村旅游竞争力和影响力的重要驱动力量,加强全域总体规划,加大统筹协调力度,推进乡村文化旅游多元化、精品化、智慧化发展,全面带动农业升级、农村兴旺、农民致富。

一、乡村旅游发展现状

“十三五”以来,武汉坚持因地制宜,充分挖掘乡村特色资源,着力打造集现代农业、休闲旅游、乡村文化、田园社区为一体的特色小镇和乡村综合发展模式,积极探索乡村振兴的“武汉样板”。

(一)乡村旅游市场持续扩大

旅游资源加快向旅游景区转变,形成 27 个以赏花经济为特色的乡村旅游景区,黄陂获评全国首批全域旅游示范区。2019 年,全市乡村休闲游实现综合收入 185 亿元,同比增长 17.8%。

(二)乡村振兴格局形成

黄陂木兰大道、新洲桂花大道、江夏鲁湖田园综合体、蔡甸嵩阳大道等 4 条集中连片的乡村振兴示范带打响品牌,江夏小朱湾、黄陂木兰花乡、蔡甸花博汇、新洲靠山小镇等一批“三乡工程”示范村亮点纷呈,依托特色村湾积极发展互联网商旅小镇。

(三)节庆活动丰富多彩

策划举办武汉乡村旅游节，推荐超过200个乡村旅游景点及110余项活动;一批高水准的旅游演艺项目建成投运,乡村文化特色彰显,乡村夜经济呈现爆发式增长。

(四)产业兴村成效显著

开展旅游智力扶贫,实施乡村旅游后备箱工程,推选“武汉礼物”,打造精品民宿和高星级农庄、农家乐,大力发展农家美食、农家休闲、农家体验和农副产品,带动景区周边村民脱贫致富。疫情之后,全市积极落实纾困政策,加大网络营销力度,实施A级景区免门票,推动乡村文化旅游率先复苏。

二、乡村旅游发展存在的问题

近年来,武汉乡村旅游综合收入和接待人数呈现较快增长,但规模依然偏小，仅占旅游总收入的5.8%，而长沙这一比重达15%；综合收入仅为长沙的2/3,不到重庆的1/3、成都的1/2;游客人数仅为重庆的1/4,杭州、成都的1/2。武汉市乡村旅游发展不足主要表现在以下方面。

(一)全域统筹规划协调不足

全市层面缺乏对乡村旅游资源的全域整合和长远规划，未能从整体格局考虑沿线建设、片区建设,呈现分散零碎、点状分布的特点,功能性布局不科学,导致无序开发、过度仿效、恶性竞争等现象存在,难以凝聚并形成有影响的乡村旅游品牌特色。乡村旅游涉及多个部门,面临规划对象分散、管控体系不清、分类管理滞后、协调难度较大等问题,相关的补贴政策、财政支持投入机制、乡村旅游发展用地保障机制等配套政策还不完善,投资农业的各类要素动力不足。

(二)开发运营管理能力不强

乡村旅游与景区旅游有不同的业态、游客市场和收入来源,按照景区旅游的思维来开发运营是造成目前发展瓶颈的主要原因。不重视因地制宜的科学策划和合理定位,盲目跟风抄袭,项目开发低端同质化现象严重,缺乏对大众消费需求的跟踪关注,不利于增加客户黏性,没有形成深层次开发和产业链整合模式,可持续吸引力不足,导致综合经营效益不高。经营主体主要是农户或小型企业,缺乏现代经营思维和专业管理人才,对政策、土地、资金和人力等要素整合运营能力不足,营销推广手段单一,提供的产品和服务难以满足市场需求。

（三）综合配套服务水平不高

现有配套设施和服务水平与群众需求矛盾依然突出。旅游交通、停车场、公共厕所、医疗救助、住宿餐饮、娱乐康体、大中型会议室等硬件设施不足、标准较低、智能化程度不高，难以满足旅游旺季游客需求。乡村旅游中大多数管理人员、从业人员、服务人员均为当地留守农民，文化知识水平有限、缺少专业系统培训，总体上服务意识和服务能力不高。乡村旅游项目和产品缺乏完善的行业规范和标准体系，难以保障服务质量，影响了游客的满意度和旅游项目的良性发展。

（四）文旅融合创新发展不够

文化内涵挖掘不足，文化保护性开发缺乏系统性思维，文化项目定位不高，文化输出能力较弱，具有全国影响力的精品文化品牌不多，难以给游客带来文化旅游深层次的满足感。部分乡村旅游项目片面迎合市场，开发设计与乡村风貌和人文风情脱节，出现乡村旅游“城市化”倾向，影响了游客的乡愁文化体验。乡村文化开发模式和表现形式都比较单一，创新意识缺乏，文化衍生品同质化严重，科技、时尚、创意、超级 IP、自媒体等现代元素还没有充分融合应用，乡村旅游与其他产业关联度和带动力不足。

（五）农民主动参与程度不深

目前农民主要通过投资经营乡村民宿、从事接待服务工作、出让土地、房屋等使用权等方式参与乡村旅游，总体上参与面窄、参与层次低、参与度不高。乡村民宿、田园综合体、休闲度假村等大部分由外来投资者投资经营，本地农民由于分散性、信息、知识和能力等因素的局限，仅获得转让生产资料的补偿费用，在乡村旅游利益分配体系中处于弱势地位。此外，促进农民参与乡村旅游的政策措施落实不到位，农民缺乏必要的金融支持，风险抵御能力弱，权益保护不足，主动参与的积极性没有充分调动起来。

三、推动乡村旅游繁荣发展的几点建议

（一）突出全域规划引领，强化科学布局整体开发

按照因地制宜、突出特色、合理布局、科学规划的要求，系统推进旅游与精准扶贫、环境治理、产业发展、美丽乡村及生态修复的深度融合，推动单一型观光产品向综合型旅游产品集群转变，实现“全业”“全时”“全民”“全域”发展。一是推动整体规划和综合开发，在全市的统筹指导下，各区依托资源禀赋制定差

异化发展策略,制定一区一主题、一乡一线路、一村一景点的全域旅游地图,加强村与村、乡与乡、区与区之间的空间联系和资源互动,形成良性竞争和优势合作的协同发展格局。二是重视生态格局的完整性、景观格局的持续性,合理分配生产、生活用地,划分居住区与休闲度假区,保留公共空间,展现村庄独有的个性,让乡村旅游路线更加合理,确保当地村民正常生产生活。三是推进基础设施和公共服务升级,加快城乡基础路网、旅游快速通道、景区间通达路网建设,提升景区数字化、网络化、智能化水平,完善停车场、指示牌、卫生间等配套设施,推进垃圾资源化利用与无害化处理,建立住宿餐饮等产品和服务标准,提升乡村旅游管理服务水平。

(二)突出特色精品打造,提升项目策划运营能力

顺应消费升级趋势,以旅游需求为导向,推动乡村旅游由资源开发模式向产业整合模式转变,按照营销、创意、设计的反向路径,推进深层次开发、全产业链运营、市场化推广,打造乡村旅游精品线路,增强乡村旅游自我造血能力。一是精准定位细分市场,聚焦“小众化”群体,深刻理解特定需求主体,对接消费者的生活方式和生活状态,嵌入消费者价值观,让游客的生活态度、理念主张、情感诉求、审美趣味、个性彰显等精神需求找到表达的出口,增加对产品的认可度和忠诚度。二是开展前期策划与后期实施一体化的弹性运营,避免高大上的盲目开发,综合考虑市场定位、行业核心、产品内容、服务特色、业态组合、开发策略、商业模式、运营模式、投资回报等项目落地问题,注重服务细节,确保项目成功率和投资回报率。三是探索创新营销推广模式,加强与旅行社、旅行平台的合作,加强与游客的沟通互动,综合利用全媒体平台和渠道,积极开展体验营销、事件营销、活动营销、概念营销、影视营销、网络营销、关联营销、社群营销等,提高乡村旅游品牌曝光度和美誉度。

(三)突出旅游带动作用,推动乡村产业全面振兴

以特色农产品为着力点,融入多元创新元素,不断丰富产业内容,形成以商品为载体的乡村旅游产业链,提高“游”“购”“娱”的占比,提升乡村旅游商业价值和经济效益,推进乡村产业转型升级和全面振兴。一是带动特色农产品销售,大力发展都市观光农业,设计丰富有趣的农事体验活动,让游客切身感受有机农产品的生产过程,推动线下旅游消费转向线上经常性消费,促进农特产品电商发展,拓展农产品销售渠道。二是深化农旅+工业融合,打造集农产品加

工、观光体验、农业科普等为一体的综合园区,引导龙头企业建设农产品加工技术集成基地和精深加工示范基地,打造乡村文创产品集市,帮助能工巧匠、传统手工艺、乡村文化走向市场、产生价值。三是拓展农旅+服务业领域,满足城市游客生态消费需求,针对高端目标人群,引入专业化运营团队,开发禅修养生、科普研学、商务会议、野外拓展、健康疗养、民俗体验等个性化服务项目,实现乡村旅游产品服务增值,提高农村第三产业比重。

(四)突出田园民俗风情,彰显乡村独特人文魅力

乡愁经济是乡村旅游的重要内涵,要深入挖掘民俗文化和农耕文化,开发一批有文化内涵和农业特色的旅游项目,将乡村生活状态和生态资源转化为唤醒市民情感记忆的体验式文化产品。一是保护原汁原味的乡村原始风貌,寻找本地独特的乡村符号,重现古镇建筑、村落民居、祠堂牌坊、乡村集市、桥梁流水等空间布局,提炼民风民俗、社会秩序、历史故事等乡村元素,打造文化主题鲜明、体验层次丰富的旅游场景。二是挖掘乡村文化符号的附加值,开发村落民居、民俗风情、田园生态、综合乡村文化等文化旅游产品,使游客“吃农家饭、住农家屋、干农家活、摘农家果、做农家事”,将乡村旅游的土、野、鲜、奇、农等特色淋漓尽致地体现出来。三是打造文化旅游超级 IP,深度探索文化内在联系,多维度解读和展现 IP,大胆创意塑造 IP,推动文化旅游 IP 消费,突出主题性、故事性、互动性、延展性,形成包含旅游演艺、主题公园、主题酒店、文旅小镇、博物馆、文化节庆、旅游商品等的超级 IP 系统。

(五)突出农民主体地位,健全多元主体共营机制

不管在概念规划还是落地实施中,都要优先确保农民的主体地位和最大利益,构建合理的社区参与机制,充分发挥多元主体共建合力,形成农民、企业和政府三方协同的发展模式。一是政府要定位为利益协调方或平衡者,以提供公共服务和公共产品为出发点,积极引导各方参与,协调各方权责利益,做好主体间交流的有效平台,更多站在弱势一方,保护原住民的经济社会利益。二是积极引进有资金、有经验、有项目、有情怀的大企业,发挥专业优势,充分整合社会资源和力量,做好综合性项目策划,构建有效的营销体系和体验体系,确保运营可持续和综合效益。三是增强农民主体性意识,增强村集体参与程度,使村民行为由个体化的分散行为走向共同化的集体行为,健全农民利益表达的相关机制,保障村民的知情权、参与权、决策权和监督权,提高农民专业技

术水平和适应市场的能力，最大限度调动村民的积极性，让农民成为乡村旅游发展的最大受益者。

(六)突出资源要素保障，完善政策协同推进机制

加强农业农村、文化旅游、国土规划、市场监管、发改、交通、生态环境等部门的统筹协调，建立跨部门协同推进机制，共同制定促进乡村文化旅游发展的支持措施，提高政策的系统性、针对性和实效性，切实解决乡村旅游涉及的土地、资金、人才等关键问题。一是保障农村产业融合发展用地，围绕乡村旅游需求，鼓励农业生产和村庄建设等用地复合利用，开展村湾集并调配建设用地，支持农村集体经济组织以出租、合作等方式盘活利用空闲农房及宅基地，改造建设乡村旅游体验活动场所。二是加大财政金融支持，全市设立乡村旅游发展专项基金，各相关区设立专项配套资金，加快农村金融发展，加大财政信贷扶持力度，将乡村旅游作为信贷支农重点，在审批程序、贷款利率方面给予政策支持，形成政府先期基础投入、社会资本跟投、村民闲散资金参股的资金筹措机制。三是制定乡村旅游人才培养方案，提高经营者的市场意识、产品意识和服务意识，鼓励优秀人才返乡留乡就业创业，帮扶形成领军人才团队，加强新型职业农民技能培训，特别是网络技能培训，打造乡村旅游人才梯队。

作者单位：武汉发展战略研究院

提升产业链现代化水平的思考建议

——以湖北省“光芯屏端网”为例

刘艺璇

2019年8月26日，习近平总书记在中央财经委员会第五次会议上提出，“要充分发挥集中力量办大事的制度优势和超大规模的市场优势，以夯实产业基础能力为根本，打好产业基础高级化、产业链现代化的攻坚战”。湖北省委、省政府也对提升产业基础能力和产业链现代化水平作了重要部署，提出打造“光芯屏端网”世界级产业集群。提升产业链现代化水平，要求我们要加强面向未来的战略性、全局性产业链研究，围绕重点产业和关键节点补链、强链、扩链，在新一轮产业竞争中搭建坚实而稳定的发展基础，全面实现从制造大省向制造强省的根本性转变。

一、产业链现代化的内涵

（一）产业链现代化需要产业基础能力保障

产业基础高级化和产业链现代化高度关联，产业基础高级化是产业链现代化的前提和核心，产业基础能力无论对产业发展质量、发展潜力和可持续性，还是对产业链、价值链、供应链的控制都具有决定性影响。推动产业基础高级化，就是要提高基础零部件、基础材料、基础工艺、基础技术、基础软件、基础动力等的基础能力，要建立和实现全流程、全要素、高技术、高效益、高保障的产业体系，实现产业基础能力高度化；要在产业内和产业间以及底层结构要素间建立关系协调、比例恰当、技术集约、组织顺畅、运转安全的动态优化适配体系，实现产业基础结构合理化；要稳步提高要素效率和组织效率以及所提供的产品和服务附加值，实现产业基础质量巩固化。

（二）产业链现代化需要高度链接自主可控

产业链现代化是产业现代化内涵的延伸、细化，其实质是用当代科学技术和先进产业组织方式武装、改造产业链，使产业链具备高端链接能力、自主可控能力和领先全球市场的竞争力水平。产业链现代化体现在价值链各环节的价值增值、企业链上下游分工的有序协同、供需链连接性的效率与安全均衡、空间链区域布局的集聚与扩散协调。推动产业链现代化，就是要解决缺少核心技术和拳头产品的问题，缓解在产业链的关键环节被“卡脖子”的问题；就是要在纵向上下游各环节和横向多种功能互补间实现效率提升和成本优化；就是要能够根据市场信号灵活、高效地做出反应，在面临外部风险的条件下，表现较强的抗冲击力和调整应变能力；就是要提高整个产业链的技术经济水平，或重构产业链，使其在高端方向适应更宽的市场范围。

（三）产业链现代化需要更高水平开放合作

产业链现代化需要在更加开放、广阔的地理空间范围考虑，需要拓展区域经济和区域产业的观察视野和思考层级。产业链现代化不能仅理解为区域性完整连接、整体协同和高效安全，产业自主可控、安全高效更不能仅仅理解为是要形成自我配套、自成体系的区域产业基础和产业链。而是要在充分认识地区现实比较优势和地区潜在竞争优势的基础上，着眼于跨区域产业协同和产业融合，明确本区域能够提供哪些基础结构要素，能够在哪些关键环节为产业链的完整、高效、安全作出贡献，并强化这些领域的能力和优势，同时积极参与跨区域产业链协作，获取本区域支柱产业、主导产业的基础要素支撑，形成区域内外产业协同融合，促进区域产业结构合理化和产业竞争力提升。

二、湖北省“光芯屏端网”产业链现状分析

以“光芯屏端网”为代表的新一代信息技术产业的快速崛起，刷新了湖北产业格局。选取“光芯屏端网”作为重点研究，既体现湖北积极承担国家前沿战略的主动担当，也代表湖北在提升产业链现代化水平上的新探索和新作为。“十四五”时期，是“光芯屏端网”加速奔向万亿级，推动全省高质量发展的关键阶段，通过梳理产业链的弱项和短板，有助于围绕重大项目和龙头企业补链、强链，培育产业生态，构筑湖北的未来产业竞争力。

（一）发展基础

1.主导产业目标清晰

湖北省委十一届四次全体（扩大）会议提出，进一步完善全省重大生产力布局和区域协调发展战略规划，努力形成“一芯驱动、两带支撑、三区协同”的高质量发展区域和产业战略布局，并迅速出台实施意见。“一芯驱动”就是要大力发展以集成电路为代表的高新技术产业、战略性新兴产业和高端成长型产业，培育国之重器的“芯”产业集群，将武汉、襄阳、宜昌等地打造成为综合性国家产业创新中心、“芯”产业智能创造中心、全国制造业高质量发展示范区。围绕打造“光芯屏端网”万亿产业集群的战略目标，各地各部门出台专项规划和实施方案，筹建创新研发平台，谋划实施重大项目，设立产业专项基金，完善信息基础设施，推动应用场景示范，引进科技领军人才及团队，全省上下形成合力，联动协作，聚焦重点，培育壮大主导产业链。

2.产业链条基本完善

以自主创新、补链强链为重点，加快长江存储等重大项目建设，推进形成以存储芯片、光电子芯片、物联网芯片为特色的国家级“芯”产业集群。以跟踪前沿、提升能级为重点，加快推动天马柔性屏、华星光电 T4、京东方 10.5 代线等重大项目实施和量产，打造全国最大中小柔性显示和新一代大尺寸等高端显示面板产业集群。以应用创新、完善配套为重点，依托华为、联想、小米等知名智能终端研发生产企业，培育智能手机、平板电脑、机器人、可穿戴设备等终端产品产业集群。以需求升级、深度融合为重点，发展互联网+、光通信、5G 通信、网络安全产品和服务等下一代信息网络产业集群。目前，湖北“芯屏端网”万亿级产业集群已初具雏形，聚集企业近 400 家，产业规模突破 3000 亿元。

3.协同创新能力增强

国家存储器基地是芯片国产化的重要支撑，自开工以来，中国“芯”不断从实验室走向产线，我国自主研发生产的首款 64 层 3D NAND 闪存芯片实现稳定量产，全球首款 128 层 QLC 闪存芯片研发成功，实现了技术水平从跟跑到并跑的跨越，项目二期建设也已启动。依托华中科技大学、武汉大学、武汉理工大学、中科院武汉分院、武汉邮电科学院、武汉 709 研究所等高校院所，加快建设武汉光电国家研究中心、国家信息光电子创新中心、国家先进存储产业创新中心、国家三维集成电路制造业创新中心、国家数字化设计与制造创新中心、湖北新型显示产业研究院等国家级、省级重大创新平台，此外，武汉国际微电子学院、长江芯片研究院、存储芯片联盟、国家 IP 交易中心等正在加紧组建中，着力突破高端材料生产、核心芯片工艺、先进封装集成等领域的关键技术和共性技术瓶颈。

4.区域合作纵深发展

光谷作为“光芯屏端网”产业链的核心区，在推进自身产业基础高级化的同时，进一步提升辐射带动能力，向周边区域拓展延伸产业链，跨区域产业配套协同能力明显增强。襄阳、宜昌、十堰、黄石、荆州、孝感、黄冈、随州等加快布局磁电子、功率电子、光通信芯片、物联网芯片、车用元器件及配套产业、智能终端等领域，潜江的晶瑞微电子材料项目将填补光刻胶领域短板，黄石正在建设全国第三大 PCB 集聚区，宜昌电子级磷酸、硫酸打破了发达国家的技术垄断。依托光谷科技创新大走廊建设，东湖高新区正在积极探索与新城区的联动发展机制，深化与周边地市合作，探索建设中国光谷黄冈科技产业园、中国光谷咸宁产业园等“飞地经济”发展模式，在全省建设了近 30 个光谷“园外园”，加强产业、技术、人才对周边区域输出，带动武汉市、湖北省、长江经济带创新发展。

5.产业生态加快形成

当前，在支柱企业带动下，一批瞪羚企业、隐形冠军加快成长，逐渐形成光、芯、屏、端、云、网、智生态体系（见表 1）。“芯”实现突破，以长江存储为龙头，华为海思光电子、新思科技等集成电路设计制造企业集聚；“屏”强势崛起，华星光电、武汉天马、京东方建成投产；“端”加速成长，引进华为、联想、小米等知名终端研发生产企业；“网”抢先布局，烽火通信、长飞光纤等加大 5G 技术研发应用，中金数谷即将投产，斗鱼成为湖北首家海外上市的本土互联网公司。为最大程度减轻疫情冲击，建立了省市区工作协议机制，围绕规模过 10 亿元的重点企业和重要产业链及配套企业，动态调整、压茬推进，协调解决企业遇到的实际问题，让产业链有效“转”起来。因供应链上下游企业在湖北协同发展、同频恢复，疫情未对产业基地的生产齐套性造成明显影响。

表 1 湖北省“光芯屏端网”产业链基本情况

<table>
<tr><th>产业</th><th>细分领域</th><th>重大平台</th><th>重点企业</th><th>重点区域</th></tr>
<tr><td rowspan="3">集成电路</td><td>芯片设计</td><td rowspan="3">国家存储器基地、国家信息光电子创新中心、国家先进存储产业创新中心、国家三维集成电路制造业创新中心</td><td>武汉新芯、长江存储、光迅科技、云岭光电、高德红外、新思科技、海思光电子、九同方、飞思灵微电子、梦芯科技、武汉导航院、709 所</td><td rowspan="2">武汉（武汉东湖新技术开发区）</td></tr>
<tr><td>芯片制造</td><td>武汉新芯、长江存储、高德红外、光迅科技、长芯盛科技、云岭光电、鼎龙控股</td></tr>
<tr><td>封装测试与材料业</td><td>高德红外、709 所、光迅科技、华工正源、泰晶科技</td><td>武汉市为主，襄阳、宜昌、十堰、黄石、荆州、孝感、黄冈、随州等布局磁电子、功率电子、光通信芯片、物联网芯片、车用元器件及配套产业等</td></tr>
<tr><td colspan="2">新型显示</td><td>湖北新型显示产业研究院（筹）</td><td>华星光电、武汉天马、尚赛光电、精测电子、京东方、鼎龙控股</td><td>武汉（东湖新技术开发区、东西湖区）</td></tr>
<tr><td colspan="2">智能终端</td><td></td><td>华为、联想、小米、天玑智谷、华烁科技、泰凯科技</td><td>武汉（东湖新技术开发区）、襄阳、黄石、孝感</td></tr>
<tr><td rowspan="4">下一代信息网络</td><td>光通信</td><td>武汉光电国家研究中心</td><td>长飞光纤、烽火通信、光迅科技、烽火藤仓、华工正源</td><td>武汉（东湖新技术开发区）、潜江市国家高新区</td></tr>
<tr><td>5G 通信</td><td></td><td>烽火通信、虹信通信、飞思灵微电子、华工科技、长芯盛科技、武汉凡谷、海思光电子</td><td>武汉（东湖新技术开发区）</td></tr>
<tr><td>网络安全</td><td>国家网络安全人才与创新基地、武汉超算中心、网络安全学院</td><td>中金数据、众维亿方、启迪控股、中科曙光、国嘉网信、天喻信息</td><td>武汉（东湖新技术开发区、武汉临空港经济技术开发区）</td></tr>
<tr><td>量子通信</td><td>国家量子保密通信骨干网络华中总控中心</td><td>光谷量子、国科量子、国盾量子</td><td>武汉（东湖新技术开发区）</td></tr>
</table>

（二）主要问题

1.关键材料和设备本地化率较低

目前，核心基础原材料、关键器件、设备仍是产业发展的最大瓶颈，缺乏完整可控的产业链、供应链体系。集成电路关键原材料有硅晶片、光刻胶、靶材、高纯试剂、抛光材料、电子特气等，目前 12 英寸以上硅晶片主要依赖进口，其他关键材料已经开始国产化替代，但多分布在产业链更成熟的长三角和珠三角地区，东湖高新区以及湖北省现有的材料企业中，基本没有涉及这些关键材料。比较典型的企业如光迅科技，原材料每年采购约 45 亿，但武汉本地的采购率仅有 10%。在集成电路设备领域,也存在同样问题,除了思达尔的检测设备、华工激光的半导体端泵激光打标机等,其他关键设备基本依赖进口。

2.上中下游企业供需匹配度不高

东湖高新区虽有不少芯片设计企业,但与智能终端企业匹配度不高,无法满足终端企业的需求,因此上下游产业链合作机会较少。如天喻信息每年从国外进口芯片金额达几亿元,作为智能卡的龙头企业,每年花费几亿元采购来自复旦微电子、同方、国民、大唐等的国密芯片,但并没有采购武汉当地的芯片企业产品;另外光华芯主要做音视频芯片,但客户都在深圳等地,并未与武汉当地企业进行配套。电子产品配套环境还不完善,精密加工能力较差,能够本地化的仅是一些包材和低端的产品配套,其他零部件都需要在外地采购,因此导致终端企业成本高、周期长。

3.龙头企业规模和带动效应不足

湖北集成电路的龙头企业数量较少，仅武汉新芯在制造环节的销售收入位列全国第九,在设计和封测环节还缺乏龙头企业。企业之间大多独立经营,产业领域存在重复性竞争,彼此间相互配套和协作的可能性低,企业之间的联系比较松散,尚未形成具有一定影响力的企业联合体,不利于提高产业整体竞争力。龙头企业规模尚小,自身还处在规模扩张和发展阶段,现有规模尚不足以吸引配套企业大批量入驻。龙头企业主动与中小微企业协作积极性不高,试错意愿不强,受已形成的采购机制和利益机制制约,本地采购意愿不强。此外,大部分提供基础配套服务的企业规模都较小，以中小企业尤其是小微企业为主,但缺乏专门支持中小企业发展的政策支持,即使有政策也很难落实。

4.跨区域分工协作机制还不健全

湖北与其他省市比较而言,电子信息产业园的数量相对较少,产业发展主要集中在东湖高新,虽然形成了一定的集聚效应,但因为整体规模不够,辐射溢出能力不足,在带动周边城市发展、加强周边城市间的联动等方面的效果不显著。省内配套企业技术基础薄弱,创新能力不足,产品的科技含量不高,综合竞争力不强,部分配套企业还受制于环保问题,面临关停的风险。从全省层面来看,缺乏立足区域发展高度的科学布局,社会化分工协作机制尚未建立,除武汉占据产业链核心环节外,其他城市之间的产业结构重复、规模相似,产业链对接和产业链互补能力较弱,产业配套能力依然较低,各自为战的经济发展格局没有根本性改变,还没能形成具有一定规模和特色的产业带。

三、提升产业链现代化水平的对策建议

湖北省“光芯屏端网”产业链发展现状,既有区域自身的特点和个性问题,也在一定程度上反映出全国战略性新兴产业发展的共性问题。因此,在探讨如何构建完善现代化产业链时,我们立足于国家层面的战略要求,既结合湖北发展实际提出具体策略,也尝试从全局考虑提供一些普遍适用的思路建议。

(一)夯实产业基础能力,补齐产业链的短板环节

实施产业基础再造工程,在我国严重受制于人的“卡脖子”技术领域,发挥关键核心技术攻关新型举国体制优势,调动整合国内有关科研力量,组织实施产业基础能力攻关工程,推动重大示范工程实施,加强影响核心基础零部件(元器件)产品性能和稳定性的关键共性技术研究,开展先进成型、加工等关键制造工艺联合攻关,加大基础专用材料研发力度,提高产业技术基础能力,加快补齐产业基础短板,着力构建一批自主可控的产业链。湖北省要大力支持武汉建设综合性国家科学中心和产业创新中心,充分发挥光电国家研究中心、国家信息光电子创新中心、国家先进存储产业创新中心等创新平台资源优势,争取国家存储器基地二期及三维相变存储器研发项目获得国家政策和资金支持,谋划布局国家重大科技基础设施和重大生产力项目,持续增强前瞻性科研实力,聚焦核心技术和关键环节,加强研发投入力度,争取更多引领性原创成果的重大突破,形成一批拥有自主知识产权的核心技术,提升原始创新能力和本地化配套能力,探索芯片产业的标准,激励硅知识产权的开发和转移转化,增强在芯片产业中的话语权。

(二)提升产业链控制力,培育“链主”和单项冠军

提升产业链控制力的核心是以企业和企业家为主体,发挥企业家精神和工匠精神,既要培育对全球治理体系和结构具有把控能力的跨国公司,掌握市场或技术等资源的主导权,成为具有“链主”地位的产业生态主导企业;又要激发众多经营灵活、创新动力强的“专精特新”的中小企业的首创精神,注重培育在关键环节、标准和核心技术具有控制力的“隐形冠军”企业。鼓励上下游企业加

强产业协同和技术合作攻关，通过资源整合、运营协同和利益共享，建立空间跨区域、横向跨产业、纵向跨链端的利益共同体组织，形成互容共生、分工合作、利益共享的新型产业生态。湖北省要大力支持长江存储、中国信科、武汉新芯等龙头企业通过结构升级、创新驱动、外部兼并等方式做大做强，培育千亿企业，努力开拓国际市场，不断提升企业的国际化经营能力，在全球配置资源进行全产业链布局；建立百亿企业培育库，对标国际、国内先进企业，加快在集成电路、新型显示、光通信等优势领域培养更多的百亿企业；引导百亿企业开展大企业双创，通过资本和技术外溢，辐射带动产业配套企业及小微企业发展，带动和培育一批中小企业成长为单项冠军企业。

（三）提高弹性供应能力，增强产业链抗冲击韧性

基于大规模制造的传统供应链，刚性强、成本高、效率低，难以适应大幅增加的个性化需求变化和应对贸易摩擦、瘟疫、天灾等“黑天鹅”“灰犀牛”不可预测事件。弹性供应链不仅可降低生产制造成本，有效提升市场响应速度和运转效率，还具备在巨大破坏性冲击后迅速恢复到原始状态或变化到更理想状态的能力。要加快完善新型基础设施，不断增强企业主体抗风险意识和能力，多途径拓展供应链通道，构建开放包容的弹性供应链体系。一是缩短供应链，从“长链”到“短链”，减少中间环节，降低信息传递失真度和减少货物流通瓶颈，使供应链上下游之间信息和货物更畅通便捷；优化产品设计和生产工艺流程，提高集成度，减少零部件使用；在本地培育供营商，各企业联合组建采购组，在遭遇风险冲击时共同支持当地供应商恢复生产。二是增加链路冗余，采用互联网、人工智能、物联网、区块链等新技术构建网状供应链，每一个网络节点都可以单独或联合供给，使供应链由单一的“串联”转向“并联”，分散供应链上脆弱环节带来的风险。三是提高供应链柔性，鼓励上下游企业建设“共享仓库”或与第三方平台共享供应链，完善企业“私链”、平台“共享链”和政府“公链”相互支撑的供应链体系，缓解突发事件和市场大幅波动对整体产业链的冲击。

（四）加大产业开放力度，强化协同融合发展能力

各城市要顺应新时代空间跨越和时间紧缩的社会发展趋势，全面厘清本地的区域内外产业关系，重新定位本区域的产业地位，把握好重构区域内外产业链的时机，有步骤、有针对性地加大对外开放步伐，积极引进重大产业资源和产业项目，强化跨区域产业协同和产业融合，形成相互连接、相互联动、相互

促进的跨区域产业发展格局，进而推动区域产业基础再造，加快产业链现代化步伐。对湖北而言，一是要优化省内“一核多点”的空间格局，以武汉为核心，做强东湖高新的集成电路产业链、武汉经济技术开发区产业链下游的应用示范、武汉临空港经济技术开发区的“屏”产业，并推进宜昌电子材料、襄阳机电控制、黄石印制电路板、潜江光信息电子、荆州通讯终端等成为产业链重要环节。二是要在国家统筹指引下，明确重点领域和关键环节，加强与长三角、珠三角、西部地区的重要芯片研发生产基地的合作交流和差异化布局，减少低端环节的重复和高端基础研究的缺位，深化强化区域间的产业协同和产业融合。三是深度融入全球产业链分工合作，主动吸引国际资金联合开发芯片技术，共享知识产权；鼓励在非洲等新兴市场，推广应用自主知识产权的芯片系统，构建以我国为中心的供应链生产组织网络。

(五)深化要素配置改革，有效激发市场竞争活力

全方位推进要素市场化改革，破除阻碍要素自由流动的体制机制障碍，让人口、技术、土地、资本、数据等生产要素充分公平、自由地流动，创造公平竞争的制度环境，提倡竞争和保护竞争，提升要素资源配置效率，引导各类要素协同向先进生产力集聚，才能真正筛选出产业内真正的高效率企业，才能促进产业技术进步和产业结构升级。因此，要形成跨区域的完整产业链，通过扩大市场容量和规模去促进产业分工、增强产业联系和加快技术进步，就需要清理和限制地方政府以各类名义出台的产业政策，大幅度减少产业政策的种类和数量，给竞争政策的实施留下较大的空间，让其有更宽的适用面和覆盖面。要素协同发展是产业结构高度化和合理化的基础条件，要围绕产业链部署创新链、人才链、资金链、政策链、服务链，构建“六链统筹”的创新生态，协调企业家和科学家的行为目标和行为方式，推动科研的原创性和科技成果的市场应用性“双向融合”，增强金融引导和支持产业创新升级的作用，聚焦产业需求引进和培育领军人才和工匠人才，提高产业政策的针对性、一致性和长期性，加快政府职能向提供更好更优服务、营造公平制度环境转变，促使生产要素活力竞相迸发、创新创业源泉充分涌流。

作者单位：武汉发展战略研究院

借鉴成都楼宇经济发展经验 破解武汉楼宇经济发展难题

沈 明

楼宇经济是现代服务业集聚发展的重要载体，具有占地少、效益高、辐射强、潜力大、低碳环保等诸多特征，近年来受到越来越多的重视。截至2020年7月，能够收集和查阅的相关政策多达百余件，涉及国内30多个大中型城市，其中成都针对楼宇经济发展先后出台政策文件多达20余件，行业标准、激励措施和发展机制较为健全，是国内楼宇经济发展的标杆城市。相比之下，武汉楼宇经济发展整体还处于起步阶段，市级统筹不足、楼宇经济家底不明、企业属地率偏低、楼宇生态不优和空置率偏高等问题十分突出，严重阻碍了武汉楼宇经济高质量发展[①]。深入分析和总结成都经验，对破解武汉楼宇经济发展难题、提升楼宇经济发展水平有重要参考意义。

一、楼宇经济是城市经济高质量发展的重要增长极

（一）带动地方财政税收增长

在“营改增”之前，我国大多数中心城市的第一大税种是营业税，第三产业越发达的城市，营业税占当地财政收入的份额也越大。“营改增”政策实施之后，服务业发展活力进一步释放，楼宇经济发展产业基础环境进一步改善。与此同时，第三产业越发达的市区面临的短期财政压力越来越大。楼宇经济作为地方税源经济，能够为城市的发展提供更好的财力支持，是我国城市转变发展模式，

①2019年3月27日，武汉市人民政府研究室《大力发展楼宇经济，提高城市经济密度——武汉市楼宇经济发展调查报告》。

实现可持续发展的可行路径[①]。2018 年,武汉纳税千万元以上楼宇 180 栋,纳税总额 321.18 亿元,占全市税收总额的 12.1%,占地方一般公共预算税收收入的 25%。随着现代服务业发展壮大,楼宇经济对武汉税收的贡献作用将越来越大。

(二)推进现代服务业集聚发展

工业经济看厂房,服务经济看楼宇。楼宇经济汇聚大量服务型企业,衍生出各类信息服务、咨询服务、中介服务和物业服务需求,并带动周边商业、会展、旅游、文化娱乐、休闲和餐饮等行业发展,形成功能良好、配套齐全的商务圈,是现代服务业集聚发展的重要载体[②]。2015 年,天津市服务业占 GDP 比重达到 52%,首次超过第二产业,服务业税收达到 1039 亿元,其中楼宇经济税收贡献率超过 50%,发展楼宇经济是现代服务业发展和产业结构转型升级的重要驱动力。

(三)培育经济发展新动能

入驻楼宇的企业大部分为高品质、高技术、高生产附加值的企业,由于这些企业的集聚而产生的创新价值溢出,促进了相关产业的创新活动,进一步衍生出更多的新技术、新业态和新方式,从而形成一个互相依附、良性互动的辐射效应[③]。

(四)推动土地资源高效集约利用

从本质上看,楼宇经济体现的是一种空间战略思维,通过规划建造高层的商务楼宇及功能性板块,极大提高了土地资源的使用率和产出率。随着城市化进程推进,城市土地供需矛盾日益突出,发展楼宇经济逐渐成为打破空间限制,推动城市产业结构升级的主要动力,特别是中心城区地价昂贵,发展楼宇经济使黄金地段真正发挥了寸土寸金的经济效益。

(五)塑造城市品牌形象,展现城市发展活力

建设一批交通便利、基础设施完善、服务配套齐全、建筑风格鲜明的商务写字楼宇,可以较大改善整个城区的形象、提升城区品位、营造优质的商务环境等。同时,引进大公司、大集团总部、研发中心和新型业态到楼宇中落户,可以不

---

①何继新、王田:《天津楼宇经济与经济增长、财政收入的相关性及发展对策研究》,《吉林广播电视大学学报》2015 年第 5 期。

②翟志青:《加快楼宇经济建设,推进现代服务业发展》,《现代经济信息》2013 年第 18 期。

③陈杰:《中心城区楼宇经济转型发展的路径研究》,《科学咨询:科技·管理》2014 年第 11 期。

断提升城区服务能力，凸显城市的魅力、活力与潜力。纽约帝国大厦、台湾101大厦、北京国贸大厦、上海环球金融中心，这些不仅是成功的商务楼宇范本，还是中外知名的地标性建筑。

二、成都楼宇经济发展已走在全国前列

（一）楼宇规模稳步扩大，软硬件品质持续提升

成都楼宇经济起步于2008年左右，是国内首个将商业商务楼宇从建筑载体上升到楼宇经济层面进行研究、推进和服务的城市。2018年，成都中心城区规模5000平方米以上商务楼宇（含商业综合体）总体量达到4438万平米，实现了年均30%的高速增长，预计未来5年内还有3000余万平方米增量（见表1）。就高端楼宇来看，2018年成都甲级写字楼存量面积384.80万平方米，规模仅次于上海、北京、深圳和广州，列居全国第五。2015—2019年，成都新增超甲级写字楼19栋、甲级写字楼27栋，数量和品质稳步提升（见表2、图1）。

表1 2018年成都市五大中心城区及高新区楼宇面积统计表(单位：万平米)

所属区	5000平米以上商务商业楼宇总面积
高新区	1300
武侯区	762
青羊区	727
锦江区	679
金牛区	583
成华区	387
合计	4438

表2 2015—2019年成都市超甲级、甲级商务写字楼评定数量统计(单位：栋)

年份	新增超甲级写字楼数量	新增甲级写字楼数量
2015年	8	10
2017年	5	7
2019年	6	10
合计	19	27

（二）楼宇入住率持续提高，亿元楼宇快速增长

根据《2018年中国楼宇经济发展年报》统计，2018年成都甲级写字楼新增供应量9.8万平方米，平均入住率近80%，仅次于北京、广州、深圳和上海（见图1）。得益于政府推动、市场新增供应减少等原因，近年来成都甲级写字楼存量

去化能力快速提升，特别是高端优质楼宇入住率显著提高，进一步带动甲级写字楼租金上涨。据统计，2018 年成都超甲级写字楼月平均租金 91.6 元 / 平方米，较往年上涨了 10%~15%，个别涨幅甚至达到了 50%以上(见图 2)。从就业和纳税情况来看，成都甲级写字楼吸纳就业 10 万余人，其中 40%为跨国企业高管和高级技术人才，纳税贡献过亿的亿元楼宇从 2016 年的 58 栋快速增加到 2019 年的 85 栋，年均增速达到 14%。

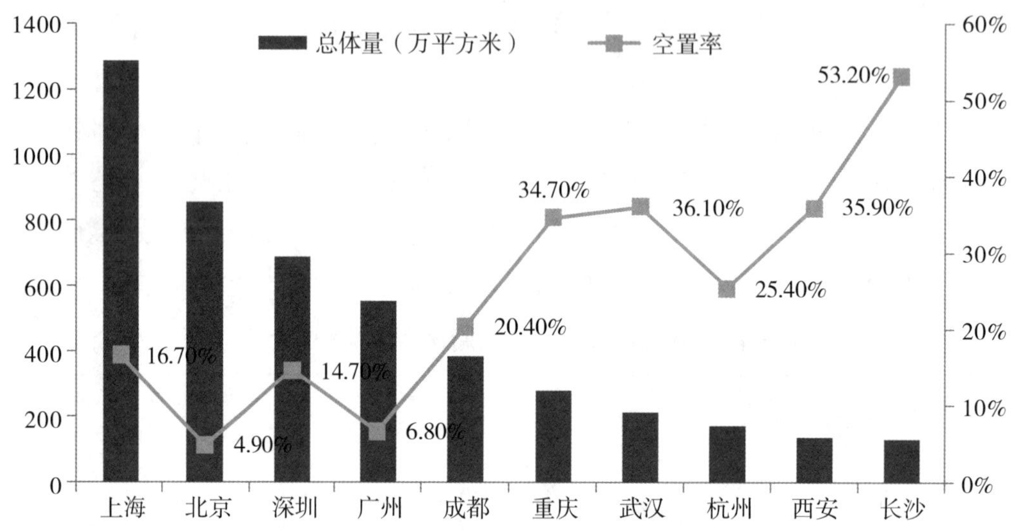

图 1 2018 年重点城市甲级写字楼总体量和空置率对比示意图①

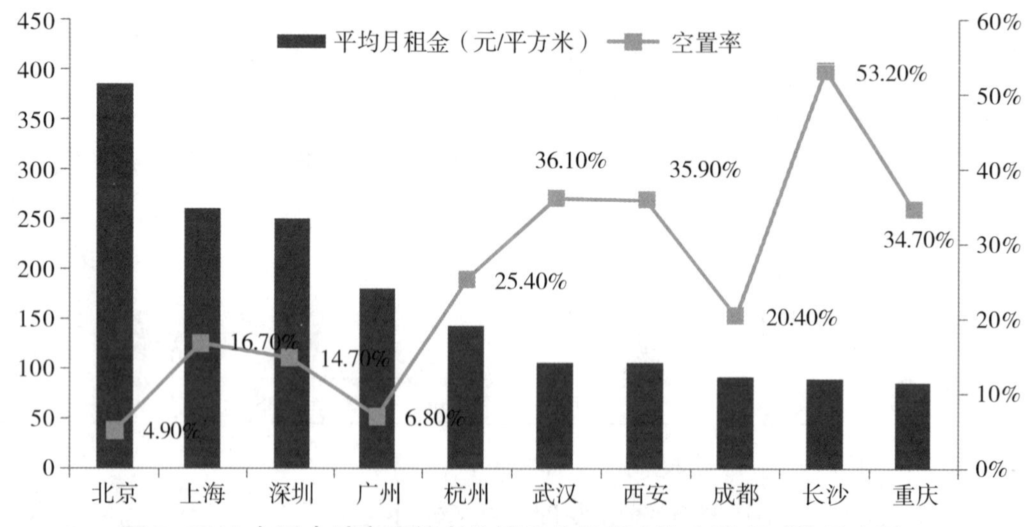

图 2 2018 年重点城市甲级办公楼平均月租金和空置率对比示意图

①数据来源:《2018 年中国楼宇经济发展年报》,第一太平戴维斯。

（三）专业（特色）楼宇格局基本形成，创新资源加速集聚

截至 2017 年，成都各区（市）县包装培育各类专业特色楼宇 250 余栋，其中金融服务、专业服务、贸易零售、高科技等行业租户占比分别达 29.5%、20%、16.6%和 13.6%，基本形成了“一楼一特色、一楼一产业”的专业特色楼宇发展格局。2019 年 6 月，成都市楼宇经济促进会从近 100 栋楼宇中筛选评定出 57 栋专业（特色）楼宇，进一步提升专业特色楼宇品质要求，推进楼宇经济高端发展。此外，成都已打造“双创空间”220 余个，运营面积达 1540 余万平方米，其中国家级双创载体 38 家、国家级众创空间数量 21 家。侠客岛、MFG 创客联邦、优客工场等一大批中国式“WE WORK”联合办公载体在蓉诞生，成都成为仅次于北京、上海的中国联合办公第三城。通过众创、众包、众扶、众筹等多种方式，办公空间、研发中心等创新资源，专利技术成果、知识技能服务、人力资本服务等创新能力加速向楼宇集聚，极大促进资源有效利用率和生产服务供给能力提升。

三、成都楼宇经济发展的主要做法

（一）强化政府引导，大力推进楼宇经济集群化、高端化、标准化和专业特色化发展

一是优化楼宇经济空间布局。楼宇经济是楼宇载体和产业链条相结合的经济形态，楼宇分布必须与产业布局和市场需求相匹配，成都楼宇经济发展成效突出，离不开政府的积极引导和超前规划。2008 年以前，成都写字楼市场主要集中在中心城区传统核心商务区，呈现“一心两轴”的分布特征。2009 年开始，传统核心商务区可开发商业用地逐渐减少，楼宇经济增量开始向高新南区汇聚，形成“传统核心商务区＋高新南区”的发展格局。2019 年，成都写字楼市场新区版图再一次向南延伸，形成“传统核心商务区＋高新南区＋天府新区”的新格局。经过多年发展，成都楼宇经济基本形成了脉络清晰、连片发展的空间格局，进入“增量开发与存量盘活”并举时期。

二是重点支持高端商务楼宇发展。重点楼宇集聚能力强、对地方税收影响较大，管理难度相对较低。在楼宇经济发展起步阶段，成都市（区）政府选择“抓大放小”，优先发展建筑面积在 2 万平方米以上的商务楼宇、商业楼宇、科研楼宇和总建筑面积在 15 万平方米以上的城市综合体（不含住宅部分）①。为鼓励高端楼宇发展，成都市财政局对甲级和超甲级商务写字楼，分别给予一次性 30 万

①2013 年 12 月，成都市人民政府办公厅《促进楼宇经济高端发展支持政策》。

和一次性 50 万元的招商运营补贴[①]。在享受市级奖励同时,部分区政府还会额外给予楼宇业主或运营管理方资金奖励,以大力支持高品质楼宇建设发展[②]。

三是大力推行楼宇经济标准化。标准是质量的核心内涵,制定标准化有利于规范秩序、提高质量,某种程度上高质量发展就是高标准发展。2012 年,成都市发布了全国首批商务写字楼地方标准《成都市商务写字楼等级划分》及《成都市写字楼物业服务等级划分》,填补了国内商务写字楼等级划分的标准化空白。2015 年,成都启动商务写字楼等级评定工作,从规范行业入手、从标准化工作起步,加快推动了成都楼宇经济发展体系向国际标准看齐。2017 年,成都获批成为全国首个开展国家级楼宇经济服务标准化试点的城市, 楼宇经济术语、楼宇公共服务、楼宇等级要求等 3 项国家标准正式立项。

四是重点打造专业(特色)楼宇。成都市对专业(特色)楼宇做了明确界定,专业楼宇按照专业企业集中度划分,包括金融服务类、商贸类(不含商业卖场)、健康服务类、高新技术类、电子信息类、咨询服务类、文化创意类、现代物流类、教育类共 9 个类别;特色楼宇按照入驻楼宇用户特征、楼宇经营管理特征等划分,包含总部类、电子商务类、国际合作交流类、新经济类、绿色运营类共 5 个类别[③]。成都市以产业基础为依据拟定楼宇专业(特色)定位并充分征求楼宇产权方和运营商意见,通过积极的双向沟通共同打造专业(特色)楼宇。为推动专业特色楼宇发展,各区政府均予以较大的政策激励,如成华区对 1 万平方米及以上投入运营三年内符合本区产业发展导向的专业特色楼宇,给予楼宇运营方一次性奖励 50 万元[④]。高新区对入驻成都高新区专业特色楼宇的企业,给予房租、装修、上规入库等方面政策支持和资金补贴[⑤]。江区则从楼宇入驻企业的租金扶持、购买扶持和贡献奖励等方面鼓励楼宇入驻企业同类集聚[⑥]。

①2018 年 6 月,成都市财政局印发《成都市 2016 年度服务业发展引导资金(竞争立项部分)申报指南》,其中包括“成都市 2016 年度楼宇经济高端发展资金实施细则”。

②2018 年 10 月,成都市成华区财政局印发《〈成华区关于促进楼宇经济发展的意见〉实施细则》,明确指出对被成都市楼宇等级评定委员会评定为“甲级”“超甲级”的商务楼宇,经区服领办认定后,在享受市级有关奖励的同时,在分别给予楼宇业主或运营管理方一次性奖励 30 万元、50 万元。

③2019 年 3 月,成都市政府出台《专业(特色)楼宇分类标准(Q-LY JC001-2019)》。

④2018 年 7 月,成都市成华区出台《成华区关于促进楼宇经济发展的意见》。

⑤2018 年 9 月,成都市高新区出台《成都高新区专业特色楼宇政策实施细则》。

⑥2019 年 7 月,成都市温江区出台《成都市温江区促进专业楼宇经济高质量发展扶持政策》。

(二)构建服务体系，持续提升政府对楼宇经济的统筹引导和管理服务能力

一是成立楼宇经济促进会。“楼宇经济”是一项系统工程、长期事业，涉及事务十分庞杂，需要建立第三方组织来统筹推进。2014 年 11 月，成都市成立楼宇经济促进会(简称“楼促会”)，主要职能包括调查研究、统计规划、标准协商制定、楼宇资质评定审核、政企沟通协调、组织楼宇推介招商等。此外，成都楼促会还打造了中国第一个楼宇经济百人专家库，广泛征集国内外楼宇经济领域领军企业、知名商协会、学术科研机构、大专院校专家，为楼宇经济发展夯实智力支撑。截至 2019 年 7 月，成都楼促会集合了 242 家会员单位，管理服务商业商务楼宇项目 550 余个，面积超过 6000 万平方米，为推动成都国际化、标准化、绿色化、专业化、规范化健康发展作出了重大贡献。借鉴成都发展经验，西安、昆明、苏州工业园区、天津河东区等多个市(区)也纷纷成立楼宇经济促进会，大力推动楼宇经济向纵深发展。

二是健全政府楼宇经济发展机制。成都市楼宇经济发展工作由市级规划引导，区级部署推动，市级主管部门为市商务局，负责研究全市楼宇经济发展工作，包括拟定规划、出台政策、组织建设楼宇经济运行监测体系等。在区级层面，锦江区成立以区政府主要领导为组长的楼宇经济发展领导小组，领导小组下设办公室负责工作的具体推进，并打造了以工商、国税、地税、招商、房管、街道为成员单位的“1+6”楼宇服务团队，对全区商务商业楼宇实施全覆盖。成都市高新区则成立以高新区分管领导牵头的联席会议制度，由经发局负责具体工作推进。在管理服务上，高新区建立网格化的楼宇专员制度，分片区建立楼宇经济综合服务站，设立楼宇专员，协调开展统计、政务、公共、商务等工作(见图 3)。

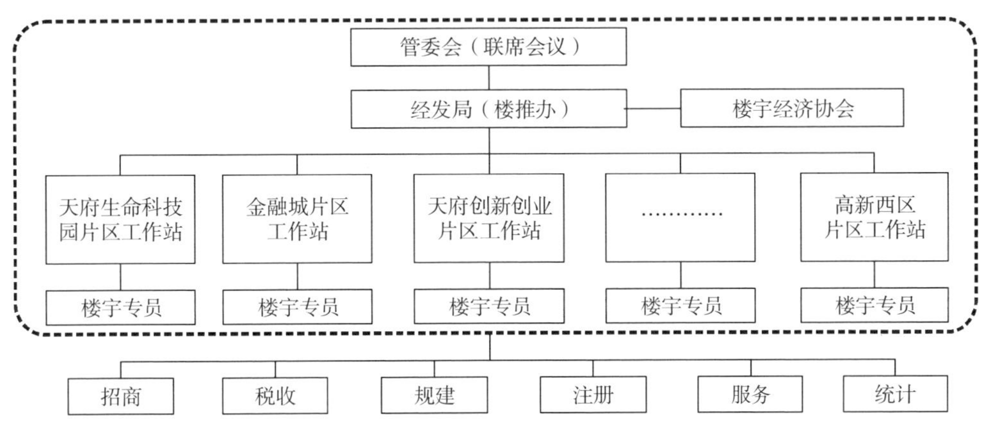

图 3 成都市高新区楼宇经济发展机制

三是建立楼宇综合服务站(点)。以表3中的武侯区为例,楼宇综合服务站(点)是楼宇经济管理服务的最后环节,主要功能包括:提供企业专项服务,针对楼宇企业需求,整合企业服务事项,提供个性化政务服务;接入全程网上审批系统,打造一体化网上办事自助申办点,通过在精品楼宇接入全程网上审批系统,并安排专人负责,实现楼宇企业审批服务事项全程网上办结;建立楼宇联络员制度,辖区内所有精品楼宇配备楼宇联络员,为楼宇企业提供政策咨询、办事指导和工商类事项代办服务,确保楼宇企业享受方便快捷政务服务。截至2019年6月,成都市已设立楼宇政务服务站点230余个,基本实现高新区和中心城区重点楼宇满覆盖。

表3 武侯区1+2+N楼宇服务模式

服务形式	服务对象	服务内容
楼宇服务站	全区甲级商务楼宇	1+2+N模式 1:楼宇办指派的片区协调员 2:属地街道、新城管委会派驻的首席服务代表和楼宇物业管理企业派驻的特约服务代表 N:工商局、国税局地税局等楼宇经济发展领导小组成员单位指定的部门服务代表
楼宇服务点	建筑面积5000平方米以上重点楼宇	由各街道(新城管委会)指派1名联络员,楼宇物业管理企业指派1名信息采集员,共同开展工作,做到每栋楼宇有专人跟踪、专人联络、专人负责

四是打造楼宇经济公共信息服务平台。利用大数据、移动互联网、云计算、物联网等技术手段,动态实时、准确科学地反映成都楼宇经济发展态势,不断完善楼宇经济大数据指标体系,扩大楼宇信息采集样本的数量和点位,并推出一系列规范标准,致力于推进楼宇经济向"标准化"+"数字化"方向发展①。截至2018年底,成都市楼宇经济公共信息服务平台与各部门相关平台实现了互联互通,形成多部门联动、数据共建共享的管理机制。针对楼宇信息采集难、分析难、决策难等问题,成都市拟进一步拓宽楼宇经济时空信息服务,持续推进相关政务信息互联互通,积极引入大数据、物联网、人工智能等技术挖掘数据,全面提升楼宇经济管理服务智能化水平。

①2018年,成都市商务局牵头编制了《商务写字楼信息采集规范》《楼宇经济信息平台数据规范》《楼宇经济信息数据源接口规范》《楼宇经济信息数据源交换规范》等四项项目标准。

(三)强化招商推广,致力于打通楼宇经济国际国内市场命脉

一是坚持楼宇经济精准招商。一方面加强宣传推介力度,全面掌握楼宇资源状况,通过各类线上线下推介平台及时发布信息,让公众和商家了解政府发展楼宇经济的优势和决心,增强投资环境的吸引力。另一方面加强定向招商,充分研究不同产业、不同行业对楼宇硬件设施和软件服务需求,针对特定楼宇、特定产业到特定区域开展精准招商①。同时鼓励招商外包、委托招商,对通过专业中介机构和个人引进项目给予一定资金奖励②。2018 年,成都武侯区开展总部经济、大健康等主题招商活动 4 次,省外宣传活动 2 次,小分队招商 6 次,积极参加各类国际招商推介活动,并针对 6 类世界 500 强、国内 100 强、总部型企业等重点进行一对一精准招商。

二是打造楼宇经济"服务品牌"。经过多年发展,成都楼宇经济在标准制定、分类评定、行业组织建设、行业交流平台搭建、大数据平台建设、服务品牌及营商环境打造等 7 个方面形成了丰富的经验。基于这些宝贵经验,成都市试图通过开班授课、媒体宣传等途径将"成都经验""成都模式"推向全国,以国际视野推进楼宇经济服务标准化走向世界舞台。得益于在楼宇经济发展上所取得的突出成绩,成都市知名度、社会影响力显著提升。发展楼宇经济成为成都市优化营商环境、打造城市名片、提升城市影响力的重要抓手,不断推进成都市走向全国、走向世界。

四、成都楼宇经济发展经验总结

(一)强化城市运营理念,以市场化运营激发楼宇经济发展活力,打造优质楼宇经济生态圈

"城市运营"提倡政府以企业家角色来治理城市,把整个城市作为资产进行有效整合,以最小成本最大限度涵养税源、改善民生③。成都市商务局成立楼宇经济促进会,将一部分政府职能转让给第三方组织,使之成为楼宇经济发展运

①2014 年 10 月,《成都高新区推进"三次创业"利用楼宇资源加快主导产业发展的若干政策》提出对积极参与或自行开展符合高新区产业定位、发展要求的招商推介活动,按单次活动实际支出费用的 40%给予楼宇业主或运营管理企业最高不超过 50 万元的补贴。

②2017 年 1 月,成都郫县《郫县促进楼宇经济加快发展的专项支持政策(试行)》出台,对通过专业中介机构和个人新引进属于本县鼓励类企业入驻商务楼宇的,按照实际使用面积给予招引主体 20 元 / 平方米的奖励,单个项目奖励金额不超过 20 万元。

③唱新:《日本神户市的城市经营战略》,《现代日本经济》1987 年第一期。

营主体，通过会员招募借企业力量和市场化的运营方式来推动楼宇经济增值增效。作为第三方组织，楼宇经济促进会在财务上独立核算、自负盈亏，大大削减了政府财政负担，是“城市运营”理念的核心体现。综合来看，楼宇经济是一个系统工程，由政府主导、运营主体、企业共同参与合作，成都楼宇经济发展是“城市运营”理念在特定领域的现实运用，未来城市供给侧改革将更多融入“城市运营”理念。

（二）明确政府服务定位，以发展楼宇经济推动政府机制革新，提升政府服务水平和服务质量

某种角度来看，政府与一般公司有类似的地方，区域竞争促使政府像市场经济组织一样不断改进效率，巩固税源[①]。面对楼宇经济这类新经济形态，政府更多地是扮演促进者角色，制定规则、维护秩序、提供服务[②]。成都是目前国内以市级为单位从事楼宇经济研究，有完善政府服务体系的少数城市之一。在政府服务上，成都市政府打造了市、区两级服务支撑体系。在市级层面，明确市商务局为楼宇经济责任主体，成立楼宇经济促进会，建立楼宇经济运行监测体系。在区级层面，搭建完善的楼宇经济组织架构，设立楼宇经济办公室，建设“楼宇社区”、楼宇服务站，配备楼宇专员，致力于整合政府职能和楼宇资源，提升政府服务水平和服务质量，为楼宇经济发展扫清制度障碍，营造良好的软环境。

（三）践行国际化战略，以对外开放驱动楼宇经济高端化发展，打造现代服务业发展高地

除了市场化运营理念和政府服务体系，成都发展楼宇经济还有两大优势，一个是国际化水平高，一个是基础工作做得足。近年来，成都市积极承办国际展会，会展业国际化水平持续提升，带动了城市知名度和影响力显著提高，在国际人才和项目吸引上形成了一定优势。另一方面，成都对楼宇家底摸得十分清楚，详细掌握了楼宇数量、分布、资质条件和企业入驻情况等基本信息，对需要招商哪些项目，配套什么样的政策，甚至是不同领域企业对办公楼宇的个性化需求特征等问题做了充分研究。正所谓“知己知彼，百战不殆”，成都在楼宇经济发展上做出的大量基础性工作，为楼宇经济精准招商奠定了坚实基础，使

①崔凯:《城市中心楼宇经济发展中的政府职能转变研究》山东大学 2017 年硕士论文。

②吴金群:《楼宇经济发展过程中的政府管理模式转型——以杭州市下城区为例》,《中共浙江省委党校学报》2011 年第 3 期。

楼宇经济招商方向更加明确，能够有的放矢地吸引更多高品质项目落地成都，推动成都楼宇经济发展迈向国际化和高端化。

五、破解武汉楼宇经济发展难题

（一）针对“市级统筹不足”难题

第一，尽快明确市级楼宇经济发展主管部门，出台全市楼宇经济发展规划、政策和行业标准，协调推进各项政策落实。第二，积极创建非营利性社团组织——楼宇经济促进会，作为楼宇经济发展的运营主体，广泛招募楼宇经济领域代表性企业成为会员，秉持“城市运营”理念推进武汉楼宇经济市场化运营。第三，夯实楼宇经济智力支撑。以楼促会为平台积极创建楼宇经济专家智库，广泛征集国内外楼宇经济领域领军企业、知名商协会、高校和学术机构专家人才，以行业专家智力为支撑出台更多更实更有力度的发展措施，共同推进武汉楼宇经济高质量发展。

（二）针对“楼宇经济家底不明”难题

第一，加快打造楼宇经济信息管理系统，由市楼宇经济主管部门统筹负责，整合接入税务、工商、房产、交通、规划等部门楼宇信息，逐步采集纳入各区楼宇产权情况、物业运营、投入年份、企业入驻率、行业分布、周边配套等信息，做好数据清洗、转换、合并、分析。第二，完善区级政府楼宇经济组织体系，建立健全基层楼宇经济信息采集机制和统计制度，推进楼宇数据上报机制长期化、制度化。第三，抓大放小，分阶段逐步摸清楼宇家底。由于楼宇信息保密性强、扫楼工作量大、牵涉部门多等现实问题，开展楼宇经济数据搜集工作难度十分大，在短期内真正“摸清家底”并不现实，建议先关注税收贡献大、土地和空间资源占用面积较大的重点楼宇，待机制条件成熟以后再将其他楼宇逐步纳入统计。

（三）针对“企业属地率偏低”难题

第一，摸清体量和对象。按落地性质将企业分为“注册经营同区”“注册在区、经营不在区”和“经营在区、注册不在区”三类，统计获取辖区企业纳税、属地率详细数据，开出税收未属地化企业名单，并按照企业占有资源大小、税收贡献和业态等情况予以分类。第二，探索租税联动机制。针对“经营在区、注册不在区”企业，区政府主动走访协商，与楼宇业主协商签订租税联动合作协议，在确定企业属地率与产税率后，给予楼宇业主一定比例的税收奖励，充分调动楼宇业主引税积极性[①]。第三,政策跟进,对主动提高属地注册率的楼宇业主和运营主体予以一定的补贴奖励。例如,2018 年,江岸区对楼宇内企业属地注册率达到 70%以上的楼宇投资主体, 按其自持部分当年税收实际贡献的 10%给予一次性奖励,最高不超过 100 万。

(四)针对“楼宇生态不优”难题

第一,加强政府规划引导,以高质量发展为目标,大力推进楼宇经济发展集聚化、高端化、标准化和特色化发展,整体把控楼宇经济发展大局和方向。第二,积极引入社会资本参与楼宇经济建设,加快市场出清和资产重组。存量商务楼宇改造需要大量资金,不可能都由政府承担,要主动发挥市场作用,通过优质企业资产重组、社会融资、商业银行贷款、发行债券等方式,推进楼宇经济市场结构优化。第三,加强财政税收支持力度,鼓励提高楼宇自持率,鼓励收购已散售楼宇统一运营,鼓励引进高水平专业化运营团队,鼓励楼宇积极参与全市甲级商务楼宇评定,鼓励引进和培育总部企业,全面推进楼宇经济供给侧改革。第四,加强各区统筹协调,鼓励各区立足比较优势,错位发展、互补支撑,注重精准招商、差异化招商和走出去招商,避免区级政府与政府之间、楼宇与楼宇之间恶性竞争。

(五)针对“楼宇空置率偏高”难题

受宏观经济下行、近年来市场新增供应大幅提升等因素影响,目前全国二线城市写字楼需求疲软,空置率普遍较高。据戴德梁行统计,2019 年上半年,武汉市核心商圈甲级写字楼空置率 27.9%,同比上升 3.1%,租金约 121.6 元 / 平方米,同比下降 2.4%,到 2020 年武汉写字楼供应将达到历史峰值,空置率持续走高和租金下挫压力空前增大。从租赁成交情况来看,升级搬迁需求带来的成交量占总量的 64.3%,新进和业务扩展需求带来的成交量只占 28.6%;从租赁成交企业类型来看,专业服务业需求占 67.3%,不动产、金融、医疗健康、工业制造和教育等行业需求占 32.7%。

结合成都发展经验和武汉写字楼市场情况,建议从以下四个方面来缓解楼宇空置率偏高问题。第一,控制总量。主动适应我国经济发展新常态,减缓新增楼宇入市节奏,重点盘活存量。第二,优化布局。长期来看,要注重楼宇经济整体

①2017 年 4 月,《上海市青浦区促进特色产业园区(基地)和楼宇经济发展的实施细则》。

规划，整合地块资源进行连片开发，集中打造一批标准高、配套好、品质优的特色楼宇、精品楼宇。短期内，建议对空置率较高、市场需求疲软的片区，减少非市场化盲目供给。第三，大力发展现代服务业。突出总部经济、专业服务、研发设计等重点领域，筑牢楼宇经济产业基石。第四，统筹全市楼宇招商工作。推动楼宇招商工作由“各区为战”向“全市一盘棋”转变，整体提升武汉市楼宇招商效率和对外竞争力，坚持精准招商、定向招商和走出去招商。

作者单位：武汉发展战略研究院

武汉市促进线上经济发展研究

武汉发展战略研究院课题组

线上经济是线上线下融合发展的经济模式，发展线上经济能够打破时空局限，提升资源配置效率，满足个性化需求的同时加速供给侧改革，促进产业升级。伴随5G、云计算、大数据和人工智能技术发展，互联网已进入OMO时代（Online-Merge-Offline），社会经济的数据化程度进一步加深，未来线上线下将被彻底打通，实现完整融合。"十四五"阶段，武汉应树立线上线下融合发展思维，积极抢抓5G、云计算、大数据、工业互联网和人工智能等新型基础设施建设机遇，以"线上引流+线下体验"为主线，推动实体经济线上线下深度融合。把发展线上经济作为疫情后稳经济、稳就业、惠民生的重要抓手和推动产业创新升级的核心动力。力争到2025年，新型基础设施建设基本完成，农业、制造业和服务业基本实现线上化升级，相关标准规范、信用体系和法律法规逐步完善，线上经济发展生态基本成型，武汉成为全国线上经济发展的标杆城市。

一、加快推动农业经济线上化发展

智慧农业。深入推进农村电子商务发展，打造一批集平台建设、商品贸易、物流配送、融资支持、文化创意、就业培训等为一体的农村电商示范基地。培育农村电商龙头企业，加快传统农产品交易市场向现代综合交易市场转型升级。扶持农村电商平台，引导第三方涉农电商平台做大做强。整合特色农产品资源，在第三方平台上打造武汉特色馆。加大对农户信息技术应用培训，使互联网成为农民的"新农具"。

二、加快推动能源制造业线上化发展

智慧能源。开展绿色电力交易服务区域试点，推进以智能电网为配送平台，以电子商务为交易平台，融合储能设施、物联网、智能用电设施等硬件以及碳交易、互联网金融等衍生服务于一体的绿色能源网络发展，实现绿色电力的点到点交易及实时配送和补贴结算。推进分布式能源网络建设，发展用户端智能化用能、能源共享经济和能源自由交易，促进能源消费生态体系建设。鼓励依托智能电网发展家庭能效管理等新型业务。

线上制造。发展工业互联网，鼓励能源、化工、钢铁、电子、轻纺、医药等行业企业利用工业互联网平台优化采购、分销体系。鼓励互联网企业构建线上协同制造服务平台，面向细分行业提供云制造服务，促进创新资源、生产能力、市场需求的集聚与对接。大力发展个性化定制，鼓励生产制造企业面向个性化、定制化需求，深化电子商务应用，推进柔性化生产。加速制造业服务化转型，鼓励制造业企业开展故障预警、远程维护、质量诊断、远程过程优化等在线增值服务。

三、加快推动现代服务业线上化发展

智慧零售。围绕生鲜、餐饮、农产品、日用品等领域，加速线下零售和渠道电商整合资源，鼓励"生鲜电商""社交电商""直播电商""微信电商""社区团购""云逛街"等新业态、新模式、新场景发展。推动智能服务和体验店发展，支持建设无人超市、AR试衣、无人回收站等零售终端。推进供应链创新服务试点，鼓励快递配送企业面向消费终端发展自提柜、寄发柜、冷藏柜等自助式设施。

智慧物流。支持云上多联智慧供应链、卓集送"移动互联+物流"、中交兴路车联网等物流信息平台建设，加快物流信息开放共享。支持花山港5G智慧港口、国药、九州通医药物流智能库、京东"亚洲一号"无人仓等项目建设，提升物流设施智能化水平。完善智能物流配送调配体系，支持社区自提柜、冷链储藏柜、代收服务点等新型社区化配送模式发展。加快推进县到村的物流配送网络和村级配送网点建设，解决物流配送"最后一公里"问题。

线上金融。推进互联网金融云服务平台建设，支持金融企业与云计算技术提供商合作，提供多样化、个性化、精准化的金融产品和服务。鼓励金融机构利用互联网拓宽服务覆盖面，在更广泛地区提供便利的存贷款、支付结算、信用中介平台等金融服务，为实体经济发展提供有效支撑。支持金融机构和互联网企业依法合规开展网络借贷、网络证券、网络保险、互联网基金销售等业务。推进网络征信和信用评价体系建设，加强网络金融风险排查，改进和完善互联网金融监管。

线上医疗。鼓励医疗机构拓展医疗服务空间和内容，构建覆盖诊前、诊中、诊后的线上线下一体化医疗服务模式。允许依托医疗机构发展互联网医院，支持医疗卫生机构、符合条件的第三方机构搭建互联网信息平台，开展远程医疗、健康咨询、健康管理服务。鼓励领军企业、医疗机构探索“互联网+”共享医疗、数字医联体、全科智能诊所、精准医疗等新型服务模式和业态。建立线上养老服务体系，推动在线医疗健康与养生养老产业协同发展。

线上教育。扩大优质资源供给，鼓励社会力量举办在线教育机构，开发在线教育资源，提供优质教育服务。培育壮大市场主体，支持互联网企业与在线教育机构深度合作，发展智能化、交互式在线教育模式，增强在线教育体验感。推动线上线下教育融通，鼓励学校通过国家数字教育资源公共服务体系，加大在线教育资源研发和共享力度。结合线上发展需要，鼓励校企合作，加快培养人工智能、物联网、大数据、网络安全等领域紧缺人才，探索学习成果认证和学分积累转换制度。

线上体育。建设面向健身休闲、场馆服务、竞赛表演、中介培训等体育服务业的信息服务平台，采用线上定制、线下服务的模式满足多样化、个性化需求。建设体育资源交易平台，推进具备条件的体育资源，包括体育赛事、体育场馆、运动员等体育产业相关领域的物权、经营权、知识产权、股权、债权等进行线上交易，促进体育资源公平、公正、公开流转。建设智慧体育场馆，推进云计算、大数据、物联网、移动互联网、社交网络等新一代信息技术在智慧场馆中的创新应用。

线上娱乐。加快推动直播经济发展，以斗鱼直播为引领加速全球直播产业链上下游企业落户武汉，形成直播经济发展集群。加快推动电子竞技产业发展，大力引进电竞行业知名俱乐部，推动中国青年电子竞技大赛等国内和国际顶级电竞赛事落户武汉，并依托赛事平台开展其他衍生业务，带动游戏游艺产品的研发推广、经营业态的转变和行业形象的提升。建设影院、KTV 等娱乐业网上预约和交易平台，推进场内场外、线上线下互动，增强娱乐场所体验式服务。

线上旅游。夯实智慧旅游信息化基础，加快旅游集散地、机场、车站、景区、宾馆饭店、乡村旅游扶贫村等重点涉旅场所的无线上网环境建设,提升旅游公共信息服务能力。建立完善旅游信息基础数据平台,推动旅游信息数据向各级旅游部门、旅游企业、电子商务平台开放。建立景区门票预约制度,鼓励博物馆、科技馆、旅游景区加大信息技术手段运用。支持智慧城市解决方案提供商以及云计算、物联网、移动互联网应用项目进入旅游业,打造智慧旅游产业园区。

线上居民服务。通过互联网、云计算、大数据、人工智能等信息技术手段,推动家政、托育、洗染、维修、美容美发等服务领域供需信息对接。鼓励互联网平台企业汇聚线下实体的闲置资源,发展民宿、代购、合乘出行等合作消费服务。实施"互联网+社区"行动,提升社区服务信息化、智能化水平。研究建立社会服务主体服务能力标准化和服务质量评价体系。

线上研发设计。发展在线定制化设计,建立数字化设计与虚拟仿真系统,支持开展各类众创、众智、众包、众设的线上创作活动,鼓励发展各种形态的开发者社区。推动"大 A 网"等虚拟设计产业园建设,鼓励企业开展网络协同研发设计,引导线上线下跨企业互通互联以及行业资源的共享。推进建筑信息模型(BIM)技术应用,提高工程项目管理水平,保证工程质量和综合效益。

数字创意产业。加强数字内容产品供给,支持博物馆、图书馆、剧场等机构运用人工智能、虚拟现实、全息成像等新技术上网运行,提供线上导览、阅读、直播等内容服务。加快发展壮大游戏、电子竞技、线上直播、数字出版等产业。积极培育网络文学、网络表演、网络视频、网络音乐等新兴数字产业。支持线上知识平台发展,推进在线影视发展,加速精品化、多元化、小众化产品供给。

四、实施建议

(一)开展招大育强专项行动

加大线上经济总部企业引进力度,将线上经济领域总部型企业纳入武汉总部企业政策支持范畴,取消外设分支机构的条件限制。采取奖励、资助、贷款贴息、购买服务等方式,精准、连续、滚动支持一批拥有核心技术、用户流量、商业模式的互联网企业。引导支持风险投资、创业投资、股权投资等机构重点投向线上经济领域。支持本土企业做大做强。鼓励企业争创全国互联网企业百强、软件百强,对自 2020 年以来入围全国互联网企业百强、软件百强的企业给予资金奖励。

（二）开展支持企业上云专项行动

引导企业加快线上经济新模式、新业态转型，鼓励开展线上转型诊断，由政府购买线上发展整体解决方案服务商，为企业提供线上发展整体解决方案，帮助企业尽快转型发展。支持企业线上发展，对购买云服务且实际支付金额在10万元的企业，单个企业连续两年，按年购买云服务费用的50%给予补贴，每年最高补贴50万元。

（三）开展典型示范专项行动

围绕14个重点领域全力布局线上经济发展，打造一批特色产业平台、推出一批新应用场景，对获评优秀的平台和企业给予资金奖励。建立模式场景动态发布制度，搭建供需对接平台，加快社会服务在线对接、线上线下深度融合，以应用带动创新和示范应用。推进互联网、大数据、人工智能等技术与智慧社区、城市安全、城市管理等领域工作的深度融合，提升治理能力和治理水平。

（四）开展技术研发专项行动

加强政校企联合，以政府管理、服务职能为纽带，围绕线上经济关键技术研发，建设创新成果转化平台、高校科创人才就业平台等。加快区块链和大数据技术突破，扩大区块链技术在供应链管理、移动支付、电子存证等领域应用，推动建设大数据联合创新实验室，建立行业大数据标签体系。大力推进红外、医用、无人制造、智慧社区等重点领域智能传感器研发和成果应用。

（五）开展人才引进培养专项行动

面向线上线下融合发展需求，深化政府、企业和高校合作，谋求在海外设立研发中心和人才基地，在全球范围内网罗工业互联网、云计算、大数据和人工智能领域尖端人才，为武汉线上经济发展提供顶尖的智力支持。鼓励武汉市和各大在汉高校联合培养，制定跨专业、跨学校专项人才培养计划，为线上经济发展输送更多复合型人才。升级人才培养和激励机制，形成有利于吸引人才的分配、激励和保障机制。

（六）开展新基建项目建设专项行动

加快建设5G引领的智能网络基础设施，重点支持5G、新型城域物联专网等信息基础设施的示范应用和模式创新。进一步完善全市5G网络覆盖，不断提升5G网络质量，强化对宏微基站、局房、管线、数据中心、边缘计算节点等资源的合理配置。全面开展重点楼宇（园区）千兆固定宽带上桌面工作，全面开展移动用户感知度提升工程。加快建设智能物流、生鲜冷链、新能源车充电桩、大数据中心等城市基础体系,支撑产业链发展。

(七)开展数据资源共享专项行动

统筹完善"城市大脑"架构,优化公共数据采集质量,积极推进公共数据集中汇聚,在确保数据安全的前提下,探索医疗、教育等重点领域的数据开放应用,加强数据治理和共享流通。深化系统集成共用,推动各部门专用网络和信息系统整合融合,实现跨部门、跨层级工作机制协调顺畅。优化政务云资源配置,重构优化各类政务系统。加强网络空间安全保障,完善公共数据和个人信息保护。

课题组成员:沈　明　胡爽平　吴　怡　伍　玥

武汉市十大关键产业链梳理研究

武汉发展战略研究院课题组

产业链是产业经济学中的一个概念,是各个产业部门之间基于一定的技术经济关联,并依据特定的逻辑关系和时空布局关系客观形成的链条式关联关系形态。“十四五”是武汉市全面建设社会主义现代化强市的新征程,在面临国内外复杂形势带来的挑战,以及高质量发展、“双循环”新发展机遇的同时,应当进一步聚焦支柱产业的高端化和产业链的现代化,分析重点产业的关键环节,进行针对性的强链、延链和补链,推动武汉市产业提档升级,为建设“产业强市”提供支撑。

一、光芯屏端网新一代信息产业

2019 年武汉光芯屏端网等新一代信息产业产值为 2300 亿元,武汉市在上游的光通信、激光、芯片,中游的新型显示、智能终端,下游的通信网络等领域均有所布局,在部分领域形成了一定优势和特色(见图 1)。

(一)优势领域

光通信。武汉是我国重要的光纤光缆、光器件(光模块)和光通信系统设备研发生产基地和光通信技术研发基地。光纤光缆国内市场占有率达到 66%,光器件国内市场占有率达到 60%。长飞光纤的光纤光缆单企产量全国第一,市场占有率超过 30%;光迅科技光器件全国市场占有率超过 40%,全球市场占有率排名第四。

激光。武汉是我国重要的激光研发和产业基地,是国内最大的激光产业基地,国内市场占有率连续 11 年超 50%。光纤激光器、紫外激光器等新型激光器技术水平在全国前列。上游元器件代表性企业有高德红外;中游激光器制造代表性企业有锐科激光;下游激光设备市场巨大,从事各类激光加工设备制造的企业众多,其中华工科技体量较大(产值 44.8 亿元)。

新型显示。武汉是全球最大的中小尺寸显示面板基地,总产能超过 25 万片 / 月,在中游面板和模组制造环节优势明显,上游核心材料及零组件、下游显示终端环节也有一定基础,产业链基本成型。天马、华星、京东方等 3 大面板厂商在汉投资近千亿元建设覆盖大中小尺寸液晶面板、中小尺寸 OLED 面板等 5 条产线,并集聚了康宁、奇宏光电、冠捷显示、联想等上下游配套企业。

(二)短板不足

芯片(集成电路)。武汉是国家重点布局的集成电路产业基地,2019 年产值规模近百亿元,在存储器芯片、光电芯片、红外传感芯片、北斗芯片等领域已经形成一定特色,高德红外的红外传感芯片在全国处于领先地位。IC 设计企业规模小、涉及领域杂、产业链不齐,缺 8 寸及以下生产线,缺乏关键材料和设备、不能满足本地发展需求等问题较为突出。需重点引进恩智浦、台积电、长电科技等企业。

智能终端。武汉基本形成以手机、电脑整机生产为主的智能终端规模化研发制造集群,在物联网智能终端、车载智能终端等领域也初具规模,现拥有富士康、联想等知名企业。武汉市智能终端产业尚未形成自己的特色,产业配套有待完善。上游芯片设计企业与本地智能终端企业匹配度不高,合作较少,需重点引进复旦微电子、大唐等企业。中游缺乏关键零组件企业,需重点引进联发科、中兴微电子、联芯等企业。

通信网络(5G 网络、物联网、工业互联网)。围绕国家“新基建”战略,武汉正大力发展 5G 网络、物联网、工业互联网等产业方向。武汉是工信部首批 5G 试点城市之一,是全国首个开通工业互联网标识解析国家顶级节点的城市。武汉在通讯网络产业领域从上游的芯片、传感器、传输设备、通讯基站等,到中游的网络架构、平台搭建,到下游的应用等方面,聚集了长飞光纤、烽火通信、光迅科技、高德红外、武汉联想、东风云峰、光庭信息、中国移动、华为、小米等一批龙头企业。未来应进一步丰富拓展 5G 网、物联网、工业互联网应用场景,深化融合应用,积极引进大唐电信、吉大通信、国脉科技等龙头企业。

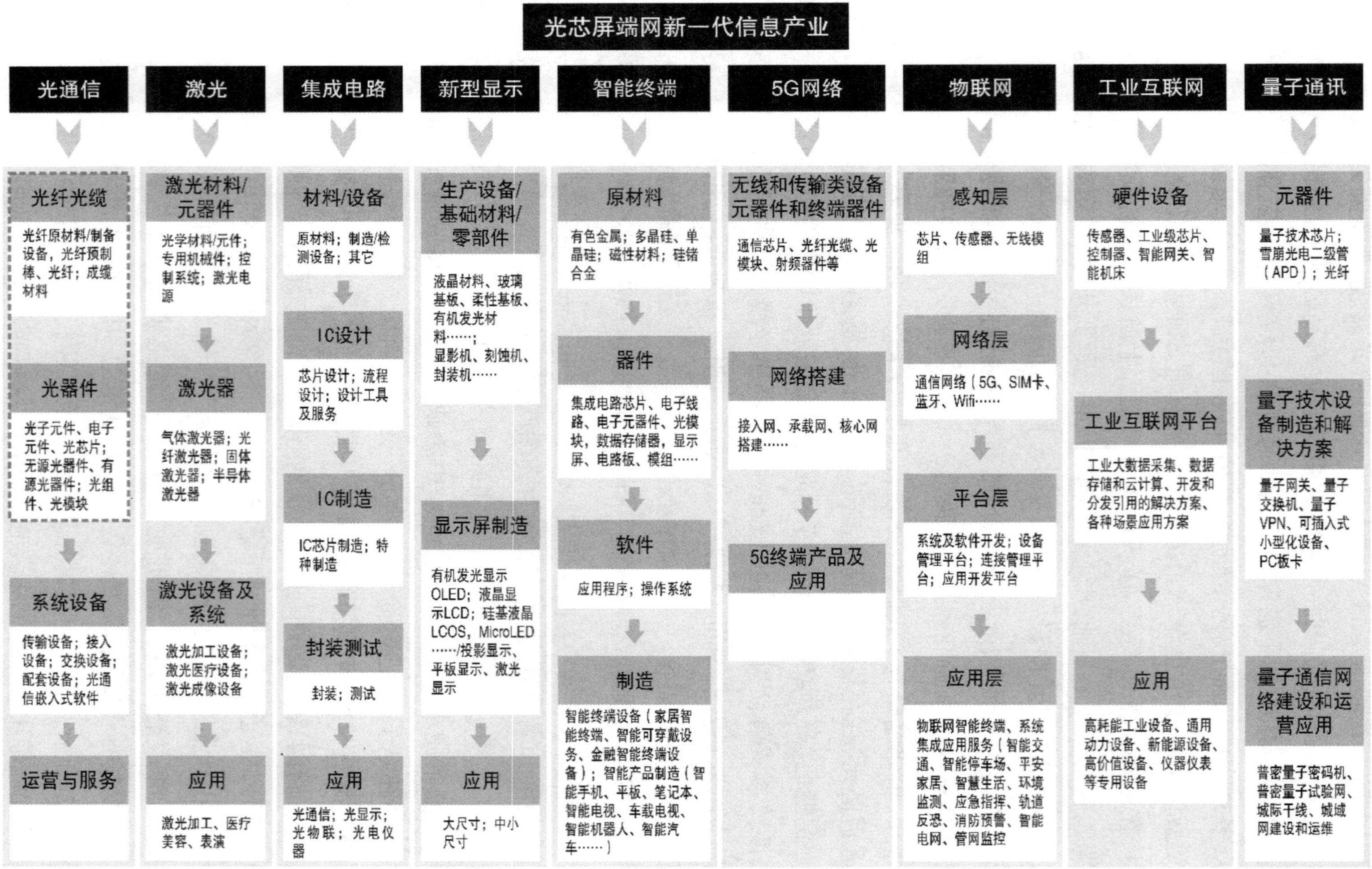

光芯屏端网新一代信息产业

光通信
光纤光缆
光纤原材料/制备设备，光纤预制棒、光纤；成缆材料
光器件
光子元件、电子元件、光芯片；无源光器件、有源光器件；光组件、光模块
系统设备
传输设备；接入设备；交换设备；配套设备；光通信嵌入式软件
运营与服务

激光
激光材料/元器件
光学材料/元件；专用机械件；控制系统；激光电源
激光器
气体激光器；光纤激光器；固体激光器；半导体激光器
激光设备及系统
激光加工设备；激光医疗设备；激光成像设备
应用
激光加工、医疗美容、表演

集成电路
材料/设备
原材料；制造/检测设备；其它
IC设计
芯片设计；流程设计；设计工具及服务
IC制造
IC芯片制造；特种制造
封装测试
封装；测试
应用
光通信；光显示；光物联；光电仪器

新型显示
生产设备/基础材料/零部件
液晶材料、玻璃基板、柔性基板、有机发光材料……；显影机、刻蚀机、封装机……
显示屏制造
有机发光显示OLED；液晶显示LCD；硅基液晶LCOS，MicroLED……/投影显示、平板显示、激光显示
应用
大尺寸；中小尺寸

智能终端
原材料
有色金属；多晶硅、单晶硅；磁性材料；硅锗合金
器件
集成电路芯片、电子线路、电子元器件、光模块，数据存储器，显示屏、电路板、模组……
软件
应用程序；操作系统
制造
智能终端设备（家居智能终端、智能可穿戴设务、金融智能终端设备）；智能产品制造（智能手机、平板、笔记本、智能电视、车载电视、智能机器人、智能汽车……）

5G网络
无线和传输类设备元器件和终端器件
通信芯片、光纤光缆、光模块、射频器件等
网络搭建
接入网、承载网、核心网搭建……
5G终端产品及应用

物联网
感知层
芯片、传感器、无线模组
网络层
通信网络（5G、SIM卡、蓝牙、Wifi……
平台层
系统及软件开发；设备管理平台；连接管理平台；应用开发平台
应用层
物联网智能终端、系统集成应用服务（智能交通、智能停车场、平安家居、智慧生活、环境监测、应急指挥、轨道反恐、消防预警、智能电网、管网监控

工业互联网
硬件设备
传感器、工业级芯片、控制器、智能网关、智能机床
工业互联网平台
工业大数据采集、数据存储和云计算、开发和分发引用的解决方案、各种场景应用方案
应用
高耗能工业设备、通用动力设备、新能源设备、高价值设备、仪器仪表等专用设备

量子通讯
元器件
量子技术芯片；雪崩光电二级管（APD）；光纤
量子技术设备制造和解决方案
量子网关、量子交换机、量子VPN、可插入式小型化设备、PC板卡
量子通信网络建设和运营应用
普密量子密码机、普密量子试验网、城际干线、城域网建设和运维

图 1 光芯屏端网新一代信息产业重点领域示意图

（三）发展布局

近年来，量子科技成为全球新一轮科技革命和产业变革的前沿领域，且具有重要的战略意义。目前，武汉在量子科技领域还侧重于研发，产业化程度较低，亟需布局一批重大产业项目，需重点引进科大国盾量子、北京中创为量子通信、朗研光电、安徽问天量子等企业。

二、汽车制造产业

2019 年汽车产业总产值达 3280 亿元，武汉市在传统汽车的整车、零部件以及新能源及智能网联汽车产业链的锂离子电池、燃料电池系统、电机电控系统、智能驾驶系统领域均有所布局，并在部分领域形成了一定优势和特色（见图 2）。

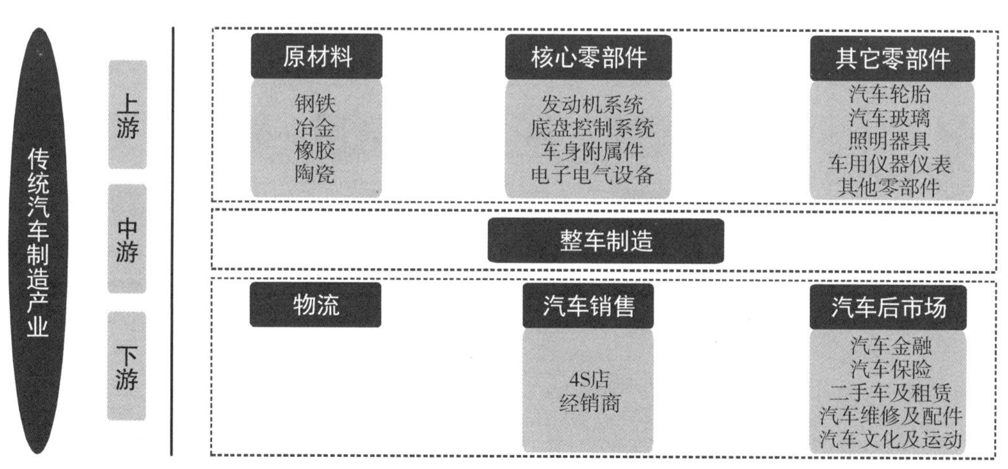

图 2 汽车制造业产业链示意图

（一）优势领域

整车。武汉市聚集了七大乘用车整车企业（东风本田、上汽通用、神龙汽车、东风乘用车、东风岚图和在建的东风云峰、吉利汽车）及四大客车整车企业（比亚迪、扬子江、武汉开沃、武汉客车）。2019 年，武汉市累计生产乘用车整车 154.7 万辆，产值 2034.54 亿元，排名中部第一、全国第六。

（二）短板不足

汽车零部件。武汉市拥有 1000 多家汽车零部件企业，其中规模以上工业企业约 500 家，2019 年武汉市汽车零部件产业产值 1200 亿元。当前武汉市汽车零部件企业主要集中于汽车车身及内外饰系统，技术含量较高的发动机系统、底盘系统、电子电器系统的供应商总量较少，附加值低。同时配套企业总量少,本地配套率低。具体来说在高端变速箱液力变矩器及电磁阀门、车用柴油电喷系统、四驱系统、乘用车颗粒捕捉器 DPF 等方面仍存在缺口。需重点引进韩国摩比斯汽车、美国德纳、德国采埃孚、中航工业、惠州华阳通电子等企业。

新能源汽车。目前武汉市四家乘用车整车企业(东风本田、上汽通用、神龙汽车、东风乘用车)均已投产新能源汽车,2019 年,武汉市新能源汽车(乘用车)产量达 3.39 万辆。同时,武汉市已有 80 余家企业从事新能源及智能网联汽车零部件配套制造,在锂电和氢燃料电池汽车的动力电池包、电机电控、燃料电池膜电极、电堆、发动机系统等领域均有一定基础(见图 3)。

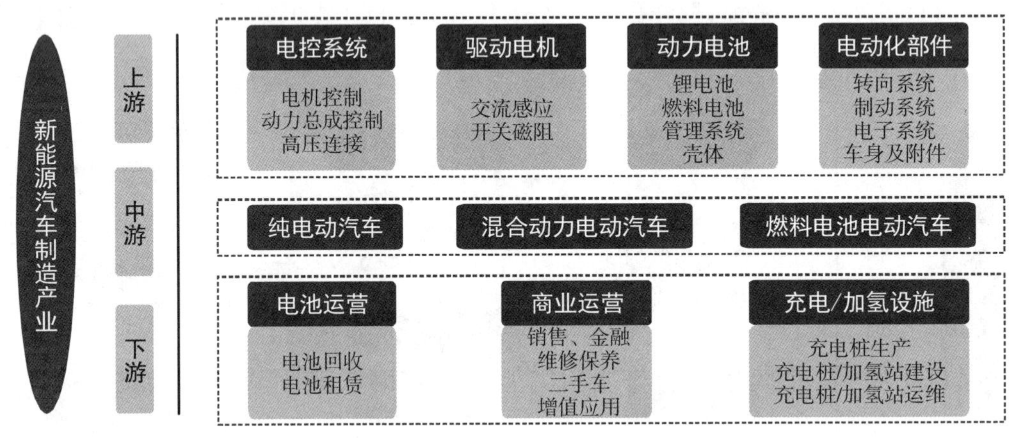

图 3　新能源汽车制造业产业链示意图

上游缺乏锂离子电池高端隔膜、燃料电池核心材料、铂合金催化剂,高速高功率密度大功率电机、大功率高速轴承、乘用车压缩机等关键零组件,需重点引进日亚化学、北大先行科技、日本东丽、Ballard、大陆、麦格纳等企业。中游新能源整车产能不足,一方面需积极引导东风本田、神龙汽车、东风雷诺、东风乘用车等龙头企业加大新能源汽车的研发和投产力度;另一方面重点引进中通客车、宇通客车、丰田氢燃料电池乘用车、现代氢燃料电池乘用车等龙头企业和重点项目。下游充电桩、充电站和加氢站建设需进一步加强,建议引进许继电气、特锐德、同济科技等企业。

汽车服务业。武汉市汽车服务业占比低,在汽车维修及配件、汽车养护、汽车保险、汽车租赁、二手车交易等行业有充分空间待挖掘。建议针对车辆交易环节,引入优信二手车、瓜子二手车、人人车等交易平台;针对维修养护环节,引入途虎养车、汽车超人、车点点、平安好车等养护服务平台;针对汽车金融保险领域，引入 HPL 先锋太盟、易鑫集团等企业。

（三）发展布局

目前，伴随信息技术与汽车产业的加速融合，智能网联汽车是“下一代汽车+”产业的重点发展方向。武汉在智能网联汽车领域还在研发设计和测试阶段，同时在汽车芯片、高精度激光雷达、高端计算机及仿真测试系统、核心算法等关键技术方面存在缺失。亟需扩大开放智能网联汽车开放道路测试的范围和应用场景，加强企业自主创新，加强核心技术自主研发与瓶颈突破。重点引进飞思卡尔、均胜电子等企业。

三、航天航空产业

武汉航天航空产业前景广阔。目前，武汉市已形成了涵盖导弹武器系统、航天固体运载器、重型越野装备、航天激光装备、卫星应用等产品丰富、种类齐全的航天产品及相关衍生产业，同时积聚了一批核心配套单位，基本形成了全产业链发展能力（见图 4）。

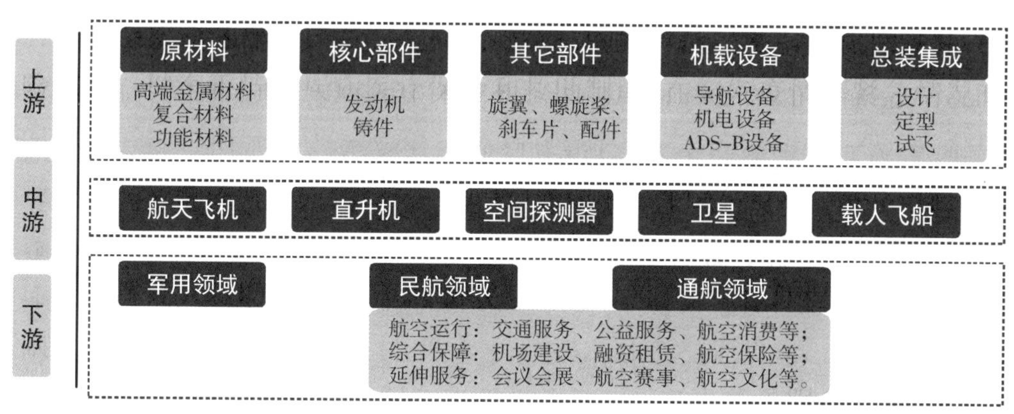

图 4　航天空间产业链示意图

（一）优势领域

掌握了一系列航天核心技术，武汉航天产业在固体发动机、液体姿控发动机、光学 / 雷达传感器、光纤陀螺、惯导产品、伺服机构、嵌入式计算机等关键单机及分系统产品上掌握了自主设计、自主制造的核心技术，在发射平台研制、运载火箭研制、卫星产品研发、遥感导航应用等方面初步形成了体系化的产业链。航天三江在国内率先研发了“快舟”固体运载火箭，具备了低成本快速发射卫星的基本能力，取得了国内领先的战略地位。同时，武汉航天培育了具有自主知识产权的航天激光、重工装备、清洁能源等高技术产业群，并且实现了从关键单机产品到系统集成服务的产业链构建。

（二）短板不足

航天装备方面，依托航天三江、航天科工空间工程公司，以快舟运载火箭为基础，应重点聚焦低成本、系列化固体运载火箭，探索研制新型绿色液体运载火箭，面向微小卫星提供廉价快速、响应灵活的商业航天发射服务，努力建成我国商用卫星研制基地。

通用航空方面，涉及飞行器研发设计、生产、维修、救生器材等众多领域。目前武汉市已引进了易瓦特无人机基地、卓尔通用航空等涉及无人机组装、民用飞机制造、飞机托管与维修等领域的重大项目。同时，集体育竞赛、飞行表演、群众体验、专业论坛、展览、经贸活动以及国际航空运动会议等功能于一身的世界飞行者大会落户武汉，也为通用航空产业扩大开放和招商引资提供了便利的国际化平台。但总的来看，基于现有基础，武汉还需进一步聚焦飞机维修、飞行器组装等关键环节，力争建成集“产、飞、培、修”于一体的全产业链通航产业集群。

（三）发展布局

航天航空产业是一个新兴战略型产业，武汉虽然在该产业的某些领域和环节已取得了一些成就，但从全产业链角度来看，还存在着诸多短板和缺失的环节。从产业链上游来看，在原材料（高端金属材料、复合材料、功能材料的研发制造）、核心部件（发动机和铸件的研发制造）、机载设备、总装集成等各个领域，武汉都需要突破创新，加快补齐，力争突破“卡脖子”技术，占据产业链的最高端。航天航空产业辐射面广，武汉还需要加快增强中游产业的设计和制造能力。

四、北斗导航产业

武汉是我国北斗导航的科教人才资源密集区和产业发展引领区，拥有以10位院士为引领的高层次创新人才队伍，院士人数超过了全国该领域院士的一半。武汉共有400余家北斗相关企业，年收入约280亿元，增速超过15%。拥有一批地球空间信息领域国内外领先的技术与产品，先后获得国家科技进步一等奖、二等奖。目前形成了包括上游基础产品、中游终端集成产品、下游运营应用服务等在内的相对完整的产业链条，并在部分领域形成了一定的优势和特色(见图5)。

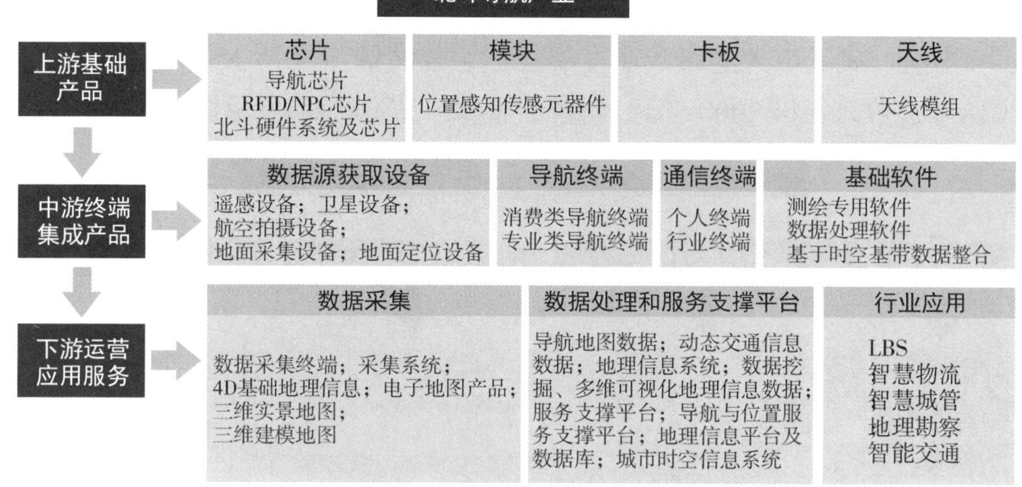

图5 北斗导航产业链示意图

(一)优势领域

武汉市在上游基础产品领域具有比较优势。上游产业的重点支撑企业包括武汉导航院和梦芯科技。梦芯科技研制出国内首颗采用40纳米工艺的导航信号处理基带芯片,填补了湖北省在北斗方面“无芯”的空白,也标志着我国北斗芯片跨入40纳米新时代。武汉导航院研制出“多模多频高精度板卡”,定位精度达到厘米级,达到国际先进水平。

(二)短板不足

武汉市在中游的基础软件、下游运营及应用服务方面具有一定的发展基础,但仍需进一步加大培育力度。中游的武大吉奥是国内为数不多的拥有全面自主可控GIS基础平台的软件提供商,是全国唯一入选工信部专精特新“小巨人”名单的时空大数据企业。下游的运营及应用服务产业中,有从事车联网智能监控的重点企业依迅电子、提供时空信息基础设施服务的重点企业湖北地信等。未来应积极引进华测导航、合众思创、上海华测等龙头企业,提升武汉市在上述领域的发展实力。

(三)发展布局

相对于产业链其他领域来讲，武汉在中游各类设备终端产品制造方面较为薄弱。武汉的北斗领域的技术优势没有转化成更强的市场优势。从产业链的完整程度来看,未来应大力发展终端制造产业,并积极引进海格通信、合众思创、南方测绘等龙头企业。

五、大健康产业

当前，武汉市大健康产业发展迅速，连续数年保持 15%以上的增长率，2018 年总收入突破 2000 亿元,创新企业和产品不断涌现(见图 6)。

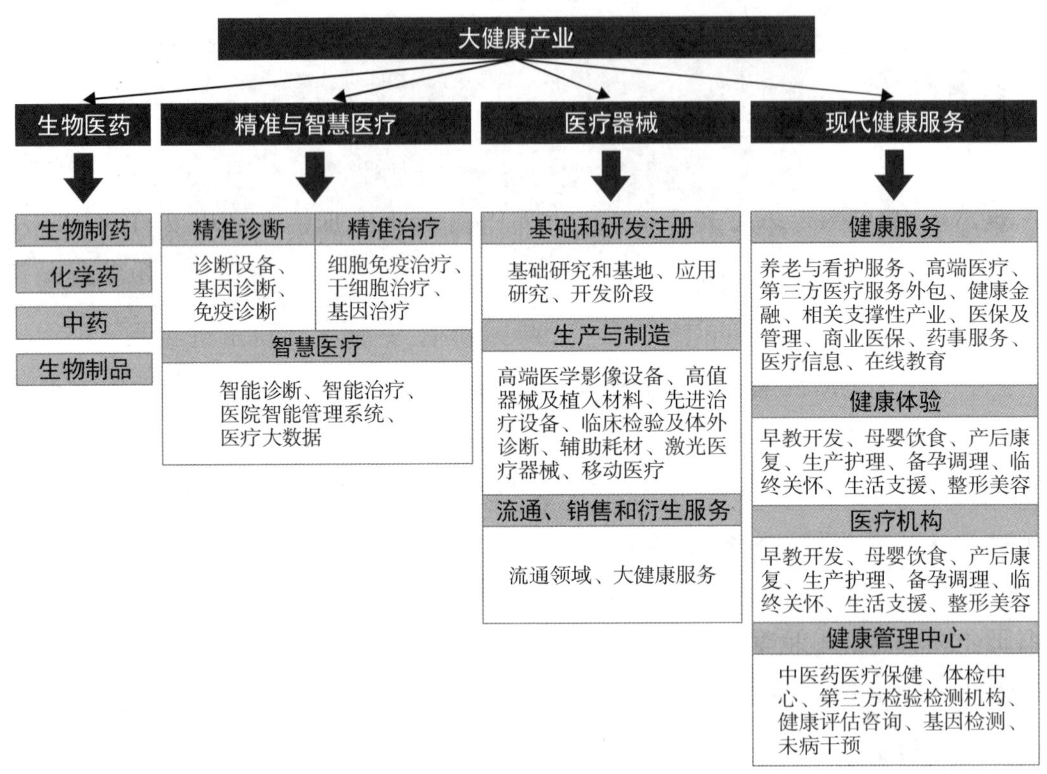

图 6 大健康产业链示意图

(一)优势领域

医药流通领域,2018 中国医药工业百强中，武汉有九州通和人福医药入围,九州通连年位列中国民营医药商业企业第一名。在医疗器械方面,武汉主要在医学影像设备、体外诊断试剂和介入医疗器械方面涌现出联影医疗、安翰光电、兰丁医学、璟弘万方堂等国内领军企业。未来,在医药流通方面,武汉市将进一步围绕九州通部署医药物流的网点,提升医药物流智慧化管理水平,继续保持国内医药物流行业领先水平。

在医疗器械方面,推动产业创新升级,加快高端诊疗装备、植介入及高值耗材、分子体外检测设备与试剂、智能监测设备等产品研发及产业化。完善医疗器械研发创新链条,引育迈瑞、万东、科华生物、乐普等国内外领军企业和一批具备较强创新活力的创新型企业,大幅提高产业竞争力。

(二)短板不足

武汉市在生物医药领域有一定发展基础,但总体发展水平不高,仍需进一步提档升级。在2019中国药品研发综合实力排行榜100强中,武汉仅人福医药、马应龙、生物制品研究所三家企业上榜。2019年前三季度,全国77个国内1类新药IND中,武汉仅恒信源药业一家企业成功注册申报。

(三)发展布局

总体来看,武汉市在精准智慧医疗和现代健康服务方面处于起步阶段,仍然是围绕着医院进行产品创新和应用。应当加快与现代服务业深度融合,以精准化、数字化、智能化为方向,加速精准医疗、智慧医疗等产业领域范式创新,重点引进欧姆龙、安利、艾迪康、华润医疗、复星医疗等现代健康服务领军企业及达安基因、科华生物、南京传奇、博雅集团和南京传奇为代表的国内外精准智慧医疗先进企业,全年提高健康服务和精准智慧医疗的水平。

六、高效农业

武汉市高效农业发展取得了显著性成效，现代农业产业结构体系日益健全,实现经济、社会、生态综合效益的能力不断提升。2019年,全市农林牧渔业总产值达到653.17亿元，农林牧渔业增加值达到378.99亿元,2015—2019年连续5年稳居15个副省级城市第五位(见图7)。

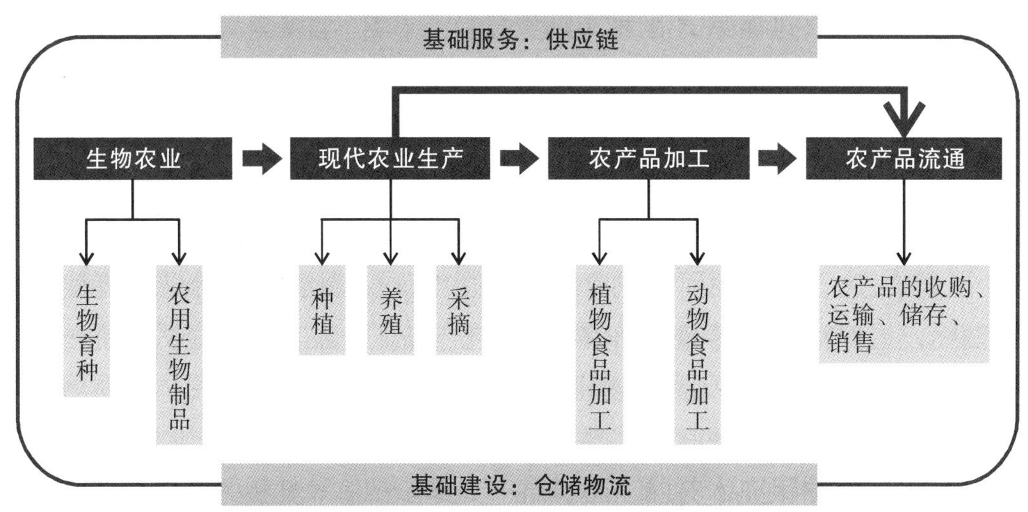

图7 高效农业产业链示意图

（一）优势领域

科技创新驱动力显著增强，全市现有农业类两院院士 14 名、部属专门农业大学 1 所、涉农院校 8 所、各类农业专业技术人员 1.6 万余人，人才智力密集程度位于全国前列。基本建立起现代农业技术创新、转化、服务三大体系，培育国家级农业科技园 1 个，涌现出生物育种、动物疫苗等一批国内外领先的标志性成果。“中国种都”建设进展顺利，种业产值达到 380 亿元，跻身全国种业第一方阵。

（二）短板不足

农业生产。武汉立足于特色农业资源优势，保障“米袋子”“菜篮子”产品供应，农业生产已有一定的发展基础，但发展水平和产业链仍处于价值链的中低端。因此，应加快蔬菜产业链、食用菌产业链、水果产业链、茶产业链、淡水鱼产业链、生猪产业链、家禽产业链、粮油产业链、饲料产业链、花卉苗木产业链等的强链、补链、延链工程，推动特色产业“强筋壮骨”高质量发展。

农产品加工。2019 年，武汉农产品加工产值达到 2872.8 亿元，与农业总产值之比达到 4∶1，远高于全国平均水平。但武汉市农产品初加工较多精深加工较少，产业链条较短，产品附加值较低。目前市级龙头企业中农产品加工企业占比不到 60%，精深加工企业占比更低，其中水产类龙头企业加工转化能力不足 10%。结合当地产业链发展的实际需求，应围绕国家级、省级农产品加工园以及省级农业产业园创建工作，打造一批以东西湖区走马岭、汉南区湘洪、江夏大桥为重点及中心的农产品加工园（产业园）。

农产品流通。武汉农产品品牌存在“小、散、弱，不响不亮”的问题，缺乏持续鲜明的产业规划，没有形成代表性产业和产品，特别是具有鲜明地方特色和较大市场影响的知名农产品品牌少。因此，应大力推动农产品仓储物流和销售，强化黄陂汉口北四季美农贸城、江夏海吉星农贸城、洪山白沙洲农副产品等大市场功能，新建一批产地农产品批发市场和一批农产品冷链物流配送中心，鼓励发展鲜活产品“一站式直购”，构建包括农产品集散地、农产品交易市场、农场冷链物流配送中心、社区农产品直销网点等多层次的农产品仓储物流体系。

（三）发展布局

武汉已具备了全产业链发展的各个环节，只是各有侧重而已。但随着国际环境的复杂多变，对农业农村现代化直接产生影响的是科技创新领域的激烈竞争和国际贸易规则的颠覆性变化。迫切要求武汉夯实以生物农业为代表的战略性、非替代性农业高科技研发基础,大力推进农业科技领域创新与农业科技成果的转化应用,推动农业高质量发展和产业转型升级。

七、现代服务业

2019 年武汉市服务业增加值 9855.34 亿元,占 GDP 比重 60.8%,是国民经济第一大产业。现代服务业是服务于生产和生活的大产业门类,15 个产业大类、51 个产业类别分布于农业、工业、制造业产业链各个环节,是国民经济发展的重要支撑。武汉现代服务业以商贸、物流和金融为支柱(占 GDP 比重 47%),同时在工程设计、软件和信息服务等多个领域形成了一定优势和特色(见图 8)。

现代服务业	
1. 现代商贸业	供给→流通→消费
2.现代物流业	运输→仓储→搬运→包装→流通加工→配送→信息处理
3.商务会展业	会展经营→展馆经营→会展服务→评估
4.科技服务业	科学研究、专业技术服务、技术推广、科技信息交流、科技培训、技术咨询、技术孵化、技术市场、知识产权服务、科技评估和科技鉴证
5.文化创意	内容创意→设计制作→营销服务→衍生产品
6.工程设计	工程咨询、策划、勘察、设计、监理、项目管理和工程总承包
7.动漫和电竞游戏	游戏研发→出版发行→游戏运营→游戏渠道/平台→用户

图 8　现代服务业重点领域

(一)优势领域

现代商贸业。2019 年武汉市社会消费品零售总额 7449.64 亿元,在全国主要城市中排名第 6,重点支撑企业有武商、中百、中商等,阿里、腾讯、京东等新零售巨头在汉亦有布局。电商方面,2019 年武汉市电子商务交易规模达到 10008 亿元,居中部首位,在全国排名第 10,重点支撑企业有卓尔、京东(武汉)、斗鱼、良品铺子等。

现代物流业。武汉是中国内陆最大的水陆空交通枢纽和长江中游航运中心，2020 年获批港口型国家物流枢纽建设城市，在全国物流发展格局中占据重要地位。2019 年，武汉市物流业增加值达到 1549 亿元，占全市 GDP 比重 9.5%，物流产业规模在全国排名前 6 位、中部首位，代表性企业有九州通、普洛斯、汉欧国际。需重点引进供应链管理、航空物流、金融物流等高端物流业态，电商物流、保税物流、冷链物流、医药物流、化工物流等专业化物流。

工程设计。武汉工程设计产业兼具专业门类齐全、龙头企业集聚、产业链条完整等多项优势，综合实力在全国处于领先地位（仅次于北京、上海）。武汉有工程设计综合类甲级 8 家，仅次于北京，居全国第二位；工程勘察类甲级 20 家，居全国第三位。武汉工程设计在大坝、特高压、高铁等领域已经跻身国际顶尖之列，在桥梁、海底隧道、水利、铁路等领域的水平居全国第一、世界一流，在冶金、化工、医药、电力、公路、水运等领域也达到国内一流。

软件和信息服务业。武汉是中国软件特色名城，软件和信息服务业收入规模突破 2000 亿元，居副省级城市第 9 位，初步形成“互联网＋”、光通信（嵌入式）工业软件、地球空间信息、信息安全四大特色产业。在光通信（嵌入式）工业软件方面，武汉在全国市场占有率超过 30%。在地球空间信息方面，武汉聚集了 7 名院士和武大吉奥、中地数码等数十家优秀企业。在信息安全方面，武汉有我国唯一的国家网络安全人才与创新基地。

（二）短板不足

商务会展业。2018 年武汉市展览数量为 294 场，全国排名第 7 位；展览面积为 327 万平方米，全国排名第 10 位，代表性企业有瑞美展览、新城国际博览中心、国际会展中心、武汉会议中心等。在国内市场日趋饱和、竞争日益激烈的行业环境下，武汉中游展馆经营主体能力不足、下游配套（交通、住宿和餐饮）不完善问题凸显，叠加疫情影响，招展引会有较大困难。

科技服务业。2019 年，武汉市技术合同成交额 841 亿元，同比增长 16.43%。吸纳技术居全国副省级城市第三，输出技术成交额排名第四。其中省外输出占比 70%以上，主要流向北京、广东、浙江，输出主要领域为现代交通、先进制造、电子信息。代表性企业有中冶南方、烽火通信、软通动力、铁四院。从主体来看，企业输出技术成交额约 727.56 亿元，占全市比重 86.5%，高校科研院科技输出技术成交额约 107 亿元，合计占比只有 12.8%，加快释放院校资源活力是当前武汉发展科技服务业面临的首要问题。

文化创意产业。近年来,武汉文创产业悄然崛起,以年近30%的增速快速发展。2018年,武汉文化创意产业增加值733亿元,同比增速18.43%,综合发展水平在副省级城市中排名第6、全国排名第12,代表性企业有江城壹号、乔万尼、红T。目前,武汉文化创意产业规模还比较小,综合竞争力还有待提升,要重点引进国内外创意设计头部企业、有实力的创意产业园运营商和培训机构。

(三)发展布局

现代服务业是衡量社会经济发达程度和现代化水平的重要标志。目前武汉服务业规模接近万亿,但总体现代化程度有待提升,特别是金融地产、商贸物流等传统服务业占比过高(超过55%),新兴服务业虽发展快速但规模尚小。未来现代服务业发展要以数字经济为引领,做强支柱、壮大新兴,聚焦消费,加快传统产业转型升级,着重培育软件和信息服务业、科技服务业、工程设计以及文化创意产业。

八、科技金融

2019年,武汉全市金融业实现增加值1486.05亿元,占全市GDP比重为9.20%。2015年7月,经批准成为科技金融改革创新试验区以来,武汉市初步构建了以间接融资为主体、直接融资作为重要组成部分,以市场为主导、政府政策为引导、金融体系为支撑的服务科技型企业全生命周期的融资体系,但仍存在金融产业整体实力不强、金融机构聚集效应不明显、地方类金融业态发展水平不高等问题(见图9)。

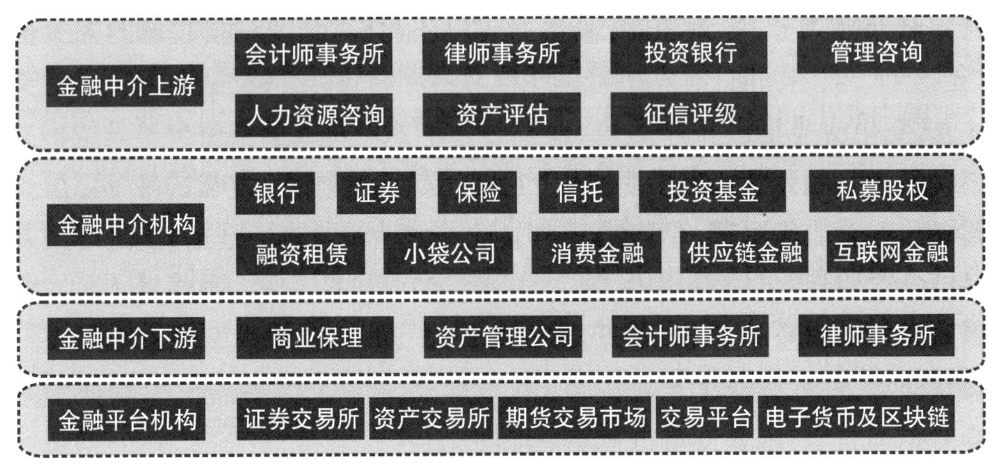

图9 科技金融产业链示意图

（一）短板不足

科技信贷。武汉市商业银行已设立20余家科技分（支）行，深入推进投贷联动试点和知识产权质押贷款，支持科技企业间接融资规模快速扩张，但总体来说覆盖企业广度和对科技企业的融资支持力度仍存在不足。亟需建立面向科技型中小微企业的专业融资担保公司，引进中和资产评估、大公国际资信评估等资产评估机构和荷兰银行、摩根大通、友利银行、韩亚银行等银行机构，加强信贷产品和服务创新。

科技保险。东湖新技术开发区获批建设全国首个科技保险创新示范区，将进一步推动武汉保险和银行、担保机构联动，稳步推进科技型企业保证保险贷款工作，成立、引进一批三星人寿、友邦保险、中国太平人寿、中国安联保险等保险机构和科技风险管理平台，深化科技保险产品与服务的创新。

资本市场。截至2019年末，武汉市新增境内上市科技企业达17家。全市引导基金已设立子基金95支，规模705.55亿元，投资项目714个，投资金额232.24亿元。上市企业数量、天使基金、风投机构、创投机构数量及实力难以支撑武汉市科技企业发展壮大，亟需引进广发证券、国信证券、中银基金、建信基金、浦银安盛基金、红杉资本、北极光创投等金融机构。

（二）发展布局

大数据、区块链、云计算、人工智能等新兴前沿技术带动的金融科技已然成为金融业发展新的风口。目前，武汉在金融科技领域的发展相对落后，亟需培育一批创新性强、应用性广、示范性良好的金融科技创新项目，引进建信金科、腾讯金融科技、光大科技、兴业数金、商汤科技等金融科技领域的龙头企业落户。

九、文化旅游业

2019年，武汉市旅游总收入从2197.41亿元增加至3579.79亿元，在全国副省级城市中排名第四（见图10）。

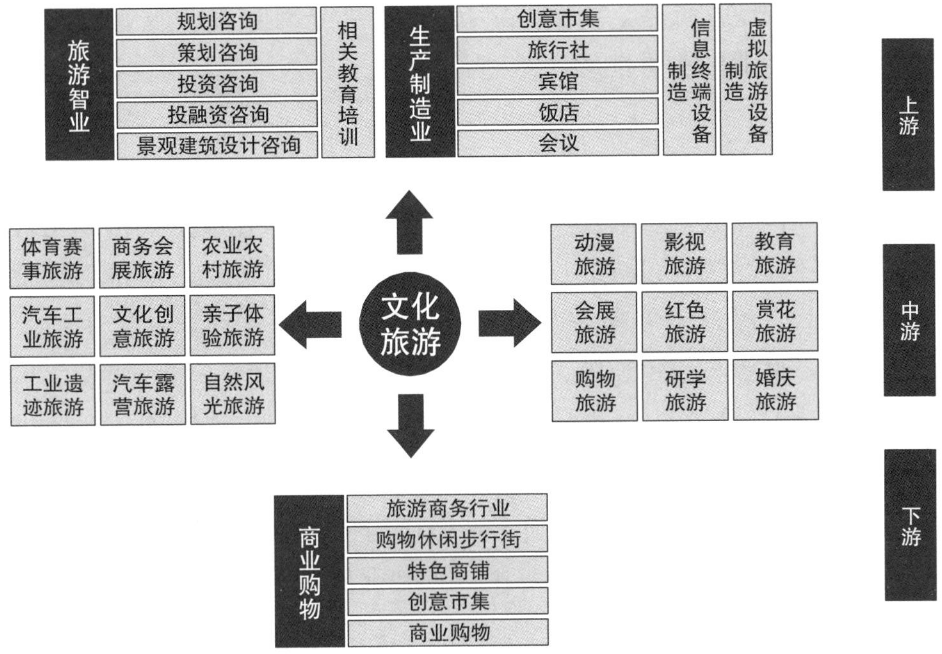

图 10 旅游业示意图

(一)优势领域。

文化旅游产业的产业链中游是旅游产品和业态。2019 年，武汉市 5A 级景区数量在副省级城市中与西安市并列第二。在武汉经营的携程网、飞猪、去哪儿网等在线旅游企业积极开展旅游的线上线下业务，与武汉具有特色的产业和旅游资源逐步融合形成了动漫旅游、文化创意旅游等旅游产业的新品种和新业态,极地海洋世界(海昌集团)、欢乐谷、汉秀剧场等成为了武汉的标志性旅游景点。

(二)短板不足

文化旅游产业的下游产业链是与旅游相关的商业购物、营销推广、接待、交通通行和金融服务等产业。武汉目前在下游产业链中具备了一定的产业规模。2019 年,武汉市旅游接待国内游客数量从“十三五”初的 2.07 亿人次增加至 3.18 亿人次,居副省级城市之首;拥有 57 家星级饭店,其中五星级饭店 15 家;以旅行社(中国旅行社总社、中青旅等)、酒店(纽宾凯酒店集团、喜来登、香格里拉等)等接待服务企业和旅行出行企业(武汉国运旅游客运、武汉洪兴泰旅游客运、湖北捷龙交通)为武汉文化旅游业提供旅游接待及相关服务。未来,应当继续充分利用武汉交通、产业和教育人才等方面的优势,积极引进中信旅游、卡尔森国际酒店、缤客、美国航空、达美航空等国际旅游服务企业落户武汉，提升武汉旅游业的服务能级。

（三）发展布局

总体来看，武汉市文化旅游业上游产业链中的旅游行业规划策划、运营管理和旅游产品研发制造业比较薄弱，普遍存在景区同质化严重和精细化管理不够的问题。虽然武汉的文化创意产业近年来得到了较快发展，但是与旅游产业的融合并不理想，联动发展存在明显短板，直接导致了中游产业链中的旅游品牌知名度不高、旅游产品较为单一、文化内涵不够等问题。同时，武汉应当加快旅游产业发展国际化和品牌化的进程，加大与华特迪士尼公司、宋城演艺、珠海长隆等国内外知名旅游项目公司洽谈沟通，积极引进主体公园等综合型游玩休憩项目。未来，文化旅游业上游产业链应当加快引进默林娱乐集团（Merlin Entertainment）、复星国际有限公司等国内外知名旅游管理与运营公司来提高武汉的文化旅游管理策划水平。

十、人工智能产业

2019 年，武汉人工智能产业呈现良好发展态势，人工智能核心产业规模超 100 亿元，相关产业规模超 1000 亿元，居全国城市前列（见图 11）。

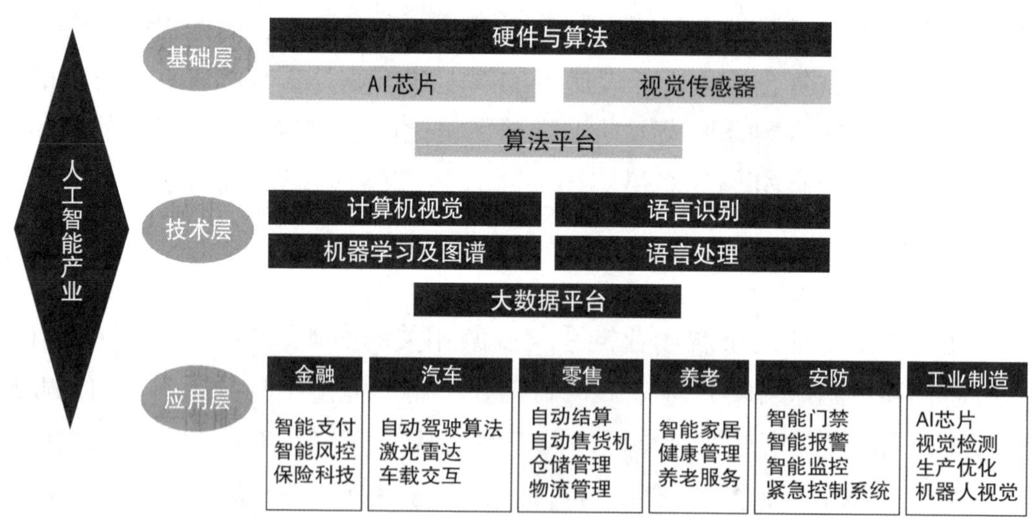

图 11　人工智能产业链

（一）优势领域

武汉市在武汉人工智能产业技术层比较完备。国内语音识别龙头企业科大讯飞、机器视觉龙头企业旷视科技均在武汉设立了研发中心，武汉本地企业泰迪智慧在自然语言处理领域处于国内领先地位，合刃科技研发的新一代全息全频机器视觉技术属于国际首创。这些共性技术主要还是用于企业自主产品研发,未来将引进商汤科技、依图科技、旷视科技、云从科技等公司来发挥共性技术的行业带动效应。

（二）短板不足

武汉人工智能应用层比较广泛，但亟待做大做强。武汉市目前有超过 50 家企业致力于将人工智能技术应用于汽车、零售等领域以推动产业和服务的转型升级,知名企业包括东风汽车、南华工业、奋进机器人、海康威视、大势智慧和易瓦特等。但是总体应用层产值过亿的企业数量不多,在 2020 年千亿级市场的智能制造和智能驾驶领域，武汉企业目前预计所占有的市场份额均没有超过 2%，虽然应用层覆盖范围广泛但是规模有限。未来将重点在金融、汽车、零售、养老、安防和工业制造中引进摩根大通、花旗银行、平安科技、海梁科技、GE、腾讯、西门子等国内外知名行业及互联网企业,在保证人工智能应用层拓展的同时做大做强应用产业。

（三）发展布局

总体来看,武汉人工智能产业基础层相对薄弱但是潜藏机遇,虽然在核心处理芯片上产业布局相对滞后,但是在硅光芯片、类脑芯片、智能存储技术等领域已经提前布局。武汉目前已启动了中金数谷武汉大数据中心、武钢大数据产业园 IDC 中心区机房、众维亿方二期等数据中心重点项目。武汉长江存储、迅存科技、光忆科技等企业分别在存储器芯片、固态盘控制器和光盘控制器上进行部署。未来力求引进国内的初创芯片企业(寒武纪、比特大陆和地平线)和互联网巨头企业(百度、华为和阿里)来补充短板,在细分领域有所建树。

课题组成员:吴　怡　胡爽平　沈　明　王　珺　伍　玥

改革创新篇

关于武汉市深化国有企业国有资本改革的建议

袁云光

习近平总书记指出:"国有企业是中国特色社会主义的重要物质基础和政治基础,是我们党执政兴国的重要支柱和依靠力量。"国资国企改革政策体系的逐步形成,标志着我国探索实践国企改革进入新阶段。近年来,武汉市属国有企业经过艰苦努力已经逐步走出传统转型发展困境,在城市建设支撑功能、民生服务保障和改制维稳等方面发挥了骨干作用。尤其在2020年新冠肺炎疫情防控和民生保供战中,勇于担当,甘于奉献,作出了突出成绩。但鉴于各种原因,市属国有企业仍然处于负重前行、爬坡过坎的关键阶段,存在进一步发展的瓶颈和障碍。进入"十四五"时期,武汉要把握时机,对标先进城市,制定全面的国有企业综合改革方案,走出一条做强做优做大国有资本的新路子。

一、武汉市国有企业发展存在的问题

截至2019年12月底,武汉市国资委监管的企业资产总额13107.78亿元,所有者权益总额4093.61亿元,1—12月实现营业收入1711.06亿元,实现利润总额107.69亿元。尽管取得了显著成绩,但与发达城市相比,武汉市属国企发展还存在明显差距,上市融资不够,政府债务也较重。

(一)综合实力不强

企业盈利能力偏弱,武汉市国资委监管的19家出资企业净利润107.69亿元,净资产收益率仅为2.77%,而同期央企净资产收益率平均为6.13%,地方国企净资产收益率平均为4.42%,企业运营效益较低。布局结构不优,城建公益类资产占比70%以上,经营类资产占比不到20%,同质化竞争突出。创新能力不足,武汉市国企大多布局在传统产业,涉及战略新兴产业较少,科技和技术创新能力匮乏,利用互联网+、人工智能、大数据、云计算、新能源、现代制造业等要素严重不足,没有产生独角兽和瞪羚企业,企业创新能力不足以支撑新旧动能转换发展,市场化转型也不快。

(二)政企不分、政资不分、政事不分

政企分开、政资分开、政事分开还没有真正落实到位。如武汉市先后成立的12家平台企业,在履行融资职能后,即将项目发包给第三方承建。政府通过土地打包、特许经营权转让等方式来平衡资金。由于拆迁滞后、土地变现困难、特许经营权的变更或取消等原因,拉高了政府债务。市属平台企业不能成为独立的市场主体,难以自主经营、自负盈亏、自我发展。

(三)管理体制和激励约束机制不健全

管人、管事、管资产相结合的管理体制尚未完全落实。国资委负责管资产和管党建,却不管干部,监管缺乏权威。武汉市政府领导明确常务副市长分管国资工作,同时明确相关副市长分管相应的市属出资企业,相关市直部门对企业直接下达政府投融资建设项目和具体生产经营活动目标,导致产生了"九龙治水"的现象。市属国企高管由组织部任命,年度考核参照行政事业单位考核方式进行,考核内容缺乏国企发展经营的针对性,考核激励缺乏动力,不能更好地调动和激励企业高管干事创业的积极性。

(四)公司法人治理结构不完善

武汉市国企董事会建设不完善,外部董事未实现全覆盖;企业经营人员带有浓厚的官员化色彩,难以形成以市场化选聘为主要方式的国有企业经营人员管理体制;职业经理人激励和约束机制建设滞后,难以实现企业经营人员职业化、专业化;企业经营人员结构上存在"内部控制人"现象,制约企业长远发展、科学发展;现代企业制度可持续保障机制不完善,没有形成良性、持续的资本金注入机制等。

(五)国有资本经营预算作用不突显

武汉市国有资本经营预算没有发挥促进企业转型、高质量发展和统筹偿还政府债务的作用。市12家投融资平台企业,为支持武汉市城市基础设施建设,背负着数千亿元的巨额债务,企业负担重。目前武汉市国资收益预算的30

%划入公共预算,比例过高,剩下的70%主要用于预算安排困难补助和租金回购补贴等,国资收益对支持国有资本布局、结构调整升级和新旧动能转换的作用形同虚设,统筹偿还部分政府债务的作用无法发挥。

二、武汉市国企改革的对策建议

主要目标和方向:到2025年,紧紧围绕市场在资源配置中发挥决定性作用,在国有企业改革的重要领域和关键环节取得决定性突破,建成以管资本为主的国资监管体制,建立中国特色现代企业制度,健全市场化经营机制;形成符合高质量发展要求的国资布局,基本完成武汉市商业竞争类企业整体上市或核心业务资产上市,战略功能类和公益保障类企业加快符合条件的竞争性业务上市发展;培育一批德才兼备、善于经营、充满活力的优秀国企经营企业家,培育一批有创新活力和市场竞争力的骨干企业,打造一批国内领先的知名品牌。

(一)分类推进国有企业改革

根据国有资本的战略定位和武汉市发展实际,将国有企业分为商业竞争类、战略功能类和公益保障类。实行分类改革、分类监管、分类考核,提高改革的针对性、监管的有效性、考核的科学性,促进国有企业经济效益和社会效益有机统一。商业竞争类国有企业按照市场化要求实行商业化运作,以增强国有经济活力、放大国有资本功能、实现国有资产保值增值为主要目标,国有资本可以有序进退。战略功能类国有企业要保持国有资本控股地位,放开竞争性业务,考核其经营业绩和国有资产保值增值。同时,要加强对其服务城市发展战略、保障城市安全、发展战略性新兴产业及完成特殊任务的考核。公益保障类国有企业以保障民生、服务社会、提供公共产品和服务为主要目标,引入市场机制,采取国有独资形式或投资主体多元化,通过购买服务、特许经营、委托代理等方式,提高公共服务效率和能力。

(二)优化国有资本战略布局

以中央提出的“六稳”“六保”为方向,战略性调整国有资本和国有经济布局,重视民生保障、城市基建、金融服务、公共卫生、生态环境、前瞻性战略性新兴产业等领域国有企业的发展壮大。加强不同国有企业中同类同质业务的资源整合,避免重复建设和重复竞争,集中国企的竞争优势。

（三）深化混合所有制改革

切实将混合所有制改革作为国企改革的重要突破口。通过引入战略投资者、资产证券化等市场化方式，促进国有企业完善治理结构，优化激励约束，提升国有企业应对市场化竞争的能力，达到以“混”促“改”。以上市为契机，将国有独资公司变成公众公司，放大国有资本功能，促进企业信息透明公开，改善公司治理及运行结构。扩大员工持股试点范围，允许上市的企业集团经营管理团队和核心员工参与员工持股，探索员工以科技成果出资入股。转变混改中的国资本位主义，平等看待社会资本方，通过混改向市场化竞争主体转变。

（四）完善国有资产管理体制

实现管资产、管企业、管领导班子向管资本、管股权、管出资人代表转变；进一步完善国资监管体制架构，全面清理现有国资监管法规规章制度，探索出资人审批事项清单制度，实行监管、报告和问责负面清单管理模式，建立投资决策备案备查制度，加大授权放权力度；推进国有资产大监管模式，进一步深化经营性国资集中统一监管，推进经营类事业单位实施转企改制并纳入统一监管，形成完善的国资监管制度体系。

（五）健全国有企业现代企业制度

大力推进国有企业管理的去行政化，建立以聘任制、任期制和经营目标责任制为主要内容的人事管理制度。对国有参控股混合所有制企业，完全按市场经济规则开展运营和竞争。大力推进实施职业经理人市场化选聘机制、薪酬激励机制和股权期权激励机制三项改革，释放企业内生增长动力，减少国有企业管理层级，切实解决国有企业历史遗留问题。

（六）加强党对国有企业的领导

以加强党的领导与完善公司治理深度融合为主线，落实两个“一以贯之”要求，健全“党政同责、一岗双责”“三重一大”集体决策等组织保障制度。夯实基本组织、基本队伍、基本制度。坚持党的建设与国有企业改革同步谋划、党的组织及工作机构同步设置、党组织负责人及党务工作人员同步配备、党的工作同步开展。把党的政治优势转化为企业的发展优势，把国有企业这个“党和国家最可信赖的依靠力量”改革好、发展好，确保国有企业做强、做优、做大。

作者系武汉发展战略研究院副院长、研究员

深圳创新创业生态建设及其对武汉的启示

武汉发展战略研究院课题组

一、深圳正加快建设全球创新高地，以创新引领城市高质量发展

多年来，深圳将创新驱动作为城市发展的主导战略，坚持科技创新供给侧结构性改革，坚持突出企业创新主体地位，坚持积极引进和培养创新人才，坚持大力布局创新载体，坚持构建完善创新政策体系，实现创新能力不断跃升。

在实施创新驱动发展战略的征途上，深圳一直处在全国领跑地位。它打造出产业转型、结构升级的发展样板，形成了体制机制创新的全国示范，走出由要素驱动、投资驱动迈向创新驱动的成功之路，走出由跟随式创新、模仿式创新迈向引领式创新的跃升之路。作为粤港澳大湾区国际科技创新中心的战略支点和核心引擎，作为全国首个国家创新型城市、首个以城市为基本单元的国家自主创新示范区以及中国特色社会主义先行示范区，深圳正加快追赶全球城市的步伐，加快建设现代化国际化创新型城市，打造具有世界影响力的创新之都。

二、深圳打造创新创业生态的经验与做法

近年来，深圳全面部署、坚定不移推进产业链、创新链、人才链、资金链、政策链、服务链相互交织、相互支撑，构建多层次综合创新创业生态体系。

（一）加大科技创新驱动，持续升级产业链

1.高度重视对新兴产业的战略谋划，持续加大扶持和投入力度

深圳政府充分发挥“有形之手”的作用，积极引导新兴产业的发展方向。

20 世纪 90 年代，当“三来一补”面临困境时，深圳确立了创新发展战略目标，实施转型升级、腾笼换鸟，发展高新技术产业、金融业等科技含量高、附加值高的产业。“十二五”期间，深圳提出发展生物、互联网、新能源、新材料、文化创意、新一代信息技术、节能环保等七大战略性新兴产业。2013 年以来，深圳先后将生物、互联网、新能源、新材料、新一代信息技术、文化创意、节能环保产业等七个产业列为战略性新兴产业，将生命健康、海洋经济、航空航天、军工、机器人五个产业列为未来产业，不断形成创新型经济新的增长点。为支持战略性新兴产业、未来产业创新发展，深圳先后出台了《深圳生物产业振兴发展规划》等七个战略性新兴产业专项规划，以及《深圳市机器人、可穿戴设备和智能装备产业发展规划》等五个未来产业专项规划。2019 年，深圳战略性新兴产业增加值占 GDP 比重超过 38%，现代服务业增加值占服务业比重超过 70%，新增高新技术企业 2700 多家，累计达 1.7 万多家。深圳国家高新区成功扩区，面积增加到 159.48km^2，形成“一区两核多园”发展新格局。

2.提升传统产业的科技含量，拥抱新风口，培育新业态

进入新世纪，深圳提出从“深圳速度”转向“深圳质量”，将转型升级作为优化供给结构的重要支撑，持续推进传统优势产业加速向研发、设计、品牌、总部等产业链、价值链高端迈进。通过实施“互联网＋”“宽带深圳”行动计划，深圳积极推动移动互联、大数据、云计算、物联网等新一代信息技术与实体经济深度融合发展，“互联网＋制造＋商贸＋金融＋教育＋文化”等新业态、新商业模式不断涌现、蓬勃发展。国内首家民营银行和互联网银行——微众银行，自 2014 年在前海成立以来，为国内银行业发展普惠金融、深化金融业供给侧改革、解决金融服务供给不平衡不充分问题提供了崭新的思路和范例，初步走出了一条商业可持续的普惠金融发展之路。

3.重视促进产业集群化发展，努力打造产业团体竞争优势

深圳市政府在促进产业集群发展方面，重点培育中小企业，放大龙头企业示范带头作用，发展形成了上中下游完整的生态链，上下互动、共存共荣，形成了规模集聚效应。深圳高新技术企业已形成庞大的创新群体，全市有科技企业 3 万多家，其中，产值超过亿元的 1203 家；国家认定的高新技术企业 6000 余家，占广东省的 60%以上。已培育出一批具有国际竞争力的创新型企业集群，电子信息行业中，华为、中兴、腾讯、柔宇科技的产业技术带动作用突出；无人

机产业中，大疆科技全球领先；生命健康产业中，华大基因、迈瑞医疗引领发展；新能源汽车产业中，比亚迪处于行业前列；在超材料领域，光启科技已在全球竞争中拥有了绝对优势。

（二）提升自主创新能力，构建完整创新链

1.坚持企业创新主体地位

深圳是发挥企业创新主体作用最好的城市之一，企业真正成为技术创新决策、研发投入、科研组织、成果转化的主体，创新的动力与活力在企业，能有效促进企业主体、市场主导、产学研一体的创新生态体系形成，6 个 90%①在企业就是最好的诠释。根据华为 2019 年年报显示，公司研发费用 1317 亿元，占全年销售收入 15.3%；全球从事研发的人员约 9.6 万名，占公司总人数的 49%；持有有效授权专利 8.5 万多件，90%以上为发明专利。目前，深圳新增国家级高新技术企业 2700 多家，总量超过 1.7 万家，仅次于北京，而且已形成了梯次创新的企业链，不仅有代表中国企业参与国际竞争的华为、腾讯、比亚迪、大疆等世界级企业，还有大企业背后的若干中小企业为其配套服务。

2.坚持提升基础创新能力

深圳不遗余力补齐自身短板，坚持强基础、利长远，深耕基础研究与前沿科技领域。“真金白银”地支持基础研究，深圳 2018 年的全社会研发投入超过 1000 亿元，占 GDP 比重为 4.2%；2019 年财政科技专项资金 30%以上投向基础研究和应用基础研究。加快鹏城实验室、国家超级计算深圳中心、深圳湾实验室、人工智能和数字经济广东省实验室、第三代半导体基础设施、量子信息科学研究平台、国际科技信息中心等重大科技基础设施统筹布局，为原始创新能力提升和科技产业自主可控提供支撑。积极对接海内外优秀高校院所，通过合作办学、成立分校区、建设研究生院等方式吸引高端资源，而且深圳大学、南方科技大学等自建高校的影响力不断攀升。今后深圳将进一步聚焦粤港澳大湾区国际科技创新中心和深圳综合性国家科学中心建设，在源头创新突破和产业创新能力提升上发力，支撑科技产业协同创新。

3.坚持创新创业平台建设

为有效汇集全球创新资源，深圳积极推动各类载体平台协同创新、集群发

①6 个 90%：90%的创新型企业为本土企业、90%的研发人员在企业、90%的研发投入源自企业、90%的专利产生于企业、90%的研发机构建在企业、90%以上的重大科技项目由龙头企业承担。

展。推进诺贝尔奖科学家实验室建设,已在生命科学等前沿领域建成 11 家诺奖实验室,每个实验室都孕育着深圳在前沿科学与产业领域的无限可能。截至 2019 年,深圳拥有各级创新载体 2258 个,其中,国家级重点实验室、工程实验室和技术中心等创新载体 116 个, 部级创新载体 604 个, 市级创新载体 1537 个。作为创新创业热土,深圳不仅拥有创客空间、创业咖啡、创新中心、创业孵化器等各种类型的创业平台, 更重要的是能为创业者提供配套齐全的办公环境以及创业辅导、检验检测、专业咨询、资本对接等多方面的配套服务。

(三)强化创新智力支撑,吸引优质人才链

1.加强政策引导,为高层次人才提供全方位社会保障

2019 年,深圳出台海外高层次人才奖励补贴及优惠政策,对引进人才在落户、子女入学、社保、医疗等方面,实行了较完善的保障措施。居住方面,大力建设人才公寓,未来五年市、区两级筹集提供不少于 1 万套人才公寓房,提供给海外人才、在站博士后和短期来深工作的高层次人才租住。对杰出人才安居,可选择 600 万元奖励补贴, 也可选择面积 200 平方米左右免租 10 年的住房。子女入学方面,设立人才子女积分入学制度,高层次人才的非本市户籍子女可以在本市就读义务教育阶段和高中阶段学校,并享受本市户籍学生待遇;对企业急需的高素质人才子女,可以不受积分的限制,直接入读公办学校;对重点引进培养的高层次人才,享受特殊通道,子女给予特殊照顾政策。医疗方面,杰出人才可享受一级保健待遇,国家级领军人才、地方级领军人才和除杰出人才外的其他海外 A 类、B 类人才可享受二级保健待遇,后备级人才和海外 C 类人才可享受三级保健待遇。另外,对高层次人才发放“鹏城优才卡”,人才凭卡可直接到综合服务平台或相关部门办理和申报调入关系接转、落户、子女入学、医疗社保、居留、创业扶持等服务。

2.增强财政支持,为高层次人才提供最优厚的补贴奖励

深化和拓展“孔雀计划”,深圳市财政每年投入不少于 10 亿元,用于培育和引进海内外高层次人才和团队。经认定的国家级领军人才、 地方级领军人才、后备级人才和海外 A 类、B 类、C 类人才,分别给予 300 万元、200 万元、160 万元奖励补贴。经评审认定的海内外高层次人才“团队+项目”,给予最高 1 亿元资助。增强购房补贴,杰出人才认定每年 120 万元,总额不超过 600 万元;国家级领军人才每年 60 万元, 总额不超过 300 万; 地方级领军人才每年 40 万

元，总额不超过 200 万元；后备级人才每年 32 万元，总额不超过 160 万元。用人单位和政府按照 1∶1 的比例分担补贴，在 5 年内按年度发放。

3.扩大税收优惠，以最大的诚意吸引高端人才和紧缺人才

2019 年 6 月 30 日，深圳市出台《境外高端人才和紧缺人才 2019 年纳税年度个人所得税财政补贴申报指南》，对在深圳工作的境外高端人才和紧缺人才，按内地与香港个人所得税税负差额给予补贴，补贴免征个人所得税。在纳税年度内，申报人已纳税额减去测算税额（测算税额＝申报人应纳税所得额×15%），即为申报人可申请当年度个人所得税补贴，意味着 100 万年薪原应缴个税 45 万，现在可以少缴 30 万。这一政策的出台，使得在大湾区工作的境外人才实际税负水平明显降低，对大湾区广聚英才起到积极的引导和推动作用。

4.优化人才服务，为各类人才提供一站式服务体验

截至 2019 年 8 月，深圳引进的人才数量突破 20 万，数量居同期各大城市首位。深圳人才的持续流入得益于不断创新人才服务模式，提升人才服务质效。例如，实施人才引进“秒批”改革，彻底打破了部门壁垒，改变了行政审批服务模式，实现了无边界的业务协同，企业和群众办事便利度明显提高，预计每年惠及 20 万创业就业人才。设立高层次人才一站式服务专窗，为高层次人才打造一站式服务体验。截至 2019 年 7 月 31 日，专窗累计接待了 27.59 万人次来电来访，受理了 8.62 万人次申请。开通大单位申报“直通车”，打造服务延伸驻点工作站，有效解决华为、富士康等公司因距市中心较远，员工办理人才事项不方便的问题。截至 2019 年 8 月 22 日，华为工作站接待了 3979 人次咨询，受理了 2830 人次申请；富士康工作站接待了 2227 人次咨询，受理了 205 人次申请。

5.发挥用人主体作用，建立高层次人才市场化认定机制

深入推进行业组织参与人才评价，以市场化选聘作为企业选人用人主渠道。积极发挥政府、市场专业组织、用人单位等多元评价主体作用，建立多维度人才评价标准，探索建立高层次人才积分制认定办法，对人才进行综合量化评价。在高层次人才评价标准中引入人力资源服务机构、风险投资机构等市场化评价要素。探索政府授权行业协（学）会、行业领军企业和新型科研机构自主认定高层次人才，并享受相应的政策待遇。在技能人才评价方面，推进行业组织承接技能人才评价改革试点，选取行业特点明显的职业（工种）交由具备条件的行业组织开展业内技术技能人才评价。与此同时，积极推进人才管理部门简政放

权,探索取消人力资源服务机构行政许可,创新人力资源服务业监管体系。

(四)创新金融投入方式,全面激活资金链

1.深化改革财政资金使用方式,撬动社会资本助力科技创新

深圳统筹运用无偿资助、奖励性资助、投融资资助等手段,引导银行、保险、证券、股权基金等资本市场各种要素资源支持企业创新创业。

一是成立专门的科技金融服务部门。深圳各区和部分产业园区均成立了科技金融服务中心或科技金融联盟工作站,深入沟通企业、投资机构与政府。

二是与银行业合作,拓宽间接融资渠道。(1)实施银行委托贷款,财政资金经由银行按一定杠杆比例放大后与银行本身资金一起贷款给科技企业;(2)银政企合作梯级贴息资助,科技企业可通过科创委的科技库与银行贷款洽谈,政府依据贷款合同确认贴息资助;(3)设立"中小微企业银行贷款风险补偿资金池",对银行机构为深圳市中小微企业放贷形成的符合规定条件的不良贷款按比例给予风险补偿。疫情之后资金池政策在覆盖面、补偿标准、推行力度上"三重升级",为更多市场主体"输血"。

三是安排专项资金,支持科技保险发展。对投保高技术保险的高新技术企业、战略性新兴产业企业、软件企业等予以保费资助。

四是设立政策性创业投资机构和创业投资母基金。直接参股初创期和早期的科技类企业;分散投资到各个市场子基金中,通过杠杆作用撬动社会资本再投资到创新创业企业之中。

2.引导创业风险投资发展,多方资本助推创新创业

深圳以"政府引导、市场化运作和按国际化惯例管理"为基本方向,根据发展形势变化不断修订完善相关政策措施,确保政策的可操作性和及时性,从源头打造了活跃、发达的创投体系。政策内容涵盖了丰富创业投资主体和资金募集渠道、完善投资服务体系、拓宽和完善创业投资退出渠道和机制、推进创业投资双向开放、优化创投产业空间布局、优化创业投资监管和市场环境等全方面的内容,通过创投基金落户奖励、房屋补贴、企业所得税的抵扣优惠政策、支持并购投资基金发展、地方财力奖励和其他类型奖励等几个方面提供更多支持。其中最具特色的一是坚持以市场化方式去挑选优秀的基金管理人,按照市场化方式积极地运作和投资;二是鼓励国有创业投资机构内部实施有效的管理人员激励与约束机制;三是支持各类社会资本以市场化方式组建并购母基金以及以

并购重组的方式实现退出。

3.鼓励科技金融产品创新，强化综合金融服务功能

深圳时刻紧跟金融业创新发展的新趋势，通过正向激励措施，鼓励金融企业进行产品与服务创新，增强金融市场活力，全方位满足科创企业需求。以知识产权质押贷款为例，深圳建立了知识产权质押融资再担保体系：由深圳市再担保中心、融资性担保机构、商业银行按比例承担贷款风险，再担保中心安排风险补偿金；知识产权局牵头成立知识产权质押融资协调小组，协调配合所有工作。

（五）加强创新发展保障，用足用好政策链

1.注重顶层设计，构建完善的创新政策体系

深圳不断增强新常态下创新发展的政策供给，形成创新政策高地。在战略层面，深圳出台了全国首部《国家创新型城市总体规划》，出台了《国家自主创新示范区发展规划纲要》《深圳国家自主创新示范区空间布局规划》《深圳国家自主创新示范区产业规划》等多部规划，从规划层面为深圳创新发展提供顶层设计。在政策层面，深圳先后出台自主创新“33 条”、创新驱动发展“1+10”文件等政策文件。2016 年以来，深圳又制定了支持企业提升竞争力、促进科技创新、人才优先、高等教育发展、创新型国有企业等一系列政策，共计数百条措施，全面加大对自主创新的支撑力度。在操作层面，深圳组织实施一揽子科技计划，采取稳定支持与竞争择优相结合的资助方式，对知识创新、技术创新、协同创新、环境建设、应用示范等创新活动加大支持力度。同时，深圳出台了《深圳经济特区自主创新示范区条例》等促进创新的地方性法规，进一步加强创新驱动的法制保障。深圳以强有力的政策“组合拳”，形成了覆盖自主创新体系全过程的政策链。

2.强化政策创新，全面激发创新创业活力

一直以来，深圳坚持聚焦热点难点问题，谋划有含金量、示范性的政策创新，创造了一批可复制可推广的改革经验。多年以前，深圳就打破政策“天花板”，出台《关于鼓励科技人员兴办民间科技企业的暂行规定》，承认知识产权的价值，允许科技人员用专利等知识产权入股，催生第一次创业大潮。近年来，深圳更是将政策创新作为创新改革的中心环节。如深圳对急需资金支持的重点科技计划项目，以股权投资的方式予以直接支持，通过财政资金阶段性地持

有股权并适时退出，此举颠覆了政府无偿资助、直接管理项目的传统方式，为财政资金阶段性的保值增值、良性循环开辟了新路。还比如深圳在全国首创普惠性“科技创新券”制度，加大对企业的普惠性支持和事后资助。2020 年疫情发生后，深圳首推“悬赏制”新冠肺炎防治科研攻关，已立项资助金融 2000 余万元，不仅最大程度发挥防控抗疫科研经费效能，也充分体现“谁能干就让谁干”的创新活力。

3.扩大政策优势，实施最优厚的政策支持

深圳始终保持对创新创业连续性、高强度、全方位的支持。比如在吸引并留住人才方面，1997 年启动每年接受万名毕业生工程；1999 年重点引进各类学科带头人；2002 年提出人才居住证制度；2008 年实施“1+6”高层次人才政策；2016 年投入 1000 亿元成立人才安居集团，建设人才安居住房，符合深圳人才要求的购房者即可享受市场价 5 折优惠；2019 年，深圳更是实施人才税收优惠政策，45 万的个税，政府帮交 30 万。又如在科技创新方面，深圳持续发布优厚的政策支持。2020 年，《深圳经济特区科技创新条例》提出的“允许同股不同权”“知识产权可质押融资”“职务科技成果所有权 70%以上归属发明者”等国内首创的优厚政策，对各类创新资源有极大的吸引力。

4.推动政策落地，提升科学决策水平

深圳通过精准对接企业需求、加大宣传、定期评估等多种方式，积极推动各类创新政策落地。政策制定之时，深圳市政府职能部门直接邀请企业尤其是龙头企业参与，针对行业痛点，精准反应企业需求、助推企业发展。例如，深圳邀请华大基因参与生命健康产业发展规划的制定，邀请腾讯参与互联网产业政策的制定。政策制定之后，深圳采取工作人员上门、组织企业培训、网站展示、报刊宣传等多种手段宣传、解读政策，提高政策知晓度。规定各职能部门网站定期更新最新政策，提高政策透明度。政策实施之后，深圳市定期组织政策执行效果的评估，根据政策评估结果及时调整或优化政策。

（六）用好政府市场两只手，不断拓展服务链

1.社会组织实现充分自治，全方位服务创新创业发展

深圳社会组织源于市场经济内在需求，能有效盘活各方资源，服务于创新发展。社会力量已有机融入到社会治理体系中，实现了共建共治共享。蓬勃发展的深圳第三方服务机构覆盖了创新创业的全链条，不仅有效承接了政府转移的

职能，还为全市创新创业提供了全方位、全周期的公共平台服务。项目评审、检验检测、政策评估等大部分政府服务事项都交由第三方组织实施；支撑深圳市安防协会发展壮大的就是全市安防行业几千家企业以及千亿市场；深圳市无人机协会、深圳市机器人协会、深圳市绿色建筑协会等都在不断提升参与行业管理和公共服务的能力，专业服务能力强，确保将政府转移出来的职能“接得住、管得好”。

2.甘做放权彻底的“隐身政府”，发挥创新创业支撑服务作用

深圳政府是有为政府，乐于做服务、敢于破藩篱；是高效包容的服务型政府，尊重市场规律，高效服务为本。深圳政府将服务职能大部分让渡给社会，在简政放权中真正做到了“四放”——放松管制、放开市场、放活主体、放宽政策。坚持“小政府、大社会”，优化服务于无形。“隐身政府”吸引了一大批全球顶尖人才、关键项目、创新型企业落户深圳，为创新企业营造了更加高效透明的政务环境，充分发挥了政府在创新中的支撑服务作用。深圳市委、市政府给创新以最高礼遇，对重点项目、关键人才亲自谈、亲自招、亲自把关、亲自协调；政府管理模式不断创新求优，确立了创新改革“容错免责”机制。

3.创新文化激活创新创业精神，成为服务全民创新创业的源动力

改革、创新既是深圳最亮眼的城市标签，也是其与生俱来的城市基因。深圳善于发挥年轻移民城市的优势，积极弘扬创新文化，在全社会营造“敢于冒险、追求成功、崇尚创新、宽容失败”的创新精神，通过好的创新创业文化营造出良好的创新创业氛围，激发了全社会创新创业活力，使创新创业成为全社会的普遍共识和自觉行动。“深圳不是你的故乡，却是你梦想的主场”“回得去家乡，离不开深圳”“要创业，来深圳”成为一种共识。这里的先锋观念、包容精神、创新气质、文明活力等，都让人心向往之，创新源动力生生不息。

三、对武汉培育创新创业生态的建议

（一）以武汉创造支撑武汉智造，构建产业新体系

1.明确产业发展总体思路，构建创新型产业体系

坚持高端化、绿色化、智能化、融合化要求，大力发展商业航天、氢能、人工智能、5G、区块链、量子通信、信息安全等新兴前沿产业，加快发展数字经济、总部经济、线上经济、平台经济、共享经济等新业态、新模式，推动钢铁、石化、纺织等传统支柱产业转型升级，围绕增强“三力”（世界竞争力、区域带动力、未来

支撑力），重点发展光电子信息、汽车制造和服务等 12 个产业，聚焦“三化”（产业基础高级化、产业链现代化、产业布局集聚化），重点实施 12 大行动，加快形成以战略性新兴产业为先导、以先进制造业为支撑、以现代服务业为主体的现代产业体系。

2.布局产业发展前沿，形成产业链竞争优势

实施战略产业强基行动。突出创新性、先导性、成长性，聚焦产业链核心技术和关键“卡脖子”领域，加强研发投入力度，形成一批拥有自主知识产权的核心技术，提升原始创新能力和本地化配套能力，加快推进战略性新兴产业成为支柱产业。实施制造智能化行动。推进互联网、大数据、人工智能与实体经济深度融合，推动全产业链智能化改造，建设高水平数字车间、智能工厂。实施未来产业育苗行动。着眼未来 5—10 年全球产业发展前沿，以未来经济社会发展的重大需求为导向，超前谋划发展未来产业，抢占未来产业发展制高点。实施制造服务化行动。促进个性化定制、现代供应链、装备后援等新业态、新模式发展，实现生产型制造向服务型制造转型。

3.构建战略性新兴产业集群，形成规模集聚发展效应

建设都市创新园区，引导高校、院所周边的旧城改造向都市创新园区方向发展，促成园区、社区、城区、校区的无缝融合。加快智慧园区建设，依托智慧城市建设，打造若干个示范园区。打造优势产业链，支持建设光通信、新能源及智能网联汽车、平板显示、轨道交通装备、海工装备等产业链，培育集成电路、北斗及地理空间信息、机器人等正在加速形成的产业链。构建支撑产业创新发展的检验检测服务体系，提高对创新企业的便利化服务能力。

（二）加快推进产业数字化转型，培育经济新业态

1.发挥互联网的赋能和倍增作用，培育产业平台化发展生态

加快传统企业数字化转型步伐，发展线上线下融合的业务发展模式，提升企业发展活力，打造形成数字经济新实体。支持传统龙头企业、互联网企业打造平台生态，提供信息撮合、交易服务和物流配送等综合服务。支持工业互联网平台建设推广，建设跨产业的信息融通平台，为企业提供数字化转型支撑、产品全生命周期管理等服务。发展服务衍生制造，鼓励电子商务、转型服务等行业企业向制造环节拓展业务。大力发展众包、云外包、平台分包等新模式。

2.推动“无人经济”发展,打造“虚拟”产业园和产业集群

充分发挥智能应用的作用,促进生产、流通、服务降本增效。支持建设智能工厂,实现生产过程透明化、生产现场智能化、工厂运营管理现代化。支持建设自动驾驶、自动装卸堆存、无人配送等技术应用基础设施。发展危险作业机器人,满足恶劣条件应用需求。支持具有产业链、供应链带动能力的核心企业打造产业“数据中台”,以信息流促进上下游、产供销协同联动,保产业链、供应链稳定,发展产业服务化新生态。

3.培育共享经济新业态,创造生产要素供给新方式

鼓励共享出行、餐饮外卖、团购、在线购药、共享住宿、文化旅游等领域产品智能化升级和商业模式创新,发展生活消费新方式,培育线上高端品牌,推动形成高质量的生活服务要素供给新体系。鼓励企业开放实验验证环境、仿真模拟等技术平台,充分挖掘闲置存量资源的应用潜力。鼓励公有云资源共享,引导企业将生产流程等向云上迁移,提高云资源利用率。鼓励制造业企业探索共享制造的商业模式和适用场景,推动形成高质量的生产服务要素供给新体系。推动人口、交通、通信、卫生健康等公共数据资源安全共享开放,构建数据要素有序流通、高效利用的新机制,激发数据要素流通新活力。

(三)推进科技创新能力新跃升,增强发展新动力

1.以源头创新为核心支撑科技创新能力提升

武汉要争创综合性国家科学中心和综合性国家产业创新中心,在源头创新方面,要舍得投入、宽容失败。健全支持基础研究和应用基础研究的体制机制,逐年提高全社会研发投入占 GDP 比重。完善参与大科学计划与大科学工程机制,突破性发展大科学装置,以打造国家实验室“预备队”为标准加快筹建东湖实验室,加快重点实验室布局,支持高校院所和企业实施关键技术研发,提升原始创新能力。建立完善“卡脖子”技术攻关体制机制,打造一批“国之重器”。

2.以企业为主体健全产学研合作机制

对标深圳 6 个 90%在企业的标准,强化企业创新主体地位,全面提升企业创新能力。鼓励企业加大研发投入,支持企业自建或与高校院所共建研发中心、重点实验室、工程技术研发中心以及产业联盟等。鼓励企业提升知识产权的创造、运用水平。实施创新型企业梯次培育计划,争取培育若干个世界级企

业、集聚一批行业领军企业、发展一群专精特新中小微企业。完善“政产学研金服用”创新体系,促进科技成果本地转化应用。

3.以新型研发机构为重点,加强创新载体建设

加快推进创新平台载体的体制机制创新,充分发挥高端资源整合与要素配置的功能。突破性发展投资主体多元化、管理制度现代化、运行机制市场化、用人机制灵活的“四不像”新型研发机构,试点赋予科研人员科技成果所有权或长期使用权,调动科研人员积极性。加快建设国家制造业创新中心、产业创新中心等国家级创新平台,整体梯次推进国家级、省级、市级创新平台建设,促进要素流动与整合。打造一批功能完备的创业平台,支持创客空间、创业咖啡、创业孵化器等建设。支持国家中部技术转移中心等科学技术交易和转移平台建设。

(四)加大投入创新机制精准聚才,释放人才新引力

1.增强财税支持,实行更具竞争力的人才政策

全面解决引进人才在住房、落户、医疗、子女入园入学、配偶就业、出入境和停居留便利等各方面的困难。住房方面,对人才分层分类提供不同程度的住房补贴,如对基础性人才,可以每月提供一定数额的租房补贴;高级人才,可以建设人才公寓,免租使用;对杰出人才,可选择一次性奖励补贴,或者大平米免租住房。子女入学方面,设立人才子女积分入学制度,对急需人才子女开辟特殊通道,保障其子女教育。医疗保障方面,对引进人才发放“医疗绿卡”,设立医疗保障基金,引进人才的医疗费用均可从基金中支付;杰出人才可享受一定级别保健待遇;引进人才的配偶、子女在指定医院享受医疗绿色通道服务。

2.注重“精准”引才,全方位提升高端人才引进质效

对接人工智能等战略性新兴产业实施精准聚才,是推进创新驱动发展、抢占科技革命先机的有效途径。要主动对接产业发展,明确技术需求和人才需求,加强产业人才供给研究,通过供需匹配锁定目标人才,实现精准打靶。加强政企合作,联合开发利用专业大数据储存和分析工具,建立人才需求数据库和人才信息数据库、人才海外工作站,积极引进人才跟踪服务系统和人才引进、使用、培育“三位一体”发展支撑系统。秉持“政府主导、用人单位参加、社会机构参与”的原则,积极培育政府机构与用人单位之间双向共建的专业性人才机构。

3.注重“柔性”引才,全面释放高端人才创新活力。

面对“引才难”“留用难”等问题,武汉要敢于突破旧思路,对高精尖人才要

树立"不为我所有,但为我所用"的用人理念,积极开展柔性引才。在柔性引才工作中坚持市场和用人单位主体导向,鼓励其通过市场招聘、社会团体或中介机构、个人推荐等方式拓展引才渠道,通过顾问指导、挂职引进、兼职引进、合作引进、退休特聘等多种渠道实现灵活引智。政府要加大简政放权,破除"政府评、组织评、领导评"的人才评价模式,通过向用人单位发放工作补贴的方式,进一步强化业绩和结果评价导向,充分调动用人主体和人才积极性。

(五)以金融创新推动科技创新,探索融资新方式

1.设立跨部门的科技金融服务组织,细化完善相关政策措施

市一级建立由市金融工作局、市科技局、市财政局、市国资委、市知识产权局、人民银行武汉分行等部门组成的联席会议或领导小组制度,市金融工作局作为召集单位,共同对科技金融服务工作措施的落实情况及成效进行评估,研究科技金融服务面临的新情况、新问题,及时监测金融运行风险,并提出下一步工作建议。

2.优化整合财政支持资金投入方式,加大政策性融资担保支持力度

设立一家大型政策性融资担保机构(基金),创新考核等运作机制,提升市场活力,通过融资担保、再担保和股权投资等形式,与本市现有政策性和商业性融资担保机构合作,着力打造覆盖全市的中小微企业融资担保和再担保体系。

3.创新科技信贷服务产品,引导银行等服务机制创新

继续完善科技"集合贷""萌芽贷""三板通""银证保"及其他个性化金融产品组成的信贷产品体系。支持更多商业银行加强科技金融专业队伍建设,改善银行内部运作机制和流程,制定专门的科创企业信贷政策。改善知识产权质押和流转体系,积极推进知识产权质押融资和专利许可收益权证券化。

4.创新科技保险产品,建设国家级科技保险创新示范区

支持保险机构为高新技术企业开发知识产权保险、首台(套)重大技术装备险、产品研发责任险、关键研发设备险、成果转化险等创新保险产品。支持保险机构与银行、小额贷款公司等合作开发知识产权质押贷款保险、企业债保险、小额贷款保证保险等为高新技术企业融资服务的新险种。

5.促进天使投资发展,推动股权投资创新试点

扩大战略性新兴产业引导基金等基金规模, 发挥政府创业投资引导基金的引导和放大作用,鼓励更多社会资本发起设立创业投资、股权投资和天使投

资,持续加大对创新成果在种子期、初创期的投入力度。创新国资创投管理机制,建立适应创业投资发展的投资、内部考核和国有资产评估机制。加强创业投资与金融机构协作机制,完善创业投资多渠道退出机制。

(六)优化创新发展政策供给,营造政策新环境

1.强化创新政策的顶层设计

构建由总体规划、行动计划、地方条例、部门配套政策等组成的政策体系。对现有支持创新创业的政策进行全面梳理整合。尽快编制出台《武汉市创新创业生态建设总体规划(2021—2025)》《武汉市优化创新创业生态三年行动计划(2021—2023)》等。出台《武汉市创新创业生态建设条例》,强化法律保障。加强组织领导,明确职能部门责任分工和奖惩机制,全市上下一盘棋统筹推进改革创新工作。

2.健立健全企业家参与涉企创新政策制定机制

研究制定企业家参与涉企政策制定的工作规范,明确分类听取企业家、行业商会协会的意见建议的规范性要求,对企业敏感的行业规定或限制性措施设置合理过渡期。建立企业家诉求反映的受理、处置、反馈机制,提出针对性解决方案。

3.采取综合措施保障政策落实

确保政府门户网站实时维护更新,政策分类明晰,提高政策时效性和可读性。职能部门开展政策进企业活动,定期主动上门向中小企业宣讲与创新相关的新政策、新法规,帮助中小企业用活、用足优惠政策。定期组织免费的专业培训活动,重点向中小企业讲解科技项目申报、高新技术企业评定、人才引进优惠政策、研发费用加计扣除、固定资产加速折旧等政策。

4.通过政策评估实现政策优化

建立与市场主体、产业发展密切相关的政策必须经过评估环节的机制。聘请第三方机构对政府重大政策执行效果进行科学评估,评估结果作为调整、修正、延续和终止政策的重要依据。

(七)构建创新创业全程服务链,打造服务新生态

1.大力发展第三方服务机构,加快社会组织去行政化和专业化

促进社会组织自治发展,推动政府加快向第三方服务机构让渡服务职能。定期公布政府向社会组织转移职能目录和具备承接政府转移职能和购买服务

资质的社会组织目录;鼓励高校与民营科技企业结对,形成"一校一企一品"的创新创业服务模式;进一步细化创业指导专家咨询服务领域,全面推行创业指导专家星级评价体系和末位淘汰制度; 鼓励各类服务机构为小微企业创新创业提供免费、优惠服务,对符合相关条件的优秀中小企业服务机构给予配套支持和最高不超过50万元的奖励。

2.理顺政府与市场的关系,优化创新创业服务的政务环境

最大限度地提高市场资源配置效率,不断优化创新创业的政务环境。设立武汉创新驱动发展委员会,吸纳企业、高校院所、创业者参与创新决策,提高企业家和创业者的话语权,形成全市创新创业合力;进一步加强创新创业统计监测,探索建立武汉市"双创"发展统计指标体系,做好创业带动就业能力和科技创新能力的精准分析;优化各类政务服务事项流程,实现线上线下融合化、流程节点标准化、办事进程可视化、服务获得便利化、数据共享制度化。大力推进"一网、一门、一次"改革,扩大"不见面审批"标准化覆盖面。

3.积极培育创新型城市文化,构建良好的创新创业服务生态

大力挖掘、激活、继承和弘扬"首义文化""知音文化""屈原文化"等本地文化,积极培育激励创新、宽容失败的城市文化,打造创新创业服务生态。通过举办创新大赛、创业大赛、金点子大赛,给予科技创新人员奖励等行为激发区域创新创业活力;开展每年一次的创新创业优秀企业家评选,树立成功典范;设立市委、市政府创新改革奖项,对城市创新创业做出重大成绩的个人和组织给予10~30万元不等的奖励。

(八)推动各类创新资源集聚,优化创新新空间

1.加强空间规划引领,构建科学集约高效的创新发展格局

落实全省"一芯驱动、两带支撑、三区协同"战略布局,以全域推进自主创新示范区建设为抓手, 以三个国家级开发区和五大新产业基地为引领, 全地域、全产业领域、全创新链条推动武汉创新发展。以东湖国家自主创新示范区为中心,打造环高校众创圈、环东湖众创带,在鲁巷、街道口等区域建设10个以上连片创业街区、创业园区。加快建设江汉创谷、木兰畅谷、武汉绿谷、硅谷小镇等第三批"创谷",打造创新要素集聚、综合服务功能强、适宜创新创业的科技创新中心重要承载区。加快低密度功能区及零星地块土地整备,支持旧工业区实施城市更新,推进传统产业转型升级,建设绿色低碳产业园区。

2.增强优质用地保障,以最好的城市空间搭建创新载体。

加快实施“创谷”计划,优先在环湖、环山、环水、绿带周边等环境优美的区域选址新建“创谷”,将“创谷”建设成为全面创新改革试验的承载区、自由创新的示范区、“城市合伙人”的集聚区。加快发展众创空间,支持建设或管理运营创客空间、创业咖啡、创新工场等创新型孵化载体,打造一批低成本、便利化、全要素、开放式的众创空间,让众创空间遍布全城。各区、各高校、各孵化器要利用老旧厂房、闲置房屋、商业设施等资源进行整合和改造提升,免费提供专门的众创场所。

3.共建开放型科技合作基地,异地嫁接资源协同创新。

在武汉市外或海外建立一批孵化器、科技园区以及研发中心、海外孵化创新中心、联合实验室、研发基地等离岸科技飞地,共建开放型科技合作基地,异地嫁接高端科创资源,开展协同创新。积极探索“研发在当地,产业在武汉;工作在当地,贡献给武汉”的科研飞地模式。

课题组成员:王　珺　袁云光　沈　明　杜　涛　万　伟
骆　严　伍　玥

光谷科技创新大走廊空间规划研究①

武汉市规划研究院
武汉发展战略研究院 联合课题组

随着经济全球化和新技术革命的影响越来越深入，通过“廊道+节点”的区域空间结构来加强区域协作、通过巨型开发项目来提升城市竞争力等日益成为大城市地区从市域到区域、从衔接融合到一体化发展的明显趋势。科技创新走廊作为打破我国“行政区”经济、实现区域城市合作与管治的新型空间载体，将是实现跨界、跨地区空间合作与协调发展的重要组织形式。深入贯彻落实党的十九大和习近平总书记视察湖北重要讲话精神，加快实施创新驱动发展战略，以科技创新引领湖北高质量发展，湖北省委、省政府于 2018 年 10 月发布《中共湖北省委湖北省人民政府关于加强科技创新引领高质量发展的若干意见》(即“科技创新 20 条”)，提出依托东湖国家自主创新示范区，拓展发展空间，集中布局重大科技创新平台，规划建设“光谷科技创新大走廊”。2020 年 12 月，《中共武汉市委关于制定全市国民经济和社会发展第十四个五年规划和二〇三五年远景目标的建议》提出依托光谷科创大走廊等引领武汉城市圈同城化发展。

一、研究意义

作为以线性交通基础设施为核心的“空间骨架”，城市走廊是增强城市与区域连接的最高效空间组织形式，在城市区域空间结构重组过程中能有效发挥集聚与扩散作用，在区域合作与共同管治中也将能成为一种新型的空间载体。随

①本文系湖北省科技厅重点软科学项目(编号:2019ADC005)阶段性研究成果。

着全球经济版图的重构及国家创新驱动战略的实施，近年来诸多城市纷纷结合区域创新改革试点谋划建设科创走廊，如上海 G60 科创走廊、广深港澳科创走廊、杭州城西科创走廊及合肥环巢湖科创走廊等。科技创新走廊作为创新资源与要素自由流动的跨区域创新网络体系和创新连绵带，已成为深化区域协同发展、创新发展的必然选择。在此背景下，针对科技创新走廊的空间协同策略开展研究具有以下三大意义。

一是落实国家、省、市战略，实现区域协同高质量发展的重要部署。长江经济带作为国家三大战略之一，规划建设为“引领全国转型发展的创新驱动带”。武汉作为长江经济带的核心城市，应发挥科技创新夯实绿色发展、奠定区域协同大格局的重要作用；2019 年湖北省经济工作会议指出，努力形成“一芯驱动、两带支撑、三区协同”的高质量发展区域和产业战略布局。武汉尤其是光谷作为“一芯驱动”之“芯”的重要产业及空间支撑，创新引领湖北省绿色发展、高质量发展责无旁贷；“武鄂黄黄” 城市连绵带作为湖北省近代工业先驱及国家产业发展战略重点，汇聚了大量的新旧动能，光谷科技创新大走廊以“武鄂黄黄”城市连绵带为依托，将可通过落实国家、省、市的创新驱动战略，实现区域协同的高质量发展。

二是提高空间管控效率，建立国土空间规划方法体系的率先尝试。随着《中共中央国务院关于建立国土空间规划体系并监督实施的若干意见》的发布，建立新型国土空间规划体系、统一实施国土空间用途管制已成为各地区自然资源部门的重中之重。空间规划作为实施国土空间用途管制的基础，既要满足自然资源开发的管理需求，又要成为各类开发建设活动的基本依据，不仅要明确“建还是种”“种什么”，更要明确“建什么”“建多少”。尽管近年来各级各地积极实施科技创新引领转型发展的空间规划，但由于空间供给体系的质量和效率有待提升，科创引领转型发展的作用尚未发挥。本课题研究着眼于如何更为有效地提高空间供给的质量及效率，以集聚创新要素并推动地区高质量发展为目标，以“用”好空间为原则，试图创新国土空间管控理论，建立面向高质量发展的国土空间规划方法体系。

三是提升空间治理能力，构建国土空间治理柔性模式的重要探索。建立国土空间优化管控体系，在于推进自然资源治理体系和治理能力现代化，从而全面提升国土空间治理能力。2019 年政府工作报告提出：“新型城镇化要处处体现以人为核心，提高柔性化治理、精细化服务水平，让城市更加宜居，更具包容和人文关怀。”柔性化治理作为跨辖区边界、跨层级边界、跨部门边界的精细化管理模式，也是科技创新走廊空间治理的重要路径。光谷科技创新大走廊作为鄂东地区实现空间协同一体化的重要载体，不仅面临跨辖区边界、跨层级边界等行政体制壁垒，更需要应对创新功能发展不确定性的需求。

二、研究理论基础

（一）区域空间结构理论

1.增长极与增长中心理论

增长极（Growth Pole）的概念是法国经济学家弗朗索瓦·佩鲁（F.Perroux）于20世纪50年代提出的，核心含义是指城市经济增长在区域空间上体现出非均衡特征，集中在某些增长点或增长极上，然后通过各种不同渠道向经济腹地扩散。

2.“点—轴”系统理论

结合中国的城市与区域发展实践，中国学者陆大道先生提出了“点—轴”系统理论，是指不同“点”（中心城镇）通过重要的线状基础设施（交通干线、能源输送线路、水源线及通讯干线等）相互联系，形成相对密集的人口和产业带。

3.“核心—边缘”模式理论

1966年，弗里德曼（J.R.Friedmann）在其著作中首次提出“核心—边缘”模式理论，后来缪尔达尔和赫希曼也对这一理论的发展作出了重要贡献。该理论试图解释一个区域系统的发展演变经历了互不相关、孤立发展—彼此联系、发展不平衡—极不平衡发展—相互关联平衡发展等阶段。“核心—边缘”理论作为关于区域空间结构和形态变化的解释模型被广泛应用。

（二）经济地域运动理论

经济地域运动理论主要研究经济的地域运动及经济地域的运动。陈才教授在其著作《区域经济地理学》中总结提出了经济地域运动的基本要素，即基础要素、人口与劳动力要素、生产资料与生活资料要素、资金要素、科技要素、信息与管理要素及文化要素，这些要素只有经过流动并与其他要素结合才可产生作用，这些要素的流动概括为：人流、物质流、能源流、资金流、技术流、信息流和文化流。随着生产力的不断发展，这些要素按一定轨迹进行流动并与其他要素组合，形成了由简单到复杂的地域组合形式。

(三)城市与区域整合理论

1.“成长三角”理论

“成长三角”(Growth Triangle)一词最早由新加坡前总理吴作栋提出。一般认为，成长三角是指在一定利益协调机制指导下由三个或三个以上在空间区位上临近、经济上互补、社会文化上认同的具有各自比较优势和资源特色的增长极,通过密切的社会经济联系所生成的具有经济一体化倾向的区域共生体,是区域一体化合作组织的一种独特的空间形式。

2.雁行发展理论

雁行整合发展的模式是以核心城市作为整个城市群体的发展极,以铁路、公路、海路、河路、航空构成交通框架,以其他不同功能和规模的大城市为协调极,形成高层次的、整体的经济网络和新型的地域生产关系。作为发展极的核心城市位于城市群体整合发展的“领头雁”位置,负责引导人流、物流、资金流、信息流在整个城市群体中的互动运行。同时,作为创新区,通过制度创新、管理创新、服务创新、观念创新等,不断地向其他城市推出新技术、新产品、新观念,并与其他城市形成分工体系和发展梯度,从而有利于各种流的增值循环。

3.都市—地区理论

1954 年,凯尔莱斯(J.M.S.Careless)提出,一个超出一般规模的城市不仅对它周围的农村,而且对其周围的城市及其农村,即整个地区进行统治。超出一般规模的城市通过控制交通、商业、金融等功能,使其成为区域经济、社会中心。在城市与区域融合之前,二者的关系基本等同于“核心—边缘”关系,随着城市与区域相互作用的不断发展,彼此联系进一步加强,这一变化过程反映了城市与区域的时空变化关系。

(四)区域空间结构理论

城市走廊作为一种重要的区域空间结构形式,其形成、发展、变化都遵循着区域空间结构演化的相关理论,主要包括弗里德曼的区域空间演变理论。

美国学者弗里德曼认为随着区域经济的增长,区域空间结构会发生阶段性的演变,由均衡状态和单核心发展到不平衡和多核心的空间组织过程。按照“区域经济自工业化前阶段—工业化初期阶段—工业化成熟阶段—工业化后期及后工业化时期”的演进顺序,区域空间结构相应地呈现出“自离散型空间结构—集聚型空间结构—扩散型空间结构—均衡型空间结构”的演替次序(见图 1)。

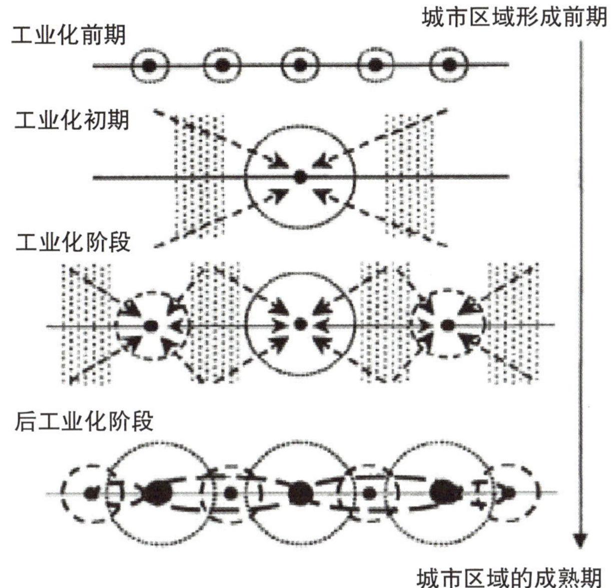

图 1 弗里德曼区域空间结构演化模型

三、国内外科技创新走廊发展演进特征与经验启示

当前,全球科技创新正呈现跨越行政边界的集群化特征。根据 2019 年全球创新集群排名,武汉紧随深圳—香港—广州、北京、上海、南京之后,排名全球第 29,继去年的 38 位上升了 9 位。各大创新集群的职能体现出从产品创新、技术创新到科学创新层层递进的金字塔特点。根据专利成果数量统计,深圳—香港—广州及北京目前正处于科学创新层级,武汉正处于技术创新向科学创新层级转型的关键时期。

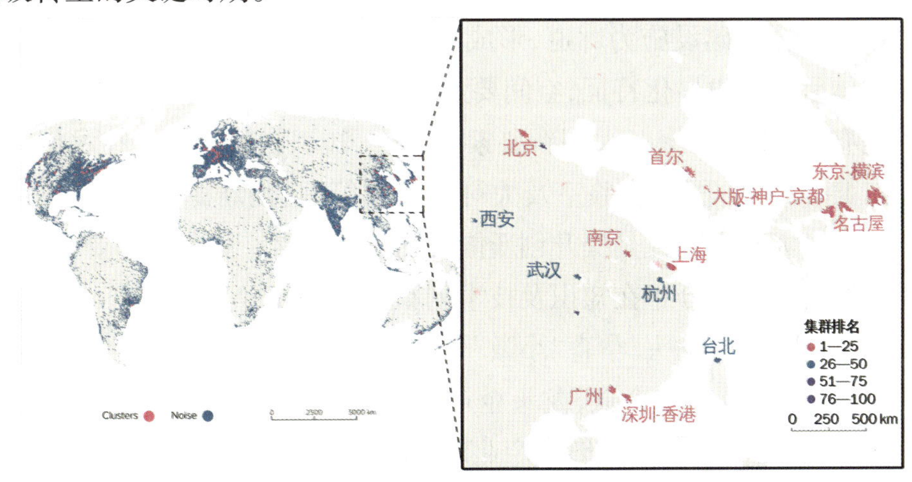

图 2 全球创新集群地图(图纸来源:《全球创新指数排名 2019》

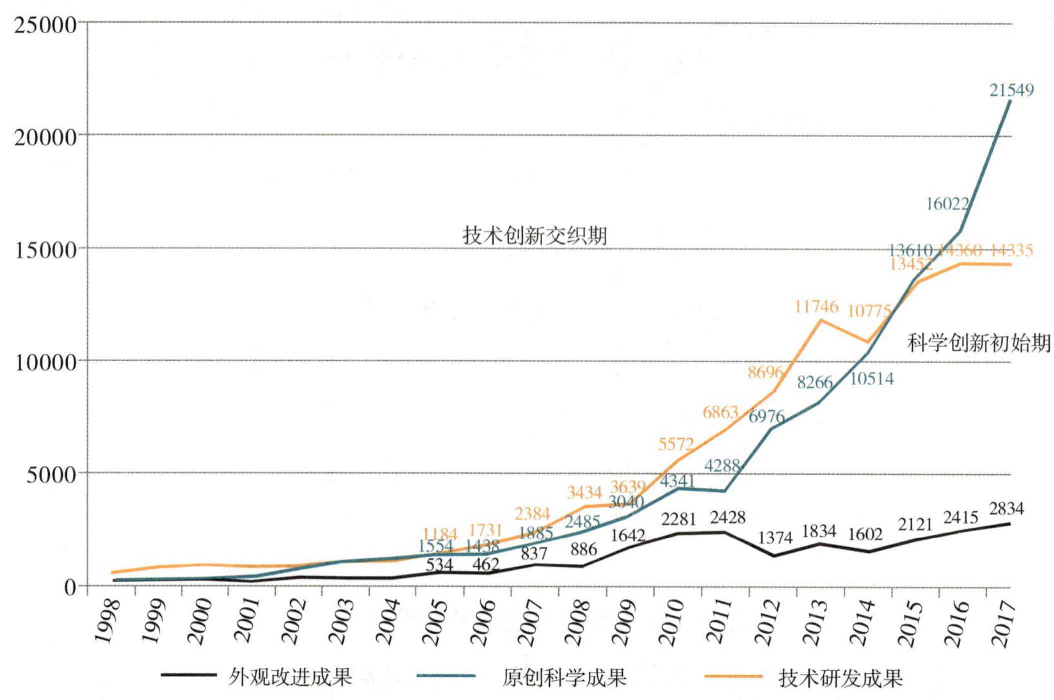

图 3 武汉市产品外观改进、原创科学及技术研发成果分析(图纸来源:自绘)

纵观全球顶尖创新集群，科技创新走廊已成为实现创新功能升级的最高效空间组织形式。如美国硅谷,经过百年的发展壮大,由最初的核心承载区(占地 156 公顷),沿 101 及 280 公路生长外溢,北至旧金山国际机场,南联圣何塞国际机场,形成全长约 90km、宽约 5~20km 的科创走廊。从核心承载区逐步生长为功能协同段及外溢辐射段,科创走廊是以两个及以上城市或区域为节点,依托多元化交通基础设施为廊道,形成创新要素自由流动的跨区域创新集群,其空间载体呈现去边界化特征,空间要素具有以下五大特点。

一是有“内涵”,集聚三大创新要素。其中,知识创新要素及技术创新要素(如高校、科研院所、国家实验室及大科学装置等)是创新源泉及动力,尤其是国家实验室和大科学装置是提升创新能级的极核要素。服务创新要素(如孵化器等)是触媒,且主要分布在知识及技术创新要素 3km 半径以内。

二是有“机能”,“龙头”孕育“小微”。知识创新要素需要技术及服务创新要素的协助,培育形成龙头企业,龙头企业也需要扮演“蒲公英”作用,在 5km 半径范围内不断孕育小微企业,形成产业创新圈。

三是有“骨架”,内外交通提效率。国内外科创走廊均设有国际或通用机场，间距约 50~60km；均设有高铁线路，站点间距约 40km；且机场及高铁站等交通枢纽约在 30 分钟车行可达范围内，从而保障各类创新要素的高效流动。

四是有“魅力”，配套设施强吸引。既要建设特色化、规模化的高品质公园及蓝绿道网络，也要提高公共服务设施的能级性、普惠性及特色性，包括至少 1 处特大型科技会展设施（占地 50 公顷，面积 25 万方以上）、国际化的公共服务设施、人才公寓及交往设施等，从而提高对创新人才的吸引力。

五是有“韧性”，灵活应对不确定性。既要进行强管控（如创新型产业用房、人才保障住房、公共服务设施标准及建设时序等），也需要灵活应对创新发展的不确定性，探索实践新型工业用地（M0），满足创新活动的配套需求，提高用地的精细化管控水平。

四、光谷科创大走廊现状认知

（一）范围研判

经过 30 年发展，东湖高新区创新要素不断积聚，经历四次扩区、一路向东，现已成为鄂东地区的创新源泉。现状沿武黄城际铁路、高新大道等交通廊道，东湖高新区已呈轴带东西向拓展，在鄂州、黄石、黄冈等城市建立 30 多个“园外园”。因此，以东湖高新区为核心承载区，以“武鄂黄黄”城镇连绵带为协同及辐射方向的光谷科技创新大走廊已初具雏形。

（二）存在问题解析

一是创新要素集聚，但缺乏创新能级。核心承载区集聚了“武鄂黄黄”近一半的双一流大学、高等院校、国家重点实验室、科研院所、国家级科技孵化器及众创空间，与国内其它科创走廊相比，虽然知识及技术创新要素规模具有一定优势，但缺乏国家实验室、大科学装置等创新极核及新型研发机构与投融创机构。从各类专利网络分析来看，现状创新网络仍依附武汉市主城区的创新分工，以东湖高新区为核心的内外创新网络尚未形成，区域创新辐射力待提升。

二是龙头产业强劲，但缺乏创新培育。从最初“引进外资”“国地合作”及现在区域性第二总部的迅速导入，核心承载区现已聚集 70 余家知名互联网企业第二总部，有效链接全国创新资源。但由于较为依赖母企业创新，仅有 5%的龙头企业在本地产生创新外溢，尚未形成以 5km 为半径的“蒲公英”产业创新圈。高新技术企业数量占武汉的三分之二，产值却仅占三分之一，调研结果显示其需要公共技术平台支持，跨越阶段性成长门槛。

三是交通骨架成形,但缺乏联系效率。已布局武汉天河及鄂州顺丰两大国际机场、两大高铁站、三大普铁站及五大城铁站,交通设施基础优越。但核心承载区仍处于区域交通末梢,内部缺乏机场及高铁站等对外交通枢纽,大运量公共交通仅以城际铁路及市域地铁为主,对创新功能区覆盖不足。现状虽然已形成武鄂、武黄高速等“环形+放射”的高快速路网体系,但与重要交通枢纽缺乏高快速路和轨道交通联系,距两大机场车行时间均超过 1 小时。

四是生态景观优越,但缺乏魅力吸引。核心承载区“一半山水一半城”,是全市集中建设区与山水资源衔接最紧密的区域。但区域生态资源联系不足,与国内其它科创走廊相比,核心承载区缺乏高品质的大规模公园,缺乏具有国际影响力的科技会展交流及文化休闲类设施,规模能级性及多样性均有待提升。问卷调查结果显示,普惠型及特色型设施均不足,不仅缺乏高品质的教育医疗设施,也缺乏人才公寓等交往空间。

五是创新空间多样,但缺乏治理机制。核心承载区的创新空间以工业用地、科教用地为主,但利用绩效有待提高。2019 年,核心承载区工业总产值及税收分别排名全国高新区第五及第六,但工业用地地均税收、地均产值及工业用地容积率均有待提升。有必要参考杭州、深圳及广州等颁布的新型产业用地政策,通过提高工业用地准入标准及配套设施的规模配比,提升土地的集约节约利用水平及产出绩效。

五、上位规划分析

(一)《武汉市城市总体规划(2017—2035 年)》(过渡版)

东湖国家自主创新示范区规划为光谷副城,积极发展光电子、生物医药等高新技术、科技创新战略功能,推进完善“创新源、成果转化、创新服务”的创新链条,构建“创新服务中心区、创新园区、配套休闲区”功能单元体系,空间上形成光谷中心区、流芳组团、未来城组团、牛山湖组团、严东湖组团“一区四组团”的空间结构。

(二)《东湖新技术开发区分区规划(2017—2035 年)》

规划将东湖高新区打造为世界顶级的创新创业中心、辐射区域的科技创新中心、武汉东部新中心。到 2035 年,进入全球高科技园区前列,成为全球创新创业网络的重要枢纽,初步建成“世界光谷”。到本世纪中叶,成为全球领先的高科技园区,具有全球影响力的创新创业中心,全面建成“世界光谷”。

(三)《武汉东湖新技术开发区“十三五”规划》

“十三五”时期发展的主要任务:推进自由创新区建设,打造创新光谷。深入实施创新驱动战略,大力推进先行先试,建设自由创新区,增强创新引擎动力,实施“3551 光谷人才计划”,建设科技金融特区,优化创新创业环境,弘扬创新创业文化,促进人才、技术、资本等要素自由流动和高效配置,全面提升科技创新体系效能,着力打造全市全面创新改革的核心引擎,加速建成具有全球影响力的创新创业中心。

(四)《武汉·中国光谷 2035 创新驱动发展战略行纲要》

纲要提出光谷实施创新驱动战略的“一个生态、双轮驱动、三条路径、四大经济”的总体思路。“一个生态”是指构建具有光谷特色的全球创新创业生态高地,“双轮驱动” 是指科技创新和体制机制创新相互协调、持续发力,“三条路径”是指实施企业创业成长、科技创新转化、全球开放链接三大路径,“四大经济”是指大力发展智能经济、网络经济、平台经济、健康经济,打造全球新经济发展高地。

六、空间规划研究

(一)规划原则

创新驱动,集聚发展:关注未来发展的动力机制转换,以创新驱动提升量质为导向,集聚优势资源,发挥合力,提升区域发展竞争力。

统筹协同,高效发展:关注城市发展的区域视野,以构建开放格局,谋划区域协同为导向,关注城市连绵带,以构建一体化格局,谋划共赢高效发展为导向。

生态优先,绿色发展:关注生态绿色的发展理念,谋划更可持续的发展路径,关注城市建设模式的转型,以资源节约和环境友好为导向。

开放合作,共享发展:构建开放地域生产网络,打造长江经济带开放合作高地,关注构建包容的城镇化政策,以共享城市发展成果为导向。

(二)规划目标

近期:面向 2021 年,成为全球创新节点。武汉建设综合性国家科学中心及产业创新中心、湖北建成创新型省份和我国进入创新型国家行列的重要支撑。

中期:面向 2035 年,成为全球创新枢纽。基本建成“世界光谷”,成为湖北及武汉辐射带动长江中游城市群高质量发展的重要支撑。

远期:面向 2049 年,成为全球创新中心。全面建成"世界光谷",打造具有国际影响力的科技创新创业中心,我国建成世界科技创新强国的有力支撑。

(三)空间发展策略

落实总体发展目标及空间格局，围绕科创走廊的内涵特征，结合现实基础,制定六大发展战略。

1.全网络提升创新能级

核心承载区集中布局大科学装置集群,全面提升创新资源能级;协同段全面补足各类创新要素,构建知识及技术创新圈,形成创新网络;辐射段依托天河机场、顺丰机场等战略性资源要素及创新产业集群,链接全球创新要素,沿"武鄂黄黄"城镇连绵带实现创新功能不断外溢,协同共建长江经济带区域创新共同体。

2.全系统推进产业创新

从产业价值链到价值网,构建"1+3+X"产业体系,包括科技服务业("1")、光电子信息产业、生物医药及高端智能等三大产业集群（"3"）及未来产业("X");打造万亿级长江"芯"经济带;为降低中小企业创新门槛,构建围绕龙头企业的 5km "蒲公英"产业创新圈。

3.全维度实现互联互通

提升交通枢纽能级,构建多模式对外交通枢纽;强化多式联运模式,构建便捷内外部交通体系；实现创新功能区直联直通,5 分钟交通圈覆盖 65%,15 分钟交通圈覆盖 95%,实现各功能组团 30 分钟互联互通。

4.全市域塑造魅力风貌

在现有区域生态格局基础上，北联长江、南联梁子湖打造中央生态大走廊、鄂州生态大走廊。组织"光之道"立体慢行游览体系,串联"城市客厅—城市阳台—门户花园",打造"城市绿道+水上蓝道+空中云道(轨)"。

5.全方位提升人才吸引

提升公共中心能级,导入多业态大型公共服务设施;提升普惠设施标准,在现有规划标准体系基础上,构建国际化教育医疗设施体系;全方位满足人才需求,构建常住及就业人群生活圈。

6.全阶段创新空间治理

针对创新发展不确定性特点,构建创新环境和创新空间的"软硬结合",形成政府和市场“双向互动”的治理体系。合理布局新型工业用地(M0),积极推进工业用地的全生命周期精细化治理。

联合课题组负责人：杜　涛
武汉市规划研究院：罗文静　宋中英　耿云明　许　莉　肖志中
李海军　程晓夏　曾　丹　王鹏皓　江文文
何　寰　李　琼　游志康　周　新
武汉发展战略研究院：袁云光　万　伟　骆　严　伍　玥

加快光谷科技创新大走廊建设的对策研究①

武汉发展战略研究院
武汉市规划研究院 联合课题组

当前,新一轮科技革命和产业变革孕育兴起,基础研究、应用研究和技术创新相互带动作用不断增强,系列重大颠覆性技术创新不断创造着新产业、新业态、新模式。纵观国际创新发展经验,美国硅谷、波士顿地区等全球知名的科技创新区域,各类创新资源均呈现出“轴带—廊道”的分布特征。国内也出现了以高速公路、轨道等交通要道为依托,集聚高科技企业、人才、技术、信息、资本等创新要素形成的各类科技创新走廊,抢占国际科技竞争的主动权和制高点。

因此,湖北建设光谷科技创新大走廊是顺应全球新一轮科技创新发展的必然趋势,是大势所趋;也是加快落实国家创新驱动战略的重要举措,进一步增强湖北创新发展辐射带动作用的助推器;更是创新引领湖北高质量发展的重大战略决策,是加快构建“一主引领、两翼驱动、全域协同”区域发展布局的重要抓手和聚力打造“世界光谷”的加速器。

一、科创走廊的发展模式和发展演进

(一)科创走廊的内涵特征

随着经济全球化、数字信息化、区域一体化的发展,网络城市、全球城市、无边界城市、多中心巨型城市区域等新型城市与区域空间形态不断涌现,城市群

①本文系湖北省科技厅重点软科学项目(编号:2019ADC005)阶段性研究成果。

(或都市区)逐步成为创新要素集聚和扩散的重要空间载体,构建跨区域的创新共同体是深化区域协同发展、创新发展的必然选择。知识经济时代,科创走廊日益成为科技创新要素及产业集聚的空间组织方式。

科创走廊(STI Corridor)是一种新型的城市空间组织方式和区域空间结构,是依托多元化交通基础设施廊道连接多个城市或地区,所形成的创新资源与要素自由流动的跨区域创新网络体系和创新连绵带,其核心就是在资源配置、空间联系、功能定位上重新定义的区域创新共同体。

科创走廊通常具有轴带线性空间、交通运输流线、集群空间组织、要素流动四大典型特征,具备经济功能、交通功能、空间功能、制度功能四大区域功能。

(二)国外典型科创走廊的发展模式分析

主要发达国家和地区"创新走廊"的形成大致可分为两大类:产业推动型和政府引导型。已有研究认为美国硅谷、德国法兰克福等创新区块是由地方产业演变而形成,而韩国京裴道、日本筑波等则是政府引导建设的突出代表。

其中,硅谷是 20 世纪初美国"淘金热"的产物,铁路运输业和港口业的兴旺带动了电力工程技术和无线通信技术的大发展,而后经历了从半导体→微型处理器→软件开发→信息技术→二代互联网等多代际的产业演化形成。目前硅谷赖以成名的高科技产业主要集中在圣何塞到红木城的狭长地带,是名副其实的"创新谷"。硅谷发展主要经历军转民技术播种、科研成果产业化、风投推动创业活动、区域创新文化形成、政府参与下区域创新系统构建等五个阶段(见表 1)。

表 1　硅谷发展历程及重要政策举措

阶段	主要内容	政策举措	主要成效
第一阶段:首轮技术播种	政府成为硅谷最大的技术投资者	1.1941 年美国成立"科研发展办公室",协调高校为政府开发军事技术,布什政府向斯坦福大学拨款干预科研方向;2.引导高端军用技术转民用,成为"硅谷"科技创业的基石	美国宇航局(NASA)研发的集成电路、国防部高级研究计划局(DARPA)研发的互联网等都最早在硅谷生根
第二阶段:科研成果产业化	培育当地高校教育形成鲜明的创业导向	1.建立全球最好的区域大学网络,包括斯坦福大学、加州大学伯克利分校和旧金山分校、圣何塞州立大学等;2.鼓励教员创办自己的公司,推动新型的产学合作	创办谷歌、雅虎、硅图等著名公司,而伯克利分校则培育了苹果、英特尔、闪迪等"全球百强"

（续表）

阶段	主要内容	政策举措	主要成效
第二阶段：科研成果产业化	建立工业园孵化产学研项目	3.争取联邦政府资金建设斯坦福工业园；4.一流的现代化设施和宜人的景观设计；5.园区内设有 1800 公顷的技术研发机构；6.园区孵化项目只针对高技术企业；7.鼓励工程师二次创业	园区直接孵化了瓦里安、惠普、通用电气、柯达等知名企业；明星企业在发展过程中不断衍生出新的创业企业
第三阶段：风投推动创业活动	引入丰富的创业投资参与区域创新活动	1.1958 年《小企业投资法案》大幅推动金融机构对硅谷创业公司的投资力度；2.设立创业基金和引入风险资本，稀释个人企业创业风险；3.推行“孵化创业者”计划，风险基金管理者通过培训创业者提升创业成功率，同时获得优先股投资权	构建一套完整的创新风险分摊机制，对创业失败保持宽容态度
第四阶段：区域创业文化形成	实现突破性创新成果的不断涌现	1.产业引导和市场竞争等政策，建构区域创新生态系统；2.宽松的移民政策鼓励多样化的全球智力支持（国外科学工程师的比例超过三分之一）；3.鼓励和补贴科技公司更多尝试在前沿技术领域进行创业；4.鼓励硅谷公司在管理创新上更具开创精神	创业文化从淘金冒险意识成功演化为制度支持下的群体创业文化；“卓越计划”“走动式管理”“制造外包”“政产学研合作”等管理创新理念
第五阶段：政府参与下的创新系统构建	政策扶持转向提供公共性服务产品	政策重点转向公共性服务产品的供给，如由政府与中介机构共同组建第三方科技孵化器，为创业者提供必须的基础素材（工作室、水电、网络、3D 打印等）和天使资金（5 万美元创业启动金），并通过股权方式获取回报	降低创业门槛，给予草根创业者更多的创业机会，成为全球科技创业者的“梦想摇篮”

二、国内外科创大走廊的主要做法、发展经验和重要启示

（一）主要做法

1.建立健全专门机构和专项规划

从国内相关科创走廊的建设实践来看，区块既有的先天资源禀赋和产业基础非常重要，但专门的开发建设机构和专项规划政策引导也不可或缺。如 G60 科创走廊建立了联席会议制度，每年至少召开一次联席会议，下设办公室，是长三角区域合作办公室的分支机构。上海松江专门出台《关于加快建设 G60 上海松江科创走廊建设的意见》，明确科创是松江经济转型升级的第一动力；杭州成立了城西科创产业集聚区党工委和管委会，实行“一套班子、两块牌子”的管理体制，为杭州市委、市政府派出机构，代表市委、市政府在集聚区内实施党的领导与监督，负责整个集聚区开发建设管理重大问题和重大事项的统筹协调工作。

2.确保重点项目优先布局

科创走廊是支撑创新发展的重大平台，相关区域将一批能够带动创新、具有示范引领作用的项目集群化布局，形成创新发展的“龙头效应”。如落户松江G60科创走廊的海尔智谷、上海超硅、国能新能源、正泰启迪智电港、修正药业等六个百亿级项目都在全面建设中，正成为有竞争力和影响力的产业创新集群增长极；广深港澳科技创新走廊在建设初期优先布局了深圳湾超级总部基地服务配套工程，支撑世界级新兴产业总部基地建设，战略性新兴产业总部基地服务配套工程，建设新一代信息技术、互联网、生物产业聚集区等；杭州城西科创大走廊集聚浙江全省资源，阿里巴巴投入60亿元在大走廊建设支付宝、网商银行、淘宝城四期项目，海康威视、贝达生物药业、联飞光纤新材料等一批高新企业落地实施，启动建设中国移动杭州研发中心、中国电信创新园项目等。

3.提升全要素供给能力

国内各大科技创新走廊均注重提升全要素供给能力，往往会将土地、人才、财政资金等要素进一步向科创领域倾斜。如上海松江围绕G60科创走廊建设，设立了每年20亿元的科创基金，出台了有关支持科技研发、吸引人才聚集扶持政策60条，将1000余亩房产用地调整为先进制造业项目用地，专注引进工业机器人、类人脑研究的科大智能项目；广深港澳科创走廊的各种科技产业园区正在承接着科创走廊带来的创新流量，园区内各种创新要素通过高效、有序、规范的流动、循环、聚合，规模不断扩大，带动协同创新。落户于珠海横琴新区高新技术片区的粤澳合作中医药科技产业园中，澳门、广东中医药产业企业与科研实验室打通了信息、技术、人才等流通的壁垒。坐落于深港跨境边界的粤港澳青年创新创业工场兼具深港两地优势，既可发挥深圳科研成果转化优势，也可充分利用香港基础研究优势和国际交往便利。截至目前，粤港澳青年创新创业工场进驻创业团队22个，发明专利超过20个，培育高新技术企业1家，2018年以来获得各类融资超过1亿元。杭州城西科创大走廊得到每年4.5亿元的创新强省资金支持，拥有浙江大学、杭州师范大学等众多知名高校，未来科技城已经集聚各类海外高层次人才2000多名。青山湖科技城已有香港大学浙江研究院、中科院长春应用化学研究所、西安交通大学研究院等46所科研机构入驻。

4.实现区域协同联动发展

科创走廊往往覆盖城市内多个区（镇）行政区划，如G60科创走廊在全国首创“跨省一网通办”,实现了九城市首批 30 个事项“一网通办”。建立了国内首次跨行政区域的 G60 科创走廊创新指数体系，也是国内科创领域发布的首个评估区域间开放协作、共建共享、融通发展的创新指数。上海松江区为了破解各镇协调发展难的问题,对九亭、新桥、泗泾、洞泾四镇交界的 26.62 平方千米实行联动整治、统筹规划,精心打造“九科绿洲”;广深科技走廊的规划是由广东省住房和城乡建设厅与广东省科学技术厅联合组织,由广东省城乡规划设计研究院和广东省科学技术情报所合作,省、市协作完成,推动创新空间的供给与要素投入协同，使科技部门促进创新要素聚集的政策投放到与之适应的空间场所,从而发挥出协同效应;杭州城西科创大走廊覆盖西湖区、余杭区、临安市,推动多区域协同联动发展是相关城市打造科创走廊的重要举措。

(二)经验总结

通过对美国 101 公路硅谷科创走廊、长三角 G60 科创走廊、广深港澳科创走廊、杭州城西科创大走廊的研究分析,总给出了共性的发展经验。

1.注重科技生态融合

根据科技人才流动的相关理论可知,科技创新在良好的生态环境条件下能够取得更优秀的绩效和成果。国内外的科技创新走廊基本上都位于生态环境优美的区域,依托公路和机场等区域交通廊道发展,这为区内企业和居民提供了优质的工作与生活环境,保证了科技创新走廊拥有第一资源和天然吸引力。

2.注重政府引导

在科创走廊建设前期,政府都发挥了突出作用,尤其是在项目研发投入方面。政府的研发投入推动了地区经济和产业发展,也引导了产业发展方向。同时,适时建立完善科创专项资金、科创引导基金等一系列科创服务政策,也为后期重点项目的推进提供了方向和抓手。

3.注重科研机构与企业“产学研用”转化结合

高校、国家基础研究平台在推动科创走廊发展中都发挥了重要作用,企业作为科技创新的主体,在科技创新、成果转化中承担着重要作用。活跃的风险投资则促进了创新创业发展。

4.注重创新要素集聚

科技创新走廊的本质是在特定的空间范围内集聚和整合各类科技创新要素,串珠成链,把产业、技术、科技和人才等创新要素通过轴线或者轴带有机串联和融合起来。因此,在政策制定时,要重视将土地、人才、财政资金等要素资源进一步向科创领域倾斜。

5.注重顶层设计

为了打破地缘经济和行政区划的制约,推动区域协同联动发展,形成产业优势互补,专门的开发建设机构和专项规划政策引导不可或缺。同时通过制定有力度、可执行的工作方案,协调各方狠抓落实。

(三)发展启示

通过学习借鉴国内外科创走廊的发展经验, 在推动光谷科技创新大走廊的建设过程中,应当坚持以市场为主导,充分发挥每个城市的比较优势和竞争优势,形成差异化发展;加强基础设施和制度上的一体化,强化城市创新空间之间的联系,提升创新空间的效能;适应区域创新网络发展的需要,不断推进从“要素破壁”到“机制破壁”再到“思想破壁”的深入探索,从而更好地推动地方经济的发展,成为区域一体化探索的有益样本。

1.在管理运行方面,应当注重顶层设计,注重区域协同联动发展及产业优势互补

要积极探索建立协同性管理机制,充分发挥省市统筹力、激活大走廊沿线各区(市)积极性,推进建立区域层级较高、权责清晰、运作高效的管理机制。在打破区域间工作隔阂中实行“三统三分”,即统规划、统重大基础设施、统重大产业政策和人才政策。

2.在资源供给方面,应当注重抓住全要素供给这个内核,将土地、人才、财政资金等要素进一步向科创领域倾斜

要积极探索采用政府和社会投资相结合的合作模式。一方面,在发展初期保证基础性资金来源,同时激活民间资本力量,打破财政资金依赖,建设盘活资金动力。另一方面,推进社会融资加速。在公共设施建设等过程中,通过政府投资放大辐射效应,带动社会资本进行项目投资,以 PPP 项目合作的方式建设和运营。

3.在科技创新方面,应当注重搭建国家基础研究平台,抢占源头创新优势

要注重科研机构与企业“产学研用”转化相结合,积极探索建立类似于产业技术研究院的共性开发主体模式,充分发挥本地高校院所、大型企业等创新优势,建立协同创新中心,关注前瞻性和基础性技术研发,在廊内形成研发链

与产业链一体化的良性发展。

4.在产业体系方面，应当积极探索建立集企业、金融机构、教育、专利服务等各类社会化专业服务机构于一体的弹性化产业体系

建立开放共享的维持机制，使不同机制的资源有效集结组合，形成网络互动结构。充分依托市场要素，以专业化分工为纽带，利用产业发展带动地区发展。

5.在跨区域合作方面，应当积极探索区域协同发展模式

探索创新链、产业链、价值链区域协同机制，围绕创新协同、产业融合、互联互通、机制完善等方面开展深入合作，在建立要素对接常态化合作机制、推动产业链梯度布局、打造科创平台载体等方面力争取得显著成效。

三、建设光谷科技创新大走廊的重要意义

(一)必要性:是顺应全球新一轮科技创新发展的必然趋势

放眼全球，科技创新进入活跃期，特别是近十年以来全球新一轮科技革命和产业变革孕育兴起。新世纪大数据、云计算、ICT、AI 等数字技术日新月异，正在重构全球创新版图，全球范围内产业结构正经历新一轮的深刻调整，世界主要国家特别是发达国家日益注重以科技创新来引领经济发展和产业变革，以赢得国家持久竞争优势。从当前全球创新发展的方向来看，随着经济全球化、数字信息化、区域一体化的发展，网络城市、全球城市、无边界城市、多中心巨型城市区域等新型城市与区域空间形态不断涌现，要素配置和产业布局产生了重大转变，从过去注重一城一地内部配置，转向跨城、跨省配置，城市群(或都市区)逐步成为创新要素集聚和扩散的重要空间载体，构建跨区域的创新共同体是深化区域协同发展、创新发展的必然选择。从国际创新发展实践来看，美国硅谷、波士顿、英国伦敦—布里斯托、日本横滨—筑波创新带等全球知名科技创新区域，各类资源均呈现出“轴带—廊道”的空间分布特征。依托并串联区域性的科技中心规划建设区域创新廊道，对区域内创新资源进行系统梳理与合理分工，进一步优化地区间研究开发、成果转化、试验示范和产业化发展一体化的创新链条。通过区域创新廊道构建，推进区域创新要素集聚、流动、整合，让创新更加高效，提升区域创新发展整体水平。

(二)重要性:是落实国家创新驱动战略的重要举措

2016 年 5 月，《国家创新驱动发展战略纲要》发布，明确分“三步走”实现世界科技强国目标；党的十九大强调创新是引领发展的第一动力，我国加快建设

创新型国家和世界科技强国，迫切需要瞄准世界科技前沿，提高原始创新能力，在关键领域、“卡脖子”的地方下大功夫，加快打造“国之重器”。与此同时，我国创新体系格局面临深刻调整，国家创新驱动战略提出“优化区域创新布局，打造区域经济增长极”，以创新要素的集聚与流动促进产业合理分工，推动区域创新能力和竞争力整体提升。诸多城市面向中国经济转型和全球经济重构，纷纷出台创新驱动发展政策，结合区域创新改革试点建设科创走廊，以推进国际科技创新中心、综合性国家科学中心和国家实验室建设。湖北省理应加快建设创新型省份，进一步提升科技和产业创新能力。而光谷科技创新大走廊建设正是可以依托东湖高新区整合周边创新资源，通过外部区域创新格局优化和内部创新空间组织体系优化，深入开展区域创新改革试验(协同创新)。不仅可加快打造区域创新示范引领高地，更可进一步增强创新发展的辐射带动力，从而加快落实国家创新驱动战略，推动光谷改革再出发。

(三)现实意义:是创新引领湖北高质量发展的重大战略决策，是构建湖北省“一主引领、两翼驱动、全域协同”区域发展布局的重要抓手，是聚力打造“世界光谷”的加速器

建设“光谷科技创新大走廊”是湖北省委、省政府加强科技创新引领湖北高质量发展的重大战略决策。《中共湖北省委、湖北省人民政府关于加强科技创新引领高质量发展的若干意见》(鄂发〔2018〕28号)提出，依托东湖国家自主创新示范区，拓展发展空间，集中布局重大科技创新平台，规划建设“光谷科技创新大走廊”。

建设“光谷科技创新大走廊”是落实湖北省“一主引领、两翼驱动、全域协同”区域发展布局的重要抓手。着眼贯彻落实习近平总书记对湖北提出的“建成支点、走在前列、谱写新篇”的重要要求，继承和发展历届省委、省政府区域发展战略，湖北省委十一届八次全会立足湖北省情，适应国家区域政策调整变化，提出着力构建“一主引领、两翼驱动、全域协同”的区域发展布局。而规划建设光谷科技创新大走廊将更加有利于围绕构建“一主引领、两翼驱动、全域协同”的区域发展布局，充分发挥武汉作为国家中心城市、长江经济带核心城市的龙头引领和辐射带动作用，辐射带动全省各地不断开拓新的发展空间、激活新的发展动力，为武汉城市圈区域一体化建设提供有效示范和样板。

四、光谷科技创新大走廊的发展战略

（一）指导思想

以习近平新时代中国特色社会主义思想为指导，全面贯彻党的十九大和十九届二中、三中、四中、五中全会精神，深入贯彻习近平总书记两院院士大会讲话精神和视察湖北系列重要讲话精神，坚持创新、协调、绿色、开放、共享五大发展理念，牢牢把握全球科技革命、产业变革重大机遇，深度融入“一带一路”建设，加快推进长江经济带高质量发展。围绕构建“一主引领、两翼驱动、全域协同”的区域发展布局，充分发挥“武鄂黄黄”都市连绵带科教和生态“双资源”、天河国际客运和顺丰国际货运“双枢纽”、自创区和自贸区“双自联动”的独特优势，坚持政府引导、企业主体、市场运作，主动对接京津冀、长三角及粤港澳大湾区的创新资源，积极承载综合性国家科学中心的核心职能。以东湖高新区为核心承载区，以东湖科学城为创新源，辐射带动“武鄂黄黄”城镇连绵带，规划建设节点化、无边界、生长性的光谷科技创新大走廊，力争将其打造成长江经济带自主创新主阵地、我国创新发展核心承载区和世界级原始创新策源地。

（二）基本原则

一是坚持科学引领，创新发展。重点聚焦优势学科方向和科学交叉前沿，加快实现从技术创新向科学创新职能的升级。以关键核心技术攻关和科技成果转化为重点，打造高端人才、创新要素、高端产业汇聚的引领型发展示范区，成为“一主引领、两翼驱动、全域协同”高质量发展新动能体系的动力源、国家创新体系的重要战略支撑。

二是坚持统筹协同，高效发展。充分发挥省级统筹协调和指导作用，高起点规划、高标准建设光谷科技创新大走廊。充分激发“武鄂黄黄”协同发展活力和智力支撑，重点依托科教和生态的“双资源”优势、武汉天河机场国际客运和鄂州顺丰机场国际货运的“双枢纽”功能，加快形成辐射带动区域一体化发展的核心区和增长极。

三是坚持生态优先，绿色发展。恪守“生态为基、产城一体”，以东湖高新区为核心载体，构建人与自然和谐共生的生态本底，加快建设生态、生产、生活“三生融合”的城市创新生态廊。注重集约高效与疏密有致相结合，打造现代科技文化与山水田园融合的生态科技城。

四是坚持开放合作，共享发展。聚焦前沿科技与未来产业，充分发挥自主创新区和自贸区“双自联动”优势，加速产业、企业和创新要素的跨区域合作和国际化，搭建无国界工作生活新范式，加快建设“一带一路”科技创新共同体。推进“武鄂黄黄”城镇连绵带共建共享共赢，打造生长性、节点化、无边界（未来）科创走廊，构筑长江经济带开放合作新高地。

（三）战略定位

光谷科技创新大走廊总体定位是全国实施创新驱动发展战略的重要支撑。

1.长江经济带创新发展的典型样板。坚持生态文明理念，推动科技、经济与生态的有机融合，促进区域协同创新发展。进一步强化自主创新能力，建设一批具有自主知识产权的世界级研发中心和新兴产业集群。围绕科研人员年轻化、高端化、多元化需求，构建优越的公共服务体系，创造良好的生产生活环境，搭建无国界工作生活新范式，激发全社会创新创业创造活力，打造成为引领长江经济带创新发展和高质量发展的标杆、长江经济带自主创新主阵地、未来城市发展的新典范。

2.我国区域创新发展核心承载区。以科技创新为核心带动体制机制创新、制度创新、组织（机构）创新、模式创新、文化创新等全面创新，集中布局重大科技创新平台，以研究性大学和高水平研发机构为基础，以关键核心技术攻关和科技成果转化为重点，成为湖北省“一主引领、两翼驱动、全域协同”的区域发展布局的动力源和重要支撑，我国高端人才、创新要素、高端产业汇聚的引领发展示范区，我国区域创新发展核心承载区。

3.世界级原始创新策源地。立足于国家原始创新能力战略布局，着力实现前瞻性基础研究、引领性原创成果的重大突破，引领科技前沿集群式突破，引领高精尖产业创新发展，争取成为与硅谷、中关村并列的世界创新尖峰，成为国际科技合作新载体，成为全球创新网络的重要节点、世界科技前沿的主阵地。

（四）发展目标

按照党的十九大建设创新型国家的战略部署和《国家创新驱动发展战略纲要》要求，立足光谷科技创新大走廊的社会经济发展实际，分步实现发展战略。

1.近期发展目标

到 2022 年，光谷科技创新大走廊科技创新能力居全国前列。区域研发能力显著提升，研发投入强度超过 3.5%，突破一批关键核心技术、前沿引领技术和颠覆性技术，创造一批原创性成果和产品，光通信、激光、空间信息等领域的创新水平跻身世界前沿。成为全球光电子信息产业发展高地，生物产业与智能产业竞争力持续提升，数字经济蓬勃发展，若干细分领域进入全球价值链中高端。基本建立可持续性的区域协同机制、科技创新资源共建共享机制，进一步优化产学研政合作推进模式，初步建成创新资源集聚带、转型升级引领带、生态宜居示范带。

2.中期发展目标

到 2035 年，光谷科技创新大走廊建成为我国创新创业网络的重要枢纽，成为湖北跻身创新型省份前列的强大支撑、长江经济带高质量发展的战略支点。光通信、新型存储、空天信息等战略领域创新水平全球领先，人工智能、精准医疗、前沿新材料等领域形成竞争优势，生物医药、医疗器械等重点产业进入全球价值链中高端，科技创业和风险投资活跃度居全球前列。进一步探索对接其他科创大走廊的跨区域创新发展协同机制、科技创新资源共建共享机制，建成一批具有全球影响力的重大科技创新平台，集聚一批国际知名科学家等国际顶尖人才，建成国际一流的人居环境。

3.远期发展目标

到 2049 年，光谷科技创新大走廊建成具有全球影响力的科技产业创新中心，成为我国建成世界科技创新强国的战略力量。建成一批世界一流的科研机构，涌现出一批引领全球的原创性科技成果，形成适合科技产业领跑发展需求的创新治理体系和创新创业文化，构建起完善的跨国协同发展机制、科技资源共建共享及创新要素自由流通机制，成为我国创新发展核心承载区和世界级原始创新策源地。

五、加快光谷科技创新大走廊建设的对策建议

（一）关于创新平台建设：构建多层次协同创新平台网络体系

1.集中力量布局重大科技基础设施，争创综合性国家科学中心

一是要统筹谋划，协同推进创建和筹建工作。建设综合性科学中心牵涉面广、系统性强，迫切需要全省一盘棋，整合资源，合力推进。二是积极争取国家实验室布局，突破性建设国家重大科技基础设施群。三是加大支持，推进重大科技基础设施的高效运行和开放共享。按照“政府推动、主体负责、开放参与”

的方式组建重大科技基础设施联盟，实现机制协同、管理系统、计划协同和项目协同。建立开放共享的信息服务平台系统，强化重大科技基础设施配套服务能力。研究建立开放共享奖励机制，完善重大科技基础设施运行及开放共享考核和评估相关政策。

2.建设一批国家级重点创新平台，提升在基础研究和前沿交叉领域的原创力

一是主动对接国家重点实验室体系，重组部署一批国家级重点研究平台。二是瞄准国际科技前沿，新建一批国家应用基础研究领域科技创新平台和高水平技术创新平台。三是围绕战略性新兴产业发展趋势，加快建设一批跨学科、跨领域的前沿交叉科技创新平台。四是与中国科学院、中国工程院等大院大所合作，新建一批重大科研机构。

3.建设高能级创新创业研发平台，协力完善专业化科技服务体系

一是建设以“企业为主体、市场为导向、政产学研深度融合”的高水平技术创新平台。二是支持共建一批新型研发机构。通过合作或独立设立研究院等方式，在大走廊内共建新型研发机构。三是统筹共建共享各类开放性、专业化的科技服务平台。四是鼓励多元主体建设各具特色的创业孵化载体，完善“众创空间—孵化器—加速器—产业园”生态孵化链条。

（二）关于高端产业发展：打造“3+2+1”高精尖特色产业集群

依托光谷科学岛和长江新城科学城“一主一副”两大创新源，重点打造光电子信息、生命健康、智能产业等三大世界级产业集群，加快发展具有全国影响力的新能源、新材料产业集群和未来产业创新集群，大力发展独具特色的临空产业集群以及一系列优势产业集群，积极培育“3+2+1+X”特色产业体系（创新节点），建设光谷科技创新大走廊创新发展的核心承载区。

1.重点打造光电子信息、生命健康、智能产业等三大世界级产业集群

一是打造世界级光电子信息产业集群。推动光电技术泛在化、融合化、智能化发展，提升发展光通信、激光、空间信息等优势领域，巩固发展集成电路、新型显示、软件与信息服务等重点领域，培育发展物联网、区块链等新兴领域，打造全球领先的光电子信息产业集群。

二是打造国际一流的生命健康产业集群。顺应生命科学纵深发展，生物技术与光电、智能技术融合创新趋势，推动生物医药、医疗器械、生物农业、健康

服务等领域加快发展，推动精准医疗等前沿领域应用创新，打造具备国际竞争力的生命健康产业集群。

三是打造具有国际竞争力的智能产业集群。抢抓人工智能发展重大战略机遇，推动智能技术链式突破，促进人工智能与其他产业深度融合，加快布局新一代人工智能新业态，优化提升智能制造、智能网联汽车、智能终端等领域，建成具有国际影响力的智能产业集群。

2.加快发展新能源、新材料和未来产业两大具有全国影响力的产业集群

一是打造具有全国影响力的新能源、新材料产业集群。依托现有产业优势，围绕国家新能源、新材料战略布局，坚持壮大优势、发展新兴、培育前沿，着力发展风电、太阳能、生物质能、地热能及高性能金属材料、高端化工材料、前沿新材料等新能源、新材料产业细分领域，加快关键核心技术攻关，建成全国先进的新能源、新材料产业创新集群。

二是加快培育未来产业创新集群。重点围绕未来生产、未来交通、未来健康三大主导产业领域和未来信息技术、未来材料两大赋能产业，构建“3+2”未来产业体系结构。

三是大力发展独具特色的临空产业集群。主要依托武汉天河国际机场和鄂州民用机场两大航空客货双枢纽，加快独具特色的临空产业发展。

3.培育发展一系列优势产业集群

一是加快汽车产业发展。依托现有汽车产业及新能源汽车产业基地，在武汉、黄冈等地布局汽车及零部件产业，在武汉发展新能源汽车、智能网联汽车。

二是培育发展数字产业。依托武汉软件新城、光谷创意产业基地、华中国家数字出版基地中心等一批数字经济、创意产业基地，在武汉集中发展数字基础平台、数字共享、数字应用产业。

三是培育发展康养产业。加快形成以武汉为核心枢纽，市、州为重要节点，县、市、区为支撑的大健康服务网络体系和健康食品生产体系。

四是培育发展航空航天产业。以武汉国家航天产业基地为核心、武汉临空港经济技术开发区和武汉经济技术开发区为两翼，辐射推动航空航天产业集聚发展。

（三）关于创新主体培育：培育具有国际竞争力的创新企业群体

1.积极培育引领型创新企业

一是培育一批创新驱动、主业突出、关联度大、带动性强的龙头企业。鼓励龙头企业跨国经营,建立海外研发中心、生产基地、营销网络,引领行业关键核心技术,拥有自主知识产权、国际技术标准制定的参与权和话语权等。

二是多途径做大做强一批高新技术企业。通过提供全方位、多元化、专业化支持服务,引导一批小型高新技术企业走“专、精、特、新”发展道路;鼓励大中型高新技术企业加强核心技术攻关,培育一批行业龙头企业。

三是打造一批具有国际竞争力的引领型创新企业。围绕光谷科技创新大走廊的信息技术、人工智能、生物医药、新材料等优势领域,培育一批核心技术突出、集成创新能力较强、成长迅速、产业带动力强的高新技术企业。积极培育一批研发中心对接生产基地的“飞地”企业。

四是积极培育以龙头企业为领军的产业联盟。依托园区、众创空间、孵化器等平台,聚焦信息技术、人工智能、生物医药等重点领域和关键技术,由龙头企业担任领军者,组成“独角兽”牵头、“科技小巨人”发力、“小微团队”参与的多层次企业联盟,着力培育一大批具有潜力的科创企业。

2.优化科创企业孵化育成体系

一是完善科创企业培育孵化服务生态链,全面提升科研成果转化率。围绕重点产业,通过“众创空间+孵化器+加速器+产业园”的全链条式服务,建设一批产业整合、金融协作、资源共享的创业孵化示范区。

二是搭建全要素创新链资源集聚服务平台,提高专业化孵化服务能力。鼓励各类孵化载体通过招投标程序确定专门的孵化运营团队(运营管理机构),实行市场化运营。

三是积极构建国际化孵化服务平台。大力支持科创企业在海外设立研发机构和创新孵化基地,鼓励本地孵化机构在海外设立创新创业平台,吸引跨国公司、国际研发机构入驻大走廊,开展联合孵化或共建孵化机构等提升国际化创业孵化服务能级。

(四)关于创新人才培养:集聚高层次创新人才

1.深入实施重大人才工程

一是大力实施海外高层次人才引进工程。积极对接国家“千人计划”“四大资智聚汉”等重大人才工程,大力推进海外专家短期工作资助计划和海外青年人才引进计划,加快构建覆盖全球的高尖端人才网络体系。

二是企业领军人才培养工程。适应光谷科技创新大走廊内重点企业发展需要，制定企业领军人才培养计划，重点培育一批具有国际视野、精通现代企业管理、具有创新精神的企业领军人才。

三是企业创新人才培育工程。定期选派一批科技创新人员到国内外知名企业进行职业培训，提升企业科技员的创业能力，为企业培育一批职业化高执行力创新团队，选拔一批专职科技领导。

四是企业专业技术型人才培育工程。充分发挥武汉、鄂州、黄冈、黄石的职业院校的基础性作用，重点围绕临空经济、新材料、光电子、智能制造、生物医药等相关专业，为大走廊内相关企业定向培养一批实用型技术人才。

2.促进人力资源服务市场化发展

一是完善高端人才引进机制。搭建若干诺奖科学家实验室，建设一批海外人才离岸创新创业基地，强化高精尖缺人才“一事一议”精准引进机制。深入推进“3551 光谷人才计划”，充分利用国际猎头公司和本土人力资源机构平台，构建市场化、全球化、常态化的高层次引才机制。

二是实施重点产业人才供需监测预警机制。编制紧缺创新人才需求目录，开辟重点产业紧缺创新人才绿色通道。加大对新一代信息技术、人工智能、智能制造、工业互联网、生命健康、节能环保、数字经济等领域人才的监测预警机制，保障科创大走廊重点产业的人才需求。

三是遵从人才市场运行规律，建立互通互认、共享共建的人才评价和流动体系。创新体制机制，让市场在人才流动和作用发挥方面起决定性作用，最大限度激发走廊内人才创新创业的积极性。

（五）关于生态环境营造：构建高品质宜居宜业生态廊

1.建设新型数字基础设施

推进网络基础设施建设，加快工业互联网标识解析国家顶级节点（武汉）建设，加快推进第五代移动通信（5G）、北斗通信、量子通信、物联传感等网络建设，积极发展支撑智能化的工农业互联网、面向无人驾驶的车联网等行业应用网络。加快数字基础设施建设，布局超级计算平台、分布式计算平台、物联网云平台、数字征信平台等新型数字基础设施。支持光谷科创大走廊范围内开展 5G+、AI+、无人驾驶、数字工厂、远程医疗、新零售等新应用场景创新和试验示范。

2.完善公共服务配套

完善光谷科创大走廊重大创新平台周边学前教育、义务教育资源配置，优先在大走廊沿线布局国际化高端教育机构、国际学校，配套建立图书馆、报告厅等文教设施。优化医疗资源配置，保障光谷科创大走廊沿线地区综合性医院配套，吸引国际知名医疗机构设立国际化医疗服务中心，加快推进智慧医疗建设，全面提升数字健康管理服务水平。鼓励引进大型城市综合体、特色商业中心等商业设施，配套酒店、绿色安全餐饮、地方零售等便利设施，提升商业休闲配套服务。

3.打造示范先行的未来社区

围绕高端人才创新创业和工作生活需求，推进建设人才公寓、院士楼、大师墅等宜居场所，配套文艺中心、科技馆、博物馆、美术馆等文娱设施，布局联合办公空间、科学秀场、创新盒子等节点型创新空间，科学咖啡、科学酒馆等社交化交流空间，打造一批有归属感、舒适感、科技感的未来社区，实现科创与居住、生活、商务、娱乐的功能耦合、空间融合。

4.塑造绿色生态人文走廊

贯彻“绿水青山就是金山银山”的理念，依托原生态自然景观，规划建设若干绿色生态廊道，实施“大湖＋”战略，有序增加城市绿地公园，有机融合海绵城市水道、慢行健身步道、骑行通勤驿道、快行空中轨道、科技展示廊道、生态景观栈道、人文旅游通道，形成点、线、面相结合的城市生态园林绿地系统。推动大走廊沿线主要平台和园区板块加强空间联动、有机布局，串联相邻板块的湖泊、湿地等生态资源，以及城市公园、文化遗迹等重要生态景观，形成生态型、生活型景观节点。

联合课题组负责人：杜　涛
武汉发展战略研究院：袁云光　万　伟　骆　严　伍　玥
武汉市规划研究院：肖志中　罗文静　李海军　耿云明　汪文文

创新高效协同共赢的体制机制

——夯实光谷科技创新大走廊支撑体系[①]

杜 涛

党的十九届五中全会坚持新发展理念，坚持创新在我国现代化建设全局中的核心地位，对推动创新发展、建设科技强国、发展现代产业体系做出了一系列重大部署，为推动高质量发展提供了重要遵循。尤其提出"要坚持科技创新与体制机制创新'双轮驱动'""建设现代产业体系，创新引领、统筹协调是关键"。目前，光谷科技创新大走廊的建设工作进展顺利，相关领域、产业、项目及基础设施建设有序推进。创新高效协同共赢的体制机制，构建与创新驱动发展相适应的创新治理体系，是光谷科技创新大走廊高质量发展的支撑保障，是优化湖北武汉区域创新空间科学布局和创新要素优化配置的重要驱动力，也是发挥武汉辐射引领作用、加快武汉城市圈同城化发展、带动湖北省科技创新整体提升的重要抓手。积极探索开放共享协同发展的体制机制、重大科技创新平台的混合治理机制、创新资源的融合对接机制、土地整备利益统筹机制、创新企业和创新人才的全生命周期服务机制以及高效便捷互联互通的综合交通优化机制，有利于加快构建"一主引领、两翼驱动、全域协同"的湖北省区域发展布局，为湖北省乃至全国的创新驱动发展实践提供体制机制创新示范。

一、探索开放共享协同发展的体制机制

（一）加强光谷科技创新大走廊规划建设的高站位和顶层设计

科技创新大走廊的规划建设可在武汉城市圈的核心发展基础上逐步拓展，

①本文系湖北省科技厅重点软科学项目（编号：2019ADC005）阶段性研究成果。

形成“一廊多区 / 多城”的空间发展格局，呈现“一区一带一廊”的协同带动态势，即以东湖高新区为创新发展核心承载区，重点依托“武鄂黄黄”城镇连绵带，规划建设无边界、开放性、协同发展的光谷科技创新大走廊。通过光谷创新核心承载区的放射性拓展，协同带动“武鄂黄黄”城镇连绵带中鄂州、黄石、黄冈、咸宁、孝感等城市及其相关产业园区的发展，发挥创新辐射效应和带动新产业发展的作用。通过城市间的相互促进、相互协同，共同构建无限扩展的光谷科技创新大走廊。将来继续向武汉城市圈外拓展、逐步对接到长三角、珠三角、粤港澳大湾区等地区，实现与长三角 G60 科创走廊、广深港澳科创走廊、杭州城西科创大走廊等的合作交流和联动共赢发展。

(二)突破科技创新大走廊城市间的行政壁垒

逐步摆脱行政壁垒，畅通科创大走廊内创新要素的自由流动，激活创新活动，提高创新效率。建议设立省级编制的光谷科技创新大走廊联席会议办公室，办公室主任由分管科技的副省级领导担任，由“武鄂黄黄”四市科技部门选派具备相关工作经验的人员进入联席会议办公室集中(联合)办公，共同研究制定规划及其相关政策、方案等，联合开展重大项目招投标和招商引资，共同推进重大交通、公共基础设施建设、生态空间保护及其维护等。人员可根据工作进展需要采取轮值制，但持续工作时长不得少于一年，便于工作的持久性开展。同时，建议拓展武汉东湖高新区光谷政务服务中心的功能，延伸其业务服务范围，打造光谷科技创新大走廊综合服务一网通办事窗口，有效降低区域制度性交易成本，创造标准互认的良好市场环境，高效推动科技创新大走廊内各市间创新要素的自由流动。

(三)探索科技创新大走廊城市间科技资源的开放共享机制

建立重大科研基础设施与大型科学仪器开放共享管理中心，设立开放共享信息服务平台，实现设施仪器配置、管理、服务、监督、评价的有机衔接。探索协同创新利益分配机制，明确合作共建和产业转移园区 GDP 和地方税收分解核算比例，出台跨区域协同发展的政绩考核办法，对技术输出和产业转移方面的贡献给予奖励。通过制定光谷科技创新大走廊的科技资源开放共享激励政策，如将“武鄂黄黄”四市都纳入大型科学仪器设施共享服务评估与奖励的奖励范围内，启动科学数据、科学文献等跨区域的开放共享，改革科技资源开放共享管理体制，加大对科技资源的宣传，让科技资源与其开放共享的信息为更多人知晓,培育科技资源开放共享的良好社会环境,加强科技资源开放共享服务保障等措施,推进科技资源的开放共享,提高四市创新能力。

(四)充分发挥武汉的溢出效应和“鄂黄黄”等城市的承接能力

武汉东湖高新区作为湖北科技创新大走廊核心承载区和桥头堡，其资金、人才、技术等要素高度集聚且溢出效应显著,有利于区域协同创新。一方面,释放武汉的政策红利,将东湖高新区已有的产业政策、人才政策、税收优惠政策、各种激励政策等放大到整个科技创新大走廊内共享，支持武汉高新企业在鄂州、黄石、黄冈等地扩建或转移生产基地,加强优质项目的合作。另一方面,加快对“鄂黄黄”的技术输出,东湖高新区可将一些技术含量高、产业前景广阔、但缺少土地空间的企业推荐给科创大走廊的其他城市落地签约。

(五)统一整备大走廊的产业用地,协同管理产业用地和基础设施用地需求

建议湖北省在全面梳理“武鄂黄黄”都市连绵带的土地潜力情况,在近年来土地整备的基础上,按照“先备先用、大备大用、以用促备、有用必备”的思路,以面积 1 平方千米以上、用途以产业用地为主、土地现状利用低效等为原则,联合大走廊相关各市、区划定较大面积的产业整备片区,形成多片平方公里级的集中连片优质产业空间,以保障大走廊内重要公共基础设施、重大创新载体、新兴产业集群和产业链重点领域关键环节的空间需求,让更多优质企业能够参与到大走廊的建设和发展,共建世界级大走廊。

二、探索重大科技创新平台的混合治理机制

混合治理既能够发挥层级治理的稳定性和集中力量办大事的体制优势,又能发挥市场治理的灵活性和企业主体的调节作用，有助于实现资源来源多元化、创新成果快速转移转化。重大科技创新平台的混合治理旨在通过一系列正式和非正式的制度安排,充分激发政府、大学、企业等多主体参与平台建设的深层次动力。

(一)建立民主决策和集中决策相结合的决策机制

政府、大学、企业等主体基于资源的让渡和共享,组建成员多样化、流动性的决策机构,从而实现对平台重大事务的集中决策。在平台内部管理上,更多依托分平台负责人基于知识优势而做出的日常管理决策,总体上要充分保障科学家的技术路线决定权和人财物支配权,逐步完善和改进传统上以同行共识和委员会决议为基础的创新运行机制。

（二）建立稳定保障和适度竞争相结合的激励机制

人员管理方面，要探索分级、分类的人员管理机制，以聘任制、合同制打破身份固化的编制管理模式。经费管理上，既要保持政府长期稳定的投入，又要吸引企业、非营利组织、风险资本、相关科研机构等的资金注入，进而形成多元化的资源投入格局，并在此基础上实现行政推动到内源发展的转变。

（三）建立多主体参与的监督约束机制

坚持保障政府、学术界、产业界等多个主体都有相应渠道对平台进行监督约束。政府可通过合同治理、不定期巡视、中长期绩效考察等方式对平台保持适度监督，不直接参与治理，突出国家使命。学术界通过学术道德评议、重大成果同行评价、国家项目委托立项评审等方式保障底线要求，并突出学术前沿的正面引导。

（四）建立自发适应和协作适应相结合的适应机制

在自发适应方面，把以项目任务为中心的纵向型组织和以学科领域为中心的横向型组织的优势充分结合起来，采取扁平化管理方式，以便快速承接重大创新任务；在协作适应方面，以任务为导向，通过桥接机制、外溢机制、增值机制的耦合，充分与中央及地方政府、企业、社区、大学等多个主体加强互动，实现平台的网络化发展。总体上要采用点、线、面、体相结合的集成式、协同性科研组织模式，实现大科学、大工程时代连点成线、拓线成面的重大科技创新格局。

（五）探索新兴产业治理模式

运用互联网、大数据、云计算、人工智能等现代信息技术，面向新兴产业细分领域，构建产业互联网、产业大脑，联合产业链上下游融合发展，加快打造新兴产业应用场景，建设跨区域的产业共同体。探索新兴产业业界共治新模式，加快推动形成由政府、企业界、联盟协会、中介组织等多方参与的业界共治理事会，促进新兴产业蓬勃发展。按照"鼓励创新、包容审慎"的原则，探索建立包容创新发展的审慎监管体制机制，支持新业态、新模式发展，促进平台经济、共享经济健康成长。

三、探索创新资源的融合对接机制

（一）助推研发机构和研发项目落地

促进大院大所落地，通过构建人才双跨、院企同创、技术入股、先投再引等机制，强化大院大所及其重点项目导入。大力推进新型研发机构落地，积极探索人脉牵引模式、企业平台模式、子母双层模式、领域细分模式。前瞻性引导当前主导产业向尖端生命科技、通信及大数据、人工智能制造等未来产业方向演化，催发未来产业早日落地。借助特色化政策形成少量未来产业特惠区，逐步吸纳具有增长潜力的企业群体。

（二）促进与全球创新资源的融合，逐步形成“实体制造+研发创新+应用场景”的创新融合体系

借助大走廊内的大量全球企业入驻、跨国企业地区总部设立等契机，与全球创新资源形成链接。发挥高校、院所自身网络能力，加速与国际知名科研机构、高校等组成联合机构或设立联合研发企业。借助工业 4.0 智慧城市发展等契机，为新型产业应用提供支撑性场景。

（三）促进校企创新成果对接融合

围绕高校周边 3～4km 范围布局发展创新创业载体，构建环大学创新圈，形成高校成果和高校人才的快速对接。构建高校—企业创新成果共享机制，设立企业技术转移专项资金，鼓励企业与研发机构联合申请资金，并明确企业和研发机构的各自分工及其预期效果。制定产品、技术的标准化体系，促进企业各类新产品、新技术、新服务按照统一标准设置接口，最大化降低企业与服务商之间的协同成本。

四、探索土地整备利益统筹机制

（一）创新利益统筹政策规则

建议研究制定《光谷科技创新大走廊土地整备利益统筹项目管理办法》，按照政府主导、社区主体、市场参与的原则，通过土地、规划、资金、产权等政策统筹，实现政府、社区、相关权利人的土地再分配和发展权益共享，实现了和谐整备、共同发展。以形成较大面积产业空间为目标，通过推进低效存量工业用地土地整备和空间整合，促进大走廊产业转型升级，为破解光谷地区空间资源瓶颈提供政策支撑和制度保障。

（二）完善土地整备政策体系和实施机制，高质高效确保产业用地有序供应

坚持主动收储、集中成片、公益优先、利益共享，通过空间统筹、政策统筹、规划统筹、建设统筹，努力实现产业用地规模由小变大、政府储备土地由少变多、产业空间布局由分散到集聚、土地利用效益由低到高，为重大项目落地打好“提前量”。进一步强化土地整备对城市发展的支撑作用，强化空间统筹，鼓励综

合施策,加快实现连片产业空间的整体盘活和空间释放,确保大走廊内高精尖产业集群用地精细化供应和有序供应。

五、探索创新企业和创新人才的全生命周期服务机制

(一)打通创新企业全生命周期服务链

全生命周期为企业提供有效支撑，满足企业从个体初创到孵化加速再到成熟落地的全部需要。引导创新企业根据自身的创新阶段逐步向大走廊外围区域扩展布局,借助企业生命周期延展,实现创新梯度和创新关联关系的天然生成。

(二)打通创新企业全生命周期服务链

鼓励并促进人才在不同企业和机构之间流动，发挥人才流动创新成果转移的带动作用。以服务人的发展、晋升为最终目的,提升从青年到老年全套社会保障体系。通过为就业人口提供成长发展的机会,保证技术人才在离开原企业后仍可留在武汉本地。建立人才履历互认机制,形成人才工作经历、社会职称与学历转化机制。推进多元社会学习方式,为大量技术人才补充知识、交流创新设想提供良好的平台。

六、探索高效便捷互联互通的综合交通优化机制

(一)加强轨道交通站点一体化开发建设力度,促进创新功能有机融合

充分发挥轨道交通、交通枢纽的综合效益。首先,在对外快速交通系统与大型交通枢纽对接上满足企业研发和生产对交通设施的需求，保证城市对内和对外联系的畅通和便利。其次,围绕轨道交通站点布局创新企业,以便于轨道交通站点的一体化设计和开发,提高综合利用水平,促进与城市各功能单元之间的便捷互通,实现创新功能的有机融合。

(二)提升交通枢纽能级,推进区域内物流枢纽的互联互通

第一,构建多模式对外交通枢纽。新增超高速铁路接入葛店南站和顺丰机场,使其成为集机场、高铁、超高铁多种运输方式于一体的多模式高能级枢纽;结合西武福高铁走向,加快建设光谷南站,衔接葛店南站;延伸武黄城际至九江,开行区域高铁至葛店南,从光谷站出发经葛店南站可直接转入高铁线。第二,强化多式联运模式。依托现有的城际、普铁,加快城际、普铁、都市圈轨道快线三网融合，尽快开通天河机场—葛店南站—顺丰机场的市域铁路快线 A 线和 B 线,实现武汉天河和鄂州顺丰双枢纽机场的协同发展,实现区域内公铁空

枢纽的快速对接和互联互通，打造国际货运大通道。

（三）构建大走廊全域轨道交通网，优化公路交通网络，加强路网对接和区域合作，提升对外辐射带动能力

畅通光谷科技创新大走廊与武汉城市圈内各城市间的多种交通方式的衔接，增强港口铁路枢纽中转能力，强化区港联动开放，加强沿江区域合作。打造武汉城市圈对外开放的核心引擎，研究制定科技创新大走廊各主要城市轨道交通全覆盖衔接方案、轨道交通与各市高铁站对接方案；加强沿江区域合作，探索与鄂州、黄石等沿江城市互动合作机制，开展与长江流域园区的产业合作和资源共享。

（四）优化完善公共交通，打造以人为本的慢行交通空间，为大走廊内城市创新人群提供舒适、方便的交通生活环境

积极推进以公共交通为主导的城市开发模式，促进土地的集约利用，推动重点开发地区的建设。加大对公共交通的投入，优先保障公共交通设施建设用地需要，提高公交分担率和公共交通的整体服务水平，为创新人群增加互动交流可能性。

作者单位：武汉发展战略研究院

加强 PPP 项目仲裁服务助力武汉营商环境优化①

联合课题组

政府与社会资本合作(PPP)模式,作为一种公私合作协力发展基础设施建设与提供公共服务的经济模式,在发挥自身优势的同时顺应潮流,成为当前政府提供公共产品供给,转变职能的有效手段。广义的 PPP 泛指公共部门与私人部门为提供公共产品或服务而建立的各种合作关系;狭义的 PPP 则通常被理解为市政基础设施和公用事业项目融资模式的总称,更加强调政府与社会资本合作过程中的风险分担机制和项目的物有所值原则。武汉市作为国内最早推行 PPP 项目的城市之一,在 PPP 项目交易规则、风险分配、投资管理、项目监管架构等方面积累了宝贵的经验,撬动了社会资本投入武汉市补短板重大项目建设,取得了项目总投资额和入库项目数分别位居全国 19 个副省级及以上城市第 2 和第 5 位的较好成绩。然而,武汉作为联结"一带一路"和长江经济带两大国家战略的重要节点,深度融入"一带一路"建设已成为武汉市高质量发展的必然趋势,未来武汉市 PPP 项目也会呈现出多元化、多样化、复杂化的特征,这样就给武汉 PPP 项目争议解决带来了巨大的挑战。仲裁作为发达国家解决商事纠纷的主要手段,是一种国际化程度极高的争端解决制度,具有高效、灵活、充分尊重当事人意思自治等特点。因此,本课题立足于武汉市 PPP 项目争议解决机制的现状,从"一带一路"的背景出发,分析当前武汉市 PPP 项目争端仲裁解

①本文系 2019 年武汉仲裁委员会仲裁理论与实务研究专项基金项目研究成果。

决机制存在的困境，在对国际投资争议解决经验总结和借鉴的基础上，力求提出具有针对性、操作性、实用性的对策建议。

一、武汉市 PPP 纠纷仲裁解决现状

（一）PPP 纠纷概述

1.PPP 纠纷概念界定

PPP 纠纷是指基于 PPP 模式所产生的争议，主要表现在违约方面，具体包含政府违约与社会资本违约。就社会资本而言，违约将面临民事违约责任或行政责任；政府违约责任则视其违约行为——PPP 争端性质而定。

2.我国 PPP 纠纷呈现的新特征

“十三五”期间，我国经济步入新常态，新旧动能转换带来了转型阵痛，政府财政面临着重大压力，也使得 PPP 项目争端呈现出了争议类型和诉求多元化、纠纷主体多样化、处理难度不断加大等特征。

一是 PPP 争议的类型和诉求呈现多元化。从争议类型来看，案件纠纷涵盖刑事、行政和民事领域，主要集中在民事领域。具体可以分为：PPP 合同条款的理解问题，情事变更的适用问题，项目运营质量的评价问题，因政府特许经营协议的履行、解除、终止、回购等引发纠纷，因 PPP 项目投标引发的返还投标保证金纠纷和履行投标保函纠纷，因土地使用税引发的争议，PPP 项目公司股东的股权转让纠纷，PPP 项目后续的施工合同因缺乏规划许可证导致无效纠纷，因 PPP 项目引发的贷款纠纷、应收账款质押纠纷等等。

二是 PPP 纠纷的主体呈现多样化。PPP 模式中涉及多重法律关系主体和多重法律关系，包括政府、社会投资人、项目公司、融资方、担保公司、保险公司、承包商、运营商、原料购买商、购买方等等，社会资本的成分多样，引发的纠纷也较为多元。此外，随着“一带一路”战略的实施，海外工程 PPP 项目引发的纠纷也逐渐显现。

三是 PPP 争议的处理难度逐渐加大。由于现阶段 PPP 立法供给不足，没有专门的 PPP 法律和行政法规，对于 PPP 的规范主要是部门规章、地方性法规、政策性文件等，效力层级比较低，缺乏统一的 PPP 法律体系，导致法院审理 PPP 纠纷没有明确的法律规则参考，司法的不确定因素增大。而且，PPP 是一项系统工程，涉及土地、税收、特许经营、环保、价格、财政、金融等多个领域，对于 PPP 纠纷的处理需要综合运用法律、经济、社会等多种方法，处理难度较大。

(二)武汉市PPP纠纷仲裁解决机制

1.武汉市PPP纠纷仲裁解决的可行性

一是仲裁的“三大特征”为武汉市PPP纠纷解决提供了便捷的途径。首先,仲裁的专业性符合PPP纠纷专业性较强的要求。PPP纠纷通常专业性较强且法律关系复杂,加之PPP涉及领域众多,对纠纷解决者的专业性提出了非常高的要求。法院法官虽然也具有较强的司法专业性,但对PPP项目特有专业性深入研究普遍不足,且受自身办案类型限制明显。而仲裁机构不受地域限制,仲裁机构名册中有不同领域资深PPP专家,可供当事人更大范围自主性选择,可以更好地满足PPP纠纷多项专业性的要求。其次,仲裁的中立性满足了PPP纠纷解决对公正的追求。公平公正是对所有纠纷解决机制的最终要求。协调、调解等方式因是当事人的自愿选择,自然能够更好地满足公平公正的要求。诉讼特别是其中的行政诉讼,当前受各种因素的影响,社会公信力尚有待提高,尤其是当一方主体是政府时,受中国传统行政法惯性思维影响,另一方总会心存顾虑,这势必影响纠纷调处的效率和效果。而对于仲裁而言,由于仲裁机构、仲裁员等都是由双方自行选择的,其独立性、中立性明显高于诉讼,因而能够较好地保证结果的公平公正。最后, 仲裁的保密和高效契合了PPP纠纷的特殊性。PPP案件通常还具有较强的社会敏感性,其处理结果不仅关系当事人的经济利益,也关乎公共产品和服务的持续稳定供给。因而案件处理过程中,既要注意适度的保密,以维护社会稳定和当事人经济利益,又要重视提高纠纷化解效率。因为久拖不决的PPP纠纷,会对投入巨大的双方造成重大损失,特别是社会资本方,其抗风险能力相对较差,难以承受“马拉松式”诉讼。仲裁以不公开审理为原则,可以较好地满足当事人对保密性的要求,同时,仲裁程序简单且灵活,采取一裁终局原则,可以高效解决PPP纠纷。

二是领导高度重视为PPP纠纷仲裁解决创造了良好的政策环境。PPP模式在解决地方政府财政资金短缺、化解地方政府性债务风险方面起到了关键性作用,不仅是政府融资工具,更是落实党的十九届四中全会精神的一项重要举措,是推进国家治理体系与治理能力现代化的必然选择。党的十八届三中全会提出,“允许社会资本通过特许经营等方式参与省市基础设施投资和运营”。2015年5月13日,李克强总理主持召开国务院常务会议,部署推广政府和社会资本合作(PPP)模式。湖北省委、省政府高度重视PPP模式的高质量发展。2019年,在湖北省委十一届五次全体(扩大)会议上强调要全力以赴打好打赢三大攻坚战。规范有序推进 PPP 工作,建立合法合规的 PPP 二级市场,是助力打好三大攻坚战的有效途径。

三是武汉市 PPP 行业协会组织及智库资源为 PPP 纠纷仲裁解决提供了坚实的基础。武汉部属、省属高等院校和科研院所云集,拥有一大批国家和省级 PPP 专家,PPP 行业协会组织及 PPP 研究院智库建设均走在全国前列。2016 年 4 月,武汉率先建立了全国首家 PPP 促进会——武汉市公共服务和社会资本合作促进会;2016 年 10 月,率先成立了全国首家 PPP 研究院——武汉市公共服务与社会资本合作研究院;2017 年 1 月 18 日,率先成立了全国首家省级 PPP 研究院——湖北省 PPP 研究院;2017 年 3 月 1 日,由湖北省 PPP 研究院主推,国有企业发起筹建了武汉 PPP 交易中心(筹);2017 年 8 月 1 日,成立了由著名经济学家、时任国家发改委副秘书长范恒山担纲名誉院长的武汉大学中国中部发展研究院 PPP 研究中心;2017 年 12 月 6 日,武汉仲裁委员会(即"一带一路"(中国)仲裁院)联合武汉市 PPP 研究院成立了"一带一路"(中国)仲裁院 PPP 仲裁中心。至此,湖北武汉的 PPP 行业形成了"一会两院三中心"的新格局。

四是先行先试的探索为武汉市 PPP 纠纷仲裁解决提供了成功经验。2018 年,由湖北省长江社会资本与政府合作研究院等政府与社会资本合作(PPP)关联企业发起,并经武汉市人民政府相关职能部门审批核准的武汉政府与社会资本合作仲裁服务中心,在开展仲裁法律制度研究,推广仲裁调解制度,组织相关会议培训;受委托为仲裁机关和相关机构团体提供行业信息、专业咨询和创新发展等支持服务,为政府与社会资本合作项目提供绩效考核和交易评估服务;为政府与社会资本合作交易、仲裁提供多元化解的调解服务;资信调查与评估,仲裁调解,法律咨询、商事认证;为仲裁机关等政府及社会职能部门、其他社会团体、企业提供仲裁咨询、调解争议解决方案等全流程咨询服务;开展国际合作和交流,为企业在境外参加仲裁(调解)活动提供咨询服务等方面,为武汉市 PPP 纠纷仲裁解决积累了成功的经验。

2.PPP 纠纷仲裁解决机制的使用范围

一是仲裁解决争端的基本原则。仲裁法的第 2 条规定:"平等主体的公民,法人和其他组织之间发生的合同纠纷和其他财产权益纠纷,可以仲裁。"这里明确了三条原则:一是发生纠纷的双方当事人必须是民事主体,包括国内外法人、自然人和其他合法的具有独立主体资格的组织：二是仲裁的争议事项应当是当事人有权处分的：三是仲裁范围必须是合同纠纷和其他财产权益纠纷。四是行政争议不能裁决。因而，PPP纠纷仲裁的前提是有仲裁约定且争端具有可仲裁性。

二是PPP纠纷仲裁的适用范围。根据混合争端理论，PPP争端包含行政性争端和民事性争端，往往多发生于合同领域，那么只有PPP合同争端中的具备民事性质的部分才能约定仲裁，然而现行《行政诉讼法》中仅对特许经营协议纠纷适用行政程序进行了规定，并未对特许经营协议中不同性质的各部分内容进行具体划分，且PPP协议中的民事与行政争端也较难界定，致使预设的仲裁条款效力未知。PPP项目合同履行过程中所发生的涉及项目建设、运营、移交过程中产生的纠纷（即不属于行政管理领域的纠纷），应属于平等主体之间发生的合同纠纷和其他财产权益纠纷，可以通过约定的仲裁条款，纳入到仲裁的受案范围；而涉及行政管理领域的纠纷，则不能通过约定的仲裁条款将该纠纷纳入到仲裁的受案范围。

二、武汉市PPP纠纷仲裁解决存在的困境分析

经过多年的探索与实践，武汉市对于PPP纠纷仲裁解决取得了一定的成就。但是在"一带一路"建设的背景下，武汉市PPP纠纷仲裁解决机制还有待进一步完善。

（一）仲裁机制方面的困境

1.仲裁解决方式使用范围较窄

目前，武汉仲裁委员会的定位是在维护市场经济秩序、改善投资环境、增强外商在中国投资的信心等方面发挥积极作用，成为华中地区最具影响力的具有涉外仲裁能力的仲裁机构。因而，这就决定了在PPP项目争端的解决过程中，武汉市PPP纠纷仲裁机制的使用范围仅限在华中地区，与当前"一带一路"（中国）仲裁院PPP仲裁中心的定位存在一定的出入。

2.仲裁规则不能满足争议解决需要

当前，我国PPP纠纷呈现出了纠纷类型多元化、纠纷主体多样化、处理难度不断加大的新特征，未来随着武汉市PPP项目的不断推进，也可能会出现更多的问题。尤其是在武汉市深度融入"一带一路"建设的过程中，将会面临一些跨国PPP投资争议，这就需要武汉市建立针对跨国PPP投资的多边争议解决

机制。

3.裁决无法得到普遍承认和执行

目前,我国仲裁的决定往往在国内具有相应的强制性,在国际中缺少强制推动仲裁裁决执行的动力。在此背景下,武汉市未来的 PPP 纠纷仲裁也必将面临类似的困境。

(二)营商环境方面的困境

1.商事制度改革协同推进需要进一步提升

商事制度改革涉及多个部门,是一项系统性工程,需要各个环节涉及的部门参与配合、协同推进。改革实践中,武汉市市场监管部门先行一步,当好深化改革"先行军",但有的部门改革相对落后,跟不上简政放权的步伐,与企业的美好期待和需求有较大差距。主要是武汉市"多证合一"整合的证照数量还不多,有些能整合的证照尚未整合。

2.办事服务环境还需要进一步优化

目前,武汉市 PPP 项目审批流程严格按照国务院及财政部相关政策文件执行,项目合规性流程多,项目修改、审批各环节需严格按照预定时间进行,审批单位较多,整体推进时间较长。另外,在 PPP 实施方案的设计中,有些时候提出一些改变现有体制的 PPP 运作方法的被接纳程度不够。例如,关于运维成本的直接报价机制、管廊收入的激励安排、平台公司作为社会资本参与等等。

3.PPP 项目公共服务能力需要进一步提高

当前,为武汉市 PPP 项目提供咨询的中介服务公司,往往仅具备咨询资质,并不具备法律、财税、造价、工程技术等专业资质,多数也无法胜任草拟合同、财务测算、造价咨询等专业工作,无法满足 PPP 项目良性运作所需要的专业深度和准确度,导致 PPP 项目存在财务测算失真、合同条款粗疏违规、操作程序违法、政府方权益及财政资金和其他国有资产权益无法保障等大量不良现象。

三、现有国际投资争议解决机制对武汉市 PPP 纠纷仲裁解决的借鉴

随着 PPP 项目的不断发展,仲裁作为一种纠纷解决方式,越来越受到世界各国重视。当前,世界上对于国际投资争议的解决机制,主要有 ICSID 争议解决机制、NAFTA 争端解决机制、TPP 争端解决机制三种方式,这些争议解决机制的成功经验,为武汉市 PPP 纠纷仲裁解决机制的建立和完善提供了借鉴和参考。

（一）主要经验

1.ICSID 争议解决机制

《解决国家和他国国民之间投资争端公约》（以下简称 ICSID）[①]在 1899 年和 1907 年和平解决国际争端的海牙系列公约的和平理念的影响下产生，于 1984 年、2003 年、2006 年 3 次修改中心的制度和规则，扩大秘书处的管辖范围，旨在以中立的国际组织介入方式排除争议，解决中国家之间的外交干涉和政治干预，从而改善投资环境。（1）仲裁的管辖权。ICSID 对投资争议的管辖权必须要满足以下条件：第一，ICSID 管辖直接由投资而产生的法律争议；第二，当事人是《华盛顿公约》的缔约国下的国民和另一方缔约国；第三，当事人必须书面同意将争议提交到 ICSID。（2）仲裁的执行程序。ICSID 具有不受任何国家国内法限制的独立的仲裁规则。公约第 44 条规定：“任何仲裁程序应依照本节规定，以及除双方另有协议时，依照双方同意提交仲裁之日有效的仲裁规则进行。当发生任何本节未作规定的程序问题，则应该将问题提交到法庭决定。”也就说 ICSID 的程序法带有强制性。申请人在仲裁庭做出裁决之后就不用再向法院申请确认裁决的合法性。ICSID 的执行能力依赖于其众多成员国对 ICSID 的决定的认可，并且努力维护裁决的约束力。ICSID 裁决可以在申请国获得最高法院判决的效力。ICSID 最具有特色的一个服务，就是简化了裁决的执行程序。（3）仲裁私密性与透明度的平衡。目前 ICSID 会公开已做出的裁决，同时也采取公开庭审，允许公众通过 ICSID 网站来获得相关案件资料。同时，“法庭之友”制度允许第三方递交一些具有价值的、能够推动案件进行的书面材料。此外，ICSID 的规则约定除非有当事方反对，否则仲裁庭与 ICSID 秘书处磋商后，可以允许非争议当事方出席全部或部分庭审，并为此做适当的安排，仲裁庭对该类案件涉及的保密信息予以保护。

2.NAFTA 争端解决机制

《北美自由贸易协定》（以下简称 NAFTA）[②] 框架下的争端解决机制，有机地融合了司法和仲裁的特点和优点，代表着其中最为典型的制度设计，对解决国际化的 PPP 项目争端具有深刻的影响和借鉴意义。（1）仲裁的条件。根据

①黎四奇：《ICSID、MIGA、WTO 争端解决机制评述》，《云梦学刊》2004 年 7 月版。

②张生：《从〈北美自由贸易协定〉到〈美墨加协定〉：国际投资法制的新发展与中国的因应》，《中南大学学报（社会科学版）》，2019 年第 25 卷第 4 期。

NAFTA 第 1120 条规定，在造成索赔请求的事件发生 6 个月后，投资者才能将争端提交仲裁。投资者提交仲裁还需满足一定条件：首先，投资者或其代表的企业均须按照 NAFTA 规定的程序进行仲裁；其次，投资者或其代表的企业都必须放弃依据任何一方国内法或任何其他争端解决机制进行救济的权利；最后，同意或者放弃的意思应以书面形式做出，且应包括在送达给争端缔约方的仲裁申请书中。(2)仲裁的规则。仲裁的启动有两种可能。第一，投资者自行申请。依照第 1116 条所作的规定，投资者可以以个人的名义申请。第二，投资者以企业名义申请。依照第 1117 条所作的规定，只要是由其控制或管理的企业，投资者都可以代表该企业提出申请。第 11 章 B 部分没有另行规定一套新的仲裁规则，它规定投资者可以在 ICSID 仲裁规则、ICSID 附加便利仲裁规则及 UNCITRAL 仲裁规则之间任选其一。(3)仲裁的裁决与执行。在裁决的相关问题方面，根据第 1131 条规定，仲裁庭必须依照本协定和相关国际法规则来对争议事项作出决议，必要时可要求委员会对本协定的条款做出进一步的解释，该解释对仲裁庭具有拘束力。在仲裁裁决的执行方面，第 1136 条规定，除根据解决投资争议国际中心（ICSID）仲裁规则、ICSID 附加便利仲裁规则或 UNCITRAL 仲裁规则做出的裁决以及临时仲裁裁决可使用审查程序外，争端方都应当服从和执行仲裁裁决。可以制定分别适用各成员国的执行仲裁裁决的相关制度或规则，执行的主体为政府或者法院。如果政府不采取执行措施，可能会遭到司法监督。

3.TPP 争端解决机制

《跨太平洋伙伴关系协定》(以下简称 TPP)[①]，表面上是一个贸易协定，但涉及内容远超出贸易范围，其中重要的领域就是投资，而投资规定中的一个核心问题——如何解决投资者与东道国之间的争端，TPP 第 9 章投资章节中的 B 部分就是阐述该机制。(1)仲裁的规则。仲裁的申请可以依据以下几个规则提出：其一，ICSID 公约及其仲裁规则，依据此项规则提请仲裁时要求争端双方必须为该公约的成员；其二，ICSID 附加便利规则，但投资者母国及东道国须有一方为此公约的成员；其三，UNCITRAL 仲裁规则；其四，依据意思自治原则，双方所约定的相关仲裁规则。(2)仲裁程序的透明度。东道国应当遵循透明度原则，

①陈大波：跨太平洋伙伴关系协定(TPP)对中国经济的影响及对策研究[J].长江论坛,2016(05):47-53.

做到以下几点：首先，将案件所涉及的文件和资料对外公开，其中不包括涉密信息；其次，东道国还被要求将其收到的磋商请求等案件材料递交给 TPP 下其他非涉案成员国，并且履行将相关信息对外公开的义务；最后，仲裁庭要召开听证会，要求在会上与争端双方充分协商并且做好相关事务性的工作安排，期间无需履行信息披露的义务，若东道国选择披露，则仲裁庭应对其予以保密，以防其被泄露出去。(3)仲裁裁决与执行。首先，若是因为投资规则而引起的争端，则可以援引 TPP、国际法中的规则或一般法律原则等作为裁决的依据；其次，若是因为投资授权或投资协议而引起的争端，则应该先看争端双方事先是否就适用的法律作出约定，有约定则依照事先约定，无约定则依照东道国的国内法及可能适用的国际法规则。仲裁裁决可以是赔偿金钱损害及利息，以及恢复财产原状。期间，关于费用的分担仲裁庭也可对其进行处理，只是不得作出惩罚性赔偿以及要求东道国修改其国内法。裁决的效力仅仅限于争端双方的个别案例，裁决一经作出，双方就应当及时履行，不应以任何理由拒绝执行。

(二)对武汉市的启示

1.逐步拓宽仲裁条款的适用范围

武汉市 PPP 争议仲裁解决机制可以学习 ICSID 的案例解释手法，或者将 ICSID 案例进行归纳，将 PPP 投资争议纳入受案范围。

2.制定适应跨区域的 PPP 争议仲裁规则

在“一带一路”背景下，武汉市应当借鉴 TPP 争端解决机制，在跨区域投资争议解决方面的经验，制定与国际法规则向匹配的 PPP 争议仲裁规则。

3.增加裁决承认与执行的可能性

借鉴已有的国际争端解决机制，探索跨区域的仲裁裁决承认和执行。武汉市在 PPP 纠纷仲裁解决机制构建中，可以以 ICSID 的执行程序为蓝本，辅以缔约国之间的司法互助协议，构建一个合理互惠的地区性的裁决承认、执行机制。

四、加强 PPP 项目仲裁服务的路径抉择

通过以上分析，可以看出仲裁较之协调、调解、诉讼等 PPP 纠纷解决方式，具有自身的独特优势，能够较好地保证 PPP 纠纷解决对专业性、公正性、保密和高效的要求，可以在很大程度上打消社会资本对 PPP 纠纷解决的顾虑。未来应当努力发挥仲裁作为 PPP 纠纷解决主渠道的作用，以破解现存的 PPP 纠纷

解决机制困境,推动 PPP 事业良性发展。

(一)打造仲裁规则创新高地

认真贯彻落实中央有关建立"一带一路"国际商事争端解决机制和机构的部署要求,积极开展"一带一路"沿线国家和地区投资贸易争议解决法律制度和机制的研究,建立"一带一路"国际商事争端解决仲裁机制和组织。围绕长江经济带发展、中国(湖北)自由贸易试验区建设、中部崛起等重大发展战略,适应国家全面开放新格局和重大发展战略需要,认真研究探索仲裁工作的新方式、新机制,拓宽服务领域,提升服务能力,充分发挥仲裁的服务保障作用。坚持与国际通行规则相衔接、与武汉城市能级相适应、与机构仲裁业务特点相匹配的仲裁规则的发展方向,探索国际投资争端仲裁。指导仲裁机构加强与商会、行业协会合作,制定完善城市湖泊或河水环境综合治理、污水和垃圾处理、地下综合管廊、轨道交通、医疗和养老服务设施等领域的 PPP 项目纠纷仲裁规则。鼓励仲裁机构加强与国际仲裁组织和境外仲裁机构交流合作,积极参与国际仲裁规则、国际调解和国际商事法律规则制定。

一是要实现对仲裁程序"非当地化"的支持。允许当事人在国际商事仲裁中自行约定仲裁程序规则。同时,对当事人的意思自治施加一定的限制,要求当事人在其他国家的法律或其他仲裁机构的仲裁规则中进行选择,或者要求当事人在不违反中国公共政策的前提下,参照这些法律和仲裁规则自行制定,以避免弱势方当事人无法表达其真实意愿和当事人约定程序规则存在漏洞的情况发生。

二是允许当事人以明示协议的方式约定排除法院的监督权。将允许排除中国法院监督权的当事人的范围,限定在要求双方当事人均不具有中国国籍或在中国没有固定住所,在满足这一条件之后才允许当事人订立明示协议排除中国法院的监督。

(二)打造仲裁特色品牌高地

武汉市应统筹规划,制定措施,支持武汉市仲裁委员会积极拓展国际仲裁市场,逐步把武汉市仲裁委员会打造成为具有高度公信力、竞争力的区域或者国际仲裁品牌。积极探索有关 PPP 争议仲裁工作实践,及时总结推广仲裁工作经验。

打造国际争议解决平台。推动"一带一路"(中国)仲裁院 PPP 仲裁中心实质化运作，鼓励境内外知名仲裁机构和争议解决机构及其代表机构、商事调解机构、优质法律服务机构等入驻，打造一站式、国际化、信息化争议解决平台。鼓励中外当事人选择武汉作为争议解决地，提供优质开庭支持和服务，满足当事人多元化、个性化、便利化的争议解决服务需求。

积极争取 PPP 项目纠纷仲裁对外开放政策制度支持，允许境外知名仲裁机构和争议解决机构在武汉设立代表机构，制定出台有关管理办法。支持武汉市仲裁机构在境外设立代表机构或分支机构，鼓励探索开展多种形式的业务合作。鼓励武汉市仲裁机构探索临时仲裁、临时措施、紧急仲裁员等与国际接轨的仲裁制度。鼓励和指导武汉市仲裁委员会、仲裁机构积极举办或参与国际性活动，创建 1 至 2 个具有国际知名度、影响力的仲裁交流研讨品牌活动，将武汉打造成为 PPP 项目纠纷仲裁业务交流研讨活动最活跃的城市之一。

（三）打造仲裁人才集聚高地

支持武汉市高等院校成立仲裁研究院或者仲裁学院，开设仲裁专业，加强理论研究，培养专业人才。加大速记、翻译等仲裁辅助人员培养力度。组建各业务领域的 PPP 纠纷项目仲裁专家库，为案件办理提供智力支撑。鼓励协会、仲裁机构与境内外知名法学院校、国际仲裁组织、行业协会等建立合作机制，共建仲裁专业人才培养基地，打造专业化、国际化、高端化仲裁队伍。

积极推荐武汉市优秀涉外法律服务人才进入国际仲裁机构任职。鼓励和支持武汉市仲裁机构聘任境外优秀人才担任决策机构组成人员和仲裁员、调解员，进一步扩大仲裁员队伍的国别范围，力争决策机构境外组成人员、境外仲裁员和调解员占比居于全国领先地位。

五、营造有利于武汉市 PPP 项目持续运营的营商环境的政策建议

营商环境之于 PPP 项目的重要性，国务院发展研究中心研究院宏观部副部长孟春在第四批 PPP 示范项目评选中强调要尽快出台 PPP 条例和配套政策，给参与各方稳定的、正面的预期，夯实 PPP 持续健康发展的基础。在“2017 第三届中国 PPP 融资论坛”上，财政部副部长史耀斌也指出：创造公平有序的营商环境，提高民营企业参与度。不仅仅是发展 PPP 需要优化营商环境，优化营商环境本身就是我国经济发展的指导性方略。武汉市应当树立“好环境就是竞争力”的理念，聚焦打造“政策最优、成本最低、服务最好、办事最快”的“四最”营商环境，优化发展环境，推进“放管服”改革，增强服务意识，提升服务效

能，放宽准入，规范操作，严把适用范围和边界，加强项目库管理，推动 PPP 模式可持续发展。

（一）围绕“一个目标”：加快商事制度改革向纵深推进

1.建立统一的协调机制

建议武汉市以优化仲裁服务为目标，完善仲裁体制机制与资源配置，探寻仲裁应用与仲裁合作的多种路径。积极向国家申请调整 PPP 仲裁条例，完善 PPP 实施的保障措施，包括建立完善的、统一的法律法规体系和“一带一路”沿线国家的信用体系。同时，为有效解决跨国 PPP 投资争议，建议多渠道整合“一带一路”背景下跨国 PPP 投资争议解决方式，加快构建一个高效、便利的区域 PPP 投资争议解决常设机制，积极在武汉先行先试，努力打造全国 PPP 项目仲裁的武汉模式，努力成为全国 PPP 项目仲裁服务的样板。

建议当前武汉市从预防性的解决、事发后的解决两个方面着手，探索建立统一的跨区域仲裁协调机制。一是事前预防机制。建议在武汉设立一个 PPP 项目跨区域仲裁机制法律服务点，可以在区域内加强法制宣传。二是事后解决机制。建议在武汉设立针对 PPP 项目跨区域合作的过渡性临时仲裁机构，条件成熟后再设置跨区域合作的专业仲裁委员会，从而有利于争议的快速解决。

2.建立统一的 PPP 项目纠纷库

建议将与 PPP 项目相关的案件先交于“一带一路”（中国）仲裁院 PPP 仲裁中心统一纳入 PPP 项目纠纷库进行归档管理，由 PPP 仲裁中心进行统一管理和协调。要严格规范 PPP 项目运作，明确项目库分类和入库标准，强化事前审核，规范入库评审，进一步提高项目库入库质量和信息公开的有效性，形成“建成一批、淘汰一批、充实一批”的项目库良性循环机制，促进 PPP 项目规范运作有序，增强市场信心，营造良好环境，实现 PPP 长期可持续发展。

3.建立统一的公共服务体系

重新编制统一的行政许可事项目录清单，进一步精简文书表格，减少填报事项，积极推进全程电子化、一窗通、企业注销便利化改革，实行市场监管、税务、人社、商务、海关等部门业务“信息共享、同步指引”，打通部门之间的服务壁垒。继续推行和落实首办负责制、政务承诺制、一次性告知制和限时办结制等制度，在窗口工作中做到“四清服务”，即表格一次发清、受理一次审清、咨询一次讲清、材料一次收清，营造良好的营商环境，让更多的企业到武汉落地生根。

（二）实施“三大举措”：持续推进 PPP 项目健康发展

良好的营商环境可以使市场主体在法制的框架内游刃有余，公平、自由的呼吸，创造更大的社会价值。应着力推进市场环境、政务环境、司法环境的法治化，以营造公平、透明和可预期的营商环境。

1.做好统筹谋划，优先支持污染防治、精准扶贫、基础设施补短板重大项目建设

城市基础设施建设投资巨大，回报周期长，也潜在着不少社会发展新动能、新方向。长期以来，社会资本往往受限于行业准入，较难进入。而 PPP 投资的原则是致力于加强和改善公共服务，形成有效促进政府和社会资本合作模式规范健康发展的制度体系，因此，加强对社会资本在基础设施方向的投资引导是武汉市 PPP 工作责任的重中之重。PPP 带给武汉的不仅是投融资模式的变革，更是资源配置机制和政府治理理念的创新与转变。进一步加强 PPP 项目的统筹谋划，规范有序推进 PPP 项目实施，着力增加公共服务，优先支持污染防治、精准扶贫、基础设施补短板重大项目建设。充分发挥市场和政府“两只手”的作用与合力，实现公共服务由供给不足向有效供给、由低效供给向高效供给转变，有效提高全市公共服务供给质量和水平。

2.盘活存量公共资产，推进武汉市 PPP 模式持续健康发展

一是加强政策引导，提升重视程度，形成合力，积极推进存量资产改造、转型为 PPP 项目。建议市财政、市发改等部门要做好存量资产转型、改造为 PPP 模式的政策宣传和辅导工作，提升政府领导及行业主管部门对运用 PPP 模式盘活存量资产的重视程度。同时，政府部门间要形成合力，共同找到适合运用 PPP 模式盘活的优质存量资产，充分考虑盘活方式的选取和国有资产管理规定要求。二是探索通过以奖代补、政策优惠、税收优惠等措施，引导和鼓励存量资产运用 PPP 模式，转型、改造为 PPP 项目。建议有关部门要认真落实国家支持基础设施和公共服务领域 PPP 模式的政策优惠（如盘活存量土地政策优惠等）、税收优惠，创新 PPP 项目奖补资金分配机制，优化调整资金使用方向，根据运用 PPP 模式盘活存量资产化解存量政府性债务的规模，通过以奖代补给予各级财政部门和项目实施机构资金支持。三是地方政府或财政部门应加强存量资产权属变更相关程序的指导和监管。建议武汉市政府督促相关部门对运用 PPP 模式盘活存量资产过程中涉及的资产权属变更、国有企业产权交易、

国有资产出租或出借行为、盘活资金的回收处置等，加强指导和监管，防止国有资产流失。四是建议市财政部门和项目实施机构关注运用 PPP 模式盘活存量资产后的融资交割、绩效考核和移交工作，实现政策目标。五是运用 PPP 模式盘活存量资产需要引入第三方咨询机构，提高前期项目遴选和方案的策划和编制。六是运用 PPP 模式盘活存量资产应该作为常态化投资循环模式予以坚持。运用 PPP 模式盘活存量资产回收的资金，主要用于新的基础设施和公用服务领域建设，形成新的优质资产。对再投资形成的新优质资产，条件成熟时可再次运用 PPP 模式盘活，引入社会资本方参与运营和管理。

总之，运用 PPP 模式盘活存量资产有利于引入社会资本，尤其是促进民营资本进入，形成多元化、可持续的公共服务资金投入渠道，为地方政府盘活存量、带动增量、化解存量债务、降低财政风险、增强经济增长动力提供了一种可持续、可操作的良性投资循环模式，应该予以大力推广和运用。

3.降低 PPP 项目门槛，鼓励民间资本参 PPP 项目

一是加大基础设施和公共服务领域 PPP 项目向民营资本的开放力度。除国家法律法规明确禁止准入的行业和领域外，基础设施和公用事业领域一律向民营资本开放，严禁排斥、限制或歧视民营资本参与 PPP 项目的行为。各级财政部门应会同行业主管部门，在新建、改建项目或存量公共资产中筛选适宜采用 PPP 模式的项目，同时引导和支持民营资本推荐发起 PPP 项目。鼓励民营资本作为社会资本参与湖北省能源、交通运输、水利、环境保护、市政工程、城镇综合开发、农业、林业、科技、保障性安居工程、医疗、卫生、养老、教育、文化、体育和旅游等公共服务领域 PPP 项目，新增服务和产品供给。

二是夯实鼓励民营资本优先参与 PPP 项目的制度保障。认真贯彻落实国务院、省、市政府有关鼓励民营资本参与 PPP 项目的政策要求，在 PPP 项目实施方案编制过程中，项目实施机构应当根据项目特点和建设运营要求，综合考虑专业资质、技术能力、管理经验和财务实力等因素，合理设置社会资本的资格条件，保证国有企业、民营企业、外资企业平等参与。凡适合民营资本参与的市政、养老、医疗、教育、旅游、体育、环保等领域的项目，在 PPP 实施方案中要有相关的鼓励民营资本参与的内容表述。

三是进一步降低民营资本参与 PPP 项目条件门槛。进一步落实《中华人民共和国政府采购法》和《中华人民共和国政府采购法实施条例》，在 PPP 项目采

购阶段，采购人、采购代理机构应当合理设定PPP项目采购标准和条件，不得在PPP项目资格预审文件、项目采购文件中对民营资本设置任何差别条款和歧视性条款，不得通过设置与项目投资不匹配的、过高的财务门槛，包括注册资本、净资产、银行存款、银行授信额度、利润总额等将民营企业排除在外，也不得通过央地合作、招商引资、战略合作协议等形式规避政府采购流程而指定合作对象作为社会资本方。对民营资本设置歧视性条款的PPP项目，各级财政部门在审查PPP项目方案时应予以纠正，拒不纠正的，不得进入采购程序。对纯民营资本或由民营资本牵头的联合体参与PPP项目采购活动的保证金不超过项目预算金额的1%，在采购评审时可依法给予加分或减价的鼓励，具体标准在项目评审标准中确定。

四是加大对民营资本参与PPP项目的扶持力度。鼓励各级财政部门因地制宜、主动作为，探索财政资金撬动社会资金和金融资本参与PPP项目的有效方式，通过前期费用补助、以奖代补等手段，为项目规范实施营造良好的政策环境。各级财政部门要落实好国家、省、市级支持PPP项目的财政优惠政策，加强政策解读和宣传，积极帮助民营资本实施的PPP项目申报财政部示范项目。积极争取基金对符合条件的民营资本参与的PPP项目优先支持。建议市财政通过武汉市PPP融资支持基金、PPP项目以奖代补资金等方式向民营企业参与的PPP项目适度倾斜，提高支持和补助标准。

课题组成员：陈俊涛　杜　涛　周　杨　吴　波

健康老龄化:探索主动应对下的低成本策略

丁文珺

健康老龄化是我国积极应对人口老龄化的重要举措,是践行健康中国战略的关键内容。特别是伴随着人口结构急速老龄趋势,以健康老龄化为目标,加快在我国形成与经济社会发展需求协同一致的健康养老服务供给、产品供应及健康生活方式养成极具紧迫性。但在未富先老的国情下,推进健康老龄化面临老龄人口基数大、增长快、结构分化明显等基础特征与失能化、空巢化、独居化集聚叠加的社会现实,面临老龄人口健康生活需求与各年龄阶层健康诉求加速转型的压力,面临与新人口结构相适应的产业体系、服务体系、政策框架及保障制度仍不完善的挑战。高需求、高投入与高成本的叠加,要求我国必须通过提前干预、超前谋划、优化供给结构等多种途径探索主动应对下的低成本发展策略,在有限资源供给的现实基础上,以效率提升推进我国加快实践较高质量的健康老龄化。

一、推进关口前移,通过提前干预和超前谋划降低沉没成本

将健康老龄化战略导向由短期应急策略为主向应急策略与中长期战略谋划相融合转型,在补短板的同时逐步加强对于新趋势、新特征以及潜在风险的提前预判,避免陷入"解决问题—出现新问题—再解决问题"的低效循环,以及由此带来的本可避及的医疗负担。一是将关注关口前移,从全生命周期角度对影响个体老龄阶段健康的因素进行提前干预,从家庭医生制、基层首诊制等途径对老龄人群疾病进行提前预防,通过老龄前阶段健康管理及低龄健康老人的

健康监护，最大程度降低疾病风险，推进功能残障期由扩张模式转变为压缩模式。二是突破对健康老龄化的传统思维局限，对于具备潜在风险及隐患领域提前关注，如在关注生理健康的同时，不能忽视已呈明显上升趋势的以抑郁为主的老年精神问题，又如在关注老龄健康质量的同时，不能忽视我国整体居民健康素养仍待提升，小病大治、药物滥用等过度医疗行为对健康老龄化具有重要潜在影响。三是超前谋划，尽快推进经济社会发展思路、建设模式、规划设计与新人口结构相契合，在交通、道路、房屋等设施建设规划时需提前考虑适老需求，在城乡规划布局时需融合新人口结构特征下的生活需求、消费需求、医护需求，特别是伴随以居家为基础、以社区为依托的养老服务体系逐步成熟，立足社区的医养模式对城乡设施布局适老性需求将会激增，提前预期可避免未来因改造、重建等造成不必要的成本浪费。

二、完善医疗服务体系，防止供需错配下的医疗资源挤占和成本激增

老龄疾病具备慢性病多、多病共存特征，这对传统以医院为中心、以急性病和重大疾病诊疗为重点的医疗服务体系提出新要求。一是需要进一步完善疾病急性期后的康复护理服务体系，推进构建包含医院康复医学专科、专业康复机构、基层医疗康复护理机构在内的多层级康复护理服务供给，尽快制定规范的康复护理需求分级评估机制及相应转诊机制，形成以康复病人需求变化为导向、医疗与康复之间转接有序的服务体系，避免低成本的康复需求转介为高成本的医疗需求，同时探索新需求结构下康复护理纳入医保报销范畴的优化方案，进一步明确康复护理服务目录，减少因制度因素造成的低效供给及医疗资源挤占。二是推进发展老年医学科，基于生理特征老龄人群对药物反应及代谢特点有所不同，且基本存在多病共存、多药共用现象，在医学分科更趋细化的趋势下，应针对老年疾病特征进行综合评估诊断、多学科联合治疗以及全过程连续照护，根据老龄医学特征对高龄多病体弱人群进行除疾病治疗外涵盖营养、心理、康复的综合处理，以避免老龄人群频繁转诊带来的医疗风险及医疗成本。

三、强化居家养老功能，避免低强度健康服务需求转化为高成本医疗服务

多数老龄人群医疗需求强度低、设备依赖性不强，在更倾向于居家养老的传统文化影响下，以家庭场所为核心，进一步发挥基层医疗卫生机构、社区养老服务中心等在生活照料、康复护理、健康管理、家政服务等基础性医养服务供给中的重要节点功能，不仅能有效降低健康养老成本，还能切实提升服务供给质量以及老龄人群的体验感。要立足为老龄人群提供连续性、基础性健康服务的目标，进一步优化基层医疗服务机构老龄健康服务供给质量和供给结构，提升基层卫生服务机构在康复护理、慢病治疗、健康管理、医疗保健等领域与医院以及社区养老服务中心的衔接功能，进一步完善家庭医生制、基层首诊制，并根据不同区域发展基础、发展需求探索各具特色的医疗护理上门服务模式及费用分担机制，加快形成具有中国特色的社区居家医养结合模式。同时，要以需求为导向优化社区养老服务中心供给结构，以社区为平台解决各类健康养老服务供给主体之间缺乏衔接的现实问题，推进家庭场所和社区助老服务、照料服务之间的合理规划及有机融合，发挥好社区在长期照料服务和医疗服务之间的重要衔接作用，通过优化居家社区健康养老服务供给减轻机构负担，切实实践“大病在医院，康复在社区”的健康老龄化发展理念。

四、跳出惯性思维，多渠道探索健康养老的提质增效路径

需进一步跳出定式思维和传统路径依赖，以改革创新思路多渠道探索健康养老提质增效路径。一是探索存量闲置资源的合理利用机制和使用模式，打通目前在政策协同、土地性质等具体操作层面面临的制度性约束，鼓励对闲置的厂房、商业设施及其他可利用存量闲置资源进行综合改造用于养老服务，支持闲置或过剩的基层医疗资源转型为医养结合型护养机构，盘活存量、优化增量，在减轻机构压力的同时为降低民间资本进入健康养老领域的门槛提供有效路径。二是探索在扩大开放中优化结构、降低成本。面对健康老龄化总量供给不足、分布不均、成本较高、质量不优的压力，我国既需要以改革为动力加快推进健康养老领域发展，也应以汇聚全球优质资源、优化健康养老供给结构为方向，在开放交融中探索出具有中国特色的发展路径，通过进一步放宽老龄医疗健康服务领域准入限制、加快简化外国医师在国内就医注册审批流程，以及鼓励支持外资投资兴建康复护理、养老护理、心理治疗、家庭照料各类健康养老相关机构等，为老龄人群提供更加丰富、更多层次的健康养老选择，特别是对于需求较大但国内尚无能力提供的供给，需探索以更高水平的开放和更完善的准入采购机制降低供给成本。三是推进共享经济、租赁经济等新经济模式在健康养老领域的延伸探索，在老年康复用品、老年保健器具等具备分享条件、可从存量中挖潜增量价值的领域，以及老龄健康医疗器械、医疗设施等资产获取比资产拥有更具优越性的领域，甚至时间共享、医资共享等特殊领域，探索各具特色并且老龄人群易参与、易操作、易使用的发展新模式，以新业态、新思路减少不必要的存量资源消耗。四是推进在技术改进中降低健康养老成本，通过信息化、智能化技术与健康养老的深度融合提升健康老龄化质量，特别是针对我国健康养老领域人才供给不足的制约，探索在智能养老设备研发利用、健康养老信息化平台建设等领域发展中减少对人力的依赖。

作者单位：武汉发展战略研究院

战略思考篇

武汉市推动长江经济带绿色发展示范探索与实践

武汉发展战略研究院课题组

2018 年 4 月 26 日，习近平总书记在武汉主持召开深入推动长江经济带发展座谈会并发表重要讲话。2018 年 5 月 17 日，国家推动长江经济带发展领导小组明确武汉市为长江经济带绿色发展示范区。同期被明确为示范地区的还有上海崇明和江西九江，湖北武汉是唯一一个进行全域示范的超特大城市。2018 年 6 月 27 日，国家发改委推动长江经济带发展领导小组办公室下发《关于加快推动长江经济带绿色发展示范工作的通知》，要求“湖北武汉重点围绕‘四水共治’和科教资源创新驱动，在绿色高质量发展的新模式方面形成示范效应”。

根据国家发改委要求，武汉结合城市“基础和独特优势，找准绿色发展示范的主攻方向”，瞄准具有特色的示范效应，编制了《武汉市加快推动长江经济带绿色发展示范实施方案》（以下简称《武汉方案》），提出“建成水环境治理示范城市”“建成滨江滨湖生态绿色城市”“建成科技创新引领城市”“建成绿色产业集聚城市”四大发展目标，并提出“深入推进四水共治”“强化科技创新驱动”“建设六大示范先行区”“创新绿色发展机制”四大任务。2019 年 1 月 22 日，国家推动长江经济带发展领导小组办公室发文《关于支持湖北武汉开展长江经济带绿色发展示范的意见》（第 97 号），对《武汉方案》予以充分肯定。2019 年 6 月，湖北省推动长江经济带发展领导小组正式印发《武汉市加快推动长江经济带绿色发展示范实施方案》。

自 2018 年武汉被明确为长江经济带绿色发展示范以来，在国家发改委和湖北省委、省政府领导下,武汉深入学习贯彻习近平生态文明思想,按照国家有关要求,以“共抓大保护、不搞大开发”为导向,坚决把修复长江生态环境摆在压倒性位置,坚持先行先试,积极探索长江经济带绿色发展新路径,绿色发展示范工作取得了重大阶段性成效。

一、武汉推动长江经济带绿色发展示范的意义

(一)推动长江经济带绿色发展示范,是武汉贯彻落实习近平总书记重要指示精神和新发展理念的生动实践

实施长江经济带发展战略,是以习近平同志为核心的党中央作出的重大战略部署。习近平总书记在深入推动长江经济带发展座谈会的重要讲话中指出,要努力把长江经济带建设成为生态更优美、交通更顺畅、经济更协调、市场更统一、机制更科学的黄金经济带,探索出一条生态优先、绿色发展新路子。十九大报告中提出,以“共抓大保护、不搞大开发”为导向推动长江经济带发展。武汉推动长江经济带绿色发展示范,就是要贯彻党的十九大精神,以习近平新时代中国特色社会主义思想为指导,提高政治站位,增强行动自觉和思想自觉,把长江经济带建设好,坚决完成中央赋予武汉的重大政治任务。

(二)推动长江经济带绿色发展示范,是武汉强化长江中游城市群核心城市责任担当的主动作为

长江经济带作为流域经济,是一个整体,必须促进实现长江上中下游协同发展、东中西部互动合作,依托长三角、长江中游、成渝等三大城市群带动长江经济带发展。武汉推动长江经济带绿色发展示范,要以高标准、严要求,在探索大江大河流域绿色发展上在全国作出示范,率先形成节约能源资源和保护生态环境的产业结构、增长方式、消费模式,在支撑中华民族发展问题上履行武汉使命、体现武汉担当、做出武汉贡献,力争为全流域做出样板,确保母亲河永葆生机活力。

(三)推动长江经济带绿色发展示范,是武汉实现高质量发展的重要支撑

近年来,长江流域经济社会综合实力快速提升,也带来了巨大的资源环境压力,生态修复和环境保护成为现阶段长江经济带高质量发展的重要瓶颈。唯有牢固坚持生态优先,切实推动绿色发展,才能促使武汉乃至长江经济带走向经济高质量发展。武汉推动长江经济带绿色发展示范,就是要处理好长江与城市的关系,把共抓长江大保护作为生命线工程来抓,促进经济效益、社会效益、

生态效益正向叠加，使长江武汉段成为世界大河治理最新成就的集中展示地，使武汉成为绿色发展和高质量发展的典范。

（四）推动长江经济带绿色发展示范，是武汉提升市民幸福指数的民心工程

长江经济带是我国“两纵三横”为主体的城市化战略格局的重要组成部分，全流域总人口超过5亿，人口密度远超全国平均水平。良好生态环境是最公平的公共产品，是最普惠的民生福祉，是民心所向。随着人民群众迈向小康，对美好生活向往的内涵更加丰富，对与生命健康息息相关的环境问题越来越关切，期盼更多的蓝天白云、绿水青山。武汉推动长江经济带绿色发展示范，就是以实实在在的行动为人民谋福祉，让人民群众生活得更加幸福、更有尊严。

二、武汉推动长江经济带绿色发展示范的工作举措

全市上下坚持把自己摆在国家赋予的使命中去谋划定位，坚持高位推动，成立由武汉市委、市政府主要领导任组长的推动长江经济带发展领导小组，定期研究、统筹推进长江经济带绿色发展示范工作。

（一）坚持规划引领，做好顶层设计

一是完善战略层面设计。出台《中共武汉市委武汉市人民政府关于共抓长江大保护的实施意见》《关于加快生态文明体制改革建设生态化大武汉的意见》，统筹长江武汉段生态保护修复。科学编制《武汉市加快推进长江经济带绿色发展示范实施方案》，引导武汉绿色发展。积极推进“多规合一”《武汉市城市总体规划》的编制，坚持“两轴两环，六楔多廊”的城市生态框架，突出长江生态轴的功能升级。

二是制定专项规划。《长江主轴概念规划》突出了武汉沿江地区分层治理的空间体系的构建，《武汉长江大保护滨江带规划》提出了“功能提升、生态修复、特色塑造、设施重构”的滨江带保护利用战略，《武汉市湖泊保护总体规划》指明166个湖泊保护方向。同时，编制《武汉市“四水共治”实施方案》《武汉市河湖流域水环境“三清”行动方案》《武汉市城市建设绿色发展实施方案》《武汉市煤炭消费总量控制3年行动计划》《武汉市碳排放达峰行动计划》《武汉市城乡生活垃圾无害化处理全达标三年行动实施方案》等各类专项方案，稳步推进长江经济带绿色发展。

三是强化法制保障。构建基本生态控制线和生态保护红线，划定占市域面

积 75%的基本生态控制线和占全市国土面积 7.48%的生态红线。颁布实施全国首部基本生态控制线保护地方法规《武汉市基本生态控制线管理条例》。实施《武汉市湖泊周边用地规划与建设管理办法》《武汉市扬尘污染防治管理办法》等管理办法。以长江沿线 5 公里范围为核心,从用途管制体系、用途管制准入、用途管制纠错等方面,加强构建长江沿线的用途管制制度。

(二)坚持生态优先,打造滨水绿城

一是践行生态治水新思路。推进堤防构筑、隐患排查、预警强化三项任务"防洪水",新城区重要城镇堤防防洪标准提高到 10—30 年一遇。坚持海绵城市建设、加强湖泊调蓄、提高抽排能力三管齐下"排涝水",全市排涝能力提升至 10—20 年一遇。打好厂管建设、黑臭水体、水污染防治三场硬仗"治污水",中心城区污水处理率达到 96.26%,新城区污水处理率达到 81.61%。抓好供水厂管网集并建设、二次供水改造、饮用水水源地保护三个重点"保供水",市政管网末梢水水质监测总体合格率达 98%以上，集中式饮用水源地水质达标率 100%。

二是提升生态系统承载力。构建生态空间管控政策法规体系,严格对新增项目实施准入管理。打好蓝天保卫战,空气质量综合指数由 2016 年的 5.28 下降至 2019 年的 5.07,内源性重度及以上污染天气基本消除。推进净土保卫战,持续开展重点行业企业用地详查,开展重点土壤污染治理修复项目,完成全部 257 家重点行业企业信息采集及地块风险筛查工作。推进湿地保护,建成一批东湖绿道、戴家湖公园、府河绿楔生态示范工程等重大生态景观工程。

三是严控重点领域污染源。开展企业非法排污和入河排污口整治,完成长江、汉江武汉段 1842 个入江排污口排查并纳入监测,184 家重点单位全部实施排污监控。开展船舶污染整治,584 艘 400 总吨以上船舶全部完成污水收集处置改造。开展农业面源污染整治,禁养区 687 个规模养殖场、限养区 2016 户散养户全部退养。2020 年 7 月 1 日起长江流域全面禁捕,完成渔民建档立卡,安排 7679 万元财政资金安置渔民,1151 名渔民、620 艘渔船全部上岸,退捕渔民就业率达 82.9%、参保率 98.6%。

(三)坚持创新驱动,加快转型升级

一是加快新旧动能转换,提升工业生产含绿量。加快实施沿江 93 家化工企业关改搬转,已完成 36 家,年内再完成 44 家。加快企业智能化、绿色化技改,10余家高排放企业成功创建国家绿色工厂。加快节能环保、清洁生产、清洁能源、生态环境、基础设施绿色升级、绿色服务等绿色产业发展。支持武钢等企业积极发展氢能、大数据等新兴产业,加快绿色转型。实施循环发展引领行动,青山工业区循环化改造试点已通过国家验收,正分批实施17个园区循环化改造。

二是加快科技创新步伐,提升经济发展含新量。依托武汉东湖新技术开发区,全域推进自主创新示范区建设,规划建设光谷科技创新大走廊,加快建设环大学创新经济带,推动高校院所与龙头企业资源共享对接。积极开展绿色科技成果转化,一大批获得国家专利技术成果应用于产业转型升级、生态修复、污染治理中。获批建设中部地区首个国家技术标准创新基地,光纤通信激光、地球空间信息等一批“中国标准”从武汉走向世界。

三是加速科技引领型产业发展,提升产业体系含金量。“数字经济”提档增速,绿色金融、科技金融等与武汉绿色发展深度融合。建设国家新一代人工智能创新发展试验区、国家现代农业产业科技创新中心,创建国际消费中心城市、国家服务业综合改革试点、全球创意城市网络“设计之都”、“中国软件特色名城”等相继获批、获评。

(四)坚持先行先试,探索发展路径

一是武汉长江新城(新区)加快谋篇布局,打造未来城市规划建设样板区。实施最严规划区域管控,杜绝无序发展和资源浪费。对标雄安新区,初步形成“一总八专、多规合一”的规划体系,起步区城市设计获得世界性大奖“2019可持续城市和人居环境奖”。

二是武汉东湖国家自主创新示范区建设全面推进,打造科技创新引领绿色发展新高地。坚持“一芯驱动”理念,形成高精尖产业体系,取得了中国首条5G智能制造生产线、全球首款128层三维闪存芯片等一批重大自主创新成果。推进建设中钢天澄院士工作站、中科固废工研院等校企合作平台,致力为长江经济带工业超低排放和固废处理提供新方案。

三是中法武汉生态示范城加速建设,打造中外合作发展典范之城。利用法国先进技术,开展什湖治理和高罗河、香河生态廊道整治工程。融合法国“小街区、密路网”生态城市理念,积极推进启动区路网建设。成功举办第五届、第六届中法城市可持续发展论坛等重要活动。

四是青山北湖生态试验区探索前行，打造重工业区绿色发展典范。聚焦“治污水、拆违建、建新城”三大任务，积极开展水环境治理、工业污染防治、生态修复、产业转型升级等，资源产出率、能源产出率、水资源产出率、工业固废综合利用率平均提高达 55 个百分点，二氧化硫、氮氧化物、化学需氧量、氨氮分别下降了 82.44%、35.61%、74.75%、83.29%。

五是东湖城市生态绿心不断提升，打造世界级城中湖典范。推进大东湖水网生态构建工程，完成全域退渔还湖，全力推进游船革命；有序实施大李文创村、桥梁村等“景中村”微改造工程；创新开展“大湖+”主题功能区建设，充分发挥东湖经济社会效益。

六是硚口汉江湾生态治理试验区加快转型，打造老工业区搬迁改造和创新发展的典范。高标准实施化工企业土壤修复，全面完成港口岸线资源整治，大力发展现代商贸、工业服务、健康服务三大产业，全面改造提升古南、运河等 18 个老旧社区，打造特色生态街区。

（五）坚持制度创新，构建长效机制

一是突出实绩评价，健全绿色发展考核机制。积极探索建立城市生态系统生产总值（GEP）核算体系，拟定《关于武汉探索推进城市生态系统生产总值（GEP）核算改革试点工作的实施方案》，推动东湖生态旅游风景区、江夏区（梁子湖）和蔡甸区（中法生态城）三个区核算试点。实行领导干部自然资源离任审计和生态环境损害责任终身追究制度，将领导干部审计结果与考核挂钩。建立生态文明绩效评价体系，将空气质量改善、水环境治理改善、河湖长履职尽责等重点工作纳入全市绩效管理综合考评，生态文明建设工作占党政实际考核的比例提升至 20%。

二是突出奖惩挂钩，健全生态补偿机制。继续完善森林、湿地等单要素生态补偿制度，印发《关于进一步规范基本生态控制线区域生态补偿的意见》。探索创新市域内跨区断面水质考核奖惩和生态补偿机制，精细设置奖惩标准，率先启动长江、汉江跨区断面水质考核奖惩和生态补偿。2018—2019 年，全市生态补偿资金 15.31 亿元。长江、汉江跨界断面考核共奖励 1250 万元、扣缴 1700 万元。全市水体修复、农村环境整治、绿化建设等重大生态工程资金投入不断增加，基本生态控制线区域生态环境质量得到有效提升。

三是突出市场主导，加快建立生态产品价值实现机制。拓展生态产品价值转化路径,开展《武汉市自然资源资产价值评估体系研究》,形成《关于推进全民所有自然资源资产有偿使用制度改革的实施意见》。加快健全绿色平台交易机制。探索建立水权制度,开展水域、岸线等生态空间确权试点,编制《武汉市水权交易规程》等规章制度。完善排污权交易制度,组织开展重点排污单位初始排污权核定。推动湖北省碳排放权交易中心发展。推动武汉城市矿产交易所发展,发布城市矿产资源“武汉指数”,支持企业可回收利用资源挂牌交易。

三、武汉推动长江经济带绿色发展示范的工作成效

武汉瞄准《武汉加快推动长江经济带绿色发展方案》四大目标,经过三年不懈努力,取得了阶段性的工作成效。

(一)“水环境治理示范城市”建设卓有成效

武汉长江大保护格局基本形成,水生态环境整体保护与系统治理能力大幅提升。2019 年,武汉长江、汉江干堤已达到安全抵御 1954 年型、1998 年型洪水能力;全年中心城区排水防涝能力总体达到 20 年一遇;重要水功能区水质达标率由 2015 年的 75%提升至 83.33%;全市总用水量 37.99 亿立方米,万元 GDP 用水量 23 立方米,比 2015 年降低 32%;市政管网末梢水水质检测总体合格率达 98%以上,饮用水水源地水质达标率保持 100%。长江武汉段水质稳定保持优良,为 40 年来最好水平。

(二)“滨江滨湖生态绿色城市”建设广受关注

武汉国家生态园林城市、国际湿地城市创建阔步前行,长江主轴武汉段风景线渐次铺开。2019 年,武汉建成区绿化覆盖率达到 40.02%,绿地率达到 35.74%,人均公园绿地面积 10.19 平方米。建成 5 个湿地自然保护区、10 个湿地公园,全市湿地面积 1624.61 平方公里,占国土面积 18.9%。英国《卫报》报道武汉海绵城市建设取得重要成效,并被《参考消息》等多家媒体转载。2019 年 6 月在瑞士格兰德举办的《国际湿地公约》常委会审议决定,第十四届缔约方大会将于 2021 年在武汉举行,这是我国首次承办该国际会议。

(三)“科技创新引领城市”建设亮点纷呈

武汉科技创新引领作用持续发力,绿色发展科创动力更加强劲。2019 年,武汉高新技术产业增加值突破 4000 亿元,占 GDP 比重达到 25.7%。高新技术企业总数达到 4417 家,比 2015 年增长 1.67 倍,居全国副省级城市第五位。全市科技进步贡献率超过 60%,研究与开发(R&D)经费实现 10%的年增长速度,

每万人发明专利拥有量41件，是全国平均水平的3倍。人才集聚洼地效应不断增强，引进高层次人才尤其是诺奖级人才创历史新高。

（四）“绿色产业集聚城市”建设成果显著

武汉产业结构蝶变升级，产业体系含绿量、含新量、含金量不断提升。第三产业比重从2015年的51%提高到2019年的60.8%。武汉形成了产业门类较为齐全的绿色产业集群。在水污染防治、大气污染防治（脱硫脱硝除尘）、节能环保设备、节能环保服务、资源综合利用等产业领域形成特色。低碳试点示范稳步推进，超额完成能耗总量和强度“双控”目标。2019年，武汉市荣获“全球绿色低碳领域先锋城市蓝天奖”，全球仅四座城市获该奖。

四、典型经验

武汉全市上下始终把推动长江经济带绿色发展作为重大政治任务，坚持把自己摆在国家赋予的使命中去谋划定位，突出武汉特色，探索出一条“共治为基、科技为魂、制度为要、民生为本”绿色发展的特色新路子。

（一）共治为基，以治水创新描绘绿色发展的生态底色

武汉大力实施“四水共治”，在治水方式、治水主体、治水手段等方面进行了有益的探索，形成流域共治的南湖模式、政企共治的“资本＋”模式、人机共治的智慧治水模式，不断促进武汉水资源优势转化为发展优势。

1.探索治水方式创新，打造流域共治的南湖模式

针对南湖水环境现状突出问题，2018年下半年起，全市发起了南湖水环境提升攻坚战，通过市级统筹、系统治理、治管结合的方式，形成了流域治理的南湖模式。经过近两年坚持不懈的攻坚治理，南湖水质已经从以往的劣Ⅴ类稳定达到Ⅴ类。

一是以市级统筹为基础，形成流域治理一盘棋。南湖流域分属洪山区和东湖新技术开发区两大行政区，周边地块构成较为复杂。武汉成立了市长亲自担任指挥长的南湖水环境提升攻坚指挥部，下设8个工作专班，全面统筹推进攻坚工作。正式发文实施《南湖水环境提升攻坚工作方案》。市级先行组织编制完成流域本底调查技术规程，全面指导流域管网排查工作。全市统一部署，进高校、入社区，市政管线与地块单元同步推进，完成南湖流域排水管网探测，在南湖流域沿线排查出212个排口和193处管网混接、错接点，形成了流域管网“一张图”。

二是以“三清行动”为抓手，系统治理打基础。针对城市高密度成熟区域内湖特点，探索南湖全过程控污、全系统截污、全方位治污的治理之路。紧抓从源头到末端、从岸上到水体的各环节治理，开展清源、清管、清流“三清行动”。完成尾水排江工程，推进全湖清淤；实施海绵化改造，推进雨污分流；整治管网病症，扩建污水设施；实施生态补水，构建良好生态。多种措施多管齐下，推进南湖治理分阶段地实现治理目标。

三是以治管结合为重点，长效运维添保障。以茶山刘示范片区为突破口，逐步建立完善南湖流域治理与监管长效运维机制。根据日常市区行政主管部门、流域水环境治理公司等各监管主体的联查联调工作，做实做细问题排查反馈、整改方案制定、整改工程实施、考核评估建档等一系列措施，形成流域全方位监管良性循环体系，确保及时发现问题、及时解决问题，并通过流域公司实现流域一体化治理与运维。

2.探索治理主体创新，打造政企共治的“资本＋”模式

武汉市政府与三峡集团长江生态环保集团建立良好的工作机制，深入探索流域治理合作模式、政企全域合作模式和“资本＋”合作模式。目前，长江生态环保集团牵头推进多个水环境治理项目，总投资规模约300亿元，有效减轻了政府财政压力。

一是深化流域治理合作模式。武汉市政府支持长江环保集团在南湖、汤逊湖和北湖流域治理中发挥骨干主力作用，长江环保集团与武汉市碧水集团探索成立南湖、汤逊湖合资项目公司，创新流域水环境治理体制机制，成功实现从概念化的“四统一”（统一规划、统一建设、统一运维、统一支付）流域治理转变为可操作的“两统筹、四统一”（统筹建设、统筹支付、统一规划、统一监管、统一验收、统一运维）的流域治理理念。2020年8月6日，汤逊湖流域综合治理一期项目中标，“两统筹、四统一”流域治理模式加速实践。

二是探索政企全域合作模式。湖北省科技投资集团与长江环保集团合资组建武汉市三峡光谷水环境投资有限公司，以打造武汉东湖高新区城市“水管家”为目标，集中管理全区资源、资产，实现资源集约使用、项目高效运转。东湖高新区南湖流域管网混错接改造加速推进，6万吨污水入湖问题得到及时解决。东湖高新区水环境综合治理规划顺利完成并通过院士专家会评审，光谷中央生态大走廊空中轨道桩基土建预埋工程（EPCO模式）项目合作成功实施。

三是拓展“资本+”合作模式。长江环保集团与武汉水务平台开展战略合作，拟出资 40 亿元现金入股武汉水务集团和武汉控股，已于 2020 年 1 月 16 日完成 15%武汉控股股权交割、投资金额 7.43 亿元。三峡集团拟通过内部股权划转,将长江电力持有的清洁能源集团 42.98%股权划转至长江环保集团持有，以清洁能源集团参与长江大保大护为契机，探索研究长江大保护可持续发展路径。

3.探索治理手段创新,打造人机共治的智慧治水模式

通过通信及计算机网络、空间地理信息、物联网、云计算、“互联网+”等新科技、新手段,助力水务工作的精细化和现代化发展。不断强化前段监测体系建设、推动前沿科技手段应用、打造系统集成治水平台,逐步实现科学有效的协同治水。

一是强化前端监测体系建设。布设取水水源地上游视频监控点,实现饮用水水源地实时监控。实施中心城区排涝泵站智慧管理系统建设,2018 年以来，15 座中心城区大型排涝泵站实施自动化改造,17 个新城区泵站接入工况信息。实施灾后水系测报系统建设,全市现有各类水位站点 790 余处、雨量站点 500 余处、视频监控点 6 万余个,防汛抗旱排涝信息采集覆盖武汉长江、汉江、中小河流、水库以及重点水系湖泊港渠。2020 年防汛期间,全市所有江河湖库水情汛情实时掌握,每日不间断报送水情汛情信息 1000 余条,为市防汛指挥部科学决策提供了有力保障。

二是推动前沿科技手段应用。广泛使用管道机器人电视监测,通过配置高清摄像头的自动爬行机器人进入排水管道，排查管道内部功能性及结构性缺陷。已排查超过 580 千米,为及时发现、及时修复提供了准确的技术支撑。利用“无人机+5G”手段,开展寻堤查险,远程快速检视防汛设施和险情,为防汛指挥部的精准研判提供第一手直观信息,弥补人工巡视不够精准、快速的短板,极大提升防汛工作效率。

三是打造系统集成治水平台。成立全国水司中首家专门负责智慧水务规划、技术、建设、运维的部门——智慧水务中心,全面打造四平台(调度指挥平台、集团管控平台、客户服务平台、综合保障平台)、一中心(数据中心)、一张图(水务一张图)、一朵云(水务混合云)、一张网(智慧水务一张物联网)治水平台。建立排水管网隐患信息管理系统,动态评估管理排水管网及隐患。建立南

湖等流域水环境治理智慧平台，着眼岸上治理的运行与监管。

（二）科技为魂，以产学研结合突显绿色发展的科教支撑

武汉积极发挥科教资源优势，加强绿色发展领域“产学研”结合，探索科创助力的绿色产业发展模式和“四位一体”的绿色科技成果转化模式，形成了一套科教资源推动绿色发展的典型做法。

1.探索科技赋能，打造科创助力的绿色产业发展模式

通过持续加大科技创新力度、强化绿色发展的基础研究、提高企业创新主体地位、推动综合性国家产业创新中心建设，提升科技创新支撑绿色产业的能力，促使武汉经济发展新动能加快成长。

一是加强基础科学和技术研究，提升绿色产业发展的原始创新能力。武汉大学水资源与水电工程科学国家重点实验室、武汉大学气候变化与能源经济研究中心等一批绿色发展基础研究基地不断壮大。积极承办国内外绿色发展、生态环境领域的重要交流活动，如C40城市可持续发展论坛、长江经济带生态环境保护与绿色发展论坛、武汉国际水科技博览会、中国城镇水环境治理高峰论坛、中国智慧水务建设高峰论坛等，提升武汉绿色发展学术研究水平。

二是加强企业的创新主体地位，促进经济结构和生产方式的绿色化转型。培育和引进了长江存储、中冶南方都市环保工程技术股份有限公司、长江生态环保集团等一大批高新高效、节能环保行业领军企业。持续推进华中地区首个环保节能科技企业孵化器——光谷动力节能环保产业园建设。实施科技型企业梯次培育行动计划，截至2019年底，全市共有科技“小巨人”企业2491家，瞪羚企业507家。结合企业的创新中心建设，布局建设智慧交通工程技术研究中心、智慧能源工程技术研究中心、石油天然气污染防控与治理工程技术研究中心、固体废物环保处置工程技术研究中心等绿色发展创新中心。

三是打造国家级科技创新平台，建设绿色发展科创中心。积极创建综合性国家产业创新中心。国家光电研究中心、国家信息光电子创新中心、国家数字化设计与制造创新中心、国家先进存储产业创新中心等一批国家级创新平台的自主创新能力不断提升，为绿色产业发展提供科技支撑。全市省级工程技术研究中心达到110家，工业技术研究院达到19家。进一步促进科学仪器设备开放共享。共建省科学仪器设备协作共用网，推进市级科学仪器开发共享平台建设。积极推进入网科研仪器设备向社会用户开放。目前，武汉入网仪器设备

8000 台套，加盟检测服务机构 186 家，汇集检测专家 700 多人，提供对外检测服务 31000 余次。获批建设中部地区首个国家技术标准创新基地，光纤通信激光、地球空间信息等一批“中国标准”从武汉走向世界。

2.实施精准对接，打造“四位一体”的绿色科技成果转化模式

逐步构建起政府、大学、企业、市场四位一体的创新生态系统，深化科技成果市场化、产业化改革，促进创新链与产业链精准对接，形成绿色科技成果转化的武汉样板。

一是建设高位推进组织架构，健全科技成果转移转化工作机制和政策体系。开全国之先河，创造性设立了“虚拟机构、实体运作”科技成果转化局，挂靠市科技局，局长由市委常委、副市长兼任，常务副局长由市科技局局长兼任。成立科技成果转化院士专家顾问团，为科技成果转化把脉会诊。完善科技成果转移转化政策支撑，制定出台“黄金十条”、《进一步促进科技成果转化的意见》《武汉市科技成果转化工作容错免责实施细则》等系列政策，为绿色科技成果转化提供政策保障。

二是强化高校院所领军作用，实施高校科研院所科技成果转化对接工程。对接武汉大学、华中科技大学、中科院等众多高校和科研院所，开展科技成果转化各高校专场签约活动，促进绿色科技成果应用。围绕武汉绿色发展重点产业领域，开展了节能环保、生物与环保、绿色建筑等各类绿色科技成果转化专场签约活动。依托这些专业化的线上线下对接活动，中科院院士团队的兆瓦级分布式氢能发电技术和武汉高校的绿色节能建材技术、水生态修复技术、固态有机废弃物资源化利用成套技术等诸多涉及新能源、新材料、节能环保、智能制造的科技成果得以签约和成果应用。截至 2019 年底，共组织开展 25 场高校科技成果转化对接活动，签约项目 852 个，签约金额 796.11 亿元，在汉高校院所科技成果就地转化率达到 41%。

三是精准对接企业绿色发展需求，打通科技产学研一体化通道。按照利益纽带、企业主体、产业化导向的思路，大力发展产学研一体化新型研发组织。组建 19 家工业技术研究院，累计开展科技成果转化项目 465 项。其中武汉新能源研究院围绕科技创新和创业服务两大核心业务，在新能源开发、能量存储与转化、节能环保及城市低碳发展等领域实现重大突破，培育一批新能源领域的创新型技术和企业。武汉地质资源环境工业技术研究院正积极搭建氢能产业

创新发展平台，面向国际国内整合领先的氢能产业创新资源，推动武汉氢能汽车产业集群的形成。

四是做大做强技术交易市场，完善科技成果转化服务体系。发挥武汉国家技术转移中部中心功能，吸引中部省市科技成果上线交易。加强技术转移转化中介服务机构建设，成立武汉技术转移机构联盟。依托社会专业机构，建设运营集科技资源的聚集、展示、对接、评估、服务、管理于一体的市级科技成果转化线上平台，并对节能环保和资源综合利用、新能源、新材料、航天航空、信息等绿色发展相关领域的科技资源进行重点展示。

（三）制度为要，以机制创新打造绿色发展有力保障

以市域内跨区断面水质考核奖惩和生态补偿机制、河湖长“三长联动”机制、领导干部自然资源资产离任审计制度为突破口，实现武汉绿色发展顶层设计的不断提升。跨区断面水质考核奖惩和生态补偿机制等制度创新在全国得到了广泛关注。

1.创新绿色发展评价考核机制，探索精准定责的市域跨区断面考核制度

武汉在全国首创市域内跨区断面水质考核奖惩和生态补偿机制，印发实施《长江武汉跨区断面水质考核奖惩和生态补偿办法》，受到全国各界广泛关注。2019 年，长江、汉江断面考核共计罚款 600 万元、奖励 850 万元，跨区水环境污染的共同预防和处置能力得到显著提升。近年来，长江、汉江武汉段达到Ⅱ类水质，高于国家考核标准。

一是科学制定考核标准，推动生态环境从普遍责任向精准定责转变。划定跨区考核断面，设定考核指标，在比较跨区考核断面与入境对照断面水质综合污染指数的基础上，统筹考虑考核断面水质同比变化情况，科学评价各区水环境治理成效，界定长江水环境污染的责任归属，精准确定环境污染责任。

二是制定量化奖惩指标，推动环境考核从一般定性向精准定量转变。实行奖惩措施，精准定量确定奖惩标准。跨区考核断面水质与入境对照断面水质相比，综合污染指数持平或者下降比例不超过 10%，奖励基准为 100 万元；综合污染指数下降比例超过 10%，奖励基准为 200 万元；同比水质改善的上浮 50 万元，同比水质下降的下调 50 万元。如综合污染指数上升，则进行同等幅度的扣缴。

三是改善奖励、下降扣缴，推动生态补偿从纵向补偿向横向补偿转变。长

期以来，生态补偿主要依靠上级财政拨款转移支付，以纵向补偿为主。武汉创新性提出改善奖励、下降扣缴的奖惩制度，奖励资金用于流域范围内水环境治理、水生态修复工作，推动不同区域之间的横向生态补偿，缓解了纵向生态补偿资金不足的难题。

2.健全绿色发展多元参与机制，探索河湖长“三长联动”制度

继 2012 年推行湖长制以来，武汉创新完善官方河湖长、民间河湖长、数据河湖长“三长联动”机制，大幅提升了河湖长制日常管理效率，工作经验得到国家认可并在全国推广。

一是完善以官方河湖长为主导的治理管护责任体系。创新开展官方河湖长履职 5 项机制建设：建立市级河湖长办公室运行规则，建立河湖长制问题事项处置流程，开展河湖长分级职责研究，试行河湖长述职制度，试行上级河湖长对下级河湖长考核机制。全市各级领导投入治水的精力倍增，河湖长白天巡河、晚上会商，日常协调、双休暗访成为治水工作新常态。

二是健全以民间河湖长为主体的全社会监督参与体系。推动民间河湖长开展 4 类重点活动；开展民间河湖长业务素养培训，提升业务水平和履职能力；开展民间河湖长巡河护湖活动；开展民间河湖长第三方调查；开展社会公众满意度调查。同时，对民间河湖长进行公开选聘、管理和考核，启动民间河湖长退出机制。目前全市民间河湖长达到 1145 人，河湖保护志愿者队伍突破 5000 人。

三是建立以数据河湖长为支撑的全天候智慧治水体系。创新推进数据河湖长 4 项关键技术突破：制定数据河湖长建设标准规范，指导各区开展数据河湖长系统建设；完成数据河湖长智慧服务系统全面上线，管理版“武汉河湖长制”APP 和公众版“河湖保护，你我同行”微信小程序已广泛使用；完成河湖长移动化办公全面启用；启动河湖问题无人机动态监控，武汉水系统的智慧治理理念全面推行。

3.提升绿色发展履职尽责机制，推进自然资源资产离任审计“三创”改革

积极推进领导干部自然资源资产离任审计试点改革，积极创新全覆盖审计方式、大数据审计方法、生态化审计内容，以“三创”新举措高质量推进自然资源资产审计工作。

一是创新全覆盖审计方式。施行“上审下”，纵向到底。围绕长江大保护、四

水共治等重点主题开展专项审计(调查),全面推开13个区、4个功能区和街乡镇的“上审下”。推行“结合审”,横向到边。对重点资源部门领导干部审计时,结合部门职责、功能定位,同步对相关区、街乡镇和企业展开延伸审计。

二是创建大数据审计平台。成立由15个部门组成的平台共建专班,解决因条块分割、职能交叉而导致的信息渠道不畅通、边界责任不明确等问题。推动各部门自然资源资产数据共享,并将管理应用、考核评价和审计监督三者融合在一个平台。实现自然资源资产审计全覆盖、部门协同管理有平台、评价考核有抓手、科学决策有支撑。

三是创优生态化审计内容。瞄准领导干部任职前后地区自然资源资产的三种变化,为评价考核和责任追究提供基本依据。聚焦自然资源资产实物量的变化。通过地理信息技术,掌控土地、森林、水域等变化;通过全市“国土规划一张图”系统,及时核实用地规划、审批和实际用地变化情况等。聚焦自然资源资产价值量的变化。推进编制自然资源资产负债表试点,为核查自然资源资产“家底”价值变动情况提供审计基础。聚焦生态环境质量状况的变化。运用无人机查看土地、河流等无法涉足的细节,重点揭示违法填湖排污、三网养殖、黑臭水体等生态环境问题。

(四)民生为本,以生态名片彰显绿色发展的生态福祉

坚持以人民为中心的发展思想,以长江主轴、东湖为重点打造千万武汉人家门口的诗意栖息地,以青山北湖、硚口汉江湾为重点,塑造武汉市民安居乐业的生态新城。以良好的生态环境实现最普惠的民生福祉。

1.实施长江岸线综合整治,打造最美长江主轴

武汉坚持将修复长江生态摆在压倒性位置,通过系统开展长江大保护、强力实施岸线资源优化、创新开展防洪工程复合利用、统筹提升长江游览产品品质,武汉长江江滩从百年水患之地转换为百里滨江画廊,武汉长江国际黄金旅游带核心区形象脱颖而出。

一是大力实施系统治理,打好长江大保护十大标志性战役。成立武汉长江大保护十五个专项战役指挥部,同步出台十五个专项战役实施方案,推进沿江化工企业关改搬转、城市黑臭水体整治、城市河道非法采砂整治、船舶污染防治、饮用水水源地保护和专项治理、长江入河排污口整治等专项战役,从岸上到水中、从末端到源头,全面开展长江水环境污染防治,取得了明显成效。全市

184 家重点排污单位建成污染源自动监控设施 1224 台(套),污染源自动监控设施传输有效率达 94.3%。全市建成区 65 条黑臭水体截污、清淤主体工程全部完工。布局天眼河道,全时段管控非法采砂,对非法采砂形成常态打击,武汉“非采入刑”案成为全国首例。

二是市区联动系统推进,强力实施沿江岸线资源优化调整行动。市政府主要领导挂帅上阵,市区两级上下同心,全面打响长江、汉江核心区港口码头岸线资源优化调整战役,对核心区内 103 个码头、189 艘趸船进行整合迁改。严把管控,建立整治后长效监管机制,对码头岸线进行地毯式清理。货运码头全部退出中心城区,两江核心区码头数量减少 61%,趸船数量减少 63%,核心区实现了公务码头、两江游轮及知音号等旅游码头集约化运营,形成洁净清爽的长江主轴岸线。

三是创新开展防洪工程复合利用, 打造百里滨江都市画廊。在巩固提升“两江干堤、连江支堤”安全防线的前提下,创新建设来水就防洪、水退就还江滩于群众休闲娱乐的防洪工程,有效将防洪经济效益、环境生态效益和社会综合效益融为一体。两江四岸全部腾退为以公园绿地为主的生活岸线、生态岸线、景观岸线,线路总长超过上海,接近纽约曼哈顿滨水绿道,建成 64 公里、740 余万平方米全国最大的江滩公园。长江堤防江滩综合整治工程—武青堤段将从前的防洪墙改为缓坡堤,城市、江滩、堤防三位一体,真正做到了“还江于民”。该项目获得中国建设工程鲁班奖,并在全球 92 个大城市中的 174 个项目中脱颖而出,获国际大奖 C40 城市奖“城市的未来”奖项。

四是提升长江游览产品品质,统筹建设长江国际黄金旅游带核心区。长江知音号游船变身武汉新亮点。2020 年 6 月,大型全电动商旅游船君旅号成功首航。两江四岸梦幻灯光秀不断完善,疫情期间“武汉加油”“感谢全国人民,致敬抗疫英雄”等系列内容,多次登上央视、新华社等主流媒体。江滩斗鱼直播节和斗鱼嘉年华成为全国直播界最具影响力的线下盛会。武汉江滩成为网红打卡地,每年接待游客逾千万人次,展现出最美长江、活力武汉。

2.实施水环境综合治理,打造人水和谐的世界级城中湖

东湖以水环境治理为核心,构建蓝绿生态网络,实施“大湖+”发展模式,探索出一条人水和谐的城中湖建设之路。东湖被国家水利部评为“长江经济带最美湖泊”,是沿线 11 个省市唯一入选的城中湖,入选全国首批建设示范河湖名

单,成为推动长江经济带绿色发展典范。

一是系统开展水环境治理,打造最净城中湖。水岸同治,推进水体全面截污。全面推进岸线锁定、退渔还湖、小游船整治、排口清查、尾水不入湖、全域保洁、水质监测加密等七大专项行动。小游船整治行动一举根除困扰东湖20多年的水上顽疾,100%实现游船能源清洁化。湖塘并治,推动环境整体提升。将主湖治理、子湖治理与湖边塘治理相结合,对东湖整体水域进行整治,构建"湖边湿地—湖边塘—子湖—主湖"梯级水生态净化体系。流域齐治,形成跨区域统一管理机制。做实总湖长、区级湖长联动机制;逐步提高入湖支流水质标准,推动流域源头截污、控污,严控入湖污染负荷;设定区界考核断面,强化东湖流域各区入湖水质考核。2019年东湖水质连续6个月稳定在Ⅲ类,其中3月份,东湖最大子湖郭郑湖和汤菱湖突破性达到Ⅱ类水平,创40年来最好水平。

二是全面编织蓝绿网络,建设最美城中湖。深入实施大东湖水网构建工程,连通东湖、沙湖、北湖、杨春湖、严东湖、严西湖六个湖泊,并通过港渠与长江相连,实现引江济湖、湖湖连通。加快实施东湖绿道工程,以"文化、美化、彩化、亮化、捷化、智化、净化、优化"综合提升为抓手,高质量推进东湖绿道三期建设,实现百公里绿道一线串珠。东湖绿道建成后,累计接待游客量突破4500万人次。东湖绿道入选"联合国人居署中国改善城市公共空间示范项目",捧回国际规划界重量级奖项"规划卓越奖"。

三是精心实施"大湖+"模式,构筑最炫城中湖。创新开展"大湖+旅游""大湖+文化创意""大湖+会议会展""大湖+养生养老""大湖+体育健康" 等模式。春赏樱、夏赏荷、秋赏桂、冬赏梅,四大花节传扬东湖赏花胜地美名。跑汉马、赛水马、驾帆船、划龙舟,全年200余场文体活动蓬勃开展,50平方公里东湖"最美山水赛场"惊艳世界。"景中村"大李村打造为"楚天文创第一村",并与斗鱼直播合作帮助小微旅游企业摆脱疫情影响,重新打开市场。"2020东湖旅拍嘉年华"在武汉东湖官方微博(话题阅读量3818.5万)、武汉东湖官方微信(单篇阅读量2万)、武汉东湖官方抖音号(话题阅读量6041.8万)同步上线,吸引游客深度打卡东湖。

3.实施老工业区升级改造,打造蝶变青山北湖和硚口汉江湾

着眼青山北湖生态绿色发展试验区、硚口汉江湾生态治理试验区两大传统工业基地绿色发展,持续创新开展生态治理,注入产业发展新动能。2020年,

青山钢花空气质量国控监测点空气质量优良率同比上升 21.2%。硚口汉江湾连续入选 C40 全球城市气候领袖群可持续发展典型案例。

一是持续开展生态治理,彻底消除工业发展带来的环境影响。大力实施土壤污染治理。硚口区完成 99 家化工企业停产外迁,对搬迁腾退的 1135 片土地实施污染场地土壤修复,老工业基地焕发新活力;青山北湖新城加大对中韩石化等重点企业周边土壤监测。全面开展工业污水治理。武钢实施雨污分流截污管建设工程,重资治理工业面源污染,根治北湖流域雨污横溢的现象。深入推进固体废物污染治理,青山区全面开展“清废行动 2018”,对武惠堤 20 年来武钢大量固体废弃物进行整治,彻底清除长江“毒瘤”。

二是全面开展生态修复与景观再生,城市“锈斑”变身城市“绿肺”。硚口汉江湾致力于老工业区城市更新和功能重塑,先后建成了汉江湾绿带、张公堤城市森林带、园博园,古田地区人均绿地面积达到 12.5 平方米,高于武汉市 10.19 平方米的平均水平,也远高于国家生态园林城市人均 10 平方米的标准。青山区创新推进长江岸线复绿工程, 打造汛期可防洪、旱期可游览观光的湿地公园,创新修复戴家山粉煤灰渣填埋场,蝶变形成戴家湖生态湿地公园,该项目荣获“中国人居环境范例奖”。2018 年习总书记视察青山途径青山江滩,对生态治理模式表示充分肯定。

三是推动传统产业改造升级,老工业区焕发新活力。青山宝武武钢一手抓环保技改,近几年投入 60 多亿元,打造绿色工厂;一手抓智能制造和产品结构优化,研发出新型轨道专用钢等新型产品。青山工业区国家循环化改造试点通过国家终期验收,实施 66 个园区循环化改造支撑项目,构建形成钢铁、石化、电力、节能环保四大产业循环链条。资源产出率提升了 58.11%,工业固废综合利用率达到 99.8%。这些项目的实施不仅有效支撑了青山经济稳住基本盘,生态环境也得到了持续改善。

四是注入绿色发展新动力,打造绿色产业体系。硚口汉江湾围绕科创总部基地,着力发展工业互联网、大数据、新能源、智慧汽车等新产业、新技术。将老旧厂房改造成一批工业设计小镇,搭建各类公共技术服务平台 20 余个,集聚科技型企业 200 余家。青山区编制《青山区(化工区)产业转型升级中长期发展规划》,严格把关产业项目引进,做到择商引资、选商引资,积极导入绿色产业。宝武武钢大数据产业园项目、长江云通总部、烽火光纤预制棒等一批重大项目围绕新材料、新能源、新装备、新经济实现集聚发展。

五、武汉绿色发展示范中存在的问题

武汉推动长江经济带绿色发展示范工作取得了丰硕的成果，但作为长江中游超大型城市和老工业城市，且仍处于爬坡过坎的关键期，武汉绿色发展还存在着不少历史欠账和薄弱环节。另外，不同于上海崇明和重庆广阳岛，武汉是在全市域开展绿色发展示范，环境治理、绿色转型并非一朝一夕可以到位。

(一)生态环境治理还需久久为功

一是水环境治理仍面临较大压力。武汉河湖水系众多，水体周围环境复杂多样。且武汉湖泊多为中小型浅水湖泊，水体自净能力不强，需要较长时间生态修复才能改善水质，个别湖泊水质有待进一步提升。

二是土壤治理尚处于起步阶段。武汉市重工业搬迁遗留场地数量多、污染类型复杂，局部建设用地仍有潜在的土壤污染风险。且土壤污染治理与修复具有长期性、复杂性的特征，目前武汉土壤污染治理修复体系还不够健全，治理修复技术不够成熟。

三是大气质量与市民期望有一定差距。武汉历史遗留下来的火电、钢铁、石化等重化工业多布局于城市上风向，且武汉还处于人口持续集聚、城市增量发展的阶段，不断增加的人口、机动车、高层建筑等，均对武汉空气质量有较大影响。

(二)绿色转型发展还需持续推进

一是工业结构仍然偏重。受到产业结构基础等因素的影响，武汉目前重工业总产值占工业总产值的比重为75%左右，重工业化特征仍然明显，在传统产业转型升级上仍面临较大压力。

二是能源消费总量和结构仍有待优化。近年来，武汉单位GDP能耗稳步下降，但随着工业化、城镇化进程加快，经济总量快速增长，全市能源消费总量仍然持续提升，且以煤炭为主的能源结构尚未得到根本转变。

三是新动能对经济的支撑作用不够稳固。对比北、上、广、深等一线城市，新动能对武汉经济增长的贡献率依然偏低。战略性新兴产业比重有待进一步增加，信息化基础设施须不断完善，大规模的绿色产业产能释放还须加快。

四是绿色发展空间亟须进一步拓展。随着城市功能和地位的进一步提升，武汉中心城区基本完成产业和功能转型，绿色发展受到空间资源和承载力限制,亟需拓展新的建设空间,以搭建新的绿色发展创新平台。

(三)流域协同合作还须不断加强

一是武汉绿色发展辐射功能不足。目前,武汉市绿色发展已取得阶段性成果,但在长江中游示范引领作用不强。对比长江上游成渝地区双城经济圈发展和长江下游长三角一体化建设,长江中游城市群一体化建设的进程稍显迟缓,武汉在长江中游城市群中的绿色发展主导作用不够突出。

二是与沿岸各城市的产业协同合作亟待深化。由于资源禀赋和区位相近,武汉与长江中游许多城市的产业结构有较大的相似度,且关联性不足,不可避免地产生地区产业同质化竞争,对武汉自身绿色可持续发展造成障碍。

三是与沿岸各城市的环境协同治理还须强化。武汉纳入国家、省考核的八条河流,除长江是中游以外,其他7条均为下游,武汉亟须加强与上、中游城市的联动,共同推进长江大保护。

(四)绿色发展机制还须深入完善

一是生态产品价值实现路径还须不断拓展。主要表现为自然资源产权体系还未充分建立,登记的权利类型、覆盖范围与经济社会发展的需要还有差距;生态补偿标准仍然偏低,且主要依靠财政投入;生态产品类型较少,尚未形成完整的“创造—展示—营销—维护”的产业体系和增值途径;与生态产品相关金融产品还相对有限。

二是绿色发展的支持还须进一步实化。生态建设投入不足,特别是在环保设施的资金投入不够,人才不足,适应产业生态化和生态产业化的财税、金融、科技政策体制需要继续完善,以利于引导激发市场和企业活力。

三是绿色发展的法制建设还须进一步完善。相关措施较多,但生态环保法治体系、制度体系、执法监管体系和治理能力体系还不够健全。

六、武汉深入推进绿色发展的策略

武汉要围绕当前制约长江经济带发展的热点、难点、痛点问题开展深入研究,抢抓长江经济带发展的重大战略机遇,加大对武汉绿色发展各方面的投入,促进武汉经济社会发展全面绿色转型,谱写生态优先绿色发展的新篇章,建成生态优先绿色发展的主战场。

(一)进一步强化顶层谋划

一是进一步争取国家部委支持。争取国家在重大项目安排、政策先行先试、体制机制创新等方面给与支持。争取国家支持武汉在长江中游区域绿色发展的龙头地位,赋予武汉带动“中三角”一体化发展的使命。争取国家支持武汉建设综合性国家科学中心和综合性国家产业创新中心。争取国家支持武汉拓展绿色发展空间,适当研究武汉扩容问题,尽快批复设立国家级武汉长江新区。

二是进一步强化部门协调。建立完善绿色发展联席会议制度,加强相关单位之间的配合、联系与协调,增加利益相关方参与度,形成统筹协调机制。制定生态环保与建设监管和综合执法制度,成立监管和综合执法大队,建立生态行业协会和市民参与的生态保护与建设第三方监管体系,形成联合监管机制。

三是进一步强化专家决策咨询。充分发挥长江经济带高质量绿色发展智库联盟等专家智库的作用。充分发挥武汉科教资源优势,凝聚智慧力量,围绕武汉绿色发展的重点课题提供决策咨询服务,为推动武汉绿色发展提供有效智力支撑。

(二)进一步优化政策供给

一是加强绿色发展政策整合。始终坚持一盘棋思想,一体协同推进绿色发展各项措施,避免政策碎片化,注重制度集成。统筹中央、省赋予的各项改革试点政策,形成整体效益,实现各项改革协调联动、同向发力。

二是推动绿色发展政策创新。充分利用绿色投融资政策、价格补贴、绿色税费等政策促进绿色产业的发展。对现有绿色发展政策制度进行进一步充实与拓展,争取建立河长制、湖长制、林长制三长制,加快推进城市生态系统生产总值(GEP)核算改革。深入完善市场化的生态补偿制度,争取在碳排放交易、水权交易、排污权交易等领域做出全国亮点。努力在绿色发展领域形成内容更丰富、功能更完备、可复制可推广的制度创新成果。

三是促进绿色发展政策落地。充分结合武汉经济社会高质量发展的需求,增强政策的针对性,提高政策的执行力度。针对不同区域、不同产业制定差别化的发展政策。加强环境保护的管理和执法,增强环保政策的执行力。

(三)进一步加大科技支撑

一是进一步加强企业的创新主体作用。着力培育绿色技术创新龙头企业和典型示范企业。发挥绿色技术创新市场化示范效应。加大对中小企业从事绿色技术研发和产业化的财政支持力度,推动中小企业深度参与绿色技术研发和应用项目的组织实施。

二是增强绿色科技基础研究和人才培养能力。加强高校在绿色科技基础研究方面的能力,强化相关重大科学设施的布局。鼓励高校和科研院所围绕绿色技术创新培育高技术高技能人才。强化绿色科技转化专业人才队伍建设,鼓励高校设立技术转移学院,开办成果转化专业,开展人才培训,着力培育一批懂技术、善管理、会经营的复合型职业经纪人。

三是促进"产学研金介用"协同推进绿色发展领域关键技术转移转化。创新发展从事绿色技术基础和应用研究、产业共性技术研发服务、科技成果转化服务以及展示创新成果的"四不像"(不完全像大学、不完全像科研院所、不完全像企业、不完全像事业单位)研发机构,进一步破解科研与产业"两张皮"的问题。

四是深入开展绿色技术预测和预见。制定绿色技术和产品需求目录,引导企业加强绿色技术研发和成果应用。推动节能环保产业、旅游产业等绿色产业与人工智能、云计算、大数据等新兴产业融合,推进产业智能化。

(四)进一步突出市场主导

一是构建绿色发展的多方参与模式。在绿色发展的各个领域,探索政府引导、市场调节、社会各界参与的新模式,充分利用市场机制,引导各类社会力量参与到绿色发展的重点项目和工程的建设与运营中。

二是创新环境治理市场化模式。积极探索推行第三方治理、生态环保投资工程包、城乡环保基础设施一体化投资运营、生态修复保护综合服务等环境治理市场化运作模式。加快生态产品品牌打造,增加生态文化内涵,推进生态产品向市场转化。

三是营造良好的市场环境和营商环境。充分发挥市场在资源配置中的决定性作用和更好地发挥政府的作用。加强绿色发展的法治化建设,营造更加公平公正的市场环境。

(五)进一步增强资金投入

一是要加大财政投入和引导力度。积极发挥财政资金的引导作用。成立绿色发展引导基金,并下设各类子基金,按照市场化方式进行运营管理,撬动更多的社会资本投资生态环境保护和绿色产业发展。

二是加大资金争取力度。积极争取中央财政重点生态功能区转移支付资金和国家绿色发展基金,支持用好专项债券推进长江经济带重大项目建设。争取国际金融机构(世行、亚行、金转行、亚投行)等资金支持,重点投向生态环境保护、节能减排、资源回收利用、绿色科技创新等领域。争取上级财政加大对符合条件的绿色信贷项目进行贴息和专项转移支付支持。争取国际援助资金和外国政府优惠的中长期贷款资金。

三是加大金融创新力度。如积极推进绿色发展融资政策的先行先试。支持企业探索试点发行绿色债券、市场化法治化债转股、投贷联动等多种可持续发展融资手段,多渠道全方位筹集资金推动绿色发展。

(六)进一步提升绿色意识

一是搭建全民参与平台。建立健全绿色发展公众参与平台和机制,畅通信息沟通、意见表达、决策参与、监督批评等渠道,提高公众参与积极性。完善信息公开制度,及时公开污染整治、企业环境行为等信息,曝光典型环境违法行为。

二是加强全民绿色发展教育。加大新闻媒体的绿色发展宣传力度。推进绿色发展进机关、进社区、进乡村、进园区等专项行动,提高民众的素质,自觉践行绿色低碳的生产方式和生活方式。

三是要建立健全社会参与的激励机制。加大对先进单位和个人的宣传表彰力度。积极发挥社会组织和绿色发展志愿者队伍的作用。

课题组成员:王　珺　袁云光　袁　圆
叶传忠　吴　怡　刘艺璇

国际化大武汉建设路径与对策研究

丁文珺　张　铮

当前世界经济进入深度调整期，国际经济合作与竞争格局进入新一轮变革，全球投资贸易规则加速重构，新的世界经济秩序正在形成。在新形势下加快推进城市国际化发展，既是经济全球化、城市网络化背景下区域发展的内在需求与必然趋势，也是积极响应国家新一轮对外开放战略和构建开放型经济新体制的重要呼应。加快建设国家中心城市、努力打造国际化大都市，是国家、湖北省对武汉发展的殷切希望，是武汉加速疫后重振的有力支撑。武汉市须切实承担起国家赋予的改革试验、先行先试的战略使命，探索出具有武汉特色的城市国际化发展路径。

一、城市国际化：新趋势、新特征与新要求

立足新特征与新需求，跳出推进城市国际化发展的固有思路惯性，对于探索具有武汉特色的国际化发展路径具有重要意义。

（一）经济全球化进入深度调整期，推进重要中心城市国际化发展成为我国开放战略的新需求，城市国际化路径要摆脱“以城市论城市”的传统思路，发挥好区域在国家开放格局中的节点作用

2008 年金融危机后经济全球化进入深度调整期，呈现出速度放缓、规则重构以及格局分化的新特征，全球贸易投资体制呈现出新的变革，多边贸易及投资自由化面临新困境，新格局推进中国开放战略由融入全球化向推进全球化转变。以重要中心城市的国际化发展为着力点，加快完善我国对外开放的区域布局，是加快构建更大范围、更宽领域、更深层次开放型经济格局的重要途径。因此，在这一阶段，城市的国际化发展路径已不仅是立足城市自身发展战略的考

量,更需要着眼国家整体开放战略,充分发挥好各重要中心城市在国家整体开放格局中的重要节点作用。

（二）区域经济间利益格局呈现新的变化,城市国际化的推进既是一个竞争性过程,更多的也是一个合作性过程

当前我国区域发展总体格局在扩大内需和对外开放两个维度上增添了空间感和层次感, 区域间要素的自由流动性和市场的深入融合度进一步增强,区域经济间的利益格局呈现出由边界分明向利益交织、相互依存的状态进行演变,通过改革创新打破行政壁垒推进区域协同发展将是相当长一段时期我国区域经济合作的主要方向。在新的区域经济发展态势下,推进城市国际化虽然仍将是一个城市间综合实力、开放程度竞相比拼和城市在竞争中着力实现率先崛起的过程,但更多地需要在推进区域合作中去寻找新的发展思路。一是要探索区域板块间的合作推进,通过功能间的互补来实现发展的共赢,二是要探索区域内部的合作。城市国际化的主要判定标准之一就是城市对外引领、辐射和服务功能的强度,国际化城市的发展受制于或依赖于它所依托的区域,区域发展水平对国际化城市的形成乃至其在世界城市格局中的地位都起着重要的决定性作用,因此城市国际化路径也应以开放的思路去拓展发展空间。

（三）建设国际化城市已然成为众多区域新一轮战略重点,激烈竞争中推进城市国际化不仅需要全面展现综合经济实力, 更需要在特色化发展方面重点着力

在新的宏观形势下, 加快建设国际化城市的战略目标已然从传统的一线城市北、上、广、深逐步向新一线城市成都、西安、杭州、重庆、苏州等地全面推进,甚至威海、温州等众多地级市也提出了建设国际化城市的发展目标,在更趋激烈的区域竞争中,综合经济实力虽然是推进国际化城市建设的必要基础,但如何切实凸显区域发展特色与优势更为重要, 城市的国际化已不仅仅是指城市对于国际政治、经济、文化的参与度与影响力,而是更多地体现在城市是以何种特色与定位加入全球城市体系, 并发挥出其在全球经济体系中无可替代的作用。特别是从传统国际化城市建设路径可以看出,每个国际化大都市在全球城市体系中都具有独一无二的位置, 同时每个城市在推进国际化发展的路径上也各有特色,越能彰显出城市特点和区域特色的国际化道路,在新一轮的区域竞争中才更能以发展优势赢得世界认可。

（四）新时期国际化城市被赋予了更多内涵，推进城市国际化不仅需要硬实力更需要软实力，不仅需要政府发力更需要社会的全面推进

在全球经济联系日益紧密的新时期，国际化城市被赋予了新内涵。一是城市的国际化已不仅仅是城市经济的国际化，经济与文化的发展融合与相互促进是经济全球化时代的突出特征，这要求国际化城市建设过程中需要更加注重软实力的国际影响力，在经济发展的过程中，挖掘具有地域特色的城市文化气质、避免“千城一面”的建设。二是在经济全球化全面推进与市场化改革持续深入的新时期，城市已很难仅在政府的单向推动下达到国际化发展的战略目标，社会的参与度将成为国际化城市建设的重要推动力，只有政府引导、社会全面参与的城市国际化建设才能真正实现城市全方位融入到全球发展体系之中，而社会的参与度关键就在于政府对于自身在城市国际化战略中的定位。

二、国际化大武汉建设的评价体系及比较分析

为客观衡量国际化大武汉建设水平，明晰武汉市在国际化建设中的优势领域和薄弱环节，特构建 5 个维度 18 个指标的评价体系，通过主成分分析法和因子分析法，在与其他同类城市比较中探寻武汉市国际化建设需要关注的重点环节和关键突破点。

（一）构建国际化城市建设衡量指标体系

学界对于城市国际化发展指标体系研究经历了从单指标向综合指标的发展过程。在综合各学者研究基础上，根据科学性与可操作性相融合、系统性与代表性相结合、发展目标与测评指标相一致的原则，构建了涵盖经济国际化、科技创新潜力、外贸国际化、人文交流国际化和生态国际化 5 个维度 18 个指标为主要内容的指标体系。在指标选取的时候，剔除以往年份比较重视但近几年在节能降耗工作推进下各城市差异不大的万元 GDP 能耗、生活垃圾无害化处理率等指标，添加了近年来具有城市特色以及在国际化城市构建中具备基础功能作用的城市轨道交通运营里程、举办国际会议次数等指标（见表 1）。

表 1 武汉国际化发展评价指标体系

目标层	准则层	指标层
武汉国际化发展评价指标体系	经济国际化	GDP（亿元）
		第三产业增速（%）
		金融业占 GDP 比重（%）

(续表)

目标层	准则层	指标层
武汉国际化发展评价指标体系	经济国际化	国际航线条数(个)
		货邮吞吐量(万吨)
		城市轨道交通运营里程(千米)
	科技创新潜力	高校数量(个)
		R&D 活动经费内部支出额(亿元)
		技术输出合同成交额(亿元)
	外贸国际化	进出口总额(亿元)
		外贸依存度(%)
		实际利用外资额(亿元)
	人文交流国际化	领事馆数量(个)
		举办国际会议次数(次)
		境外游客入境旅游人数(万次)
		国际友好城市数量(个)
	生态国际化	人均公园绿地面积(平方米)
		空气质量优良率(%)

(二)国际化大武汉建设的综合评价

为了客观判定武汉国际化发展水平以及科学确定指标权重，本研究采用主成分分析法确定主要指标权重系数，采用因子分析法计算城市国际化发展综合得分。其中指标中主要数据来源于各城市 2018 年城市统计年鉴或 2017 年经济统计公报,其余数据来源于权威机构年度报告或研究报告。

在横向比较的城市选取方面，既选取了综合实力明显处于全国领先位置的北上广深,也选取了成都、杭州等与武汉发展水平处于同一梯队的新一线城市,为能更全面地反映武汉在全国区域国际化建设中的位置,还特意选取了副省级城市中的省会城市,最终包括武汉在内共计 19 个城市进行综合比较。

本文选用的数据采用正规化法进行标准化处理,公式如下:

其中，　$$s_{ij}=\frac{x_{ij}-\overline{x}_i}{\sqrt{s_i}}\quad (i=1,2,\cdots,m;\ j=1,2\cdots,n)$$

$$\overline{x}_i=\frac{1}{n}\sum_{i=1}^{n}x_{ij}$$

$$s_i=\frac{1}{n-1}\sum_{j=1}^{n}(x_{ij}-\overline{x}_i)^2$$

X_i 为城市国际化指数评价体系的指标层数据，S_i 为三级指标层各数据的方差。根据相关矩阵 R=X*XT,求标准化后的城市国际化指数指标间相关系数矩阵 R，提出主因子，根据因子分析的输出结果，按照特征值大于 1 和累计方差贡献率大于 85%的原则提取主因子，因子累计贡献率：

$$\frac{\sum_{j=1}^{m}\lambda_j}{\sum_{j}^{n}\lambda_j} \geq 0.85$$

每个因子的贡献率公式为：$d_j = \frac{\lambda_j}{\sum_{j=1}^{m}\lambda_j}$。在 Spss26 中通过因子旋转后得到因子得分系数矩阵，并根据该矩阵计算因子得分，由旋转后的因子载荷矩阵 A^* 计算所得，因子得分系数矩阵为 $B=R^{-1}*A^*$。最后，计算每个城市的综合得分并排序比较，F 为综合得分，其中以各因子旋转后的方差贡献率为权重，计算得出的综合得分。

$$F = \sum_{j}^{m} f_j * \frac{\lambda_j}{\sum_{j=1}^{m}\lambda_j}$$

从国际化发展综合得分来看，武汉在 19 个城市中排名第 11 位(见表 2)，处于中等位置。总体来看武汉市国际化建设处于“标兵较远、追兵较近、潜力较大但短板明显”的区位，整体硬件实力较强但软件实力仍然不足，经济综合实力较强但配套环节仍然不足，国际化发展潜力和基础功能较强但对外开放仍然不足。

表 2 19 个城市国际化发展水平排名及具体情况

地区	综合得分 F	综合排名	经济国际化排名	科技创新排名	外贸国际化排名	人文交流国际化排名	生态国际化排名
北京	3.827	1	8	1	7	9	12
上海	1.562	4	1	14	3	16	18
广州	3.030	3	2	4	15	2	5
深圳	3.609	2	9	16	1	1	7
杭州	0.415	8	10	13	6	10	8
苏州	0.094	9	19	12	2	7	14
武汉	−0.992	11	6	2	17	13	13
郑州	−2.385	18	17	7	11	19	11
成都	−0.015	10	4	8	8	15	6
西安	−1.176	12	18	3	5	17	9
长沙	−1.539	17	5	19	14	18	3

（续表）

地区	综合得分 F	综合排名	经济国际化排名	科技创新排名	外贸国际化排名	人文交流国际化排名	生态国际化排名
天津	-1.348	15	14	5	4	14	16
重庆	1.383	5	3	6	16	6	2
南京	0.628	7	11	9	9	12	1
青岛	1.072	6	7	17	10	3	4
大连	-1.316	14	12	18	12	4	17
沈阳	-3.185	19	13	11	18	5	19
济南	-1.394	16	16	15	13	11	15
哈尔滨	-1.307	13	15	10	19	8	10

其中，与第一梯度国际化发展较成熟的北上广深等城市相比（见图 1），武汉各个方面都存在一定的差距，特别是外贸国际化、生态国际化和人文交流国际化三个方面差距更为明显；与第二梯队重庆、苏州、南京、杭州、成都等城市相比，武汉在经济国际化和科技创新潜力方面具有一定优势，但是在外贸开放性、生态国际化方面差距明显；与大连、长沙、长春、天津等城市相比，武汉国际化发展已具备一定优势，特别是在科技创新能力方面具有绝对的优势。但总体来看武汉国际化发展仍有很多提升空间，尤其是在外贸国际化、人文交流国际化和生态国际化领域仍有较大成长空间。

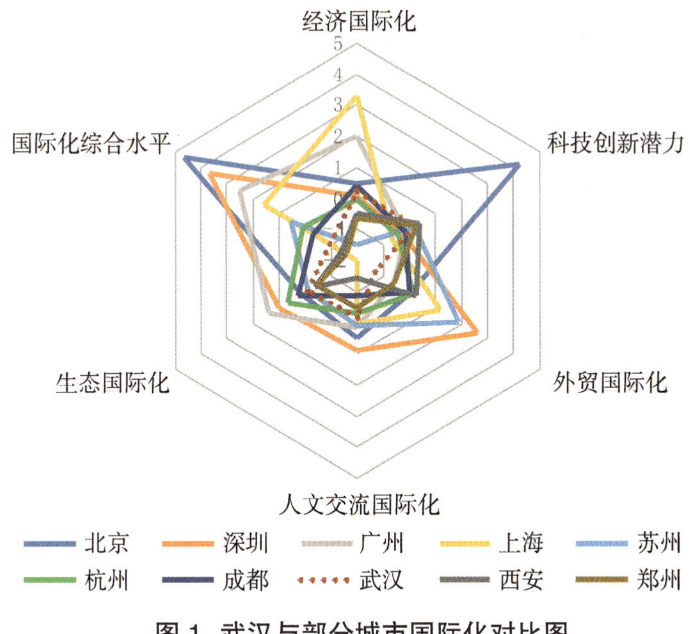

图 1　武汉与部分城市国际化对比图

(三)国际化大武汉建设的五个维度分析

1.经济综合实力靠前,但金融发展水平仍待提升

经济发展水平是城市综合竞争力的重要支撑。得益于较好的经济基础与独具优势的综合交通枢纽功能,武汉经济国际化水平综合评分相对靠前,在19个城市中排名第6,特别是在城市交通便利化方面优势凸显。2017年武汉市国际航线62条,排第6位;货邮吞吐量位18.5万吨,排第14位;城市轨道交通运营里程237.07公里,排第8位。但金融业发展水平仍不能满足国家中心城市定位需求,金融对经济的控制力相对较弱仍是武汉的明显短板,需要提升金融业发展质量以适应国际化发展需要。

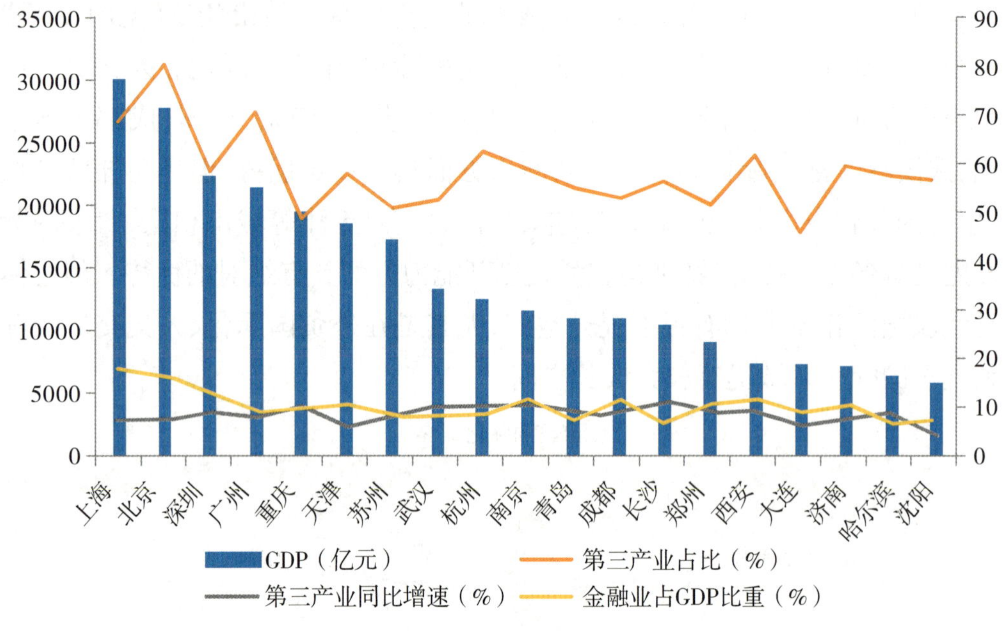

图3 武汉与其他城市经济国际化对比图[①]

①数据来源:各城市2018统计年鉴。

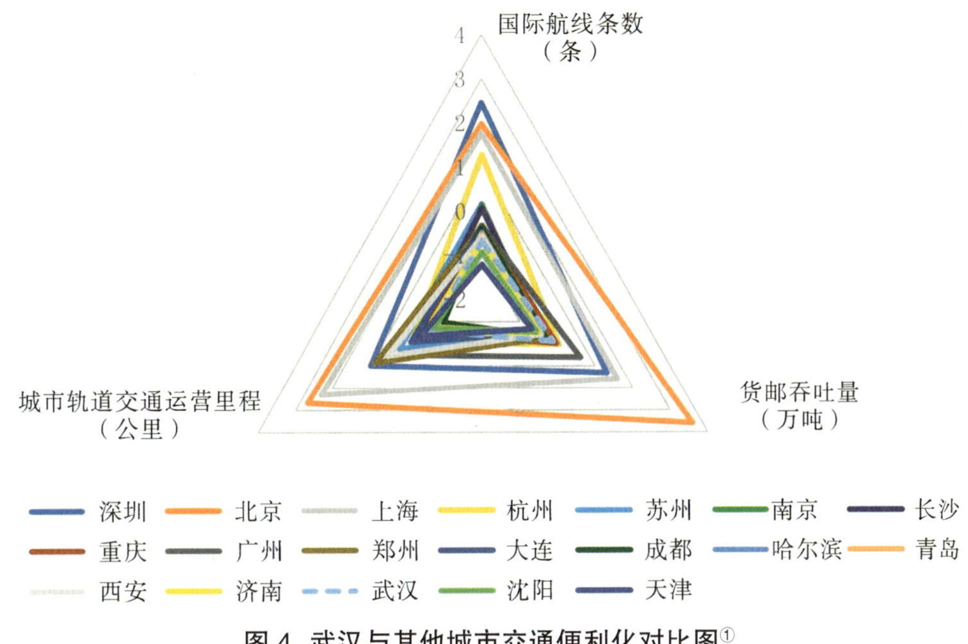

图 4 武汉与其他城市交通便利化对比图①

2.科技创新能力较强，但个别领域短板亟待重视

科技创新能力代表着城市未来发展的潜力，是城市国际化发展的重要驱动力。从比较分析来看，武汉科技创新潜力排名第 2，比较靠前。这一方面得益于武汉市拥有丰富的教育资源，武汉市共有 84 所高等院校，每万人口在校大学生人数为 9.87 人，分别在 19 个城市中位居第 2、第 3 位（见图 5）。另一方面，武汉市在输出技术合同成交额方面也较为领先，位列 19 个城市中的第 4 位（见图 6），这是体现吸纳转化技术成果的主要标志之一，是科技转变成现实生产力的重要途径，绝对的科教资源优势给武汉带来了巨大的创新潜能。

①数据来源：货邮吞吐量数据来自中国民航局发布的《2017 年中国民航机场货邮吞吐量》；城市轨道交通公里数据来自田时沫，鲁放，杨珂，刘宇，雷丽霞，李若怡，张红健，杨瑞霞. 2017 年中国城市轨道交通运营线路统计与分析[J]. 都市快轨交通，2018，31(01):16–20.

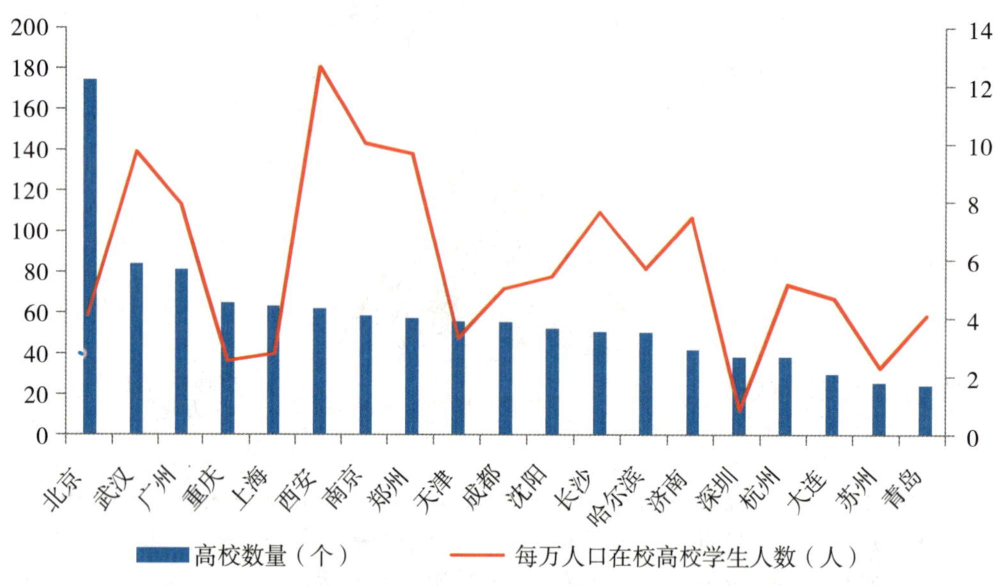

图 5 武汉与其他城市高校资源对比图

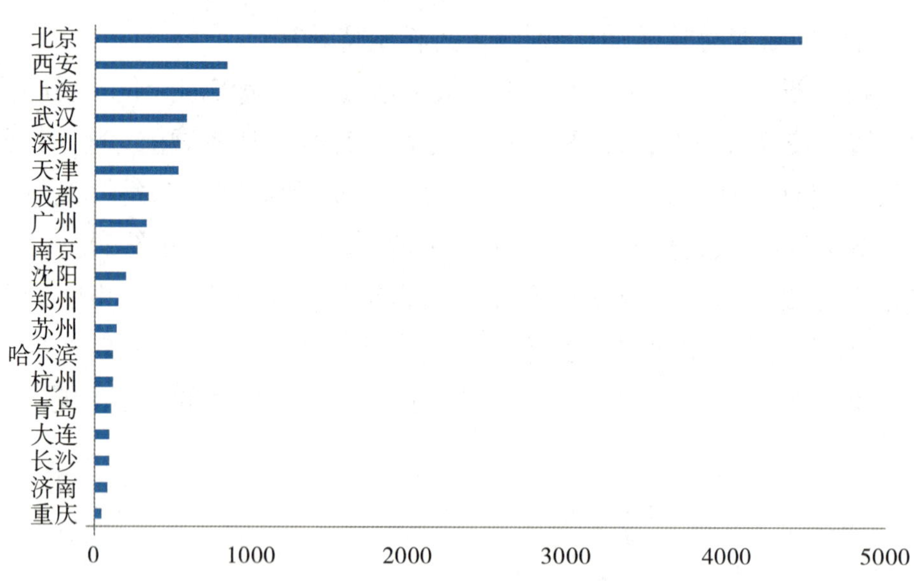

图 6 武汉与其他城市科技创新转换能力对比图①

但科技创新投入相对不足仍是武汉短板，无论从政府层面还是企业层面，与先进地区相比均存在一定差距，武汉的 R&D 经费内部支出占 GDP 比重在

①数据来源:《2018 全国技术市场统计年度报告》。

19个城市中仅排第12位。同时，一直以来基于对科教资源优势的单纯性依赖，使得武汉市形成了创新人才集中在科教文卫系统、创新资源集中在科研院所的发展模式，国有企业创新动力不足、民营企业创新实力不强使得武汉企业的创新主体作用一直未能得到充分发挥。2018年武汉市规模以上工业企业中有R&D活动的企业仅710家①，而深圳市2017年就有2000多家。企业主体作用发挥不足直接体现在科技发明专利的效用上，2018年武汉市有效发明专利五年以上维持率仅61.1%，低于深圳（85.6%）近二十五个百分点②。近年来武汉市创新指数的增长率开始呈现下降趋势，补足武汉市创新领域的短板，是武汉切实发挥创新综合实力全国领先优势、推进国际化大武汉建设的必然要求。

表3 部分城市创新投入及专利申请情况③

城市	R&D研发支出总额（亿元）	R&D投入占GDP比重（%）	受理专利申请（件）
北京	1579.70	5.64	185928
上海	389.90	3.93	131746
深圳	926.70	4.13	177100
广州	569.80	2.65	118332
武汉	313.80	2.34	49726
苏州	479.75	2.77	113700
成都	331.26	3.01	113956

3.外资吸引力全国领先，但贸易开放度仍待提升

多方面因素影响导致武汉贸易开放性一直相对较低，武汉进出口总额在19个城市中排第15位，进出口贸易规模仅相当于上海的8.8%，与中部城市相比差距也很明显，分别占中部城市郑州的48%、成都的49%、西安的76%。外贸依存度方面，武汉排第16位，仅比济南、长沙、哈尔滨高。而实际利用外资方面，武汉排名相对靠前（见表4），在19个城市中排名第5，在中部地区远超郑州、成都、西安和长沙，可见武汉具有优势的外商投资资源，但是贸易对外开放的主动性不强，需要大力发展外向型经济以提升武汉国际化水平。

①数据来源：武汉发布全市第四次全国经济普查公报（第四号）。

②数据来源：国家知识产权局2018年12月统计月报。

③数据来源：各城市2018统计年鉴。

表 4 19 个城市外贸国际化对比情况①

地区	进出口总额(亿元)		外贸依存度(%)		实际利用外资额(亿美元)	
	数值	排名	数值	排名	数值	排名
北京	21923.4	3	78.26	4	243.30	1
上海	32237.8	1	106.98	3	170.08	2
广州	9714.4	5	45.18	7	62.89	9
深圳	28011.5	2	124.84	1	74.01	7
杭州	5085.1	7	40.50	11	66.10	8
苏州	21394.9	4	123.53	2	45.04	13
武汉	1936.2	15	14.44	16	96.47	5
郑州	4026.8	12	44.10	8	40.50	15
成都	3941.8	13	43.17	9	62.00	10
西安	2545.4	14	34.08	13	53.07	11
长沙	938.0	16	8.90	18	52.50	12
天津	7646.9	6	41.12	10	106.08	3
重庆	4508.3	9	23.12	14	101.83	4
南京	4143.0	10	35.36	12	36.73	16
青岛	5033.5	8	45.60	6	77.40	6
大连	4132.2	11	56.11	5	32.50	18
沈阳	867.6	17	14.79	15	10.10	19
济南	708.1	18	9.83	17	41.20	14
哈尔滨	201.4	19	3.17	19	34.40	17

4.国际交流纵深推进,但人文交流国际化水平不高

国际人文交流反映一个城市国际影响力的大小，在城市国际化发展中发挥着重要作用。近年来，武汉市在国际人文交流方面取得了积极进展。截至 2018 年底，武汉市有 5 家领事馆、28 个国际友好城市、84 个国际友好交流城市,已开通了 63 条国际及地区直达航线,通航点覆盖五大洲达 57 个②。2018 年全年武汉市举办了 13 场国际会议③,2019 年世界军人运动会在武汉成功举办。在领事馆数量、举办国际会议次数指标方面,武汉也在 19 个城市中分别位列第 7、第 6。但是国际友好城市数量和武汉排序相对靠后,说明武汉国际人流吸引力没能真正发挥出来,特别是作为重要交通枢纽,武汉境外入境旅游人数明

①数据来源:各城市 2018 统计年鉴。

②数据来源:长江日报记者 杨于泽.武汉:一座耀眼的国际化城市[EB/OL].长江日报,2019-10-18. http://wap.cnki.net/touch/web/Newspaper/Article/CJBR20191018T010.html

③数据来源:2018 ICCA 国际会议数据分析报告。

显低于经济水平相当的成都、重庆等,如何加大武汉城市的国际化宣传力度值得深度探讨。

表5 19个城市人文交流国际化对比情况

地区	领事馆数量[①](个)	国际友好城市(个数)	国际会议[②](次数)	境外游客入境旅游人数(万次)
北京	134	56	81	392.60
上海	76	85	61	873.01
广州	65	71	22	900.48
成都	20	85	12	301.30
重庆	12	43	5	358.35
沈阳	8	20	5	69.50
武汉	5	26	15	207.40
西安	4	86	22	175.13
青岛	3	80	6	144.40
长沙	1	48	2	129.20
哈尔滨	1	33	2	23.90
深圳	0	85	15	1207.01
杭州	0	70	18	402.23
苏州	0	53	8	175.63
郑州	0	11	4	54.69
天津	0	58	12	345.06
南京	0	81	12	71.80
大连	0	41	10	106.40
济南	0	70	1	37.60

5.生态环境建设进展明显,但城市生态品质仍待提升

生态环境可持续性体现一个城市可持续发展的成长力。近年来武汉围绕生态化大武汉建设取得了积极成效,但与国际化城市建设的发展要求相比,在许多领域仍需继续发力。武汉市空气质量优良率在19个城市中仅排名第14位,处于中下游;人均公园绿地面积在19个城市中排名第17位(见图7),仅高于沈阳和上海。建设国际化城市,生态环境建设不能缺席,特别是在长江经济带大保护的发展中,武汉市应有所作为,努力提升生态环境质量,将生态优势转化为经济优势,成为国际化大武汉发展的绿色支撑。

①数据来源:百度百科"领事馆"。

②数据来源:2017年中国内地城市ICCA会议数量排名。

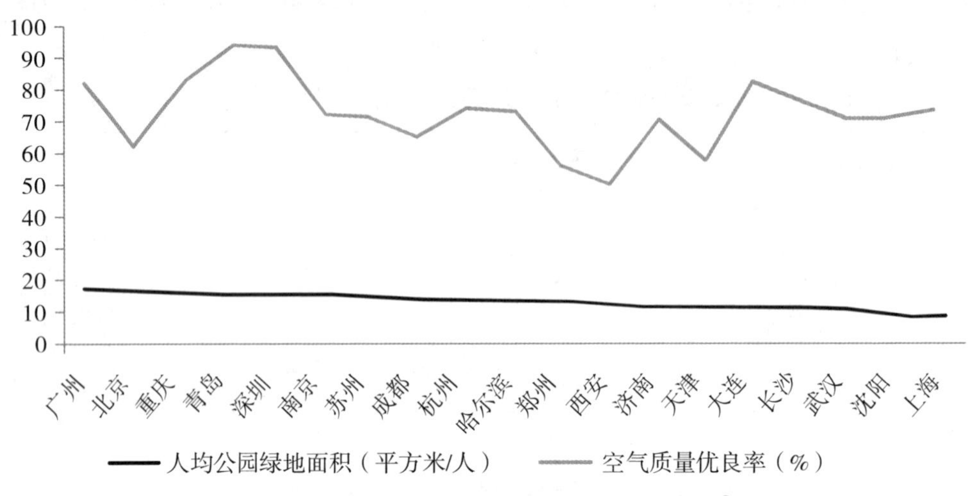

图 7 武汉与其他城市生态国际化对比图①

三、建设国际化大武汉的主要思路和路径分析

武汉拥有国际化发展所需的广阔腹地空间，在国家区域协调发展战略中，被赋多项改革开放的战略重任。推进国际化大武汉建设不仅要站在城市发展战略的角度进行探讨，更需要站在如何以改革促开放、以改革促发展的角度进行思索，探索出一条具有武汉特色的国际化发展道路。

（一）以三大领域为重点全面推进

一是构建国际化的体制框架。营造接轨国际的营商环境是建设国际化大武汉的重要内容，其根本仍在于政府职能转变。要明确政府在国际化大武汉建设中的职能边界，既要充分发挥政府在国际化大武汉建设中的引领、规划和监管职能，又要切实释放经济活动空间，最大限度地消除政府在产业、经济形态等方面的过度干预，将产业政策从直接干预微观经济主体行为转向培育市场机制和间接引导市场主体行为，按照公平、高效、透明的原则全面接轨国际规则，激发市场活力和社会创造力。

二是形成国际化的竞争优势。抢抓新一轮国际产业调整与转移机遇，充分发挥武汉在创新领域的资源优势，进一步将创新能力转化为创新实力，着力在全球产业链、价值链、创新链中占据更多的高端环节，利用全球资源参与全球竞争，切实加强武汉在高端资源要素方面的集聚配置功能，实现由区域经营

①数据来源：各城市 2018 统计年鉴及 2017 年统计公报。

向全球经营、从国际低端竞争向国际高端竞争的战略转变,全面提升城市核心功能。

三是形成国际化的城市内涵。从精细化着手布局城市发展基本框架,从精细化角度规划城市发展细节,以细节显品质、以细节显特色。同时要把包容性作为城市发展的内在品质,包容性城市是联合国提出世界城市发展的新目标,人口和文化的多元化,以及对多样性、差异性的兼容并蓄都是评价国际化城市的重要维度。要把包容性品格作为武汉城市建设和文化建设的重要标准和尺度,不断提升应对武汉全球化环境、驾驭多元化局面的能力,着力塑造城市国际化新形象,为国际化大武汉建设增添新的内涵。

(二)正确处理好四个方面的关系

一是正确处理现代化、国际化与生态化之间的关系。武汉市第十三次党代会提出加快建设现代化、国际化、生态化大武汉的战略目标,其中国际化大武汉的建设并不是一个孤立的发展战略,而是与现代化大武汉、生态化大武汉系统推进、互为补充的。现代化大武汉是着眼城市综合发展能级提升和在区域中战略功能,国际化大武汉是强调武汉对外的影响力、竞争力和辐射性,生态化大武汉是将生态文明建设融入到经济社会发展之中,现代化是国际化的基础、国际化是现代化动力,生态化是实现现代化和国际化的基本要求和重要支撑。

二是正确处理好城市经济发展与区域辐射带动之间的关系。新时期以城市群为核心、以重要的中心城市为节点的多极网格化区域经济格局下,区域间要素流动性和市场融合度进一步加强。武汉市属于城市群经济活动集聚中心和扩散源,是长江中游城市群重要中心、是中部地区的战略支点,推进武汉周边和相邻地区的快速发展,是武汉作为国家中心城市的责任,也是武汉推进国际化建设的必然要求。因此在区域发展战略定位时应避免“单兵作战”思维,充分认识到作为新的区域增长极,发挥区域辐射集聚功能,带动周边区域发展是提升武汉核心竞争力和影响力,进而推进国际化大武汉建设的必然要求。

三是要正确处理好城市发展硬实力与发展软实力之间的关系。在当前各区域竞相推进城市国际化发展战略的形势下, 国际化大武汉建设既需要武汉在综合经济实力、城市基础功能上重点发力,同时也应该关注城市人文软文化的提升, 切实提升城市公共服务国际化水平, 打造具有武汉独特性的文化环境,塑造城市文化个性与文化品牌,以软实力的提升切实推进武汉国际化城市的建设水平。

四是正确处理好区域合作与区域竞争之间的关系。国际性城市总体来说是城市国际性和国际化发展的竞争过程，是城市在区域发展中竞争崛起的较量，需要武汉在全国区域发展格局中进位争先。但在新的区域经济格局下，区域经济间的利益格局将由边界分明向利益交织、相互依存演变，区域合作机制将实现新突破，跨行政区、跨区域板块的经济合作将更加密集，依托区域合作实现发展将成为新时期城市国际化发展路径的必然要求。武汉市需要切实平衡好区域竞争与区域合作之间的关系，在区域合作中寻求城市发展，在城市发展中形成竞争优势。

四、加快建设国际化大武汉的对策建议

新时期武汉市应立足城市综合优势，抢抓多重国家战略在汉叠加机遇，以经济国际化、城市功能国际化、贸易便利国际化、交往平台国际化、城市品质国际化为主要方向，全面推进国际化大武汉建设。

（一）着力凸显创新资源优势，以构建创新引领的现代产业体系推进经济国际化

创新是引领区域发展的重要驱动力。武汉应立足创新综合优势，以产业供给高端化发展和产业结构高级化发展为主要抓手，加快构建符合全球产业趋势、占据价值链高端的现代化产业体系，着力在光电子信息等若干优势领先领域打造全球知名的平台产业，在信息技术、生命健康、智能制造等领域打造若干具有全球影响力或国内领先的先进制造业产业集群，努力将武汉建设成为有全球影响力的产业创新中心。同时，应积极打造创新技术示范高地，切实推进武汉在科技领域的原始创新、集成创新和引进消化吸收再创新，力争在基础研究领域取得原创性突破，在关键核心技术领域具备自主掌控能力，为武汉实现经济高质量发展奠定坚实基础。

（二）切实发挥交通综合优势，以建设中部国际交通枢纽为目标提升国际化功能

武汉是我国铁路网、高速公路网、航空运输网和内河航运网相互交汇的核心节点，是国家南北大通道和沿江大通道的节点以及“五纵五横”大通道的中心，以建设中部地区国际交通枢纽为目标推进国际化大武汉建设，有利于发挥武汉区域聚散辐射功能，使武汉成为中部地区与国内外市场重要的联接点，进

而为国际化大武汉建设提供重要支撑。在战略定位方面，应积极发挥武汉在中部地区的引领作用，加快实现由全国性向全球性升级，建设国际化的综合交通枢纽。在服务功能方面，要大力加强极化作用，充分发挥武汉市在“一带一路”节点城市中的重要作用，突出自身作为中部地区航空枢纽、长江中游航运中心、国家四大铁路枢纽中心之一的角色，进一步提升武汉在中部地区乃至更大范围的辐射带动力、交通通达能力和要素聚散能力，加快物流功能由服务中部向服务全国、服务世界提升。

（三）增强开放型经济竞争力，以强化中心辐射功能为方向推进贸易便利国际化

紧密对接国家“一带一路”、长江经济带战略对武汉的战略布局和发展要求，全面提升武汉开放型经济水平，以增强城市国际影响力为目标着力拓展武汉全方位、多层次的开放新空间，努力把武汉市建设成为联络“一带一路”、长江经济带的重要枢纽，加快把武汉打造成为面向世界的内陆开放高地。同时，要以武汉自由贸易试验区为抓手，加快构建对外开放的新平台，研究推进内陆自由贸易港、海峡两岸合作产业园等新平台建设，加快中法武汉生态示范城建设，强化三大国家级开发区和长江新城的开放平台支撑作用。

（四）全面拓宽交流合作渠道，以加强对外交流合作为导向推进交往平台国际化

一方面，应不断开拓国际交流合作的新领域、新渠道和新形式，加快形成领域广泛、形式多样的现代国际交流合作新格局，以举办重大涉外活动为依托，搭建国际交流合作新平台。另一方面，应拓展国际交流合作渠道，构建高质量的国际友城网络，深化与国际友好城市、友好交流城市的交流合作，进一步推进多层面的民间国际交流合作。同时，要针对此次疫情对武汉城市品牌国际化带来的影响进行深入研究，采取多方面创新举措将对武汉的关注度切实转化为城市信任度与美誉度。

（五）着眼提升城市内在品质，以城市软环境提升为抓手提升城市国际化知名度

城市的内在品质是指建立在城市文化、城市环境、居民素质、形象传播等非物质要素上的城市社会的感召力、凝聚力和协调力，是城市对外展示的灵魂和气质，是比城市的基础硬实力更难建设但更值得珍惜的宝贵财富。后疫情时

代,武汉市在加快补齐城市治理短板的同时完善软实力建设尤为重要。要把塑造国际化的城市形象和城市环境作为国际化大武汉建设的重要抓手，立足滨江滨湖特色,以提升城市综合功能和市民生活质量为核心,加快构建更有活力的城市空间。要把打造特色鲜明的城市文化作为推进国际化大武汉建设的重要内核,充分保留、传承和宣传具有武汉特色的首义文化、水文化等城市名片，提升武汉文化对外的宣传力和影响力。

作者单位:武汉发展战略研究院

武汉推进市域社会治理现代化的思考

胡爽平

党的十八大以来，习近平总书记系列重要讲话提出了创新社会治理的新思想新理念，明确提出要打造共建共治共享的社会治理格局。党的十九届四中全会又特别指出，要加快推进市域社会治理现代化。市域社会治理是国家治理在市域范围的具体实施，是国家治理的重要基石，也是建设现代化、国际化、生态化大武汉的重要支撑。

一、新时代“市域社会治理现代化”的提出及意义

（一）“市域社会治理现代化”的提出

2018年6月4日，中央政法委秘书长陈一新首次正式提出“市域社会治理现代化”的概念。同年7月17日，陈一新在《人民日报》刊登《推进新时代市域社会治理现代化》一文中指出，市域社会治理现代化分为治理理念现代化、治理体系现代化与治理能力现代化。其中理念现代化以目标导向、政治导向、为民导向、问题导向、效果导向等五个导向的树立为主线，体系现代化以市域社会治理的政治体系、自治体系、法治体系、德治体系等四大体系的优化为核心，能力现代化则以统筹谋划能力、群众工作能力、政法改革能力、创新驱动能力、破解难题能力、依法打击能力、舆论导控能力等七大能力的提高为重点，打造具有中国特色、时代特征、城市特点的社会治理新模式，加快推进新时代市域社会治理现代化，使人民群众有更多的安全感、幸福感和获得感。市域社会治理现代化是构建基层社会治理新格局，坚持和完善共建共治共享的社会治理制度的重要方面。党的十九届四中全会作出的《中共中央关于坚持和完善中国特色社会主义制度、推进国家治理体系和治理能力现代化若干重大问题的决定》，明确提出加

快推进市域社会治理现代化。这是全面推进国家社会治理创新的切入点与突破口,也是完善和发展“中国之治”的具体体现。

(二)推进市域社会治理现代化意义重大

推进市域社会治理现代化,是推进国家治理现代化的题中之义,是崭新的时代命题,对国家发展具有重要的意义。

第一,推进市域社会治理现代化是缓解我国社会问题的必然要求。经过改革开放 40 多年的快速发展,我国经济实力、科技实力、国防实力和综合国力实现了历史性跨越,为我们推进社会治理现代化奠定了坚实的基础。同时,我们在社会治理领域也面临着新的挑战:社会结构发生了深刻变化,由此带来不少社会问题;利益格局深刻调整,利益失衡和利益固化的藩篱逐步被打破,由此导致需要社会治理解决的问题也更加复杂;新时代的民生诉求全面升级,不断呈现多样化、个性化、品质化;舆论生态发生深刻变化,互联网全方位改变了人们生活,也对社会治理提出了新的要求。这些变化既是我们推进市域社会治理面临的重大机遇,也是新时代必须妥善应对的重大挑战。

第二,推进市域社会治理现代化是实现国家治理体系和治理能力现代化的必然要求。当前,随着人流、物流、信息流加速流动,基层社会治理面临的矛盾、风险和隐患前所未有。那么,面对挑战,如何从制度、体制、机制层面加以创新,切实统筹资源力量,提出系统管用的应对措施,就成为我们当前面临的重大课题。创新社会治理的难点在基层,推进社会治理的关键在市级。从治理环节上看,市域层面既要贯彻落实好中央关于国家治理的大政方针、制度安排、决策部署,又要立足实际对本市域社会治理统筹谋划、周密部署、推动实践,在国家治理中具有承上启下的枢纽作用。从治理能力看,市域层面具有较为完备的社会治理体系,具有解决社会治理中重大矛盾问题的资源和能力,是将风险隐患化解在萌芽、解决在基层的最直接、最有效的治理层级。因此,加快推进市域社会治理现代化是实现基层社会治理现代化的关键,是实现国家治理体系和治理能力现代化的重要基石。

第三,推进市域社会治理现代化是促进人民群众获得幸福感安全感更加充实、更有保障、更可持续的必然要求。带领人民创造美好生活,是中国共产党矢志不渝的奋斗目标。当前,在社会治理领域中,“城市病”化解、农业转移人口市民化、社会诚信、电信网络诈骗、非法集资、涉法涉诉、特定群体服务管理等许多工作还存在不少短板和薄弱环节，需要我们更加用心用情用力采取措施加以解决。此时，推进市域社会治理现代化，恰逢其时。

二、武汉推进市域社会治理现代化的探索和初步成效

十八大以来，武汉市聚焦国家中心城市的战略定位和建设现代化国际化生态化大武汉的总体布局，对市域社会治理进行系统思考和实践探索。十九届四中全会后，武汉立足"中国之治""坚持和巩固什么、完善和发展什么"的战略部署，从市域社会治理怎么治、治什么、靠什么三个方面开展系统攻坚，不断创新探索具有武汉特色的市域社会治理体系，进一步完善党建引领、全域共建、四级贯通、多元共治、科技支撑的工作格局，不断提升市域社会治理科学化、精细化、智能化水平。

（一）创新齐抓共建的组织体制，为市域社会治理现代化夯实工作阵地

围绕市域社会治理"怎么治"，武汉统筹谋划，在全域推进"四大工程"，初步构建起武汉市域社会治理的组织体系和运行机制。

一是着力推进"红色引擎工程"，做实"领"。发挥武汉红色资源富集、时代楷模众多的优势，以基层党建为引领，以夯实市域社会治理根基为目的，创新推进红色引擎工程，强化红色引领，培育红色头雁，激活红色细胞，建设红色阵地，打造红色物业，繁荣红色文化，掀起红色旋风，用好红色基金，强化街道、社区（村）党组织领导核心地位，配强社区（村）党组织，组建网格党支部、楼栋党小组、党员中心户党建网络，精准做好群众工作。

二是着力推进"民呼我应工程"，干实"事"。明确将解决好城与人的关系作为市域社会治理的核心关键问题，强调城市治理坚持党的统一领导、坚持以人民为中心的理念，在市、区、街道、社区（村）四级建立起民有所呼、我必有应的工作体系。市区层面适应当今互联网快速发展态势，在党委部门增设网上群众工作部，全面受理和处理市民网上报事；在街道社区层面提升综治中心功能，整合行政执法力量，快速联动为市民网下办事。

三是着力推进"绩效评估工程"，明实"责"。坚持每年将全面建成小康社会、全面深化改革、全面依法治国、全面从严治党"四个全面"具体化为经济建设和社会治理的任务清单、责任清单，以四张成绩单评价各区和市直部门全年工作。其中，市委政法委负责统领全面依法治国绩效考评工作。在这其中，区域社会治理的法治建设、平安建设和群众安全感均作为重要考核评估指标，占有

较高分值。

四是强化“基层阵地工程”，坚实“基”。武汉市、区每年整合各类资金，采取配建、共建、调剂等方式，持续推进党员群众服务中心提档升级，全市1000平方米以上社区党员群众服务中心超过80%；推动教育、卫生、司法、文化等47个部门的服务资源下沉进社区，实现党务、居务、服务、商务、事务五务合一，面向区域各类群众团队、社会组织等免费开放。推进“鼎星”平安工程，筑牢市域社会治理的硬底盘。

（二）创新联动共治的工作格局，为市域社会治理现代化构建共建共享新格局

围绕市域社会治理“治什么”，武汉坚持问题导向，聚焦市域重大风险和居民最急最盼最怨问题，推动形成政府、社会、社区和居民联动共治的工作局面。

一是政府重在防范重大风险。严守政治高地，将国家安全特别是政权安全、制度安全置于社会治理的首要位置，确保本市域不发生危害政治安全的案事件。坚持领导干部下基层大接访制度，每月市委书记、市长和市区街三级党政班子成员下沉社区（村），面对面接访群众，做到有访必接、有问必答、有诉必理、有难必解，将防范重大风险工作做到防微杜渐。特别是疫情发生以来，市委印发《新型冠状病毒感染肺炎疫情群防群控工作方案》，广泛动员基层党员干部、广大志愿者、社会组织、爱心企业积极参与，全体市民理解支持、凝心聚气、群防群控，汇集起强大的战疫力量。

二是社会重在维护公共安全。坚持专群结合、群防群治。在全市域、全覆盖做准“一标三实”（标准地址、实有人口、实有房屋、实有单位）的基础上，科学划分社区网格，按“一格一员”原则配齐网格员。推行“万名警察进社区”“千名律师进社区”“辖区单位街道社区报到”等活动，将公共安全责任、社会服务压实到社会各方面。

三是街区重在化解内部矛盾。市域社会治理的重头戏在街道社区。武汉通过下沉市区执法权限，在街道设置民政、社保、城管、水务、房管等10多个区级部门的工作席位，由街道组织协调、综合执法，迅速解决居民群众最急最盼最怨的问题。

四是居民重在协商解决身边事。坚持市域社会治理为了群众、依靠群众，把得到习近平总书记肯定的百步亭、青和居群众自治的成功经验推向全市，每

个社区发动群众，在党组织的带领下成立“邻里守望”“江城管家”“天天敲门组”等志愿队伍，开展“温馨家园、共同守护”行动，营造平安建设、幸福生活的共建共治共享氛围。

（三）创新集成共管的智慧平台，为市域社会治理现代化打造加速器

围绕市域社会治理“靠什么”，依托现代科技手段搭建信息互联、数据共享、高效运转的治理平台。

一是数据互联一体化。以武汉时空大数据平台为支撑，以社会服务管理信息系统为基础，整合政务网、市长专线、城市留言板、数字城管。武汉市信息中心共享接入全市50家市直部门和15个区数据互联互通，日均数据交换服务达15万条，日均支持市民跨部门办事6000多人次，市域社会治理科学化、精细化、智慧化水平进一步提升。

二是系统应用实战化。搭建市、区、街道、社区（村）指挥系统，创新基于信息化的问题发现、流转交办、协调联动、研判预警、督办考核等运行机制，提高统一指挥效能，实现全数据流转、全流程覆盖、全业务协同、全过程监督、全方位预警。

三是服务功能便民化。适应互联网快速发展新态势，积极探索信息化条件下做好群众工作新路径，实施“建圈入群”“武汉微邻里”“网红网格员”等具体行动，完善市、区、街道、社区、网格五级联动网格化工作机制，力争实现“群众在上网，服务管理就到网上”。研发武汉微邻里App，设置自下而上报事模块，全面收集群众诉求。对接政务一张网，覆盖市级1230项、区级726项、街道94项政务服务，其中153项高频民生服务实现掌上办理，35项实现由网格员代办，形成报事、办事、议事以及党务、政务、法律、生活、文体、志愿服务“三事六服务”体系。

四是工作方法智慧化。推动智慧采集，依托射频识别（RFID）、人脸识别等通信技术，变人力采集为智能采集，为小区管理构建起全时监控、全域巡查、全民互动智慧安防体系。探索智能预警，通过安装智能门禁、视频监控、人脸识别、电子围栏、WIFI卡口等前端感知和智能监测设备，实时传输“公安云”进行比对碰撞，提高各类风险隐患的预测预警预防能力，助力打造一批无赌、无毒、无邪、无发案、无越级上访的“五无”小区。提供智慧服务，开通“电子证照卡包”小区应用，设置地址二维码门牌和房屋二维码标识，提高基层管理水平和效

率。搭建智慧城市机体，加快布局发展高速宽带和5G网络，构建智慧建筑、综合管廊、电网、给排水、公共设施等骨架体系，已建成全国规模最大的政务无线专网和量子保密通信城域网，提升城管、交通、环保、医疗、教育、公安等智能化水平。

三、武汉市推进市域社会治理现代化存在的问题

（一）市域社会治理的精细化程度有待进一步深化

进入新世纪，武汉城区面积倍增，人口加速向城区集中，县域经济加速向都市经济转型，社会和谐稳定面临着新挑战，对城市治理提出了较高的要求，其中城市的精细化治理是摆在现实中的一项挑战，特别是在流动人口服务管理、城市基础设施管理、突发事件应对处置、虚拟社会空间服务管理等方面面临诸多问题。比如，社会治安管控力度还不够高，对于对外来人员、特殊人群、高危犯罪群体的管控困难较大，脱管、漏管现象时有发生，对违法犯罪行为的打击力度还有上升空间，未能形成全社会共同参与的良好局面；道路交通管理建设进程未完全规范化、合理化、科学化，路面指示、监控设备没有实现应配尽配，有的配置了却效用发挥欠缺，部分执法工作人员执法规范化程度不够高；巡查力度还需加强，网格化服务管理工作水平需要进一步提高，推进力度还需加强，街面见警率、平安法治建设知晓率和参与率还有待提高，盗窃犯罪行为在老百姓身边常有耳闻，尚未形成"打、防、控"结合的良好态势；预防未成年人违法犯罪工作还不成熟，处于探索阶段，缺乏长效机制及有力工作措施，家庭教育与学校教育脱节，未成年人违法犯罪已成为了社会的一大问题；等等。很多社会治理问题还需要探索更一步地精、细、专的治理。

（二）市域社会治理现代化的方法还有待进一步提升

当前，武汉经济快速发展，社会不断进步，随之也出现了社会管理综合治理能力不足的客观问题，也暴露出一些社会治理上的短板。相较于传统社会，现代社会的风险具有整体性、系统性和更大的破坏性。当代市域社会语境下，大量异质要素在相对有限空间加速聚集，不同主体的利益、观念、价值、行为等差异有拉大的趋势；社会创新与变化的节奏不断加快，人们之间的利益、观念、情感等共识有待进一步形成；人们对仍处于进程中的市域社会运行规律的把握远未周全，应对、治理市域问题的经验、方法、理论有待进一步成熟。比方说，解决问题找法、靠法的意识不强，一些群众对于矛盾纠纷的化解还停留在老办

法上。我国著名建筑学家梁思成曾说，城市是一门科学，它像人体一样有经络、脉搏、肌理，如果你不科学地对待它，它会生病的。城市化进程中，因为一些主观的、客观的原因，环境污染、交通拥堵、停车难、公共卫生事件多发等问题凸显。这些问题靠传统的办法来解决，往往捉襟见肘、疲于奔命，但效果不佳。

（三）市域社会治理抵御风险的能力还不够强大

市域社会的发展虽然不断取得新成就，但并没有从根本上克服脆弱性、风险性。当前风险的生成机理、扩散方式、影响后果，发生了重要变化，日益具有多样性、互联性、复杂性。突发、偶发事件，如果应对不当，有可能迅速扩散，演变为全局性的风险和危机；一些个体的不当言行，处置不当，有可能通过互联网、自媒体等迅速传播，甚至有可能诱发重大社会事件。突然爆发的新冠肺炎疫情，是一种突发性的社会灾害，其传播之快、影响之广、治理难度之大前所未有，对武汉市域治理能力进行了一次重大考验。任何社会的任何发展阶段，都存在问题与风险，问题的关键就在于能否准确把控风险，有效应对风险，精准治理风险。武汉经此一役，更要不断强化其抵御风险的能力。

（四）市域社会治理不平衡问题依然存在

快速城市化大大提升了武汉现代化的总体水平，武汉土地面积 8494 平方公里，辖区有 13 个行政区及 6 个功能区，区下辖 156 个街道办事处、1 个镇、3 个乡。全市群众自治组织 3182 个，其中社区居委会 1377 个，村民委员会 1805 个，社会治理工作多元而复杂。由于各地人力、物力、财力投入力度差异较大，在一定程度上造成了区域发展不平衡、行业发展不平衡、城乡差异、贫富差距等问题。发展不平衡和发展不充分同时存在，从而导致市域内的城乡治理、新老社区治理等等各方面的差距。

（五）市域社会治理的社会力量调动还有待进一步加强

当前政府正在努力投入市域社会治理，但整个社会参与市域社会治理的力量没有培养起来。一方面民众的自主意识和参与度还不够高，民众主体作用发挥不够。群众对于市域社会治理的知晓度、参与度、满意度都不是很高，一些群众对于社会治理表示离自己很远，但在有的社会调查中又尖锐地表现出来对社会治理具体方面的严重不满。二是社会组织的作用发挥还不够。社会治理需要不断发挥经济组织、社会团体、志愿者、乡贤等各类社会组织的作用。三是缺乏专业社会管理人才。当前市域社会治理任务艰巨，亟需从管理到服务各个方面的人才充实社会治理工作。

四、武汉加快推进市域社会治理现代化的几点建议

市域社会治理现代化建设是一项系统工程,涉及面广、体系庞大。相比传统治理模式,市域社会治理对治理层级和要素间的深度协同联动提出了更高要求。

(一)立足思想建设,推进市域社会治理现代化的理论研究,夯实市域社会治理现代化的思想基础

要始终坚持以习近平新时代中国特色社会主义思想为指导,夯实市域社会治理的思想基础。将习近平新时代中国特色社会主义思想的精神实质和丰富内涵贯彻落实到市域社会治理的各项工作之中,把准市域社会治理的时代脉搏,倾听市域社会治理的时代呼声,创新市域社会治理的时代路径,从而夯实市域社会治理的思想基础。

加快市域社会治理理论的研究。市域社会治理是一个多维度的复杂工程,涉及大都市治理、中小城市治理、城镇治理、乡镇和乡村治理,涉及国家治理、区域治理、社区治理,涉及政府治理、企业治理,涉及空间治理、生态治理、技术治理、舆论治理、情感治理等等。市域社会治理几乎涵盖当代社会运行的所有方面,涉及宏观、中观、微观每个领域和层面的组织、群体、个人。因此,要把握市域社会复杂关系的演变趋势,厘清市域社会存在与运行的核心关系、重点内容、关键环节,加强理论研究,为武汉市域社会治理现代化提供理论基础。尽快开展社会治理新模式的理论体系研究与总结凝练,设计与完善制度体系,规划智能化建设技术支撑体系顶层设计方案。开发全国领先的市域社会治理大数据云平台,并为推进新时代市域社会治理现代体制创新、机制创新、政策举措创新贡献“武汉模式”,为全国提供可复制的经验。

(二)坚持党的领导,强化市域社会治理现代化的制度建设,构建市域社会治理现代化的新格局

政府主导与多元主体共同参与、共同治理的统一,是我国市域社会治理现代化的基本构架。坚持党的领导,调动各方积极力量,健全各类基层组织,完善人民群体参与市域社会治理的体制、机制,是推进我国市域社会治理现代化的重要方向。

坚持党的领导是对市域社会治理现代化工作的政治保障。在市域社会治

理现代化中，充分发挥基层党组织的领导核心和共产党员先锋模范作用，整合优质社会资源、推动社会参与，是推进市域社会治理现代化的根本保证。以党组织为纽带，搭建区、街道、社区、小区（网格）四级区域化党建联席会议平台，构建双向需求征集、双向提供服务、双向沟通协调、双向评价通报等机制，打破思想观念、行政级别、行业分割三大围墙，凝聚基层治理的党组织合力，壮大区域发展的朋友圈。要发挥党员示范作用。通过在职党员进社区亮身份、亮承诺、党员家庭悬挂“共产党员家庭户”等规定，从制度上强化党员身份意识和示范作用，让党员从自身做起，身先士卒，带头遵纪守法、带头服务群众，促进邻里和谐，提升社会治理软实力。推进“小区党组织+业委会+物业公司”三方联动，强化小区党组织对业委会在筹备初期的工作指导以及对业委会和物业公司运作的全方位监督，推动三方共商小区事宜，确保党的领导落实到基层社会的各个触角和神经末梢。

加大市域社会治理的制度供给力度。市域层面具有丰富的治理资源和手段，关键是要通过体制创新、机制完善、制度建设，把分散的资源聚起来。完善党委领导体制，自觉贯彻党总揽全局、协调各方的根本要求，促使社会治理各项工作在政策取向上相互配合、在推进过程中相互促进、在治理成效上相得益彰。完善政府负责体制，推进市、区两级政府职能体系优化协同高效。健全完善信息互通、资源共享、工作联动机制，实现社会治理资源整合、力量融合、功能聚合、手段综合。积极探索扁平化治理模式，提高快速响应、精准落地能力。进一步厘清上级职能部门与街道（乡镇）之权责，完善条块协同新机制，推动力量在基层整合、问题在基层解决。完善社会协同体制。借鉴一些地方制定行政事务禁入清单和拒绝行政事务负面清单的经验，实行权随责走、费随事转，推动建立政府和社会的良性互动机制。积极培育公益性、服务性、互助性组织。发挥市场机制作用，完善政府购买服务机制，让社会组织承接起政府减政放权释放的具体事务。完善公众参与机制。完善人民群众参与基层社会治理的制度化渠道，健全举报奖励、公益反哺、以奖代补等激励机制。创新互联网时代群众工作机制，搭建平行、互动、多样的群众参与网络平台，形成人人尽责、人人享有的生动局面。

完善市域社会治理组织体系建设。市、区级层面要统筹谋划并快速组织执行，发挥具体部署实施能力，构建社会治理的治理体系、力量体系、任务体系、机制体系、智慧信息支撑体系，打造权责清晰、智慧集成、扁平立体、运行高效的市、区社会治理体系。街道、乡镇层面要抓好基层基础，发挥党委领导和政府负责功能，赋予综合信息指挥室一定的权威，健全“基层治理四平台”工作机制，统筹建好网格队伍。社区、村级层面要抓好自治是关键。通过强化自治意识、建立自治规范、培育自治组织，加强村社党组织领导，完善基层群众自治机制，真正实现民事民议、民事民办、民事民管；网格层面做好触角延伸，健全网格队伍管理机制、网格准入机制、业务培训机制、考核激励机制、宣传引导机制，在党建引领下，培育多能网格队伍，完善网群共治机制，夯实平安建设基础。

（三）强化法治保障，优化市域社会治理的法治体系，凝聚市域社会治理现代化的正能量

市域社会治理现代化作为国家社会治理现代化的切入点和突破口，需要以法治作为有力保障，提高市域治理整体能力，要强化依法治理，解决市域治理顽疾、难题。

优化市域社会治理的法治体系。以良法促善治，加快构建系统完备、科学规范、集约高效的市域社会治理法治体系，实现社会治理制度化、规范化、程序化。一是建设科学完备的市域法律规范体系，制定权责明晰、便于操作的地方性法规、地方政府规章，为攻克市域社会治理难题提供有效的法律依据。二是建设公正权威的市域法治实施体系，健全落实依法决策机制，推动程序公开化、裁量标准化、行为规范化。三是建设规范严密的市域法治监督体系，特别是对群众最痛恨的滥用职权、徇私舞弊、贪赃枉法等问题加强监督，建立健全立体化、全天候的市域法治监督网络。四是建设务实管用的市域法治保障体系，构建全市统一的公共法律服务网络。

要强化依法治理。在决策过程中，提高运用法治思维和法治思维方式。充分发挥法治保障作用，用好市级立法权健全法规体系，以严格执法、公正司法促进有效治理，以法治思维破解基层治理难题。建立完善非诉讼纠纷解决机制。建立健全案件快速办理、诉调对接等制度机制，构建调解、仲裁、行政裁决、行政复议、诉讼等方式有机衔接、相互协调的矛盾纠纷多元化解体系，加强矛盾风险源头预防，努力将矛盾化解在基层和萌芽状态。强化法治宣传教育，培育人人尊法守法，大力培养群众办事依法、遇事找法、解决问题用法的良好习

惯，尤其是基层党和国家机关以及领导干部要带头尊法学法守法用法，进一步提高市域社会治理的法治化水平。

提高依法打击能力。依法打击市域突出违法犯罪，是市级政法机关保一方平安、促一方发展的重要政治责任。按照党中央统一部署，深入开展扫黑除恶专项斗争，确保打得准、打得狠、打得稳。建立完善市级统一指挥、合成作战、专业研判、分类打击机制，针对影响市域安全稳定的地域性犯罪采取集中打击整治措施，保持对违法犯罪活动的压倒性态势。始终坚持在法治轨道上打击违法犯罪活动，确保每一起案件都经得起历史和法律的检验。

（四）挖掘自治力量，调动基层参与社会治理的潜能，激发市域社会治理现代化的原动力

新冠肺炎疫情发生以来，中国依靠基层构建起强大的联防联控体系，同时保障了社会正常运转。因此，要加快构建民主开放包容的市域自治体系，打造人人有责、人人尽责的社会治理共同体，提高市域社会治理社会化水平。

优化市域社会治理的自治体系。要坚持完善基层群众自治制度，建强自治组织，创新自治活动，激发自治活力，充分调动社会主体参与市域社会治理现代化的积极性、主动性、创造性。完善企事业单位自治机制，健全职工代表大会、工会等民主管理机制，发挥好维护职工权益、化解内部矛盾的作用。完善社会组织自治机制，推动城乡社会组织成为制度健全、运行规范、充满活力的自治实体，让社会组织的微治理释放出大能量。

壮大自治队伍。要坚持和完善共建共治共享的社会治理制度，建设人人有责、人人尽责、人人享有的社会治理共同体，鼓励市民广泛参与协同共治，通过培养协会、商会、志愿者、社工、义工、乡贤等共同参与社会治理，让普通老百姓全体都参与进来，齐抓共管，通过完善社会治理的法规政策、营造良好的发展环境，培育良好的社会服务体系，提供优质高效的公共服务。

提升群众工作能力。牢固树立群众观念，探索新形势下市域社会治理中群众工作的新思路、新方法，增强组织群众、发动群众的本领。推进市域社会治理现代化必须把“民生为本，服务为先”理念贯穿于社会治理全过程，把群众需要作为第一选择，把群众满意作为第一标准，通过构建联系服务群众机制、切实解决群众难题、畅通实现群众利益渠道增进人民福祉。

（五）提升德治教化，塑造市域社会治理内力，增强市域社会治理的现代化的感召力

要重视加强道德教化，充分实现道德的引领、规范和约束功能，使德治成为市域社会治理体系的重要支撑，不断实现人民群众对美好生活的向往。

挖掘德治资源，健全德治体系。坚持以社会主义核心价值观为统领，完善社会、学校、家庭“三位一体”的德育网络，加快构建具有武汉特色、彰显时代精神、体现地方文化的市域德治体系。

强化德治约束，激发德治能量。加强社会公德建设，健全市域媒体宣传引导机制，弘扬真善美、贬斥假恶丑，不断提高城乡群众公德修养；加强职业道德建设，大力倡导爱岗敬业、诚实守信、办事公道、服务群众、奉献社会的职业道德；加强家庭美德建设，培育尊老爱幼、男女平等、夫妻和睦、勤俭持家、邻里团结的家庭美德；加强个人品德建设，推动各级学校思想品德教育创新，进一步完善符合当代青少年成长规律的德育体系。通过德治教化，让市域社会和谐稳定建立在较高的道德水平之上。

（六）增强科技支撑，提升市域社会治理的智慧化，赋予市域社会治理现代化新动能

提升科技应用能力，善于运用现代科技打造社会治理“撒手锏”，提升市域社会治理预见性、精准性、高效性。要运用大数据、云计算、区块链、人工智能等前沿技术推动城市管理手段、管理模式、管理理念创新，从数字化到智能化再到智慧化，让城市更聪明一些、更智慧一些。

提高创新驱动能力。紧密结合智慧城市建设，运用现代科技手段推动社会治理体系架构、运行机制和工作流程创新。提高运用大数据辅助决策能力，建立人工智能决策辅助平台，推动从依靠直觉与经验决策向依靠大数据决策转变。提高运用现代科技强化治安防控能力，建立社会稳定数据信息系统，推动从被动堵风险向主动查漏洞转变。提高运用信息技术服务群众能力，着力解决企业和群众反映强烈的办事难、办事慢、办事繁问题。

要强化智能治理，突出发挥科技支撑作用，以智网工程为统领，大力推动各类社会管理信息平台的有效融合，不断深化大数据在社会治理中的应用，扎实推进数字政府建设和政务服务改革，切实提升便民利民水平；大力推行“互联网+服务”，打通公共服务“最后一公里”，让群众办事少跑腿成为常态。利用

“块数据+小程序”等移动技术手段,实现基层治理“最后一公里”微循环。要建设智能网格,就是“网格+网络”,提升网格治理的智能化水平。

发挥智治支撑作用,打造市域社会治理动力。要把智能化建设上升为重要的治理方式,推进智防风险、智辅决策、智助司法、智利服务,推动市域社会治理体系架构、运行机制、工作流程的智能化再造,加快市域社会治理方式现代化。充分结合新型智慧城市建设、人脸识别技术、“雪亮工程”、5G技术等新一代信息技术,加快建立上下贯通、左右联通的社会治理网格化智能工作平台。加快“雪亮工程”一体化建设。努力实现视频监控和信息数据资源进村入户、全域覆盖,突出智能化建设,大力推进视频监控基础建设,建立全市统一的联网共享平台,提高社会治安立体化、专业化、智能化和实战应用水平。

提高舆论导控能力。互联网就是新战场,新媒体就是新战力。要下决心把工作重心转移到互联网新媒体上来,不断提高新媒体的品牌创新能力、话题设置能力、“引关圈粉”能力,让亿万网民在众声喧哗中听到党的声音。做好预知预警预置工作,有效化解重大舆情风险,坚决维护网络意识形态安全。提升舆论引导能力,提升领导干部媒商,不断提高宣传舆论传播力、引导力、公信力,最大限度凝聚人心,赢得广大人民群众的理解、关心、支持。

(七)提高统筹治理,把握市域社会治理的科学性,推进市域社会治理现代化的“专、精、新”

科学把握市域社会治理规律特点,立足市域承上启下的中观定位,运用战略思维、系统思维统筹推进市域社会治理,提高市域社会治理整体性、协同性。

精准实施细化工作。要在城市治理中把工作做细,要把管理和服务渗透到城市的每一个角落和空间,要覆盖到所有不同类型的人群。这不是技术可以替代的,更重要的是要转换政府职能,重塑政府官员的执政理念,建立完善的管理和服务的制度等。比如,针对市域之间差异大、城乡发展不平衡等问题,必须处理好统一性与差异性的关系,因地制宜、因情施策。市域具有以城带乡的引擎作用,作为城市和农村两种社会形态的结合体,是统筹推进城乡一体化的有效载体,把市域作为完整的治理单元,能够充分发挥城市辐射带动作用,让优势资源和服务从城市“高地”流向农村“洼地”,推进城乡一体化、基本公共服务均等化,让治理成效更多、更公平地惠及城乡居民。

提升社会治理的创新能力。善于用改革的思路破解难题,在新起点上实现新突破。提升政策把握能力，提高政策法律素养，善于运用政策手段推进市域社会治理工作。扎实开展深化市域社会治理创建工作，夯实市域社会治理创建根基。抓创新，健全市域社会治理管理机制，认真开展市域社会治理创建活动，加强法治宣传教育工作。牢固树立科技引领、信息支撑的理念，科学利用 QQ、微信、直播等现代新媒体及自媒体技术，努力提升平安法治建设的信息化水平，着重建立健全群防群治队伍。抓奖惩激励措施落实。对基层涌现出来的创新作为、重大贡献、担当作为的干部要鼓励以授予称号、嘉奖等形式进行精神鼓励，同时，也应该积极争取政策对推动市域社会治理现代化的单位和个人给予激励，且奖励和激励的对象更应该重视基层一线的工作部门和个人。

提升社会治理的专业性。引入专业的队伍和专业人士参与社会治理。政府要大力扶持那些公益性的社工机构和组织的发展，提供更多资金、场地等支持。要培养和引进更加专业的人士参与社会治理。要运用专业化的手段进行治理，强调综合运用行政、司法、经济、道德、舆论、技术、情感等多样治理手段、治理策略。

作者单位：武汉发展战略研究院

补齐国家中心城市功能短板 增强武汉集聚辐射带动能力

武汉发展战略研究院课题组

武汉作为国家中心城市，肩负引领区域发展、参与国际竞争国家使命。“十四五”时期，武汉要着力改善“大而不强”“一城独大”局面，有序推动超大城市非核心功能向周边城市疏解，加快推进武汉大都市区建设，进一步发挥湖北“主中心”作用，增强中心城市核心竞争力和集聚辐射带动力，有力支撑中部地区崛起和长江经济带发展。以下从七方面分析武汉功能短板，并提出对策建议。

一、市域空间

现有空间受限和需求空间拓展的矛盾日益严峻。横向对比国家中心城市，武汉土地面积排名第6，仅为北京的二分之一，与成都的差距约为一个上海的土地面积。目前，武汉中心城区成片的建设用地已基本没有富余，新城区的规划建设也已全面铺开，在坚守生态环保红线的前提下，国土空间与资源承载力均已接近开发上限。但同时，国家级开发区要提速升级、城市功能要提升、区域发展要协调，都对空间载体和空间资源提出更多要求。

表1 国家中心城市空间范围(单位:平方千米)

	北京	上海	天津	广州	重庆	成都	郑州	西安	武汉
土地面积	16410.54	6340.50	11966.45	7434.40	82400.00	14335.00	7446.00	10752.00	8569.00
排名	2	9	4	8	1	3	7	5	6

“十四五”时期，武汉要从国家中心城市核心功能充分发挥的需求出发，科学谋划区域空间格局，强化核心城市的辐射带动能力。重点通过行政区划调

整，采取合并、托管等模式将鄂州划归武汉管辖，实现城市空间扩容，建设成为与上海、重庆相呼应的长江中游超大城市。

二、基础设施

交通等基础设施的短板仍然明显。作为国家综合交通枢纽示范城市，武汉拥有公、铁、水等多种运输方式，但多以单体规模扩张为主，不同交通方式并未系统整合运用，大都市区内的交通一体化仍存在障碍，铁路、公路、水路等领域通达性不够，航空领域协同性缺乏，公交接驳场站、衔接道路等配套设施不完善，交通方式“最后一公里”问题突出，尚未形成真正意义上的一体化综合交通枢纽。交通缺乏互联互通，不仅影响了多式联运功能提升，更制约了资源有效流动，武汉国家中心城市的辐射、带动功能难以发挥。另外，大都市区范围内的通信一体化进程缓慢，周边城市基础设施建设水平明显落后于武汉。

“十四五”时期，武汉要全方位实现基础设施互联互通。交通先行，加强区域城际轨道、高速公路、国省道的规划建设，推进都市区环线高速公路、沿江高铁建设，衔接市内交通与市际交通，打通武鄂黄黄、汉孝、武仙、武咸四个方向通道，完善现代化综合交通体系。谋划陆海大通道，加快长江中游航运中心建设，推进空港、水港、陆港建设，进一步发展多式联运，提升资源集聚与再配置能力。推进新型基础设施建设，加快信息通讯同城化建设。推进能源输送网络和水利基础设施一体化建设。

三、产业发展

虽然武汉经济总量已进入全国城市第一方阵，但与国家中心城市要求还有距离，2019 年 GDP 在全国城市中排名第 8，落后于苏州、成都，与排名第 9 的杭州差距不到 2000 亿元，2020 年受新冠肺炎疫情冲击，相对地位进一步下滑。武汉虽然产业体系完善，但是产业规模不大，既缺少龙头企业，也缺少良好的产业生态链，主导产业集群优势不明显，最大的汽车及零部件产业的产值也不到 4 千亿元，产值过百亿元企业 20 多家。2019 年中国企业 500 强中，武汉仅有 7 家，少于杭州（22 家）、苏州（11 家）、成都（11 家）。武汉与周边城市产业同构现象突出，专业化程度较低，各城市依托自身特点发展优势产业，缺乏立足区域发展高度的科学布局，社会化分工协作机制尚未建立，产业链对接和产业链互补能力较弱，各自为战的经济发展格局没有根本性改变。

“十四五”时期，武汉要进一步集聚创新要素、提升经济密度、增强高端服务功能，推动都市圈内各城市间专业化分工协作，构建大中小城市和小城镇特色鲜明、优势互补的产业发展格局。积极争取获批综合性国家产业创新中心、综合性国家科学中心，建设东联鄂州、黄石、黄冈等的光谷科创大走廊；争取国家级临空经济区获批，建设以武汉、鄂州、孝感市为核心的临空经济走廊；争取中央各部委给予武汉国家存储器基地和国家网络安全人才与创新基地更多政策支持，带动提升湖北省“芯”产业集群核心竞争力；支持建设国家级承接产业转移示范区，健全产业转移推进机制和利益协调机制，推动武汉钢铁、汽车、装备制造、重化工等优势产业向周边地区转移；大力发展飞地经济，推进产业资源、创新资源向合作共建园区集聚转化。

四、市场建设

消费市场辐射带动能力不足。2019 年，武汉市社会消费品零售总额为 7450 亿元，而城市圈其他城市社零额总和为 5723 亿元，仅为武汉一城的 77%。城市圈八个城市总人口 2071 万人，接近武汉常住人口 2 倍，市域接壤，但人均消费水平相差近 3 倍。一方面是人均收入差距较大，消费能力不足；更多的是因为城市圈消费领域的体制机制一体化不到位，消费设施、商业网点不完善不合理，物流不通畅，高质量供给不足，无法满足居民消费需求。武汉对城市圈消费辐射带动不足，削弱了武汉作为中部强大市场引擎的作用，不利于中部强大市场的培育和消费升级。

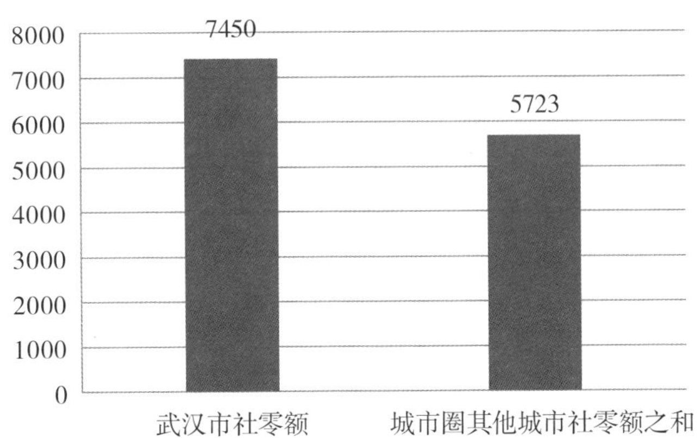

图 1 2019 年武汉市和武汉城市圈其他城市社会消费品零售总额情况（单位：亿元）

劳动力集聚和辐射能力不足。劳动力的集聚能间接反映一个区域资本、技术、土地等各类要素的集聚状况，目前都市圈已成为各类发展要素在空间上聚集的主要载体。过去十年，武汉人口增加 221 万人，而城市圈其他城市人口净流出 18 万人。反观上海都市圈,十年间外圈层人口增量超过都市圈核心城市的 2 倍。且作为都市圈核心城市,十年来武汉人口增量规模不及广州、深圳、成都、杭州、济南等同类城市,也低于合肥、郑州等中部城市。武汉作为中心城市,无法辐射带动周边,自身对核心要素的集聚作用也难以有效发挥。

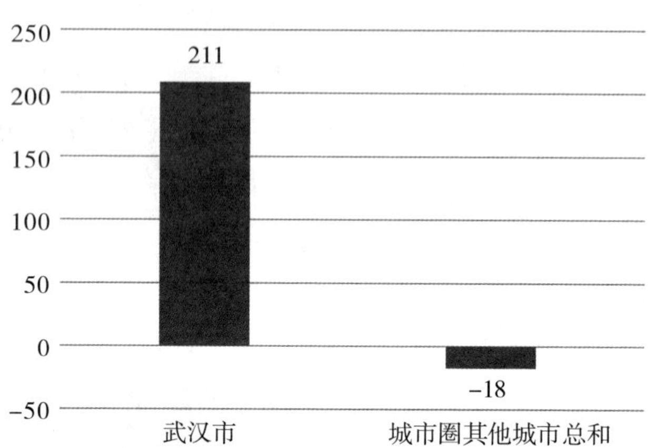

图 2 2009—2019 年武汉市和城市圈其他城市新增常住人口规模(单位:万人)

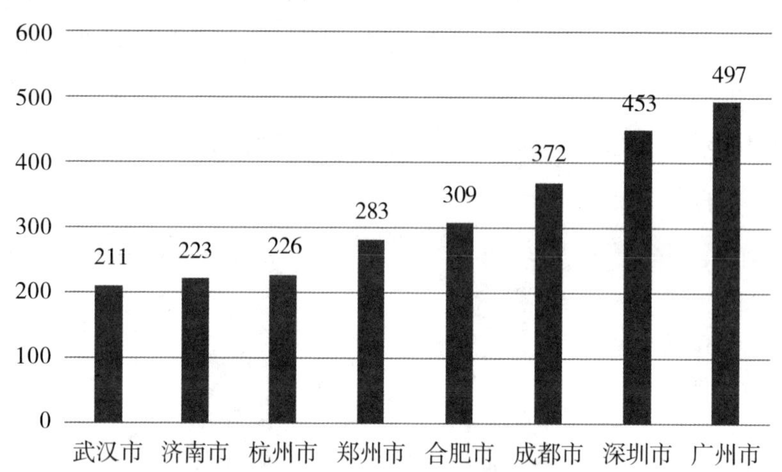

图 3 2009—2019 年主要城市新增常住人口规模(单位:万人)

金融市场对经济发展的支撑作用有待发挥。武汉城市圈内各银行分支机构管理部门之间条块分割严重,圈内的金融资源流动受阻,金融一体化程度较低,国际金融衍生品交易、外汇交易、兑换等方面的金融投融资平台少,大宗商品交易平台、碳排放特色交易场所等具有辐射能力的新平台、新市场还没有实现突破,其对经济发展的巨大推动作用不能充分发挥出来。

社会参与机制不完善。跨区域的市场中介机构不多,民间组织和社会团体相互交流合作不够，组建跨区域市场中介组织，仍面临着突破属地管理、行业分类、协会挂靠等政策性问题，缺乏能够实质上推进市场一体化发展的有效平台和载体。

“十四五”时期，武汉要进一步发挥中部强大市场引擎作用。一是将武汉市列入国际消费中心城市第一个层次的试点城市。提升武汉消费能级和国际知名度，建立以武汉为中心，涵盖城市圈城区、城镇、农村的商贸网络，合理布局大型综合性和专业性批发市场，加快推进物流、电子商务等专业市场的一体化，整合带动城市圈消费市场，协同完善消费市场监管，建立消费者维权一体化机制。二是谋划建设以服务中国内需市场为主的金融中心。武汉应立足未来的需求，谋求在中国金融开放大盘子中有一席之地，依托巨大的内需市场潜力与生产规模，争取若干大宗商品交易平台、特色交易所等落户武汉，做大做强做专金融市场，形成武汉在国内金融市场上某一领域的竞争优势，增强金融对经济的支撑和对周边的辐射带动作用。三是推进要素市场一体化发展。加快清理废除不利于统一市场形成的各种限制性规定，建立广泛的社会参与机制，破除要素流动壁垒，消除市场的“痛点”和“堵点”，加强行政协调磋商，在招商引资、土地批租、外贸出口、人才流动、技术开发、信息共享等方面联手制定统一政策，形成统一机制。在城市圈中，尽早实现户籍准入年限同城化累积互认，增强城市圈对人才和劳动力的吸引力。

五、公共服务

武汉面临自身公共服务优质资源总量提升和服务周边城市能力提升的双重压力，公共服务一体化水平依然较低。从量上看，武汉与北上广深等先进城市存在差距，但无论是各领域公共服务资源总量还是人均占有量，武汉均明显高于周边城市。仅从公共服务资源集聚的角度理解，这符合武汉作为国家中心城市的一般特征。但从国家中心城市的服务功能看，武汉公共服务资源总量优势与服务周边城市的能力还存在较大落差，公共服务资源的“武汉属性”依然比较突出，武汉与周边城市公共服务一体化存在出台政策措施多、真正落地的少及一体化领域偏窄且不够深入的问题，众多政策措施因缺乏统筹推进的机制和强有力的落地细则而难以落地，周边城市居民要享受与武汉市民同等待遇，迫切需要进一步盘活存量、做大增量、优化机制、强化落实，实现区域优质公共服务资源联动共享。

“十四五”时期，武汉要强化资源联动共享，推动公共服务一体化。坚持资源整合、以强助弱、联动共享，完善城市间公共服务多元化供给和利益分摊机制，建立健全公共服务跨城市流转衔接制度。推进信息技术与教育深度融合，促进与周边城市学校优质资源共享，深化基础教育对口合作。强化区域文化认同，深入推进公共图书馆、文化艺术馆、博物馆、体育馆联盟建设，以文化协同推进区域一体化发展。不断完善医疗卫生服务合作机制，发挥武汉资源优势，建立完善医疗联合体共建、人才与技术双向交流、检查结构互认、医疗保障互通机制。完善社保关系无障碍跨地区转移接续机制，实现一网转移、一网结算。联合成立区域一体化就业创业工作协调机构，加快推进公共就业服务制度对接、待遇互认、就业岗位信息互通。推动政务服务联通互认，加快推进“一网通办”。完善突发公共事件联防联控、灾害事件预防处理和紧急救援等联动机制。

六、生态环境

近年来，武汉及其周边城市经济的稳步高增长诉求与资源环境承载能力减弱之间的矛盾日益突出，而武汉作为国家中心城市，引领带动区域生产、生态、生活融合发展的功能突显还不够。空气、水体、土壤等的污染治理任务依然较重，特别是湖泊湿地萎缩、水体富养化，使得区域内的水资源优势减弱。产业绿色化、低碳化、循环化转型发展，依然受到资金、人才、技术等众多因素的制约。生态保护与环境治理的协同机制还不够完善，条块分割、各自为政的问题依然存在。生态产品的价值实现能力还有待进一步提升，统一、开放、竞争、有序的生态产品市场体系还没有形成，特别是区域不同城市之间生态保护开发的成本与收益衡量体系不够完善，导致不同城市在生态保护与开发利用方面的积极性和责任心存在较大落差，不利于形成合力。

“十四五”时期，要充分发挥武汉长江经济带绿色发展示范作用，加快形成一批可复制、可借鉴的环境保护和绿色发展经验，及时向周边城市推广。推动重大生态工程合作共建，构筑以长江、汉江、湖泊及主要交通轴线绿色廊道为纽带的区域生态屏障。完善区域生态环境监管体系，建设生态环保一体化动态监测平台，健全流域、区域生态环境监测、监察、执法协同联动机制。建立统一的环保产业市场准入机制，对环境污染第三方治理等从事环境保护业务的企业，给予完全相同的政策与待遇。建立区域统一的绿色产品、绿色建筑标准、认证、标识等体系。在探索政府主导、企业和社会各界参与、市场化运作、可持续的生态产品价值实现路径方面加强合作与交流。探索生态保护"成本—效益"分类核算办法，完善不同区域、流域生态补偿额度测算方法体系，通过资金补助、产业转移、人才培训、共建园区等方式，在受益地区与生态保护地区开展分类分级的横向生态补偿试点。

七、对外开放

武汉地处中部内陆，长期以来对外开放程度不够高，不仅滞后于东部沿海城市，也落后于成都等西部城市，国际分工参与度不高，国际经济体系融合度有待提升，经济外向度仅有15%左右，远低于33%的全国平均水平；领事馆数量仅有4家，不及成都(19家)的1/4；国家和地区航线63条，只有成都(126条)的一半。对外开放度不高影响了武汉的城市形象，削弱了武汉的城市功能，与武汉应有的城市地位不匹配，不利于武汉肩负的国家战略的推进实施。

表2 2019年主要城市对外经济情况

	进出口总额（亿元）	进口总额（亿元）	出口总额（亿元）	进出口总额占GDP比重(%)
北京	28664	23496	5168	81.04
上海	34047	20326	13721	89.23
广州	9996	4738	5258	42.30
深圳	29774	13065	16709	110.57
成都	5823	2513	3310	34.23
杭州	5597	1984	3613	36.41
南京	4828	1821	3007	34.41
武汉	2440	1078	1362	15.04

"十四五"时期，武汉要更好发挥内陆开放桥头堡作用，推动湖北自贸区升级，争取适用上海自贸区试点政策，畅通大通道，大幅提升通关效率和保障水平；构筑大平台，加快建设中法生态示范城、中日产业园，大力谋划中美、中德、中英、中韩、中印等国际产业园，争取水运口岸、铁路口岸等与自贸区、综保区、跨境电商综试区等联动发展；开拓大市场，推动工程设计建造、装备制造、信息技术等优势企业"走出去"，争取服务业扩大开放试点政策，建设国家数字服务出口基地；强化大支撑，争取设立更多使领馆和重要国际组织分支机构，承办重大国际、国家级会议赛事，规划建设国际医院、国际学校、国际社区等。

课题组成员：刘艺璇　袁云光　叶传忠　付　兴　骆　严

武汉市城市公共卫生服务体系建设研究

沈　明

公共卫生服务体系是以促进大众健康为目标的公共卫生活动所涉及的一系列政策、法律、组织机构和具体措施等要素的集合，包括公共卫生政策法律体系、疾病预防控制体系、突发公共卫生事件应急体系、公共卫生监督体系、医疗救治体系、基本卫生服务体系等六个子体系。从组织结构来看，政府公共卫生机构是整个公共卫生体系的核心，其他还包括健康促进组织、公共安全组织、文艺组织、社会慈善组织、志愿者组织等（见图 1）。

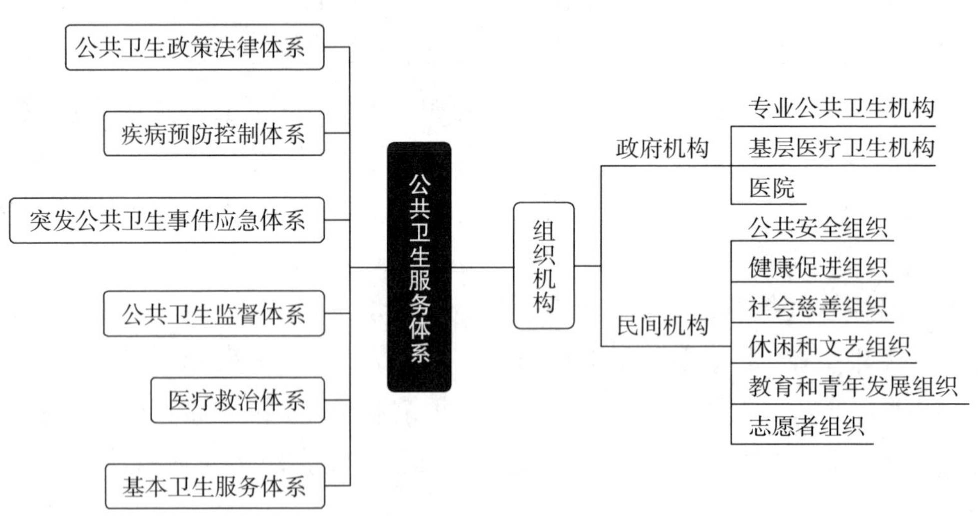

图 1　公共卫生服务体系概念图

一、武汉公共卫生服务体系发展现状

(一)公共卫生法律体系框架基本成形

2014 年,以《突发事件应对法》(2007)和《传染病防治法》(2013 年修订)为依据,在《国家突发事件总体应急预案》《突发公共卫生事件应急条例》(2011 修订)的统摄下,武汉制定了《武汉市突发事件总体应急预案》和《武汉市突发公共卫生事件应急预案》,辖下各区也均制定了相应的应急预案。截至 2018 年底,武汉市已建立突发公共卫生事件总体预案 5 个、专项预案 15 个。在武汉的疫情防控过程中,《传染病防治法》《突发公共卫生事件应急条例》《卫生部法定传染病疫情和突发公共卫生事件信息发布方案》的规定没有完全得到落实,部分原因是有法不依,部分原因是法律规定滞后,责任主体没有落到实处。

(二)公共卫生监督和架构体系相对完备

目前,国内公共卫生体系依然是政府主导下的社会各部门共同参与的卫生系统。国家制定关于公共卫生的法律法规及相关卫生政策,各级政府设立的卫生行政主管部门做好本地区卫生规划、管理及卫生资源分配,政府下设的疾病防控中心、专科医院和卫生院是疾病防控机构,各级卫生监督所肩负公共卫生执法职责。政府及其卫生行政主管部门、环保部门、民政部门、财政部门、劳动部门、协同医院、疾病预防控制中心、卫生监督部门共同构成突发事件应急体系。武汉公共卫生体系由专业公关卫生机构、基层医疗卫生机构和医院三部分构成(见图 2)。

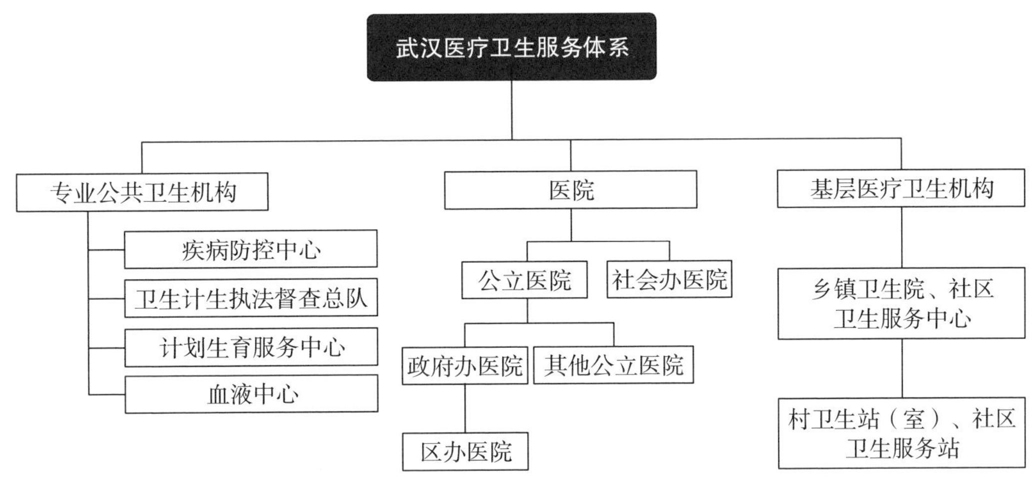

图 2 公共卫生服务体系基本架构

（三）综合医疗资源和实力居全国前列

从医疗卫生和计划生育支出来看，2018 年武汉医疗卫生计生支出 131.3 亿元，人均医疗卫生支出 1184.9 元，分别位列新一线城市第四和第三位。从医疗卫生床位数来看，2018 年武汉医疗卫生床位数 9.59 万张，每万人床位数 86.5 张，均位列新一线城市第四位（见表 1）。从医疗机构数量来看，2018 年武汉医疗卫生机构总数达 6340 个，比上年增加 269 个。从顶级医院数量来看，武汉坐拥同济、协和、武大人民医院、武大中南医院和武大口腔医院等 5 家全国百强医院，仅次于北京（21 家）、上海（18 家）和广州（9 家）[①]。作为大区中心城市、中部地区的国家中心城市以及中西部地区高等教育实力最为雄厚的城市，武汉的医疗资源和实力在全国同类型城市中名列前茅，甚至是许多沿海城市如深圳、厦门、苏州、宁波等都难以企及的。作为四大一线城市之一，深圳尚无一家医院入围全国百强。

表 1 新一线城市基础医疗资源统计表[②]

城市	医疗卫生支出（亿元）	排名	人均支出（元）	排名	卫生机构床位数（万张）	排名	每万人床位（张）	排名
重庆	375.3	1	1209.9	2	22.04	1	71.1	6
昆明	62.5	10	912.4	9	6.36	8	92.8	2
成都	140.0	3	857.3	10	14.30	2	87.6	3
武汉	131.3	4	1184.9	3	9.59	4	86.5	4
青岛	102.3	6	1088.9	6	5.60	9	59.6	9
沈阳	62.1	11	746.8	11	7.03	5	84.5	5
南京	96.2	8	1140.3	5	5.50	10	65.2	7
天津	192.6	2	1234.6	1	6.82	7	43.7	11
宁波	95.0	9	1158.7	4	3.80	11	46.3	10
苏州	111.0	5	1035.3	7	6.93	6	64.6	8
郑州	97.9	7	965.9	8	9.80	3	96.7	1

（四）医疗科研基础和实力强劲

从医学专业的 ESI 学科数量上来看，华科和武大分别有 7 个和 9 个优势学科进入 ESI 全球排名的前百分之一。在 2016 年教育部第四轮学科评估中，华科

①数据来源：2019 年 11 月，由复旦大学医院管理研究所邀请国内著名同行专家担任评审的复旦版《2018 年度中国医院排行榜》。

②数据来源：各城市统计公报整理。

的公共卫生与预防医学学科为两个 A+学科之一，全国仅有 5 家位列 A 类学科。从医学院来看，华科同济医学院的基础医学专业及公共卫生与预防医学专业均已进入世界一流学科建设行列。武大医学部 A3 实验室是国内首家通过国家认可的高级别生物安全实验室，武大医学研究院正在致力于重大疾病的基础和转化医学研究。此外，武汉 P4 实验室打造了新发、突发传染病病原研究单元和高等级生物安全实验室平台，具备了从事最高生物安全等级病原研究能力，可在国家公共卫生应急反应体系和生物防范体系中发挥核心功能，是我国生物安全实验室平台体系中的重要区域节点。

二、武汉公共卫生服务体系问题短板

（一）公共卫生法制化程度不够，公共卫生法律体系有待完善

疫情期间出现的发布信息不及时等问题，暴露出我国应急法律制度的短板。一是关于“封城”和“战时管制令”等严厉措施虽然有效，但如果不能在法律层面得到确认和规制，容易引发外界的合法性质疑，对高效解决极端事态十分不利。二是对于疫情信息的发布和处置规定不明确。“非典”和汶川地震之后，我国强化了突发公共事件应急法治，陆续颁布了《传染病防治法》《突发公共卫生事件应急条例》《国家突发公共卫生事件应急预案》等法律法规，但法律只规定了什么情形下构成特别重大突发公共卫生事件和一级响应的启动与终止程序，对于二级、三级、四级应急响应的具体适用情形未做明确规定。同时，对个人和公共部门的补偿规定并不完善。

（二）公共卫生体系建设不足，医疗服务、基础研究的不平衡、不协调问题突出

由于经费投入、资源配置、体系建设激励机制的“重医轻卫”和不平衡问题长期存在，公共卫生与疾病预防控制人才大量流失，进而导致医疗和卫生两大体系之间出现裂痕，医疗服务体系与公共卫生体系的分工协作机制不健全、联通共享环节欠缺。突发公共卫生事件出现后，难以形成反应及时、信息透明共享、统一部署、职责分工明确的共同应对机制，直接影响了整个公共卫生服务系统的运作效率。

（三）风险管理意识不强、机制不畅，公共卫生监测预警能力缺失

突发公共卫生事件存在不确定性，其发生具有很大的偶然性，在平常时期感觉不到它的威胁，极易出现思想松懈、相关防范措施落实不到位等情况。据统

计,截至 2020 年 3 月 5 日,武汉市内监狱、看守所、戒毒所、养老院、福利院、精神病院等特殊场所累计确诊 1795 人,局部聚集性感染问题突出。新冠肺炎疫情对我国医疗卫生体系提出重大挑战,特别是在疫情初期,存在有关部门对疫情扩散风险的危害性认识不足、对可能造成重大公共卫生事件的危险因素警觉意识不高、社会和公众危机意识淡薄等问题,多方面因素共同作用导致疫情快速扩散。

(四)公共卫生领域人才储备不足,疫情防控人员能力缺失

疾控中心等公共卫生机构历来地位低、缺少话语权,对优秀公共卫生人才吸引力有限,再加上公共卫生人员职称晋升相对困难、成就感和社会地位较低,很多公共卫生毕业生毕业后选择转行,以至于我国公共卫生领域人才存量不足、质量不优问题比较突出,更加缺少具有医学、公共卫生、信息学和法律等多重背景的复合型卫生人才。在处置突发公共卫生事件中,很多工作人员并非医学专业出身或者多年未从事专业工作,缺乏必要的应急管理专业素质。在疫情发展迅猛的压力之下,暴露出难以应对的短板问题,对整个疫情的防控形成了很大障碍。

(五)公共卫生信息化建设滞后,疫情信息披露不及时

疫情初期,由于信息披露机制还不够健全,公众难以在第一时间获得及时准确信息,以致疫情加速蔓延,各种虚假信息和谣言借机肆意滋生。面对各类媒体中的不实消息、不当言论,武汉最初应对也不够及时有力。在采集疫情数据方面,武汉市仍然采取手工作坊式的人海战术,通过打电话、微信群、数电表等方式填报数据并逐级上报,跨地区、跨层级和跨部门信息不能共享共用,整个信息收集、整理、反馈、公开效率不高。随着疫情防控措施的逐渐完善,目前武汉在疫情信息披露、舆论精准监测、舆情引导处置等方面已经取得了很大进步。如何汲取前期教训和经验,做到公共卫生重大事件信息公开的制度化、常态化、法治化,不断提升公共舆情的监测和引导能力,是武汉下一步关注的重点问题。

三、优化社会公共服务体系对策建议

(一)强化法治建设,提高公共卫生依法防控能力

第一,建立完善生物安全管理制度体系,把生物安全纳入国家安全体系,做好生物安全风险防控和治理体系建设的分层对接,支持武汉创建国家生物

安全治理试验区。第二,加强公共卫生领域法规规章建设。全面梳理评估相关地方性法规规章,及时开展医疗废物管理、突发公共卫生事件应急管理等法规规章立改废释工作。加快推进群防群治组织监督管理规定、病媒生物预防控制管理规定、医疗纠纷预防与处理办法等法规规章的制定修订工作。第三,加强执法监督体系建设。完善市场监管机制,坚决取缔和严厉打击非法野生动物交易行为。加强生物安全、公共卫生、传染病防治、医疗执法等领域监督能力建设。第四,深入开展法治宣传教育,以经常化的法治教育培养和强化公共卫生法治意识。

(二)补齐机制短板,提高公共卫生服务协同运行效率

第一,改革完善疾病预防控制组织体制,全面强化疾病预防控制体系的顶层设计,完善各部门功能定位和职能划分,构建医防相结合的整合型医疗卫生服务体系。第二,建立健全疾控机构和医疗机构的信息共享和协同工作机制,如应急医疗救助机制,分级、分层、分流的传染病等重大疫情救治机制等。第三,加强农村、社区等基层应对突发公共卫生事件防控能力建设,探索构建以家庭医生为核心的社区医疗卫生服务体系。第四,以基层为重点强化市级财政统筹机制, 加大对基层医疗卫生机构补助力度, 促进基本公共卫生服务均等化。第五,强化综合性医院感染性疾病专科建设,健全综合性医院和传染病医院之间的分工协作机制。

(三)健全快速响应机制,提升疫情预防、响应和救治能力

第一,完善疫情信息收集、上报和预警机制,建立智慧化公共卫生安全预警多点触发机制。强化第一时间调查核实和限期控制措施的落实,探索建立疫情核实结果通报与报告同步、疫情发布与应急响应请示同步机制。第二,加强重大疫情应急指挥机制建设,建立集中统一高效的领导指挥体系。完善平战结合机制,建立公共卫生应急培训、演练、征用机制,建立全市医疗卫生机构动员响应、区域联动、人才调集机制。第三,建立应急状态下保障基本医疗卫生服务机制,保障危急重症患者、继续维持定期治疗的患者以及孕产妇、儿童等重点人群的基本医疗服务。第四,健全科学研究、疾病控制、临床治疗有效协同机制,依托高校科研平台、国家重点实验室、临床医学研究中心、重点企业和第三方检测企业,建立健全联防联控科技攻关机制以及科研平台体系。

(四)加强人才队伍建设,整体提升公共卫生队伍服务能力

第一，加强公共卫生服务体系人事薪酬保障力度，稳步提高疾病预防控制、急救、采供血、卫生信息、公立医疗机构等事业单位绩效工资水平,逐步缩小公共卫生机构与公立医院之间的薪酬差距。第二,健全公共卫生应急机构专业队伍培育、考核、评价、流动、奖惩机制,职称晋升、专业技术职务聘任更加注重应急处置和城市安全保障工作实际，同等条件下优先考虑有突出贡献的专业人员。第三,增加基层公共卫生机构人员编制,鼓励引导医疗卫生人才向基层一线流动。第四,加强公共卫生和应急管理相关学科建设,推动公共卫生教育转型,制定医疗卫生人才定向免费培养政策。

(五)加强信息化建设,完善监测、预警和报告信息网络体系

第一,构建公共卫生云平台及疾病控制业务应用系统,实现疾病动态监测预警处置、疫苗接种全流程管理、健康危机因素监测与评价、职业健康、妇幼保健、综合监督服务等业务应用。第二,打通公共卫生系统数据共享屏障,建立健全从中央到地方再到基层的公共卫生服务系统数据共享机制。第三,加大基层信息化建设力度,以政府为主导,开放相关数据资源,引入社会资本搭建信息服务平台,向公众提供传染病监测预警预报、环境卫生监测预警、食品安全监测等信息服务。第四,健全公共卫生大数据专业人才培养机制,培养出一批兼具统计分析、计算机技术、公共卫生等多学科知识和技能的复合型公共卫生服务人才。

作者单位:武汉发展战略研究院

城镇化：新趋势与新挑战

丁文珺　李欣敏

推动要素特别是劳动力要素有序流动是具有中国特色城镇化道路及其相关改革的逻辑起点，社会流动性推动了城市经济增长和空间扩张，提高了劳动生产率，倒逼了城镇化相关制度的改革创新。改革开放以来我国城镇化进程取得了举世瞩目的成就，城镇化的推进吸纳了大量农村劳动力转移就业，提高了城乡生产要素配置效率，为我国经济持续快速增长以及社会结构、经济制度的深刻转型提供了重要支撑。伴随着社会流动性的迅速增强以及社会运行、社会变化的加速性、高复杂性和更加不确定性，当前我国城镇化建设迈入了一个新的发展阶段，要求在超常规的增速后回归城镇化发展的本质动力，即跳出追求速度的传统思维，使城镇化发展动力回归生产要素和人口集聚产生的规模效应，通过在要素流动性领域的深化改革使城镇化率真正成为城镇化进程的客观反映。

一、具有中国特色的城镇化是我国经济发展的重要引擎

工业革命以来，全球经济的增长得益于技术、制度和空间边界的不断拓展及变化，前两者分别对应着技术创新和体制变革，后者则表现为城镇化。城镇化的发展不仅推动了社会分工的深化、产业模式的重组、资源配置空间效率的优化，也同时促进了技术创新和体制变革。改革开放以来我国城镇化进程取得了举世瞩目的成就，1978—2019 年我国城镇化率从 17.9%提高到 60.6%，实现了 6.4 亿左右的人口从农村转移到城市[①]，城镇化速度明显高于同期世界其他

①数据来源：国家统计局。

国家，对世界城市人口增量贡献超过四分之一[①]。城镇化的推进促进了经济增长、结构调整和社会变迁，为改革开放以来我国经济社会的快速发展提供了重要支撑。

（一）城镇化与我国工业化、现代化进程密切相关

工业革命以来世界各国发展历程证明，实现现代化必须在工业化发展的同时注重城镇化发展，城镇化水平提升带来的产业集聚、劳动力集中以及更加高效的公共产品供给，能为经济可持续发展提供源源不断的动力，同时工业化发展所需的规模经济和集聚效应也会同步推进城镇化水平的提升。从2016年世界银行公布的数据可以看出，低收入组国家的平均城镇化率为31.2%，中等偏下收入国家组的平均城镇化率为39.6%，中等偏上收入组国家的平均城镇化率可达65%，高收入组国家的平均城镇化率达到了79.8%，城镇化率与经济发展水平密切相关、互为因果。

改革开放以来我国的城镇化率也与工业化、现代化进程紧密相关，城镇化推进下的劳动力迁移使人力资源在产业部门之间实现了再配置，使城镇化成为了促进经济效益提升进而推动经济增长的重要源泉。1978—2019年，我国城镇化率年均增长1.03%，与此同时经济也保持了年均增长9.5%以上的增速[②]。根据测算，我国每有1%的人口从农村迁移到城市，GDP就会增长1.2%[③]，同时我国城镇化率每提高一个百分点，第三产业增加值比重和就业比重将分别提高0.61%和0.72%[④]。

①蔡昉、都阳、杨开忠等：《新中国城镇化发展70年》，人民出版社2019年版第208页。

②数据来源：国家统计局。

③国务院发展研究中心和世界银行联合课题组：《中国：推进高效、包容、可持续的城镇化》，《管理世界》2014年第4期。

④国家发展和改革委员宏观经济研究院：《迈向全面建成小康社会的新型城镇化道路研究》，经济科技出版社2013年第75页。

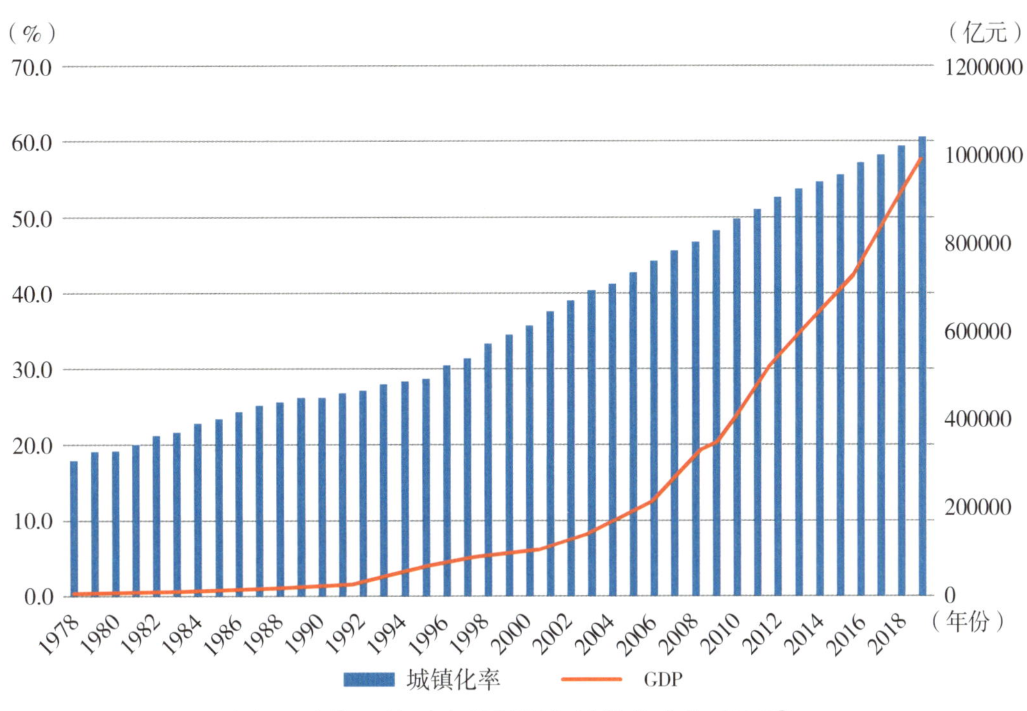

图 1 改革开放以来我国历年城镇化率和 GDP①

从我国城镇化不同发展阶段来看，在 1978—1991 年以就近城镇化为特征的改革开放启动并推动了农业劳动力加速向乡镇企业转移，小城镇建设成为发展农村经济的重要平台；1992—2001 年，伴随着社会主义市场经济体制框架初步建立，城镇化速度开始由慢到快，在异地城镇化开始推进并与就近城镇化并存的这个阶段，我国经济开始进入较快增长轨道，十年间我国 GDP 年均增速达到 9.46%；2002—2011 年是我国城镇化速度最快的发展阶段，特别是在“十五”时期取消了农村劳动力进入城镇就业不合理限制的宏观政策导向下，人口在市场机制作用下大规模向大城市集中，这一阶段劳动力再配置对我国经济增长的贡献率平均达到 6.03%②；2012 年起我国城镇化增速开始放缓，与此对应中国也进入全面深化改革新阶段，此时过去单纯的劳动力流动对于经济增长的贡献率开始下降，以推进农业转移人口市民化、重点推进“人的城镇化”成为新一轮中国城镇化关键问题，顺应新趋势、新要求把握城镇化发展规律和实质内涵，是

①数据来源：国家统计局。

②蔡昉、都阳、杨开忠等：《新中国城镇化发展 70 年》，第 61 页。

在高质量发展阶段推动我国城镇化与工业化良性互动的必然要求。

表 1 改革开放以来我国城镇化战略演进及经济发展情况 ①

	1978—1991 年	1992—2001 年	2002—2011 年	2012 年至今
城镇化战略特征	抓小控大的农村城镇化道路	中小城市为主的多元化、多层次城镇化	中国特色可持续发展的城镇化道路	走中国特色新型工业化、城镇化和农业现代化道路
人口迁移特征	就近城镇化为主	就近城镇化与异地城镇化并存	异地城镇化为主	就地城镇化与异地城镇化并重
对应改革阶段	改革开放启动阶段	社会主义市场经济体制框架建立阶段	社会主义市场经济初步完善阶段	全面深化改革阶段
城镇化率年均增速(%)	0.69	1.07	1.36	1.16
GDP 年均增速	9.08	10.35	10.68	7.08
三次产业比变化情况	27.7 : 47.7 : 24.6—24.0 : 41.5 : 34.5	21.3 : 43.1 : 35.6—14.0 : 44.8 : 41.2	13.3 : 44.5 : 42.2—9.2 : 46.5 : 44.3	9.1 : 45.4 : 45.4—7.0 : 39.7 : 53.3

(二)城镇化是我国应对风险、调节内需的重要战略工具

城镇化的有序推进能有效提升消费需求和投资需求,因此长期以来城镇化建设一直都是我国激发内需潜力、推动经济平稳增长的重要战略手段。

从城镇化对消费需求的影响力来看,由于城乡居民收入水平、消费结构的不同,城乡之间存在着较大的消费落差。农业人口迁移到城市后,伴随着收入水平的不断提升,对住房、医疗保健、食品、家电等的消费逐渐呈现出的刚性需求,并且城市更加丰富的产品和服务供给为转移人口提供更多的消费选择,都将进一步挖掘内需消费潜力。从数据可以看出,自 20 世纪 90 年代中国城镇化建设进入快速通道开始,城乡在收入水平和消费水平方面均存在着明显差距,1990 年城乡消费支出比为 2.2,收入比为 2.58,2000 年城乡消费支出比上升至 3.65,收入比降低到 1.98,2019 年城乡消费支出比略微回落至 2.37,收入比升至 2.64。据测算,改革开放以来每增加一个城镇人口大约能拉动消费支出 1.9 万元②。

①数据来源:国家统计局,部分数据经计算。

②国家发展和改革委员宏观经济研究院:《迈向全面建成小康社会的新型城镇化道路研究》,第 124 页。

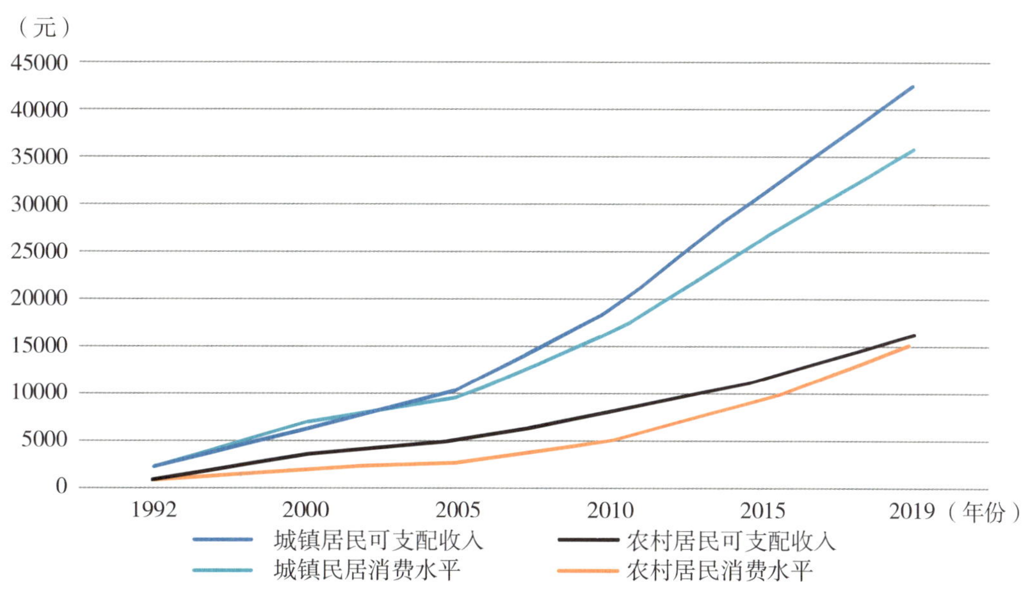

图 2 城乡居民消费水平与收入水平变化及差距[①]

其次，城镇人口的持续增长和消费水平的不断提高将进一步激发投资需求，从城镇的基础设施建设到房地产投资以及工业消费品、生活必需品的固定资产投资都将大幅提升。2019 年，城镇人均固定资产投资和房地产开发投资名义值分别为 1992 年的 68.56 倍和 34.4 倍，城市市政公共设施建设固定资产投资额年均增长 21.6%，特别是 2008—2012 年城市建设投资达到顶峰，占到 GDP 的 3.5%[②]。据测算，改革开放以来每增加一个城镇人口拉动城镇固定资产投资约 4.5 万元[③]。

①数据来源：国家统计局。从 2013 年起，国家统计局开展了城乡一体化住户收支与生活状况调查，因此 2013 年前后指标口径有所不同，但笔者认为不影响作为同年度对比分析。

②数据来源：国家统计局，经计算。

③国家发展和改革委员宏观经济研究院：《迈向全面建成小康社会的新型城镇化道路研究》，第 147 页。

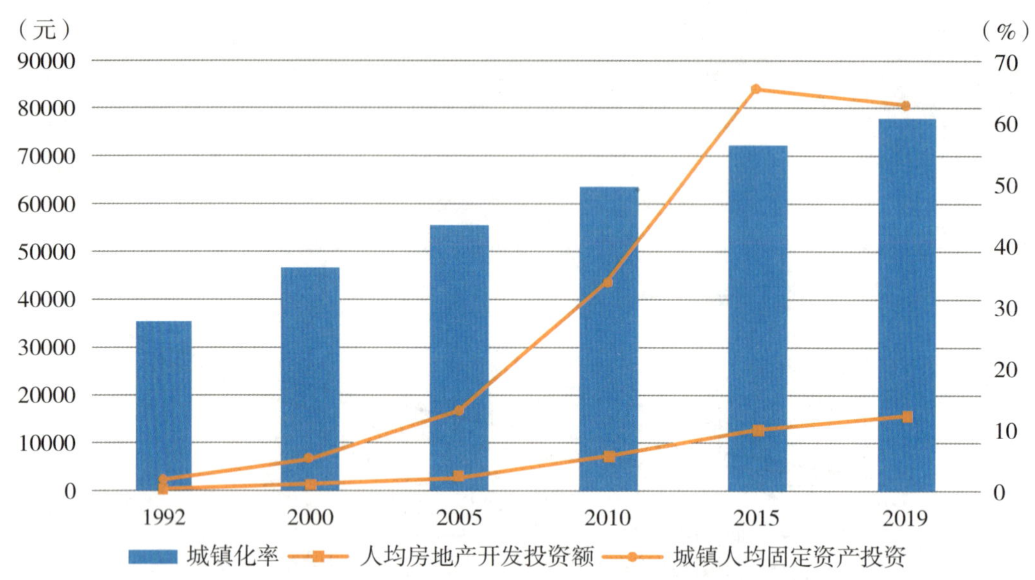

图 3 城镇化率与城镇人均固定资产投资和房地产开发投资①

所以长期以来城镇化都是我国应对风险、调节国民经济和内需的重要战略工具(武廷海,2019)。在 1997 年金融危机后,面对世界多极化和经济全球化发展趋势需求,为扩大国内需求,我国提出了走中国特色城镇化道路。2008 年国际金融危机爆发,为刺激国内需求我国提出了要把城镇化作为保持经济平稳较快发展的持久动力。当前我国经济发展的国际环境或将发生转折性变化,面对疫情冲击下宏观发展环境的更加复杂性和更多不确定性,当前我国又将处在如何以适合新发展形势的、科学的城镇化战略应对发展中的风险与挑战的起点上。

表 2 城镇化战略与风险应对

时间	宏观环境及发展挑战	国内发展需求	经济政策	城镇化战略
1998—2002 年	亚洲金融危机蔓延,国际市场需求萎缩	有效需求不足,就业压力增大	把扩大内需作为促进经济增长的主要措施	走中国特色城镇化道路
2003—2007 年	世界经济开始复苏,但国内非典疫情暴发	经济与社会发展、城市与农村发展协调性不足	转变经济增长方式	引导城镇化健康发展

①数据来源:国家统计局。城镇人均固定资产投资 = 城镇固定资产投资总额 / 城镇常住人口,人均房地产开发固定资产投资 = 房地产开发投资额 / 城镇常住人口。

（续 表）

时间	宏观环境及发展挑战	国内发展需求	经济政策	城镇化战略
2008—2012 年	国际金融危机爆发，全球经济进入萧条期	出口受挫，经济增速开始下降	把经济增长的立足点放在扩大国内需求上	把推进城镇化作为保持经济平稳较快发展持久动力
2013—2018 年	世界经济复苏缓慢，全球发展格局深度调整	经济社会发展进入新常态	供给侧结构性改革	把推进农业转移人口市民化作为首要任务
2019 至今	受疫情冲击，全球经济放缓逆全球化与大国博弈，使国际贸易规则重构关键期	实现高质量发展	扩大内需与供给侧结构性改革同步推进	新型城镇化将被赋予新要求与新目标，如：怎么推进“人的城镇化”，什么是“高质量的城镇化”

（三）城镇化带来的制度变革推动劳动力向生产率更高的部门转移

城镇化带来的大规模劳动力流动意味着劳动力资源从农村生产率较低的农业部门转移到城市生产效率更高的非农部门，这是改革开放以来我国在城镇化战略中实现人口红利的关键，而推进城镇化的核心则是要素市场化改革，不同阶段立足于中国国情的土地、劳动力市场化改革是实践这一过程的关键支撑。

户籍制度改革助推了城镇化启动与全面推进，户籍身份的转变是流动人口实现与城市融合和实践市民化的起点和外显标识。改革开放以后，我国户籍制度对人口流动的迁移由严格控制开始向适度放松转变，1984 年城镇户籍不再与粮油挂钩，1985 年开始了暂住证制度，但一直到 20 世纪 90 年代初，尽管中国已经放开了城乡人口迁徙，但户籍仍未开放。户籍改革制度落后于城镇化进程，使得城镇化倒逼户籍制度改革。从 20 世纪 90 年代后期以小城镇户籍管理制度改革到 2014 年确立了进一步调整户口迁移政策，统一城乡户口登记制度，全面实施居住证制度，以人为本、科学高效的新型户籍制度开始有序建立。2016 年中央聚焦户籍制度改革，先后出台了系列政策文件，进一步放松中小城市落户限制，以政策推进和保障社会流动性。随后国务院发布《关于实施乡村振兴战略的意见》将户籍制度改革作为实施乡村振兴战略的重要突破点和改革维度。《2019 年新型城镇化建设重点任务》继续加大户籍制度改革力度，全面取消Ⅱ型大城市落户限制，放开放宽Ⅰ型大城市落户条件。2019 年底国家推进劳动力和人才社会性流动的改革意见出台，户籍制度改革进入了由推动人口流动向保障人口流动的新阶段。据测算，全面彻底地推进户籍制度改革将推动每年经济增长 1%~2%，每年 GDP 净收益将超过 1 万亿元[①]。

表 3 改革开放以来我国户籍制度改革阶段划分及重要政策导向

年份	阶段特征	主要文件	政策核心内容
1978—1984	户籍制度对人口流动迁移的限制由严格控制开始转向适度放松	《国务院关于农民进入集镇落户问题的通知》	城镇户籍不再与粮油挂钩，允许集镇务工经商农民和家属自理口粮下城镇落户
1985—1999	暂住证时代	《关于城镇暂住人口管理的暂行规定》 《小城镇户籍管理制度改革试点方案和关于完善农村户籍管理制度意见的通知》 《关于解决当前户口管理工作中几个突出问题的意见的通知》	放松小城镇的落户限制，人口流迁的许可放松与证件管理模式共享
2000—2013	以服务为导向的户籍制度改革	《关于推进小城镇户籍管理制度改革意见的通知》 《关于积极稳妥推进户籍管理制度改革的通知》 《中共中央关于全面深化改革若干重大问题的决定》	有序推进农业转移人口市民化，稳步推进城镇基本公共服务常住人口全覆盖
2014 至今	政策推动和保障社会流动性	《国家新型城镇化规划（2014—2020 年）》 《关于进一步推进户籍制度改革的意见》 《居住证暂行条例》 《关于深入推进新型城镇化建设的若干意见》 《推动 1 亿非户籍人口在城市落户方案》 《关于促进劳动力和人才社会流动体制机制改革的意见》	提出了系列保障流动人口基本公共服务均等化、促进流动人口市民化措施，逐步建立以居住证为载体的基本公共服务供给机制，进一步放松和规范各类城市落户限制。

①都阳、蔡昉、屈小博、程杰：《延续中国奇迹：从户籍制度改革中收获红利》，《经济研究》2014 年第 8 期。

城镇化推进了土地制度改革，随着以人口区域间迁移、行政区划调整等为主的城镇化的推进，中国土地制度改革在城市土地利用、农村土地利用以及城乡区域土地统筹利用等方面逐步深化。其中，城市土地制度改革重点围绕市场化方向推进，逐步完善土地价格发现机制，凸显土地价值，为城市建设提供充足的资金和发展空间；农村土地制度改革主要围绕耕地保护和增加农民财产性收益方面展开，开展“还权赋能”改革，提高农民在土地产权交易中收益分配比例，不断提升农民分担市民化成本的能力。以自下而上和自上而下相结合的渐进式方式推进，进而也促进了城镇化发展进程。

（四）城镇化增进了城市发展质量与效率的同步提升

改革开放前期为了保证工业化积累，我国城市数量基本处于控制状态。改革开放后，伴随着城镇化推进，我国城市发展结构发生了明显变化，直至 1998 年我国城市总量达到 668 个，是改革开放前的三倍多，随后新设立城市受到控制，城市总数变化较小，2019 年我国地级市以上城市共 699 个①。城市数量的增加是城镇化水平提高的客观反映，可以看到城镇化推进下人口迁移在推城市发展数量贡献的同时，也明显提升了城市发展质量。首先，农村劳动力向城市转移成为打破农业部门和非农部门、农村和城市之间二元结构的重要力量，通过农村向城市劳动力的流动，很大程度上以渐进式变革纠正了计划经济时期造成的体制扭曲格局。其次，在市场机制引导下的人口流动，从直观上反映了各个城市的禀赋结构差异和供需现状，是实现资源合理配置的重要手段。

劳动力人口在城乡、城城之间的流动使区域能够更好地发挥集聚效应，在降低交易成本的同时使劳动力市场更加高效。从国际视角研究看，经合组织国家发展数据证明城镇人口密度较高地区的人均 GDP 高于全国平均水平，而且伴随着城市规模每扩大一倍，其全要素生产率将提高 3.5%~8%②。从国内研究分析，有学者对我国 250 多个地级以上城市经济增长进行分解，发现吸引农民工越多的城市其全要素生产率越高（蔡昉，2019）。随着中国经济稳步增长和人口快速流动，城镇经济体系可以通过更高的生产活动集中度提高效率，然后借助市场力量优化城市规模，以获得更高的经济效率。

①数据来源：国家统计局。
②国务院发展研究中心和世界银行联合课题组：《中国：推进高效、包容、可持续的城镇化》。

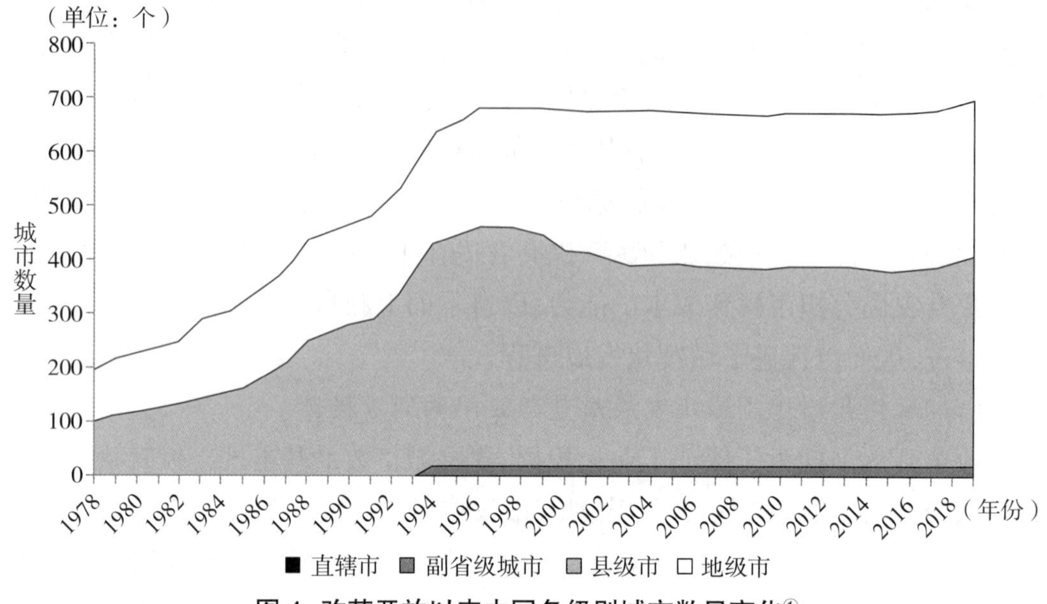

图 4 改革开放以来中国各级别城市数目变化[①]

二、新形势下城镇化建设面临的困难与挑战

当前,我国正处于新型城镇化建设的关键阶段。2019 年我国城镇化率已达到 60.6%[②],但离中等偏上收入国家的平均城镇化率(65%)仍有一段距离,与高收入国家(84%)还相距甚远[③]。虽然我国城镇化率增速在下降,但仍处于城镇化加快发展阶段，具备通过城镇化提升效率的巨大空间。但也必须清醒地认识到,当前我国城镇化建设已步入了新阶段,要继续发挥城镇化对我国经济的重要支撑作用,就必须厘清形势的新要求与改革的紧迫性,明确新一轮城镇化建设的实质内涵。

(一)我国城镇化水平仍滞后于经济发展水平

改革开放以来我国城镇化加速推进,1978—2019 年四十多年时间内,我国城镇化水平提高了 42.3%，平均下来每年城镇化水平平均提高一个百分点以上,城镇化水平的年均复合增长速度为 3.05%[④]。但同收入水平相近国家城镇化水平相比,中国城镇化发展仍有较大增长空间。在 2010 年以前,根据世界银行

①数据来源:国家统计局。
②数据来源:国家统计局。
③数据来源:世界银行标准。
④数据来源:国家统计局,经计算。

提供的世界发展指标数据库(WDI),中国有十年左右的时间一直位于中等偏下收入国家,中国城镇化水平一直略高于收入相近国家的城镇化平均水平。2010年中国步入了中等偏上收入国家,相比之下中国的城镇化水平就显得相对滞后。特别是从指标分析可以看出,改革开放以来中等偏上收入国家城镇化速度正处于加速阶段,1980—2015年中等偏上收入国家城镇化率增长了27.8%,但中等偏下收入国家仅增加了12.9%[①]。伴随着我国人均收入的不断提升以及在中等偏上收入国家中排名的不断前移,我国经济发展阶段与城镇化发展水平之间的增长空间将更加明显,继续激发和挖潜城镇化发展动能是推进我国城镇化建设与经济发展水平同步发展的必然要求。

表4 1950—2020年不同收入水平国家的城镇化水平[②](单位:%)

年份	高收入国家	中等偏上收入国家	中等偏下收入国家	低收入国家	中国	中国与同期同收入水平国家城镇化差异
1950	58.5	22.1	17.2	9.3	11.8	2.5
1955	61.1	25.1	18.6	10.4	13.9	3.5
1960	63.8	28.4	19.9	11.9	16.2	4.3
1965	66.3	31.3	21.2	13.5	18.1	4.6
1970	68.7	32.2	22.6	15.7	17.4	1.4
1975	70.4	33.6	24.3	17.5	17.4	-0.1
1980	71.8	36.3	26.3	19.1	19.4	0.3
1985	73.1	39.8	28.2	20.9	22.9	2.0
1990	74.4	42.9	30.0	22.8	26.4	3.6
1995	75.7	46.4	31.6	24.3	31.0	6.7
2000	76.8	50.3	33.1	25.7	35.9	2.8
2005	78.6	55.0	35.0	27.2	42.5	7.5
2010	80.0	59.8	37.1	28.9	49.2	-10.6
2015	80.9	64.1	39.2	30.9	55.5	-9.6
2020	81.9	68.2	41.6	33.2	61.4	-6.8

(二)城镇化外在表征与内在动力发生重大变化

当前我国城镇化的发展环境正在发生深刻变化,城镇化的动力机制、内在逻辑和外在表征均呈现出新特征。

一是在经济增速放缓、人口结构变化等因素影响下,城镇化增速会有所放

①数据来源:联合国经济和社会事务人口司,经计算。

②数据来源:联合国经济和社会事务人口司 https://population.un.org/wup/,其中2020年为网站预估值。

缓。当前我国劳动力人口数量已呈明显减少趋势,2010—2019 年我国 15~64 岁劳动年龄人口已然从 99938 万人下降到 98914 万人,年均下降 0.21%①。受此影响,中国每年进城务工农村转移人口也开始减少,2003—2007 年外出农民总量年均增速为 5.54%,2008—2012 年年均增速下降仅为 3.59%②,2013—2019 年外出农民工总量增速再次降为 0.91%③,年均下降 16.1%。可以预期,我国城镇化速度将会持续放缓,未来城镇化对于经济增量带动的重点将由高规模的城镇化转为高质量的城镇化。

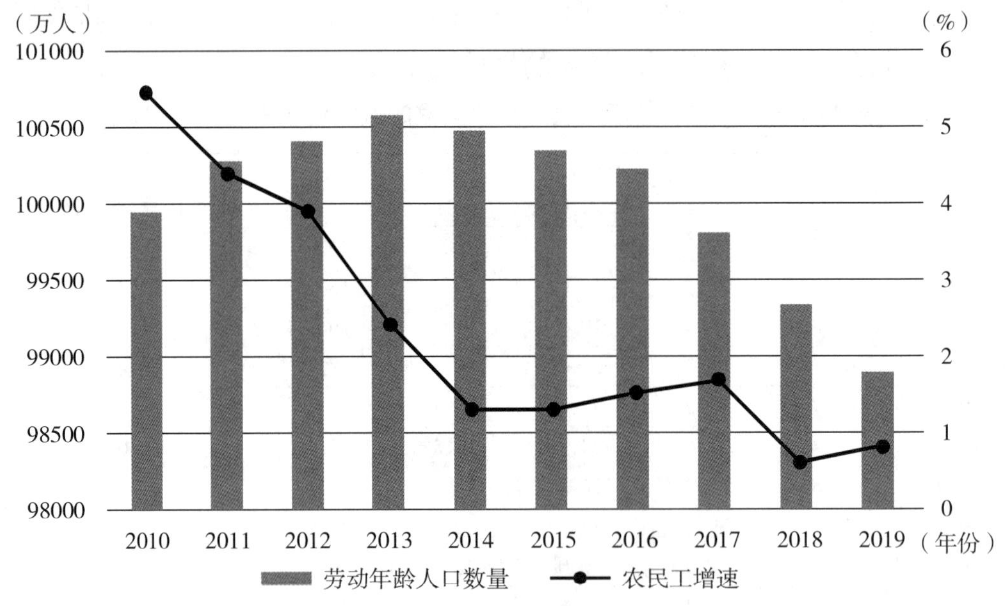

图 5 劳动力人口结构及转移人口增速变化④

二是流动人口的转移方向由城乡流动向城乡流动与城城流动并存,城市群成为新型城镇发展的主体形态。据调研显示,当前我国城乡间人口转移总量已呈稳定甚至下降趋势,城市间人口流动比重上升。根据手机信令监测数据显示,2017 年新增跨市域流动人口中以县城和市区作为流出地的比重为 36.1%,2018 年上升至 39.2%,2019 年进一步上升至 45.1%⑤。伴随着城镇人口的持续增

①数据来源:国家统计局。

②数据来源:国家统计局,经计算。

③数据来源:国家统计局《2019 年农民工监测调查报告》,经计算。

④数据来源:国家统计局,经计算。

⑤范毅:《我国城镇化发展新趋势》,发表于《北京日报》2020 年 7 月 27 日。

加和城市间人口的加速流动，城镇空间形态呈现出新的演变特征，城市群成为我国新型城镇化建设的主体形态。截至 2017 年，我国 19 个城市群共承载了全国 80.16%的人口，比 2010 年提升了 0.26%，都市圈在劳动力资源集聚方面的作用更加明显，29 个都市圈 164 个地级市，面积仅占全国的 21%，但集聚了全国约 60.2%的人口[①]。《国家新型城镇化规划》曾明确提出，要以城市群为主体优化空间布局和形态，可以预期，未来的城市群将成为我国生产力布局的新增长点，也将是我国区域发展中最具活力和潜力的部分。但同时也应该看到，因城市群、都市圈跳出了传统行政区经济的发展框架，传统的发展模式和治理模式必然面临深度改革要求，新型经济空间带来的诸如治理主体、治理结构、治理机制等方面的改革新挑战将是新一轮城镇化建设必将面对的难题。

表 5 城市群人口变化[②]

城市群名称	城市数量（个）	人口占比			人口增长（万人）
		2010（%）	2017（%）	占比提高百分点	
长江三角洲城市群	26	10.80	11.08	0.28	1043.24
珠江三角洲城市群	9	4.22	4.49	0.27	629.31
京津冀城市群	13	7.86	8.08	0.22	783.80
山东半岛城市群	17	7.21	7.20	-0.01	423.53
北部湾城市群	15	2.99	3.01	0.02	212.05
成渝城市群	17	7.39	7.38	-0.01	430.03
海峡西岸城市群	11	4.15	4.17	0.02	268.70
长江中游城市群	31	9.02	8.97	-0.05	464.63
关中平原城市群	12	3.22	3.18	-0.04	140.16
中原城市群	24	8.98	8.83	-0.15	332.35
哈长城市群	11	3.68	3.46	-0.22	-80.93
辽中南城市群	12	2.93	2.82	-0.11	25.04
黔中城市群	6	1.96	1.95	-0.01	103.21
滇中城市群	5	1.64	1.63	-0.01	93.95
呼包鄂榆城市群	4	0.81	0.83	0.02	65.54
山西中部城市群	5	1.15	1.14	-0.01	63.60
兰西城市群	9	1.09	1.09	0.00	65.26

①数据来源：wind，经整理。

②数据来源：wind，经计算。

(三)快速城镇化下的资源错配问题更加凸显

由于户籍制度以及一些城市管理制度改革仍不充分，在我国快速城镇化及人口大规模迁移的背景下，我国各地户籍人口与常住人口差距不断扩大。2019 年我国常住人口城镇化率达到 60.6%,但户籍人口城镇化率仅为 44.38%,16.22%的差距意味着我国尚有 2.27 亿人口尚未从身份上解决市民化的问题[①],考虑到还有 2 亿多农业转移人口城镇化问题尚未解决[②]，当前我国尚还遗留 4 亿~5 亿流动人口的市民化。这一差距造成了两方面问题,一是户籍所在地与常住地之间资源配置结构性过剩与短缺并存,在渐进式、多元化城镇化以及地方分权体制约束下，政府主导的公共资源很难及时跟随人口迁移进行调整或进行跨区统筹,社会流动性障碍直接导致了城镇化进程中的资源错配问题;二是以户籍制度为依据的城市管理制度,使得包括社会保障、公共服务等社会保护制度也呈现出碎片化形式，一些在现有政策下无法融入城市的流动人口无法享受到经济社会发展带来的社会资源,并造成了“流动—回流—流动”的循环迁移现象,户籍制度改革仍面临着使人力资源具备更加充分的退出权、流动权和进入权的最后突破。

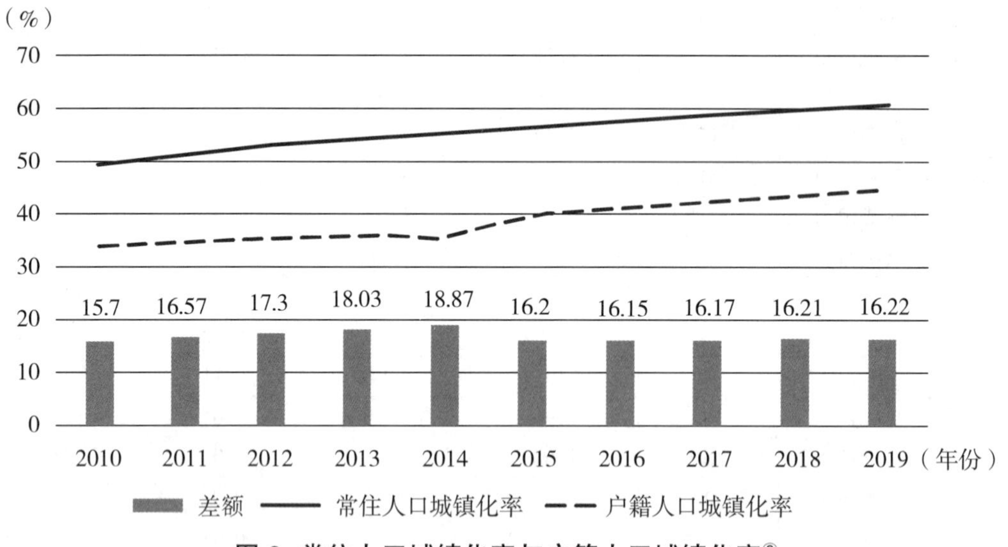

图 6 常住人口城镇化率与户籍人口城镇化率[③]

①数据来源:国家统计局。

②冯奎、顾强:《“十四五”时期城镇化改革的思考与建议》,《区域经济评论》2020 年第 4 期。

③数据来源:国家统计局,经计算。

(四)加快推进高质量的城镇化建设迫在眉睫

加快推进我国城镇化建设由规模向质量提升是我国新一轮城镇化的重点关注,高质量的内涵丰富,但至少应该包含城乡一体的城镇化、高效率的城镇化和以人为本的城镇化。

从城乡建设的平衡性来看,尽管长期以来城乡关系都是我国城镇化建设中的一个重点内容,但是在发展阶段、经济基础等各方面因素的综合考量下,我国城乡政策仍具有明显的城市偏向性特征,在此政策导向下城乡二元结构已成为制约我国经济社会高质量发展的重要因素之一。随着我国进入高质量发展阶段,让全体人民享有更加公平的发展机会和公共权利是现阶段我国转变发展方式的重点。因此,近年来我国的宏观政策一直在改善城乡关系、促进农村发展等领域重点着力,从城乡统筹发展到城乡融合发展的政策演进,从建设社会主义新农村到实施乡村振兴战略的全面推进,如何认识和重构城乡关系将成为新一轮城镇化关注的重点。它要求在城镇化战略中需要妥善处理好几方面关系:一是需要在制度层面搭建城乡平衡的平台,既不能延续长期以来关注城市、忽略农村的二元发展结构,也不能完全无视发展效率的过度支持农村,应把优化完善城乡在土地、劳动力等方面要素的交换机制和流动机制作为重点,改变传统以来厚此薄彼的思维关系,实现城乡关系在空间、经济以及社会意义上的重塑;二是既要继续畅通城乡劳动力流动渠道,增强中心城市和重点城市的人口经济承载力,也要完善中小城市、县城、小城镇等城镇体系的节点和末端,同时还要在乡村形成要素集聚的良性循环,使劳动力在“进可自由进城、退可顺利返乡”的双向流动中实现城镇化的有序推进,构建更加平衡和高效的城镇化发展空间框架。

从高效率的城镇化来看, 城镇化建设在经济领域内的根本目的就是通过人口集聚形成规模经济与范围经济,提升劳动生产率。这一改革的聚焦点应关注在体制机制的完善上,而不是以指标加以引导,避免单纯追求指标性改革。据统计,近年来转为城镇户籍的农村转移人口中,城中村改造占 17.6%,城乡属性调整占 39.8%①;2018 年我国城镇常住人口增长构成中, 区域扩张贡献了主要比例②。虽然这其中有部分属于区域城镇化发展的客观规律和需要,但如

①国家发展和改革委员会:《国家新型城镇化报告》,人民出版社 2020 年版第 18 页。

②数据来源:国家统计局《人口总量平稳增长 城镇化水平稳步提高》。

果单纯追求指标变化,并不能实质性地增加劳动力供给,也不会提升资源重新配置效率,只有推进以农民工市民化为核心的户籍制度改革才能提高潜在的增长效率。

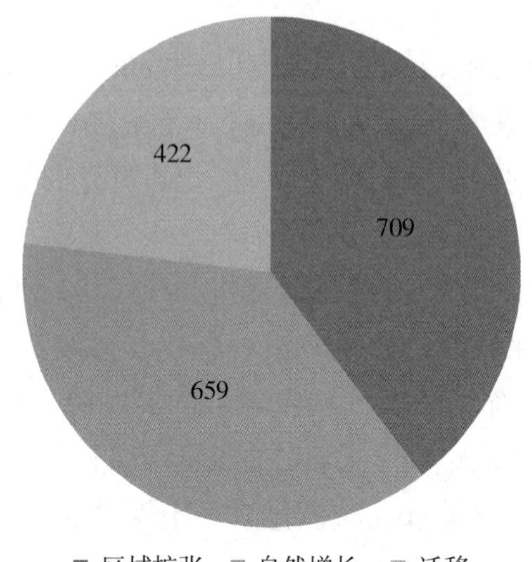

图 7 2018 年中国城镇化常住人口增长构成(单位:万人)①

从以人为本的城镇化来看,"推进以人为核心的城镇化"是我国新一轮城镇化的核心要义。党的十八大以来,中央提出的新型城镇和城乡一体化发展等新的城镇化理念,其推动成效归根结底都取决于是否以人民为中心,只有在各类资源要素能够实现均衡有序流动、每个劳动者在具备充分选择机会下可以按照要素回报和福利最大化原则进行流动,才是真正的具备包容性、人人获益的城镇化。只有这样才能真正提升非农产业劳动者参与率,挖潜和稳定劳动力供给数量,从而达到优化资源重新配置效率的作用,进而提高社会全要素生产率。

三、新一轮城镇化建设面临的新趋势与新要求

中央为积极应对国内外复杂变局提出"形成以国内大循环为主体、国内国际双循环相互促进的新发展格局"。在国际市场规模萎缩且不确定性增强的条件下,发挥国内超大规模市场优势是促增长的必然选择,而新型城镇化是内需最大潜力所在。在此背景下,新型城镇化将承载更艰巨的重任:一是以"城镇化

①数据来源:国家统计局。

红利”接续“人口红利”，增强内需驱动高质量发展的能力；二是加速城乡深度融合，促进人民共同富裕；三是优化国土空间格局和改善大尺度空间治理能力，提高城镇化地区综合承载及资源优化配置能力。

推动要素特别是劳动力要素有序流动是具有中国特色的城镇化道路及其相关改革的逻辑起点，社会流动性推动了城市经济增长和空间扩张，提高了劳动生产率，倒逼了城镇化相关制度的改革创新。当前各界已基本形成共识，即阻碍劳动力流动和配置的体制障碍越来越集中于户籍制度，虽然改革开放以来我国在户籍制度上的改革在渐进式推进，但聚焦于以顶层设计推进社会流动性来促进农民工市民化、提高户籍人口城镇化率的核心领域改革越来越具有紧迫性和必要性。

（一）超常规增速后的新一轮城镇化发展需要回归本质动力

改革开放以来我国城镇化发展迅速，在过去的40年多年里我国的城镇化率从1978年的17.9%增长到2019年的60.6%，实现了6.4亿左右的人口从农村转移到城市①。从改革开放以来不同组别国家城镇化年均复合增长率来看，虽然这40年来中国实现了由低收入国家组别向中等偏下收入、再到中等偏上收入国家组别的发展，但中国的平均城镇化速度明显高于任何收入水平国家的平均水平，这其中既有改革开放以来中国经济持续高速增长以及体制机制改革带来的动力，同时也源自于计划经济时代对城镇化压制政策所带来的补偿性发展。

但无论是计划经济时代的压制性政策还是改革开放以来超常规发展，都体现出了我国城镇化动力机制尚未完全实现正常化。伴随着城镇化增速递减，过去补偿性因素带来的发展动力已逐步消失，城镇化进入了新一轮发展阶段，以深化改革纠正既往制度扭曲是实现城镇化持续健康发展的动力源泉，这就要求推进城镇化发展的动力要回归生产要素和人口集聚产生的规模效应这一本源，即在要素流动性领域进一步深化改革，完善市场机制在要素特别是劳动力要素流动方面的重要作用，以效率的提升推进城镇化发展。同时，这也有利于城镇化发展跳出追求速度的传统思维，使城镇化率真正成为城镇化进程的客观反映。

①数据来源：国家统计局。

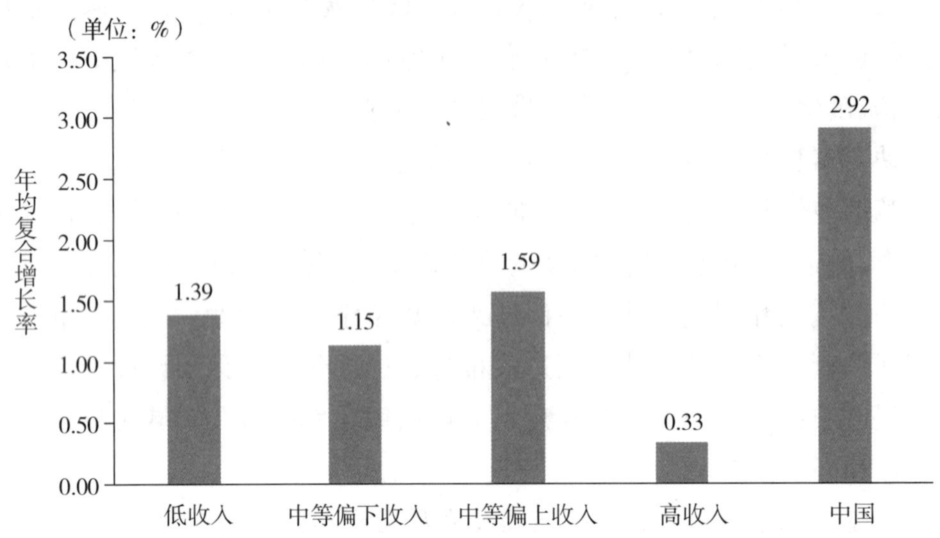

图 8 1980–2020 年不同组别国家城镇化年均复合增长率[①]

（二）人口结构的变迁需要以改革激发劳动生产率内在潜能

改革开放以来“人口红利”一直是支撑我国经济高速增长的动力之一，在充足劳动力的支撑下，低抚养比形成的高储蓄率和充足的劳动力打破了资本报酬递减的规律，在改革推动下劳动力资源以及资本、物质资源等从效率较低部门流向效率较高部门，为经济增长提供了源源动力。从 1978 年至 2018 年，中国总体劳动生产率提高了 17 倍，其中劳动力在一、二、三产业之间的自由流动以及对资源的重新配置对劳动生产率的提升贡献 44%[②]。

但 2010 年我国劳动年龄人口达到顶峰，2017 年我国经济活动人口达到顶峰，之后开始进入负增长阶段，人口抚养比也迅速提升，我国由“人口红利”时代进入了“人才红利”时代。在新的发展阶段实现资源配置效率最大化必须要让市场在资源配置中起到决定性作用，改革的关注点进一步聚焦到城乡二元户籍制度和大城市对于流入人口的限制政策。回顾我国城镇化发展历程可以看出，城乡二元户籍制度和大城市对于流入人口的限制政策，实质是为了契合我国发展特定时期降低城市运行成本、实现城市稳定发展的阶段性发展需求，但当现阶段城市运行能力能够承载相应流入人口时，人口流动的政策壁垒亟待改革。

①数据来源：联合国经济和社会事务部人口司 https://population,un.org/wup,其中 2020 年为网站预估数。
②蔡昉：《新中国 70 年奋斗历程和启示》，《中国人大》2019 年第 19 期。

2018 年我国城镇常住人口城镇化率 59.58%，但户籍人口城镇化率仅为 43.37%，两者之间 16.21%[①]的差距即为在城市中生活但缺乏户籍、未能享受城市待遇的流动人口，这种自由流动的制约在一定程度上限制了这类人群生产效率的最大化，亟需以制度改革挖潜劳动生产率的增量。

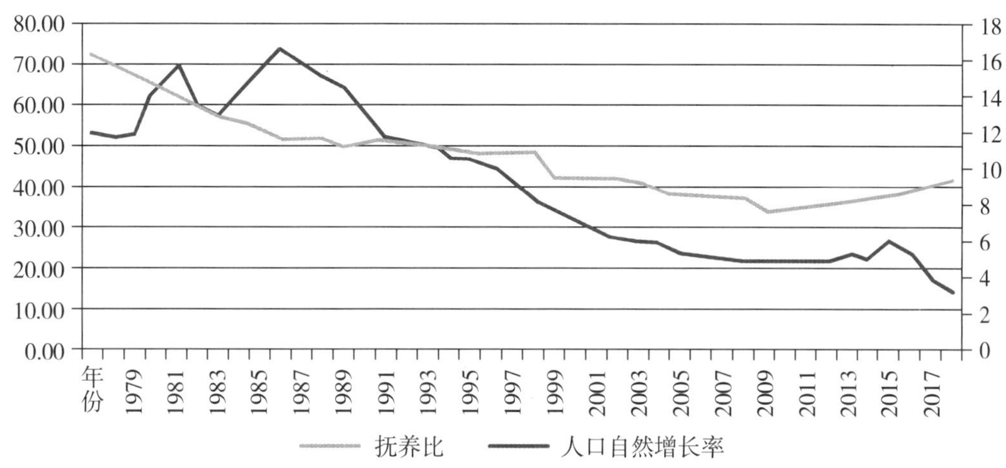

图 9 1978–2018 年人口自然增长率以及抚养比的曲线图[②]

（三）高质量发展阶段须避免社会性流动的潜在零和博弈风险

改革开放以来中国经济的高速增长在一定程度上得益于生产要素积累的贡献，资源重新配置效益对生产率提高起到了重要的推动作用。但自 2009 年中国迈入中等偏上国家行列后[③]，伴随着经济增长的减速，如何在高质量发展阶段有效应对及跨越“中等收入陷阱”问题成为学术界关注的重点。从世界银行数据分析可以看出，“中等收入陷阱”与收入分配恶化密切相关，高收入国家和低收入国家基本处于基尼系数较小区域，而人均 GDP 处于 1006~12235 美元的中等收入国家则在基尼系数上呈现出较大差异。避免收入差距过大并固化这种差距，其中一个重要关注点就是要使社会性流动在新的阶段避免潜在的零和博弈风险。

这对社会流动性提出了新的要求：一是在原来以横向流动为主、以资源的重新配置为主要方向的社会流动基础上，必须加快推进纵向社会性流动，也就

①数据来源：国家统计局。

②数据来源：国家统计局，经计算。

③以世界银行给出判断标准为依据。

是使劳动者能够拥有有效渠道提升自身职业高度和收入地位，以避免阶级固化造成收入差距加大，进而影响社会稳定及经济增长效率；二是要通过体制机制改革，形成市场配置资源的激励机制，使每个人均有动力努力提升职业能级和收入水平，以避免部分个人向上流动的同时造成其他个人和家庭向下流动，在公平高效的社会竞争机制中形成社会流动性的"帕累托改进"效应。

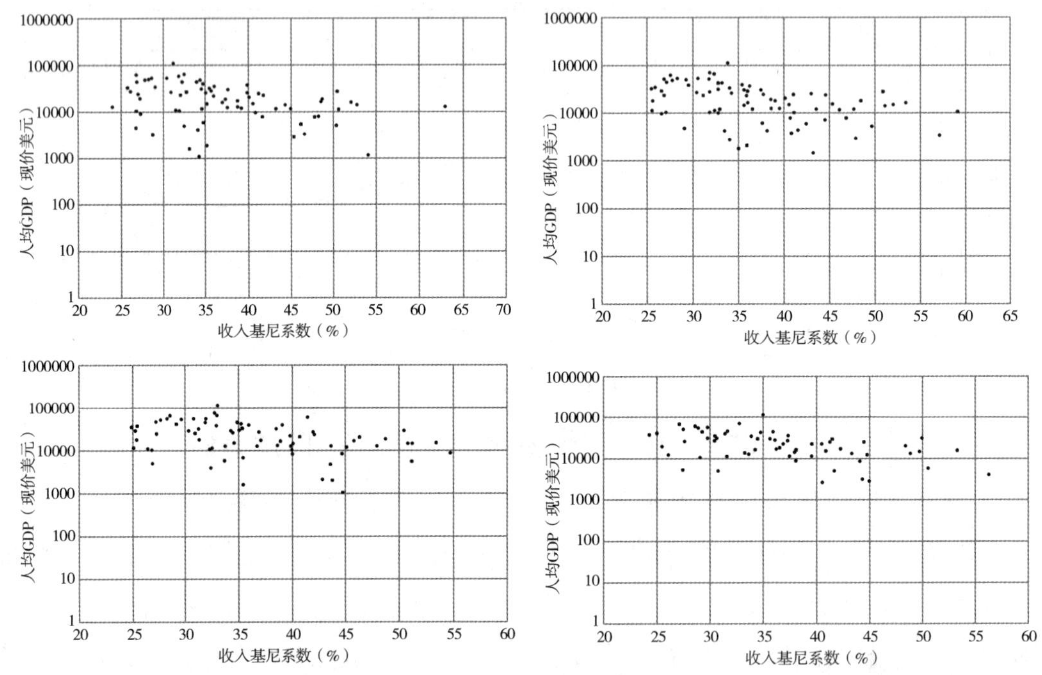

图 10 收入分配与经济发展阶段分析①

（四）城镇化改革深水区亟待从顶层设计突破当前困境

我国城镇化改革推进有两大明显特色，一是采用渐进推进模式，改革初期从简单领域着手，这样改革容易取得突破且获得明显收益，推进阻力会相对较小，但伴随着改革进入深水区，必然会涉及更多深层利益关系；二是采用顶层设计与各地自主探索相结合的多元化推进模式，通过因地制宜的改革模式，充分调动了地方政府在推进城镇化建设上的积极性和主动性。但伴随着改革的深入推进，地方政府在制定规划和政策时容易受区域利益的内在驱动，倾向于短期性、见效快的发展模式影响了城镇化推进的质量。

①数据来源：World Bank，World Development Indicators，选取 2014—2017 年连续数据以明确必然趋势，数据以同时拥有人均 GDP 和基尼系数两项指标的国家为准，约 80 个。

总体来看,在前期渐进式的改革中,我国社会流动性实质上已取得了突破性进展。但伴随着改革深入推进,改革中的权责不对等、收益不对等的系列矛盾日益凸显。虽然城镇化建设下的户籍制度改革能够明显推进经济增长,但这些增长的收益很难在地方层面实现明确分享,地方政府参与户籍制度改革所面对的成本与收益不对等的形势,在一定程度上制约了地方政府参与的积极性,特别是很多地方对于低技能人口的流入是否对城市发展起到正面推进效应仍持保留态度,而实际上当前户籍制度改革需要解决的重点人群正是这些劳动力技能相对较低的人口,以传统改革路径单纯依靠地方依据自身条件进行改革已不太现实,必须通过顶层设计和统筹布局。

同时应该看到,作为城镇化推进中的关键环节,社会保障一体化和基本公共服务一体化也只能在顶层设计层面,只有通过有效协调中央与地方的关系,才能在教育、就业、医疗、养老、住房保障、农村产权、财力保障等与城镇化相关的领域综合配套改革上实现突破。因此,从国家层面以宏观政策推进社会流动性加大,是切实打破改革进入深水区后的发展僵局、实现城镇化改革纵深推进的必然要求。

作者单位:武汉发展战略研究院,华中师范大学

2020 武汉企业 100 强、制造业企业 100 强、服务业企业 100 强分析报告

武汉企业联合会
武汉企业家协会　联合课题组
武汉发展战略研究院

2019 年是新中国成立 70 周年，也是武汉发展史上具有特殊意义的一年。第七届世界军人运动会在武汉举办，习近平总书记出席开幕式，武汉人民深受鼓舞。全市上下同心协力，较好完成了全年经济社会发展目标任务，现代化、国际化、生态化大武汉建设取得新进展，武汉企业为全市经济发展和社会进步作出了巨大贡献。

武汉企业 100 强是全市的领军企业，是武汉各行业的杰出代表，其变化趋势在一定程度上反映了全市经济发展的走势。2020 年，按照国际通行做法，遵循企业自愿申报原则，依据申报企业 2019 年度营业收入，排出涵盖各种所有制及行业的综合性的 2020 武汉企业 100 强榜单(综合百强)、武汉制造业企业 100 强榜单(制造业百强)和武汉服务业企业 100 强榜单(服务业百强)。榜单反映出，面对外部环境更加复杂、经济下行压力加大、市场竞争日趋加剧等挑战，百强企业克难奋进，拼搏前行，运行情况健康平稳，取得了稳中有进的可贵成绩，保持了良好的发展趋势。

一、2020 武汉企业 100 强运行特征

(一)企业规模逐步扩大，但制造业的扩张相对艰难

本届综合百强入围门槛为 35.81 亿元，比上届入围门槛提高了 1.71 亿元，

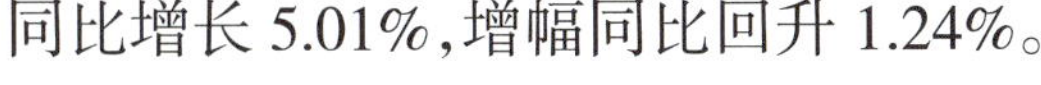
同比增长 5.01%，增幅同比回升 1.24%。

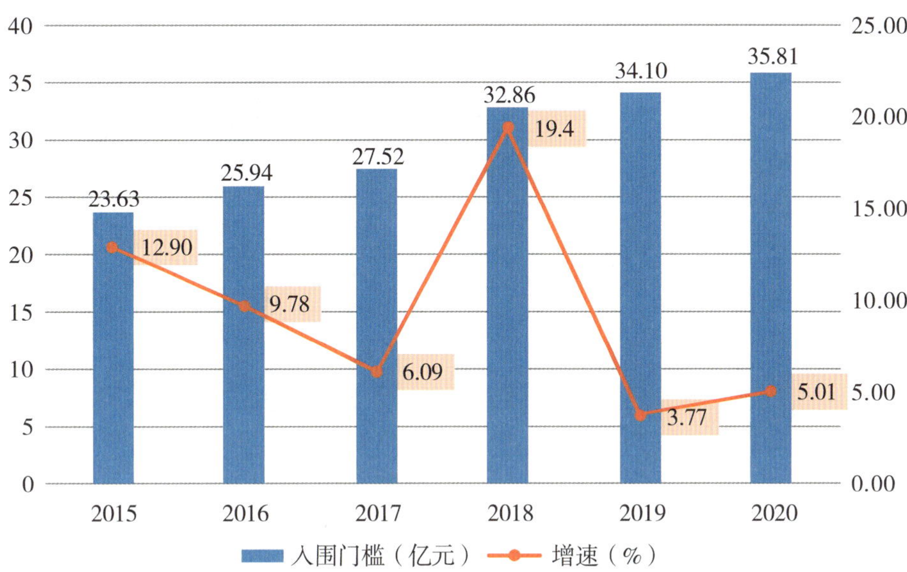

图 1 2015—2020 武汉企业 100 强入围门槛情况

本届综合百强营收总额 27074.28 亿元，同比增长 8.24%，增幅同比回升 2.19%。

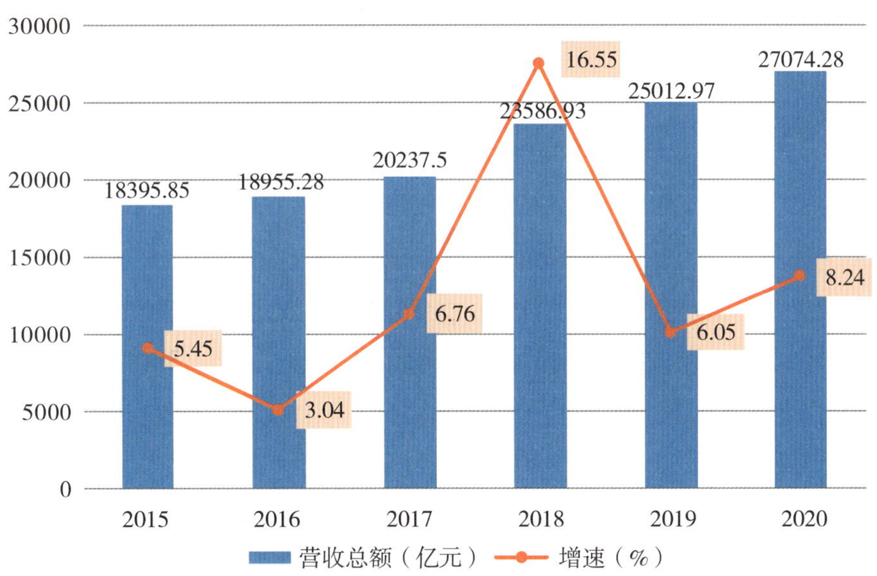

图 2 2015—2020 武汉企业 100 强营收总额情况

本届综合百强资产总额 44914.55 亿元，资产同比扩大 9.71%，对比上届出现的资产总量负增长，增幅同比回升超过 15%。

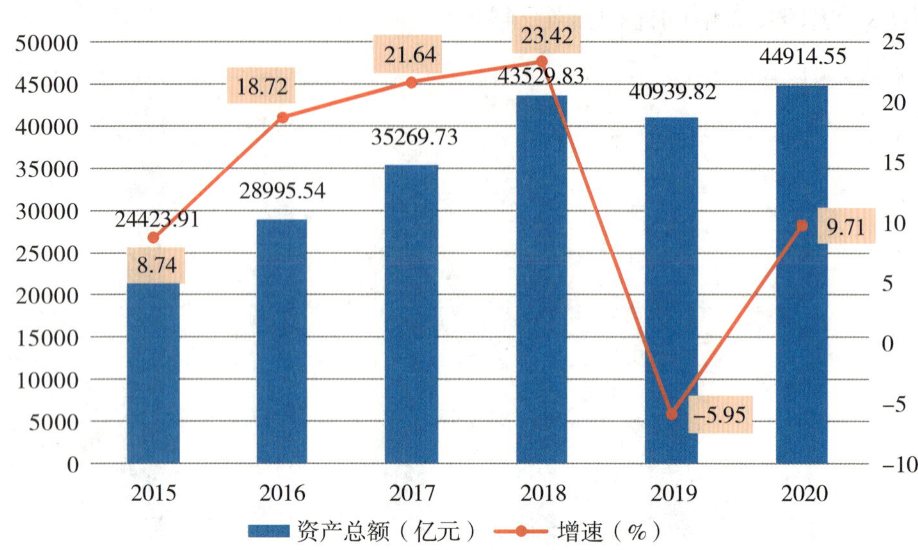

图 3　2015—2020 武汉企业 100 强资产总额情况

千亿级企业数量与上届持平，依然是 4 家。百亿级企业 46 家，比上届增加 2 家，百亿企业的平均营收也比上届有所增加，百亿企业总营收占综合百强企业总营收的比例依然保持在八成以上，且占比仍有不断上升趋势。

表 1　2015—2020 武汉企业 100 强百亿级企业基本情况

年份	2015	2016	2017	2018	2019	2020
数量（家）	29	31	34	41	44	46
营业收入（亿元）	15168.90	15833.85	17070.80	20575.07	21916.40	23820.97
营业收入占比（%）	82.46	83.53	84.35	87.23	87.62	87.98
平均营业收入（亿元）	523.07	510.77	502.08	501.83	498.10	517.85

本届综合百强参与并购重组的企业 14 家，共发起并购重组 101 次，有控股子公司的企业 76 家，与上届持平，被控股的子公司数量 3007 家，参股公司 1077 家。与上届相比，控股、参股公司数量均有大幅增长，企业自身扩张发展的需求依然比较旺盛。

分产业来看，综合百强企业中，服务业、建筑业发展势头更盛，制造业相对艰难一些。4 家千亿企业中，2 家制造业企业营收均同比回落，2 家建筑业企业营收稳步提升；百亿企业中，制造业企业仅有 9 家，比上届减少 2 家，且百亿制造业企业中，5 家企业营收同比回落，而 22 家服务业企业中，仅有 3 家营收同比回落，15 家建筑业企业营收均同比提升，还有不少企业营收同比提升三成以上。从企业扩张态势来看,服务业企业并购重组活动更多,14 家参与并购重组的企业中,服务业占 7 家,制造业企业仅有 3 家。

(二)企业整体盈利能力增强,但大企业对人才的吸纳能力有所减弱

本届综合百强利润总额 1361.51 亿元,同比增长 13.43%,亏损企业占比不到一成。平均资产利润率 8.32%,平均销售利润率 5.69%,与上年度相比均有所下降。尽管亏损企业不多,但盈利企业的盈利能力却不足,尤其是营收规模大、资产规模大的企业盈利能力不足,数据显示,前二十强企业只有一家建筑业企业资产利润率超过了平均资产利润率。

社会效益的各项指标中除所有者权益外,均较上届有所下滑。员工数由上年 95.61 万人降至 85.19 万人,员工减少超过 10 万人,百强企业员工数量已连续两年减少 10 万人。排名前 20 的企业中,有 10 家企业出现减员,有的企业减员幅度甚至超过了 20%。纳税总额从 1508.98 亿元降至 1283.36 亿元,降幅接近 15%。根据企业扩张和盈利数据的综合分析,税收减少更多地体现了政府大幅度减税降费、为企业减负的成果。

表 2 2015—2020 武汉企业 100 强经济效益和社会效益指标

		2015	2016	2017	2018	2019	2020
经济效益	利润总额(亿元)	728.13	764.99	864.16	1084.26	1200.31	1361.51
	平均资产利润率(%)	7.65	8.77	7.28	10.45	9.30	8.32
	平均销售利润率(%)	5.37	6.03	5.83	5.97	6.63	5.69
社会效益	所有者权益(亿元)	8271.81	9553.67	11422.11	15056.70	11118.00	12459.53
	员工总数(万人)	110.58	106.69	104.03	105.38	95.61	85.19
	纳税总额(亿元)	1436.95	1614.28	1154.78	1346.27	1508.98	1283.36

(三)国有企业依然占据主体地位,民营企业发展势头更为强劲

本届综合百强中国有企业 58 家,民营企业 40 家,其他类企业(外资、集体)2 家。从数量上来看,近年来综合百强的所有制结构基本稳定,变化不大,民营企业数量在小幅递增,国有企业依然是百强企业的绝对多数。

从规模来看,民营企业总营收 7117.43 亿元,占综合百强营收总额的 26.29%,较上届上升近 2%,国有企业总营收 19818.25 亿元,占综合百强营收总额的 73.20%,较上届下降近 2%。近五年来,民营企业总营收占比从不到 20%连年上升,一方面有更多的民营企业加入"百强队伍",5 年间增加了 7 家,另一

方面民营企业综合实力不断增强。2015武汉百强中前十强只有1家民营企业，而本届综合百强企业中民营企业占据3席。本届新入围百强的10家企业中，也有6家是民营企业。

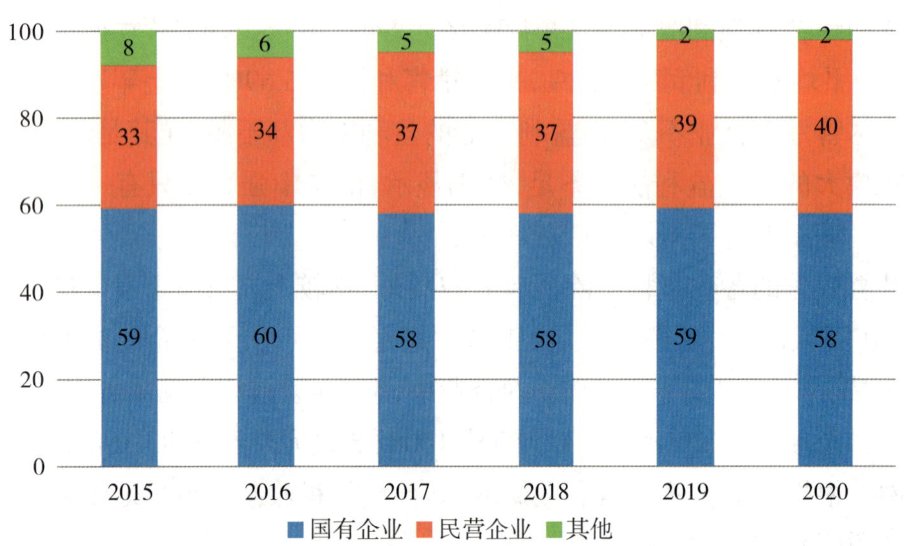

图4 2015—2020武汉企业100强所有制情况对比

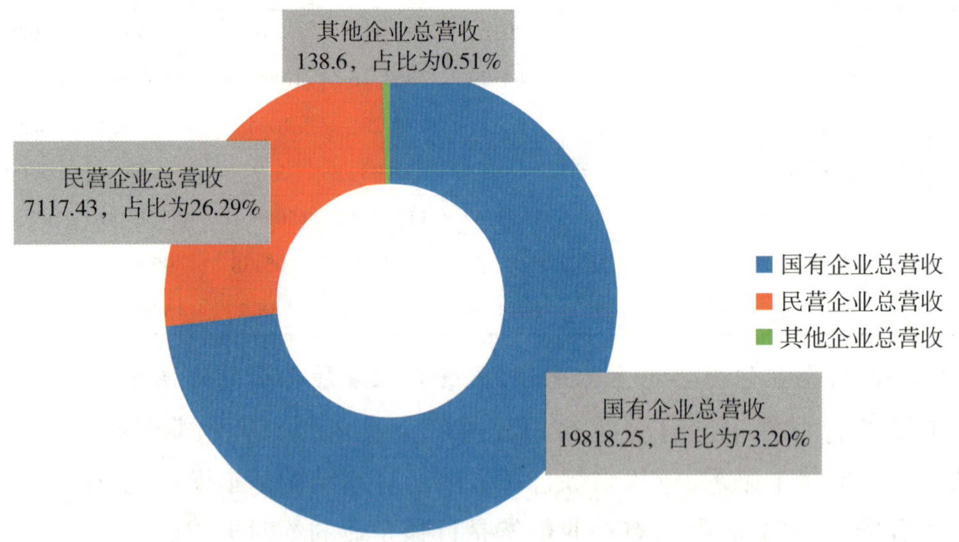

图5 2020武汉企业100强国有、民营和其他类企业营收及占比情况

民营企业资产总额5500.35亿元，占综合百强企业总资产的12.25%。与国有企业相比，民营企业资产较少，但近两年民营企业增资扩产的速度几近倍翻，民营企业的实力和发展速度不容小觑。

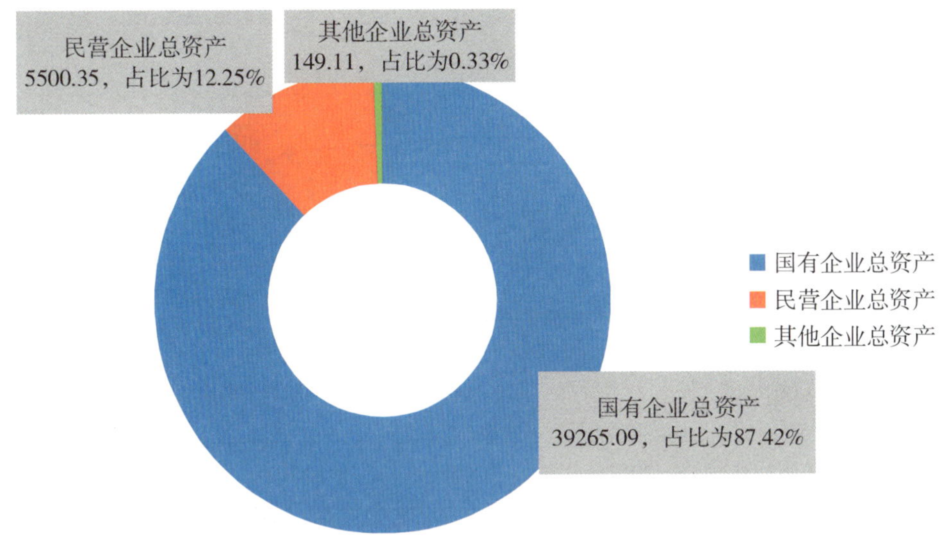

图6　2020武汉企业100强国有、民营和其他类企业资产及占比情况

（四）制造业量减质不降，服务业高质量发展有待加速

从三次产业来看，本届综合百强中制造业企业25家，比上届减少1家，服务业企业48家，比上届减少2家，建筑业企业27家，比上届多3家。服务业企业数量仍占据绝对多数，建筑业企业数量首次超过制造业。

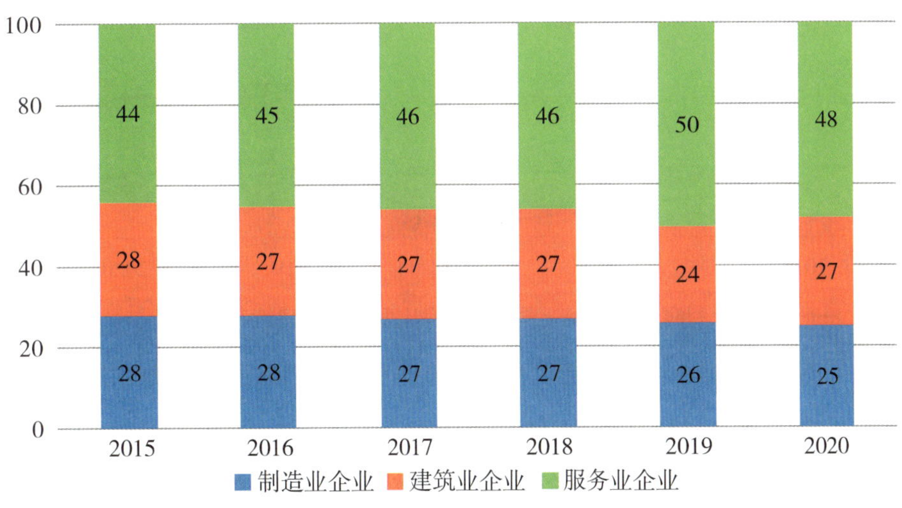

图7　2015—2020武汉企业100强产业对比情况

综合百强中，制造业企业逐年减少，制造业营收比重占百强企业整体营收比重在逐年下降，5年间制造业营收占比下降超过10%。而建筑业和服务业营收占比波动上升，建筑业营收占比上升幅度略大于服务业。

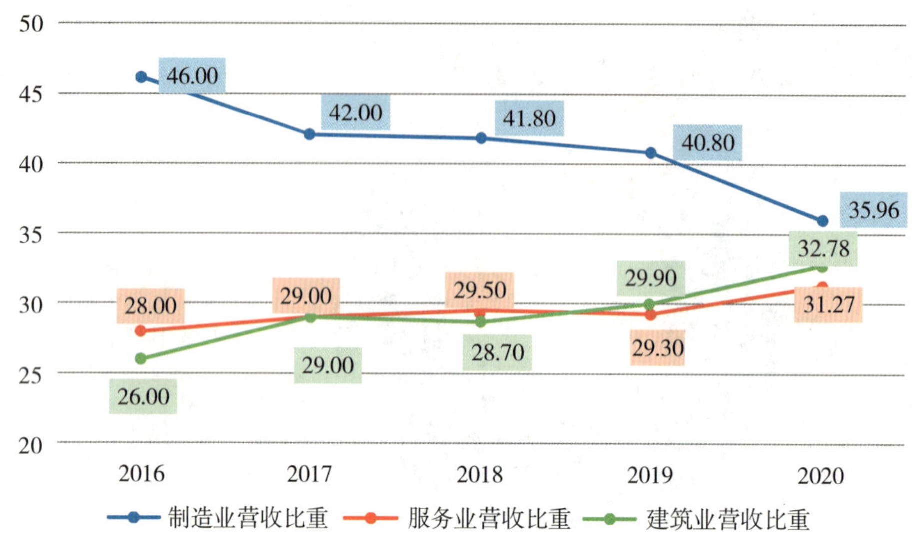

图 8　2016—2020 武汉企业 100 强分产业营收占比波动情况

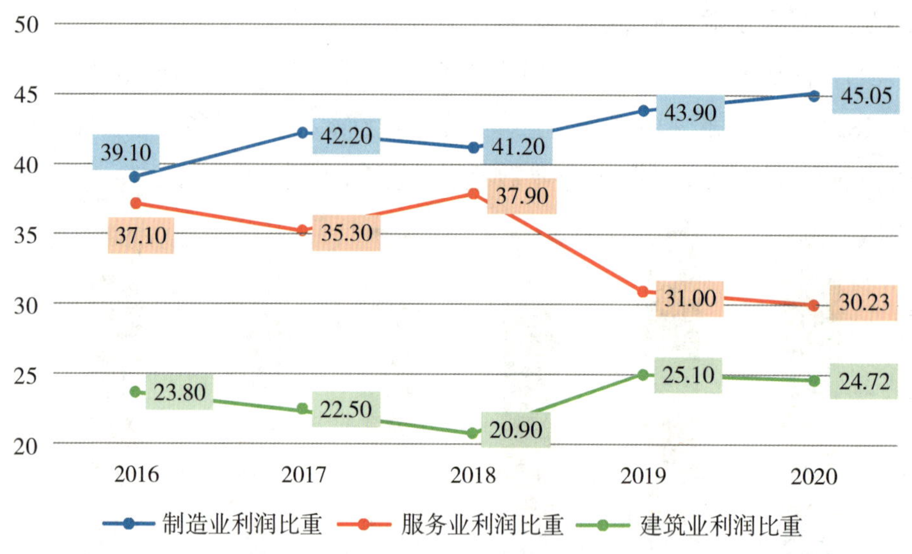

图 9　2016—2020 武汉企业 100 强分产业利润占比波动情况

从产业利润来看，制造业利润占比仍然一路走高，从 2016 届占比 39.1%波动上升至 2020 届的 45.05%；服务业企业虽然数量在增加，体量也在扩大，但是利润占比从 37.1%下降至 30.23%，尤其是 2018—2020 三届综合百强中，服务业利润占比在小幅上扬后，一路下挫。分析原因，一是综合百强中，传统服务业数量较多，传统行业的附加值不高，盈利能力不强，例如武汉四大商业集团在本届综合百强中排名均有下降，有的处于亏损状态；二是国资平台体量大，但利润率不高，也拉低了服务业整体盈利能力。可喜的是，服务业新兴力量也在涌现，综合百强10家新面孔中，服务业占9家，38家位次提升的企业中，服务业占17家。在建设国际消费中心城市、持续扩大内需的当下，促进服务业提档升级、创新商品和服务供给成为当务之急。

从具体行业来看，本届综合百强中制造业企业主要分布在机械及装备制造、汽车及零部件、光电子、新材料、家电、生物医药、钢铁、食品、石化等9个行业，服务业企业主要分布于商贸流通、金融保险、房地产、工程设计、能源生产及供给、电信及互联网、交通运输及物流等7个行业，与上届综合百强的行业分布基本保持一致。近年来，百强行业分布基本趋于稳定，甚至偏于传统，一来说明大企业发展相对稳定，另外也说明了新元素、新业态爆发式增长的土壤还不肥沃，有待加紧培植。

表3　2019、2020武汉企业100强具体行业分布情况

所属产业	具体行业	2019届企业数量（家）	2020届企业数量（家）
制造业	机械及装备制造	10	7
	光电子	4	4
	家电	4	5
	汽车及零部件	2	2
	生物医药	2	2
	食品	1	1
	钢铁	1	2
	石化	1	1
	新材料	1	1
建筑业	建筑业	24	27
服务业	商贸	16	17
	金融保险	11	10
	房地产	6	3
	工程设计	6	6
	能源生产及供给	5	4
	电信及互联网	4	5
	交通运输及物流	2	3

（五）创新投入力度加大，尤其是服务业企业越来越重视创新

从创新投入来看，本届综合百强有创新投入的企业67家，比上届减少5家，但研发经费总额390.99亿元，比上届多投入35.79亿元，同比增长10.1%，研发经费占营收比重1.45%，比上届略有提升。有研发投入的企业平均投入研

发经费 5.84 亿元，同比增长 18.5%，创新投入力度在加大。本届综合百强企业中，有研发投入的服务业企业 25 家，比上届增加 3 家，其中研发投入超过 3% 的企业 5 家，超过 8%的企业 1 家。

从企业申请专利情况看，本届综合百强拥有专利的企业 65 家，获得专利授权 44073 件，其中发明专利 13702 件，发明专利占比 31.09%。服务业有发明专利的企业 19 家，比上届多 4 家。越来越多的服务业注重原创性研发，提升产品和服务的附加值。

从行业标准制定情况看，本届综合百强共有 44 家企业参与制定各类行业标准，与上届持平。参与国家行业标准制定 7845 件，国际标准 168 件，分别比上届综合百强多 587 件与 78 件，企业参与国内、国际行业标准制定的数量都有所上升。

表 4　2015—2020 武汉企业 100 强研发投入、专利获得以及标准制定

		2015	2016	2017	2018	2019	2020
研发经费状况	有研发经费开支的企业（家）	68	70	68	68	72	67
	研发经费总额（亿元）	302.46	325.34	338.80	372.26	355.20	390.99
	平均研发经费（亿元）	4.45	4.65	4.98	5.47	4.93	5.84
	研发经费占营业收入比重（%）	1.86	1.99	2.18	1.58	1.42	1.45
专利状况	拥有专利企业数（家）	60	60	66	68	66	65
	专利（项）	25092	32734	30113	36079	49248	44073
	发明专利（项）	4784	6974	8267	10458	20322	13702
	发明专利占比（%）	19.07	21.31	27.45	28.99	41.26	31.09
行业标准制定情况	参与制定行业标准的企业（家）	38	45	49	50	44	44
	参与国家行业标准制定（件）	5337	8580	5341	6456	7258	7845
	参与国际标准制定（件）	23	32	55	72	90	168

（六）企业国际化扩张受到一定阻碍，海外业务有所萎缩

全球宏观形势不确定性因素不断增加，中美贸易摩擦不断升级，我国面临的外部环境复杂严峻，不利于企业的国际化扩张。但本届综合百强有海外资产的企业 23 家，仅比上届减少 1 家，海外资产总额 1363.31 亿元，同比增加 8.25%，平均海外资产 59.27 亿元，同比增加 12.96%。在外部环境相对复杂严峻的形势下，综合百强企业海外资产并没有缩水，说明企业对未来国际化的信心依然坚定。

但同时也要看到，在过去的一年，企业的海外收入、海外收入占比都在同

步减少,拥有海外员工的企业仅有 7 家,比上届减少 16 家,海外员工总人数还不到上届的 1/3,说明在目前的环境下,海外业务萎缩幅度较大。在未来一段时期内,企业既要着眼国际、国内两个市场,持续坚定国际化发展信心,更应该立足国内大循环,努力寻找适合企业发展扩张的商机。

表 5　2015—2020 武汉企业 100 强国际化发展情况

		2015	2016	2017	2018	2019	2020
海外收入状况	拥有海外收入的企业(家)	32	31	28	29	31	30
	海外收入总额(亿元)	694.93	701.63	772.34	868.80	807.77	793.17
	平均海外收入(亿元)	21.72	22.63	27.58	29.96	26.06	26.44
	平均海外收入占比(%)	7.70	9.01	12.33	5.50	5.23	4.60
海外资产状况	拥有海外资产的企业(家)	24	21	21	23	24	23
	海外资产总额(亿元)	561.46	585.96	689.19	857.00	1259.36	1363.31
	平均海外资产(亿元)	23.39	27.90	32.82	37.26	52.47	59.27
海外员工状况	拥有海外员工的企业(家)	21	21	20	21	23	7
	海外员工总数(人)	12786	10683	11377	12888	14413	3618
	平均海外人员数(人)	609	509	569	614	627	517

二、2020 武汉制造业企业 100 强运行特征

2019 年,武汉市强调度、抓运行,继续聚焦制造业高质量发展,加快推进三大世界级产业集群建设,打好工业项目、工业技改、工业“小进规”攻坚战,新增规模以上工业企业 308 户,规模以上工业增加值同比增长 4.4%。集成电路、新型显示器件、下一代信息网络、生物医药 4 个产业集群入选国家首批战略性新兴产业集群,以国有制造企业为代表的大型工业企业顶住下行压力,支撑全市制造业保持平稳发展。

(一)制造业百强收入略有下降,国有企业仍是主力军

从营业收入总额指标看,本届制造业百强营业收入总额达到 10479.72 亿元,与上届相比较,营收总额下降 3.34%。其中国有企业营收总额 90369.92 亿元,民营企业营收总额 1239.17 亿元,国有企业营业收入在营收总额中的占比为 86.23%,民营企业营业收入占比为 11.82%,和上届差距不大。

本届制造业百强营收门槛为 1.59 亿元,比上届营收门槛提高 3.92%;中位数为 11.1 亿元,低于上届。从营业收入超百亿的企业情况看,本届制造业百强过百亿的企业达 9 家,低于上届的 11 家,其中民营企业和其他企业各 1 家,其

余均为国有企业，与上届相比，减少了 1 家民营企业和 1 家国有企业，制造业增长速度略有放缓。

从资产总额指标看，本届制造业百强资产总额达到 11617.19 亿元，与上届资产总额相比增长 7.33%，百强资产总额增速加快。其中国有企业资产总额 10234.06 亿元，占本届总资产的 88.09%，增加 917.07 亿元，增长 9.84%，增速明显；民营企业资产总额为 1182.37 亿元，在总资产中达到 10.18%。

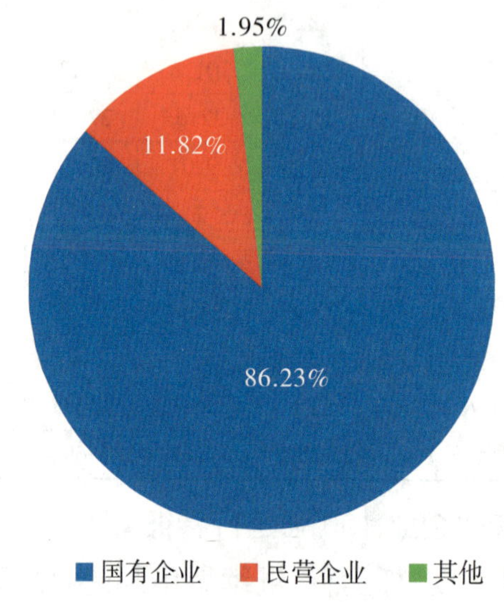

图 10 本届制造业企业 100 强国有、民营和其他类企业营收占比情况

从综合营收和资产总额两项规模指标看，受制造业行业下行压力和中美贸易摩擦影响，虽然综合营收有所减少，但是制造业百强资产总额增速加快，总体实力保持稳中有升。民营企业表现活跃，在总资产中的占比超过了 10%，显示出在制造业领域的良好活力。

（二）制造业百强利润总额增长明显，国有企业盈利表现良好

从经济效益指标看，本届制造业百强利润总额增长明显，从上届的 596.93 元增加到本届的 665.99 亿元，增长 11.57%，与全市规模以上工业企业实现利润总额大幅增长的表现一致。其中，国有制造企业净利润实现 569.40 亿元，增长 13.71%；民营制造企业利润总额为 79.79 亿元，相比上届的 83.78 亿元略微减少。

从重点制造业企业的利润数据来看，制造业百强排名前十的企业中，有一半的企业 2019 年创造利润较上一年度呈现不同幅度的下滑，其中少数企业利

润数据几乎减少一半，这从一个侧面反映出当前部分行业的制造业企业仍然面临较大的生存发展压力。

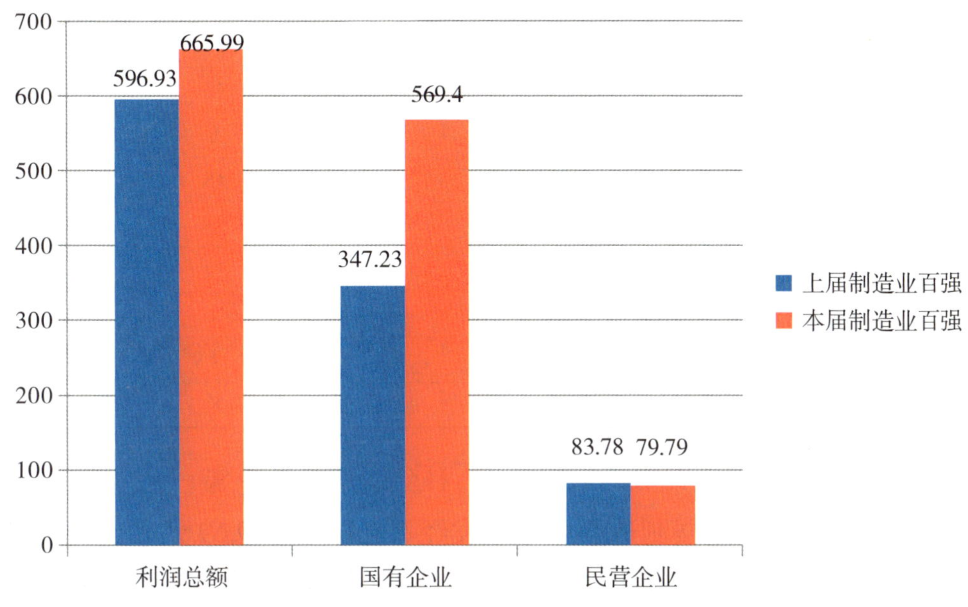

图 11　本届与上届制造业百强企业利润水平比较

从社会效益指标看，本届制造业百强员工总数 39.71 万人，比上届员工总数减少约 3 万人；纳税总额为 748.84 亿元，比上届纳税总额减少约 80 亿元。武汉市的减税综合成效明显。

（三）制造业百强结构持续优化，重点行业企业队伍不断壮大

2019 年武汉市 12 个重点行业中，医药制造，计算机、通信和其他电子设备制造，电气机械和器材制造三大行业保持了较快增长，增速分别为 12.9%、12.3%和 4.5%，分别高于全市规上工业的 8.5%、7.9%和 0.1%，有效缓解了汽车、烟草、石化等传统行业下滑带来的影响，本届制造业百强数据也反映出了这样的变化趋势。

从行业分布看，本届制造业百强主要分布在机械及装备制造、汽车及零部件、光电子、家电、生物医药、钢铁、食品及烟草、石化、服装及纺织等 9 大行业，机械及装备制造和光电子行业共计 37 家，高于上届的 35 家。

行业高端化趋势进一步明朗，制造业百强企业集中于机械及装备制造、生物医药、汽车及零部件、光电子等四大产业，发展趋势保持稳定，显示出相关产业正以成为世界级产业集群为目标不断发展壮大。

表 6　本届制造业企业 100 强具体行业分布情况

具体行业	企业数量 / 家
机械及装备制造	25
光电子	12
家电	5
汽车及零部件	13
生物医药	13
食品及烟草	12
钢铁	5
服装及纺织	4
石化	8

（四）制造业百强研发投入持续增加，科研创新成果丰富

从创新投入看，本届制造业百强研发经费总额达 259.69 亿元，比上届增长 6.8%，其中民营制造企业研发经费总额为 28.82 亿元，比上届增长 10.8%，民营企业对于研发投入的重视程度持续增强；在研发经费占营业收入比重指标上，本届制造业百强是 2.47%，基本与上届持平。

从企业申请专利情况看，本届制造业百强拥有专利的达 76 家，低于上届的 84 家，获得专利授权 31226 件，其中发明专利 10157 件，发明专利占比 32.53%。国有企业如东风汽车、航天三江和中国信息通信科技集团有限公司成绩斐然，拥有专利数分别达 10961、4805 和 2925 件。民营企业拥有专利的达 53 家，数量过半，民营制造企业科研创新情况保持稳定。

从行业标准制定情况看，本届制造业百强共有 41 家企业，比上届减少 7 家，参与国家行业标准制定 6939 件、国际标准 94 件，分别比上届增加 129 件和 39 件，武汉制造业百强企业更多地参与国家和国际标准制定。中国信息通信科技集团有限公司参与制定国际行业标准 54 件，长飞光纤 21 件，武汉船机 7 件，东风汽车 7 件，居本届制造业百强前三位，相比于上届的 49 件，增长幅度达到了 85.41%，其中中国信息通信科技有限公司参与国际行业标准较上届增长了 108%，保持了较高的创新动力。

（五）制造业百强海外业务遭遇一定挫折，海外资产相对稳定

在制造业下行压力增大、中美贸摩擦不断升级的不利因素影响下，本届制

造业百强，特别是民营企业海外业绩减速明显。在海外收入总额指标上，本届制造业百强总收入为240.32亿元，比上届减少44.1亿元，下降10.47%；民营制造企业海外收入总额达到29.79亿元，比上届减少61.94亿元。

在海外资产总额指标上，本届制造业百强为482.21亿元，与上届相比略微下降，百强企业虽然海外业绩遭受较大影响，但是海外资产总额相对保持稳定。

随着武汉自贸区水平不断提高，武汉企业参与国际经济合作的力度不断加强。武汉企业正积极融入“一带一路”建设，更大范围、更宽领域、更深层次地推进对外开放。更多的武汉制造业百强企业正抱团出海，通过发挥自己的优势，努力增强在国际市场中的竞争力。

三、2020武汉服务业企业100强运行特征

2019年，武汉市围绕促进服务业高质量发展、打造服务名城，持续深入推进国家服务业综合改革试点工作，印发了《武汉市加快服务业高质量发展的若干政策》，进一步加强服务业创新要素整合和供给，促进产业创新升级，再次获评全省服务业发展突出贡献单位。全市服务业增长保持了8%左右的较高增速，连续5年快于经济增速和工业经济增速，2019年实现第三产业增加值9855.34亿元，占地区生产总值的比重突破60%，为武汉市经济顶住下行压力、保持平稳较快增长作出了重要贡献。从服务业百强企业的整体情况来看，总体发展势头稳中有进，仍然是武汉龙头大企业的中坚力量。

（一）服务业百强营收总额保持增长，民营企业营收占比首次过半

从营业收入总额指标看，本届服务业百强企业营业收入总额达到8836.34亿元，比上届服务业百强总营收增加915.81亿元，增长11.56%，高于上届服务业百强总营收增幅3%。其中国有企业39家，比上届减少4家，营业收入总额4269.68亿元，国有企业营业收入在服务业百强营收总额中的占比为48.31%，与上届相比占比下降一个多百分点；民营企业59家，比上届增加4家，营业收入总额4507.87亿元，民营企业营业收入占比为51.02%，系开展服务业百强排序以来民营企业营收占比首次超过国有企业营收占比，首次达到占比50%以上；其他企业2家，营业收入总额58.79亿元，营业收入占比为0.67%。

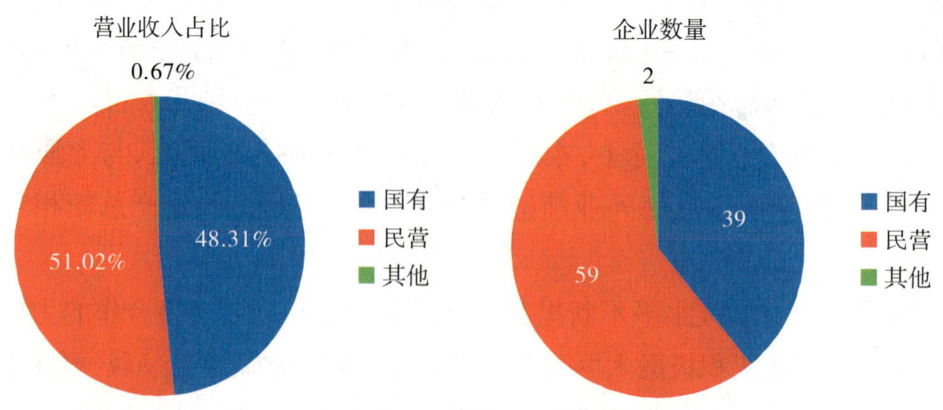

图 12 本届服务业百强企业国有、民营和其他类企业营收及数量占比

从本届服务业企业百强榜单的几个节点位置看，营收水平均有提升。本届服务业企业百强营收门槛为 2.31 亿元，比上届营收门槛提升了 0.3 亿元；百强营收中位数为 33.81 亿元，比上届提升 1.91 亿元；本届服务业企业百强榜单首位营收为 994.97 亿元，比上届提升了 123.61 亿元。从服务业百强企业中营业收入超百亿元的企业情况看，本届过百亿元企业达 22 家，比上届增加 1 家，其中民营企业 10 家；排名前十的服务业百强企业中，民营企业和国有企业各有 5 家，民营企业分列第一、二、三、九、十位。

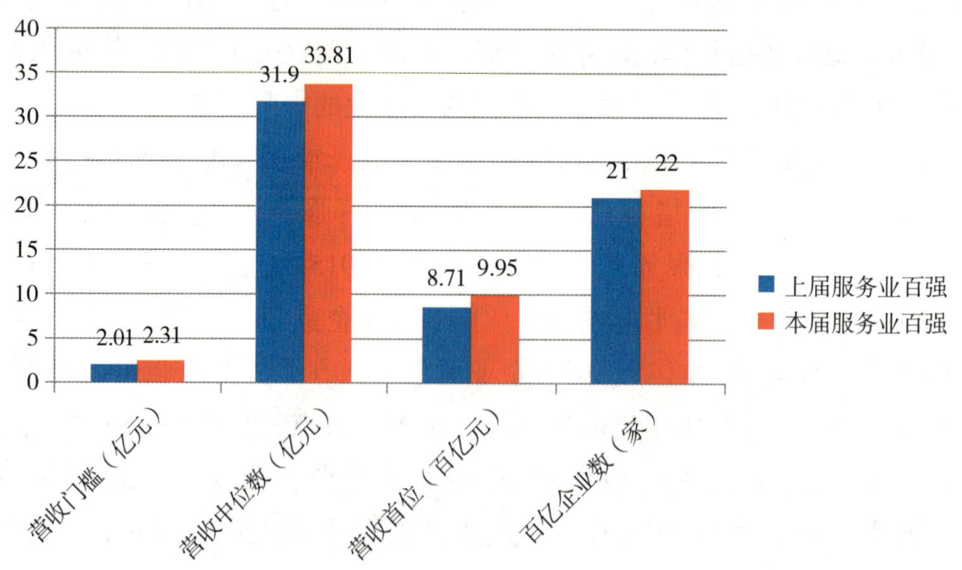

图 13 本届与上届服务业百强企业营收水平及规模数量比较

从资产总额指标看，根据企业提供的数据，本届服务业百强企业资产总额达到 25352.89 亿元，比上届服务业百强企业资产总额增加了 1656.8 亿元，增幅为 7%左右。其中国有企业资产总额 21086.45 亿元，比上届国有企业资产总额增加了 1079.24 亿元，占服务业百强企业总资产的 83.17%；民营企业资产总额为 4259.60 亿元，比上届民营企业资产总额增加了 590.2 亿元，在总资产中占 16.80%。

综合营收和资产两项规模指标来看，在错综复杂的外部环境和经济下行压力下服务业百强企业总体仍然保持了平稳较快的增长，整体规模进一步扩大，持续输出对经济社会发展的重要贡献。尤其是民营服务业企业营收规模首次超过服务业百强中的国有企业，在总营收中的贡献率突破 50%，不仅体现了武汉民营服务业龙头企业的市场活力和企业实力不断增强，成为了引领武汉市服务业高质量发展的主力军，也从一个侧面反映了武汉不断改善的营商环境为民营经济壮大发展创造了良好生态。

（二）服务业百强利润总额小幅增长，民营企业盈利能力稳健提升

从服务业百强经济效益指标看，本届服务业百强企业实现利润总额 424.55 亿元，比上届服务业百强企业利润总额增加了 23.95 亿元。其中，服务业百强中国有企业实现利润 300.26 亿元，比上届服务业百强国有企业实现利润减少 46.97 亿元，降幅较为明显，但考虑到提供利润数据的本届服务业百强中国有企业数量减少的因素，因此不能断言本届服务业百强中国有企业实现的利润大幅下滑；服务业百强中民营企业实现利润 122.30 亿元，比上届服务业百强中的民营企业实现利润增加了 72.43 亿元，增长幅度达 145%，由于上届数据下降表现较为异常，因此本届服务业百强中民营企业实现利润的大幅增长可以视作恢复性增长，与 2018 届服务业百强中的民营企业实现利润数据相比增长了 26.13%，综合三届来看年均增长率为 13.07%，该增长率较为合理，体现出武汉服务业百强中民营企业盈利能力在稳健提升。

从社会效益指标看，本届服务业百强企业提供员工人数数据的共有 66 家，仅为上届的三分之二，依据提供数据计算员工总数 28.58 万人，约为上届服务业百强企业员工总数的 70%，与提供员工数据的企业数量占比相吻合；本届服务业百强企业中共有 67 家企业提供了纳税数据，纳税总额为 310.18 亿元，提供数据的企业数量为上届的 68.37%，纳税总额为上届的 72.38%。

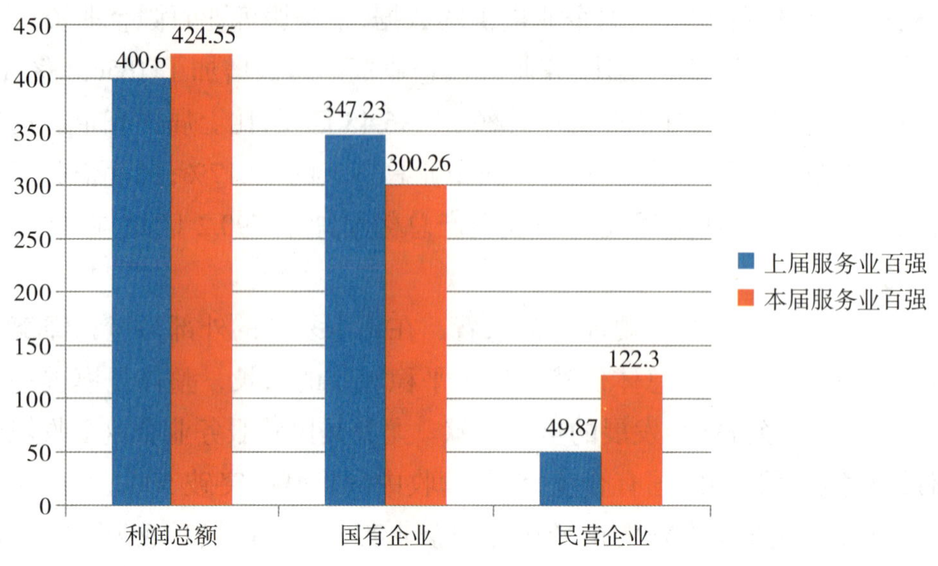

图 14 本届与上届服务业百强企业利润水平比较

（三）传统优势行业稳定发力，新兴优势行业加速成长

为了充分发挥企业市场主体作用，推进全市服务业龙头企业做优做强，提升影响力和辐射力，推动武汉市服务业发展，2019 年度武汉市共认定了 8 个服务业细分行业的 23 家单位为武汉市服务业领军企业。这 23 家武汉市服务业领军企业中，现代物流业（综合物流服务）的九州通医药集团股份有限公司蝉联服务业百强企业榜首，湖北顺丰速运有限公司排在本届榜单第 54 位，长航货运有限公司排在第 55 位；创意设计行业（建筑景观设计）的中铁第四勘察设计院集团有限公司位列榜单第 17 名，中冶南方工程技术有限公司位列榜单第 20 名，中国市政工程中南设计研究总院有限公司位列榜单第 41 名；领军企业中唯一的金融行业（银行业）企业武汉农村商业银行股份有限公司，在本届服务业百强榜单中排名第 21 位；商贸服务业（零售业）领域认定的 3 家领军企业表现亮眼，全部进入本届服务业百强榜单前十位，恒信汽车集团股份有限公司在本届服务业百强中排名第 3 位，武汉武商集团股份有限公司排名第 6 位，中百控股集团股份有限公司排名第 8 位。除此之外，软件信息技术业、会展服务业、健康服务业、旅游服务业领域认定的武汉市服务业领军企业，均未进入本届服务业百强企业榜单，反映出细分行业后从事基础软件及信息安全服务、会展服务、第三方独立检验检测服务、酒店业的服务业领军企业规模体量仍然偏小，须进一步加大培育新兴服务行业、促进传统服务业转型升级的力度。

从本届服务业百强榜单的业态分布情况看，商贸服务业（零售、批发、餐饮）企业 22 家，软件及信息技术服务业企业 20 家，房地产及建筑施工企业 12 家，金融服务业（银行、投资、保险）企业 11 家，现代物流服务业（运输、仓储）企业 9 家，市政及公用事业服务企业 3 家，能源服务企业 2 家；特色业态方面，设计服务业（建筑、景观、基础设施）企业 7 家，专业服务业（会计、中介、人力资源）企业 6 家，健康（医疗）服务业企业 5 家，旅游服务业企业 2 家，环保服务业企业 1 家。商贸服务业作为武汉传统优势服务行业，其领域内的百强服务企业数量依然最多，软件及信息技术服务业领域的百强服务企业数量增长较快，成为武汉新兴的优势服务行业。

（四）服务业百强榜单头部企业较为稳定，经营状况健康良好

从榜单的位次变动来看，头部企业的变化不大，前十位的服务业百强企业中有 9 家均为上届服务业百强前十。具体来看，第一位和第二位的企业与上届保持不变，仍是九州通和卓尔；上届排名第三的武商集团本届排名变为第六，本届排名第三的为新申报上榜的恒信汽车集团股份有限公司；武汉金融控股的位次由上届的第五向前移动一位至本届的第四，武汉国有资产经营有限公司由上届排名第四变为本届排名第五；湖北省交投的位次由上届的第十上升至本届的第七；中百集团由上届排名第六变为本届排名第八；与上届相比，当代集团与京东金德的位次均向后移动一位排在前十的后两位。

服务业百强榜单前十位的企业是武汉服务业龙头大企业发展运营情况的代表和风向标。从前十位企业的经营数据来看，前九家企业 2019 年营业收入均比上一年度有所增长，排名第十的京东金德营业收入与上一年度相比略微下降，减少了约 1.9 亿元；利润数据方面，前十位中的七家企业利润总额均比上一年度有所增长，一家基本持平，一家下降，一家数据不完整。经营数据表明榜单头部企业的经营状况良好，企业发展健康平稳。

（五）研发投入增长幅度较大，专利产出水平持续提升

从研发投入看，本届服务业百强企业中有 42 家企业提供了研发数据，研发经费总额达到 38.92 亿元，与上届 50 家提供研发数据的服务业百强企业研发经费总额相比增加了 10.77 亿元，增长 38.26%。

从专利产出看，本届服务业百强企业拥有专利的达 39 家，比上届服务业百强拥有专利的企业数量减少了 4 家，但获得专利授权 7570 件，比上届服务

业百强企业增加 2164 件,其中发明专利 2404 件,发明专利占比 31.76%。

从行业标准制定情况看,本届服务业百强企业共有 18 家企业参与国家或国际行业标准制定,仍然以设计企业为主,排在首位的是中冶南方工程技术有限公司,参与制定的国家或国际行业标准接近 150 项。

四、突出问题

2019 年外部贸易环境复杂,新兴行业快速演进。从综合百强企业行业数据来看,武汉企业还存在传统行业居多,企业结构仍须优化;新兴行业成长较慢,适应第四次工业革命的新兴企业多属于产业链基础端企业;创新能力有待提升,创新投入与产出增长有所放缓;国际竞争力较弱,抵御外部风险能力不强等。

(一)企业结构须进一步优化

百强企业主要集中于传统行业。本届综合百强制造业企业 25 家,较 2018 届减少一家;建筑业企业 27 家,较上届增加 3 家,基本与往年数量持平;服务业领域企业 48 家,较上届减少 2 家。制造业企业营业收入占百强企业总营收比由 2018 届的 40%下降到 2020 届的 35.95%, 服务业与建筑业企业营业收入比重攀升到近 64%,特别是建筑业企业由 2018 届占营收比 30%,上升到 2020 届 32.77%。从具体行业来看,制造业领域企业仍主要是汽车、钢铁、通信设施、石化能源等传统行业,服务业领域主要是医药流通、房地产、汽车零配件、金融服务、商贸服务、勘察设计等企业。制造业领域智能化、服务化、国际化,服务业领域数字化、线上化、个性化还有较长的调整优化周期。

(二)新兴行业企业成长不快

武汉企业结构具有偏重基础研发的行业惯性和创新转化慢半拍的区域特性,造成新兴行业成长节奏较慢。以 5G 应用、新能源汽车、数字经济、线上消费等为代表的新兴领域企业多处于孕育阶段,或多属于产业链前端企业,建立起适应第四次工业革命的产业新体系还有较长培育期。首先从制造业领域来看,近几年来引领市场消费的 5G 手机等智能终端以及新能源汽车应运而生,华为、小米等 5G 手机,理想、小鹏等长续航能力的电动汽车品牌迅速崛起,而武汉企业主要体现为提供基础设备、供应零部件等硬件端领域。从服务业领域来看,以线上化、数字化、个性化为代表的社交新媒体、物流平台、数字经济,如京东、阿里、苏宁、携程、美团、腾讯等处于行业引领位置的新业态企业在武汉届指可数。

（三）创新研发还须持续发力

第一，创新成果数量减少。从评价创新能力的核心指标专利授权量看，本届有研发经费开支的企业数量67家，较上届减少5家，拥有专利授权的企业数量达到65家，比上届的66家减少1家，获得专利授权数量为44073项，较上届的49248项下降10.5%；发明专利数量为13702项，较上届的20322项下降32.6%，发明专利占专利授权总量比为31.09%，比上届减少近十个百分点。说明科研投入与产出之间存在一定的时间差与非正比，特别是国有企业科技研发具有基础性和长周期性，造成创新成果的专利数量减少。第二，民营企业研发投入规模相对较小。从分行业研发投入数据看，国有企业有研发经费支出的企业42家，研发经费支出357.89亿元，民营企业有研发经费支出的企业23家，研发经费为30.06亿元，民营企业研发经费仅相当于国有企业的8.4%；41家国有企业获得专利授权42418项，23家民营企业获得专利授权2405项，民营企业获专利授权项数量仅相当于国有企业的5.7%。

（四）国际竞争力还待加强

2019年国际贸易环境复杂多变，企业走出去遇到不少障碍和阻力。从对外贸易角度看，综合百强中有海外营业收入的企业30家，较上届减少一家，海外收入总额为793.17亿元，较上届减少2%。因2019年底到2020年初爆发的全球性新型冠状病毒疫情持续蔓延，预计复杂的国际贸易环境将会持续影响企业海外市场业绩。从分行业外贸指标情况看，制造业领域拥有海外收入的企业数量为12家，比上届减少2家，海外收入达到237.87亿元，较上届270.24亿元下降12%；服务业企业海外收入76.92亿元，较上届92.57亿元下降17%；建筑业企业海外收入478.37亿元，较上届444.96亿元增加7%。综合来看，武汉企业深度参与“一带一路”项目，走出去开展建筑施工勘察设计方面成绩显著，但在制造业和服务业领域出现业绩下滑现象，显示企业在核心技术和产品品牌的国际竞争力方面还存在短板。

五、对策建议

2020年初受到突如其来的新冠肺炎疫情冲击，正处于“十三五”冲刺阶段的武汉经济遭受重创，尽管疫情的冲击是暂时性的，但疫情期间停工停产导致的关键人才流失、市场份额流失、人气流失，都可能会在一定时期内造成武汉企业在产业链上的地位被替代,企业发展有可能被同类企业所超越,甚至相当一部分小微企业直接面临着资金链紧张甚至断裂破产的风险。为了使武汉企业发展尽快从疫情影响中恢复,避免武汉企业整体在全国产业格局中的地位下滑,在财政税收情况受疫情影响不乐观、资金支持手段有限的现实情况下,针对百强榜单中反映出的问题,武汉更要在营造环境、优化服务方面下大力气,帮助企业排忧解难、积极应对、化危为机,为武汉企业发展保驾护航。

(一)政府方面

1.不断优化发展环境,全面推进百强企业高质量发展

一是着力构建新型政商关系,打造全国最优制造业发展环境。对标国际国内一流营商环境,不断激发市场活力和社会创造力,全力促进武汉百强制造企业高质量发展。不断提升基础设施、生活设施环境、生态环境、园区环境、产业配套环境和要素市场环境六大硬环境。持续改善法制环境、政务环境、政策环境、人文环境四大软环境。进一步深化“放管服”,真正做到“放得开、管得住、服得好”。

二是加快政务体系一体化建设,搭建多领域全方位的信息共享平台。推进武汉百强企业信用体系建设,建立起公开透明的企业信用体系。切实转变政府职能,持续优化企业服务。完善常态化服务百强企业的制度和机制,加大对百强企业的帮扶力度。建立与企业家沟通联络机制,营造重商、亲商、敬商的营商氛围。

2.提升百强企业创新能力,促进发展动力转变

一是着力提高百强企业自主创新能力。积极推动高校院所与百强企业资源共享对接,积极筹备建设国家实验室,提升光电国家研究中心、信息光电子创新中心、数字化设计与制造创新中心、先进存储产业创新中心等平台的自主创新能力,谋划建设一批重大科技基础设施。加强生命科学、人工智能、量子科学、未来网络等领域的战略布局,力争突破一批前沿领域核心技术。

二是加强科技成果转化高地的建设。进一步支持武大、华科等在汉高校“双一流”建设,推进市属高校内涵特色发展。促进高校院所科技成果转化对接,建设全国高校技术转移华中中心。推动工业发展研究院创新发展,支持建设一批高水平工研院。对接“中国制造 2025”重点领域,结合百强企业实际,支持百强企业与科研院所成立各种模式的联合体,不断提升百强企业产业竞争

力的关键共性技术。

3.多措并举破解融资困境，助力百强企业大发展。

一是发挥银行信贷主渠道作用，增加百强企业信贷配置。2019年1月，武汉市委、市政府发布了《进一步促进民营经济高质量发展的意见》，强调要加大信贷投放力度，增加民营企业专项信贷配置规模。借助政策红利，精准施治，加大力度帮助武汉民营企业降成本、促转型、缓解融资难。

二是加强企业信用体系建设，构建信用信息共享机制。政府职能部门要搭建金融服务综合平台，为金融机构与企业提供有效信息交流渠道，实现资金供需智能匹配，提升资金融通的精准性和效率。金融机构也要积极参与企业信用体系建设，根据不同企业的融资特征，建立科学合理的信用评价体系，为百强企业提供融资便利。

4.构建全方位、多层次的人才“金字塔”，加大人才扶持力度

一是放大吸引人才政策红利，不断做高人才“塔尖”。要实行更加积极、更加开放、更加有效的人才政策，大力引进和集聚各类人才来汉创新、创业、创富，构筑全方位、多层次的人才“金字塔”，优化“城市合伙人”计划，更大力度地引进集聚诺奖级和院士级科学家、产业科学家、商界领袖。鼓励支持各大院校发展校友经济，吸引知名校友来汉发展和投资，不断充实和带动百强企业发展。

二是大力引进各类高层次创新创业人才，不断做强人才“塔身”。扎实推进“百万大学生留汉创业就业工程”，谋划实施“青年优秀人才培育计划”，大力实施“江城工匠”计划，构建技能人才队伍多层次、可持续的培养选拔机制。

（二）企业方面

1.提升技术创新能力，打造百强企业竞争优势

一是着力推进技术创新。武汉百强企业要始终把握科技和产业发展新方向，对重大前沿领域及早部署，加快培育和发展节能环保、新一代信息技术、生物、高端装备制造、新能源、新材料、新能源汽车等战略性新兴产业，在未来科技和产业发展中占得先机。要适应供给侧结构性改革要求，积极通过新技术的应用，加强技术改造，不断提高百强企业发展的质量和效益。

二是不断提升百强企业研发能力。武汉百强企业要充分发挥行业龙头作用，强化科技创新能力，推动产业向价值链高端发展。企业在可获取融资的支

持下，将资金经费尽可能向研发部门投入，丰富研发方向，增强研发人员实力，以使其能不断跟进全行业技术创新的前沿水平。

2.树立诚信意识，培育百年品牌企业

一是不断强化百强企业的诚信意识。武汉百强企业要坚持把诚信经营摆在突出位置，牢固树立以诚实守信为荣、以见利忘义为耻的企业文化，提高企业全体成员诚信经营意识。要聚精会神办企业，遵纪守法搞经营，依法规范企业的经营活动及经营理念，牢记道德底线不可触碰、法律红线不可逾越，在合法合规中提升企业竞争力。

二是始终坚持质量诚信。支持武汉百强企业坚持质量兴企，重视通过技术创新，加强全员质量管理，提高产品和服务质量，坚持通过提供优质的产品和服务来赢得消费者的信任。坚持公平竞争，杜绝虚假宣传、假冒伪劣、商业欺诈等不讲诚信、违法的行为。

3.坚持绿色发展，打造可持续发展企业

一是树立企业绿色发展意识，推动百强企业走高质量发展道路。绿色发展是全球环境与经济领域的一种趋势和潮流，是高质量发展的重要内容之一，百强企业无论在什么时候，都要坚持绿色发展不动摇。要转变强调速度和规模的传统思维，摆脱要素投入、资本投入的路径依赖，探索推进技术创新、管理创新、业态创新，积极推动百强企业向绿色发展转型。

二是不断强化绿色发展理念，推动百强企业发展绿色环保经济。要坚持企业发展与生态文明建设协同共进，大力采用新技术、新工艺，提高能源资源利用效率和循环利用，节能减排，做到绿色生产、清洁生产，建设资源节约、环境友好型企业。百强企业要抓住绿色发展的新机遇，不断培育企业新的增长点，为企业健康可持续的发展奠定基础。

4.坚持创新驱动，推动百强企业向“四新”方向发展。

一是加快“四新”发展步伐，实现新发展。积极发挥百强企业产业龙头牵引作用，围绕打通产业链、打通供应链、协同上下游，在深化产业链上下游协同合作、加快产业链升级补短板等方面，通过新模式、新业态、新技术、新产业四方面的创新，解决百强企业发展中面临的各种问题、矛盾和冲突，不断增强自身发展能力。

二是大力发展“四新”经济。武汉百强企业要积极转变思想观念，不断自主创新，大力推进“四新”经济发展。支持发展能够提供多元化、多样、个性化产品和服务的新业态，探索互联网经济、体验经济，实现产业要素重新高效组合、高效便捷满足市场需求的新产业、新技术、新业态和新商业模式，使其成为百强企业快速发展的重要抓手。

执笔人：施　雯　付　兴　吴　怡　张云龙　简真强

以“双枢纽一走廊”助推武汉城市圈全域同城化发展①

杜 涛

武汉城市圈作为湖北实力最强的城市群，将是湖北未来五年发展的核心区域，作为湖北区域经济增长极，将承担着全省经济发动机的作用。武汉城市圈要想辐射引领全省发展，首先要发挥好武汉的“主中心”作用，提升城市圈内9个城市的一体化程度，从而增强城市圈对全省的分工协调能力和辐射引领力。随着湖北国际物流核心枢纽鄂州顺丰机场的加快建设和光谷科技创新大走廊的规划建设，湖北区域一体化进程将会加快，并将积极推进湖北高质量发展。因此，“十四五”时期，应以“双枢纽、一走廊”建设为重要抓手，积极推进武汉城市圈全域同城化发展。

一、整合武汉天河机场和鄂州顺丰机场“双枢纽”功能，引领湖北大临空经济区高质量发展

一是做好顶层设计和战略构想。重点依托武汉天河机场，整合武汉东西湖临空港开发区和孝感临空经济区，形成沿“孝感—东西湖—天河机场—东湖高新区—鄂州顺丰机场”的武鄂临空经济发展带。以鄂州顺丰机场为中心，辐射形成鄂黄黄（鄂州、黄石和黄冈）临空经济发展圈。通过武鄂临空经济发展带和鄂黄黄临空经济发展圈的联动发展，合力打造湖北大临空经济区。充分发挥临空经济区对区域经济发展的乘数效应，助力形成武鄂黄黄孝大临空产业集聚

①本文系湖北省科技厅重点软科学项目（编号：2019ADC005）阶段性研究成果。

区。二是加强规划引导和统筹协调。成立武鄂黄黄孝跨区域临空经济区协同发展的实质性领导机构，积极对接《武汉城市圈临空经济总体发展规划》和《光谷科技创新大走廊规划》，高端谋划《湖北大临空经济区的总体发展规划》，实现武鄂黄黄一体化发展。同时，武鄂黄黄孝都要围绕大临空经济区规划，借助新一轮城市总体规划修编，调整总体规划，做好“十四五”规划相关衔接。突破行政壁垒，加快构建跨区域战略统筹机制，助推武鄂临空经济带和鄂黄黄临空经济圈的跨区域合作发展。三是增强武鄂黄黄集散枢纽功能。依托天河机场和顺丰机场“双枢纽”发展多式联运，形成“航空＋铁路＋港口＋公路＋轨道”的多式联运交通体系，构建贯穿鄂东都市区互联互通的现代化交通网络。四是加强政策对接与共享。建议在大临空经济区内共享武汉天河机场已有的综合保税区、国际航线补贴等一系列临空经济区优惠政策，实现加快鄂州顺丰机场与湖北大临空经济区的互动发展和红利互惠。推动实现天河机场腹舱运力和鄂州机场全货机运力的高效整合和灵活利用。加强保税区、口岸等资源的共享共用，争取以“一区两片”的形式设立综合保税区。

二、加快武汉东湖国家自主创新区和武汉自贸区“双自联动”，打造长江经济带自贸发展核心功能区

一是注重管理联动与政策联动。加速政府层面管理体制和自贸区制度创新政策与自主创新示范区政策的协同互通。二是加快科技政策的转型升级。从突出科技成果转化到突出“科技＋”，如“科技＋投资”“科技＋贸易”“科技＋行政体制改革”等，采用这种理念不断升级科技政策。三是突出市场主体力量。在实体层面形成产业联动，充分发挥企业的重要作用，自主创新、科技创新最终都要落实到企业。四是打造具有本地产业特色的“双自联动”体制。积极拓展自创区与自贸试验区的对接合作渠道，进一步促进双方各类资源要素的自由流动与合作。积极谋划“双自联动”战略和协作机制，建立符合国际惯例的高能企业培育机制，构建自贸试验区国际化人才平台机制，加强重点领域机制创新，探索高效联动平台模式来实现“双自联动”，推进制度创新、开放创新、金融创新和科技创新的多维度融合，将湖北大临空经济区打造成制度创新最深、要素流动最便捷、科技创新最前沿、高端产业最集聚的先行区和示范区，长江经济带自贸发展核心功能区。

三、助推武汉城市圈临空经济区与光谷科技创新大走廊的产业融合发展，促进武汉城市群区域一体化发展

一是加快实现“一主引领，一圈同城”融合发展。突出“一主引领”，用足用活用好优势，强化武汉龙头引领作用，推进武汉城市圈各市高度同城化。突破行政区划制约，尽快建立区域协调发展新机制。建议设立光谷科技创新大走廊城市发展联盟，要坚持项目化、清单化的规划实施机制，统筹排定产业创新、基础设施、生态环境、公共服务等领域的重点项目，并加快推进实施。强化光谷科创大走廊各市在人才、产业、重大交通和基础设施的协调发展，积极推动各市公共服务的“一卡通”，加快形成教育、医疗、社保、公共交通、通信、金融、环保等公共服务领域的共建共享，在省内率先实现城市公共服务融合发展，通过率先实现城市公共服务的“共建共享共治”，加快城市之间产业对接和创新驱动的融合步伐。二是推动建设临空经济创新发展联盟。武鄂黄黄应立足建设湖北大临空经济区，加强临空产业发展的协同合作，建议设立武鄂黄黄为重点的湖北大临空经济区创新发展联盟，并分别设立园区合作促进委员会、涉园产业合作促进委员会、涉园企业合作促进委员会、临空经济大数据共享信息中心、临空产业发展专项基金，推动产业优势互补，实现临空区域共规共建共享。

随着湖北大临空经济区的建设发展和光谷科技创新大走廊的规划建设，未来的湖北大临空经济区的经济合作将会更加紧密，产业合作分工也会更加协调，区域合作和对外开放水平将会大幅提升。围绕武汉光谷科技创新大走廊建设，以长江经济带中游城市群为支撑、以航空客货双枢纽为引擎，全力打造武鄂黄黄大临空经济区，将其建成国际航空物流枢纽、全球跨境电商基地、高端临空产业高地、生态智慧航空都市。在区域一体化进程中，打造对外开放新高地，助推湖北高质量发展。

作者单位：武汉发展战略研究院

雁阵式发展视角下中国高质量工业碳减排的地区协同路径①

张 翼 杜 涛

《中国应对气候变化的政策与行动 2019 年度报告》的初步核算结果显示，我国二氧化碳排放快速增长的局面基本得到扭转，这与我国经济由高速增长阶段转向高质量发展阶段的背景是相符的，面对二氧化碳排放尽早达峰以及 2060 年实现碳中和的目标任务，我们仍要通过持续的高质量发展实现。就当前而言，作为最主要的排放来源，工业部门的排放量会在 2025 年前达到峰值，也有研究认为是在 2030 年前，但考虑到城镇化的继续推进，建筑和交通运输业的碳排放还将保持增长趋势，如果“十四五”期间能够使工业部门的排放量由达峰转为下降，将为 2030 年左右碳排放总量达峰或尽早达峰创造有利条件。因此，推动工业碳排放整体下降趋势的尽快出现是更为紧迫的问题。

针对我国工业碳排放的研究主要集中在三个方面。首先，工业规模、行业结构和技术水平是影响工业碳排放绩效的三大基本因素。地区比较而言，东部地区绩效最高，中部地区次之，西部地区偏低。可见，工业化水平越高的地区表现出的碳排放绩效更高。第二，对工业增长与工业碳排放脱钩程度的定量研究并未达成一致结论，而不同地区的脱钩努力程度各不相。由于工业部门电气化水平的提高会降低终端排放，但又会引致电力部门的排放增长，工业排放总量的下降还依赖于可再生能源电力工业的快速发展。因此，将工业终端排放与电力

①本文为国家社会科学基金青年项目《基于技术交易与产业集聚互动的我国雁阵式碳减排路径研究》阶段性研究成果。

部门排放区分进行研究可能更为合理。第三，工业部门分行业之间存在显著的碳排放引致关系，因此在产业关联以及产业转移的影响下，地区之间必然存在碳排放的空间溢出效应，经济相对落后地区在承接产业转移的同时也承接了碳排放的转移。值得注意的是，部分尚未完成工业化的地区为了单纯追求工业碳减排目标而简单地扩大低端服务业在产业结构中的占比，从而出现过早或过度"去工业化"，这与高质量发展阶段的本质要求是相悖的。历史经验表明，贫困地区实现经济赶超的主要动力是制造业的发展，如何协调工业化与工业碳减排的关系值得深入探讨。虽然现有研究揭示了从地区协同的角度推动工业碳减排的必要性，但对于地区协同减排关系形成的基础和动力还有待进一步研究。

基于此，本文首先结合雁阵式工业化背景，阐述了高质量工业碳减排的逻辑涵义，接着对各地区工业终端碳排放态势进行实证分析，进而说明工业化由浅向深推进是实现工业终端碳减排的根本保障，地区间产业协同升级有利于工业终端的协同减排，然后对电力碳排放的地区角色关系和可再生能源电力开发要素的空间分布进行分析，从而说明地区合作对于推动电力碳减排的必要性，最后归纳结论和政策建议。

一、雁阵发展视角下高质量工业碳减排的逻辑涵义

在经济高质量发展阶段，产业体系表现为从工业主导转向服务业主导的演变过程，但不能简单地理解为产业结构变化，各产业内部还需经历从低端向中高端演进的质量提升过程。因此，高质量的工业碳减排应当服从这一发展规律，工业化须实现从低端制造向先进制造转变，依靠技术进步和效率提升促进二氧化碳减排，在先进制造业的基础上发展知识密集型服务业，进而实现结构性减排，通过"过早或过度去工业化"实现工业碳减排，既不利于长期经济增长，也不利于减排的可持续性，是暂时的低质量减排表现。因此，高质量工业碳减排是与深度工业化进程相协调的过程，一方面通过低碳工业化实现工业增长与终端减排的并行推进，另一方面通过发展可再生能源工业来降低化石燃料电力的碳排放。

工业化的地区不平衡使得各地区迈向高质量工业碳减排的难度和进程各不相同，各地区协同推进高质量工业碳减排则须以深度工业化的协同推进作为动力。产业升级的大国雁阵模型为发达地区引领欠发达地区的工业化提供了理论基础，许多文献验证了中国区际雁阵式产业升级的存在，东部发达地区向更加技术密集型产业升级，而中西部欠发达地区承接东部地区的产业转移，发达地区对欠发达地区的产业升级形成带动作用。作为产业升级的引领者，发达地区率先从浅度工业化向深度工业化，最后向服务化转型，在此过程中，逐渐将资源密集型或环境污染型产业转移出去，并向产业链高端延伸，在产业结构优化以及产业集聚合理化中占据主动，所以其工业终端碳排放量的变化轨迹会经历由增长到减缓增长，最后实现持续减排的过程。作为雁阵模式中的跟随者，经济相对落后地区首先会立足于拉动经济增长，在承接产业转移、提升产业集聚水平之初，其工业终端碳排放会出现增长，但能否顺利实现由增长到减缓直至减排的转换则存在较大的不确定性，可能走向两种不同的发展轨道：其一，如果这些地区紧跟发达地区向深度工业化推进的步伐，制造业由低端向中高端价值链延伸的过程中，提高绿色技术和可再生能源的普及程度，在产业集聚水平提升的同时，加大对节能减排和环境治理的投入力度，则能逐步进入工业终端碳减排的轨道；相反，如果这些地区在面对碳减排压力不断强化时，没有继续向深度工业化推进而是转向以服务业为主导的发展战略，从而出现“过早或过度去工业化”现象，由于工业技术水平较低、先进制造业薄弱，其服务业也只能局限于效率较低的传统行业，难以向价值链高端的现代服务业延伸，当经济增长乏力时，这些地区的过剩产能和落后产能又存在死灰复燃的可能，由此进入与工业终端碳减排背道而驰的轨道。

能源加工转换环节的碳排放主要源于以化石燃料为主的火力发电，东部发达地区通过减少本地生产，加大外地输入实现其碳排放的迅速下降，而能源和资源禀赋较为丰富的中西部地区则要承担更多的电力生产任务，其碳排放增长的同时受到发达地区电力消耗的间接影响，因此，可再生能源电力的生产能力和结构占比将决定其电力碳排放的变化趋势。地区间的产业关联和产业转移虽然导致了碳排放的空间溢出，但也有利于各种能源生产要素的区际流动和综合利用，只有依托雁阵式产业升级模式，将东部发达地区的绿色技术要素与中西部地区的能源禀赋有效结合，提高可再生能源电力的协同开发效率，才能为高质量电力碳减排创造条件。

二、雁阵发展视角下工业终端碳排放态势分析

为了刻画各省区工业化与碳减排并行推进的态势规律，本文用工业增加值的增长率(G)反映地区工业化进程，用工业终端碳排放强度变化率(Q)和工业

终端碳排放变化率(C)综合反映碳减排进程,两方面的状态组合可以划分为以下六种类型,如表 1 所示。其中,工业化过程中二氧化碳强增排和弱增排的差别并不在于增排量的大小,弱增排用于表示存在一定的减排努力,即排放强度的变化率为负,当排放强度的下降率大于工业增长率时,则能达到工业化过程中二氧化碳减排状态。“去工业化”过程中,二氧化碳强减排和弱减排的差别也不在于减排量的大小,弱减排用于表示存在一定的逆向影响,即排放强度的变化率为正,当排放强度的上升率大于工业增加值下降率时,则会导致“去工业化”过程中二氧化碳增排。

表 1 工业终端碳排放的态势类型说明

状态类型	指标组合	含义说明
Ⅰ	G>0,C>0,Q>0	工业化过程中二氧化碳强增排
Ⅱ	G>0,C>0,Q<0	工业化过程中二氧化碳弱增排
Ⅲ	G>0,C<0,Q<0	工业化过程中二氧化碳减排
Ⅳ	G<0,C>0,Q>0	“去工业化”过程中二氧化碳增排
Ⅴ	G<0,C<0,Q>0	“去工业化”过程中二氧化碳弱减排
Ⅵ	G<0,C<0,Q<0	“去工业化”过程中二氧化碳强减排

中国从 2006 年开始提出节能减排的约束性指标，因而将此年作为研究起始,收集整理了工业增加值和工业终端碳排放的相关数据。工业增加值以 2000 年为基期,用工业生产者出厂价格指数进行平减得到实际值,基础数据来自《中国统计年鉴》(2006—2018)。工业终端碳排放量则遵循通过化石燃料燃烧估算二氧化碳排放量的方法,《中国能源统计年鉴》的“地区能源平衡表”提供了工业终端的化石能源[①]消耗量数据,计算时剔除了用作原料和材料的部分。由于西藏地区的部分数据缺失,本文分别计算了 2006—2017 年 30 个省区的工业增加值增长率、工业终端碳排放强度以及工业终端碳排放的变化率,以三年为一周期取各指标的平均值,结合表 1 的分类标准,整理得到各省区在四个时期工业化及其碳排放的态势类型,如表 2 所示,通过比较各省区态势类型的变化趋势,可以归纳为四种情形:①工业化过程中稳定转向二氧化碳减排;②工业化过程中阶段性二氧化碳减排;③工业化过程中持续性二氧化碳增排;④转向“去工业化”的二氧化碳增排或减排。

①本文的估算具体包括原煤、焦炭、焦炉煤气、原油、汽油、煤油、柴油、燃料油、液化石油气、炼厂干气、天然气和其他石油制品。

第一,属于第一种变化情形的省区只有3个,其中,北京始终处于工业化过程的二氧化碳减排状态,上海和浙江两个地区在经过短暂的增长期后,也转向持续的二氧化碳减排,并一直保持这一状态。作为工业化推进的引领者,这三个地区能够在发达地区中脱颖而出,率先表现出高质量工业终端碳减排态势,根本原因在于工业行业形成了持续升级的动力,这主要反映在新旧产能的有序更替,工业企业逐步向高技术高附加值的产业链延伸,其空间集聚水平不断优化,加之能源技术的持续更新以及可再生能源利用比例的提高。可以认为,这些地区在向服务化转型的同时依然在向深度工业化推进,但在雁阵发展视角下,仍肩负着两大任务,其一是如何带动其它地区的工业行业升级,其二作为能源资源匮乏地区,这三个地区对其它地区存在较大的能源依赖性,也就存在较大的间接碳排放,因而如何带动其它地区的工业终端碳减排也在其责任范围之内。

第二,属于第二种变化情形的省区有14个,这些地区在保持工业增长的同时,工业终端碳排放先后出现了阶段性的减排迹象。例如,广东、江苏、天津和山东已具备较高的工业化水平,通过加快工业部门能源技术改进和能源结构调整速度,有能力尽快实现工业终端的持续性减排;再如,河北、河南、湖北、湖南、安徽、山西、重庆、陕西、海南和贵州的工业化水平落后于东部发达地区,其工业终端碳排放转向持续降低的时间节点会相对滞后,因此除了承接发达地区的产业转移,还要通过与发达地区的产业链对接促进技术升级,加强产业集聚和绿色技术应用以提高碳排放效率。

第三,属于第三种变化情形的省区有5个,这些地区将工业增长目标放在首位,相对弱化了节能减排约束,因而尚未出现工业终端碳减排的迹象。对于工业化水平较高的福建有能力通过加大节能减排的治理投入,使工业终端减排态势尽快显现。虽然加速工业化对于江西、云南、宁夏和新疆是更为紧迫的任务,但仍需加快淘汰落后产能以及转变粗放型能源利用方式,从而以相对更低的排放增长代价换取更快的工业增长。

第四,还有8个省区出现第四种变化情形,深度工业化尚未完成的情况下,表现出“过早去工业化”的迹象,既不利于这些地区经济的长期发展,也不利于工业碳减排的有序推进。辽宁、吉林、四川、甘肃和青海虽然出现了工业终端碳减排的趋势,但也付出了工业增长萎缩的代价,而内蒙古、广西和黑龙江却在此情况下出现了工业终端排放的增长。扼制“过早去工业化”的趋势对于这些地区是更为紧迫的任务，凭借其丰富的能源和资源禀赋，绿色技术产业和可再生能源工业在这些地区有着巨大的发展空间。

综合以上可以发现，中国各省区工业终端碳排放趋势已从全局增长转向分异，各地区工业终端碳排放态势与其工业化的阶段特征基本相符，整体上也呈现雁阵模式，少数进入深度工业化并向服务化转型的地区已实现高质量减排，多数向深度工业化过渡的地区陆续出现阶段性减排，还有少数“过早去工业化”的地区，其工业终端碳排放的变化趋势则存在较大的不确定性。因此，东部发达地区还须加强对中西部欠发达地区深度工业化的带动作用，通过地区间产业协同升级促进工业终端协同减排。各地区只有实现从浅度工业化向深度工业化，再向服务化转型，不断扩大清洁能源和绿色技术的利用范围，才能从根本上推动工业终端碳排放由增长到弱增长，再向持续减排转换。

表 2 各省区工业化及其碳排放的态势类型①

省区	状态类型				省区	状态类型			
	2006—2008	2009—2011	2012—2014	2015—2017		2006—2008	2009—2011	2012—2014	2015—2017
北京	Ⅲ	Ⅲ	Ⅲ	Ⅲ	海南	Ⅰ	Ⅱ	Ⅰ	Ⅲ
上海	Ⅰ	Ⅲ	Ⅲ	Ⅲ	贵州	Ⅲ	Ⅱ	Ⅲ	Ⅱ
浙江	Ⅱ	Ⅲ	Ⅲ	Ⅲ	福建	Ⅱ	Ⅱ	Ⅱ	Ⅱ
广东	Ⅱ	Ⅲ	Ⅲ	Ⅱ	江西	Ⅰ	Ⅱ	Ⅱ	Ⅱ
天津	Ⅱ	Ⅲ	Ⅱ	Ⅲ	云南	Ⅱ	Ⅱ	Ⅱ	Ⅰ
江苏	Ⅱ	Ⅱ	Ⅲ	Ⅱ	宁夏	Ⅱ	Ⅱ	Ⅱ	Ⅰ
山东	Ⅱ	Ⅱ	Ⅱ	Ⅲ	新疆	Ⅰ	Ⅰ	Ⅱ	Ⅱ
河北	Ⅱ	Ⅱ	Ⅲ	Ⅲ	内蒙古	Ⅱ	Ⅱ	Ⅲ	Ⅳ
河南	Ⅰ	Ⅱ	Ⅲ	Ⅰ	广西	Ⅱ	Ⅱ	Ⅱ	Ⅳ
湖北	Ⅱ	Ⅱ	Ⅲ	Ⅱ	黑龙江	Ⅰ	Ⅱ	Ⅳ	Ⅳ
湖南	Ⅱ	Ⅱ	Ⅲ	Ⅰ	辽宁	Ⅱ	Ⅰ	Ⅲ	Ⅴ
安徽	Ⅱ	Ⅱ	Ⅱ	Ⅲ	甘肃	Ⅱ	Ⅱ	Ⅱ	Ⅴ
山西	Ⅰ	Ⅱ	Ⅱ	Ⅲ	青海	Ⅰ	Ⅱ	Ⅰ	Ⅴ
重庆	Ⅱ	Ⅱ	Ⅲ	Ⅱ	吉林	Ⅱ	Ⅱ	Ⅲ	Ⅵ
陕西	Ⅰ	Ⅱ	Ⅲ	Ⅲ	四川	Ⅰ	Ⅱ	Ⅱ	Ⅵ

①数据来源：作者计算整理。

三、雁阵发展视角下电力碳减排的地区依赖

(一)电力碳减排的地区角色分析

用清洁的电能替代化石能源能够较快实现终端能源消费的清洁化，但这一过程也伴随着电力生产碳排放的迅速增长。从 2006—2017 年,中国全社会用电量年均增长 11.21%,而发电量年均增长 11.51%,其中火力发电年均增长 8.79%,电力碳排放在工业部门总排放中的占比已超过 50%,且在逐年增加。虽然不同地区负有共同的减排责任，但通过计算各地区直接和间接排放量来划分责任并不能有效促进协同减排关系的形成，因为各地区的资源禀赋和产业结构存在较大差异,由此,我们从电力减排的相对努力程度以及电力输入、输出关系两个方面,综合分析各地区在电力碳减排体系中的角色分工。

首先,计算 2006—2017 年各地区电力碳排放在全国占比的变化率,用于反映其减排的相对努力程度，然而变化率为负的地区也有可能通过减少电力生产,增加电力输入来实现,因此还需确定到 2017 年,各地区在电力系统中是以输入为主还是以输出为主。我们构建了电力生产与消费的比较优势指数：

$$CPE_{i,t}=\frac{CE_{i,t}/\sum_i CE_{i,t}}{PE_{i,t}/\sum_i PE_{i,t}} \tag{1}$$

其中,$CE_{i,t}$表示电力消费量,$PE_{i,t}$表示发电量,i 和 t 分别代表地区和年份。如果 $CPE_{i,t}>1$,则表示 i 地区电力消费能力大于生产能力,以输入为主;如果 $0<CPE_{i,t}<1$,则表示 i 地区电力生产能力大于消费能力,以输出为主。由于火力发电是电力碳排放的主要来源，通过火力发电的化石能源消耗估算了电力碳排放量,具体方法与工业终端碳排放量的估算一样,这两个指标计算所需数据均来自《中国能源统计年鉴》(2007—2018)。

结合两个方面的计算结果可以将各地区划分为四种角色类型，如表 3 所示。第一,主力减排方是电力碳排放在全国的占比下降,但仍以电力输出为主的地区,例如四川、云南、贵州和湖北,这些地区火力发电在电力结构中的比例较低且在不断下降,因而在承担电力输出任务的同时也降低了排放占比,为控制或减缓电力碳排放做出了较大贡献。第二,潜在主力减排方是电力排放占比上升,并以电力输出为主的地区,例如内蒙古、新疆、宁夏、甘肃和安徽,这些地区以火力发电量的快速增长承担了较大的电力输出任务，导致其排放占比迅

速上升,但这些地区还拥有丰富的可再生能源,通过不断发掘可再生能源发电潜力将有助于控制或减缓电力碳排放的增长。第三,协助减排方是电力排放占比下降,并以电力输入为主的地区,例如北京、上海、浙江、广东、天津和江苏均是工业化水平较高的地区,其电力需求量增长带动了电力输出地的碳排放,因此凭借其技术优势和创新资源,有责任协助主力减排或潜在主力减排地区提高火力发电的技术效率以及可再生能源电力的生产能力。最后,潜在协助减排方是电力排放占比上升,仍以电力输入为主的地区,包括海南、江西、青海和山东,这些地区的核心任务是加强对本地电力碳排放的控制,降低火力发电占比,在此基础上,积极参与其他地区电力减排项目的建设。

总体来看,在雁阵发展模式下,电力碳减排的主要压力逐渐向中西部的少数地区集中,但全局层面的电力碳减排依赖于地区间的分工合作,特别是潜在主力减排方在火力发电低碳化以及可再生能源开发方面还需要大量的资本投入和绿色技术作为支撑。

表 3 电力碳排放的地区角色分类①

类型	电力输出为主地区	类型	电力输入为主地区
主力减排	四川(-77%)、云南(-73%)、贵州(-43%)、湖北(-26%)、吉林(-11%)、山西(-2%)	协助减排	北京(-92%)、上海(-34%)、黑龙江(-33%)、湖南(-26%)、浙江(-26%)、河北(-19%)、广东(-15%)、天津(-15%)、河南(-15%)、江苏(-8%)、辽宁(-6%)、重庆(-7%)、广西(-2%)
潜在主力减排	新疆(359%)、宁夏(96%)、内蒙古(62%)、安徽(61%)、福建(21%)、甘肃(20%)、陕西(14%)	潜在协助减排	海南(96%)、江西(15%)、青海(7%)、山东(5%)

(二)可再生能源电力开发的地区要素互补

各地区工业化的深入推进导致了电力需求持续增长,只有尽量用新增的可再生能源电力来满足,才能控制电力碳排放的增长,而要推动电力碳排放趋势下降则需进一步增加可再生能源电力替代火力发电的存量,因而加大可再生能源电力开发对于扭转电力碳排放的增长趋势十分重要。然而,有利于可再生能源电力开发的要素禀赋在各地区呈现较强的空间分异,我们从资源和技术两大要素角度对这一分布差异进行分析。

①括号中的值为电力碳排放占比变化率。

首先,可再生能源电力包括利用风能、太阳能、水能、生物质以及垃圾的焚烧或填埋发电,其中风能、太阳能和水能是可再生能源电力的主体,其项目开发首先依赖于地区的自然资源禀赋。本文通过中国自愿减排交易信息平台,收集整理了 2014 年开始备案的 680 个可再生能源发电的项目信息,计算了各地区项目在全国的占比,通过项目占比来反映各地区在可再生能源电力开发方面的资源禀赋优势。然后,各类项目开发的效率提升和技术革新依赖于该领域的技术创新活动,由于缺乏各地区可再生能源技术创新的详细数据,本文参考了《中国绿色技术专利统计报告(2014—2017 年)》,计算了各地区绿色技术专利有效量①在全国的占比,用于间接反映各地区在可再生能源电力开发方面的技术创新优势。

将各地区的两项指标进行排序,图 1 报告了两项指标排名靠前的地区及其指标值,其中,北京、江苏、广东、浙江、上海和山东是绿色技术创新有效数占比居全国前六位的地区,而新疆、内蒙古、云南、湖北、四川和甘肃则是可再生能源电力项目占比居全国前六位的地区,前者正好属于电力输入为主地区,而后者均属于电力输出为主地区。通过比较两类地区的指标值可以发现,电力输入为主的东部沿海地区在绿色技术创新方面更加活跃,具备更好的技术优势,而以电力输出为主的西部和中部地区却拥有更丰富的可再生能源禀赋,在推动可再生能源电力增长方面,地区之间存在较强的要素互补性。在收集的 680 个项目中,风能、太阳能和水能发电项目占比达到 85.7%,是可再生能源电力增长的主要构成,其中新疆、内蒙古和甘肃拥有丰富的风能和太阳能资源,四川、云南和湖北的水能资源更具优势。让这些地区的资源优势与沿海发达地区的技术优势充分融合,既有利于加快可再生能源开发及高效利用,又有利于绿色技术创新成果的迅速转化。

①该报告指出,中国绿色技术创新活动主要包括污染控制与治理、环境材料、替代能源、节能减排和其他,而可再生能源电力属于替代能源范畴。

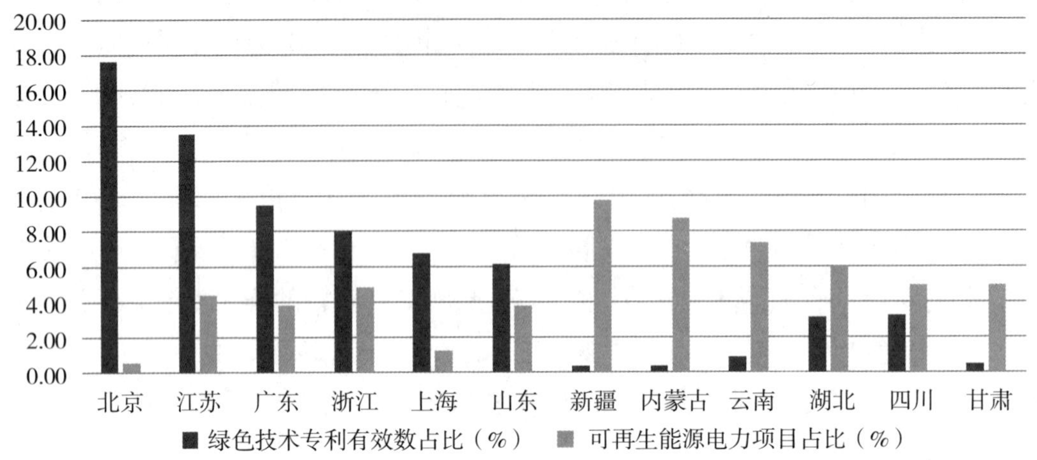

图 1 部分地区绿色技术专利与可再生能源电力项目的指标比较①

四、结论与政策建议

高质量工业碳减排需要低碳工业化与能源低碳转型的“双轮驱动”。中国工业终端碳排放趋势已从全局增长转向分异，各地区工业终端碳排放态势与其工业化的阶段特征相符，也呈现雁阵模式。由深度工业化并向服务化转型的东部发达地区中，部分已实现持续性减排，逐渐向深度工业化迈进的地区中，多数陆续出现了阶段性减排，还有少数过早“去工业化”地区，其工业终端碳排放变化趋势则存在较大的不确定性。因此，东部发达地区有必要加强对中西部地区深度工业化的带动作用，通过雁阵式产业升级促进各地区协同推进低碳工业化，只有逐步完成工业化由浅入深，再向服务化转型的过程，才能真正实现工业终端碳排放由增长到弱增长，再到高质量减排的转换。

电力碳减排的主要压力逐渐向中西部的少数地区集中，同时，可再生能源电力的资源禀赋也主要分布在这些地区。另一方面，绿色技术创新活动主要集聚于东部发达地区，其具备更好资本和技术禀赋优势，因此，高质量电力碳减排的实现依赖于东部发达地区与中西部地区之间要素禀赋的深度融合，通过地区分工协作提升可再生能源电力开发效率以加快对火力发电的替代。

推动工业碳减排趋势的出现并不能脱离工业化进程本身，依托于雁阵发展模式，高质量工业碳减排的地区协同关系可从以下几个方面进行构建：

①数据来源：作者计算整理。

首先,通过产业链的协同分工推动工业部门低碳转型。随着东部发达地区与中西部欠发达地区分工合作的深化，工业部门的低碳转型愈发依赖于产业链上各分工环节的相互配合。北京、上海和浙江等东部发达地区已在深度工业化的基础上实现了工业终端碳减排，但还须拓展技术创新前沿和发展现代服务业,通过提高技术和服务标准带动欠发达地区工业部门的效率升级,通过提高能效和低碳标准实现生产制造环节的节能减排。出现“过早去工业化”迹象的地区,应结合自身的资源优势对接发达地区的产业分工网络,积极运用绿色技术对传统工业部门进行低碳改造。

第二,通过可再生能源电力的协同开发提升清洁能源占比。清洁能源是工业低碳转型的基础,但也需要完备的产业链支撑。虽然东部发达地区的绿色专利拥有量不断提高,但创新成果主要来自高校,要让企业成为技术创新与转化应用的主体,应加强分布式可再生能源电力的协同开发,使东部地区的技术要素与中西部地区的资源要素充分融合,在此基础上,构建包括技术研发、装备设计与制造、项目开发与建设、项目维护与服务等环节在内的可再生能源产业链，特别是中西部欠发达地区更应将可再生能源产业作为推进工业化及其碳减排的战略重点。

第三,通过生态宜居城市的协同建设拉动低碳经济增长。深度工业化在提升生产效率的同时,也应服务于居民生活质量和主观幸福感的提高,生态宜居城市建设有利于协调经济增长与减排压力的矛盾。雁阵发展模式下,虽然各地区的经济发展水平不同,但对于共同的生态宜居目标却存在广泛的投资领域,例如数字化公共交通系统、智能充电桩、建筑物能源搜集装置、智能物联网基础设施和城市垃圾分类管理系统等，中西部欠发达地区应积极吸收东部发达地区的资本和经验,围绕环境治理等公共服务协同开展规划与建设,通过提升城市生活舒适度吸引人力资本与劳动力要素的回流。

作者单位:武汉科技大学文法与经济学院,武汉发展战略研究院

大力发展区块链技术
推动产业创新升级

周 杨　杜 涛

近几年来,区块链的热度一直居高不退。2016 年 12 月,国务院发布《"十三五"国家信息化规划》,首次将区块链纳入新技术范畴并作前沿布局,标志着我国开始推动区块链技术和应用发展。此后,中央和地方纷纷出台了相关监管及扶持政策,为区块链技术和产业发展营造了良好的政策环境,但是区块链却一直处在争议声中不断地进行着发展和创新。

2019 年的 10 月 24 日, 习近平总书记主持了中央政治局第十八次集体学习。正是在此次区块链技术发展现状和趋势的集体学习中,给区块链技术做了定调:第一,区块链是全球性争夺技术;第二,区块链对整个技术和产业领域都会发挥重要作用;第三,我国有很好的基础,区块链技术未来会全面融入经济社会。习总书记强调:"要把区块链作为核心技术自主创新的重要突破口,明确主攻方向,加大投入力度,加快推动区块链技术和产业创新发展。"这意味着我国正式将区块链技术提升到了国家战略的新高度。这一举措对于我国区块链的发展具有里程碑式的重要意义: 一是明确了区块链在国家科技战略中的重要地位,二是指明了区块链发展及配套政策扶持的具体应用领域和场景,三是明确了区块链的作用和价值要服务于实体经济,实现"区块链+产业链"的双轮驱动。

那么,区块链到底有什么魅力呢?区块链是一种可以不依赖第三方,通过分布式数据库进行数据存储、验证、传递和交流的技术方案,具有去中心化、集体维护、开放性和数据难篡改等特征，它正在改变着传统中心化支付清算系统，并对现有金融监管模式和监管理论产生巨大冲击。它可以向所有人开放，不受任何人控制，可以确保交易的不可逆性、不可否认性，最终解决信任问题。区块链提供了一种计算机与现实世界互动的新途径。在华尔街，以区块链为基础的新科技正在替代过时的全球资金转移机制；在香港，区块链的扩张正在逐步改写低效率的信息传输方式。区块链就像一部事实机器，令人们拥有更高级的隐私度，有效控制自己的资源，高效转移资金，安全、透明地实现人工流程的自动化执行。

随着区块链技术的进一步发展和应用的逐步深化，区块链的发展又呈现出两大特点：一方面，区块链上存储、传递、流通的可以是资产、资金和相关权益，并且具有加密、可编程、可确权的特性，这将构成一个全新而完整的价值互联网；另一方面，区块链技术将与AI、云计算、大数据、5G、移动互联网及物联网等新技术融合发展，形成“ABCD5I”的融合发展趋势。

一、区块链在各领域的探索应用

随着区块链技术的不断发展，区块链技术的应用已渗透到各行各业。主要应用领域涉及金融、信息安全、供应链、公共服务以及物联网等几大方向。截至目前，区块链技术在金融领域的应用场景仍旧是落地最多、分布最广、最趋于成熟的。以下将着重以金融领域进行阐述。

（一）金融领域

区块链技术能够将各类金融资产转化为链上的数字资产进行管理和交易，例如跨境支付、证券交易等，区块链数据不可篡改的特性能最大程度保证金融资产的安全性和可信任程度。区块链技术的应用无疑为传统金融领域带来了新的机遇。

多年以来，互联网信息技术的持续发展，推动了金融产品的不断创新，但金融科技领域长期以来采用集中式的信息处理，在某些领域仍存在难以打破的壁垒。一是无法提供互信。目前的金融产品依赖于银行本身或其监管部门的信誉，如果产品脱离于银行，公众对产品缺乏足够的信任感。二是跨机构合作难以高效稳定。目前涉及跨机构的交易，一般通过互相调用接口实现信息的交互，有效信息传递路径长，既无法实现端到端的信息对称，故障和风险的隐患也随之增加。三是跨机构合作成本较高。银行间的价值传递依赖于集中清算的中间机构,增加了流转环节,提高了价值传递成本。

作为一种新兴技术,区块链则可以为金融科技提供一种高度互信、高效稳定、降低成本的解决方案,将为金融领域的经营模式、服务、流程、监管模式等多个方面带来创新机遇。

1.经营模式创新

区块链通过对 P2P 通信技术、数字签名、加密解密、链式账本、共识技术、容器技术等有机组合,可提供高度互信和多方参与的平台,为各种跨机构的复杂业务处理打造安全便捷的环境,创造多元化的服务,提升银行获得客户资源的能力,从而带来经营模式的变革。

传统银行业务模式下,客户的买入卖出对手均为银行,交易价格为统一定价,缺乏议价模式。而以区块链技术为基础的金融产品交易平台,共建平台的金融机构可以各自出售金融产品,而客户也可以自行定价出售产品,客户可自行选购金融机构或个人客户出售的产品。此时将产生新的商业模式,客户对银行的固定交易场景拓宽为客户对机构、客户对客户的撮合成交模式,提高金融产品的流通性。

2.服务创新

区块链技术具有信息共享、信息透明、难以篡改的优势。利用该优势可打破原有信息传递的壁垒,实现金融服务模式的创新,提升用户体验。

目前,金融资产证明办理过程中,大部分步骤须在线下处理,并且受到地域、时间的限制,需消耗较多的时间;同时纸质证明存在易伪造风险,相关证明接收机构还须核验证明的真伪性。通过区块链技术的信息透明、难以篡改的优势,打造各类证明的线上认证服务模式,可以提供证明从申请、开立、查询、销毁的全流程服务,打造电子证明生态圈。该创新将带来巨大的社会效益:对于证明所有者,无须在证明开立方和证明使用方来回传递纸质证明,省却了物理地点(如异地)对证明开立及使用的限制;对于证明提供方的权威机构,可通过自动化审批替代目前的人工审批,大大提高了工作效率和服务水平;对于证明需求方,基于区块链的电子证明难以伪造及篡改,大大降低了虚假证明的风险。

3.业务流程创新

区块链技术具有分布式存储、“去中心化”的特点,利用这些特点,可以构建不依赖第三方中介机构的信任体系，解决互联网信任和价值传递的可靠性难题，赋能传统金融业务流程创新。

以跨境汇款为例，一笔SWIF跨境汇款需要经过开户行、央行、境外银行、代理行、清算行等多家机构，每个机构都有自己的账务系统，导致交易速度慢、效率低。而利用区块链的信任机制，跨境汇款可以直接在汇出机构与汇入机构之间进行清算，节省了汇款信息在多个中间机构的流转，直接快速到账，并可节省不菲的电汇手续费，吸引更多的客户前来办理汇款，优化金融机构的成本结构，提高盈利能力。

4.监管模式创新

区块链数据具有不可篡改、可追溯、公开透明的特点，可支持监管模式的创新，由以前的上级对下级的监管，改变为多级同步透明监管。

以慈善公信项目为例，目前部分慈善组织公信力不高，缺少监督和审计，善款使用上随意性较大，甚至出现侵占、挪用捐赠款物的行为，影响了慈善组织的公信力和捐助效力。而利用区块链整合慈善项目运作过程中的信息流和资金流，信息可全网公开，民众和各级机构均可随时查看资金使用情况，慈善项目运作信息透明化，有利于更好地监管捐助全过程，促进慈善组织完善治理机制，提升慈善组织的公信力。

（二）其他领域

除了金融领域，区块链技术在其他领域的应用前景也愈加广阔。

在信息安全领域，可利用区块链去中心化的方式改变信息传播的路径，确保数据来源的真实性，同时保证数据的不可篡改和伪造。基于区块链技术能够从根本上改变信息传播路径的安全问题。

在供应链领域，由于数据在交易各方之间公开透明，从而在整个供应链条上形成一个完整且流畅的信息流，这可确保参与各方及时发现供应链系统运行过程中存在的问题，并针对性地找到解决问题的方法，进而提升供应链管理的整体效率。同时，区块链技术也可以避免供应链纠纷，所具有的数据不可篡改和时间戳的存在性证明的特质能很好地运用于解决供应链体系内各参与主体之间的纠纷，实现轻松举证与追责。最后，区块链技术还可以用于产品防伪，数据不可篡改与交易可追溯两大特性相结合，可根除供应链内产品流转过程中的假冒伪劣问题。

在公共服务领域,传统的公共服务依赖于有限的数据维度,获得的信息可能不够全面且有一定的滞后性。而区块链不可篡改的特性能够使链上的数字化证明可信度极高,在产权、公证以及公益等领域都可以此建立全新的认证机制,改善公共服务领域的管理水平。例如公益慈善流程中的相关信息均可以存放于区块链上，在满足项目参与者隐私保护及其他相关法律法规要求的前提下实现公开透明。

在物联网领域,在去中心化的物联网愿景中,区块链技术作为媒介,可以让物联网上的每个设备独立运行，整个网络产生的信息可以利用智能合约进行保障。具体来说,将区块链应用于物联网领域会产生以下特性。一是安全性。区块链通过智能合约，可以确保在特定条件触发的时候将信息发送给恰当的对象，同时利用去中心化服务器收集和存储数据的物联网架构可以把信息写入固定的账本,保证事实的安全性和唯一性,例如可以应用区块链数据在物联网通信中执行商业条款。二是可信性。区块链是一个分布式的账簿,各个区块既相互联系又有各自独立的工作能力，保证链上信息不会被随意篡改。基于此,分布式账本可以为物联网提供信任、所有权记录、透明性、通信支持,并且可以为所有物联网交易添加时间戳,实现防伪溯源。三是效益性。因为区块链技术可以直接实现点对点交易,省略了中间其他中介机构或人员的劳务支出,可以有效减少由第三方所产生的费用,实现效益最大化。

二、区块链发展所面临的问题

(一)顶层设计与监管制度亟待建立完善

顶层设计是行业发展的稳定剂和推进器,对于政策监管、标准制定等有重要影响,同时也为地方政府制定行业发展规划做出引导,为地方区块链行业发展提供高位指引和理论依据。

但是,到目前为止,针对区块链发展中存在的技术异构、标准和规范不统一、行业资源配置割裂、投融资扶持政策力度弱、监管滞后等问题,产业发展还相对缺乏统筹规划和顶层设计相关的政策文件。此外,产业发展路线图、时间表、发展方向、产业政策支持有待更进一步明晰。

(二)行业标准制定与测评认证仍须完善

当前,对于区块链发展过程中市场重点关切的热点问题,例如技术标准、性能和效率、可扩展性、安全性等,尚未有通用的评价标准和体系,亟须建立相应的第三方评价机制。首先,我国区块链标准体系起步较晚,尚处试探建设阶段。我国在区块链行业标准方面,初步形成以工信部为主导,相关附属机构配合的标准制定模式。

其次,区块链测评认证指标仍须完善,测评工作亟待全面开展。区块链的去中心化和性能之间的平衡仍然是当前区块链技术发展的难点和行业焦点,亟须制定权威的区块链测评指标。全面开展区块链测评工作,探索合适的评估方法,有助于行业客观认识区块链产品功能及性能,去伪存真、脱虚向实。

(三)性能安全与应用推广能力尚存不足

由于分布式系统的共识机制、区块链底层协议、网络传输协议以及区块链安全等因素,区块链性能还无法与传统中心化系统相媲美。此外,区块链技术产生时间尚短,仍面临较多的安全隐患。一是区块链技术本身仍存在安全问题。在算法安全方面,目前区块链的算法只是相对安全,随着数学、密码学和计算技术的发展将变得越来越脆弱。二是区块链技术实现上仍存在大量安全漏洞。即使理论上很完备的算法,也会有各种现实上的错误,区块链大量使用各种密码学技术、P2P 网络协议和分布式传输协议,不可避免出现各类漏洞。三是密钥管理存在隐患,私钥是用户生成并保管的,没有第三方参与,一旦丢失便无法对账户的资产做任何操作。

区块链行业应用推广总体形势持续向好,尤其在金融、司法和数据存证、供应链等领域,但由于区块链技术涉及多方实体数据互联互通,须协调多方机构进行应用落地及推广。此外,区块链作为降本增效的重要技术手段,应用效果还有待验证,各应用场景目前仍处于试点实验阶段,缺乏典型的应用示范场景和案例。

(四)区块链社会整体认知程度有待深入

一是大量民众对区块链的应用价值仍旧是一知半解,将真正的区块链技术与虚拟币混淆,认为国家禁止了 ICO、关闭了加密数字货币交易平台就是否定了区块链技术,短时期内难以深刻理解和接受。二是国内的 IT 巨头企业、金融机构虽然纷纷布局区块链,但投入资源有限且主要应用于非核心业务领域,对区块链技术的应用仍处于初级阶段。三是部分地区政府对区块链的认知仍然存在偏见,对区块链技术的安全问题、监管问题、合规问题仍没有清楚地认识,多数地区对区块链发展仍处于观望态度,相关扶持政策和发展力度较为保守。

（五）高校人才及教育培训机构严重短缺

根据智联招聘发布的《2018 年区块链人才供需与发展研究报告》显示，以 2017 年第三季度的人才需求量为基数，2018 年第二季度的区块链人才较 2017 年第三季度暴增 636.83%。在投递简历的求职者中，真正具备区块链相关技能和工作经验的求职者，即存量人才仅占需求量的 7%，这是由于目前我国区块链人才培养机制不健全，且未形成完善的课程体系。2018 年，《人民日报》也曾刊登文章表示，“国内区块链行业人才缺口在 50 万人以上”。而截至目前，区块链人才缺口已远超 75 万人。

高校层面，我国目前有数十所高校开设区块链相关课程或成立区块链技术实验室，但总体而言课程设计以本科阶段的通识课为主，课程内容偏向于知识科普与产业应用指导，并未开设具有专业性和延展性的区块链专业课程。社会层面，区块链培训机构数量规模仍旧较小，课程质量良莠不齐，很难系统性、针对性开展区块链技术应用培训。

三、推动区块链产业发展的相关建议

（一）加快构建区块链产业发展基础

当前，区块链正在成为国际科技竞争的焦点技术和国家战略规划技术，区块链技术应用场景空间较为广阔。国内外知名企业早已开始布局区块链：阿里巴巴探索利用区块链技术打造透明可追溯的跨境食品供应链；腾讯积极探索区块链技术在物流方面的应用场景；京东拥有健全的供应链管理能力，结合区块链技术，提升参与主体间的协同和信任。亚马逊已将区块链技术用于云计算业务，微软也早在 2018 年就发布了基于区块链技术的云存储解决方案，IBM 则将区块链用于钻石真伪的辨别和验证……区块链正日益受到国际社会各方的高度关注，区块链技术应用也已经成为全球投资布局的焦点。

1.在区块链产业层面，继续强化基础设施建设

据 2018 年 5 月 20 日，工业和信息化部信息中心发布的《2018 中国区块链产业白皮书》显示，目前我国区块链产业链条已经初步形成。从上游的硬件制造、基础设施、安全服务，到下游的产业技术应用服务，以及保障产业发展的行业投融资、媒体、人才服务，各领域的公司已经基本完备，协同有序、共同推动着产业不断前行。但是，区块链产业基础设施建设方面的建设仍须加强，根据

IBM 区块链发展报告数据显示，全球近九成政府正在规划区块链投资，在此过程中，公链等区块链底层架构和基础设施的重要性将非同一般，成为竞争焦点。下一阶段，我国将继续加快公链等价值互联网基础设施的建设进展，积极深化构建区块链产业生态。

2.加强产业发展的顶层设计，明晰产业发展路线图和时间表

建议国家尽快出台区块链发展规划，将其作为信息化、数字化战略重要组成，引导创新资源向基础研究、核心技术突破倾斜，构建技术标准体系，引领各类研发机构形成功能互补、良性互动的协同创新格局。各级政府要切实抓战略、抓规划、抓政策、抓服务，因地制宜探索创新发展路径，配套财税政策措施，优化创新资源配置，成立区块链发展基金，支持建设具有强大带动力的区块链创新中心，打造区块链竞争新高地。

3.加大区块链技术研发和应用，打造国际化的区块链应用项目

区块链技术能否大规模应用的重要原因之一是区块链技术成熟程度与技术标准化程度。目前，区块链在性能、安全、隐私保护、治理、跨链互操作等方面的技术仍未完全成熟，在一定程度上阻碍了区块链的广泛应用。未来一段时期内，技术优化仍然是重要的课题。区块链核心技术如共识机制、智能合约、跨链技术等的不断创新演进和优化，区块链的适用范围才能得到不断拓展。

此外，在区块链应用项目方面，区块链在金融领域的应用相对比较成熟，供应链金融、支付清结算、证券、保险与征信等诸多金融细分领域都开始与区块链技术深度融合，并已开始与金融领域外的其他行业相结合；但是，目前仍旧还处在探索中，典型的、有示范作用的区块链应用项目还比较少。未来仍须加快打造和培育该类项目，鼓励和支持大企业战略化布局区块链，以此带动上下游中小型企业的业务方向，使新技术优势融入到现有生态中，对产业有更大的推动力和引领作用。

4.基于区块链等新兴技术打造新型数字经济，并与实体经济广泛结合，助推经济高质量发展

从区块链行业应用来看，区块链技术落地的场景已从金融领域向实体经济领域延伸，覆盖了医疗、能源、社交、农业、公益慈善、泛娱乐等非金融领域场景。高速移动互联+人工智能将是未来社会的主流图景，在此之下会催生出很

多应用的场景，包括智能工厂、智能物流、精准医疗、精准农业、智能安防、智慧养老还有智慧城市等等，这些场景将成为经济高质量发展的新的方向。

目前区块链行业应用项目已扩充到医疗、文娱、房地产、社交、游戏、能源、农业、物联网、物流、公益、交通、法律等多个行业领域，几乎涉及到各行各业。未来，区块链技术将继续加快在产业场景中的广泛应用，与实体经济广泛结合，利用区块链技术来降成本、提升协作效率，助推产业区块链的发展，激发实体经济增长。

（二）积极鼓励推进区块链技术发展

1.鼓励推进区块链技术与物联网、大数据、人工智能等技术的融合与应用

如今以区块链、人工智能、物联网、大数据、云计算为代表的新兴技术竞相迸发，并取得了一定的突破与进展，但是，单一技术对产品创新、业态变革、产业转型等的推进力量毕竟有限，将云计算、人工智能、物联网、大数据、区块链等技术协同，相互融合，共同促进技术创新进步、产品创新以及产业转型将是未来新兴技术良性发展的一个重要举措和趋势。

2.加强区块链在应用和安全方面的技术创新

当前，区块链技术还未完全成熟，对于区块链性能、技术应用安全等方面的问题，相关技术创新一直在不断加强。但是，目前区块链平台仍旧存在性能不足、安全不够、难以互联互通等问题，这就对共识算法、密码学、跨链等关键技术突破提出了更高的要求，仍须加大研发投入，加快技术创新。加快区块链核心技术创新，最重要的是需要地方政策的大力扶持，从而鼓励区块链的技术创新，最终以技术的先进性和成熟性推动区块链产业发展。

（三）鼓励培育发展区块链新业态

1.加快培育区块链新兴产业，根据技术创新或应用价值等指标给予奖励扶持

我国区块链行业的发展还处于起步的初期，相关企业水平层次不齐，区块链技术还未完全与产业融合，未来还须依靠各级政府根据技术创新或应用价值等指标出台相应的奖励扶持政策，从而培育一批区块链新兴产业。目前，已有多个地方颁布了区块链发展专项政策，将区块链列入当地发展规划。

2.鼓励各地积极探索设立区块链产业发展基金，并从人才引进、办公房租、基地建设、融资支持等方面给予一定的补贴

鼓励各地区积极探索成立区块链产业基金，以母子基金的形式，设立总规模不低于10亿元的区块链产业基金，吸引社会资金集聚，完善有效资本供给，为区块链企业提供天使投资、股权投资、投后增值等多层次服务，建立“多基地+多基金”分布式金融生态圈。

据悉，重庆市经济和信息化委员会已经发布了《关于加快区块链产业培育及创新应用的意见》，提出到2020年全市打造2~5个区块链产业基地，初步形成国内重要的区块链产业高地和创新应用基地。长沙经济技术开发区管委会发布了《长沙经开区关于支持区块链产业发展的政策（试行）》，给予区块链企业一定的资金扶持和办公场地免租支持。目前，武汉市从产业集聚、技术应用、金融支持三方面出台了“区块链8条”，致力将江汉区建设成为武汉市区块链产业创新发展示范区，推动区块链产业发展和场景应用。根据政策措施，引进企业、引进人才统统有奖，并采用揭榜制征集区块链应用场景。为推动区块链产业发展，江汉区还将建立产业基金，对企业给予金融支持，鼓励社会投资基金在江汉区设立区块链投资基金，享受相应金融扶持政策。

（四）鼓励区块链与实体经济深度融合

随着区块链技术的成熟，区块链技术与实体经济更深度地融合，将进一步改变市场结构，重塑商业业态。目前，区块链技术在金融领域的应用最为成熟，要抓住这项优势，进一步鼓励区块链与支付、保险、证券服务、资产管理、数字票据、征信等的深度融合；在娱乐、零售方面，进一步鼓励区块链与音乐、游戏、直播、收益管理、供应链管理、线下线上融合等的融合；在医疗、法律方面，进一步鼓励区块链与药品溯源、健康管理、智能合同、证据保全等的融合；此外在其他方面，进一步鼓励区块链与农业、公益服务、智能制造、能源服务、物流、物联网等多领域、多方位的融合。

武汉市可积极引导区块链应用企业围绕本地产业生态，利用重点培育平台研发区块链创新应用和产品，支持区块链中小企业“上链上平台”。培育一批具有推广示范意义的区块链应用产品，形成一批可复制可推广的商业模式，培育形成极具活力的区块链创新创业生态体系。

（五）加大监管创新方面的研究

区块链作为分布式数据存储、点对点传输、共识机制、加密算法等计算机技术的新型应用模式，在全球金融科技领域空前火热，其安全性也引起监管部门的深度重视。财政部副部长廖岷曾表示:“目前来看,在金融科技涉及的移动支付和互联网、网络融资、智能投顾、区块链四个主要领域中,区块链将是最为关键的,对于监管,未来的挑战也是最大的。”

传统型监管多采用命令手段进行自上而下的控制，智慧型监管更彰显公平与效率,在风险防范、促进创新以及消费者保护等多元价值追求之间取得平衡。关于监管创新重点关注三个优先事项:一是加强对行业的探索和试验,重点关注如何改进行业和监管机构之间的数据交换方法，特别是以机器可读和可执行的形式表达需求的机会；二是继续围绕区块链等新技术解决方案开展工作,以便在反洗钱和防范金融犯罪方面取得更好、更具成本效益的成果;三是针对弱势消费群体需求展开调查，就如何通过新技术满足企业和消费者特定金融需求进行研究。

“十四五”期间,应加强对区块链技术的引导和规范,支持跨行业跨领域的区块链创新应用验证测试平台建设,形成一批关键标准和测试用例。武汉市可支持区块链企业参与区块链标准化活动,参与和主导国际、国家、行业区块链标准的制定、修订。鼓励龙头企业面向行业和场景应用,开展基于联盟链的标准研制。

(六)加强对复合型专业人才的培养

鼓励引进高端人才等方式加强对研究区块链技术、金融、法律、统计、通信等跨专业复合型人才的培养,采用产学研结合方式,选择重点推进项目开展攻关研究。

鼓励院校加快对区块链人才培养的步伐，积极推动院校在区块链方向探索校企合作模式,在高校布局建设一批区块链技术创新基地,培养汇聚一批区块链技术攻关团队,推动若干高校成为区块链技术创新的重要阵地,研发一批高校区块链技术成果为产业发展提供动能。

区块链不仅是互联网的升级,更是重构商业模式、生产关系和协作方式、权益形态等的全方位变革。因此,无论是政府、院校、企业还是个人,都应该开启并重视区块链思维。在我国从战略高度重视区块链技术及其产业化赋能意义的当下，无论是区块链的国际赛场还是国内赛场上，比拼的都不仅仅是技术,更多的是各级政府对区块链产业的支持力度和引导效率、以各大高校为主流的教育机构对区块链人才的输出效率和各类企业对商业模式和发展定位的重塑能力。只有致力实现“政、产、学、研、用”的深度融合,将区块链技术与产业化赋能的关系路径摸透,才能真正给产业的创新升级带来巨大价值。

武汉市可依托加快集聚产业领军人才等政策措施，加大力度引进国内外区块链高精尖人才和技能型人才。鼓励高校开设区块链相关课程,引导企业、职业院校(含技工院校)、培训机构联合建设区块链人才培养培训基地。

作者单位:湖北中财资信科技有限公司,武汉发展战略研究院

儿童友好型城市生活性街道空间品质提升研究

——以武汉市南京路与尚隆路为例①

杜　涛　贺　慧　戴梦缘

一、儿童友好型街道相关概念界定

(一)儿童友好型城市

“儿童友好型城市”的概念起源于联合国儿童基金会(UNICEF),其致力于塑造改善儿童友好的社会环境和物质环境来满足儿童在城市中各类行为活动的需求。儿童友好型城市的建设并不需要以儿童为主导,只是要求在城市规划和改造设计中,对公共空间、城市街道、街区社区及活动设施等进行适当的微更新和再设计,以此照顾到儿童利益和特殊使用需求。并且,如果一座城市对儿童是友好的,那么其对于残疾人、老年人等需要特殊照顾的群体来说,也是友好的,是可以关照到所有人的城市。因此,建设儿童友好型城市也是提高城市包容性、宜居性和活力性的必经之路,是未来城市建设的标杆和方向。

(二)生活性街道

“生活性街道” 的概念较为正式地被提出是牛津布鲁克斯大学所进行的一项可持续性环境满意度研究,该研究从邻里关系去定义生活街道,认为生活街

①国家自然科学基金《街道空间品质智能识别及其规划应用研究——以武汉市为例》(51978300)研究成果。

道应该具备熟悉性、易读性、独特性、可达性、舒适性与安全性等六大方面性质。基于上述研究理论，结合研究具体内容及国内相关城市街道设计导则，可以从交通等级、周边用地性质、街道场所三个维度定义生活性街道：生活性街道主要分布在居住区周边的城市次干道与支路，街道的商业服务与公共服务功能主要为本区居民服务，街道空间能承载居民社会交往与休闲娱乐的功能。

（三）空间品质

“空间品质”指基于以人为本理念满足空间使用者需求的标准，该标准是通过使用者体验来衡量，是使用者的行为活动和情感体验与物质空间环境之间反复作用所形成的。初体验是空间的外观，再体验是空间的性能，深度体验是空间背后的文化，呈现的是物质空间环境对使用者的物理及生理适宜性，是一种针对空间多元环境的复合标准，也是衡量使用者对于空间环境的身心体验满意度标准。

二、提升儿童友好型街道空间品质的重要意义

（一）提升儿童友好型街道空间品质是儿童友好型城市建设的需要，也是对城市空间供养儿童能力的新要求

儿童友好型城市是新型城市建设的重要内容之一，对于促进以人为本的新型城镇化发展和城市可持续发展具有重要意义。当前我国正开展“十四五”规划编制工作，“十四五”时期开展儿童友好城市建设是提升城市建设质量，落实人民城市为人民的重要举措。建议“十四五”时期继续加大社会主体参与儿童友好型城市建设力度，以社区为基础加强儿童友好空间建设，积极推进国际合作交流，完善儿童友好城市政策制度保障，创建符合国情的儿童友好城市建设标准，切实增进儿童和人民群众福祉。

据统计，全球城市中有超过十亿名的儿童，儿童是人类的未来，也是城市化进程中重要的群体。随着城市化进程的加速，儿童住进高楼的比重也逐步增加，居住区、生活性街道、公园和广场成为其主要的活动空间，然而上述类型空间对满足儿童需求的针对性设计甚少。在此背景下，联合国提出“儿童友好城市”（Child Friendly City，简称 CFC），意在采取一定手段提升现有城市的儿童友好度，满足儿童在城市中各类行为活动的需求。我国拥有数量庞大的儿童人口，据 2015 年全国人口抽样调查的数据显示，中国儿童人口共 2.71 亿，位居世界第二，占中国人口总数的 20%、世界儿童人口总数的 13%，且随着二胎政策的放

开，预计其比例还将逐步提升，由此对城市空间供养儿童的能力提出了更高要求。目前，北京、深圳、南京、杭州、长沙及武汉等城市已开始探索建设儿童友好型城市，“儿童友好型城市”创建成为我国城市国际化的重要标志。2016 年深圳在“十三五”规划中提出“积极创建儿童友好型城市”的要求，倡导“1 米高度看城市”，努力探索“让城市为儿童而建”的具体路径，率先出台社区、学校、图书馆、医院、公园、出行等 6 大领域建设指引，制定母婴室建设标准指引和评价体系，确保基层街道和社区在实施过程中有据可依，进而创建了儿童友好的“深圳样板”。2019 年 5 月 30 日，联合国人居署与武汉自然资源规划局、武汉市土地利用和城市空间规划研究中心代表在内罗毕续签 3 年谅解备忘录，双方将在“新城市议程”框架下加强合作，进一步加强专家交流，为中国和其他地区城市的可持续发展提供最佳范例。

（二）建设儿童友好的生活性街道是满足广大儿童日益增长的美好生活需要，提升儿童友好城市公共空间品质的重要抓手

坚持以人民为中心的发展思想，满足广大儿童日益增长的美好生活需要，保障儿童合法权益。武汉城市建设迈入高质量发展时期，城市品质提升诉求日益强烈，参与创建联合国儿童友好型城市（CFC）将大力提升武汉国际知名度、美誉度与城市竞争力。

街道是城市公共空间的线性要素，在城市形态和空间组织中扮演着关键角色，在社会生活和人际交往中承担了重要作用，尤其是以提供公共服务为主的、集中了公共活动属性的生活性街道，往往与居民有着更为直接有效的自发性接触。据荷兰社会文化规划办公室统计表明，5 ~ 12 岁的儿童中每天都在户外玩耍的占比达到 67%，一周在户外玩耍几次的儿童占比 27%，而游戏的地点 58%是在家中的院子，46%在家附近的街道，46%在小区广场绿地，30%在有游乐设施的操场，18%在专门的游乐场地。这一数据表明儿童更愿意在家门口、街道路边和小区附近等自己熟悉的地方展开日常游戏和活动（见图 1）。在我国，通过对大城市儿童的户外活动研究发现，由于家长对儿童活动场地的限制导致儿童主要集中在小区绿地、锻炼场地和家附近的公园活动，但进行高频率和长耗时的活动场地仍主要发生在街道两侧和街头空地这样一些“非正式”活动空间。因此，建设儿童友好的生活性街道，特别是提升街道的安全性、舒适性等儿童友好的空间品质十分必要且刻不容缓。

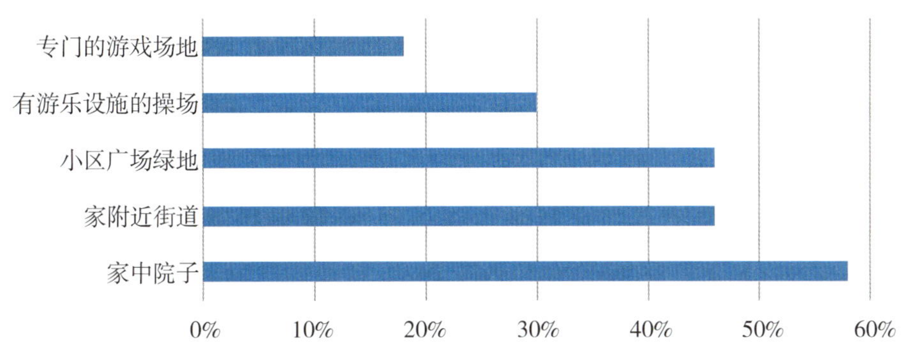

图 1 荷兰社会文化规划办公室统计的儿童活动场地占比图(图片来源:作者自绘)

三、从儿童需求出发的生活性街道品质影响因素

本研究以儿童友好型城市生活性街道空间品质识别为目标导向，首先根据心理学人与环境的二元互动理论、主观四维唯物主义的人与物的融合理论，结合基础学科理论中人本主义的城市思想，对街道空间品质要素的分析拟从使用者主体和街道空间客体两大维度来进行归纳。其次通过词云搜索工具，从权威专著、文献、专业网站对使用者与街道空间维度的相关热点词汇进行收集，并初步剔除不可测度的词汇因子，为保证各项因子间的独立性，运用统计学因子分析降维法将影响因子进行降维整合。最后通过 PSPL 公共空间质量调研法对以儿童为主要对象的街道使用进行预调研，拟初步提取使用者构成维度的中类层级因子；结合城市形态学的街道系统与土地利用功能的依附关系，拟初步提取街道构成维度下的中类层级因子。在初步框架的基础上，结合国内五个城市已发布的街道设计导则要素内容，拟通过分类比较法对以上筛选后的因子进行层级归类，结合专家咨询法，试图形成影响因子的层级量表(见表 1)。

表 1 生活性街道空间品质影响因子量表(资料来源:作者自绘)

	大类	中类	小类	要素项	定义
生活性街道品质量表	使用者主体维度	儿童行为需求	行为活动因子	步行活动量	快照记录法计算步行人数
				学习出行活动	偏向日常出行的生活性活动，例如上学、放学、参加培训班等
				交往游憩活动	游戏性更强的、往往有赖于他人参与的各种活动，包括儿童嬉戏玩耍、相互打招呼、交谈等

（续表）

<table>
<tr><th></th><th>大类</th><th>中类</th><th>小类</th><th colspan="2">要素项</th><th>定义</th></tr>
<tr><td rowspan="18">生活性街道品质量表</td><td rowspan="11">使用者主体维度</td><td rowspan="11">儿童行为需求</td><td>行为活动因子</td><td colspan="2">社会混合活动</td><td>在适宜的条件下发生的混合性活动，如放学后儿童单独或随着家长前往文具店、超市买东西等</td></tr>
<tr><td rowspan="10">空间感知因子</td><td rowspan="5">安全感</td><td>人行道宽度</td><td>街道两侧的人行道平均宽度</td></tr>
<tr><td>路面平整度</td><td>街道路面不平整、易摔跤地方的数量与街段长度之比</td></tr>
<tr><td>道路转弯半径</td><td>街道交叉口的道路转弯半径均值</td></tr>
<tr><td>毗邻构筑物安全性</td><td>街道两侧有高空坠落风险的构筑物数量与街段长度之比</td></tr>
<tr><td>景观植物安全性</td><td>街道上有毒害、有飞絮、有刺激性或形状锋利的植物种类数量</td></tr>
<tr><td rowspan="5">舒适感</td><td>道路路面</td><td>根据不同对象问卷评分测定</td></tr>
<tr><td>视觉色彩</td><td>根据不同对象问卷评分测定</td></tr>
<tr><td>噪音分贝</td><td>利用收集分贝测试 APP 选取街道三处进行测试，并取平均值</td></tr>
<tr><td>空气质量</td><td>空气质量指数（AQI）</td></tr>
<tr><td>街道宽高比</td><td>临街遮阳建筑高度与街道宽度之比</td></tr>
<tr><td rowspan="7">街道空间客体维度</td><td rowspan="7">街道周边环境</td><td>区位条件因子</td><td colspan="2">区位情况</td><td>街段中心距离大型商业综合体或超市的直线距离</td></tr>
<tr><td rowspan="2">交通方式因子</td><td colspan="2">儿童步行可达性</td><td>以街段中心为原点，统计一定缓冲区内（1000 米）公交站点数量</td></tr>
<tr><td colspan="2">儿童出行便捷性</td><td>街段中心距离地铁口的最小实际距离与街段总长度之比</td></tr>
<tr><td rowspan="2">用地规模因子</td><td colspan="2">街道小型商铺占地面积比例</td><td>小型商铺占地面积与街道界面总长度之比</td></tr>
<tr><td colspan="2">街道小型商铺界面比例</td><td>小型商铺界面长度与街道界面总长度之比</td></tr>
<tr><td rowspan="2">用地功能因子</td><td colspan="2">功能密度</td><td>街道一定缓冲区范围内与街道品质相关的 POI 数目和街段总长度的比值</td></tr>
<tr><td colspan="2">周边地块用地混合度</td><td>用信息熵计算街道一定缓冲区范围内用地类型混合程度</td></tr>
</table>

（续 表）

	大类	中类	小类	要素项	定义
生活性街道品质量表	街道空间客体维度	街道周边环境	配套设施因子	儿童服务设施密度	街道一定缓冲范围内儿童服务服务设施数目与街段总长度的比值
				公园绿地可达性	街道一定缓冲区范围内的绿地公园数量
				监控设施覆盖率	街道一定缓冲区范围内监控设施覆盖面/街道总面积
				小品设施趣味性	根据不同对象问卷评分测定
				照明系统合理度	根据不同对象问卷评分测定
				引导标识友好度	根据不同对象问卷评分测定

四、生活性街道空间品质评价体系构建

（一）研究样本的选取

根据武汉市自古以来三镇鼎立的格局，本文选取南京路与尚隆路分别作为汉口和武昌生活性街道的典范进行空间品质实证比对研究：南京路沿街布局有各种小型商铺，汇聚着各种日常生活服务和武汉特色小吃，还有中小学、市儿童图书馆、少儿街头博物馆等儿童服务设施坐落于此，街道与两侧大大小小的武汉传统住宅片区——里分相联通，是本地居民和儿童日常生活和娱乐的重要公共空间；尚隆路两侧多为现代化的封闭小区及其教育培训机构，沿街丰富多样的小型商铺为居民提供不同的生活服务，同时还有友谊国际家居广场、国际百老汇等商业娱乐场所，是现代化居住区之间生活性街道的典型代表。

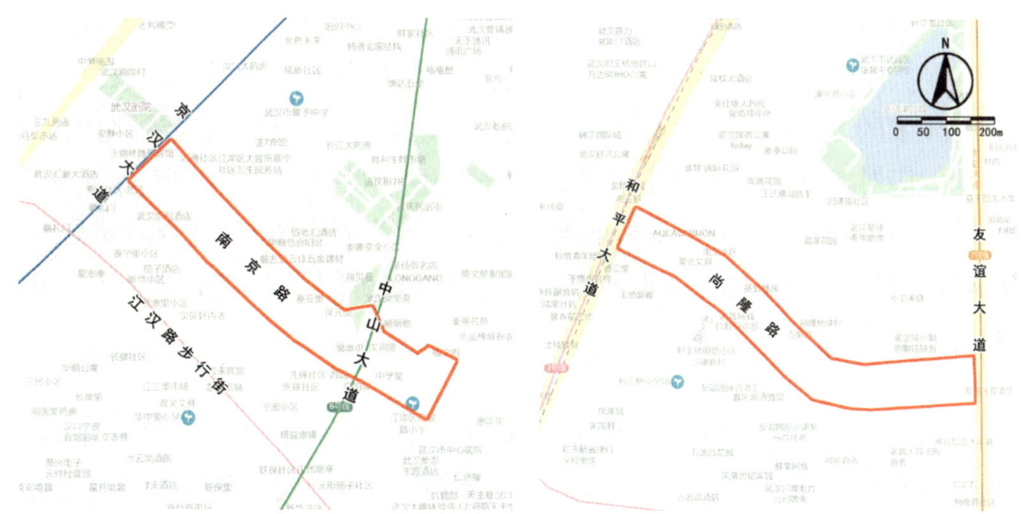

图 2 两街道研究范围示意图（图片来源：作者自绘）

具体的研究范围选取街道及其周边辐射范围 50m 以内的区域（见图 2）。南

京路的街道研究范围始于京汉大道止于胜利街，总长度约为 800m，内部与中山大道、江汉一路、江汉二路等多条街道均有交叉；尚隆路的研究范围始于和平大道止于友谊大道，总长度约为 920m，内部与纵向道路交叉较少。基于街段的均好性与完整性，本次研究以 150~300m 为标准将南京路划分为四段：200m、210m、202m、188m。尚隆路也同样分为四段：269m、282m、162m、207m（见图 3）。

图 3 两街道街段示意图（图片来源：作者自绘）

（二）评价维度

1.主体维度——儿童行为需求

我国《全国年节及纪念日放假办法》规定不满 14 周岁的少年儿童在儿童节放假一天，医学界中将 0 ~ 14 岁年龄段的儿童作为儿科学研究对象，这都说明 0 ~ 14 岁的儿童处在一个生理和心理不成熟的发育阶段，需要社会的保护和关爱。而对于 0 ~ 14 岁儿童来说，又可分为两个阶段：学龄前期（0 ~ 6 岁）以及学龄期（7 ~ 14 岁）。由于学龄前期儿童生长发育尚未成熟，自身活动受到家长严格的限制，所以本文对儿童的研究对象限定范围为 7 ~ 14 岁学龄期与青春期的儿童。

（1）行为活动因子

由图 4 可见，尚隆路在特定时间点的儿童活动量明显高于南京路，这是因为积玉桥小学和武昌区教工幼儿园分别位于尚隆路的第一街段和第三街段，因此在早晚上学高峰儿童活动量急剧上升。而南京路的儿童活动量相较于尚隆路更趋于平稳的状态，较少受到学校吸引的影响，但由于南京路本身里外相通的开放性空间格局以及繁华热闹的商业属性，使儿童更容易将其作为他们娱乐玩耍的场所。

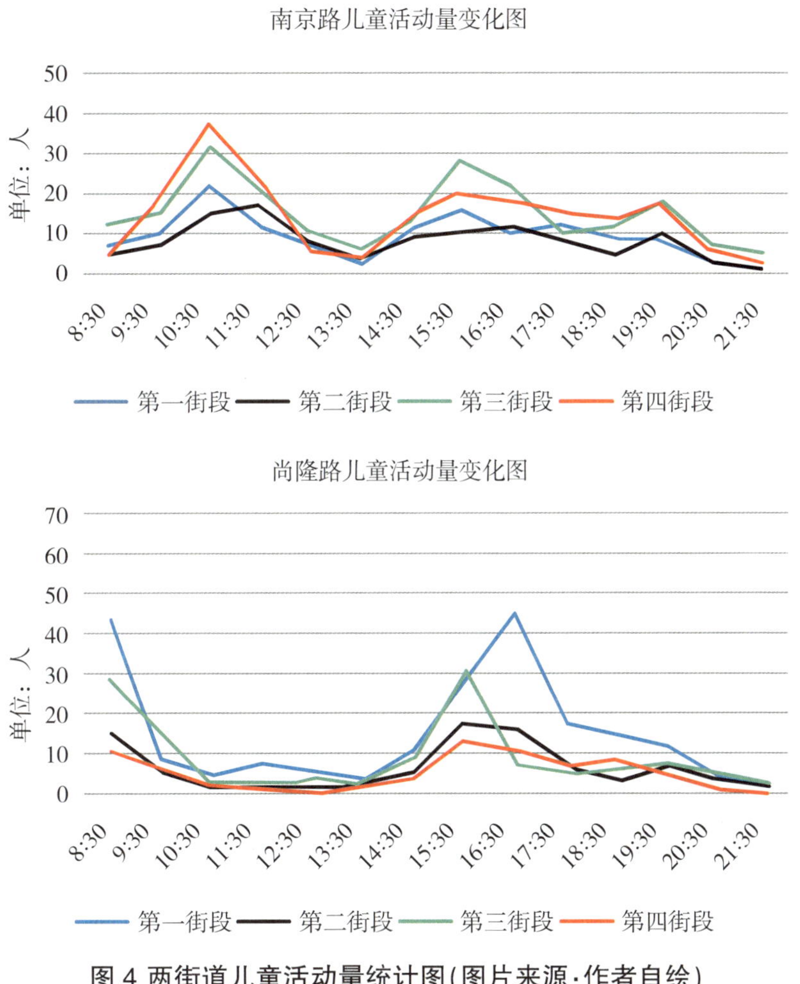

图 4 两街道儿童活动量统计图(图片来源:作者自绘)

将手持 GPS 追踪儿童的活动轨迹数据根据不同的活动类别可分为三类：一是学习出行活动,即偏向日常出行的生活性活动,例如儿童上学、放学、参加培训班等,这类活动的场所目标性很强,且在街道上发生时通常总有家长的参与和陪伴;二是交往游憩活动,即游戏性更强的、往往有赖于他人参与的各种活动,包括儿童之间的嬉戏玩耍、相互打招呼、交谈等,此时家长更愿意为儿童留出独立的空间,自己在一旁观察以保障孩子的安全;三是社会混合活动,即在适宜条件下发生的混合性活动,例如家长送孩子上学时遇到了熟人朋友,或是放学后儿童单独或随着家长前往文具店、超市买东西等,这种条件下很容易提升交往率，且增加了儿童活动的时间。

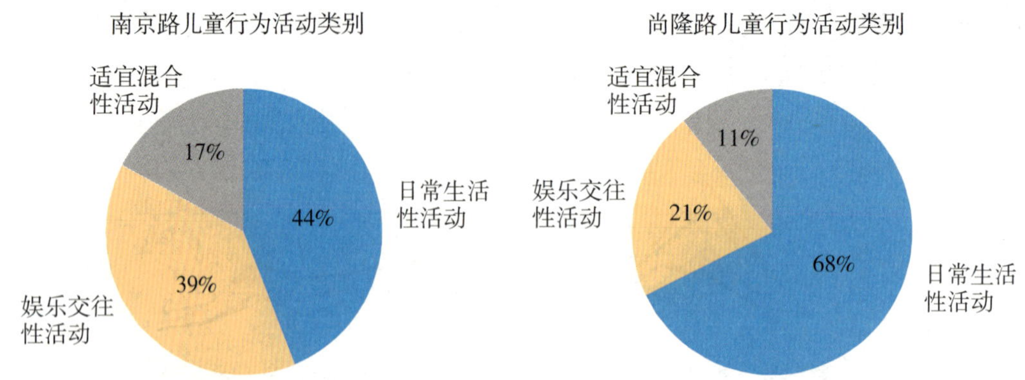

图 5 两街道儿童行为活动类别图(图片来源:作者自绘)

由图 5 可见，尚隆路的儿童学习出行活动占据主导地位，交往游憩活动明显少于学习出行活动，而南京路的学习出行活动与交往游憩活动基本持平，两者同为活动主导类型。社会混合活动方面，南京路与尚隆路并无太大区别。这说明了在街道(尚隆路)拥有大型居住区及其配套的幼儿园、中小学条件下，儿童极易发生“家庭—学校—家庭”这种两点一线的活动，街道多数承载着交通的功能，却并未发挥促进儿童交往娱乐的作用，并且儿童也更加青睐于在设施丰富、场地适宜且自由度高的街道上交往玩耍。

综上所述，两条街道的儿童活动都集中在交通条件良好或靠近教育设施的街段。尚隆路的儿童平均活动量虽大于南京路，但在时间空间分布上，与南京路相比，出现了不均衡分布的特征。尚隆路两侧基本都为较完整的大型居住区，且积玉桥中小学位于其第一街段，对于教育培训类的需求较多，因此街道的儿童活动以学习出行活动为主，类型单一；而南京路的儿童活动由学习出行活动和交往游憩活动共同主导，活动类型较多，丰富度较高。

(2)空间感知因子

儿童对生活性街道的空间感知可分为安全感与舒适感两部分。安全感层面包括街道的人行道宽度、路面平整度、道路转弯半径、毗邻构筑物安全性以及景观植物安全性，这些空间因素都会影响儿童在街道上的安全感知和行为活动；舒适感层面则包括道路路面、视觉色彩、噪音分贝、空气质量和街道宽高比五个因素。由于街道路面舒适感和视觉色彩舒适感两因素的主观性较强，且儿童与成年人的感受有较大差别，因此采用主观评分的方法进行获取比较，具体方法是向儿童及陪伴家长直接询问并发放调研问卷，其中道路路面和视觉色彩各选取一对反义形容词来表达儿童的直观感受，并对应设置1、2、3、4、5分，最终取平均分值为结果(见表2)。

表2 南京路与尚隆路儿童空间感知因子量化表(资料来源:作者自绘)

指标	南京路					尚隆路				
	第一街段	第二街段	第三街段	第四街段	均值	第一街段	第二街段	第三街段	第四街段	均值
人行道宽度	3.50	1.50	1.13	2.00	2.15	4.40	4.70	4.45	4.95	4.63
路面平整度	0.120	0.086	0.059	0.0628	0.085	0.051	0.068	0.039	0.045	0.048
道路转弯半径	8.50	5.50	12.40	18.00	11.10	12.33	16.66	16.66	15.00	15.16
毗邻构筑物安全性	0.036	0.027	0.017	0.034	0.030	0.020	0.013	0.017	0.017	0.018
景观植物安全性	0.00	4.00	1.00	2.00	1.75	3.00	0.00	2.00	0.00	1.25
道路路面	2.58	2.94	4.28	3.68	3.37	3.34	3.60	4.00	4.34	3.82
视觉色彩	3.24	3.48	4.68	4.20	3.90	3.98	4.48	4.14	3.85	4.12
噪音分贝	70.67	69.00	69.33	72.77	70.44	36.59	33.66	34.94	42.82	37.00
空气质量(AQI)	182	190	175	153	176	129	129	129	129	129
街道宽高比	0.626	0.458	0.557	0.821	0.644	0.835	0.603	0.462	0.683	0.646

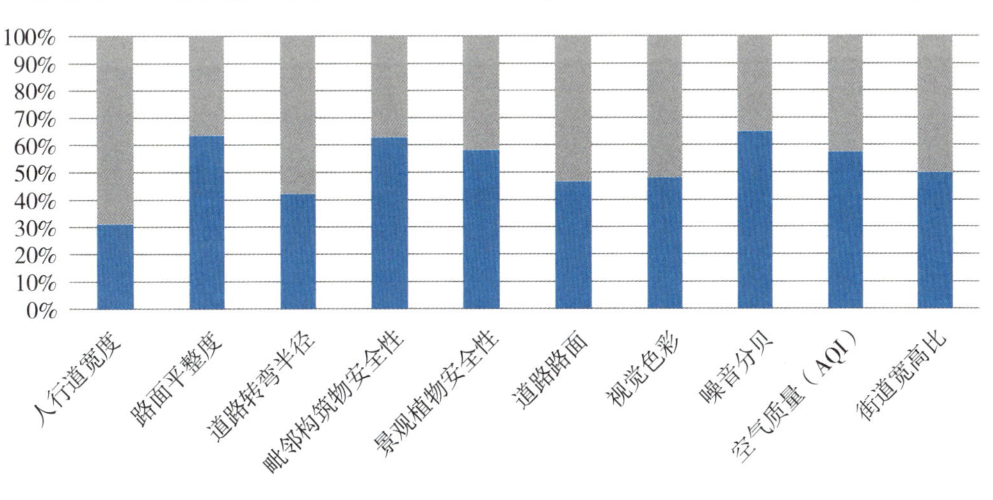

图6 南京路与尚隆路儿童空间感知因子测度均值比对图(图片来源:作者自绘)

如表2和图6所示，由南京路与尚隆路儿童空间感知因子测度均值比对结果可见,南京路的人行道宽度和路面平整度都低于尚隆路,这是由于南京路历史悠久的同时也带来了较为严重的路面老化、铺砖破损等问题,当儿童在街道上玩耍时极易跌倒受伤。同时南京路两侧多为树龄较大的梧桐,部分树干已经变形且倾向道路中央，有较高的倾倒风险，这些因素都导致了南京路安全感的下降。舒适感方面，南京路拥有市儿童图书馆、市少年宫以及武汉美术馆等公共服务设施，尤其是第三街段美术馆前形成了一片较为开阔的公共广场，为儿童提供了良好的活动空间，提升了街道整体的舒适度；尚隆路平整的道路路面和较低的噪音分贝也易于提升儿童舒适感，但尚隆路缺少类似南京路美术馆广场的公共活动空间，面向儿童的公共服务设施也较少，难以在固定场所让儿童发生交往活动。并且两条街道 0.644 和 0.646 的宽高比都较低，并不符合人体 0.75 ~ 2 的舒适区间，很容易让儿童感到压抑。

2.客体维度——街道周边环境与街道内部空间

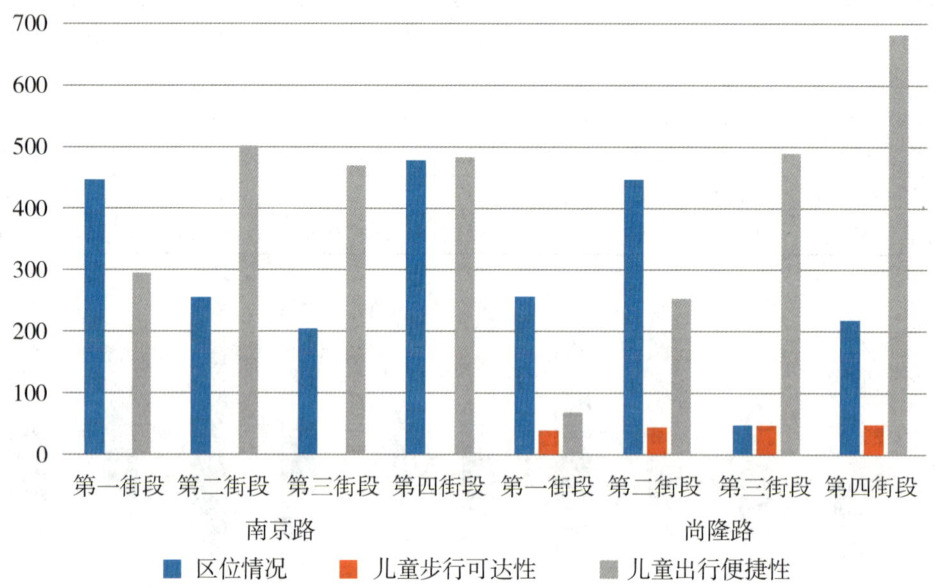

图 7 南京路与尚隆路街道环境要素测度指比对图(图片来源：作者自绘)

(1)街道周边环境

如图 7，从区位条件来看，南京路距离大型商业综合体或超市更近，这源于南京路具有一定的地理优势和历史文化，同时也促进了南京路生活活动和商业活动的共同发展，这种街道的功能混合状态对儿童出行活动产生着积极影响。交通方式方面，尚隆路的儿童步行可达性优于南京路，出行便捷性则因街段不同差异较大，南京路相对更高且平稳，这反映了尚隆路更偏向于承担儿童的日常生活功能，而南京路由于自身良好的交通可达性和商业氛围，更适合儿童来此进行休闲娱乐活动。

(2)街道内部空间

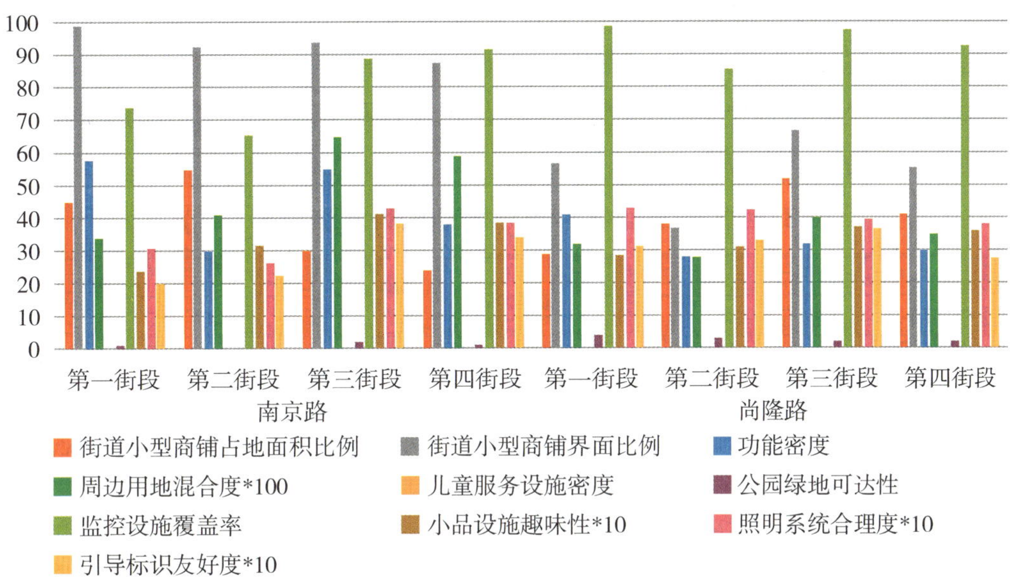

图 8 南京路与尚隆路街道物质空间要素测度指比对图(图片来源:作者自绘)

从用地规模因子和用地功能因子来看,如图 8,南京路的商铺占地面积、商铺界面比例、用地混合度及功能密度整体高于尚隆路,这些小型商业为生活性街道提供了日常基础的、多样化的生活服务,商业店铺中的文具店、玩具店、超市等对儿童有较大的吸引力,可以增加儿童步行活动的时间,同时也提升了交往的偶遇率。从配套设施因子来看,南京路的儿童服务设施多于尚隆路,但两条街道的公共绿地可达性都较低,说明两街道 1000 米辐射范围内的绿地公园数量非常少,不利于儿童的户外玩耍活动。南京路的监控设施覆盖率略低,这是因为老城区的街道情况更加复杂,难以全面掌控覆盖,同时部分街段照明系统老化、路灯数量不足,多数光源来自街两旁的店铺、高层的居民家以及马路上的车灯,导致儿童夜晚出行存有一定安全隐患。而且南京路与尚隆路的引导标识多针对机动车例如停车标识、方向标识等,很少考虑到儿童,而生动有趣的儿童友好标识设施不仅可以丰富街段空间, 还可以在无意中锻炼儿童的独立性活动,有助于其身心健康,需在街道空间设计中考虑这一点。

(三)权重拟合构建评价指标体系

在预构建层级量表的基础上,经过分析将影响因子整合在一起,建立更为完善可行的儿童友好型生活性街道品质评价指标体系。研究方法采取对武汉市 25 名 30～40 岁城市规划、风景园林专业的学者(基于对该年龄段专家的子女在儿童期的估计)及 25 位武汉市小学老师发放调查问卷的形式，征集意见建议，并通过对问卷结果的分析整合，在 yaahp 软件中进行层次分析，确定各项指标权重。评价指标体系中的目标层为儿童友好型城市生活性街道空间品质，一级指标 4 项，二级指标 23 项(见表 3)。

表 3　两街道指标体系权重分析表(资料来源：作者自绘)

目标层	一级指标	二级指标	南京路	尚隆路	一级指标	二级指标	南京路	尚隆路
儿童友好型城市生活性街道空间品质	安全性	人行道宽度	0.0460	0.0452	便捷性	总权重	0.2476	0.2432
		路面平整度	0.0462	0.0449		儿童步行可达性	0.0521	0.0507
		道路转弯半径	0.0421	0.0517		儿童出行便捷性	0.0506	0.0496
		毗邻构筑物安全性	0.0449	0.0402		区位情况	0.0558	0.0492
		景观植物安全性	0.0422	0.0393		总权重	0.1585	0.1495
		监控设施覆盖率	0.0392	0.0379	多样性	周边用地混合度	0.0372	0.0381
		照明系统合理度	0.0439	0.0377		功能密度	0.0375	0.0385
		总权重	0.3045	0.2969		商业占地面积比例	0.0393	0.0414
	舒适性	道路路面	0.0472	0.0452		商业界面比例	0.0390	0.0420
		视觉色彩	0.0396	0.0382		儿童服务设施密度	0.0472	0.0521
		噪音分贝	0.0443	0.0414		公园绿地可达性	0.0452	0.0497
		空气质量	0.0404	0.0446		小品设施趣味性	0.0440	0.0486
		街道宽高比	0.0396	0.0390		总权重	0.2894	0.3104
		引导标识友好度	0.0365	0.0348				

五、儿童友好型生活性街道品质评价对比

(一)街道品质评价比对

根据街道品质评价体系的内容设计评价问卷，并在研究范围对街道使用

者进行现场填写、现场访问的方式分别发放调查问卷,让街道使用者对两条街道的品质分别进行整体和分项的评分,并针对评分结果进行比对分析。同时发放网络问卷使问卷覆盖的群体更大,共发放问卷300份,回收有效问卷275份,其中被调研者30~50岁的中青年人占52%,多数为接送孩子的家长,7~14岁儿童占34%,其余为学校的接送或服务人员,年龄范围在20~35岁之间,占比14%。将被调研者对不同街段的直观感受量化成数值并进行分析,计算公式如下:

$$Y_{生活性街道空间品质}=W_1*X_1+W_2*X_2+W_3*X_3+\cdots+W_n*X_n$$

表4 南京路与尚隆路品质评分表(资料来源:作者自绘)

项目	南京路评分			尚隆路评分		
	权重	问卷评分	加权评分	权重	问卷评分	加权评分
安全性	0.3045	3.52	0.86	0.2969	3.75	0.91
舒适性	0.2476	4.00	0.71	0.2432	4.18	0.74
便捷性	0.1585	3.87	0.52	0.1495	3.64	0.42
多样性	0.2894	4.25	0.92	0.3104	3.64	0.78
总分	4.18			4.02		

由表4可以看出,南京路的街道品质总评分略高于尚隆路,其优势主要凸显在便捷性和多样性评分中,尚隆路则是安全性和舒适性评分较高。对于每条街道而言,南京路的各项指标评分大小排序为多样性>安全性>舒适性>便捷性,尚隆路的各项指标评分大小排序为安全性>多样性>舒适性>便捷性。

(二)评价结果分析

根据以上街道品质评价结果,进一步做分析,发现两条街道品质需要优化提升的因素既有共性,又有部分微差。

首先,南京路与尚隆路的共性要素是安全性,尤其是安全性中的路面平整度与景观植物。南京路的第一、第二街段安全性尤其缺失,存在铺地凹凸不平、路面砖块破损、台阶密集且边缘锋利等问题,同时南京路第二街段上有不少树龄较大的梧桐,部分树干老化严重且向道路中间倾斜,在大风和暴雨天气有树枝断落的可能,给儿童及其他行人安全行走带来隐患;尚隆路由于自身街道较新,其路面平整度整体评分优于南京路,但尚隆路第二街段中铺设了大量台阶,垂直高差约有1米,儿童有可能将台阶作为玩耍攀爬的空间,存在跌伤和磕碰的安全隐患，尚隆路第一、第三街段中存在部分形状锋利、枝叶有毒的绿化植物，如叶片尖锐的铁树以及花粉果实都有毒性的夹竹桃，应在后续更新中予以移植替换。

其次，南京路街道品质总评分略高于尚隆路，究其主要原因在于多样性评分上，因此多样性也是尚隆路街道品质优化提升的关键因素。生活性街道两侧的小店铺、小超市以及图书馆等均是儿童喜爱活动的场所。与尚隆路相比，南京路较高的用地混合度和尺度适宜的沿街店铺极大促进了儿童户外活动强度，儿童一般会选择他们所熟悉的店铺，这些老店铺往往与儿童家庭形成亲近的邻里关系，通过访谈结果的补充发现，部分老店铺的主人甚至还成为了儿童上放学路上的监视者与保护者；而尚隆路两侧多为封闭式住区、大型超市和商场，公服设施布局较稀疏，难以形成生活性街道邻里亲近的氛围。与南京路开阔的美术馆前广场相比，尚隆路狭小的个别建筑前区小广场也仅适合成年人简单停留及交往，适宜儿童活动与停留的游戏场地和小型公园绿地等较为缺乏。

六、基于品质评价结果的儿童友好型街道空间优化设计思考

（一）提高街道空间环境的安全性

安全性在儿童友好型城市街道建设中仍处于最重要的位置，是首要考虑的因素，结合上述两条街道分析可从路面平整度和景观植物两方面进行优化思考。

1.在步行空间地面设计和建设中，要关注到儿童的使用安全

地面是使用者最直接的感知面，当儿童在街道上行走玩耍时，任何不平整的路面（翘起的地砖、一两级不显眼台阶以及步道上的凹凸石块）均会增加儿童跌碰的风险，在优化时应着重考虑消除此类安全隐患，同时，步行路面铺装应使用防滑材质防止雨天路滑。为防止各类非机动车占用步道空间而阻碍步道的连续性，还应进一步加强街道的管治能力，为街道上的儿童提供安全良好的活动空间。

2.在景观植物的选择上，要关注到儿童的健康安全

应尽量避免有毒有害、有刺激性、飞絮花粉较多以及形状锋利类植物，大部分儿童缺乏辨别植物的能力，极易受到这些植物的危害，同时也应避免栽植可结果、易采摘的植物，儿童很容易被颜色鲜艳的果子吸引，存在误食风险。而

对于树龄较大、枝干粗壮的行道树则应格外关注，定期检查修剪并采取一定保护支撑措施防止其倾倒的可能。

（二）丰富街道空间环境的多样性

儿童天性充满好奇，儿童友好的街道必然也应具有空间多样性，结合上述两条街道的分析，可从街道周边用地功能和基础设施这两方面进行思考。

1.适度提升生活性街道的功能混合度，有助于提高儿童对街道的好奇心

街道周边的文具店、小超市、少年宫、小型游乐园以及街头公园等商业店铺和公服设施对儿童有较大的吸引力，可以增加儿童的活动时间。同时，功能混合度的提升，亦可进一步满足周边社区家庭的日常生活所需，提升儿童出行等体力活动的效率。

2.街道两侧停留空间的更新设计，要可持续、多功能

根据研究结果显示，中国儿童外出活动通常都有父母或长辈的陪同，因此，在街道两侧停留空间的更新设计上，不仅需要考虑儿童在街道基础设施上的多样性需求，也要考虑有父母及长辈陪护的休息等候需求。儿童基础设施并不是要建设一个儿童专享的空间系统，而是在城市发展理念、规划路径和运营管理等方面合理布局能满足亲子互动和休息等候的街道基础设施，进而提升城市街道的儿童友好度。这个空间网络可以同时服务于城市其他居民群体，是可持续、多功能、代际共融的共享空间。

（三）增强生活性街道公共服务空间设计的儿童性特征

完善公共空间和公共服务功能时，要注重儿童生活圈的相关规划和设计，可以考虑以嵌入式的方式，将富有儿童特征的街心公园或口袋公园与生活性街道空间融合规划设计。聚焦公共服务中儿童的需求要素，家门口的街心公园或是口袋公园要有适合儿童互动的专门空间，让生活在城市里的孩子可以在五分钟内走到一个可以自由玩耍、与自然互动的空间。武汉市在制定儿童友好型城市战略规划和行动计划时，应着眼于武汉市儿童的健康发展和真实需求，以儿童权利为基础，以尊重儿童天性为认知原点，为孩子们创造天性释放的美好家园。设计要结合自然、艺术、文化、科技，采用木材、竹子等自然有机材料，尽可能地减少对动力设备的依赖。比如为孩子因地制宜地打造以教育为主题的街心花园，让这里成为孩子们能够停留并接受教育的自然课堂。

七、基于儿童友好型城市建设的儿童友好街道品质提升建议

（一）加强培训、宣传，全面落实儿童友好发展理念

儿童友好城市建设涉及政府、企业、社区、学校、家长等不同的社会主体，需要根据社会主体的具体作用和定位，开展全方位、多角度的能力建设工作。建议政府明确工作责任主体，充分调动企业、社区、学校等各方面的积极性，定期开展培训活动，宣传介绍儿童友好型城市建设和儿童友好型街道的理念，鼓励政府、专家、居民、社会团体、父母尤其是儿童本人参与，共同呼吁全社会关注儿童、爱护儿童、尊重儿童，力争获得全社会对儿童友好城市建设的支持，提高社会各界对儿童友好型城市建设的知晓度、参与率和认同感，进而使儿童友好融入各部门的具体工作和行动方案。

（二）做好制度设计，明确儿童友好城市建设指引

儿童虽然是城市未来的主人，但在涉及儿童生存与发展的城市发展规划和建设中，大多还是成人主导，儿童在话语权、决策权等方面仍处于弱势。建议加紧制定建设儿童友好型城市战略规划和行动计划，挖掘武汉特色，提升城市国际知名度与美誉度；关注儿童需求，引领以人为本的精细化治理升级。制定儿童友好活动空间建设指引，对儿童出行系统、学校、医院、图书馆、公园、母婴室和社区等空间的建设内容、儿童参与方式、具体建设标准和组织实施方式提出了明确的要求，确保基层街道和社区在实施过程中有据可依。建议武汉市妇联、市妇儿工委办、市自然资源和规划局共同制定切实可行的行动计划，明确每项具体任务的目标、活动、指标，并制定合理的分工方案，确保计划实施。

（三）赋权儿童，动员全社会参与儿童友好城市建设，激活社区儿童友好资源

社区是儿童活动最密集的场所之一，在城市建设和城市更新中要赋权儿童，搭建让儿童充分发表意见的平台。特别是在社区微空间的建设与改造过程中，要提高儿童参与社区“微治理”的意识和能力。建议成立各级儿童议事会，利用寒暑假期，学校和社区联合开展以“我与我的城市”为主题的各类调研、论坛等公共参与活动，提高儿童参与社区、学校“微治理”的意识和能力。

推广政府主导、社会共建、儿童参与的工作机制，积极发动街道、社区内的企业以及非盈利机构等参与儿童友好城市建设，优化活化城市社区的公共空间。将儿童友好城市建设纳入城市发展规划，吸引社会资本参与儿童友好城市

建设,逐步形成多元可持续的资金投入机制,促进城市高质量可持续发展。在儿童优先原则下调动更多的社会资源参与儿童友好型城市建设。

(四)创新合作运营模式,开展与国内外城市的交流

结合武汉市口袋公园的规划建设,开辟儿童友好空间。加强各区妇联的统筹协调,创新政府协调土地或场所、企业等社会主体出资建设运营的合作模式。建议以社区为单位,各街道可在社区综合文化服务中心开辟出儿童友好空间场地,引进市场主体负责建设运营,打造集文化、艺术和科技体验于一体的创新儿童体验空间。

2019年第二届"一带一路"国际合作高峰论坛上,国家发改委和联合国儿基会联合发起了"关爱儿童、共享发展,促进可持续发展目标实现"的合作倡议。应以落实此合作倡议为契机,加强与儿童研究智库和平台的合作,主动开展与国内外城市的交流,分享武汉儿童友好城市创建的经验与做法,加强与国外儿童友好城市的合作,不断提升城市品质,增强城市可持续发展能力。

作者单位:武汉发展战略研究院,华中科技大学建筑与城市规划学院

新形势下湖北省城镇化高质量发展综合测度及演进策略

丁文珺　张　铮

推动要素有序流动是具有中国特色城镇化道路及其相关改革的逻辑起点，社会流动性推动了城市经济增长和空间扩张，提高了劳动生产率，倒逼了城镇化相关制度的改革创新。伴随当前我国社会性流动的迅速增强，社会运行和社会变化呈现加速化、复杂化和更加不确定性，具有中国特色的城镇化发展路径被赋予了更深层次的内涵与要求。面对新形势，湖北省城镇化建设迈入了新的发展阶段，以高效、包容与可持续性为核心要义走出一条具有湖北特色的内涵提升式城镇化发展路径是新时期全省高质量发展的重要支撑。

一、湖北省城镇化建设：新形势、新要求与新内涵

当前我国城镇化发展的动力机制、内在逻辑和外在表征呈现出一些新特征。一是在经济增速放缓、人口结构变化等因素影响下，我国城镇化增速已呈放缓趋势，2002—2011 年我国城镇化年均增速为 1.36%，而 2012—2019 年我国城镇化率年均增速已降至 1.16%①，可以预期未来城镇化速度还将进一步持续放缓。在城镇化增速递减阶段，过去因补偿性因素带来的发展动力将逐步消失，如何实践城镇化发展动力向要素集聚带来的规模效应和效率提升转型将是新形势下区域城镇化战略的核心思考。二是当前流动人口转移方向已呈现出由城乡流动向城乡与城城流动并存的转型特征，城市群成为新型城镇发展

①数据来源：国家统计局，经计算。

的主体形态，以空间资源配置效率提升推动区域发展质量将成为区域城镇化发展实现内涵式提升的新要求。三是伴随着发展阶段转型，让全体人民享有更加公平的发展机会和公共权利将是我国改革领域的重点关注。在新形势下如何认识和重构城乡关系，如何通过政策保障劳动者能够在充分选择和相对公平的环境中提升生活质量将是城镇化质量提升的关键内容。新形势、新特征对城镇化高质量发展赋予了更深层次的内涵，无论是以人为核心的城镇化，还是城镇化传统研究框架下的经济支撑、人文环境、协调水平、空间形态等既具有明显的延续性，都需要融入更多更高质量的评判标准。湖北城镇化发展面临新要求。

（一）必须突破惯性思维，探索效率提升、更加精细化的城镇化发展道路

伴随社会流动性加大，更高水平的人口集聚将推动规模经济的发展和市场扩张，城镇化在提高资源配置效率、提高劳动生产率和增强创新活力等方面的积极作用会进一步凸显，湖北省需要将城镇化量的合理增长、质的稳步提升与进一步挖潜全省增长潜力、促进协调发展紧密结合。这要求在城镇化发展战略设计时，突破仅将城镇化劳动力集聚带来的简单规模经济作为发展动力的传统惯性思路，立足湖北科教大省资源优势，探索将城市化发展动力由人口容纳向创新集聚升级，把科技创新融入到城镇化发展战略之中，为创新要素的自由流动及交流共享创造良好的市场环境和政策条件，加快从创新聚集角度弥补城镇化过程中人口边际报酬递减的作用，使全省在城镇化进程中真正实现高质量的发展。

同时，新的阶段特征还要求湖北省必须加快以城镇化本质内涵推进动力变革，将精细化理念融入到城镇化发展战略之中，使区域发展中线由建设为主转为建设与治理并重的双核，更加关注过去城镇化进程中如旧城改造、城中村建设、城乡结合部治理等薄弱环节，更加注重绿色发展与城镇化建设的融合互动，消除和避免快速城镇化进程下带来的高质量发展隐患，在凸显湖北优势下探索出一条内涵提升的城镇化道路。

（二）必须立足湖北区域特征，探索协调有序、充满活跃度的城镇化发展道路

面对社会流动性加大下集聚与扩散关系的新趋势，在全省加快构建多层级协同空间格局的紧迫性将进一步加强，这要求湖北省既须顺应市场机制下

经济活动宏观上趋向聚集的发展态势，也必须从避免空间失衡的角度出发，加快推进生产与人口在宏观布局上的适当分散，以“一芯两带三区”的战略布局进一步理清“大集聚中带小分散、小分散中相对集中”的布局思路，从战略上加快构建疏密有致的城镇化空间。特别值得关注的是对于湖北省会武汉，一方面要支持其做大做强以更好的发挥区域辐射带动功能，另一方面也要避免其在发展过程中出现当前北京、上海已明显呈现的“内极密外极疏”时空失衡特征，通过规划公共服务网、轨道交通网实现大中小城市网络化发展，切实实现“以大城辐射小城，以小城疏解大城”的合理空间格局。

同时，在政策推动社会流动性加大的趋势下，我国区域间要素的自由流动性和市场的深入融合度将进一步增强，这也对长期以来湖北省存在的对外开放度、活跃度不足的软肋提出了挑战。如何提升武汉主中心的辐射力与带动力，如何更加凸显发挥出武汉城市圈、襄十随城市群、宜荆荆城市群在全省城镇空间格局中的作用，如何以更加积极主动的姿态深度融入到国家“一带一路”、长江经济带等大的战略布局之中，实现在区域合作与联动发展过程中推进更高质量的城镇化发展都值得深入探索。

（三）必须融入包容性发展理念，探索双轮驱动、双向流动的城镇化发展道路

“推进以人为核心的城镇化”是我国新一轮城镇化的核心要义，党的十八大以来中央提出的系列城镇化发展战略和发展理念归根结底都围绕在是否以人民为中心，只有包容理念下人人获益的城镇化才能真正保障非农产业劳动者参与率以及稳定的劳动力供给数量，进而在优化资源配置效率下实现全要素生产率的提升。

随着人口管理制度、土地管理制度、农村金融体制改革、城乡管理体制改革的不断深化，当前湖北省已具备了城乡要素双向流动的基础并已取得若干实质性成效，面对社会流动性进一步加大的趋势，在推进城镇化过程中进一步畅通城乡要素双向流动渠道将是构建全省新型城乡形态的重要支撑，这要求湖北省必须加快探索出具有湖北特色的城镇化与乡村振兴战略双轮驱动的发展模式，使城乡各类生产要素可以按照市场运行机制自由流动。在包容性发展理念下值得关注的是，伴随着城镇化推进，会存在大量以提高农村活力和提升农民生活水平为出发点的体制创新，但由于实际状况下政策的效果与理想往

往存在差异，包容性的发展思路要求必须遵循自觉自愿的原则，使劳动力在“进可自由进城、退可顺利返乡”的双向流动中实现城镇化的有序推进。

二、新形势下湖北省城镇化高质量发展综合测度

新形势对湖北省城镇化高质量发展提出了新要求。为客观了解和分析湖北省城镇化发展的现状，基于城镇化高质量发展内涵，秉持系统性、客观性和适用性的原则，特从经济、社会、人口、生态、城乡协调等五个维度构建了城镇化高质量发展综合指标体系。其中经济是城镇化发展的重要支撑，社会生活质量和人口发展质量是城镇化发展水平的重要表征，生态环境水平是新时期推进绿色发展与城镇化建设融合互动的要求，城乡协调发展水平是体现城镇高质量发展从非均衡向均衡的要求。

表 1　城镇化高质量发展评价体系

一级指标	二级指标	三级指标	单位	类型
城镇化高质量发展综合指数	经济发展水平	人均 GDP	元	正向
		人均一般公共预算收入	元	正向
		非农增加值占 GDP 比重	%	正向
		固定资产投资	亿元	正向
	社会生活质量	每千人拥有卫生人员数	人	正向
		每万人拥有普通高等学校数	个	正向
		人均拥有公共图书馆藏量	本	正向
		移动电话数量	万	正向
	人口发展质量	城镇化率	%	正向
		常住人口与户籍人口比	-	正向
		城镇登记失业率	%	负向
		非农产业就业人口比例	%	正向
	生态环境水平	建成区绿化覆盖率	%	正向
		单位 GDP 能耗降低率	%	正向
		空气质量优良率	%	正向
		人均公园绿地面积	m^2/ 人	正向
	城乡协调发展水平	城乡恩格尔系数之比	-	适中
		城乡居民人均可支配收入之比	-	负向
		城乡人均消费支出比	-	负向
		非农产业与农业产值之比	-	正向

在数据选取和处理上，由于 2013 年城乡一体化入户调查后统计口径的变化，因此各指标选取的为 2014—2018 年数据。为了消除各指标的量纲、数量级

差异的影响，排除正负向指标对计算结果的干扰，使数据具有可比性，本文对收集到的原始数据进行了极差标准化处理。极差标准化处理过程为：

当指标为正向指标时：

$$X_{ij}=\frac{X_{ij}-\min\{X_j\}}{\max\{X_j\}-\min\{X_j\}} \quad (1)$$

当指标为负向指标时：

$$X_{ij}=\frac{\max\{X_j\}-X_{ij}}{\max\{X_j\}-\min\{X_j\}} \quad (2)$$

当指标为适中指标时：

$$X_{ij}=|X_{ij}-T| \quad (3)$$

(3)式中，T 为 X_{ij} 的适度值，城乡居民家庭恩格尔系数比的适度值取 1，经过(3)式的处理后，适中指标转化为负向指标，再用(2)式进行标准化处理。

在指标权重确定上，为了尽量避免权重确定过程中主观因素影响，加之样本城市个数小于指标个数的客观局限不适宜做因子分析，因此本文采用熵值法对各指标进行赋权，并在此基础上利用加权求和对城镇化发展质量进行综合测度评价，具体计算方法如下：

第一步，根据公式(1)(2)(3)对原始数据进行极值标准化，由于在熵值法中运用了对数，标准化后的数据不能直接使用，为了合理解决负数造成的影响，对标准化后的数值进行平移：

$$Z_{ij}=X'_{ij}+A$$

式中，Z_{ij} 是平移后数值，A 为平移幅度。

第二步，计算第 j 个指标下第 i 个城市占指标比重(pij)。

$$P_{ij}=\frac{Z_{ij}}{\sum_{i}^{n}Z_{ij}}$$

式中，n 为样本(城市)个数，m 为指标个数。

第三步，计算第 j 个评价指标的信息熵(ej)。

$$e_j=-\frac{1}{\ln m}\sum_{i=1}^{m}P_{ij}\ln P_{ij}$$

式中，$ej\geqslant 0$

第四步，计算第 j 个评价指标的差异系数(gj)。

$$g_j = 1 - e_j$$

第五步，计算第 j 个评价指标的权重。

$$W_{ij} = \frac{g_j}{\sum_{J=1}^{m} g_j}$$

第六步，计算第 i 个待评价城市的新型城镇化综合得分(si)。

$$s_j = \sum_{j=1}^{m} W_j P_{ij}$$

(一)纵向时间演变分析：综合水平稳步上升，发展速度逐步趋缓

从城镇化高质量发展综合指数评价结果看，2014—2018 年湖北省城镇化发展水平总体呈上升趋势，五年期间全省城镇化高质量发展综合指数从 4 上升到 34，平均每年增加 7.5。其中，2016 年是转型发展的重要节点期，2016 年之前全省城镇化推进速度及综合指数均处于高速增长阶段，2016 年进入结构性调整阶段，2017—2018 年城镇率及综合指数的推进趋势均呈现由高速转向中高速，这基本符合城市化水平增长的 S 曲线规律，也说明湖北省城镇化建设已然进入到增长放缓、结构优化的新阶段。

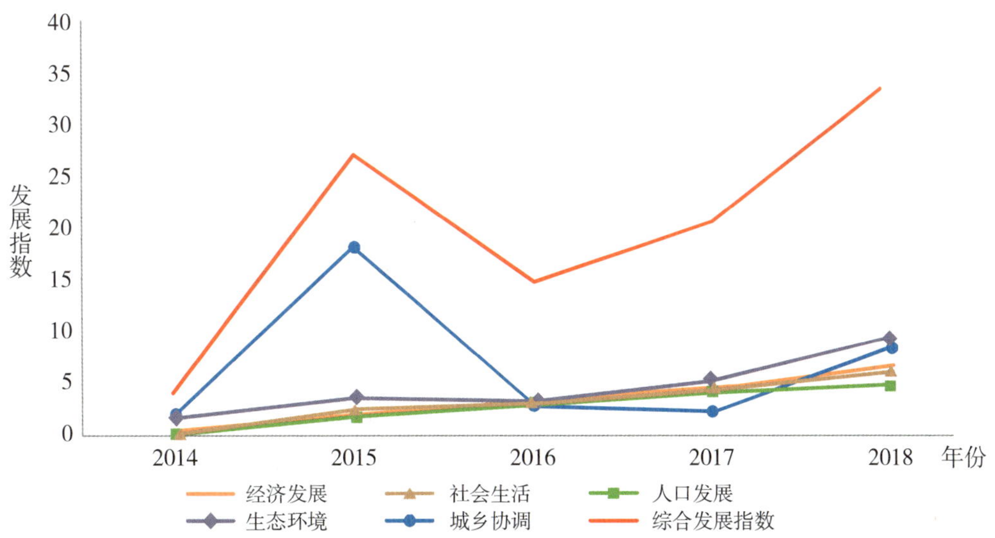

图 1 2014—2018 年湖北省新型城镇化发展指数时间演变

分要素来看，全省经济发展水平、社会生活质量和人口发展质量指数呈稳

步增长态势，生态环境水平和城乡协调发展水平指数具有一定波动性，特别是城乡协调发展领域指数波动性较大，但基本上与综合发展指数趋势保持一致。同时从指标分析看出，2014—2018 年湖北省城镇化各要素发展指标呈现出由不平衡向平衡发展的态势，这说明近几年湖北省在经济发展水平、社会生活质量领域重点着力并取得了明显成效，同时也基本符合高质量发展本质上是从重点领域发展走向协同发展的要求。但值得关注的是，农业、农村、农民仍然是湖北省经济社会发展中的薄弱环节，虽然农民在共享经济社会发展成果中也实现了消费结构升级及收入水平的提升，但总体来看仍显不足。在城乡协调发展指标中，城镇居民恩格尔系数由 32 稳步下降至 28，但农村居民恩格尔系数波动较大，使得城乡居民恩格尔系数之比在增加和下降中交替发展，城乡居民人均可支配收入比虽相对稳定但自 2016 年开始呈现小幅度上扬态势①，推进城乡协调发展仍然任重道远。

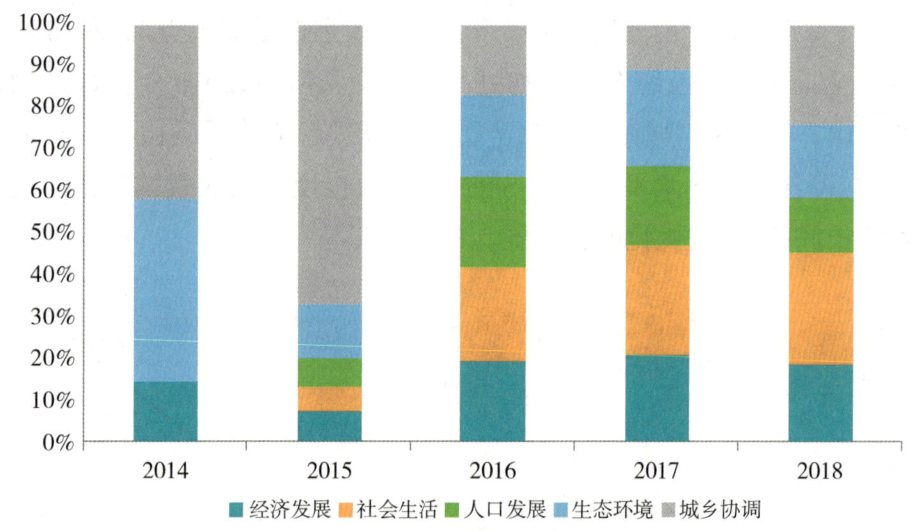

图 2 2014—2018 年湖北省新型城镇化分要素比例

（二）全国省域横向比较：中部领先，全国居中，潜力较大短板明显

从全国 31 个省域（含直辖市）横向分析来看，各省域之间综合发展指数存在较大差异，上海综合得分最高，其次是北京，湖北省综合发展指数排序第十位，在中部地区处于领先地位。但值得关注的是，虽然湖北省综合发展指数在全国排序靠前，指数得分却仍低于全国平均水平，特别是生态环境水平以及社

①数据来源：相关年份湖北省统计年鉴，经计算。

会生活质量、城乡协调发展水平这三个方面是湖北省城镇化高质量发展的明显短板。

表 2　我国省域城镇化高质量发展综合测度结果(2018 年)

地区	经济发展水平		社会生活质量		人口发展质量		生态环境水平		城乡协调发展水平		综合发展指数	
	得分	排名	得分	排名	得分	排名	得分	排名	得分	排名	得分	排名
北京	3.19	2	1.61	2	1.12	1	0.27	17	7.29	2	13.47	2
天津	1.39	6	1.05	4	0.74	3	0.07	31	2.10	3	5.35	3
河北	0.64	17	0.38	28	0.34	18	0.18	27	0.30	20	1.85	22
山西	0.52	20	0.48	18	0.38	13	0.19	26	0.57	7	2.14	15
内蒙古	0.67	15	0.59	14	0.30	23	0.37	6	0.26	23	2.19	13
辽宁	0.65	16	0.85	7	0.32	22	0.25	23	0.33	18	2.40	11
吉林	0.30	28	0.61	12	0.35	17	0.29	14	0.30	19	1.84	24
黑龙江	0.15	30	0.47	19	0.28	26	0.31	11	0.18	29	1.38	30
上海	3.46	1	2.14	1	0.89	2	0.18	28	9.12	1	15.79	1
江苏	2.25	4	1.01	5	0.51	7	0.26	22	0.65	6	4.68	6
浙江	2.03	5	1.17	3	0.65	5	0.24	24	0.84	4	4.93	5
安徽	0.77	13	0.34	30	0.37	16	0.27	16	0.38	11	2.13	16
福建	1.19	8	0.72	9	0.39	12	0.40	4	0.47	8	3.16	7
江西	0.51	21	0.41	23	0.32	21	0.36	7	0.36	13	1.98	19
山东	1.29	7	0.62	10	0.37	15	0.27	18	0.38	10	2.94	8
河南	0.79	11	0.40	25	0.29	24	0.15	30	0.35	14	1.97	20
湖北	0.88	10	0.60	13	0.43	9	0.23	25	0.37	12	2.50	10
湖南	0.59	19	0.42	22	0.25	29	0.26	21	0.33	17	1.85	23
广东	2.51	3	0.86	6	0.67	4	0.42	2	0.70	5	5.16	4
广西	0.32	27	0.39	26	0.33	19	0.33	9	0.20	25	1.56	27
海南	0.63	18	0.41	24	0.47	8	0.30	12	0.15	30	1.98	18
重庆	0.91	9	0.48	17	0.39	11	0.38	5	0.43	9	2.60	9
四川	0.79	12	0.46	20	0.26	27	0.29	13	0.28	21	2.09	17
贵州	0.42	24	0.38	27	0.14	31	0.41	3	0.14	31	1.49	29
云南	0.43	23	0.32	31	0.26	28	0.34	8	0.19	27	1.54	28
西藏	0.36	26	0.48	16	0.38	14	0.27	20	0.27	22	1.76	25
陕西	0.71	14	0.61	11	0.32	20	0.18	29	0.33	16	2.15	14
甘肃	0.10	31	0.37	29	0.28	25	0.32	10	0.18	28	1.25	31
青海	0.21	29	0.54	15	0.40	10	0.27	15	0.25	24	1.67	26
宁夏	0.40	25	0.83	8	0.25	30	0.44	1	0.34	15	2.26	12
新疆	0.50	22	0.45	21	0.52	6	0.27	19	0.19	26	1.93	21
均值	0.95		0.66		0.42		0.28		0.91		3.23	

（三）省内空间差异分析：单核集聚效应明显，空间平衡性仍待加强

湖北省 17 个市州城镇化综合发展指数差异明显，得分最高的武汉市是得分最低的孝感市分值的 7.5 倍。分要素来看，经济发展指数方面，省会武汉长期以来在全省地区生产总值中的占比超过 35%，其次是宜昌、襄阳，除这三个地区以外 2018 年全省其他市州 GDP 均处于 2100 亿元以下水平，GDP 总量 2100 亿元至 4000 亿元区间存在空白性断层。社会生活质量指数方面，除武汉市明显处于领先水平，其余市州综合水平相对均衡，孝感因距离武汉较近，在医疗、教育等资源方面能较为便利的享受武汉辐射效应，因此在此领域得分相对较后。人口发展指数方面，全省除武汉市为人口净流入城市外均为人口净流出城市，特别是神农架、荆门由于交通不畅等综合因素，使得区域城镇登记失业率较高、城镇化率较低。生态环境指数全省除恩施州、神农架等地因区域发展特色处于较好水平外，均处于较低水平，绿色城镇化任务艰巨。城乡协调发展指数方面，宜昌、襄阳因城乡居民收入差距较大，农村居民恩格尔系数较高等因素，造成该领域排序较后，加快推进农村、农业和农民发展仍然任重道远。

表 3　省域内城镇化高质量发展综合测度（2018 年）

地区	经济发展水平		社会生活质量		人口发展质量		生态环境水平		城乡协调发展水平		综合发展指数	
	得分	排名	得分	排名	得分	排名	得分	排名	得分	排名	得分	排名
武汉	0.042	1	0.067	1	0.010	1	0.005	15	0.048	1	0.180	1
宜昌	0.023	2	0.023	2	0.007	5	0.011	6	0.010	12	0.077	2
襄阳	0.020	3	0.017	6	0.005	10	0.004	17	0.012	8	0.062	5
黄石	0.016	4	0.021	3	0.006	8	0.010	7	0.022	2	0.076	3
鄂州	0.016	5	0.018	5	0.008	2	0.009	9	0.011	10	0.063	4
十堰	0.009	11	0.018	4	0.005	12	0.012	5	0.017	4	0.061	6
荆门	0.014	6	0.011	12	0.002	16	0.010	8	0.011	11	0.050	11
孝感	0.004	17	0.005	17	0.004	14	0.005	16	0.005	17	0.024	17
荆州	0.004	16	0.011	11	0.005	13	0.006	13	0.007	15	0.034	15
黄冈	0.005	15	0.015	7	0.006	7	0.009	10	0.005	16	0.041	13
咸宁	0.010	10	0.012	10	0.005	11	0.012	4	0.014	7	0.055	8
随州	0.006	13	0.007	15	0.003	15	0.007	11	0.014	6	0.038	14
恩施州	0.006	14	0.014	8	0.007	4	0.014	1	0.008	13	0.051	10
仙桃	0.012	9	0.007	14	0.007	3	0.006	12	0.014	5	0.047	12
潜江	0.012	8	0.008	13	0.006	6	0.012	3	0.012	9	0.051	9
天门	0.007	12	0.006	16	0.006	9	0.005	14	0.007	14	0.030	16
神农架	0.012	7	0.014	9	0.001	17	0.013	2	0.017	3	0.059	7

通过聚类分析可将湖北省十七个市州总体划分为四种类型，即高质量城镇化地区、较高质量城镇化地区、城镇化质量中等地区、较低质量城镇化地区。其中：

高质量城镇化地区目前仅有武汉市，该地区综合发展指数远高于其他城市。作为省会城市和全省唯一人口净流入地区，如何发挥好武汉对湖北省全域的辐射带动作用将是新形势下湖北省城镇化战略的重要思考。

宜昌市、黄石市、鄂州市、襄阳市四个地区处于较高质量城镇化地区。其中，襄阳和宜昌市是湖北省区域副中心城市，自身拥有丰富的资源优势和产业基础，在城镇化建设方面具备先发优势和高质量发展的基础条件。鄂州市是湖北省重要的工业基地和鄂东商品集散中心，也是湖北省内唯一的全国新型城镇化和城乡一体化试点区域，在政策的集聚叠加下近年来鄂州市新型城镇化建设取得了积极成效，并在若干领域进行了率先探索实践。黄石市近年来城镇化推进速度较快，连续多年均处在全省较前位置，特别是在探索以特色小城镇建设为抓手推进市域城乡统筹发展方面取得了积极进展，因此城镇化发展质量水平在全省也处于较高位置

十堰市、咸宁市、潜江市、神农架、恩施州、荆门市六个地区综合指数数值相对接近，分值范围均处于中等质量城镇化地区水平，档位内排序最高的十堰市综合指数为 0.061，排序最低的荆门市综合指数也达到了 0.05，两者之间仅相差 0.011。总体来看，这些区域均属于城镇化高质量发展具备潜力区域。其中，潜江、咸宁紧邻武汉市周边，是武汉城市圈重要组成地区，伴随着近年来我国以城市群为核心、以重要中心城市为节点的多极网格化区域经济格局推进，这 2 个区域在武汉城市圈的融合带动下具备城镇化发展质量进一步提升的上升空间。十堰是湖北省重要的工业基地，区位优势明显，还是湖北省唯一获批国家生态示范区的地级市；荆门市资源条件优越，是湖北省著名的历史文化名城以及中国农谷建设、柴湖振兴发展两大省级战略集聚地；恩施州、神农架地区生态资源优势明显，这些地区都具备打造具有区域特色城镇化发展路径的潜力。

仙桃市、黄冈市、随州市、荆州市、天门市、孝感市这六个地区新型城镇化质量评价综合得分均在 0.05 以下，排名相对靠后，这些区域在新形势下城镇化发展路径上应该更加着重于融合区域发展特色。

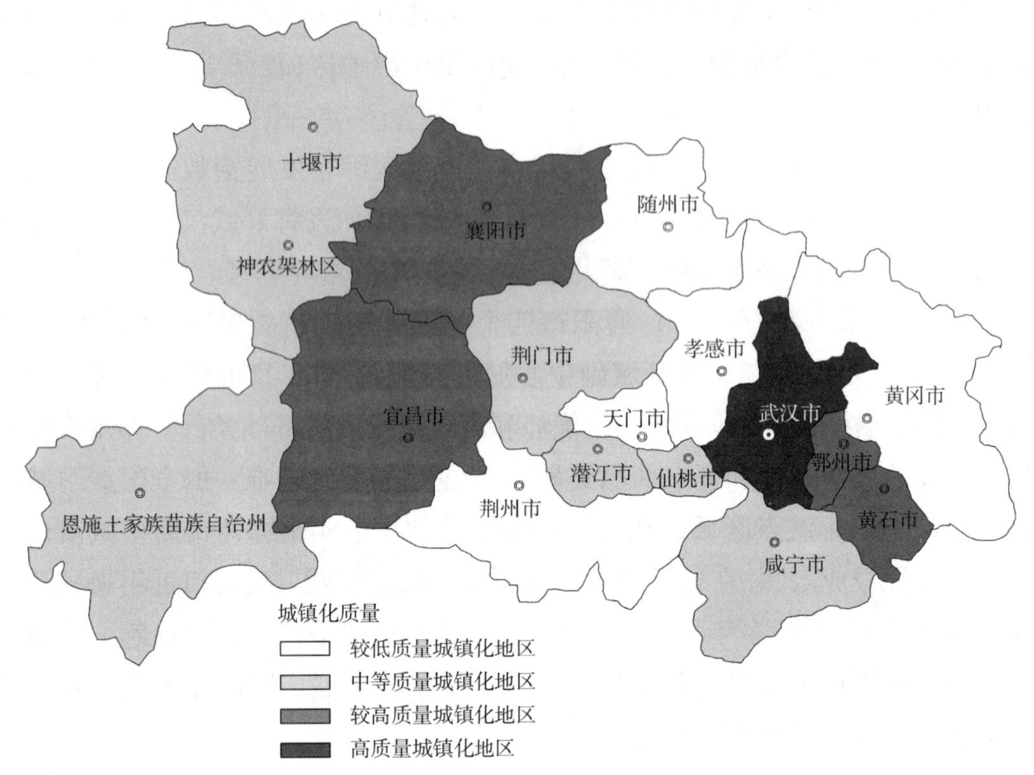

级别	得分范围	城市
高质量城镇化地区	>0.10	武汉市
较高质量城镇化地区	[0.062,0.10)	宜昌市、黄石市、鄂州市、襄阳市、仙桃
中等质量城镇化地区	[0.050,0.062)	十堰市、咸宁市、潜江市、神农架、恩施州、荆门市
较低质量城镇化地区	<0.050	黄冈、随州、荆州、天门、孝感

图 3 湖北省城镇化发展聚类级别空间划分

三、新形势下湖北省城镇化高质量发展的主要挑战

当前湖北省正处在转型发展的重要攻坚期，经济发展周期性调整与发展趋势不确定性相互交织，以城镇化为突破口是全省探寻疫后重振及经济高质量发展的重要动力。虽然近年来湖北省新型城镇化建设持续推进并取得积极成效,但从城镇化高质量发展综合测度分析可以看出,湖北省城镇化发展质量仍存在较大提升空间,特别是伴随着新形势下人口结构变动、发展转型需求以及人民群众日益增长的对于美好生活的需要,全省城镇化发展在经济支撑、人口资源空间格局、公共服务能力、城乡协调发展能力、城镇化活跃度等方面仍存在若干挑战。

（一）产业结构偏离度较高，经济发展对城镇化支撑仍待加强

产业发展是城镇化的根本动力。但从湖北省产业结构与就业结构偏离度分析可以看出，虽然近年来全省产业结构偏离度总体呈下降趋势，但仍一直处于较高水平，2014—2018 年湖北省产业结构和就业结构偏离度持续且明显高于全国平均水平，说明湖北省在推进产业结构升级与城镇化发展融合互动方面仍处在探索阶段。

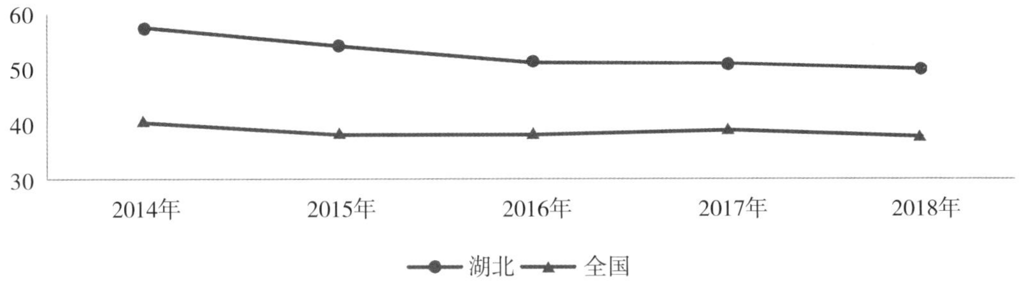

图 4 2014—2018 年产业结构和就业结构偏离度分析[①]

进一步从全省三次产业结构与就业结构变化过程的分析发现，两者之间虽然总体趋势相同，但就业结构转换明显滞后于产业结构升级，2014—2018 年全省三次产业结构由 11.6：46.9：41.5 调整为 9.0：43.4：47.6，但三次就业结构仅由 40.3:22.6:37.1 调整至 34:23.4:42.6[②]。其中：第一产业就业人口占比一直持续偏高，说明全省仍有较多的剩余劳动力未能实现真正转移，第一产业发展的协调性仍需增强；第二产业就业比例虽基于发展阶段因素将处于相对稳定状态，但仍明显滞后，这与湖北省工业结构偏重具有一定关系，全省重工业占比长期处在 60%以上水平[③]，较重的工业结构使得全省产业链联动能力不强，企业产品仍主要处于产业链前端和价值链中低端，这一方面使得近年来湖北省规模以上工业增加值增速呈现下滑趋势[④]，另一方面也未能充分发挥制造业发展对于劳动力就业的带动作用；同时，第三产业就业比例滞后于产业发展速度，说明作为吸纳就业最强的产业，湖北省服务业发展质量仍具备较大提升

①数据来源：历年全国及湖北省统计年鉴。经计算，产业结构偏离度（η）的计算公式为：$\eta=\sum_{i=1}^{3}|X_i-Y_i|$，式中 Xi、Yi 分别表示三次产业的产值比例与就业比例。产业结构偏离度（η）越大，表明一二三产业的产值结构与就业结构的偏差越大，产业结构与就业结构匹配性差；反之偏离度越小，则表示匹配性较好。

②数据来源：相关年份湖北省统计年鉴。

③数据来源：历年湖北省统计年鉴。

④数据来源：相关年度湖北省统计年鉴。

空间,传统产业占比较高、知识密集型和高附加值的现代服务业占比较低、以及服务业品牌化和高端化建设不足，这些都是造成全省第三产业在劳动力吸纳力上仍显不足的重要原因。因结构性因素带来的产业结构和就业结构演变不同步,一方面会对全省城镇化高质量发展的内生动力带来影响,另一方面还将在一定程度上加剧富余劳动力向外转移的压力。

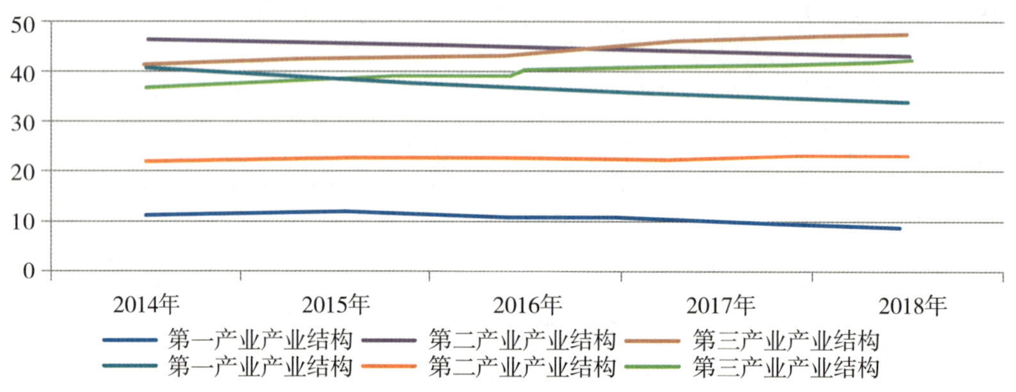

图 5 2014—2018 年湖北省产业结构和就业结构趋势[①](单位:%)

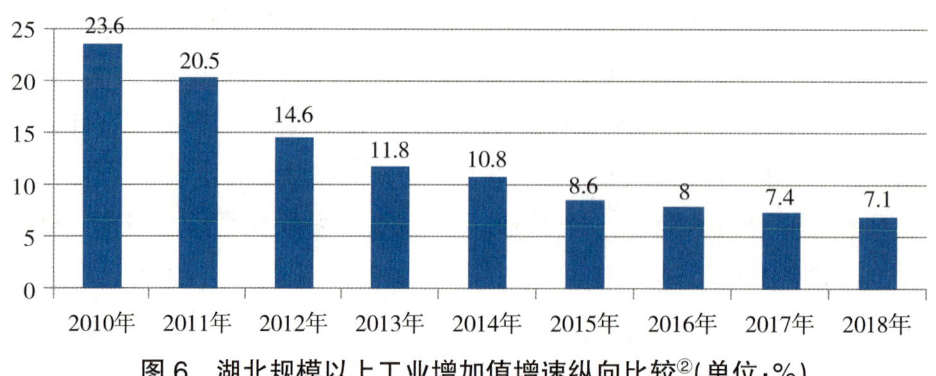

图 6 湖北规模以上工业增加值增速纵向比较[②](单位:%)

(二)各城市空间组织较分散,武汉区域辐射带动功能仍待提升

由于发展阶段不同,相较于已基本形成多中心空间形态的东部发达省份,中西部地区省份城镇体系建设整体都基本处于集聚发展阶段，区域发展对于省会城市的依赖度普遍较高。从首位度分析可以看出,中西部地区省份的城镇体系首位度均明显高于东部地区，特别是湖北省在全国主要省份城市经济首位度排序中更是高达第三位。

①数据来源:历年湖北省统计年鉴。

②数据来源于《2016 湖北统计年鉴》及《2017 年湖北省统计公报》。

表 4　2018 年全国主要省份城市经济首位度排序①

省份	首位城市		第二城市		首位度
	城市	GDP(亿元)	城市	GDP(亿元)	
四川	成都	15342.77	绵阳	2303.82	6.7
甘肃	兰州	2732.94	庆阳	708.15	3.9
湖北	武汉	14847.29	襄阳	4064.18	3.7
吉林	长春	7175.71	吉林	2210.24	3.2
湖南	长沙	11003.41	岳阳	3411.01	3.2
宁夏	银川	1901.48	石嘴山	605.92	3.1
云南	昆明	5206.90	曲靖	2013.36	2.6
海南	海口	1510.51	三亚	595.51	2.5
安徽	合肥	7822.91	芜湖	3278.53	2.4
新疆	乌鲁木齐	3099.77	昌吉州	1367.30	2.3
黑龙江	哈尔滨	6300.48	大庆	2801.20	2.2
河南	郑州	10143.32	洛阳	4640.78	2.2
陕西	西安	8349.86	榆林	3848.62	2.2
青海	西宁	1286.41	海西	625.27	2.1
江西	南昌	5274.67	赣州	2807.24	1.9
江苏	苏州	18597.47	南京	12820.40	1.5
山东	青岛	12001.52	济南	8862.00	1.4
广西	南宁	4026.91	柳州	3053.65	1.3
内蒙古	鄂尔多斯	3763.20	包头	2951.80	1.3
贵州	贵阳	3798.45	遵义	3000.23	1.3
浙江	杭州	13509.15	宁波	10746.00	1.3
辽宁	大连	7668.48	沈阳	6292.40	1.2
福建	泉州	8467.98	福州	7856.81	1.1
广东	深圳	24221.98	广州	22859.35	1.1
河北	唐山	6300.00	石家庄	6082.60	1.0

备注:四个直辖市及西藏未列入统计。

而从中部地区进行比较，湖北省城镇体系结构极化特征也十分明显。2014—2018 年中部地区各省会城市经济聚集度、人口集聚度武汉均处于首位，且聚集度总体仍呈上升趋势。

①数据来源：各省份 2018 年经济统计公报。经计算，首位度 =Xi/Yi,Xi 表示各个省份经济规模第一位的 GDP 值,Yi 表示各个省份经济规模第二位的 GDP 值。

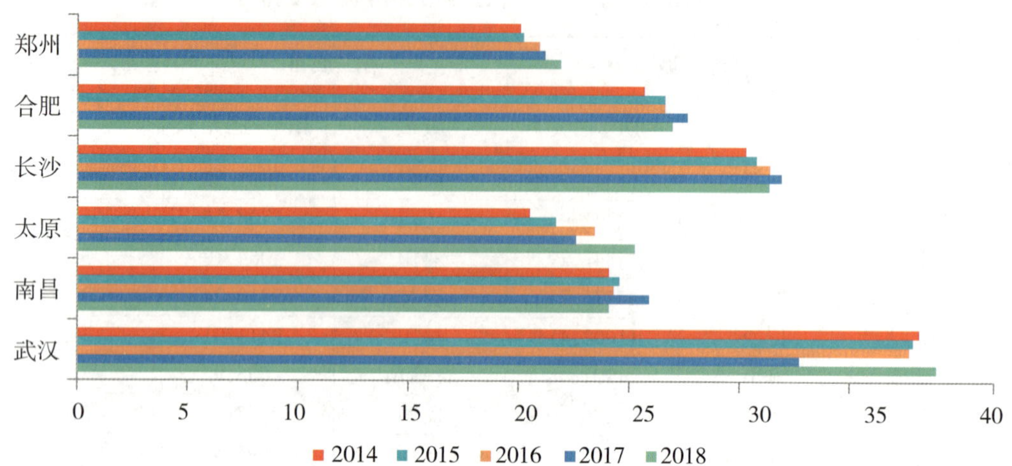

图 7 2014—2018 年中部六省省会城市经济聚集度变化及比较①(单位:%)

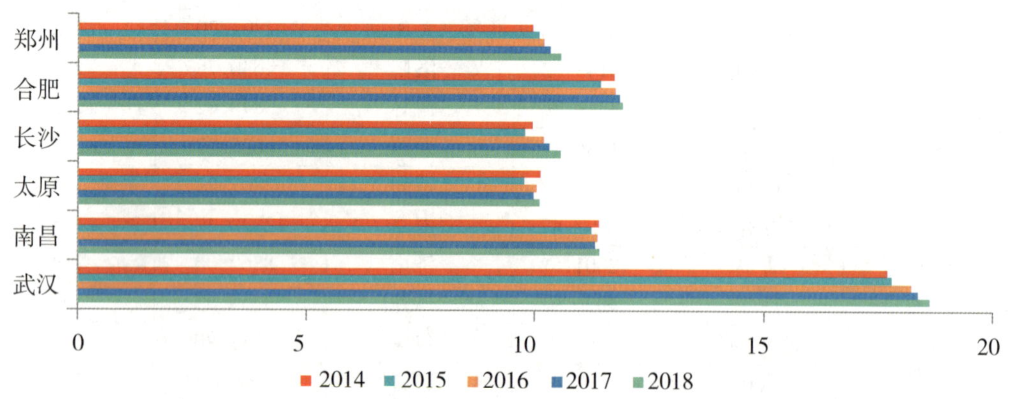

图 8 2014—2018 年中部六省省会各城市人口聚集度变化及比较②(单位:%)

但值得关注的是,在武汉做大做强的同时,如何更好地发挥其对全省的龙头引领和辐射带动作用仍值得深入研究。2018 年湖北省内除武汉、襄阳、宜昌以外,其他城市地区生产总值均处于 2100 亿元以下规模,城镇体系内组织断层现象十分明显,而同期河南省除省会城市外有 12 个城市经济总量处于 2000 亿 ~5000 亿元水平,湖南省也有 6 个城市经济总量处于 2000 亿 ~3000 亿元水平。同时,武汉市也是全省唯一人口净流入城市,全省其他市州对劳动力资源的集聚和承载力仍需要加强,构建中心带动、多极支撑、竞争有序的空间形态仍将是新形势下湖北省城镇空间体系发展的重点。

①经济集聚度 = 该区域地区生产总值 / 区域所在省份地区生产总值。

②人口集聚度 = 该区域常住人口数量 / 区域所在省份常住人口数量,数据来源为该区域当年度统计公报。

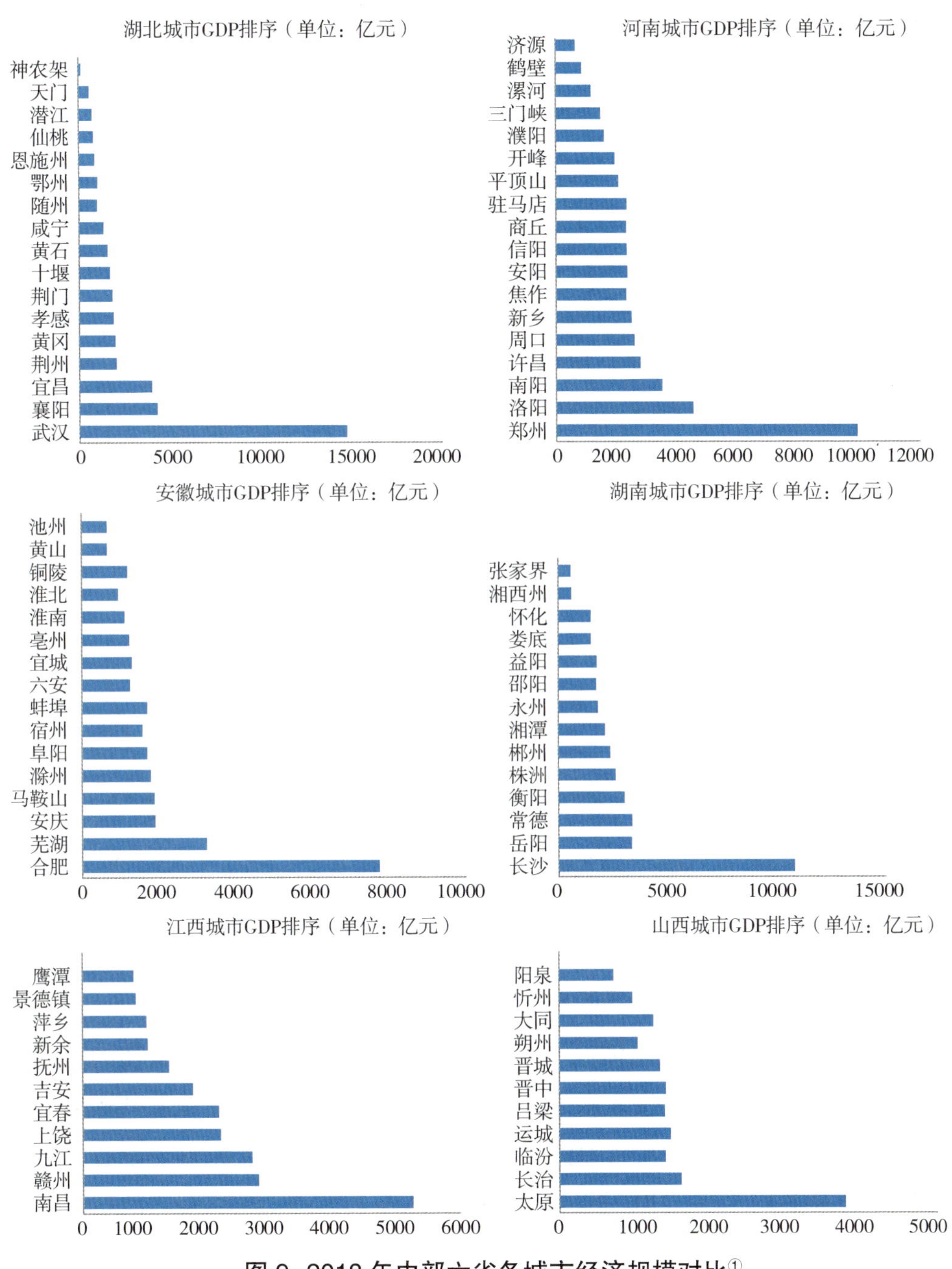

图 9 2018 年中部六省各城市经济规模对比[①]

(三)公共服务供给失衡依然突出,城乡发展差距问题值得重视

公共基础资源配置和公共服务供给是最基本的民生保障，是新型城镇化

①数据来源:各城市 2018 年经济统计公报。

的内在动力。但受多方面因素影响,湖北省公共资源和公共服务供给均衡性仍待加强。

从区域布局来看,省内武汉市公共资源集聚度较高。2018 年武汉市普通高等学校占有量是全省的 65.63%,每千人口卫生技术人员数量是 17 个市州中最低值的 15 倍多,每万人拥有卫生机构数量更是 17 个市州中最低值的 58 倍多,全市拥有三甲医院有 36 所,但与之相邻、常住人口超过其一半的黄冈市三甲医院仅 2 所。作为全国重要的综合交通枢纽城市,武汉市拥有较为完善的水陆空交通布局,但截至 2018 年包括荆门市在内仍有市州未开通高铁,鄂西、鄂南、鄂东的县城至今仍存在许多尚未开通铁路的区域。虽然在集聚发展格局下武汉市许多公共资源与公共服务在省内具有一定的辐射性,在空间布局上过多的失衡与断层实质上对中心辐射功能会产生反向制约,进而影响全省城镇化发展的质量。

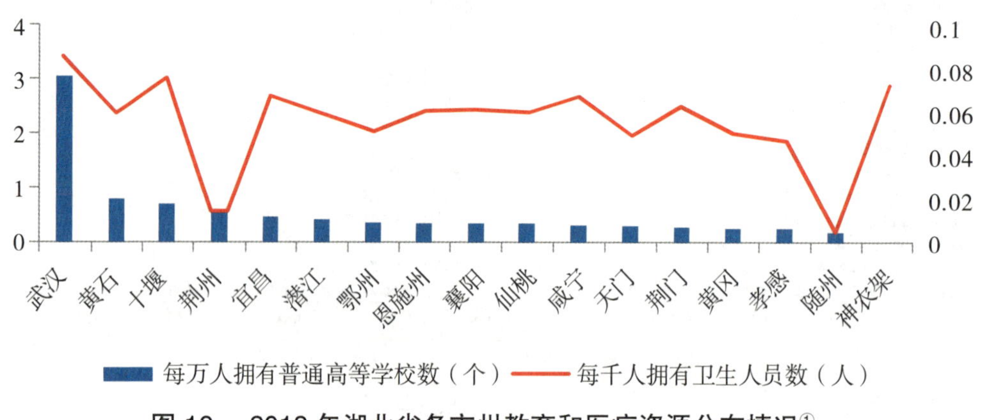

图 10　2018 年湖北省各市州教育和医疗资源分布情况①

从城乡布局来看,二元体制下城乡发展不均衡问题是全国面临的普遍挑战,城乡居民在生活水平、收入水平以及卫生、医疗、养老、教育等公共服务领域仍存在着差异。如在城乡收入差距方面,虽然湖北省城乡居民可支配收入差距长期低于全国平均水平②,但一直也保持在 2.3 左右水平;城乡人均消费支出差距虽有缩减趋势,但五年来也一直高于 1.7③。又如在城乡公共服务资源配置方面,仅从城乡居民人均卫生机构床位数之比来看,湖北省高达 2.5,甚至高于全

①数据来源:各城市 2018 年统计年鉴,经计算。

②数据来源:湖北省及全国统计公报。

③数据来源:相关年份湖北省统计公报,经计算。

国 2.2 的平均水平①。引导城镇功能向农村福射、要素向农村反哺以形成以城带乡的发展格局仍然任重道远。

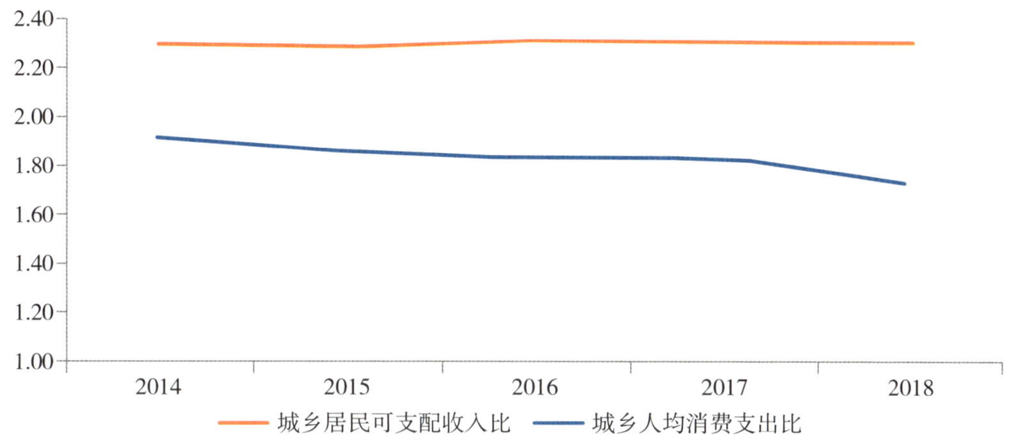

图 11 2014—2018 年湖北省城乡可支配收入及城乡人均消费支出对比②

（四）生态环境压力依然较大，绿色宜居城镇化建设任重道远

加快推进城镇化建设与绿色发展的融合互动是新形势下城镇化高质量发展的必然要求。总体来看湖北生态环境基础较好，2018 年全省森林覆盖率达到了 39.61%，在全国省份中排第 15 位，在中部地区仅低于江西、湖南③。同时，湖北省也是千湖之省，湖泊、湿地资源丰富，在城镇化发展过程中凸显和融合生态资源优势是走出一条具有湖北特色城镇化发展道路的有益探索。

但由于较重的经济结构，湖北省绿色城镇化路径依然面临较大压力。2018 年湖北省能源消费总量增速为 3.1%，全国排名 15 位，高于中部地区河南、湖南、安徽；单位 GDP 能耗降低 4.32%，下降速度位列全国第 12 位，同样滞后于中部地区的河南、湖南、安徽；2014—2018 年全省规模以上工业能源消费量、全社会用电量、工业废气排放总量总体上均呈上升趋势，在能源消耗压力下全省环境质量建设面临挑战，2018 年湖北省生态状况指数（EI）仅为 71.48 良等级，空气质量率也较上一年度下降了 0.7④。加快推进绿色生态空间与城镇化发展质量的同步提升将是新形势下湖北省城镇建设的重要挑战。

①数据来源：2019 全国统计年鉴及 2019 湖北省统计年鉴，经计算。

②数据来源：相关年份湖北省统计公报，经计算。

③数据来源：各省份 2019 年统计年鉴。

④数据来源：湖北省环境统计公报。

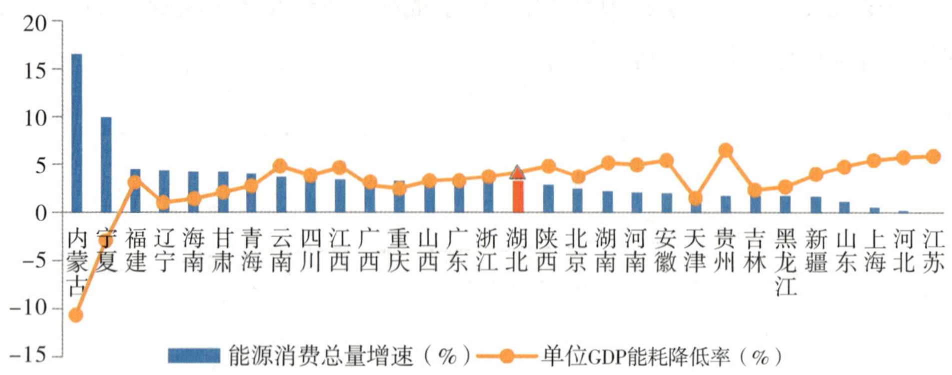

图 12　2018 年全国各省份能源消费总量增速和单位 GDP 能耗降低率情况①

表 5　2014—2018 年湖北能源消费及环境污染情况②

年份	规模以上工业能源消费量（万吨标煤）	全社会用电量（亿千瓦时）	工业废气排放总量（亿标立方米）
2014	13766.37	1656.54	21702
2015	13827.77	1665.16	23643
2016	13954.63	1763.11	29519
2017	14159.66	1869.00	20176
2018	14074.61	2071.43	24241

（五）县域经济实力仍不足，各具特色的城镇化发展格局有待探索

城镇化发展质量与县域经济发展水平具备较强的正相关性，城镇化推进有利于提升县域经济的发展质量，同时县域经济的发展也能为农村剩余劳动力就近转移提供空间和动力。特别是面对经济增长动力转型与发展模式转换的新要求，当前全国各地区都在探索县域经济由单纯规模、速度增长向质量、效率提升的发展路径。但县域经济实力不足与特色不鲜明仍是湖北省城镇化推进中的重要软肋，虽然 2018 年湖北县域经济 GDP 占全省经济总量比重跨越性突破了 60%③，但产业层次低、结构不合理、发展特色不突出等制约了全省县域经济的发展质量。多年来，全国百强县排行湖北都仅有 3 个左右名列其中，且基于处于排名后半段区位，同比中部地区河南省百强县入围地区数量每年均高于湖北省，湖南省虽然数量与湖北相近，但入围县域的位次基本都处于 20 以内。推动

①数据来源：国家统计局《2018 年分省（区、市）万元地区生产总值能耗降低率等指标公报》。

②数据来源：相关年份湖北省统计年鉴。

③数据来源：湖北省县域经济 GDP 占比跃升至 60.3%[N].湖北日报，2019-09-27(4).

县域经济高质量发展是新形势下挖潜湖北省城镇化发展潜能的重要途径。

表6 2014年—2018年中部六省全国百强县分布[①]

省份	2014年	2015年	2016年	2017年	2018年
湖北	2	2	1	3	3
河南	3	2	4	6	5
湖南	4	4	3	2	2
山西	1	1	0	1	1
江西	2	3	1	3	3

四、新形势下湖北省城镇化高质量发展的关键对策

当前我国城镇化建设进入了高质量发展的新阶段,高效、包容与可持续性是新形势下湖北省推进城镇化建设的核心内涵，这要求湖北省在产业发展、空间布局、城乡融合、体制改革等若干领域提供支撑保障,切实走出一条速度适度合理、市民化质量提高、布局均衡有序、城乡深度融合、绿色健康可持续的高质量湖北城镇化发展路径。

(一)凸显优势,提质增容,优化城镇化发展的产业支撑

产业发展是城镇化推进的重要经济支撑。湖北省创新资源优势凸显,在新一轮科技革命和产业革命的加速演进下,湖北省城镇化发展必须跳出传统意义上的产业集聚、人口集聚以及简单经济活动集聚,应从激发创新活力、潜力和效率着手,围绕产业链部署创新链,立足创新链规划产业链,聚焦湖北省重点支柱产业的重点领域和关键环节,以关键核心技术突破和创新推动全省产业向价值链高端跃升,推进全省创新资源优势加快转化为创新发展优势。

积极探索产业提质增速与劳动力增容提效相融合的产业发展路径，进一步推进作为吸纳劳动力就业重要渠道的服务业发展，提升服务业发展质量，在探索产业融合推进中切实发挥好服务业对于全省先进制造业和现代农业的引领支撑作用,以及对于满足人民群众日益增长的美好生活需求的服务供给功能,同时加快推进农业供给侧改革,把城镇化建设与乡村振兴战略充分结合,优化农业产业体系、生产体系和经营体系,为农民进可入城、退可返乡提供支撑。

①数据来源:各年度《全国综合实力百强县市》名单,经统计。

(二)差异有序,高效协同,着力构建多元开放的城镇空间格局

新阶段优化湖北省城镇空间格局需要从三方面进行综合考虑。一是要立足区域特色接受差异性,不同区域自然禀赋与发展阶段、产业特色的不同,决定了其空间需求具备差异性,也决定了其在全省空间供给中将处于不同层级及具备差异化发展趋势。二是要发挥特色及差异走向协同高效,从资源环境承载能力和人口吸纳能力来看,未来我国城镇化仍将以城市群和都市圈为主体形态,以中小城市和县城为吸纳新增城镇人口的主要载体,因此湖北省城镇空间布局的主要方向仍须向集约转型,围绕"一主引领、两翼驱动、全域协同"的空间布局,使空间体系中城市群、大中小城市等不同层次之间耦合互动效应进一步加强,通过在互相影响、互相支撑的空间中实现互动效应。三是要推进城镇空间格局的开放性,伴随着我国区域间要素流动性的进一步加强,区域经济间的利益格局已呈现出由边界分明向利益交织、相互依存演变,跨行政区和经济板块的合作将是未来区域发展的必然趋势,这要求湖北省必须加快提升城镇化建设的活跃度,构建开放有序的省域空间格局。

(三)城乡互补,协同共进,加快推进城乡融合的城镇化道路

新形势下高质量的城镇化发展是在传统以推进城市发展为主的路径增添了城乡双向流动有通道、人口区域流动有途径的新内涵,在城乡融合推进中不仅使农村劳动力能自由流向城市,也为劳动力返乡创业提供途径。因此在新阶段湖北省城镇化发展上应该更多融入增强城乡发展整体性、差异性和协同性的理念,在推进城镇化建设与乡村振兴战略双轮驱动中提升全省城镇化发展质量。其中,整体性体现在要突破城镇化战略、乡村振兴计划以及各区域规划相对独立的现象,将农村与城市作为整体进行规划考量,从战略上推进城乡要素的互融互通;差异化体现在推进城乡融合发展时也要综合考量农村与城市在发展定位的特色,因地制宜、精准施策,形成梯次分明、功能协调、互惠互补的发展格局,特别是在农村发展战略上不能简单地延用城市发展路径,必须遵循乡村发展规律、体现乡村发展特色、传承和保留乡土味道;协同性体现在要以体制改革破除资源要素在城乡流动方面存在的体制机制障碍,推动资源要素在城乡之间的平等交换。

(四)彰显文化,注重生态,积极探索有荆楚特色的城镇化之路

社会流动性加大对城镇化发展质量提出更高要求,城镇化已不仅是简单

的城市人口比例增加和城市面积的简单扩张，更需要包括拥有绿色底蕴的人居环境、拥有文化底蕴的区域特色等多维度的支撑，只有高质量的城镇化才能更好地集聚和吸引人才。因此湖北省在城镇化战略设计时，必须将文化特色、绿色生态融入到生产空间、生活空间的布局之中，以生态本位指导区域发展，通过产业结构生态化、空间结合集约化、基础设施绿色化、生活方式低碳化、生态产品价值化实现可持续的发展，挖潜生态资源对于区域特别是农村地区发展的支撑作用，推进炎帝神农文化、楚文化、三国文化、武当文化、孝文化、鄂西巴土文化、大别山红色文化、三峡文化等具有荆楚特色的文化与区域发展和城镇化建设的有机融合，在建设中保护、在保护中开发、在开发中传承，走出一条推进速度适度合理、凸显湖北特色、蕴含湖北底蕴的城镇化发展路径。

作者单位：武汉发展战略研究院